PARECERES DE
DIREITO ADMINISTRATIVO

CELSO ANTÔNIO BANDEIRA DE MELLO

PARECERES DE DIREITO ADMINISTRATIVO

2ª edição

Belo Horizonte

2025

© 2011 Malheiros Editores
© 2025 2ª edição Editora Fórum Ltda.

É proibida a reprodução total ou parcial desta obra, por qualquer meio eletrônico, inclusive por processos xerográficos, sem autorização expressa do Editor.

Conselho Editorial

Adilson Abreu Dallari
Alécia Paolucci Nogueira Bicalho
Alexandre Coutinho Pagliarini
André Ramos Tavares
Carlos Ayres Britto
Carlos Mário da Silva Velloso
Cármen Lúcia Antunes Rocha
Cesar Augusto Guimarães Pereira
Clovis Beznos
Cristiana Fortini
Dinorá Adelaide Musetti Grotti
Diogo de Figueiredo Moreira Neto (in memoriam)
Egon Bockmann Moreira
Emerson Gabardo
Fabrício Motta
Fernando Rossi
Flávio Henrique Unes Pereira

Floriano de Azevedo Marques Neto
Gustavo Justino de Oliveira
Inês Virgínia Prado Soares
Jorge Ulisses Jacoby Fernandes
Juarez Freitas
Luciano Ferraz
Lúcio Delfino
Marcia Carla Pereira Ribeiro
Márcio Cammarosano
Marcos Ehrhardt Jr.
Maria Sylvia Zanella Di Pietro
Ney José de Freitas
Oswaldo Othon de Pontes Saraiva Filho
Paulo Modesto
Romeu Felipe Bacellar Filho
Sérgio Guerra
Walber de Moura Agra

FÓRUM
CONHECIMENTO JURÍDICO

Luís Cláudio Rodrigues Ferreira
Presidente e Editor

Coordenação editorial: Leonardo Eustáquio Siqueira Araújo
Thaynara Faleiro Malta

Revisão: Gabriela Sbeghen
Capa, projeto gráfico e diagramação: Walter Santos

Rua Paulo Ribeiro Bastos, 211 – Jardim Atlântico – CEP 31710-430
Belo Horizonte – Minas Gerais – Tel.: (31) 99412.0131
www.editoraforum.com.br – editoraforum@editoraforum.com.br

Técnica. Empenho. Zelo. Esses foram alguns dos cuidados aplicados na edição desta obra. No entanto, podem ocorrer erros de impressão, digitação ou mesmo restar alguma dúvida conceitual. Caso se constate algo assim, solicitamos a gentileza de nos comunicar através do e-mail editorial@editoraforum.com.br para que possamos esclarecer, no que couber. A sua contribuição é muito importante para mantermos a excelência editorial. A Editora Fórum agradece a sua contribuição.

Dados Internacionais de Catalogação na Publicação (CIP) de acordo com ISBD

B214p	Bandeira de Mello, Celso Antônio Pareceres de direito administrativo -- 2. ed. -- / Celso Antônio Bandeira de Mello. Belo Horizonte: Fórum, 2025. 495 p. 14,5x21,5cm ISBN impresso 978-65-5518-783-0 ISBN digital 978-65-5518-778-6 1. Pareceres. 2. Celso Antônio Bandeira de Mello. 3. Direito administrativo. I. Título. CDD: 342 CDU: 342

Ficha catalográfica elaborada por Lissandra Ruas Lima – CRB/6 – 2851

Informação bibliográfica deste livro, conforme a NBR 6023:2018 da Associação Brasileira de Normas Técnicas (ABNT):

BANDEIRA DE MELLO, Celso Antônio. *Pareceres de direito administrativo*. 2. ed. Belo Horizonte: Fórum, 2025. 495 p. ISBN 978-65-5518-783-0.

Em memória de
GERALDO ATALIBA,
um dos maiores publicistas brasileiros de todos os tempos,
amigo verdadeiro desde a infância,
de quem sou profundo e eterno devedor,
pois sempre procurou com sua grande generosidade
estimular meus trabalhos e facilitar meu caminho
no meio jurídico.

SUMÁRIO

INTRODUÇÃO 13

EMENTA: FUNDAÇÃO – PESSOA DE DIREITO PÚBLICO E
PESSOA DE DIREITO PRIVADO – CRITÉRIOS DE DISTINÇÃO
ENTRE ELAS 15
    Consulta 15
    Parecer 15

EMENTA: CONTROLE JUDICIAL DOS LIMITES DA
DISCRICIONARIEDADE ADMINISTRATIVA – EXAME DOS
MOTIVOS OU PRESSUPOSTOS DO ATO – A NOÇÃO DE
"CAUSA" COMO REQUISITO DE LEGALIDADE 59
    Consulta 59
    Parecer 59

EMENTA: DESAPROPRIAÇÃO DE BEM PÚBLICO POR PESSOA
DO MESMO PATAMAR JURÍDICO 71
    Consulta 71
    Parecer 72
I   Fundamentos do poder expropriatório 72
II   Bens públicos e sua função 75
III   Relacionamento das pessoas públicas de capacidade política 79
IV   O caso concreto 82

EMENTA: LOTEAMENTO – MOMENTO EM QUE AS ÁREAS
PREVISTAS COMO PÚBLICAS SE INCORPORAM AO DOMÍNIO
PÚBLICO ANTES DO DECRETO-LEI Nº 271, DE 28.2.1967
(E DEPOIS DO DECRETO-LEI Nº 58, DE 10.12.1937): COM A
INSCRIÇÃO NO REGISTRO IMOBILIÁRIO? COM A APROVAÇÃO
DO LOTEAMENTO? COM O CONCURSO VOLUNTÁRIO? OU
EM DECORRÊNCIA DE EVENTO DIVERSO? 93
    Consulta 93
    Parecer 95

LICITAÇÃO – LEIS DE MERCADO E PREÇOS – EQUILÍBRIO ECONÔMICO-FINANCEIRO 117
    Consulta 117
    Parecer 119

EMENTA: CONCESSÃO DE OBRA PÚBLICA E CONCESSÃO DE SERVIÇO PÚBLICO – PEDÁGIO: NATUREZA JURÍDICA 141
    Consulta 141
    Parecer 141

EMENTA: VIA TRANSVERSA DE TRANSFORMAÇÃO DE MEDIDA PROVISÓRIA EM LEI: BURLA GROSSEIRA AO PROCESSO LEGISLATIVO – IMPOSSIBILIDADE JURÍDICA DE A LEI TRANSMUDAR O SENTIDO NATURAL DAS PALAVRAS CONSTITUCIONAIS – IMPOSSIBILIDADE JURÍDICA DE EMENDA CONSTITUCIONAL TRAZER SUPORTE DE VALIDADE PARA LEI ORIGINARIAMENTE INCONSTITUCIONAL 155
    Consulta 155
    Parecer 156

EMENTA: EQUILÍBRIO ECONÔMICO-FINANCEIRO DE CONTRATO ADMINISTRATIVO, FATO DO PRÍNCIPE E DEVER JURÍDICO DE REEQUILÍBRIO DA EQUAÇÃO INICIAL 189
    Consulta 189
    Parecer 191

EMENTA: FORMA DE COMPOSIÇÃO DE COMPETÊNCIAS ENTRE PESSOAS JURÍDICAS DE DIREITO PÚBLICO PARA QUE SE ESTABELEÇA RECÍPROCA HARMONIA ENTRE ELAS – COMPETÊNCIAS MUNICIPAIS URBANÍSTICAS E COMPETÊNCIAS NACIONAIS DE TELECOMUNICAÇÃO: UBIQUAÇÃO DE ESTAÇÕES RÁDIO-BASE 211
    Consulta 211
    Parecer 214

EMENTA: SERVIÇOS PÚBLICOS E SERVIÇO DE UTILIDADE PÚBLICA – CARACTERIZAÇÃO DOS SERVIÇOS DE TÁXI – AUSÊNCIA DE PRECARIEDADE NA TITULAÇÃO PARA PRESTÁ-LO – DESVIO DE PODER LEGISLATIVO 229
    Consulta 229
    Parecer 230

EMENTA: ÂMBITO DE APLICAÇÃO DO INSTITUTO DA
LICITAÇÃO – CONVÊNIO PARA A PRESTAÇÃO DE
SERVIÇOS DE SAÚDE 247
    Consulta 247
    Parecer 247
I   O campo de incidência do dever de licitar 247
II   O caso *sub consulta* 250

EMENTA: CARACTERIZAÇÃO DAS CHAMADAS "NORMAS
GERAIS" DEFINIDORAS DE CERTAS COMPETÊNCIAS
DA UNIÃO – PERECIMENTO DA VIGÊNCIA DE LEI PELO
PERECIMENTO DOS PRESSUPOSTOS QUE LHE PRESIDIRAM
A EDIÇÃO E NOS QUAIS ESTAVA ASSENTADA 259
    Consulta 259
    Parecer 261

EMENTA: SOCIEDADE DE ECONOMIA MISTA PRESTADORA DE
SERVIÇO PÚBLICO – SUBMISSÃO À ARBITRAGEM – CONTRATO
COM EMPRESA ESTRANGEIRA E SUBMISSÃO AO DIREITO
PÚBLICO BRASILEIRO 275
    Consulta 275
    Parecer 277

EMENTA: CRITÉRIO DA MAIOR OFERTA COMO FATOR DE
JULGAMENTO DE LICITAÇÃO DESTINADA A CONCESSÕES
DE SERVIÇO PÚBLICO: INADMISSIBILIDADE 313
    Consulta 313
    Parecer 314

EMENTA: PRINCÍPIO DA SEGURANÇA JURÍDICA –
MUDANÇA DE ORIENTAÇÃO ADMINISTRATIVA 325
    Consulta 325
    Parecer 326
    O caso *sub consulta* 336

PARECER: CONCEITO E CLASSIFICAÇÃO – RESPONSABILIDADE
DE QUEM ATENDE OU DESATENDE A PARECER TÉCNICO –
RESPONSABILIDADE DE QUEM O EMITE – ADMINISTRAÇÃO
CONTENCIOSA: DEVER DE IMPARCIALIDADE -
RESPONSABILIDADE POR VIOLÁ-LA 345

Consulta 345
Parecer 346

EMENTA: RESERVA LEGAL DE ÁREA VERDE EM
PROPRIEDADE RURAL – HISTÓRICO NORMATIVO – SENTIDO
E FINALIDADES – IMPOSSIBILIDADE CONSTITUCIONAL
DE IMPOR REFLORESTAMENTO A QUEM NÃO EFETUOU
DESMATAMENTO ILEGAL 355
   Consulta 355
   Parecer 356

EMENTA: PRINCÍPIO DA LEGALIDADE NO DIREITO
BRASILEIRO – GARANTIA CONSTITUCIONAL DO LIVRE
EXERCÍCIO DE ATIVIDADE ECONÔMICA LÍCITA – DELEGAÇÃO
LEGISLATIVA DISFARÇADA – INCONSTITUCIONALIDADE DO
USO DE MEIOS INDIRETOS DE COMPULSÃO AO PAGAMENTO
DE TRIBUTOS 369
   Consulta 369
   Parecer 370

EMENTA: CONCESSÃO DE SERVIÇO PÚBLICO E AUTORIZAÇÃO
ANTE O ART. 175 DA CONSTITUIÇÃO – PORTO ORGANIZADO
E PORTOS PRIVATIVOS 393
   Consulta 393
   Parecer 393

EMENTA: CONTRATOS DA PETROBRAS E CONTRATOS DE
DIREITO PÚBLICO – FATO DO PRÍNCIPE 401
   Consulta 401
   Parecer 405
   O caso *sub consulta* 432

EMENTA: SERVIÇOS NOTARIAIS: NATUREZA JURÍDICA –
LIMITAÇÕES À COMPETÊNCIA DO CONSELHO NACIONAL
DE JUSTIÇA 437
   Consulta 437
   Parecer 438

EMENTA: COMPETÊNCIA DOS TRIBUNAIS DE CONTAS – IMPOSSIBILIDADE DE SUSPENDEREM A EXECUÇÃO FINANCEIRA DE CONTRATOS ADMINISTRATIVOS E DE FIXAREM VALORES MÁXIMOS PARA PAGAMENTO DE EXECUÇÃO DE OBRAS PÚBLICAS..453
 Consulta..453
 Parecer..454

EMENTA: EMPRESAS ESTATAIS CRIADAS PARA PRESTAR SERVIÇO PÚBLICO ÀS QUAIS FOI OUTORGADA CORRESPONDENTE CONCESSÃO – DESNECESSIDADE DE PRORROGAÇÃO DA CONCESSÃO OUTORGADA, AO CABO DO PRAZO E, POIS, DE REALIZAR LICITAÇÃO PARA PRESTAÇÃO DO SOBREDITO SERVIÇO. ENQUANTO A LEI NÃO EXTINGUIR DITA PESSOA, ELA CONTINUARÁ TITULADA PARA PRESTAR OS SERVIÇOS EM VISTA DOS QUAIS FOI CRIADA..........................475
 Consulta..475
 Parecer..476

REFERÊNCIAS..487

INTRODUÇÃO

O parecer é um gênero de produção jurídica particularmente interessante, por agregar dois aspectos: o prático, já que consiste na solução de uma questão jurídica concreta – normalmente difícil –, e de outro todo o aprofundamento teórico prestante para arrecadar os elementos necessários ao desate do problema. Isso faz desta espécie de trabalho de ciência jurídica um exercício sobreposse atraente e não apenas para os experientes cultores deste ramo do conhecimento, mas para os que nele ainda se iniciam, caso dos estudantes, pois assim aprendem o manejo efetivo das noções que, em abstrato, lhes são transmitidas nos cursos acadêmicos.

Foi à vista dessas considerações que resolvemos selecionar, entre quase cinco centenas de pareceres elaborados ao longo de uma vida profissional, alguns poucos que consideramos, sobrerrepresentativos destas características, incidentes sobre temas ainda atuais e eventualmente controvertidos, portanto, capazes de despertar o interesse dos leitores. Mantivemo-los tal como foram à época produzidos, fazendo simplesmente uma uniformização formal na apresentação deles.

Celso Antônio Bandeira de Mello

EMENTA: FUNDAÇÃO – PESSOA DE DIREITO PÚBLICO E PESSOA DE DIREITO PRIVADO – CRITÉRIOS DE DISTINÇÃO ENTRE ELAS

Consulta

1. Qual a natureza jurídica da Fundação XXXX: pública ou privada?

2. Qual a natureza que lhe quis dar a Lei nº XXXX?

Parecer

– I –

1. As duas perguntas, no caso em tela, fundem-se em uma única, razão por que serão respondidas conjuntamente.

2. A Fundação XXXX é pessoa cuja existência jurídica relaciona-se direta e imediatamente com um texto legal. Foi a Lei nº XXXX, que lhe deu origem. Sendo assim, o reconhecimento de sua natureza só pode ser deduzido indagando-se a intenção legislativa consagrada no referido diploma.

– II –

3. Como diz a própria lei, a Fundação XXXX é uma "fundação". Esta nomenclatura, aplicada a pessoas de direito público, não se disseminou muito entre nós, começando, apenas, em período relativamente recente, o incremento de seu uso.

Em razão do fato exposto, vigora em nosso meio jurídico, mas, sobretudo nas esferas administrativas, um arraigado preconceito que supõe que fundação é necessariamente pessoa de direito privado.

Antes de indagar, no caso específico, qual a natureza da Fundação XXXX, convém afastar esta suposição ingênua a que se fez referência, recordando simplesmente alguns princípios gerais concernentes à personalidade jurídica e sua classificação.

– III –

4. Como é sabido, as pessoas jurídicas podem ser objeto de diferentes classificações variáveis em função do aspecto considerado ou da perspectiva adotada como *principium discriminationis*. Com efeito, pode-se encarar um mesmo ser sob diferentes ângulos, dando margem, por conseguinte, a distintas classificações.

Ferrara, o insuperável tratadista da personalidade moral, ressalta três pontos de vista ou critérios de divisão das pessoas jurídicas ao ensinar que: ou se lhes considera a *estrutura, ou* a capacidade ou a nacionalidade. Cada um destes aspectos dá margem a uma ordem ou critério de classificação.[1]

É de suprema importância observar que estes diferentes pontos de vista ou aspectos considerados não se interpenetram nem se excluem. Antes, abarcam todas as pessoas jurídicas sem exceção, de tal sorte que cada uma delas ingressa nas três diferentes ordens. O desconhecimento deste princípio metodológico tem sido a causa geradora de confusões na doutrina.[2]

No que concerne à *estrutura*, todas as pessoas jurídicas se agrupam em apenas dois tipos: corporativo ou fundacional. Portanto, convergem para um dentre estes dois polos: ou bem são fundações ou bem são corporações. Encaradas, umas e outras, sob o prisma da capacidade, serão corporações públicas ou corporações privadas e fundações públicas ou fundações privadas.

Com efeito: "A diversa função ou *capacidade* de que está revestida a pessoa jurídica não altera sua unidade substancial o ente permanece

---

[1] FERRARA, Francesco. *Teoria de las personas jurídicas*. Tradução espanhola da 2. ed. italiana. Madrid: Reus, 1929. p. 54.
[2] FERRARA, Francesco. *Teoria de las personas jurídicas*. Tradução espanhola da 2. ed. italiana. Madrid: Reus, 1929. p. 657.

idêntico em *sua estrutura*, quer se mova no modesto ambiente privado, quer obre mais poderosamente, revestido de forma estatal".[3]

5. Firma-se, com isto, desde logo, que a estrutura de uma pessoa jurídica (corporativa ou fundacional) não é determinante de sua capacidade. Ou seja, o reconhecimento de sua estrutura não outorga o conhecimento de sua capacidade e vice-versa.

Portanto, o fato de uma pessoa ser fundação nada tem que ver com sua capacidade. As fundações tanto podem ser públicas como privadas: a estrutura fundacional não é – contrariamente à desavisada suposição de alguns – exclusiva das pessoas privadas.

6. Forsthoff, o moderno tratadista alemão, nolo diz, com toda a clareza: "A fundação enquanto afetação de uma massa patrimonial ao fim determinado pela vontade do fundador, se encontra em ambos os ramos do direito".[4]

A distinção estrutural das pessoas jurídicas não é peculiar ao direito público ou ao direito privado. Justamente por se tratar de discrime *fundamental*, apanha a entidade jurídica no que tem de mais simples, no círculo estreito que fere sua identidade, seu substrato essencial.

É bem por isso que Arnaldo de Valles, ao tratar da classificação das autarquias, após dividi-las em corporações e fundações, deixa explícito em nota de rodapé o seguinte: "Trata-se, portanto, de análise inserta no âmbito da teoria geral do Direito, situada no patamar da ciência jurídica, precisamente área comum ao direito público e privado".[5]

Cino Vitta também é taxativo a propósito. Ensina que: "[...] os entes públicos, como os privados, podem distinguir-se segundo possuam uma base corporativa ou de fundação. Esta distinção é conhecidíssima de todos os cultores do direito [...]".[6]

Noção tão singela e intuitiva como esta tem escapado algumas vezes à doutrina brasileira, seja por falta de aprofundamento da matéria, seja pelo empenho em afirmar independência do direito público.

7. Para a doutrina estrangeira, é pacifica a existência tipológica denominada fundação pública. Entre os administrativistas alienígenas

---

[3] FERRARA, Francesco. *Teoria de las personas jurídicas*. Tradução espanhola da 2. ed. italiana. Madrid: Reus, 1929. p. 655.
[4] FORSTHOFF, Ernst. *Tratado de derecho administrativo*. Tradução espanhola. Madri: Instituto de Estudios Politicos de Madri, 1958. p. 650.
[5] VALLES, Arnaldo de. *Elementi di diritto amministrativo*. 3. ed. Padova: Cedam, 1956. p. 87.
[6] VITTA, Cino. *Diritto amministrativo*. Torino: Torinese, 1933. v. I. p. 128.

nenhuma dúvida existe a respeito desta espécie jurídica. Seria impossível relacionar todos os que a mencionam.

À guisa de ilustração, entretanto, podese referir os nomes de Otto Mayer;[7] Fritz Fleiner;[8] Buttgenbach;[9] Sayagues Laso;[10] Enrique Silva Cimma;[11] Patrício Alvim;[12] Carlos Garcia Oviedo;[13] Santi Romano;[14] Francesco D'Alessio;[15] Arnaldo de Valles;[16] Pietro Bodda;[17] Zanobini;[18] Michele La Torre;[19] Salandra[20] etc.

8. Ocorre, isto sim, que muitas vezes as fundações de direito público são designadas com outro termo de batismo, sem que isto signifique o desconhecimento de sua natureza.

Otto Mayer dá aviso deste fato ao comentar:

> Uma empresa pública marcada por um caráter permanente, um *estabelecimento público*, como nós o chamamos, pode ser acompanhado de personalidade moral criada para este fim [...] serve-se também para as pessoas morais semelhantes da expressão *fundação pública*. ("offentliche Anstalt") dá-selhes por caráter peculiar possuírem como base ("substract") simplesmente um certo patrimônio, ao contrário da corporação e da associação que tem atrás de si, também, um grupo de pessoas naturais.[21]

---

[7] MAYER, Otto. *Le droit administratif allemand.* Paris: V. Giard et E. Brière,1906. v. IV. p. 267-268.

[8] FLEINER, Fritz. *Principes generaux du droit administratif allemand.* Tradução francesa de Ch. Einsenman. Paris: Delagrave, 1933. p. 72.

[9] BUTTGENBACH, André. *Theorie generale des modes de gestion des services publics en Belgique.* Bruxelles: Maison Larcier; Paris: R. Pichou et R. Durand-Auzias, 1952. p. 305 e segs.

[10] SAYAGUES LASO, Enrique. *Tratado de derecho administrativo.* Montevideo: M.B. Altuna 1953. v. I. p. 177.

[11] CIMMA, Enrique Silva. *Derecho administrativo chileno y comparado.* Santiago de Chile: Ed. Juridica de Chile, 1961. t. II. p. 235-236.

[12] ALVIM, Patrício. *Manual de derecho administrativo.* [s.l.]: [s.n.], 1952. p. 92.

[13] GARCIA OVIEDO, Carlos. *Derecho administrativo.* 2. ed. Madrid: Eisa, 1958. p. 64-65.

[14] ROMANO, Santi. *Corso di diritto amministrativo.* 3. ed. Padova: Cedam, 1937. p. 89.

[15] D'ALESSIO, Francesco. *Diritto amministrativo.* Torino: Torinese, 1939. v. I. p. 209.

[16] VALLES, Arnaldo de. *Elementi di diritto amministrativo.* 3. ed. Padova: Cedam, 1956. p. 87.

[17] BODDA, Pietro. *Lezioni di diritto amministrativo.* 3. ed. Torino: G. Giappichelli, 1954. p. 56-57.

[18] ZANOBINI, Guido. *Corso di diritto amministrativo.* Padova: Cedam, 1944. v. I. p. 147.

[19] LA TORRE, Michele. *Nozioni di diritto amministrativo.* 3. ed. Roma: Stamperia Reale di Roma 1938. p. 37-38.

[20] SALANDRA, Antonio. *Corso di diritto amministrativo.* 3. ed. Roma: Athenaeum, 1921. p. 247.

[21] MAYER, Otto. *Le droit administratif allemand.* Paris: V. Giard et E. Brière,1906. v. IV. p. 267-268.

Em nota de rodapé, o mesmo Mayer chama Sartorius à colação, invocando-lhe a seguinte assertiva: "A distinção entre estabelecimento e fundações e sem importância jurídica".

Nota-se, portanto, que a expressão "estabelecimento público", muito usada, sobretudo na doutrina francesa, é designação reportada à entidade jurídica também chamada fundação de direito público.

Buttgenbach assinala o caráter sinonímico das expressões ao dizer que: "estabelecimento público é *uma fundação pública* realizada pelo Estado ou pelos outros poderes – províncias ou comunas".[22]

Enrique Silva Cimma, professor de Direito Administrativo da Universidade do Chile,[23] esclarece: "[...] o estabelecimento público é uma instituição com personalidade jurídica e de direito público e custeada pelo tesouro público. Correntemente, reveste a forma de fundação, quer dizer, destinação de bens para satisfação de uma determinada atividade".

O extenso rol de citações desfiadas, ainda que enfadonho, faz-se necessário em face da penosa, mas irritante, *hesitação* do meio jurídico brasileiro perante o problema.

9. Deve-se referir, contudo, que a boa doutrina mereceu agasalho em alguns autores nacionais dos mais ilustres. Podem ser invocados os nomes de Cirne Lima;[24] Silvio Marcondes;[25] Miguel Reale;[26] Honório Monteiro;[27] José Cretella Jr.[28] e Geraldo Ataliba.[29]

Cretella Jr., com muita felicidade, comentou:

> Não cabe, especificamente, a nenhum ramo do direito, quer público, quer privado, reivindicar para seu campo a prioridade do instituto da *fundação* e, muito menos, a estruturar-lhe o conceito que deve ser amplo,

---

[22] BUTTGENBACH, André. *Theorie generale des modes de gestion des services publics en Belgique.* Bruxelles: Maison Larcier; Paris: R. Pichou et R. Durand-Auzias, 1952. p. 305.

[23] CIMMA, Enrique Silva. *Derecho administrativo chileno y comparado.* Santiago de Chile: Ed. Juridica de Chile, 1961. t. II. p. 235-236.

[24] LIMA, Ruy Cirne. *Princípios de direito administrativo.* 3. ed. Porto Alegre: Sulina, 1954. p. 67.

[25] MARCONDES, Silvio. *Da responsabilidade do comerciante individual.* São Paulo: Revista dos Tribunais, 1956. p. 175.

[26] REALE, Miguel. Fundações de direito público – Registro dos atos constitutivos – Controle do Ministério Público. Parecer. *Rev. de Dir. Administrativo.* v. 72. p. 409 e segs.

[27] MONTEIRO, Honório. Parecer. *Arquivos da Faculdade de Direito da USP*, São Paulo, [s.d.].

[28] CRETELLA JR., José. Fundações públicas. *Rev. de Dir. Administrativo*, v. 81. p. 7 e segs.

[29] ATALIBA, Geraldo. Normas gerais de direito financeiro e tributário e autonomia dos estados e municípios. *RDP*, v. 10. p. 23, e ATALIBA, Geraldo. As fundações públicas são imunes a tributos. *Revista dos Tribunais*, v. 338. p. 72 e segs.

de molde a pairar bem acima de qualquer implicação individuada e de um determinado sistema normativo.[30]

Geraldo Ataliba, um dos primeiros a tratar, entre nós, com certo desenvolvimento, da questão dos tipos estruturais de pessoas públicas, disse com exata precisão: "As pessoas jurídicas podem ser de direito público ou de direito privado, revestindo, porém a forma jurídica de corporação ou de fundação, segundo a estrutura que tiverem".[31]

Nós mesmos, em trabalho específico sobre o tema "fundações públicas", procuramos mostrar, ao dar parecer sobre a natureza da Fundação de Amparo à Pesquisa do Estado de São Paulo, que todas as pessoas de direito público ou têm base associativa ou fundacional, sendo todas elas entidades autárquicas quando sua capacidade for exclusivamente administrativa. Daí o havermos afirmado que: "A fundação pública, isto é, a fundação que é pessoa de direito público, é espécie do gênero autarquia".[32]

A torrencial e até fastidiosa citação doutrinária teve como objeto espancar de vez o preconceito tão disseminado em esferas administrativas de que fundação é entidade necessariamente privada. Variante insólita desta tese – e que dispensa o trabalho de rejeição – sustenta que as fundações criadas pelo Poder Público constituem *tertium genus*, espécie de monstro híbrido, autêntico minotauro jurídico.

– IV –

10. Fixado, com abundância, neste longo introito, que as fundações podem ser públicas ou privadas, examinemos a questão vertente: qual a natureza jurídica da Fundação XXXX: pública ou privada?

Perguntemo-nos inicialmente: o que é uma fundação pública?

Fundação pública ou fundação de direito público é uma espécie do gênero autarquia. É uma pessoa jurídica de direito público de capacidade estritamente administrativa, cujo substrato ou base estrutural é constituído por um patrimônio, instituído pelo Poder

---

[30] CRETELLA JR., José. Fundações públicas. *Rev. de Dir. Administrativo*, v. 81. p. 7 e segs.
[31] ATALIBA, Geraldo. *Normas de direito financeiro e regime jurídico das autarquias*. São Paulo: Imprensa Oficial, 1965. p. 28.
[32] BANDEIRA DE MELLO, Celso Antônio. Fundações públicas – Natureza jurídica da FAPESP. *Rev. de Dir. Administrativo*, v. 75. p. 399.

Público para realização de finalidades por este assinaladas e havidas pelo Estado como próprias.

No dizer de Buttgenbach, a fundação de direito público

> [...] é afetação realizada pelas autoridades públicas de um patrimônio especial, juridicamente distinto do patrimônio geral do poder criador, a um serviço público que, para gestão desse patrimônio e realização de seu objeto, é dotado de uma autonomia orgânica e técnica, sob a tutela e controle deste último.[33]

11. Parece-nos inquestionável o caráter público da Fundação XXXX.

Trata-se de pessoa nascida da *vontade do Estado* (solenemente expressa *mediante lei*), *instituída pelo Estado*, por meio de *ato do Poder Executivo, mantida pelo Estado* à *custa de fundos públicos, dirigida pelo Estado*, por meio de diretores *nomeados pelo governador*, destinada a exercer *atividade não lucrativa, como soem ser as do Estado* e com finalidade de beneficiar toda a população escolar, o que, indiscutivelmente, é *missão pública, concernente, pois, ao Estado.*

Se este elenco de caracteres não lhe define a publicidade, então, melhor seria concluir que não existe na ciência do direito a categoria que se conhece pelo nome de pessoa pública.

Considerar entidade privada ou particular – o que vem a dar no mesmo – uma criatura jurídica deste tipo, seria subverter inteiramente o sentido da expressão "pessoa privada". O que há de privado em todos os caracteres expostos?

12. O Estado existe precisamente para dar satisfação a interesses coletivos e é bem por isso que Ranelletti, em expressão feliz, denominou-o "síntese da coisa pública".

É do mais elementar bom senso, portanto, considerar que os atos e iniciativas do Estado sejam tendentes à realização dos fins que competem ao Poder Público. Esta é a regra, o princípio. Então, quando cria uma pessoa jurídica, há de se crer que deu origem à entidade preordenada à consecução de fins públicos (que lhe competem) e não particulares. Presumir o contrário seria erigir a exceção em princípio.

13. No caso em tela, é de se notar, ainda, que a vontade estatal se expressou por meio de atos perfeitamente típicos do direito público, conjugando ação de dois poderes: o Legislativo o Executivo.

---

[33] BUTTGENBACH, André. *Theorie generale des modes de gestion des services publics en Belgique*. Bruxelles: Maison Larcier; Paris: R. Pichou et R. Durand-Auzias, 1952. p. 305.

A Lei nº XXXXX, em seus arts. 1º e 2º diz:

Art. 1º Fica o Poder Executivo autorizado a instituir uma Fundação com a denominação de "Fundação XXXX", de duração indeterminada, com a sede e foro na Capital do Estado de São Paulo.

Art. 2º. A "Fundação XXXX" terá as seguintes finalidades precípuas:

I – edição de obras didáticas, de preferência obras de referência (dicionários, atlas e outras), mediante contratos industriais com empresas especializadas;

II – aquisição diretamente das empresas editoras de livros didáticos, de acordo com levantamento dos livros adotados;

III – venda, a preços módicos, de livros de sua edição ou adquiridos por intermédio dos órgãos da Secretaria da Educação por instituições auxiliares da escola ou pela própria Fundação;

IV – instituição de concursos ou de prêmios para autores de livros didáticos;

V – promoção de pesquisas e de estudos sobre o livro didático encarado nos seus aspectos pedagógicos, econômicos e comerciais.

Por conseguinte, o Legislativo, mediante seu veículo típico de expressão – a lei – delineou, no fundamental, os caracteres da pessoa jurídica.

Ditou-lhe as finalidades, discriminou-lhe o patrimônio e recursos, estabeleceu os caracteres básicos de sua direção e da investidura dos administradores. Outrossim, *cometeu ao Executivo* o encargo de pormenorizar as disposições estatuídas, a fim de que fosse posta em efetiva execução a vontade estatal expressa na lei. Tem-se, neste resumo, a descrição de um procedimento jurídico perfeitamente consentâneo com os *requisitos da ação estatal para cumprimento dos escopos que lhe competem como realizador do interesse público*.

14. A presunção veemente é a de que a pessoa originada destes atos seja uma entidade pública. Não se pode pressupor caráter privado em uma criatura estatal. Para que se entendesse ocorrente esta última hipótese, seria necessário que a própria lei responsável pelo surgimento da pessoa declarasse de modo inequívoco a intenção de excepcionar a regra, o que não ocorreu.

15. Com efeito, o normal, a regra, o princípio só podem ser de que o Estado cria pessoas para prosseguir objetivos públicos, cuja consecução se faz mediante regime jurídico similar ao que lhe cabe.

Não é coerente supor que o Poder Público tem como padrão habitual de comportamento a criação de entidades destinadas ao prosseguimento de finalidades externas a sua órbita. Em consequência, também não é coerente presumir a insubmissão de suas criaturas ao regime público.

O simples bom senso induz com espontaneidade a conclusão de que a Fundação XXXX, sendo criatura do Estado, mantida pelo Estado, dirigida por agentes nomeados pelo Estado e prosseguidora de fins traçados pelo Estado, é pessoa pública. Só não seria pública se a lei responsável por sua criação lhe houvesse negado formal e categoricamente tal caráter, declarando-a criatura privada e submissa ao regime próprio das fundações particulares. Sucede que a Lei nº XXXX assim não procedeu, justamente por ter pretendido dar origem a uma entidade de direito público.

– V –

16. Se desejarmos aprofundar o exame da natureza da personalidade pública e dos critérios práticos para separação de entes públicos e privados, iremos encontrar maiores subsídios e reforços à tese de que a Fundação XXXX é pessoa de direito público.

Um acurado exame da doutrina vai revelar a existência de uma dupla problemática geralmente confundida. De um lado, existe a questão que se traduz praticamente na seguinte pergunta: em que reside a natureza jurídica da pessoa pública? De outro lado, apresenta-se o problema sintetizado na questão: quais os critérios práticos ou exteriores para o discrime de pessoas públicas e privadas?

– VI –

17. À primeira pergunta ("em que reside a natureza pública?"), têm surgido, apenas, dois tipos de resposta. Ora os autores se filiam a um critério finalista, ora estribam-se em critério puramente formal, desinteressado na atividade ou escopo da pessoa, mas aferrado, em contrapartida, à posição jurídica da mesma face do Estado.

Independentemente da preferência por uma ou outra corrente, isto é, a parte qualquer juízo crítico que se queira fazer sobre elas, vai-se verificar que ambas concorrem para fortalecer o entendimento de que a Fundação XXXX é pessoa de direito público.

Os adeptos da primeira corrente querem localizar a natureza da pessoa em sua atividade ou fim. Entendem, por conseguinte, que públicas são as entidades que prosseguem interesses públicos, isto é, interesses do Estado e como tais havidos por ele. Como deduzir, todavia, em análise rigorosa, a ocorrência deste elemento?

18. É sabido que variam no tempo e no espaço os fins ou atividades reputados da alçada do Poder Público. Daí a dificuldade prática de se reconhecer a natureza da pessoa.

Obviamente, quando a lei atribui inequivocamente um regime de direito público a novel criatura, nenhum problema existe, posto que se terá desde logo evidenciada a intenção estatal de qualificar como pública a atividade ou fim *sub examine*. Sucede, entretanto, que toda a dificuldade surge justamente quando o texto legal é insuficiente, omisso ou obscuro, não permitindo imediata dedução do regime jurídico que deve presidir a atividade da pessoa.

Por outro lado, outra objeção, de que Cammeo é excelente porta-voz,[34] pode ser apresentada em desvalia desta corrente doutrinária. O problema de se reconhecer a publicidade ou ausência de publicidade no escopo da pessoa é questão pré-jurídica. O intérprete tem que se haver com o produto da atividade legislativa. Não lhe compete indagar se tal ou qual escopo deve ou não ser havido como público. Cabe-lhe, apenas, verificar se a lei, se a ordem normativa deu ou não configuração pública a tal ou qual finalidade. Ora, isto só pode ser deduzido a partir de um texto já editado. Se obscuro o texto, a questão permanece irresolvida ou de difícil solução.

19. Pondo de parte as críticas arguíveis em desfavor da teoria finalista, que pretende encontrar a natureza da pessoa pública em seu escopo ou atividade, vejamos se, de acordo com tal orientação, a Fundação XXXX deve ser considerada entidade pública.

Para esta corrente, como se viu, públicas seriam as pessoas que prosseguem atividades preordenadas à consecução de fins públicos, isto é, havidos pelo Estado como próprios.

20. Pois bem, a Fundação XXXX destina-se, nos termos do art. 2º da Lei nº XXXX, à execução de atividades que inegavelmente interessam a toda a população escolar do Estado e que são, em consequência, da alçada do Poder Público.

A Fundação XXXX objetiva alcançar escopos que interferem com a atividade educacional, missão que se insere no âmbito das tarefas concernentes ao Estado. Outrossim, o art. 1º da mencionada lei autoriza o Poder Executivo a instituir a Fundação e o art. 5º dispõe que todos os diretores da entidade são nomeados pelo governador.

---

[34] CAMMEO, Federico. *Corso di diritto amministrativo*. Padova: Cedam, 1960. p. 397-398.

21. A conclusão lógica a ser inferida destes elementos é que a atividade da Fundação XXXX é de interesse público e que foi havida pelo Estado como própria, uma vez que não só lhe determinou a criação, não só lhe assinalou fins relevantes para a coletividade – a educação no Estado de São Paulo – como e sobretudo, assegurou-se inteiro controle da pessoa mediante nomeação de *todos os* seus diretores.

Seria impossível encontrar mais clara manifestação estatal de que considera os fins da pessoa e sua atividade como pertinentes a sua área de interesses. Só esta pode ser a razão pela qual se decidiu a criá-la e garantir-se pleno domínio sobre sua direção.

22. Em consequência, de acordo com esta doutrina, a Fundação XXXX é inquestionavelmente uma fundação pública.

23. A segunda corrente doutrinária a que se faz menção – e cujo excelente intérprete é Miele – parece partir do princípio de que a finalidade da pessoa não é, em si mesma, fator determinante de sua natureza. O que qualificaria como pública a entidade seria a posição jurídica que a lei lhe atribuiu em face da pessoa pública por excelência – o Estado.[35]

Em última análise, esta orientação metodológica coincide, de certo modo, com a tese de Ugo Forti.[36] Para ambos, a publicidade da pessoa se define por meio do *enquadramento* na Administração Pública.

24. Esta situação de "estar enquadrado na Administração" traduz-se para Miele em um relacionamento peculiar entre a pessoa e o Estado distinto daquele que liga o Poder Público às entidades privadas. Consiste sobretudo nos seguintes traços:

1º) existência de normas ditadas deliberadamente em vista daquela pessoa ou grupo de pessoas com características similares;

2º) caráter *instrumental* desta em face do Estado, de molde a configurar subordinação de seus fins e atividades aos do Poder Público.

25. Para Forti, a situação de enquadramento suprarreferida exterioriza-se sobretudo na obrigação que tem a pessoa de agir para consecução do próprio escopo, do que deriva sua impossibilidade de dissolução *sponte propria*. Outrossim, tal dever resultaria de um controle positivo exercitável pelo Estado sobre a pessoa, de molde a impor-lhe o exercício de suas funções. Diverso seria o controle sobre os entes privados, dado o caráter *negativo* que lhe assinala, isto é, meramente

---

[35] MIELE, Giovanni. *Principi di diritto amministrativo*. 2. ed. Padova: Cedam, 1960. v. I. p. 82.
[36] FORTI, Ugo. *Diritto amministrativo*. 2. ed. Napoli: Eugenio Jovene, 1931. v. I. p. 179.

preordenado a circunscrevê-los dentro dos limites compatíveis com o bem-estar social.

26. Parece-nos mais correta a doutrina esposada pela segunda corrente ora exposta. Realmente, a natureza pública da pessoa tem que ser deduzida a partir do juízo que o próprio Estado faz sobre o caráter da atividade que esta desempenha e este juízo só pode ser aquele que o Poder Público expressa por meio de lei ao configurar um relacionamento especial entre a pessoa e o Estado, determinando-lhe o "enquadramento" na Administração.

27. Ocorre, todavia, que embora correta esta segunda doutrina, também não resolve, por si mesma, em *termos* práticos, o problema de discriminar pessoas públicas e privadas quando o texto responsável pela criação da pessoa seja obscuro na determinação do seu eventual enquadramento na Administração Pública.

A questão permanecerá pendente se ao diploma normativo responsável pela criação da entidade faltar precisão necessária na determinação de sua posição jurídica em face do Estado.

28. Isto demonstra que a primeira pergunta – Em que reside a natureza pública da pessoa? – embora aplaine o caminho, não responde à segunda pergunta – Quais os critérios práticos para o discrime de pessoas públicas e privadas?

Nota-se, então, que são problemas conexos, porém, inconfundíveis.

29. Mas, examinemos a natureza da Fundação XXXX por meio do ângulo adotado por esta segunda teoria concernente à natureza das pessoas públicas. Viu-se que, de acordo com ela, a publicidade da pessoa se define pela sua posição em relação ao Estado, ou seja, pelo enquadramento na Administração.

A Fundação XXXX, como entidade criada pelo Estado (art. 1º da lei), está submetida a um conjunto de regras por ele ditadas deliberadamente – na mencionada lei – em vista daquela pessoa (1º requisito apontado por Miele, como se recorda). Citemse as normas concernentes à fixação de suas finalidades (art. 2º), as relativas a seu patrimônio (art. 4º, sobretudo n. I), as concernentes a sua estrutura administrativa (art. 5º e parágrafo único), assim como aquela que determina reversão do patrimônio da pessoa, ao Estado, no caso de ser extinta a entidade (art. 7º).

30. Aí está patente, em consequência, o caráter público da Fundação XXXX. Por outro lado, estas circunstâncias revelam o caráter *instrumental* que possui em face do Estado, acarretando-lhe uma situação de subordinação de fins e atividades aos do Estado (2º requisito apontado por Miele).

Outrossim, a situação descrita configura precisamente "um relacionamento peculiar entre o Estado e a pessoa, distinto daquele que pode ligar o Poder Público as entidades privadas"; conjuntura que, como se recorda, é a pedra de toque, na opinião de Miele, para definição das pessoas públicas.

31. Assim, dentro do esquema da segunda teoria, a Fundação XXXX tem que ser considerada "enquadrada na Administração" e, portanto, pessoa de direito público.

32. Da mesma forma, a idênticas conclusões se chegará caso se recorra aos critérios que Forti alinha *como definidores do enquadramento na Administração.*

Relembre-se que, para este, importa que a pessoa esteja obrigada a agir para consecução do próprio escopo, seja impossibilitada de dissolver-se por vontade própria e se subordine a um controle positivo por parte do Estado. Ora, a Fundação XXXX, pelo simples fato de ter sido criada por lei e instituída por decreto, não tem livre disponibilidade seja sobre sua permanência ou extinção, seja sobre a conveniência de atuar ou deixar de agir.

É evidente que a consecução de suas finalidades não é um problema *pessoal, particular*, de seus administradores, mas um dever imposto pela lei.

Afinal, subordina-se a um controle positivo do Estado. Nenhum controle mais positivo pode existir senão o de ter toda sua diretoria nomeada pelo próprio Governo. Certamente a lei não reservou tal prerrogativa ao Executivo simplesmente para lhe possibilitar – à moda do controle negativo exercido sobre pessoas privadas – impedir que a pessoa desempenhasse atividades incompatíveis com o bem-estar social.

33. Do exposto se vê que, dentro da segunda doutrina sobre a natureza da personalidade pública – quer nos fixemos nos critérios de Miele ou de Forti –, a Fundação XXXX é fundação pública.

– VII –

34. Sabe-se que a doutrina tem apresentado numerosas teorias sobre a personalidade pública, tendo em vista permitir a separação entre elas e as pessoas privadas. Tão variadas são as orientações que Raggi pode classificá-las em seis grupos,[37] e Ferrara, em sete.[38]

---

[37] RAGGI, Luigi. *Diritto amministrativo*. 2. ed. Padova: Cedam, 1935. v. IV. p. 101 e segs.
[38] FERRARA, Francesco. *Teoria de las personas jurídicas*. Tradução espanhola da 2. ed. italiana. Madrid: Reus, 1929. p. 686 e segs.

35. Parece-nos, todavia, *data venia*, que o problema encontra sede mais segura nos termos em que o colocamos ao separar duas questões indevidamente fundidas, a saber: "Apreensão da natureza pública da pessoa" e "critérios práticos diferenciais entre personalidade pública e privada".

Portanto, para nós, segundo já expusemos, existem apenas duas teorias que se preordenam a captar e apreender a natureza da pessoa pública. Ambas já foram analisadas e com elas se confrontou a Fundação XXXX.

– VIII –

36. Cabe agora examinar a segunda pergunta, relativa aos critérios práticos ou exteriores de discrime entre entidades públicas e privadas. Tais critérios forneceriam apenas os elementos indiciários capazes de revelar se o legislador pretendeu dar ou não natureza pública (ou privada) à pessoa. Serviriam para apontar a existência do "enquadramento na Administração" ou a ocorrência de "finalidade pública assim entendida concretamente pelo Estado", nos casos duvidosos.

37. Dentre estes traços de discrime merecem especial menção os seguintes, que arrolamos em quadro comparativo:

(continua)

Pessoa privada	Pessoa pública
a) origem na vontade dos particulares	a) origem na vontade do Poder Público
b) fins *geralmente* lucrativos	b) fins não lucrativos
c) finalidade *geralmente* de interesse particular d) liberdade de fixar, modificar, prosseguir ou deixar de prosseguir os próprios fins	c) finalidade de interesse coletivo d) ausência de liberdade na fixação ou modificação dos próprios fins e obrigação de cumprir os escopos

(conclusão)

Pessoa privada	Pessoa pública
e) liberdade de extinguir	e) impossibilidade de se extinguir pela própria vontade
f) sujeição ao controle *negativo* do Estado ou fiscalização	f) sujeição ao simples controle *positivo* do Estado (tutela e vigilância)
g) ausência de prerrogativas autoritárias	g) geralmente, disposição de prerrogativas autoritárias

38. Convém esclarecer que os vários traços apontados para as pessoas privadas e públicas não são exclusivos de cada espécie, podendo ver-se reproduzidos, ora um, ora outro, na espécie oposta.

Cumpre notar, ainda, que a ocorrência simultânea de todos ou de vários deles seria veemente indício de personalidade pública ou privada, conforme a hipótese.

Afinal, é bom lembrar que a soma dos caracteres concernentes ao relacionamento entre a pessoa e o Estado ("a", "d", "e", "f", "g") configuraria o "enquadramento na administração pública", de que nos falam Forti e Miele.

Do exposto até agora, já se pode inferir que a ocorrência do conjunto destes vários elementos permitiria deduzir, sem sombra de dúvida, a personalidade atribuída pela lei a pessoa.

39. Examinemos, agora, a situação da Fundação XXXX em confronto com os critérios práticos de discrime entre pessoas públicas e privadas.

a) A Fundação XXXX teve origem em manifestação da vontade do Poder Público (art. 1º da lei), como se requer para as pessoas públicas, ao contrário das entidades privadas, que nascem da vontade dos particulares.

40. b) A Fundação XXXX, à moda do que sucede com as pessoas públicas, e contrariamente ao que é usual nas entidades privadas, não tem fins lucrativos.

A lei que a criou não lhe assinalou objetivos de ganho e só por isso já se poderia considerá-la desprovida de fins lucrativos. Com efeito, uma pessoa cujas finalidades e estrutura estão previamente delineadas por lei não pode, em razão do princípio da legalidade, atribuir-se outros objetivos além dos previstos.

Portanto, se o diploma normativo responsável por sua existência silenciou quanto a eventuais objetivos de ganho comercial, a Fundação XXXX não pode persegui-los, mormente ao se considerar que escopo desta ordem é conflitante com a atuação normal do Estado e de suas criaturas.

41. O Poder Público existe para a realização do interesse coletivo e não tem por que auferir lucros no desempenho de sua missão. A necessária provisão de recursos indispensáveis a sua atividade obtém-se por meio de veículos tributários.

É certo que ao Estado não é vedado agir de modo diverso. Entretanto, para que tal ocorresse, dado o caráter excepcional de um comportamento desta ordem, seria necessária habilitação legislativa expressa.

O mesmo princípio, como é lógico, aplica-se a todas as entidades criadas pelo Poder Público. Só se lhes admitirá fins lucrativos quando a lei responsável por sua existência demonstre claramente haver-lhes atribuído este objeto.

42. A verdade, entretanto, é que, no caso em tela, o diploma normativo criador da Fundação XXXX sequer deixa margem a dúvidas, dirimíveis na conformidade dos princípios supraexpostos.

O texto legal cogitado, ao cometer à Fundação o encargo da "venda, a preço *módico*, de livros de sua edição ou adquiridos [...]" (art. 2º, n. III), revela claramente que o *objetivo da entidade é baratear o preço do livro* e não o de auferir lucros.

A lei não pretendeu criar uma entidade que se enriquecesse – isto parece óbvio. Pelo contrário, almejou reduzir o custo do livro. Se não fará por isso, seria desproposidada a criação da Fundação XXXX.

43. c) O interesse coletivo foi, sem dúvida, a ideia central que norteou o Legislativo ao criar a Fundação XXXX. O simples enunciado das finalidades que lhe foram atribuídas no art. 2º da lei parece tornar desnecessário qualquer comentário.

"Promover pesquisas e estudos sobre o livro didático", "instituir concursos e prêmios para autores de livros didáticos", "editar e adquirir livros didáticos" com o fito de vendê-los "a preço módico", não são, evidentemente, atividades de interesse particular.

44. É claro que os fins consignados pela lei à Fundação XXXX são de interesse público porque:

    a) por um lado, visam à melhoria do nível pedagógico (ao instituir prêmios para autores de livros didáticos e determinar estudos e pesquisas sobre tais compêndios);

b) por outro lado, almejam beneficiar a população estudantil, seja por meio do barateamento do livro, seja pretendendo proporcionar-lhe obras didáticas de superior valia.

Verifica-se então que a Fundação XXXX preenche mais um requisito próprio das pessoas públicas e que só mais raramente se encontra em entidades privadas.

45. d) A Fundação XXXX – como ocorre com as pessoas públicas e ao contrário do que sucede com as entidades privadas – não tem liberdade para fixar ou modificar os próprios fins. Além disto, o cumprimento de seu escopo apresenta-se-lhe como obrigatório.

Com efeito, acha-se debaixo de uma situação legal imperativa. Seu escopo foi traçado antecipadamente pelo Legislativo. Bem por isso seus administradores não podem, sem violação da lei, fixar novos fins, modificar os estabelecidos ou deixar de cumpri-los. Qualquer ato neste sentido caracterizaria insubmissão ao desejo manifestado idoneamente pelo Estado por meio da sua forma mais solene de expressão da vontade: a lei.

46. A consecução dos escopos da Fundação XXXX, portanto, não é um "problema pessoal" de seus administradores, entregue ao arbítrio deles, mas um dever em face do Estado. A estes, nomeados que são pelo Governo, incumbe a obrigação de implantar a vontade da lei, dando fiel cumprimento às finalidades ditadas no diploma normativo responsável pela Fundação XXXX.

Não lhes cabe discutir a conveniência de prosseguir os fins traçados. Não está ao alcance de suas vontades decidir sobre a oportunidade de implementar as finalidades da Fundação XXXX. Falta-lhes o poder de desistir do cumprimento ou negligenciar o desempenho das atividades que lhes foram cometidas.

Com efeito, acham-se debaixo de um mandamento imperativo, não lhes resta senão cumprir.

47. A discricionariedade que lhes assista na prática dos vários atos está previamente balizada e *manifesta-se apenas ao longo do itinerário conducente* à *realização dos fins de antemão traçados*. O poder discricionário contém-se sempre dentro dos limites da lei e é nisto que se distingue da arbitrariedade.

48. Em conclusão, na Fundação XXXX, há ausência de liberdade quanto à fixação e modificação dos próprios fins, sendo-lhe obrigatória a consecução do escopo que a lei houve por bem lhe atribuir.

Tem-se aí mais uma das características das pessoas de direito público em contraste com o princípio da liberdade ampla geralmente ocorrente nas pessoas privadas.

49. e) A Fundação XXXX não pode se extinguir por vontade própria, pois isto equivaleria a frustrar os objetivos da lei que a criou.

Com efeito, se o Poder Público julgou conveniente e necessário instituir uma pessoa jurídica preposta ao cumprimento de determinados fins e determinou, por meio de lei, a existência de pessoa preordenada aos objetivos que elegeu, nenhuma outra vontade – senão a de lei posterior – poderia contrariar este mandamento,

A hipótese de extinção da Fundação XXXX por vontade própria, isto é, de seus agentes, implicaria a derrogação de uma lei, o que é inadmissível.

50. O que foi construído em nível legal só neste nível pode ser destruído. Logo, no caso em tela, nem mesmo um decreto teria força para dissolver ou extinguir a Fundação XXXX. É evidente que repugnaria ao princípio da hierarquia das normas jurídicas, com ofensa irremissível ao nosso sistema constitucional, a dissolução de pessoa criada por lei, por meio de ato juridicamente subordinado a ela. Em nosso sistema, o decreto tem caráter puramente executivo, no sentido de que só pode ser produzido para "fiel execução da lei", particularizando ou aplicando concretamente seus dispositivos genéricos.

51. O decreto – como ato administrativo que é – sujeita-se ao princípio da relação de administração cujo conteúdo foi magistralmente expressado por Ruy Cirne Lima. Recordemos uma passagem notável de seus *Princípios de direito administrativo brasileiro*, em que firma com precisão o jugo legal a que se sujeita a atividade administrativa:

> O fim – e não a vontade – domina todas as formas de administração. Supõe, destarte, a atividade administrativa a *preexistência de uma regra jurídica*, reconhecendo-lhe uma finalidade própria. *Jaz, consequentemente, a administração pública debaixo da Legislação que deve enunciar e determinar a regra de direito.*[39]

52. Do exposto, infere-se, com clareza, não só que à Fundação XXXX é vedado dissolver-se por vontade própria, como ainda que só uma lei poderia extingui-la, pois se trata de pessoa cuja sede assenta-se em manifestação legislativa.

Também nisto a Fundação XXXX reproduz modelarmente mais um dos traços das entidades públicas, em oposição ao regime

---

[39] LIMA, Ruy Cirne. *Princípios de direito administrativo*. 3. ed. Porto Alegre: Sulina, 1954. p. 22. Grifos nossos.

habitual das pessoas privadas, cuja dissolução depende da vontade dos particulares.

53. f) A Fundação XXXX está sujeita a um controle positivo do Estado – traço próprio das pessoas públicas – uma vez que sua ingerência sobre ela é de tal modo acentuada que não se pode supor tenha finalidade unicamente conservá-la dentro de limites compatíveis com o bem-estar social.

54. Sabe-se que o controle positivo, na expressão de Alessi, é "diritto a vigilare il modo positivo di svolgimento dell'attività dell'ente e l'effetivo adempimento dello scopo dell'ente stesso [...]", ao passo que o controle negativo, que se aplica sobre as pessoas privadas, é, sempre de acordo com Alessi, "controllo meramente di polizia diretto ad impedire un nocumento per la collettività [...]".[40]

55. A relação entre o Estado e a Fundação XXXX indica uma ingerência total daquele sobre esta. Não é, pois, destinado apenas a impedir "un nocumento per la colletività".

O Poder Público, traçando por via de lei as finalidades da Fundação XXXX (art. 2º, da lei) e sobretudo reservando-se o poder de nomear *todos os diretores* da entidade, revelou de modo claro seu propósito de mantê-la sob *positivo* controle, destinado, obviamente, a compeli-la à realização dos escopos que lhe assinalou.

Reproduz-se, aqui, mais um traço típico das pessoas públicas, em oposição ao que sucede com as pessoas privadas cujo controle, por parte do Estado, é apenas de caráter negativo.

56. g) A lei criadora da Fundação XXXX é omissa quanto à atribuição de prerrogativas excepcionais, próprias do *jus imperii*. Este fato não significa, em si mesmo, ausência de tal poder. De resto, a doutrina, reiteradas vezes, tem sustentado que muitas pessoas de direito público não fruem de poder de império. Isto sucederia sempre que a natureza da atividade a que se preordenam não requeira o exercício de prerrogativa de autoridade.

57. Entendemos, com Zanobini, que o característico da situação de supremacia, expressa no poder de império, não é a simples possibilidade da prática de atos de coerção material. O *imperium* também se manifesta mediante quaisquer outros poderes públicos, como por meio do poder regulamentar ou de atos de eficácia e regime peculiar aos administrativos.[41]

---

[40] ALESSI, Renato. *Sistema istituzionale del diritto amministrativo italiano*. Milão: Giuffrè, 1953. p. 42.

[41] ZANOBINI, Guido. *Corso di diritto amministrativo*. Padova: Cedam, 1944. v. I. p. 139.

58. Neste sentido, há poder de império em todas as pessoas públicas. Não há necessidade de a lei mencionar o fato. Entende-se que está implícito na natureza da pessoa. Reconhecido, por meio de outros traços, o caráter público de um ente, automaticamente se lhe reconhece a submissão a um regime jurídico específico, de direito administrativo, que é atributivo, por si mesmo, de prerrogativas inexistentes no direito privado. Em face das considerações expendidas até aqui, parece-nos que implicitamente estão outorgadas prerrogativas de autoridade à Fundação XXXX.

– IX –

59. Ao cabo do exame da Fundação XXXX, posta em cotejo com as duas teorias preordenadas, a apreensão da natureza pública das pessoas jurídicas e concluída a análise dos vários traços de discrime entre entidades públicas e privadas, tem-se como certo que a Fundação XXXX se enquadra na categoria dos seres de direito público.

60. Verificou-se, ao longo do título VIII, que a Fundação XXXX apresenta de modo claro e inequívoco seis dentre aquelas sete notas típicas das pessoas públicas que são frequentemente referidas como elementos de separação entre as duas classes de pessoas.

Outrossim, acreditamos ser lícito inferir que a sétima nota – prerrogativas de autoridade – embora não esteja apresentada na lei de modo líquido, expresso, patente e insofismável como as demais, deve ser considerada implícita, como simples resultado da ocorrência inequívoca das outras seis.

61. De qualquer forma, relembre-se que a doutrina tem convindo pacificamente em que é desnecessária, para fixação da natureza da pessoa, a ocorrência de todos os caracteres expostos, bastando que existam vários deles.

– X –

62. Uma última consideração – muito importante aliás – deve ser aduzida aos comentários precedentes.

O art. 5º da lei, depois de cometer ao Executivo a missão de elaborar os estatutos da Fundação XXXX, faz menção ao registro deles.

Como interpretar este dispositivo?

Fixou-se, com abundância, o fato de que a lei retrocitada imprimiu à Fundação XXXX, de modo inquestionável, todas as características da pessoa de direito público, revelando aí a manifesta intenção legislativa de dar origem a uma fundação pública. Entretanto, como é sabido, as pessoas de direito público não necessitam de registro.

63. Há, pois, certa contradição, um entrechoque, opondo, à idônea manifestação da vontade legislativa, transparente no seu todo e na individualidade de cada um dos dispositivos, a parte final do art. 5º, quando prevê o registro da Fundação.

Como solver o impasse? É necessário à Fundação XXXX registrar-se?

A resposta, aparentemente difícil, resolve-se com certa simplicidade.

64. O que é o registro? Qual sua razão de ser? Que efeitos produz no caso das pessoas jurídicas?

O registro é ato jurídico por meio do qual um *particular, delegado de função pública*, verifica a existência de certas manifestações de vontade destinadas a produzir efeitos jurídicos e *documenta* suas existências.

65. A razão de ser do registro é o propósito estatal de assegurar a estabilidade dos negócios e da vida jurídica, fazendo com que certos atos, em razão de *sua importância* e *possível repercussão sobre o interesse de terceiros*, se realizem em condições que garantam a certeza e *segurança sobre o* ato realizado, proporcionando, ainda, a necessária *publicidade*, requisito acautelatório dos mencionados interesses de terceiros.

66. O próprio Decreto nº 4.857, de 9.11.1939, que "dispõe sobre a execução dos serviços concernentes aos Registros Públicos estabelecidos pelo Código Civil", realça os aspectos considerados ao dispor em seu art. 1º: "Os serviços concernentes aos registros públicos estabelecidos pelo Código Civil, para *autenticidade, segurança e validade* dos atos jurídicos ficam sujeitos ao regime estabelecido neste decreto".

Verifica-se, então, que por meio dos registros o Estado quer assegurar a *autenticidade,* a *segurança* e a *validade* de certos atos.

67. Serpa Lopes, o ilustre tratadista de registros públicos, referindo-se à publicidade assegurada pelo registro, observa:

> A sua função no Direito consiste em tornar conhecidas certas situações jurídicas precipuamente quando se refletem nos interesses de terceiros. Por outro lado, sua finalidade caracteriza-se por esta dupla face: ao mesmo tempo que realiza uma *defesa,* serve de elemento de *garantia.* Relações jurídicas existem que devem ser respeitadas por terceiros, sendo imperiosa a necessidade da criação de um órgão, de um sistema capaz de possibilitar esse conhecimento *erga omnes.*[42]

---

[42] LOPES, Miguel Serpa. *Tratado dos registros públicos.* 4. ed. Rio de Janeiro: Freitas Bastos, 1960. v. I. p. 17-18.

68. Ressalte-se, ainda, que os registros são efetuados por *particulares* na *execução* de *funções públicas*, isto é, agentes a quem o Poder Público – este sim detentor de prerrogativas autoritárias – delegou o exercício de uma função pública, para que a exerçam por sua conta e risco, mas no interesse da coletividade e, bem por isso, com prerrogativas de autoridade (que lhes são conferidas por quem detém tal poder como próprio: o Estado).

Esta é a lição de Oswaldo Aranha Bandeira de Mello (cf. apostilas do Curso de Direito Administrativo da Faculdade Paulista de Direito e conferência pronunciada na Faculdade de Direito do Rio Grande do Sul, em 1959).

69. O efeito do registro das pessoas jurídicas é o de formalidade substancial, indispensável para comunicar-lhes personalidade; entretanto, *não se aplica* às *pessoas de direito público*, como ensina o douto Serpa Lopes.[43]

70. Com efeito, o escopo estatal de assegurar certeza, segurança, autenticidade, validade e a necessária publicidade a certos atos jurídicos se realiza *superiormente* por meio da lei, do decreto e da publicação no *Diário Oficial*, que os sucede necessariamente.

É óbvio que tais atos, emanados *diretamente do Poder Público*, preenchem os requisitos acima com muito maior força que o ato de registro efetivado por um particular, cuja força jurídica para autenticação, validação ou publicidade não advém de qualidade própria, senão apenas derivada de uma delegação que lhe faz o mesmo Poder Público, na *conformidade* da lei, *segundo especificação de decreto e publicação no Diário Oficial*.

Assim, os oficiais de registro têm poderes derivados, concedidos, enquanto o Estado os tem como próprios, titular que é da coisa pública.

71. Logo, a lei e o decreto afirmam a certeza, a segurança, a autenticidade e a publicidade de um ato com vigor muito maior do que o registro. Há, no caso, uma relação imediata entre a vontade do Poder Público e a origem da pessoa, enquanto o processo de registro afiança apenas uma relação mediata, indireta, porque derivada, já que o oficial de registro age por delegação proveniente de lei e decreto.

Considere-se, outrossim, que a forma mais pública de criação de uma pessoa é a que deriva da lei, tendo em vista que esta, ao longo de sua elaboração, passa por uma série de fases (desde o projeto

---

[43] LOPES, Miguel Serpa. *Tratado dos registros públicos*. 4. ed. Rio de Janeiro: Freitas Bastos, 1960. v. I. p. 24-25.

até o autógrafo), o que a torna a mais pública de todas as formas de constituição, satisfazendo com inteira amplitude os requisitos de certeza, segurança e publicidade.[44]

72. É de se concluir, então, que, no caso da Fundação XXXX, *a intenção da lei, seu espírito, já estão plenamente satisfeitos* com a simples emanação dela e do decreto ulterior, sendo a formalidade do registro prevista no art. 5º ingênua e excrescente, por todos os títulos.

O Estado já manifestou plenamente os seus propósitos: criou uma entidade que reúne – conforme se viu – todos os caracteres da personalidade pública. Entronizou no universo jurídico com plena autenticidade, validade, certeza, segurança e publicidade uma nova pessoa pública, desdobramento seu.

73. *Littera enim occidit, spiritus autem vivificat*.[45]

Esta máxima que tem servido como uma constante da interpretação jurídica – e que encontra reprodução, na esfera das relações privadas, no art. 85 do Código Civil: "Nas declarações de vontade se atenderá mais a sua intenção que ao sentido literal da linguagem" – colhe em cheio a hipótese cogitada.

74. Deduziu-se do corpo da lei, de seus vários dispositivos, do espírito que deflui de sua inteireza, que o Legislativo desejou criar uma pessoa de direito público. Em consequência, a menção feita ao próprio registro só pode ser concebida como um equívoco ou deficiência técnica do legislador, posto que a certeza, autenticidade, publicidade e segurança jurídica que pretendeu infundir, por meio do registro, já estavam plenamente alcançadas na própria lei e depois, reforçadamente, com a exaração do decreto.

75. Calham aqui, admiravelmente bem, as considerações expendidas pelo Prof. Miguel Reale quando, em parecer, definiu o caráter público da Fundação de Amparo à Pesquisa do Estado de São Paulo, a propósito de equívocos legais em matéria de registro de pessoas de direito público. É de todo conveniente transcrever o trecho em que aborda a matéria:

> As entidades oficiais resultam da lei e dos regulamentos que lhes dão vida, defluindo a publicidade ou o seu conhecimento comum da promulgação do ato legislativo e seus consectários. Às vezes o legislador

---

[44] BANDEIRA DE MELLO, Celso Antônio. Fundações públicas – Natureza jurídica da FAPESP. *Rev. de Dir. Administrativo*, v. 75. p. 405.
[45] São Paulo aos Coríntios, Epist. II, cap. 3, v. 6.

prevê o registro dos atos constitutivos das entidades sejam elas autarquias, fundações ou associações, mas tal exigência não é essencial, mas de caráter facultativo e, a meu ver, redundante, brotada, como já antes salientei, do receio de que tais corpos autônomos possam se "burocratizar".

Assim, por exemplo, reza a Lei de Diretrizes e Bases da Educação Nacional (Lei nº 4.024, de 20 de dezembro de 1961) em seu art. 81 e seguintes: "Art. 81. As universidades serão constituídas sob a forma de autarquias, fundações ou associações. A inscrição do ato constitutivo no registro civil das pessoas jurídicas será precedida de autorização por decreto do Governo federal ou estadual".

Ora, se o registro em tais casos – de valor puramente formal – tivesse a virtude de tornar civis os referidos entes, forçoso seria reconhecer que o mesmo aconteceria com as "autarquias" das quais cogita também o "caput" do art. 81...

Na realidade, esse curioso registro de "autarquias" e "fundações oficiais" etc. está a demonstrar a que descaminhos podemos ser levados quando deixamos a via ampla e necessária dos princípios, gerais que governam e discriminam os conceitos, as categorias e os esquemas sistemáticos que fazem do direito um *lucidus ordo*.[46]

76. É sabido que o legislador, nem sempre familiarizado com a técnica jurídica, comete ou pode cometer impropriedades.

No caso vertente, estabeleceu um requisito que já estava plenamente cumprido: previu o registro da pessoa, isto é, a autenticidade, segurança, certeza e publicidade sobre a existência dela, quando, de direito e de fato, já lhe houvera imprimido todos estes caracteres com a simples edição da lei. Sendo o dispositivo concernente ao implemento destes requisitos ou efetivação do registro – o que vem a dar no mesmo, por já estar realizado não tem por que nem como realizar-se. Então, coerentemente, a parte final do art. 5º, que fala em registro, deve ser considerada, como *excrescente*, de nenhum efeito, sem existência, não escrita, írrita.

77. Do momento em que a lei assinalou fins, estrutura fundamental e recursos para a entidade e manifestou idoneamente a intenção de instaurar este ser do universo jurídico, desde logo perfez todos os requisitos para sua existência jurídica. Em outras palavras: criou-a. Logo, não pode ser novamente criada.

---

[46] REALE, Miguel. Fundações de direito público – Registro dos atos constitutivos – Controle do Ministério Público. Parecer. *Rev. de Dir. Administrativo*, v. 72, p. 413-414.

Uma entidade de direito público – como se acredita ter provado ser a Fundação XXXX – não pode ser criada por registro; só pode ser criada por lei. Ora, se a Lei nº XXXX a criou (porque perfez os elementos necessários à sua existência), então não há que cogitar de registro, uma vez que este é ato constitutivo, substancial necessário à existência de entidades privadas.

78. Pretender registrá-la implicaria, na pior das hipóteses, desejar criar de modo juridicamente idôneo o que já está criado pela via idônea e, na melhor das hipóteses, implicaria pretender dar – de modo esdrúxulo e inadequado – segurança, certeza e publicidade ao que já é seguro, certo e público, segundo o processo correto e adequando.

79. É impossível, sob pena de grave contrassenso e de gratuita impugnação a todos os princípios que orientam a interpretação da matéria, sustentar natureza privada na Fundação XXXX.

– XI –

80. Finalmente, apesar de amplamente demonstrado o caráter público da Fundação XXXX, e a irrelevante, para não dizer estapafúrdia, menção do registro, poder-se-ia, ainda, apenas *ad argumentandum*, admitir que se tivesse confirmado situação de omissão, obscuridade ou contradição incontornável dentro da Lei nº XXXX.

Se tal situação fosse ocorrente, isto é, se a obscuridade e contradição no texto da lei fossem irresolúveis dentro do próprio diploma normativo em tela, por falta de indícios que inclinassem o fiel da balança em um ou outro sentido, ter-se-ia que recorrer a outros critérios.

81. Neste caso, seria indispensável contemplar o sistema dentro do qual se insere a lei para ajuizar sobre a matéria – não mais em função da lógica interna do texto questionado –, mas em função do ordenamento jurídico em cujo ambiente normativo está incluída a Lei nº XXXX e com o qual se relaciona articuladamente.

Com efeito, um texto legal, qualquer que seja ele, não paira no vácuo; não é uma peça isolada, uma unidade estanque, autônoma e inteiramente autossuficiente. Pelo contrário, qualquer texto normativo se integra em um todo harmônico e coerente, como parte que é de um sistema governado por princípios lógicos que associam e articulam o conjunto de leis, compondo o sistema jurídico.

Nesta hipótese, o intérprete teria que guindar-se a plano mais elevado, afastando-se da visão particularizada da lei, para encará-la mais de longe, segundo perspectivas mais amplas, informadas e iluminadas por um enfoque global. Far-se-ia mister haurir os critérios de análise nos princípios maiores que embasam o ordenamento e que conferem as tônicas fundamentais do sistema.

82. Se nos ampararmos nesta sede, seremos espontaneamente conduzidos a determinadas premissas de aceitação geral, a saber: o Estado existe para realizar interesses públicos. Sua ação administrativa desenvolve-se ao longo desta faixa de preocupações. Para dar cumprimento às finalidades eleitas como públicas, submete-se a um regime jurídico peculiar instrumentador de sua ação soberana: o regime administrativo, diverso daquele que norteia as relações privadas.

O cumprimento de tais fins, por uma disciplina característica, opera-se tanto por meio da Administração direta quanto por meio de entidades que cria, desdobrando-as de si mesmo, para que o auxiliem. Quando adota esta última técnica, tem-se a Administração indireta, que se diferencia da anterior unicamente pelo fato de realizar-se por meio de entidades personalizadas.

83. Como a ação típica do Estado e de suas criaturas preordena-se à realização de finalidades públicas (cujo desenvolvimento se processa por meio de regime de direito público), *deve-se entender*, nos casos de *omissão, obscuridade ou contradição da lei, que as pessoas criadas pelo Poder Público são entidades que coparticipam de sua natureza* e que *se destinam* à *realização de objetivos públicos*.

Diante da obscuridade ou da contradição da lei, o lógico é optar pelo típico, não pelo atípico; pelo usual, não pelo inusual; pelo corrente, não pela exceção.

Assim, mesmo que se queira entender – e não é o caso, conforme supomos demonstrado – que há conflito irresolúvel dentro da intimidade da Lei nº XXXX, os princípios fundamentais do sistema normativo forçariam a conclusão de que a Fundação XXXX é entidade de direito público.

84. Em outras palavras: se for suposto que a presença das seis notas características da pessoa pública e a adequação da Fundação XXXX às duas teorias que definem a personalidade pública se chocam de modo incontornável com o pretenso indício de caráter privado residente na previsão de registro, impedindo solução baseada apenas no texto da Lei nº XXXX, ainda assim ter-se-á que concluir pela publicidade dela. O apelo a critérios mais latos de interpretação, baseados na lógica interna do sistema – se fosse necessário para solver a dúvida – conformaria, como se acaba de ver, a natureza pública da Fundação XXXX.

3. a) A Fundação XXXX foi criada por lei, pelo decreto ou sê-lo-á pelo registro?
b) Era necessário o registro para que a Fundação XXXX se reputasse existente?

– XII –

85. A Fundação XXXX foi criada por lei e só por lei poderia ser criada. Nem decreto nem registro teriam qualidade jurídica para entronizá-la no universo do Direito.

86. Com efeito, o que é criar? Juridicamente criar é *tirar do nada*, da ausência do jurídico e infundir existência legal ao que não existia neste nível.

Criar uma pessoa jurídica é *inaugurar no sistema* um ente novo, um termo subjetivado de relações jurídicas. É dar origem a um sujeito de direitos.

O sujeito, a pessoa, é uma das peças fundamentais, uma das categorias imprescindíveis à lógica intrínseca de qualquer ordenamento e por isso mesmo o ato que o cria reveste-se de excepcional importância jurídica.

87. Sendo a Fundação XXXX uma pessoa pública, como se demonstrou, sua existência só poderia derivar de um ato do Estado, do Poder Público. Mas, para criar um "centro de imputação de direitos e deveres", um centro novo de relações jurídico-públicas, é preciso um ato estatal especialmente e qualificado. Não é qualquer ato do Poder Público que tem força jurídica para *inaugurar* no sistema, para *inovar*, para *tirar do nada* a construção de um sujeito de direito público.

88. Os requisitos mencionados só a lei os possui. Os atos administrativos, nunca seria demais repetir, estão sempre subordinados à lei. Em sentido absoluto o ato administrativo nunca é criador. Ele desdobra, particulariza, concretiza, extraindo da lei tudo o que ela contém implicitamente de modo genérico (*vide* n. 51).

89. Todo enriquecimento que o ato administrativo traz à vida jurídica ao produzir a utilidade pública – que é seu fim – resulta da determinação concreta das virtualidades contidas na lei. O que caracteriza o ato administrativo é a execução concreta e específica da utilidade pública contemplada de modo genérico e abstrato nas finalidades consagradas na lei.

Há, sem dúvida, iniciativa e dinamismo na atividade administrativa ao criar a utilidade pública, porém, estes traços surgem apenas como frutos da impulsão legal e se efetivam dentro dos limites prefixados na norma primária.

90. A Administração, no Estado constitucional, é dominada pelo princípio da legalidade, caracterizando a chamada administração legal.

A respeito dela é conveniente ouvir a lição de Fritz Fleiner: "[...] o poder executivo, a administração, recebe da lei os impulsos à sua atividade [...] Administração legal significa então: administração posta em movimento pela lei e exercida no limite de suas disposições".[47]

Compreende-se, então, que a atividade administrativa tem seu motor, sua seiva vital, na lei, sob cujo impulso ela se movimenta.

91. *Falta à Administração o poder inaugural, a força jurídica capaz de instaurar um sujeito novo na ordem jurídica.*

Esta qualidade criativa, este *poder inicial*, esta força *inaugural* que permite dar origem a um ser novo é atribuição privativa e específica da lei.

Um decreto, por isso mesmo, nunca poderá ser fonte criadora de uma pessoa de direito público.

92. Sobre mais, uma criatura pública é um desmembramento do Estado, é um novo titular que coparticipa da natureza daquele. Como supor, então, que um simples decreto possa desdobrar a Administração, separar do corpo orgânico que forma o aparelho administrativo, um serviço público?

É meridiano que unicamente o Legislativo, a quem incumbe fixar originária e inauguralmente a vontade do Estado, inovando na ordem jurídica, pode erigir um centro novo de titularidade de interesses públicos. Encontrando-se o decreto, na hierarquia das normas jurídicas, abaixo da lei, falece-lhe a possibilidade de dar à luz um ato de tão elevada importância jurídica como é o desmembrar a administração, erigindo um novo centro de direito público.

93. Sendo próprio e privativo da lei o poder de inovar na ordem jurídica – e a criação de um sujeito de direito público é inovação da mais alta relevância – não poderia ela delegar ao Executivo uma atribuição que é específica e privativamente sua. É vedado a qualquer dos poderes delegar atribuições (art. 36, §2º da Constituição Federal). O decreto, como se sabe, tem por função, apenas, promover a fiel execução das leis. Não pode, bem por isso, ser investido de prerrogativas incumbentes única e exclusivamente à lei.

---

[47] FLEINER, Fritz. *Principes generaux du droit administratif allemand*. Tradução francesa de Ch. Einsenman. Paris: Delagrave, 1933. p. 87.

94. Afinal, importa notar que os elementos constituidores da personalidade, ou os requisitos necessários à sua existência, a Lei nº XXXX já os perfez. Para que exista uma pessoa jurídica é necessária a concorrência dos seguintes requisitos:
a) manifestação de vontade destinada a criar a pessoa;
b) finalidade a ser implementada por ela;
c) suporte fático-estrutural *ao qual o direito atribua relevância jurídica.*

95. Em si, a personalidade de direito, consoante a admirável definição de Teran, é:

> O centro de imputação de um conjunto de obrigações ou deveres juridicamente estabelecidos. Em outras palavras, o sujeito de obrigações e direitos não é mais que o ponto unitário de concorrência que em forma sintética expressa uma série de circunstâncias, de obrigações e faculdades jurídicas.[48]

Para que exista uma pessoa jurídica, o essencial é a ocorrência das condições normativamente estabelecidas, os requisitos que o direito exige.[49]

96. Não é cogitável personalidade sem manifestação de vontade que se preordene a lhe dar origem (vontade pública, ou vontade privada expressa na conformidade das exigências legais); também não é admissível sem determinação da finalidade a qual esteja preposta a manifestação de vontade; igualmente, não é concebível sem a ocorrência dos pressupostos fáticos, concernentes a seu substrato estrutural, e havidos pela ordem normativa como relevantes. Estes últimos serão uma coletividade de membros, no caso das corporações, e a afetação de um patrimônio, no caso das fundações.

97. A Lei nº XXXX *manifestou a intenção de criar uma pessoa.* O art. 1º autorizou o Executivo a instituí-la, o que significa que o Poder Legislativo desejou entronizar no *universo jurídico um sujeito* de *direitos e obrigações.* (Como adiante se verá, em nossa sistemática jurídica, devem ser distinguidos criação e instituição. Deixemos este problema de lado, por enquanto).

Verifica-se, pois, a realização do primeiro requisito.

---

[48] TERAN, Juan Manuel. *Filosofia del derecho.* México: Porrua, 1952. p. 100.
[49] TERAN, Juan Manuel. *Filosofia del derecho.* México: Porrua, 1952. p. 98.

A mesma lei *fixou as finalidades* a serem implementadas pela pessoa, discriminando-as no art. 2º e seus vários itens. Teve a cautela, ainda, de dar a estrutura fundamental da entidade, no parágrafo único do art. 5º.

Tem-se, então, o cumprimento do segundo requisito.

Afinal, nos art. 39 e 4º, *fixou o substrato ou suporte fático* da entidade, firmando a base material juridicamente qualificada como ponto de apoio para a configuração estrutural da pessoa: seu patrimônio e recursos.

98. O art. 1º da Lei nº XXXX dispõe: "Fica o Poder Executivo autorizado a instituir uma Fundação, com a denominação de 'Fundação XXXX' de duração indeterminada, com sede e foro na Capital do Estado de São Paulo".

Como se viu, a própria lei criou – e só ela poderia criar – a Fundação XXXX, mas cometeu ao Executivo, como necessariamente teria que fazê-lo, o encargo de "instituir" a nova entidade.

99. Que significou com a palavra "instituir"? Significou que ao Executivo, por meio de decreto, destinado à "fiel execução das leis", como é próprio dele, caberia promover todas as medidas subsequentes necessárias ao funcionamento efetivo da pessoa.

100. A *existência jurídica* de um ente – e a Fundação XXXX passou a existir desde a edição da Lei nº XXXX – não se confunde com a *existência fáctica*, isto é, com sua atuação real, concreta, sensível.

Daí a necessidade da "instituição" da Fundação, ou seja, da promoção dos atos posteriores, jurídicos e materiais indispensáveis à realização concreta da vontade da lei.

101. Ao Executivo incumbiu, nos termos do art. 1º da citada lei, particularizar as disposições genéricas ao editar, por decreto, os estatutos da Fundação, ao ofertar-lhe os bens materiais requeridos ao seu desempenho, ao nomear, nos termos do art. 5º da mesma lei, as pessoas físicas responsáveis pela direção da entidade.

Isto é "instituir" a Fundação e isto compete efetivamente ao Executivo. Tais providências só por ele poderiam ser tomadas. Então, o decreto, posterior à lei, realizou aí sua função específica que é a de promover a "fiel execução das leis".

102. É muito importante notar que o que define a existência, a criação jurídica de um sujeito de direitos é o estabelecimento e a ocorrência dos requisitos jurídicos que a delineiam, e não a ocorrência fáctica dos mesmos requisitos.

O excelente jusfilósofo Juan Manuel Teran, tratando embora de outro problema, faz corretíssima demonstração do acerto desta afirmação ao considerar:

O que importa não é saber se as pessoas morais, em sentido jurídico, são pessoas coletivas; importa saber, isto sim, aquilo que faz com que sejam jurídicas. Acaso será a concorrência em um grupo de uma pluralidade de sujeitos? Não, porque pode dar-se situação inversa: surgir a personificação jurídica sem que tenha ocorrido a concorrência em um grupo. Por exemplo, foram instituídos pela regulamentação mexicana do art. 4º constitucional, os colégios profissionais; estabeleceu-se, primeiro um regime, depois virá a concorrência real dos sujeitos dentro de uma instituição normativa já prefixada.[50]

O que se deseja extrair da lição de Teran é o seguinte: podem inexistir, ainda, os suportes fáticos da existência de uma pessoa, entretanto, ela já existira juridicamente desde o instante em que a ordem jurídica os haja determinado, imputando-os à entidade.

103. O que importa juridicamente é o ato legal imputador e não a efetivação material por ele determinada.

Por isso mesmo "instituir", em nossa sistemática, corresponde a realizar providências efetivas, concretas, jurídicas e materiais, destinadas à implementação da vontade prevista no ato legal atributivo.

É comum nossas leis relativas à criação de entidades públicas cometerem ao Executivo a tarefa de instituir a pessoa. De fato, é mesmo o Executivo quem tem que instituir e quem pode instituir a pessoa.

Sem embargo, elas já estão criadas pela lei, mesmo porque só a lei as poderia criar.

104. *Fica visto, então, que a Fundação XXXX foi criada pela lei, não pelo decreto.* Tendo sido criada por lei também não poderia tê-lo sido por um *eventual registro.*

Não era, nem é necessário que a Fundação XXXX se registre.

Sobre a matéria já nos detivemos ao longo de todo o título X, nºs 62 a 78, pelo que é dispensável aduzir qualquer consideração fundamentada. Basta que se diga que a Fundação XXXX não tem por que registrar-se e andou acertadamente o Executivo ao dispensar-se do cumprimento de tão esdrúxula formalidade.

A Fundação XXXX, sendo pessoa pública, não nasceu, nem poderia nascer de um ato de registro.

4. O Decreto nº 44.703, de 7.4.1965, foi regularmente expedido ou é nulo e de nenhum efeito?

---

[50] TERAN, Juan Manuel. *Filosofia del derecho.* México: Porrua, 1952. p. 96.

– XIII –

105. O problema da nulidade e anulabilidade dos atos administrativos é dos mais difíceis e complexos dentre todos os que têm desafiado a pertinácia sistematizadora dos estudiosos da matéria.

106. No Brasil, há partidários da sistemática adotada no Código Civil – cujo transplante se crê factível ao direito administrativo. Tito Prates foi um dos ilustres difusores da tese.[51]

De outro lado, há partidários de uma classificação original, peculiar ao direito administrativo, tricotômica, construída por Seabra Fagundes – para quem a matéria deve ser governada segundo critérios intimamente ligados à noção de interesse público.[52]

Existe ainda quem, como Hely Meirelles, entenda só haver lugar para a nulidade, descabendo falar em anulabilidade relativamente a atos administrativos.[53]

107. Além do mais, os autores também não são concordes quanto à sistematização dos elementos indispensáveis ao ato administrativo; sabendo-se que a falta de qualquer deles acarretaria nulidade.

Zanobini, por exemplo, nos diz que: "nel caso degli atti amministrativi, sono elementi essenziali il soggetto, la volontà, il contenuto e la forma, quando è prescritta".[54]

Já Hely Meirelles sustenta que "o exame do ato administrativo revela nitidamente a existência de cinco elementos constantes em sua formação, a saber: *competência, finalidade, forma, motivo e objeto*".[55]

Fernando Mendes de Almeida refere-se aos mesmos elementos que Zanobini.[56]

Flavio Bauer Novelli entende que são quatro os elementos indispensáveis: sujeito, causa, conteúdo e forma.[57]

---

[51] PRATES, Tito. Atos administrativos nulos e anuláveis. *Direito: Doutrina, Legislação e Jurisprudência*, Rio de Janeiro, v. XIII, 1940. p. 4569.
[52] FAGUNDES, Miguel Seabra. *O controle dos atos administrativos pelo Poder Judiciário*. 3. ed. São Paulo: Saraiva, 1957. p. 60-96.
[53] MEIRELLES, Hely Lopes. *Direito administrativo brasileiro*. São Paulo: Revista dos Tribunais, 1964. p. 214.
[54] ZANOBINI, Guido. *Corso di diritto amministrativo*. Padova: Cedam, 1944. v. I. p. 341.
[55] MEIRELLES, Hely Lopes. *Direito administrativo brasileiro*. São Paulo: Revista dos Tribunais, 1964. p. 156.
[56] ALMEIDA, Fernando Henrique Mendes de. *Noções de direito administrativo*. São Paulo: Saraiva, 1966. p. 135136.
[57] NOVELLI, Flavio Bauer. A eficácia do ato administrativo. *Rev. de Dir. Administrativo*, v. 75. p. 17.

Seabra Fagundes relaciona a manifestação da vontade, o motivo, o objeto, a finalidade e a forma.[58]

Parece-nos que as divergências são muito mais concernentes à sistematização e à taxinomia que relativas ao conteúdo. De modo geral, todos consideram os mesmos elementos, ora sob diversa denominação, ora atribuindo-lhes alcance mais extenso compreensivo de elemento não explícito, mas contemplado igualmente.

Não cabe aqui entrar na polêmica ou nos internarmos em exame teórico aprofundado da doutrina, seja nacional, seja estrangeira que, aliás, é na Itália extremamente rica a propósito do problema.

Basta que se consigne, como foi feito, a dificuldade da matéria, motivo suficiente para sofrear tendências a uma análise aligeirada da questão.

109. Advertidos, embora, de que se está versando matéria difícil e controvertida, entendemos que, no caso vertente – situação jurídica do Decreto nº 44.703 – a solução é extremamente simples.

Procuraremos responder às questões propostas com a máxima simplicidade possível, sediando o problema em termos práticos e objetivos.

– XIV –

110. Diga-se, em primeiro lugar, que a expedição do Decreto nº 44.703 é, em si mesma, perfeitamente regular, nada se lhe podendo opor validamente.

O art. 43 da Constituição paulista estatui: "Compete ao Governador: a) sancionar e promulgar leis, expedindo regulamentos e decretos para sua fiel execução".

No caso em tela, a autoridade competente, governador do estado, praticou ato de sua alçada, *no exercício de prerrogativa constitucional*, destinado a instituir a Fundação XXXX, *em obediência ao art. 1º da Lei nº XXX*. Agiu, portanto, na qualidade de *chefe do Poder Executivo* (detentor, portanto, como é *elementar*, de todos os poderes que porventura assistam a seus subordinados), no sentido de promover, como era de seu direito e obrigação, a fiel execução da lei.

---

[58] FAGUNDES, Miguel Seabra. *O controle dos atos administrativos pelo Poder Judiciário*. 3. ed. São Paulo: Saraiva, 1957. p. 40.

– XV –

111. Indaga-se, ainda, se o decreto pode ser havido como nulo e de nenhum efeito.

A regularidade formal da expedição do decreto não pode ser contestada, seja porque procedeu de agente competente, seja porque se expressou da forma jurídica adequada e típica, seja porque versou matéria administrativa, devidamente precedida de lei.

112. Pode-se inferir, então, que as dúvidas arguíveis – esdrúxulas que sejam – hão de se localizar nas seguintes questões:
   a) podia o Decreto nº 44.703 ser o veículo idôneo para execução do disposto na Lei nº XXXX?
   b) corresponde o decreto em apreço à fiel execução da lei, expressando devidamente a vontade legislativa?

113. Sem dúvida possível, o Decreto nº 44.703 podia ser, como foi, um instrumento juridicamente idôneo para execução da Lei nº XXXX.

Aliás, sendo *prerrogativa constitucional do governador do estado expedir decretos e regulamentos para execução de leis*, nenhuma lei poderia negar-lhe tal poder. Mas, no caso em tela, a própria Lei nº XXXX, em seu art. 1º, atribuiu ao Executivo, expressamente, o encargo de instituir a Fundação XXXX. Em cumprimento a ela o Executivo agiu por meio do mais solene, mais elevado e mais típico de seus atos: o decreto.

De resto, unicamente por decreto seria possível ao Executivo pôr em execução a vontade efetiva da lei. Com efeito, a instituição da pessoa pública só poderia mesmo ser feita por meio de ato de direito público e necessariamente regulamentar, pois, em face da generalidade da Lei nº XXXX, era indispensável pormenorizar a estrutura e organização da pessoa, exigência esta também prevista – *e de modo expresso* – no art. 5º do diploma citado.

114. É verdade que o mencionado artigo previa o registro da Fundação, conforme a foi salientado, e que o art. 6º indicava o procurador-geral do estado como representante do Executivo no ato de instituição da entidade. O certo, porém, é que nenhum destes dois reparos pode significar óbice à legitimidade do decreto.

Como foi visto no título X, nºs 62 a 79, o registro não tinha mesmo que ser produzido, sob pena de flagrante violação do espírito da lei, apesar do entendimento a sua letra. Além disto, o objetivo legal, sempre de acordo com demonstração já procedida, ao prever o registro, foi superiormente alcançado por meio do decreto.

115. Por outro lado, os estatutos da Fundação, como pessoa de direito público que é, necessariamente deveriam ser estabelecidos por

decreto, ato de competência do governador e não do procurador geral do estado.

116. Afinal, é princípio elementar, conhecido de qualquer estudante de direito, que o superior hierárquico pode absorver as competências de seu inferior. O que pode seu subordinado pode também, com maior razão, seu hierarca – salvo restrição legal.

No caso em tela, a aplicabilidade do princípio se realça com gritante veemência, uma vez que ao procurador do estado o art. 6º atribuirá simplesmente a função de representar o Estado. Ora, quem melhor que o chefe do Executivo para representá-lo?

117. Assim – pondo fecho a esta primeira linha de considerações – seja dito que o ato do governador do estado, consubstanciado no Decreto nº 44.703, ao instituir a Fundação XXXX, correspondeu ao meio idôneo e correto de cumprir o disposto no art. 1º da Lei nº XXXX. Atendeu com as necessárias providências e superiores garantias àquilo que o citado diploma legal pretendia.

118. Por outro lado, considerado em sua inteireza, isto é, como peça una, e tendo em vista seus traços fundamentais, o Decreto nº 44.703 correspondeu simplesmente à fiel execução da lei, expressando pormenorizadamente a vontade legislativa.

119. Não cabe aqui discutir minuciosamente cada artigo do decreto. Nem vem a pelo esmiuçar suas várias cláusulas para determinar se se contiveram todas elas dentro dos estritos limites do que a lei permitia.

Realmente, ainda que se possa questionar alguns dispositivos, o que está posto em causa pela indagação é a validade ou nulidade de pleno direito, *do decreto em si* e não de algum dispositivo particular que nele se contenha.

Mesmo que fosse recusável juridicamente alguma disposição específica, este fato não infirmaria o decreto instituidor da Fundação e menos ainda – pena de rematado dislate – implicaria sua nulidade. Se ocorrente a hipótese cogitada, nulo ou anulável seria o dispositivo excedente ou contraditório da lei, mas não o decreto em sua inteireza. Este princípio comezinho, ao alcance de qualquer leigo, dispensa demonstração, porque exigido pelo mais elementar bom senso.

120. Convém, entretanto, tecer algumas considerações em torno das linhas fundamentais do Decreto nº 44.703, a fim de ser verificado se atendeu ao espírito da Lei nº XXX e se forneceu os meios de viabilização.

O art. 1º declara instituída a Fundação e, com louvável cautela, afirma o óbvio – infelizmente necessário em nossos meios administrativos – isto é, que se trata de autarquia estadual, dotada de capacidade pública e autonomia financeira e administrativa.

121. A expressão "autarquia" praticamente só é usada com frequência no Brasil e na Itália, de onde importamos o termo. Na Argentina também se faz uso comedido do vocábulo, e mais raramente em Portugal. Em outros países, como na Alemanha, adota-se a expressão "corpos de administração própria" (*Selbstverwaltungkörp*). Na França e Bélgica, à falta de uma denominação genérica, usam-se os termos "estabelecimento público" (referido ao que chamamos autarquia institucional), "ordens profissionais" e "departamentos", "províncias" e "comunas". Todas estas denominações se unificam dentro da categoria pessoas de direito público e correspondem aos diferentes tipos de entidades radicalizadas pelo vocábulo "autarquia", cujo uso, conforme se deixou dito, circunscreve-se a poucos países, sendo desconhecido na França e Bélgica.

Nesta brevíssima exposição, pretendeu-se deixar claro que o termo "autarquia" é expressão ampla compreensiva de todas as pessoas de direito público de caráter exclusivamente administrativo. Sucede apenas que nem todos os países possuem termo de latitude equivalente, necessitando servir-se de várias nomenclaturas parceladas para designar o objeto conhecido como autarquia. É bem verdade que, por vezes, ao desejarem designar, em conjunto, estes diferentes tipos de autarquia, socorrem-se de uma expressão mais adaptada à ciência da administração, a saber: descentralização administrativa.

122. A conclusão do exposto, velhíssima na Itália (mãe da expressão "autarquia"), e conhecida de qualquer estudioso que haja tido o mais superficial contato com a doutrina italiana, é que autarquia é termo de batismo que designa tanto corporações como fundações de direito público.

É, igualmente, perceptível que a base estrutural de *quase todas as autarquias brasileiras* é fundacional. Em outras palavras: são fundações públicas, conquanto não se use, com habitualidade, esta designação.

Tirante as ordens profissionais e uma ou outra (raríssima) entidade autárquica, todas as demais pessoas deste tipo, no Brasil, são fundações públicas.

Costuma-se chamá-las pura e simplesmente de autarquias, fato que em nada contradita a circunstância de serem pessoas de base fundacional e disporem de capacidade de direito público.

123. Em conclusão: autarquia é a pessoa jurídica de direito público de capacidade estritamente administrativa. Dependendo de seu substrato estrutural é corporação pública ou fundação pública.

A circunstância de ter-se incrementado em data recente, entre nós, o uso da expressão "fundação pública" não significa em absoluto o nascimento de uma nova forma de personalidade pública. Significa, unicamente, que se tem usado, mais recentemente, denominação específica, ao invés do termo genérico, pois fundação pública sempre existiu entre nós, como espécie do gênero autarquia, desde a introdução deste instituto jurídico no país.

124. Considerando que, entre nós, sempre se designou como autarquia justamente aquele tipo de pessoa marcado pelo caráter de fundação pública – isto é, patrimônio público afetado pelo Estado ao cumprimento de uma finalidade pública –, chega a causar estupefação a estranheza de muitos ao se dizer que fundação pública é autarquia.

125. Assim, o art. 1º do Decreto nº 44.703 afirmou o óbvio, o curial, o meridiano, mas fez bem em fazê-lo, porque no Brasil, lamentavelmente, em matéria jurídica isto é muitas vezes necessário.

Então, o art. 1º do Decreto nº 44.703, ao declarar instituída a Fundação XXXX e ao afirmar-lhe o caráter de autarquia, longe de violar a *lei*, simplesmente esclareceu, *didaticamente*, aos incautos ou desconhecedores da matéria aquilo que já poderiam saber se fossem mais versados no tema. Exerceu, portanto, salutar ação pedagógica explicando, em termos acessáveis aos leigos, aquilo que tecnicamente estava expressado na lei.

O dispositivo, supõe-se, teve em mira explicitar, ao corpo burocrático do Estado – não jurídico, certamente – e aos administrados em geral, a singela noção de que a fundação pública é autarquia e de que por decreto se institui.

126. Nos títulos I e II o decreto em questão, de modo geral, repete ou pormenoriza o próprio texto da Lei nº XXXX. No Título III, discrimina seus recursos. No Título IV, dá cumprimento ao art. 5º da lei em que se funda, detalhando a organização da entidade. Nos títulos V e VI, dispõe sobre o funcionamento e competência da junta executiva e assessoria didática, o que de resto era indispensável fazer, como complemento natural do Título IV.

127. Em síntese: no fundamental o Decreto nº 44.703 é perfeitamente válido e é idôneo para pôr em execução a Lei nº XXXX. Se alguns dispositivos são suscetíveis de reparo – o que exigiria exame minucioso de cada um de seus artigos –, não afetam a validade substancial do texto, merecendo alguma supressão ou revisão, insuscetível de macular a validade jurídica do decreto como um todo, pois que este implementou regularmente as condições essenciais necessárias para fiel consecução das finalidades da lei.

5. Pode um decreto extinguir a Fundação XXXX?

128. Um decreto não pode extinguir a Fundação XXXX, pois isto implicaria violar a Lei nº XXXX. A resposta a esta questão, bem como a seus fundamentos, é deduzível imediatamente das considerações expeditas *retro*. *Vide*, sobretudo, Título VIII, nºs 50, 51 e 52, em que a pergunta está expressamente respondida. *Vide* ainda nºs 88, 89 e 90 do Título XIII.

6. É o decreto meio idôneo para pôr em efetivo funcionamento uma entidade criada por lei. Neste caso o Decreto nº 44.703 preencheu as condições para consecução das finalidades objetivadas pela lei?

– XVI –

129. O decreto é o meio típico de expressão da vontade do Poder Executivo para pôr em execução as leis. Assim, é, também, o meio idôneo para pôr em efetivo funcionamento uma entidade pública criada por lei. O Decreto nº 44.703 preencheu as condições para consecução das finalidades previstas na Lei nº XXXX.

A questão, todavia, já foi tratada fundamentadamente em os nºs 112 a 127 do Título XV.

7. Se pública a Fundação XXXX, poderia ser transformada em fundação privada por decreto? Ou vice-versa?

– XVII –

130. Um decreto não pode transformar uma fundação pública em fundação privada, porque sendo ato administrativo está subjugado à lei. Cumpre-lhe executá-la simplesmente. A matéria já foi amplamente tratada em os nºs 50, 51, 52, 88, 89 e 90.

8. Se admissível a mutação da natureza por ato executivo, quais as consequências da transformação da Fundação XXXX de pessoa pública em pessoa privada? Qual a situação jurídica de:
   a) seus diretores;
   b) empregados;
   c) compromissos;
   d) patrimônio?

– XVIII –

131. Está prejudicada a questão. Como não é admissível a mutação suposta na pergunta, não há que cogitar de efeitos jurídicos que nunca poderiam ser produzidos.

9. Qual a natureza da relação jurídica que vincula a Fundação XXXX a seus servidores?

– XIX –

132. A Lei nº XXXX, ao mesmo tempo em que autorizava o Executivo a instituir a Fundação XXXX, silenciava quanto à natureza das relações jurídicas entre esta e seus servidores.

Não lhes atribuiu um regime análogo ou equivalente ao do funcionalismo público; não criou cargos nem formou quadro de pessoal para a entidade. Simplesmente deixou em aberto a questão.

133. É em face desta omissão legal que deve ser discutida a matéria. Percebe-se que sua solução deverá ser buscada nos princípios que norteiam o sistema jurídico brasileiro em geral.

134. Entendemos que o problema se governa por dois princípios básicos:

a) em primeiro lugar, sendo a Fundação XXXX uma pessoa pública – uma autarquia –, entende-se que seus servidores, embora não possam ser considerados funcionários públicos, são agentes cuja atividade se preordena à consecução do interesse público. Este fato imprime um caráter peculiar na relação que entretém com a entidade, diversificando-os dos empregados de empresa particular.

Com efeito, os agentes da Fundação XXXX exprimem ou simplesmente executam, conforme o respectivo escalão, o interesse público concreto. Ora, as finalidades que o Estado assume como próprias, seja por meio de sua ação direta, seja por meio de pessoas que desdobra de si mesmo, sujeitam-se a uma proteção especial, que forçosamente há de se refletir no relacionamento entre a pessoa e o agente.

135. Como guardas e realizadores do interesse público, os servidores de autarquia estão sujeitos a deveres e restrições desnecessários – e por isso mesmo inexistentes – nos vínculos trabalhistas próprios do direito privado.

136. b) Em segundo lugar, faltando-lhes um regime específico estatuído por lei, não podem ficar ao desamparo, órfãos de qualquer legislação protetora. Sob pena de burla da Constituição brasileira, assistem-lhes, no mínimo, as garantias fundamentais atribuídas ao trabalhador no Brasil. Estas se encontram expressas no art. 156 e parágrafo único e 157 da Constituição da República, consubstanciando-se, afinal, na Consolidação das Leis do Trabalho.

137. É indispensável harmonizar estas duas situações: a de servidor público não funcionário, que acarreta certos ônus, restrições e gravames previstos também na Constituição Federal (de que são exemplos o art. 77, n. II, nova redação do art. 139 em seus nºs I, letra "c", e II, letra "d", da Emenda Constitucional nº 14, art. 141, §38, e art. 209) e a de trabalhador sem regime específico e por isso mesmo beneficiado pela legislação trabalhista.

138. A conciliação, na verdade, é simples. Aplica-se aos servidores da autarquia Fundação XXXX todo o regime trabalhista com exceção dos dispositivos que colidam com sua condição de agentes públicos.

Assim, por exemplo, não lhes assiste o direito de greve, porque incompatível com o princípio de continuidade do serviço público. Sofrem restrições quanto à elegibilidade, nas hipóteses da Emenda Constitucional nº 14 etc.

139. Nada empece ainda que o Decreto nº 44.703 tenha estabelecido certas disposições especiais relativas ao exercício de suas funções, desde que não sejam ofensivas a nenhum texto legal ou constitucional e que mantenham simplesmente na esfera de determinação das boas condições de serviço.

140. Em conclusão: a natureza da relação é pública – conquanto inassimilável à do funcionalismo público – mas o regime que preside direitos e deveres é e só poderia ser (em face da omissão da lei) basicamente o da legislação trabalhista, com as duas seguintes ressalvas: a) são inaplicáveis os direitos atribuíveis pela legislação trabalhista que conflitem com o caráter público da relação: b) aplicam-se aos servidores da Fundação XXXX as disposições constitucionais específicas – já mencionadas – relativas aos empregados e administradores autárquicos.

10. Pode o Executivo, por decreto, modificar a relação que vincula os seus servidores?

– XX –

141. Os atuais servidores da Fundação XXXX têm direitos adquiridos, decorrentes de seus contratos de trabalho, realizados na conformidade da ordem normativa atualmente vigorante. Assim, novo decreto não pode elidir os direitos em que estejam *regularmente* investidos.

142. Outrossim, como se sabe, a função do decreto é promover a fiel execução das leis. Como ato administrativo que é, destina-se a realizar o interesse público concreto, seja pormenorizando seja especificando aquilo que já se contém genericamente no ordenamento legal. Dentro destes limites e tendo em vista modificação ou melhoria das condições de serviços, não lhe é vedado promover alterações no regime de pessoal da Fundação XXXX.

143. Sem embargo, a *natureza, em si*, da relação que vincula a Fundação XXXX e seus servidores não pode ser modificada pura e simplesmente por um decreto, uma vez que a situação jurídica destes resulta do sistema legal como um todo, conforme se viu, embora não provenha de uma lei especificamente ditada em vista deles.

144. Já se viu que a natureza da relação entre a Fundação XXXX e seus servidores resulta necessariamente da composição de dois elementos que a definem:

a) o caráter público resultante da qualidade de agentes públicos e por isso mesmo submissos a certos princípios peculiares ou disposições específicas que têm em mira salvaguardar o interesse público em face dos próprios agentes;

b) a aplicabilidade, no geral, da legislação trabalhista, por ser o direito comum do empregado de pessoa governamental ao qual falte regime específico.

Estes são os traços que afeiçoam a natureza da relação jurídica travada entre a Fundação XXXX e seus servidores. Isto, naturalmente, não pode ser modificado por decreto, sem lei que autorize.

145. Ressalve-se, todavia, que as condições de serviço e, portanto, o influxo dos fatores contemplados no item "a" podem ser determinantes de alteração, por decreto, de certas disposições próprias da legislação do trabalho.

O que não se lhes pode elidir são os direitos e garantias mínimas que a Constituição atribui ao trabalhador no Brasil.

11. Quais as características de funcionamento da fundação pública?

– XXI –

146. Já se deixou dito, reiteradas vezes, que a fundação pública (ou fundação de direito público) é espécie do gênero autarquia. O que possui de característico é a circunstância de ter como substrato estrutural um patrimônio afetado à realização de um fim público.

147. Em face do exposto, seu regime, suas características de funcionamento, portanto, são os mesmos de qualquer autarquia. Ocorre que a lei responsável pela criação de cada entidade autárquica imprime certas feições particulares havidas como convenientes ao bom desempenho dos fins atribuídos.

Assim, cada qual tem uma estrutura própria, uma organização específica e prerrogativas e privilégios consentâneos com os objetivos a que servem.

148. A pergunta, portanto, visa certamente obter informação sobre os caracteres gerais e não os específicos ou particulares, uma vez que estes estão desenhados tanto na Lei nº XXXX, quanto no Decreto nº 44.703.

149. Não é possível aqui analisar teoricamente, em sua inteireza, o sistema de funcionamento das fundações públicas ou autarquias, uma vez que tal trabalho equivale à apresentação do "regime jurídico das autarquias", tarefa que demandaria um trabalho monográfico alentado.

150. É possível, isto sim, traçar algumas características mais evidentes e que são imediatamente deduzíveis a partir dos traços fundamentais que definem a natureza da autarquia.

151. As fundações públicas sujeitam-se ao controle administrativo e financeiro do Estado, pelo que são alcançadas pelo instituto da tutela.

152. Estão adstritas à obediência do regime de contabilidade pública e suas operações concernentes à aquisição de bens subordinam-se ao regime de concorrência (coleta de preços, concorrência administrativa e concorrência pública, conforme o caso).

153. É obrigatória a apresentação das contas das fundações públicas ao Tribunal de Contas do Estado para que sejam julgadas.

154. Sendo entidades públicas, estão subordinadas ao princípio da legalidade, da obrigatoriedade do desempenho de seus escopos, da continuidade do serviço público, da isonomia no tratamento dos administrados e aos demais princípios que informam a ação administrativa.

155. Gozam da imunidade tributária prevista no §1º do art. 2º da Emenda Constitucional nº 18.

156. Tem a respaldá-las a responsabilidade subsidiária do Estado e seus atos fruem das prerrogativas de autoridade e supremacia próprias das entidades públicas, donde a presunção de veracidade de seus atos.

157. Beneficiam-se, ainda, da série de privilégios concedidos por várias leis, genericamente, as entidades autárquicas, como a impenhorabilidade e imprescritibilidade de seus bens e rendas (Constituição Federal, art. 204): recurso de ofício das decisões judiciais que lhes forem contrárias (Código de Processo Civil, art. 822, parágrafo único); prazos em quádruplo para contestação e em dobro para interposição de recursos (Código de Processo Civil, art. 32 e Decreto-Lei nº 7.659, de 21.6.1945); pagamento de custas só a final, quando vencidas em juízo (Código de Processo Civil, art. 56, §1º); prescrição quinquenal de suas dívidas passivas (Decreto-Lei nº 4.597, de 19.8.1942); ação executiva para cobrança de suas dívidas ativas (Decreto nº 960, de 17.12.1938) etc.

158. Em suma: seu regime de funcionamento, seus benefícios e privilégios são aqueles próprios das autarquias em geral. Reversamente e tendo em vista a garantia dos interesses públicos que prosseguem, submetem-se a controle destinado a salvaguardar o interesse coletivo.

12. Haveria proveito jurídico para a Administração Pública na transformação da Fundação XXXX em fundação privada?

– XXII –

159. A pergunta é mais de ciência de administração que de direito administrativo. Sem embargo, não titubeamos em responder que nenhum proveito haveria para o Poder Público e o interesse coletivo na mutação da natureza da Fundação XXXX.

160. Com efeito, o regime a que se submete outorga-lhe, como se viu, uma série de prerrogativas destinadas a facilitar sua ação e a tornar pronto e efetivo o alcance a seus elevados subjetivos. Por outro lado, na medida em que acarreta sujeições e controles, tanto por parte da própria Administração (controle administrativo e financeiro) quanto por parte do Tribunal de Contas, garante e protege a lisura de seu desempenho, defendendo o interesse público inclusive contra seus agentes.

161. A transformação em entidade privada – só possível, aliás, por lei que revogue a Lei nº XXXX – implicaria elisão de todas as prerrogativas e vantagens, assim como de todos os gravames e sujeições que permitem adequá-la e conservá-la dentro da faixa de interesses públicos.

Apenas para exemplificar: desapareceria o controle administrativo e financeiro, a sujeição ao regime de contabilidade pública, o dever de realizar concorrências ou de prestar contas ao Tribunal de Contas, segundo o regime próprio das autarquias.

É este o meu parecer sobre a matéria, s.m.j.

São Paulo, 22 de setembro de 1966.

EMENTA: CONTROLE JUDICIAL DOS LIMITES DA DISCRICIONARIEDADE ADMINISTRATIVA – EXAME DOS MOTIVOS OU PRESSUPOSTOS DO ATO – A NOÇÃO DE "CAUSA" COMO REQUISITO DE LEGALIDADE

O Dr. XXXX formula-nos a seguinte:

Consulta

É permitido ao Poder Judiciário examinar se ocorreu ou não a "urgência", pressuposto que autoriza a convocação, por prefeito ou mesa da câmara, de sessão extraordinária da edilidade, tendo em vista que a lei orgânica dos municípios prevê este tipo de sessão e o Regimento Interno da Câmara Municipal de XXXX – à moda do que estabelece a maioria dos regimentos – especifica o que deve ser entendido por "urgência"?

Parecer

Dispõe o art. 18 do Decreto-Lei Complementar nº 9, de 31.12.1969 (Lei Orgânica dos Municípios do Estado de São Paulo):

Art. 18. A Câmara poderá ser convocada extraordinariamente pelo Prefeito ou pela Mesa, quando houver *matéria de interesse público relevante e urgente a deliberar*.

Percebe-se, obviamente, que a Lei Orgânica traçou uma distinção entre dois tipos de sessões: as ordinárias e as extraordinárias. Estas, para serem convocadas – diversamente das anteriores –, dependem da conjugação de dois requisitos: *interesse público relevante e urgência*.

Este é o traço distintivo, o elemento que caracteriza a produção de tal tipo de sessões e autoriza a convocá-las. Se a lei desejou estabelecê-lo, é forçoso concluir que se trata de característica *juridicamente* relevante, que, pois, existe perante o direito. E, para que se possa afirmar-lhe congruentemente a *existência*, cumpre possa ser aferida; ou seja: importa reconhecer que a decisão sobre sua ocorrência ou inocorrência tem alguma *significação real*.

Mais ainda: impõe-se aceitar que se *alguém* só pode convocar sessões extraordinárias se obedecer aos requisitos de lei, entre os quais se inclui a urgência e a relevância, *outrem* terá o *direito* e o *dever* de dizer se foram ou não obedecidos mencionados requisitos. Dado que as condições em causa foram previstas pela lei, a matéria é jurídica, é *de direito*.

Caso inexistisse a possibilidade de o Judiciário pronunciar-se sobre a matéria, a distinção em causa seria inútil, supérflua, sendo, pois, acolhida ou não – como bem o desejasse – pelo próprio agente cuja competência a lei decidiu limitar, ao desenhar-lhe o conteúdo por meio do enunciado das condições em que poderia ser exercitada.

Segue do considerado que o pressuposto inafastável da existência da distinção entre convocação para sessão ordinária e para sessão extraordinária consagrada pela norma reside na possibilidade de ser aferido o real acontecimento dos requisitos erigidos pela lei em suporte fático destes atos.

Negar tal conclusão conduziria a entender que as palavras da lei não significam nada e que devem ser reputadas não escritas; seria o mesmo que concluir que uma distinção estabelecida pelo legislador (com relevantes consequências, inclusive para fins de perda de mandato de vereador por ausências, conforme o tipo de sessão) pode ser ignorada pelo intérprete, cabendo a este ou ao juiz fazer "tábula rasa" do que a lei dispuser.

Em outros termos: admitir-se que o intérprete tem a faculdade e o Judiciário a obrigação de ignorar o que está estatuído na lei implica duas gravíssimas consequências, a saber:
1. Imputar ao intérprete e ao juiz o poder de legislar, pois examinar a lei para concluir que o que nela consta é "como se não constasse" equivale, em substância, a legislar em sentido

contrário ao fixado na lei. Corresponde a fixar uma *outra* norma, não coincidente com a aquela tomada como ponto de partida.

Com efeito: a ablação das palavras e *distinções* estabelecidas pela lei é o equivalente de uma revogação. E revogar uma lei é legislar em sentido contrário ao dantes legislado. Ora, afirmar que uma distinção legal é inaferível é o mesmo que suprimir-lhe a existência, por despi-la de qualquer significação.

Vista a questão por outro prisma, esta primeira consequência é ainda mais grave. Sustentar que o Judiciário não pode conhecer das distinções estabelecidas pela lei é sonegar-lhe a função específica; é, afinal, furtar-lhe o papel de guardião da legalidade e atribuir-lhe indecorosamente, em múltiplos casos, a comprometedora posição de um Pilatos, que lava as mãos perante o direito, confinando-o a uma passividade que é omissão no cumprimento do dever.

2. A segunda inadmissível consequência consistiria em ampliar as regras de competência dos agentes, na medida em que delas se suprimam tanto os pressupostos objetivos, fáticos, autorizadores de sua manifestação, quanto aos fins que legitimam seu válido exercício.

Deveras: se a lei indica os *motivos* que propiciam um dado proceder, a competência está restrita às hipóteses em que tais pressupostos empíricos sejam ocorrentes.

Além disto, as finalidades da lei só serão atendidas quando se cumpram os pressupostos previstos como necessários para a busca de certo objetivo, cuja persecução foi antecipadamente condicionada à ocorrência prévia de determinadas circunstâncias.

Estes enunciados, de cristalina limpidez, que, provavelmente, ninguém afrontaria explicitamente, costumam ser desconsiderados, desatendidos e implicitamente arrazoados em nome do respeito ao "mérito do ato" e da reverência perante a "discricionariedade administrativa".

É óbvio que tal sucede por um conhecimento inexato, impreciso e muito superficial do que seja "mérito" do ato administrativo e "discricionariedade" encontradiça nele. É inegável que o tema é difícil e, bem por isso, surge uma *aparente* contradição entre a margem *legal* de liberdade administrativa e a própria deferência ao disposto na lei que, de sua vez, requer, ineludivelmente, *apreciação judicial da discricionariedade.*

A falta de uma correta composição de ambos os termos deste binômio leva, muita vez, a uma injustificável extensão da discricionariedade ou, dizendo com maior rigor, conduz a que se reconheça ao administrador um poder muito maior do que lhe foi cometido pela lei e, reversamente, ao juiz, um poder muito menor do que lhe foi atribuído pela Constituição.

Antes de profundar o tema, é útil relembrar que toda vez que se dá por suficiente para a lisura de ato questionado a mera invocação, pelo administrador, das expressões legais vagas sobre que pretende calçar sua discricionariedade plena, está-se implicitamente renegando as assertivas enunciadas no tópico I deste estudo, as quais, é de se supor, jamais seriam rejeitadas por qualquer estudioso do direito. A mesma impropriedade sucede quando o administrador ou o intérprete, em geral, supõem que o uso de terminologia vaga adotado pela lei confere, *ipso facto, plena* senhoria à Administração sobre a determinação do conteúdo real dos conceitos imprecisos contidos na norma. É o caráter fluido e escorregadio de certas palavras – meros rótulos que frequentemente abrigam conceitos igualmente fluidos e escorregadios – que propicia ao administrador resvalar tranquilamente para a ilegalidade, deslizando para além das fronteiras do legítimo com o passaporte todo-poderoso da "discricionariedade", verdadeira chave-mestra com que arromba direitos e garantias dos administrados, imaginando-se imunizado contra a ação repressiva do Judiciário.

Desde logo, considere-se que todo e qualquer conceito, por mais vago e impreciso que seja, é por definição uma noção *finita*.

"Um conceito tem *limites* do contrário não seria um conceito", é o que relembra o eminente catedrático de Direito Administrativo de Coimbra, Prof. Afonso Rodrigues Queiró,[59] esforçado em Walter Jellinek.

Em sendo assim, não importa quão vaga seja a expressão utilizada pela lei, haverá sempre um ponto a partir do qual *objetivamente* poder-se-á reconhecer se subsiste ou não subsiste o *atendimento ao conceito legal* reportado aos *motivos previstos* ou aos *fins* que um ato pode validamente alcançar. Contestar esta afirmação seria aceitar que conceitos e palavras que os rotulam podem *não possuir significação alguma* e que a lei ao utilizá-los nada desejou dizer, valendo-se delas por mera pilhéria.

---

[59] QUEIRÓ, Afonso Rodrigues. A teoria do desvio de poder em direito administrativo. *RDA*, v. VII. p. 53.

O primeiro ponto que se pode firmar é de que toda noção tem uma área nuclear, central, sobre cuja significação todos estarão do acordo. Tem, outrossim, uma zona circundante nebulosa que se constitui em penumbra imprecisa, de confins esmaecidos e *que constitui precisamente o campo de liberdade discricionária, o "mérito do ato"*, a região insindicável pelo juiz, pela inexistência de um modelo, de um padrão, *objetivo* de contraste. Tem finalmente um ponto extremo, além do qual tudo mais lhe será exterior e seguramente não incluído em seu âmbito de significação. Ou, como bem o expressa Genaro Carrio:

> [...] hay casos centrales o típicos, frente a los cuales nadie vacilaría en aplicar la palabra, y casos claros de exclusión respecto do los cuales nadie dudaría en no usarla. Pero en el medio hay una zona más o menos extendida de casos posibles frente a los cuales, cuando se presentan, no sabemos que hacer.[60]

Em todo o qualquer caso de discricionariedade, por mais genéricas, vagas ou imprecisas que sejam as expressões legais qualificadoras dos motivos (pressupostos fáticos abstratamente previstos na lei) ou dos fins, o Judiciário poderá e deverá sindicar o ato, averiguando se a significação *nuclear* do conceito sintonizado na palavra foi ou não respeitada. Isto é, caber-lheá sempre aferir se os requisitos legais foram atendidos, o que desde logo é possível no concernente à significação mínima, central, que toda e qualquer palavra, que todo e qualquer conceito possuem.

Caberá ao juiz verificar se certos pressupostos empíricos e se certas finalidades manifestamente correspondem ou manifestamente não correspondem às previsões abstratas dos motivos e dos fins estereotipados na lei.

Caio Tácito, após mostrar a evolução da jurisprudência brasileira, comentando acórdão do STF (Recurso Extraordinário nº 17.126, de 31.8.1951, e em que foi relator o Ministro Hahnemann Guimarães), observa com sua proverbial lucidez e clareza:

> A decisão do Supremo Tribunal Federal, que ora comentamos, destacase no laconismo do seu enunciado, pela excelente síntese com que exprime o alcance do exame jurisdicional. A regra ali expressa abrange o exato limite entre a legalidade e a discrição. Define como tema da

---

[60] CARRIO, Genaro. *Notas sobre derecho y leguaje*. Buenos Aires: Abeledo Perrot, 1972. p. 29.

competência do Poder Judiciário, "apreciar a *realidade* e a *legitimidade* dos motivos em que se inspira o ato discricionário da Administração". Os atos administrativos são nulos quando o motivo invocado é falso ou inidôneo. Ou o antecedente é inexistente ou a *autoridade lhe deu uma apreciação indevida, sob o ponto de vista legal* [...] [este grifo é nosso]. Sob as duas formas que, na doutrina francesa se qualificam de *inexistência material e inexistência jurídica dos motivos*.[61]

É extrema ingenuidade supor que a mera invocação das palavras legais relativas aos fundamentos que o ato deve ter ou finalidades que deve perseguir seja suficiente para subtraí-lo ao exame judicial quando as expressões normativas se revestem de imprecisão, nebulosidade, ou de um teor genérico, fluido ou indeterminado.

Acreditar que, nos casos desta ordem, o agente está livre graças à invocação destas expressões semi-indefinidas corresponde a atribuir-lhe uma significação "mágica". Equivale a conferir-lhes aquele condão de transformar as coisas, de reconstruir as realidades, de fabricar um universo de fantasia, como sucede nas histórias de fadas e contos infantis. Para o agente público, não há "abracadabras", *justamente* porque o Judiciário pode comparecer sob apelo dos interessados, a fim de confinar o comportamento pretensamente discricionário ao plano da legitimidade e do respeito aos direitos e garantias do administrado.

Com efeito, calham aqui, à fiveleta, novamente, as justíssimas observações do mestre Caio Tácito:

> Daí a necessidade de conduzir o controle de legalidade à verificação da matéria do fato. A lei não é um artifício automático mas um processo de graduação de valores materiais em função do critérios abstratos e gerais. A existência jurídica do ato não se resume na propriedade da norma invocada, mas em pleno ajustamento à hipótese concreta.[62]

Cumpre atentar, ainda, para o fato de que quando a lei não redefine conceitos e noções utilizados na linguagem corrente ou quando não especifica o conteúdo exato das expressões que utiliza, isto significa que encampa e absorve a significação comum, usual, que a palavra tem no uso diuturno, leigo. Em tais casos, ao intérprete e ao Judiciário incumbe partir da significação central corrente do termo

---

[61] TÁCITO, Caio. A inexistência dos motivos nos Atos administrativos. *RDA*, v. 36. p. 79-80.
[62] TÁCITO, Caio. A Administração e o controle da legalidade. *Revista de Direito Administrativo*, v. 37, 1954. p. 8.

e correlacioná-la com os objetivos da norma e do instituto jurídico a que ela se reporta, a fim de determinar seu alcance, tal como se faz usualmente no mecanismo habitual de comunicação humana; isto é: capta-se a significação das palavras em função do contexto em que estão utilizadas.

Não vai, na indicação da necessidade do exame judicial dos motivos em que se embasou o ato, qualquer proposta audaciosa. Já de longa data o precitado mestre Caio Tácito demonstra sua juridicidade e a acolhida que lhe tem dado nossos tribunais.

É útil colecionar algumas de suas observações:

> Em repetidos pronunciamentos, se nossos tribunais têm modernamente firmado o critério de que a pesquisa da ilegalidade administrativa admite o conhecimento, pelo Poder Judiciário, das circunstâncias objetivas do caso. Ainda recentemente, em acórdão no recurso extraordinário nº 17.126 o Supremo Tribunal, exprimiu, em resumo modelar, que "cabe ao Poder Judiciário apreciar a realidade e a legitimidade dos motivos em que se inspira o ato discricionário da administração".[63]

Com efeito:

> Se inexiste o motivo, ou se dele o administrador extraiu conseqüências incompatíveis com o princípio de direito aplicado, o ato será nulo por violação de legalidade. Não somente o erro de direito como o erro de fato, autorizam a anulação jurisdicional do ato administrativo.[64]

Finalmente, observa-se que, sendo função do agente público cumprir a vontade da lei, assiste, ainda, ao Judiciário, para aferir tal obediência, examinar a "causa" do ato, entendida esta na acepção específica que lhe dá André Gonçalves Pereira, ou seja: "A causa é uma relação de adequação entre os pressupostos do acto e o seu objeto".[65]

Em suma: cumpre que exista uma congruência, uma compatibilidade lógica, uma relação de pertinência entre o elemento empírico, objetivo, que serviu de suporte para a prática do ato e seu conteúdo.

---

[63] TÁCITO, Caio. A Administração e o controle da legalidade. *Revista de Direito Administrativo*, v. 37, 1954. p. 8.
[64] TÁCITO, Caio. *Desvio de poder em matéria administrativa*. Rio de Janeiro: [s.n.], 1951. p. 16-17.
[65] PEREIRA, André Gonçalves. *Erro e ilegalidade no acto administrativo*. Lisboa: Ática, 1962. p. 122.

Ausente esta, o ato estará ferido de ilegitimidade por haver se desencontrado com a vontade local, na medida em que ofenda a própria racionalidade da norma.

Não é outra a lição do insigne André de Laubadère:

> Un autre facteur de développement du contrôle juridictionel est que, dans certains matières, le juge de l'excès de pouvoir se reconnaît le droit, non seulament de rechercher si les motifs légaux out réellement existé; mais encore s'ils était ent *suffisants* pour justifier la mesure edictée et si la gravité de celleci était *proportionnée* à l'importance et aux caractères qui l'ont provoquée.[66]

Feitas estas considerações, debrucemo-nos, agora, especificamente sobre o âmago da consulta formulada, examinando o que se pode considerar *urgência* no caso em foco, e até que ponto o exame judicial dele responde a um procedimento legítimo, da alçada do Poder Judiciário.

Urgência, segundo acepção corrente, é o estado ou situação de premência, que requer providências imediatas, inadiáveis, pena de inutilidade delas ou grave risco dos danos, de prejuízos consideráveis, decorrentes da mora, isto é, do retardamento das medidas cabíveis.

Quando a Lei Orgânica dos Municípios distingue dois tipos de sessões e designa um deles como de "sessões ordinárias", em oposição as "extraordinárias", está-se a ver que estabeleceu a regra, o princípio, de que os assuntos do Legislativo devem ser tratados e examinados nas sessões do primeiro tipo, isto é, ordinárias. Contudo, acautelou *emergências*, situações *invulgares*, que, bem por isso, requerem ação pronta, imediata, não suscetível de aguardar a realização *normal* das sessões, motivo porque previu também o tratamento *excepcional* – extraordinário –, isto é, fora do ordinário, para casos e situações que se revestissem deste caráter.

Os regimentos internos da câmara estabelecem uma periodicidade regular para o funcionamento de suas sessões.

Assim, o Regimento Interno da Câmara Municipal de XXXX (Resolução nº 1/72 de 7.3.1972), em seu art. 105, dispõe: "As sessões ordinárias serão semanais, realizando-se às segundas-feiras, com inicio às (20) vinte horas".

---

[66] LAUBADÈRE, André de. *Traite élementaire de droit administratif*. 3. ed. Paris: LGDF, 1963. v. I. p. 485.

Estatuiu, pois, à vista, das condições próprias daquele município, uma frequência de reuniões estimada como suficiente para enfrentar os seus problemas legislativos.

Eis, portanto, à vista do dispositivo em questão, firmada a periodicidade à garantia de prévia ciência dos vereadores quanto às ocasiões de reunião, com o que nenhuma surpresa ou sobressalto existem para os membros da edilidade no que concerne aos seus compromissos legislativos.

Já o art. 119 do mesmo regimento estabelece:

> A Câmara somente poderá ser convocada, extraordinariamente, pelo Prefeito ou pela mesa, quando houver maioria de interesse publico relevante e urgente a deliberar (LOM, art. 18). §1º – Somente será considerado motivo de interesse público relevante e urgente a deliberar, a discussão de matéria cujo adiamento torne inútil a deliberação ou importe em grave prejuízo a coletividade.

De conseguinte, o mínimo que se pode admitir para alcançar a significação de urgência – sem uso abusivo da expressão, em apreço – é o de que não poderá ser considerada urgente matéria cujo exame possa aguardar a próxima sessão ordinária, isto é, no caso do Município de XXXX, a segunda-feira imediatamente subsequente à última sessão.

Mesmo prescindindo das expressões utilizadas pelo art. 119, supracitado, qualquer conceito de urgência que se tenha obriga a admitir que não poderá ser havida como urgente matéria cuja discussão possa ser feita, sem prejuízo, dentro do lapso máximo de seis dias (período que medeia entre a última sessão ordinária e a ulterior).

Ocorre, entretanto, que o art. 119, em apreço, fornece uma noção absolutamente razoável e clara do que seja urgência, a qual, bem por isso, nem ao menos precisaria estar expressa, pois, *dentro da contraposição normal entre sessões ordinárias e extraordinárias*, outra não poderia ser sua significação.

Assim, conquanto o art. 18 da Lei Orgânica dos Municípios não haja referido "matéria de interesse publico relevante e urgente", o mesmo sucedendo com o Decreto-Lei federal nº 201 de 27.2.1967 – quando dispõe em seu art. 8º, item III, que se extingue o mandato do vereador, por ausência a três sessões extraordinárias convocadas pelo prefeito para a apreciação de matéria urgente – por força se há de entender que ambos estão reportados à matéria cujo exame seja inadiável sob pena de perecimento do interesse público a ser acautelado ou inutilidade de providência tomada tardiamente.

Se é certo que poderão surgir casos concretos que deem margem a dúvidas quanto à configuração efetiva de tais hipóteses, muito mais certo é que na maior parte dos casos, sem exorbitar de suas funções, poderá o Judiciário verificar diante da situação real (pressuposto fático, objetivo, empírico, do ato) se a expressão urgência é adaptável aos fatos que lhe podem servir de fundamento, ou mero pretexto para uma ação desbordante dos limites de competência circunscritos pelo desenho normativo da situação que autoriza seu exercício.

Tal procedimento é perfeitamente normal, pois, como observa Laubadère:

> [...] de ce que les motifs do l'acte juridique sont des faits objectifs il resulte que leur contrôle conduit le juge de l'excès de pouvoir a procéder un examen des faits. Dans le contentieux de l'excès de pouvoir le Conseil d'État est *juge du fait*. C'est la une idée qui est aujourd' hui couramment admise et qui n'est plus considerée comme présentant un caractere anormal quelconque.[67]

De modo algum o Judiciário se excede, ao debruçar-se em tais averiguações:

> Le Juge ne sort pas de son rôle puisque l'existence de certaines circonstances de fait est la condition même pour que l'acte administratif soit légal; on n'a que le choix des exemples a citer: question de savoir si, dans telles circonstances, l'interdiction d'une reunion a répondu a une *menace effective de désordre* (Jurisprudence constante en matière de mesures de police); si dans telle ville il existe une crise grave de logement en vue de l'application des textes sur le logement d'office (C. E. 9 janv. 1948, Consorts Barbedienne, S. 1948, 3, 14), si telle organisation syndicale peut être considerée comme 'la plus représentative', d'aprés notamment le nombre de ses adhérentes (C. E . 4 fev. 1949, 3 arrêts, S. 1950, 3, 57 , concl. Barbet), etc.[68]

À vista de todo o exposto e considerado, temos por indisputável caber aos juízes, por ocasião do controle da legitimidade, a verificação da ocorrência ou inocorrência dos pressupostos fáticos que a lei haja erigido em suporte para a válida emanação de um ato.

---

[67] LAUBADÈRE, André de. *Traite élementaire de droit administratif*. 3. ed. Paris: LGDF, 1963. v. I. p. 484.

[68] LAUBADÈRE, André de. *Traite élementaire de droit administratif*. 3. ed. Paris: LGDF, 1963. v. I. p. 486.

Daí se segue que o exame da realidade empírica qualificada como "matéria urgente" pode ser realizado pelo Judiciário, na medida em que este se cinja a uma verificação objetiva, tendo por baliza de sua indagação as próprias sugestões contidas na ordenação normativa, tais os que decorrem da periodicidade das sessões ordinárias, do caráter excepcional das sessões extraordinárias e da necessidade, para que elas possam se realizar, de se destinarem ao exame de questões cuja deliberação não possa, sem grave prejuízo público ou inutilidade do deliberado, ser procrastinada até a próxima sessão ordinária.

À consulta formulada respondemos, pois:

É lícito ao Poder Judiciário examinar se ocorreu ou não a "urgência", que é pressuposto da convocação de sessões extraordinárias, até o limite em que esta investigação permaneça confinada ao âmbito da significação nuclear da palavra compreendida em função do instituto jurídico a que se reporta e das finalidades que lhe são inerentes.

É o meu parecer.

São Paulo, 19 de junho de 1974.

EMENTA: DESAPROPRIAÇÃO DE BEM PÚBLICO POR PESSOA DO MESMO PATAMAR JURÍDICO

Consulta

O Exmo. Sr. Prefeito Municipal de XXXX expõe-nos o que segue, anexando documentos ilustrativos e formula-nos, empós, consulta sobre a matéria.

In verbis:

A) Este Município, desde longo tempo vinha tentando adquirir a Adutora de XXXX, imóvel de propriedade da Municipalidade de XXXX e situado no vizinho território de XXXX;

B) após ingentes esforços junto à Prefeitura Municipal de XXXX, logrou êxito esta Municipalidade, terminando por adquirir o referido imóvel em 18 de fevereiro de 1974;

C) com essa aquisição, a população de XXXX viu tornar-se palpável realidade seu antigo sonho, já que a Administração vinha se afligindo com o problema da falta d'água, resolvido com a citada aquisição;

D) ocorre que o Município de XXXX, inconformado com a transação em pauta, declarou de utilidade pública, para ser desapropriada, em caráter de urgência, a área da antiga "Adutora de XXX", ora denominada "Adutora Municipal XXXX;

E) entretanto, o ato expropriatório, Lei nº XXXX, conforme cópia inclusa, sequer mencionou a finalidade de declaração, uma vez que a Adutora, imprescindível para o nosso Município pelo que representa em termos de abastecimento d'água à população não o é em relação a XXXX, que se abastece das águas do Rio Capivari, ligando suas bombas uma vez por semana.

Face ao exposto, formulamos a V. Exa. a seguinte consulta:

É lícito a XXXX desapropriar a Adutora Municipal XXXX bem essencial à população de XXXX, se cujos serviços de ordem pública não pode prescindir?

Parecer

O total deslinde do problema supõe o correto equacionamento de três questões que se interligam, no caso em foco, a saber: 1. fundamentos do poder expropriatório; 2. os bens públicos e sua função; 3. relacionamento das pessoas jurídicas de direito público.

Um breve exame destas diversas questões propiciará, em abordagem final, focar o problema proposto com auxílio do instrumental arrecadado por ocasião da análise de cada um dos tópicos mencionados, o que faremos em título derradeiro.

I Fundamentos do poder expropriatório

Desapropriação é o procedimento administrativo pelo qual o Poder Público, fundado em utilidade pública, despoja compulsória e unilateralmente alguém de uma propriedade, adquirindo-a, em caráter originário, mediante prévia e justa indenização.

Fundamenta a desapropriação, do ponto de vista teórico, a supremacia geral que o Poder Público exerce sobre os bens sitos no âmbito de validade espacial de sua ordem jurídica.

No direito positivo brasileiro o instituto se calça, como é notório, no art. 153, §22 da Carta Constitucional (Emenda nº 1 de 1969), o qual reza: "É assegurado o direito de propriedade, e salvo o caso de desapropriação por necessidade ou utilidade pública ou interesse social, mediante prévia e justa indenização em dinheiro, ressalvado o disposto no art. 161 [...]".

O art. 8º da Lei Magna estatui em seu item XVII, letra "f", competir à União "legislar sobre desapropriação".

O Dec.Lei nº 5.365, de 21.6.1941, e a Lei nº 4.132, de 10.9.1962, enunciam as hipóteses de utilidade pública e interesse social que abrem ensanchas ao desencadear do poder expropriatório.

É perceptível a todas as luzes que a justificação do instituto reside na prevalência do interesse público, o qual, bem por isso – uma vez consubstanciadas as hipóteses de necessidade, utilidade pública ou interesse social –, se afirma sobranceiramente sobre interesses menores, via de regra privados, que devem, então, ceder passo à primazia do primeiro. É por tal razão – e só por ela – que o instituto marca precisamente pela compulsoriedade, tão marcante que nulifica a propriedade privada, à revelia do titular, convertendo seu conteúdo na equivalente expressão patrimonial que possua.

Com efeito: a prerrogativa expropriatória, como quaisquer outras que assistam no Poder Público, não lhe são deferidas pela ordem jurídica como homenagem a uma condição soberana, mas como instrumento, como meio ou veículo de satisfação de interesses, estes, sim, qualificados na ordenação normativa como merecedores de especial proteção. De resto, todos os privilégios que adornam o Poder Público não são por ele adquiridos *quia nominor leo*; muito pelo contrário, assistem-lhe como condição para eficaz realização de interesses que, transcendendo o restrito âmbito da esfera particular, afetam relevantemente a coletividade. É o fato de o Estado personificar o interesse público o que lhe agrega tratamento jurídico diferenciado.

Em suma: no Estado de direito os poderes públicos se justificam e se explicam na medida em que se encontram a serviço de uma "função", predispostos à realização dos interesses erigidos pelo sistema em valores prevalentes.

Eis, pois, como conclusão do indicado, que *somente a supremacia de um interesse sobre outro, isto é, o desequilíbrio entre duas ordens de interesses, pode autorizar a deflagração da desapropriação, posto que esta se inspira, justamente, na necessidade de fazer preponderar um interesse maior sobre um interesse menor.*

Não é na condição jurídica do sujeito, em si mesmo considerado, mas no nível de interesses a seu cargo, que se buscara o aval legitimador do exercício expropriatório.

Por mais razoáveis, sensatas, lógicas ou afinadas com os lineamentos do Estado de direito que sejam as ponderações ora expendidas, não se pretende que a validade das assertivas feitas repouse apenas nesta ordem de razões.

Na verdade, propôs-se que elas se encontram nitidamente transfundidas no sistema jurídico-positivo brasileiro e desde o nível constitucional até o plano legal, posto que o art. 153, §22, retromencionado, expressamente indica como pressuposto inafastável do instituto a "necessidade, utilidade pública e o interesse social". De igual modo, os já invocados Decreto-Lei nº 3.365 e Lei nº 4.132 enunciam hipóteses de "necessidade, utilidade pública e interesse social", os quais representam as condições para desapropriar.

É bem evidente, dispensando maiores digressões, que o artigo constitucional e os textos legais contemplam interesses públicos e utilidades públicas prevalentes sobre interesses de menor realce, uma vez que se trata de fixar os termos de solução no caso de entrechoques de interesses e do decidir quais deles ceder o passo, quais deles serão preteridos, assim convertidos em expressão patrimonial – para que a utilidade preponderante extraia do bem almejado o proveito público maior que nele se encarna.

O que se pretende realçar é que a própria noção de supremacia geral, deferida pelo sistema normativo às pessoas de direito público de capacidade política (União, estados e municípios) e autoridade privada da ordenação jurídica e se esforça na qualificação dos interesses que a elas incumbe prover, de tal sorte que os poderes, privilégios e prerrogativas que desfrutam se constituem em um arsenal autoritário fruível na medida em que instrumenta a finalidade protegida pelo direito. Isto é, a legitimação de seu uso depende do ajustamento aos interesses prestigiados no sistema, o afinamento da atividade da pessoa aos valores intrassistemáticos do quadro normativo que garante a legitimidade de sua expressão e não o reverso, ou seja: a legitimidade do exercício do poder – no Estado de direito – não resulta meramente de quem o exerce, donde não ser a autoridade do sujeito que qualifica o interesse; pelo contrário: é a idoneidade jurídica do interesse que escora e valida o comportamento da autoridade a que o ordenamento atribuiu o dever-poder de curá-lo.

Sendo assim, ao se examinar o instituto da expropriação, cumpre ter presente que os poderes de alçada do expropriante emergem na medida em que estejam a serviço do interesse em vista do qual tais poderes lhe foram irrogados.

Neste passo, calham à fiveleta as ponderações de Arturo Lentini:

> [...] la causa di pubblica utilità è la vera energia che mete in moto il fatto dell'espropriazione per mezzo del soggetto espropriante. Questa è la raggione per cui la causa di pubblica utilità deve considerarsi come inesistente, qualora per determinarsi si sia guardato soltanto alla qualità del soggetto espropriante.[69]

---

[69] LENTINI, Arturo. *Le espropriazioni per causa di pubblica utilità*. Milano: Società Editore Libraria, 1936. p. 54.

Ora, como o instituto expropriatório é figura jurídica destinada a assegurar a compulsória operação de interesses menores por interesses mais amplos, mais relevantes (o que, bem por isso, devem prevalecer), a ablação do direito de propriedade de alguém em proveito do expropriante depende fundamentalmente da supremacia do interesse, isto é, da supremacia da necessidade e da utilidade proclamados *sobre interesses que a ordem jurídica haja categorizado em grau subalterno, por escaloná-lo em nível secundário em relação ao outro que pode se impor.*

Estas considerações óbvias e que parecem por isso mesmo despiciendas quando se têm em mira as hipóteses comuns de desapropriação, nas quais a necessidade ou utilidade pública se contrapõem ao interesse particular, revelam-se, contudo, fundamentais em matéria de desapropriação de bens públicos. A limpidez cristalina delas e o amparo teórico que as abona em nada se minimizam, mas a excepcionalidade da hipótese pode surtir o risco de embaçar-lhes a clareza e enevoar-lhes a percepção se não forem, liminarmente, postas em evidência, ao se rememorar os fundamentos do instituto.

Pode-se afirmar, pois, como conclusão deste tópico:

> A desapropriação supõe a invocação de interesse de uma pessoa pública (necessidade, utilidade pública ou interesse social) superior ao de outra pessoa, cujos interesses sejam qualificados pela ordem jurídica como de menor relevância ou abrangência e por isso mesmo sobrepujáveis pelo expropriante.

II Bens públicos e sua função

Nem todos os bens pertencentes ao Poder Público acham-se direta e imediatamente afetados à realização de um interesse público, isto é, determinados bens encontram-se *prepostos* à realização de uma necessidade ou utilidade pública, *servindo-a por si mesmas*; outros estão afetados a ela de *modo instrumental*, de maneira que a Administração se serve deles como um meio, um ambiente físico, no qual desenvolve atividade pública. Ou seja: correspondem a um local onde o serviço desenvolvido não tem correlação indissociável com a natureza do bem, posto que este nada mais representa senão a base espacial em que se instala a Administração. Finalmente, outros bens, ainda, embora sejam de propriedade pública, não estão afetados ao desempenho de um serviço ou atividade administrativa.

Dada a diversa função dos bens em relação à utilidade pública, há variadas classificações deles, inexistindo uniformidade na doutrina e no direito positivo dos vários países, quer quanto à categorização das espécies tipológicas que comportam, quer no que respeita à inclusão de determinados bens em uma ou outra das diferentes espécies previstas nos esquemas de classificação,

O direito positivo brasileiro dividiu-se em três tipos, catalogados no art. 66 do Código Civil, a saber:

> I – os de uso comum do povo, tais como os mares, rios, estradas, ruas e praias; II – os de uso especial, tais como os edifícios ou terrenos aplicados a serviço ou estabelecimento federal, estadual ou municipais; III – os dominicais, isto é, os que constituem o patrimônio da União, dos Estados ou dos Municípios como objeto de direito pessoal ou real de cada uma dessas entidades.

A quaisquer deles foi outorgada a especial proteção da *impenhorabilidade*, prevista no art. 117 da Carta Constitucional, a *inalienabilidade* (ou alienabilidade nos termos que a lei dispuser) contemplada no art. 67 do Código Civil e a imprescritibilidade, que resulta de serem havidos como *res extra commercium*, por força do art. 69 do mesmo diploma, além de outros textos especiais que dissiparam dúvidas sobre a imprescritibilidade dos bens dominicais.

Certamente existe – partindo-se dos bens dominicais para os de uso comum, tomados como pontos extremos – uma progressiva, crescente, identificação com o interesse público. Os dominicais apenas muito indiretamente beneficiam ou podem beneficiar a utilidade pública; os de uso especial já se apresentam como instrumento para sua efetivação e os de uso comum se identificam com a própria utilidade pública por meio deles expressada.

Demais disso, como já observaram doutores da maior suposição, se há bens acomodáveis com inquestionável propriedade em uma ou outra categoria, outros existem que parecem tangenciar a fronteira de mais de uma espécie, não se podendo afirmar, de plano, em qual dos lados da fronteira se encontram. Isto se deve ao fato de que sua adscrição ao interesse público é especialmente vincada, no que parecem encontrar-se no limiar de transposição da categoria dos bens de uso especial para a classe dos de uso comum, tendendo a agregar-se a esta, em que é mais sensível o comprometimento do bem com o interesse público.

Daí a ponderação do insigne Cirne Lima: "Entre essas duas classes dos bens" – o autor se refere aos de uso comum, e de uso especial:

existem, no entanto tipos intermediários; forma o conjunto uma gradação quase insensível de tons e matizes. Assim, entre as estradas e as construções ocupadas pelas repartições públicas, figuram as fortalezas que, a rigor, pode dizer-se, participam dos caracteres de umas e outras: são o serviço de Defesa Nacional, porque são concretização desta em seu setor de ação, e ao mesmo tempo estão meramente aplicadas a esse serviço, porque o público não se utiliza delas diretamente.[70]

A profunda identificação de certos bens com a satisfação de necessidades públicas levou o eminente Otto Mayer a incluir certas edificações e construções na categoria de "bens de domínio público", submetidos, na Alemanha, ao regime de direito público em oposição aos demais bens estatais regidos pelo direito privado. Por isso incluiu nesta classe outros bens não arroláveis entre os exemplos mais típicos de coisas públicas.

Então, depois de observar que as "estradas, praças, pontes, rios, canais de navegação, portos e a beira mar constituem os exemplos principais de coisas subordinadas ao direito público", aditou-lhes outras, algumas das quais até mesmo excludentes do uso comum.

São suas as seguintes considerações:

> Mais il y a des choses publiques donc la particularité consiste dans une exclusion rigoureuse du public. Ce sont les *fortifications*, Elles représentent donc un troisième groupe. Elles ont le caractère distinctif de représenter directement par ellesmêmes l'utilité publique. Cette utilité consiste ici dans la défense du territoire nationale.[71]

Finalmente, o autor citado arrola ainda entre as coisas de domínio público:

> [...] les grandes digues destinés a contenir les eaux des fleuves ou de la mer; elles participent, en quelque manière, à la nature des fortifications. Nous citerons encore les égouts publics; quand ils font corps avec les rues, ils sont compris dans la dominialitè de ces dernieres; mais ils devront être considérés comme choses publiques en euxmêmes quand ils se separent des rues et suivent leur cours distinctement.[72]

---

[70] LIMA, Ruy Cirne. *Princípios de direito administrativo*. 4. ed. Porto Alegre: Sulina, 1964. p. 78.
[71] MAYER, Otto. *Le droit adminiatratif allemand*. Edition française par l'auteur. Paris: V. Giard et E. Brière, 1905. t. III. p. 124.
[72] MAYER, Otto. *Le droit adminiatratif allemand*. Edition française par l'auteur. Paris: V. Giard et E. Brière, 1905. t. III. p. 125 126.

Em suma, o que o autor pretendia demonstrar é que nem sempre o "uso comum de todos", ocorrente, sobretudo, no caso das coisas naturalmente predispostas a tal destinação, revela-se traço bastante para discriminar o conjunto de bens mais intimamente vinculado às necessidades públicas e por isso mesmo merecedor de um tratamento jurídico peculiar, em nome do resguardo dos interesses coletivos.

Compreende-se, então, sua crítica a Wappaus e Ihering, expressada em nota de rodapé, onde afirma:

> Comme la qualité de chose publique ne peut pas être contesté aux fortifications, ceux de nos auteurs qui maintiennent l'usage de tous comme condition indispensable de l'existence d'une chose publique se voient obligés de faire des efforts pour sauver, en ce qui concerne les fortifications toutes ao moins, quelques apparences d'un usage de tous. Ainsi Ihering dans Verm. Schriften, p. 152, fait allusion a une destination de ce genre en les appelants "établissement" protecteurs qui profitent non pas a l'Etat, mais áux individus". Cela tout d'abord, n'est pas exact; et même si c'était vrai, cela ne donnera pas encore un usage de tous.[73]

Efetivamente, também no direito brasileiro, há certos bens que, tendo em vista a sistematização do Código Civil, se alojariam muito imprópria e desacomodadamente entre os bens de uso especial porque, em rigor, não são apenas "edifícios ou terrenos aplicados a um serviço ou estabelecimento" em que se desenvolvem atividades públicas. Deveras, há uma profunda e perceptível diferença entre um prédio onde funciona uma repartição burocrática qualquer, ou ainda uma escola, um hospital, uma delegacia de polícia e o complexo de coisas que constituem uma usina geradora de energia elétrica, ou uma estação transformadora de energia ou de tratamento de água, ou uma rede de esgotos, ou o conjunto de captação de água e adutoras.

Estes últimos não são apenas sedes, locais de prestação de serviço, porém, muito mais que isto, são bens *funcionalmente integrados no próprio serviço*, o qual consiste precisamente naquele complexo que o identifica e que proporciona a utilidade pública. Os agentes públicos atuam como operadores ou manipuladores de tais bens. O serviço proporcionado a todos é menos um produto do desempenho pessoal dos funcionários *do que uma resultante da utilização inerente ao próprio bem*. Isto é, os bens em questão fornecem, em razão de seu próprio modo de ser, uma utilidade

---

[73] MAYER, Otto. *Le droit adminiatratif allemand*. Edition française par l'auteur. Paris: V. Giard et E. Brière, 1905. t. III. p. 125, nota de rodapé nº 31.

pública possuída em si mesma, uma vez realizada a obra em que se consubstanciam. Via de regra, são justamente bens que satisfazem não apenas uma utilidade, mas uma autêntica necessidade coletiva.

Em nosso direito, contudo, quer os classifiquem como de uso especial, quer se categorizem como de uso comum de todos – na medida em que sua destinação é a utilidade coletiva, fruída por todos, estão de qualquer modo protegidos pela inalienabilidade, impenhorabilidade e imprescritibilidade.

O que se deseja ressaltar, entretanto, é que afora estes efeitos protetores dos bens públicos em geral – inclusive dominicais – outros poderão eventualmente ser suscitados e, em tal caso, dever-se-á atentar para o grau de interligação que o bem possua com a necessidade e a utilidade pública.

Com efeito, o só fato de o Código Civil ter procedido a uma classificação dos bens públicos categorizados em ordem decrescente de interligação com a utilidade pública obriga a reconhecer que existe em nosso sistema uma ponderação do valor público deles e, consequentemente, que o grau de proteção que lhes deve assistir juridicamente está na relação direta do comprometimento de tais bens com a satisfação de necessidades públicas.

Isto é: se há um regime próprio para os bens públicos, a razão de tal fato procede de neles se encarnar um interesse agraciado com um tratamento peculiar. A defesa de tais bens assume maior relevância em função do grau em que coparticipam do interesse em questão, donde assistir-lhes a proteção jurídica correspondente; portanto, tanto mais acentuada quanto maior for a adscrição deles à satisfação de necessidades públicas.

Isto posto, cabe indicar como conclusão deste tópico:

> Nas relações controvertidas incidentes sobre bens públicos, se as partes conflitantes prosseguem interesses jurídicos do mesmo nível, *prepondera a proteção incidente sobre o bem público,* quando o grau de adscrição dele à satisfação de um interesse coletivo atual se sedia nas escalas em que é mais elevado seu comprometimento com a realização imediata de uma necessidade pública.

III Relacionamento das pessoas públicas de capacidade política

Ao prever uma tríplice ordem de pessoas jurídicas de capacidade política – União, estados e municípios –, o sistema constitucional brasileiro previu, como é natural, uma discriminação de competências, expressada fundamentalmente nos arts. 8º, 13 e 15. Cada qual deve, em convívio harmônico – condição de sua coexistência e, portanto, de atendimento ao modelo constitucionalmente previsto –, prosseguir os objetivos de sua alçada sem penetração, interferência ou sacrifício dos interesses atinentes a outra pessoa de capacidade política.

Com efeito: a realização dos objetivos globais resulta da satisfação e do entrosamento dos objetivos parciais de cada qual, circunstância esta que decorre diretamente da própria distribuição de competências.

É bem de ver que lhes correspondendo interesses de diversa amplitude (posto que os dos municípios são de menor abrangência, os da União de abrangência maior e os estaduais em escala intermédia) podem, contudo, ocorrer não apenas zonas tangenciais, mas inclusive de fricção e até mesmo de eventual confrontação de interesses.

Em casos que tais, a regra a ser extraída do conjunto do sistema, por força, haverá de ser o da prevalência dos interesses de abrangência mais compreensiva, efetivada, contudo, na estrita medida em que a preponderância afirmada seja condição insuprimível de realização das competências prevalentes, previstas no sistema. Isto é, sua preponderância só pode ser admitida quando se trate de implementar função que haja sido deferida constitucionalmente. Em rigor, nas hipóteses deste gênero *não há contração da esfera de competência da pessoa responsável por interesses públicos de menor amplitude*. O que ocorre é que a própria esfera de competência desta, *a priori*, tem seu âmbito definido até os limites da compatibilização com os interesses de abrangência maior.

O entrechoque ocorrido não é um conflito de interesses juridicamente equivalentes, confortados com igual ponderação no sistema. Um dos interesses – aquele que cede – verga-se precisamente por não mais poder-se considerá-lo confinado ao âmbito de expressão própria e impenetrável que lhe é pertinente.

Mas, cumpre atentar para o fato de que dita preponderância só é legítima enquanto adstrita aos limites do indispensável. Isto é, de maneira a causar o menor ônus possível ao interesse que é subjugado. Toda demasia corresponde a um ultrapassar de fronteiras e por isso mesmo a um extravasamento da própria competência em detrimento de competência alheia.

Em face do exposto, pretende-se que do ponto de vista da lógica da ordenação jurídica inexistem "conflitos *reais* de direitos". Estes são logicamente impossíveis. Podem ocorrer, isto sim, conflitos de interesses resolvidos sempre pelo declínio daquele que não estiver esforçado em proteção jurídica vigorante na hipótese conflitiva.

Assim como o direito é um todo harmônico, a harmonia das pessoas jurídicas de capacidade política é um princípio cardeal de nosso sistema constitucional. Tendo-se em conta que todas elas são, por força da Lei Maior, titulares de interesses públicos, seu equilibrado entrosamento e pacífico convívio é valor preservável por todos os títulos e condição insuprimível da realização do interesse público globalmente considerado.

Os legisladores da Carta Magna brasileira, tal como vem sucedendo ao longo de nossa tradição jurídica, estiveram atentos para a reiteração deste princípio.

Assim, o art. 9º do texto constitucional expressamente consagra um princípio de recíproco respeito e coexistência harmônica ao dispor: "À União, Estados e Municípios é vedado: I – criar distinções entre brasileiros *ou preferências em favor de uma dessas pessoas de direito público interno contra outra*".

O art. 19, veda à União, estados e municípios, no item III, letra "a": "instituir imposto sobre o patrimônio, a renda ou os serviços uns dos outros".

O art. 20 estabelece:

> É vedado:
> I – À União instituir tributo que não seja uniforme em todo o território nacional ou *implique distinção ou preferência em relação a qualquer Estado ou Município em prejuízo de outro;* [...]
> III – aos Estados, ao Distrito Federal e aos Municípios estabelecer diferença tributária entre bens de qualquer natureza em razão de sua procedência ou destino.

Os dispositivos indicados ressaltam o propósito constitucional de prevenir conflitos entre as pessoas de capacidade política e assegurar em suas recíprocas relações um convívio harmonioso e equilibrado.

Mesmo à falta dos artigos em questão, é óbvio que o princípio da harmonia entre elas teria por força que ser considerado uma inerência do ordenamento constitucional, na medida em que todas são partes de um sistema e previstas na Lei Maior como segmentos de um conjunto total. O pacífico convívio recíproco é uma exigência racional insuprimível para compatibilização de suas funções e conjugação de suas atividades parciais na unidade do Estado federal brasileiro.

Contudo, os dispositivos invocados realçam e explicitam a consagração deste equilíbrio nas matérias versadas, sem prejuízo da aplicabilidade ampla e irrestrita do princípio em causa.

Importa assinalar que, nos respectivos níveis, isto é, estados perante estados e municípios reciprocamente considerados, estão juridicamente colocados em equilíbrio perfeito, em igualdade completa.

Há, por força de todo o considerado, um integral nivelamento jurídico entre eles.

De conseguinte, as prerrogativas públicas que lhes assistem em relação aos administrados não podem, em princípio, ser reciprocamente opostas dado o absoluto nivelamento em que o direito os coloca. Para que proceda tal invocação cumpre que o interesse afetado pela pretensão não se relacione diretamente com a atividade pública da pessoa contra a qual é invocada.

Se assim não fora, ter-se-ia que admitir, ilogicamente, que um interesse público – como tal consagrado no sistema normativo – poderia ser perturbado ou sacrificado desde que o autor do dano ao valor prestigiado fosse outra pessoa pública de capacidade política. Tal conclusão, sobre ser transparentemente sem sentido e desapoiada por qualquer regra de direito, implicaria, ainda, a implícita proclamação de efeitos ablatórios de dois princípios já encarecidos: o da convivência harmônica dos interesses públicos das diversas pessoas políticas resultante da discriminação constitucional de competências, e a do equilíbrio de interesses das pessoas públicas do mesmo nível (estados perante estados e municípios perante municípios).

Em face dos enunciados anteriores, resulta como conclusão deste tópico:

> Por inexistir desequilíbrio jurídico entre as pessoas políticas do mesmo nível constitucional, uma não pode opor a outra suas *prerrogativas de autoridade* se tal proceder acarretar interferência em interesse público a cargo daquela contra a qual se pretenda invocar um poder de supremacia.

IV O caso concreto

Ao lume das considerações e conclusões dos tópicos anteriores, versemos, agora, o caso concreto "sub consulta", conjugando os pontos já firmados em exame teórico mais amplo com os dispositivos proximamente ligados ao tema, isto é, os previstos no Decreto-Lei nº 3.365, de 21.6.1941, que mais diretamente estejam relacionados com o problema em causa.

O art. 2º do referido diploma estatui: "mediante declaração de utilidade pública, todos os bens poderão ser desapropriados, pela União, pelos Estados, Municípios, Distrito Federal e Territórios".

Já o §2º do mesmo artigo cogita especificamente da desapropriação de bens públicos, ao estabelecer: "Os bens do domínio dos Estados, Municípios, Distrito federal e Territórios poderão ser desapropriados pela União, e os dos Municípios pelos Estados, mas em qualquer caso, ao ato deverá preceder autorização legislativa".

Como se vê, foi estabelecida uma gradação no exercício de poder expropriatório, donde se haverá de deduzir que, implicitamente, é vedado o exercício de poder expropriatório em sentido inverso ao previsto.

O Decreto-Lei nº 3.365 é silente com respeito à desapropriação de bens estaduais por outro estado e municipais por outro município, evidentemente no caso de bens de uma pessoa situados na área territorial de outra: a eventual expropriante.

Para solver a dúvida, hipoteticamente, são concebíveis, desde logo, duas soluções *extremas* e opostas, isto é, uma que admitisse *irrestritamente* o exercício de desapropriação, em casos que tais, e outra que o rejeitasse *radicalmente*.

Em abono da primeira, poder-se-ia carrear a seguinte argumentação.

Dispondo o art. 2º da lei expropriatória, em seu *caput*, que todos os bens são suscetíveis de desapropriação, ressalvado o óbice decorrente do §2º do artigo – o qual obsta desapropriação em sentido contrário ao escalonamento previsto, estaria genericamente franqueado, às entidades públicas ali relacionadas, o exercício do poder expropriatório. Em face disto, estados poderiam desapropriar bens estaduais e municípios bens municipais, sendo conatural a eles o exercício de todos os poderes dentro de seus territórios.

A segunda interpretação, oposta à anterior, estribar-se-ia em que o art. 2º, *caput*, enunciou a regra relativa aos *bens em geral*, havendo, contudo, *regra específica no concernente aos bens públicos*, exatamente a do §2º do mesmo dispositivo. Donde, fora das hipóteses neste previstas, nenhuma desapropriação de bem público seria tolerável. Isto é, havendo o citado §2º do art. 2º indicado "quem" poderia desapropriar "o que" em matéria de bens públicos, não existiria arrimo jurídico para exercê-la além dos casos contemplados, donde constituir-se em infringência a ele o exercício da desapropriação à margem de sua enunciação.

E ainda mais: a primeira interpretação levaria a admitir posições definitivamente inconciliáveis com a própria racionalidade do sistema jurídico. Isto porque presumiria a existência de uma supremacia entre pessoas do mesmo nível constitucional quando, em rigor, faltaria qualquer calço para o exercício de "poderes de autoridade" de umas sobre outras, dado o nivelamento jurídico de ambos.

Sobremais – o que é especialmente grave – dita interpretação desconheceria o princípio do entrosamento harmônico das pessoas em causa. Estabelecendo conflitos entre elas, o que, justamente, é indesejado pelo próprio sistema constitucional, atento em prevenir desentendimentos e preordenando o *nivelamento* e *harmonia* entre elas.

Finalmente, incidiria no equívoco de desconhecer que conflitos desta ordem, só por si, deslocam o âmbito de interesses contrapostos; isto é, estes deixariam de ser problemas estritamente municipais ou estaduais para se converterem em problemas intermunicipais ou interestaduais, donde serem solúveis, apenas, em nível supramunicipal e supraestadual.

Ou seja: por se haver transcendido o âmbito *restrito* de interesses de cada pessoa, na medida em que é gerado contraste de interesse de duas pessoas públicas diversas, coloca-se, *ipso facto*, em jogo problema que desborda os interesses puramente interiores de cada área. Diante disto, os estados, onde se compõe e integram os interesses intermunicipais, e União, onde se integram interesses interestaduais, poderia promover-lhes a integração, solvendo o contraste de interesses.

Em suma, a primeira linha interpretativa incorreria nos seguintes equívocos:

a) atribuir ao *caput* do art. 2º uma abrangência e significação totalmente estranha a seus propósitos, dado que seu objetivo manifesto teria sido o de indicar a possibilidade de expropriar bens móveis, imóveis, fungíveis, infungíveis e direitos. Isto é, teria se preordenado a fixar a amplitude dos objetos expropriáveis pelas pessoas referidas. A distinção entre bens públicos e bens particulares não estaria em causa, por tratar-se de discrímen estabelecido em função de seus proprietários e não do próprio objeto – este sim cogitado na cabeça do dispositivo;

b) ignorar que o tratamento da expropriabilidade dos bens públicos foi objeto da regra específica (a do §2º), donde ser

inassimilável sua situação a dos demais bens cogitados no *caput* do artigo. Daí a impossibilidade de ser exercida fora da enunciação ali prevista;
c) presumir a existência da possibilidade do exercício de poderes de supremacia por uma pessoa pública, sobre outra do mesmo nível constitucional, para o que inexistiria qualquer base jurídica, havendo, pelo contrário, princípio constitucional em sentido oposto;
d) adotar critério interpretativo afrontoso ao princípio constitucional da harmonia das pessoas políticas, por propugnar solução que levaria à confrontação jurídica direta destas pessoas;
e) desconhecer que o contraste dos interesses entre municípios é problema intermunicipal – e por conseguinte ser solúvel em nível estadual e que a oposição de interesses entre Estados é problema supraestadual e por isso resolúvel em nível federal. Ou seja: só estados e União, respectivamente, poderiam declarar a utilidade pública de tais bens quando conflitantes os interesses de pessoas que lhes sejam interiores.

Certamente a primeira solução proposta defronta obstáculos jurídicos insuperáveis, pois os argumentos que lhe são opostos evidenciam a inadmissibilidade de um *irrestrito* poder expropriatório de estados sobre bens de outro estado e de municípios sobre bens de outro município, sitos nos territórios dos eventuais expropriantes. Com efeito, incorre em críticas irrespondíveis que infirmam sua frágil sustentação.

Trata-se de solução simplista, baseada em interpretação literal até certo ponto ingênua e que sem dúvida afronta princípios constitucionais por ignorá-los, fazendo "tábula rasa" de sua existência e irrefragável supremacia, esquecida de que todo labor interpretativo deve ser comandada pela acomodação a normas superiores.

A segunda solução, enquanto bem mais elaborada e com esteios fincados no direito constitucional – matriz do instituto da desapropriação –, peca pelo radicalismo, indo mais além do que o necessário para preservar os valores que encontra insculpidos na ordenação constitucional, ao negar radicalmente qualquer possibilidade expropriatória nas hipóteses *sub examine*.

A procedência dos seus argumentos descansa em um pressuposto subjacente, *dado como implícito em todos os casos*, a saber: que os interesses suscetíveis de serem afetados pela eventual atividade expropriatória sejam sempre ligados diretamente à satisfação de uma necessidade pública da pessoa contra a qual se levantasse a espada da desapropriação. Isto é, supõe que em qualquer hipótese a ameaça se propõe contra um *interesse público* pertinente ao eventual sujeito passivo.

Entendemos que a correta resolução do problema só pode ser alongada a partir das conclusões enunciadas ao cabo do exame dos tópicos superiores.

Ditas conclusões são, em nosso ver, as premissas para o adequado equacionamento da questão. A partir delas poder-se-á extrair a conclusão final, o deslinde do problema em foco.

Recordemo-las.

> A desapropriação supõe a isenção do interesse de uma pessoa pública (necessidade, utilidade pública ou interesse social) superior ao do outra pessoa, cujos interesses sejam qualificadas pela ordem jurídica como do menor relevância ou abrangência e por isso mesmo sobrepujáveis pelo expropriante.
>
> Nas relações controvertidas incidentes sobre bens públicos, quando as partes conflitantes prosseguem interesses jurídicos do mesmo nível, prepondera a proteção incidente sobre o bem público sempre que o grau de adscrição dele à satisfação de um interesse coletivo atual se sedia nas escalas em é mais elevado seu comprometimento com a realização imediata de uma necessidade pública.
>
> Por inexistir desequilíbrio jurídico entre as pessoas políticas do mesmo nível constitucional uma não pode opor à outra suas prerrogativas da autoridade se tal proceder acarretar interferência em interesses públicos cargo daquela contra a qual se pretenda invocar um poder de supremacia.

As conclusões em apreço foram devidamente justificadas nos tópicos anteriores. Façamos, pois, sua aplicação no problema de desapropriação recíproca de bens, entre estados e outros municípios.

Efetivamente, é intolerável o exercício da desapropriação de bem estadual por outro estado ou bem municipal por outro município quando os interesses postos em entrechoque são ambos interesses públicos. Dado o equilíbrio jurídico deles, o pretendido expropriante não tem em seu favor a maior abrangência ou tolerância de interesse que o torne sobrepujante, para servir-lhe de *causa* do ato expropriatório.

Como o instituto da desapropriação se calça precisamente na desigualdade dos interesses confrontados, à falta dela, falece o próprio suporte do instituto. Ora, se a satisfação de necessidades públicas de um município (ou de um estado) é juridicamente tão valiosa quanto a satisfação de necessidades públicas de outro município (ou do outro estado), nenhum pode invocar em seu favor utilidade ou necessidade com força preponderante, suscetível de sobrepujar coativamente, por via expropriatória, o interesse de outro, reversamente, se o bem atingido não estiver preposto à satisfação de uma necessidade pública, por força não se põe em causa o nivelamento de interesses, pois, em tal hipótese, ocorrerá a confrontação de um interesse público primário com interesse meramente patrimonial de outra pessoa. Neste caso não comparecera o óbice mencionado, franqueando-se o exercício do poder expropriatório.

Outrossim, se o bem público a ser atingido está adscrito à satisfação de uma necessidade pública atual, isto é, comprometido com a realização de um interesse relevante da coletividade, tal como sucede com os bens públicos propostos aos níveis de mais intensa vinculação no implemento de fins públicos – dentro do que sugere a classificação do Código Civil –, evidentemente a proteção jurídica que o resguarda haverá de prevalecer contra pretensão expropriatória de pessoa que persegue interesses do mesmo nível.

Isso porque a proteção a tais bens significa, em última análise, conforme, aliás, se depreende da própria sistematização deles, proteção aos fins a que se destinam. O que a ordem jurídica consagra, por via do regime especial a que se submetem, é a rigorosa defesa dos interesses que por meio deles se viabilizam. Donde descaber elisão de disciplina que os ampara sempre que esta signifique comprometimento de mencionados interesses ou interferência neles. Prepondera o regime protetor se a contraposição de interesses se sedie no mesmo escalão jurídico.

Diversamente, se a pretensão incida sobre bem público não afetado à satisfação direta de uma necessidade ou utilidade pública – como ocorre no caso extremo dos bens dominiais, possuídos a moda de qualquer proprietário, como simples patrimônio de uma pessoa pública – não mais comparece razão para obstar-se uma satisfação pública do eventual expropriante. Esta não teria porque paralisar-se em face de um interesse secundário (conforme terminologia de Carnelluti) de outra pessoa pública. Em tal caso deixaria de existir o nivelamento jurídico de interesses, dado o caráter meramente patrimonial ou puramente incidente de propriedade, por isso mesmo conversível em outra sem dano ou prejuízo algum para os interesses específicos da pessoa pública atingida.

Finalmente, é inadmissível, em face do equilíbrio e da harmonia das pessoas sediadas no mesmo nível constitucional, que uma invoque prerrogativa de autoridade, supremacia sobre outra, para afetar interesse da mesma qualidade, da mesma gradação, de igual qualificação jurídica. Só há supremacia quando a esfera jurídica de alguém incorpore valores a que o direito atribuiu qualificação prioritária. Em face disto não há como irrogar-se o exercício do poder expropriatório em hipóteses deste jaez.

Pelo contrário, se as pessoas se apresentam em plano desnivelado, isto é, uma enquanto responsável pela condução de suas específicas finalidades públicas e outra alheia à posição de realizadora de seus interesses próprios ou como titular de bem cujo sacrifício não envolve interferência naqueles interesses prioritários, desaparece o equilíbrio jurídico de ambas, liberando-se a força expropriatória de quem, então sim, contrapõe interesses prevalentes e por isso mesmo justificadores de uma supremacia.

Efetivamente, o princípio da harmonia entre as pessoas do mesmo nível constitucional, o entrosamento pacífico delas, o equilíbrio de interesses recíprocos está ligado indissoluvelmente à posição destas pessoas no sistema. Existe, por certo. É inquestionavelmente correta sua afirmação. Cumpre, todavia, entendê-los em sua significação precisa. Justamente por estarem ligados à qualidade dos sujeitos, têm presença quando tais sujeitos se encontram manifestando-se "como tal", isto é, como titulares dos interesses públicos, portanto, na *qualidade* que lhes é própria, específica e inerente.

Daí que não se põe o problema do conflito indesejado, de desarmonia, de desnível, sempre que estas pessoas comparecem desligadas de sua missão natural. Em tais situações, por faltar o substrato dignificador de sua posição jurídica, desvanece a proteção jurídica peculiar que lhes é própria.

Inversamente, sempre que estejam postos em causa interesses correspondentes à sua função, assiste-lhes o integral resguardo que o sistema constitucional e legal lhes defere. Por isso, só há, em rigor, problema interestadual ou intermunicipal conflitivo, quando interesses *públicos* de ambos se entrechoquem. Como indubitavelmente interesses desta natureza podem muitas vezes se projetar além do território de cada qual, ocorre que as soluções dos eventuais conflitos dependem da interferência das pessoas políticas em cujo âmbito se compõem os interesses respectivos das partes em oposição.

Firmados todos os pontos que nos parecem relevantes para a solução do caso *sub consulta* seu deslinde apresenta-se simples e natural, como fruto espontâneo da aplicação dos princípios assinalados e critérios deles deduzidos.

A Prefeitura Municipal de XXXX propõe-se a desapropriar um bem público municipal de XXXX, antigamente denominada "Adutora de XXXX" *e* atualmente nomeada "Adutora XXX", parcialmente situado no Município de XXXX. Trata-se de um complexo abrangente das instalações, dutos, edificações auxiliares e área circunjacente, compreensiva das matas protetoras dos mananciais contra contaminação, poluição e redução de vazão. Insere-se, pois, no sistema de captação e derivação de água para o Município de XXXX, sistema este que, em seu conjunto, está parcialmente em um dos municípios e parcialmente em outro, conforme a exposição que precede a consulta os documentos a ela anexados.

Pondo de parte outros vícios de que padece o ato em questão – e mais além referidos –, a pretensão expropriatória ressente-se de defeito insanável. O Município de XXXX não pode desapropriar o bem em questão visto tratar-se de coisa pública imediatamente adscrita à satisfação de uma utilidade e até, mais que isso, de uma necessidade pública de XXXX: o abastecimento de água. Corresponde a uma investida contra interesse público – é fundamental – de outro município.

A lei expropriatória não dá ao pretendido expropriante assistência para o exercício aos poderes que deseja deflagrar dado que seu ato põe em xeque interesse público de outra entidade política do mesmo nível, sobre a qual, em consequência, não dispõe de supremacia, dado o equilíbrio jurídico dos interesses confrontados, circunstância que, de um lado, gera conflito intermunicipal, solúvel apenas no âmbito estadual e de outro lado conduz à violação do convívio harmônico e pacífico das pessoas políticas, requerido pelo sistema constitucional.

Os óbices à desapropriação resultam tanto da ofensa aos princípios constitucionais preservadores da harmonia e da posição nivelada das pessoas políticas responsáveis por interesses da mesma gradação quanto da ausência de assentimento legal para o ato, vez que o Decreto-Lei nº 3.365 faculta aos municípios desapropriar bens sobre os quais possam manifestar supremacia.

O silêncio do Decreto-Lei nº 3.365 sobre desapropriação de bens municipais por outro município (e bens estaduais por outro estado) não pode ser interpretado como *implícita autorização irrestrita* pretensamente deduzível do *caput* do art. 2º. Antes, deste só poderá decorrer a permissibilidade expropriatória – conatural ao exercício de supremacia no próprio território – nas situações parificáveis ou análogas àquelas em que tal poder os desencadeia contra os particulares; ou seja: quando se confrontam interesses de natureza diversa, de qualidade distinta.

Nunca quando se opõem interesses juridicamente qualificados em posição isonômica no sistema normativo.

Finalmente o ato em questão tem visíveis ressaibos de uma "guerra" entre municípios, de uma batalha inglória desapoiada no interesse público, único que pode legitimamente desencadear ação governamental. Vicia-se, pois, ainda, por esta segunda invalidade, já que nos termos da exposição que precede consulta o Município do XXXX se abastece de água em outra fonte, as águas do Rio Capivari, *bombeadas apenas uma vez por semana, o que demonstra a desnecessidade de interferir com as vias do abastecimento de XXXX*, indispensáveis à população deste último município.

Eis, pois, que o ato em apreço sobre não ter causa jurídica válida, ainda afronta, pela "guerra" que se propõe a fazer a um município vizinho, o princípio constitucional que reclama imperativamente a convivência harmoniosa das pessoas políticas.

Além do mais, a ausência de menção, na declaração de utilidade pública, da finalidade da expropriação, sobre invalidá-la pela inexistência de um requisito essencial, reforça os indícios de que se trata de procedimento inquinado de "desvio de poder" cujo propósito, mais do que dissimulado, foi inclusive omitido.

Com efeito, já em outra oportunidade, deixamos escrito:

> Da declaração de utilidade pública devem constar: a) manifestação pública da vontade de submeter o bem à força expropriatória; b) *fundamento legal em que se embasa o poder expropriante;* c) *destinação específica a ser dada ao bem;* d) identificação do bem a ser expropriado.[74]

As exigências mencionadas, ausentes no ato da municipalidade de XXXX, são indispensáveis, pois a desapropriação funda-se em hipóteses legais definidas *pela legislação federal* como configuradoras dos casos de utilidade pública ou interesse social. Fora delas, descabe o exercício do poder expropriatório. Logo, para que se saiba se há ou não arrimo jurídico para desencadeá-lo, é mister indicar o assento normativo do ato.

Oliveira Franco Sobrinho, o ilustre catedrático de Direito Administrativo da Universidade Federal do Paraná, expende ao propósito considerações corretíssimas:

---

[74] BANDEIRA DE MELLO, Celso Antônio. Apontamentos sobre a desapropriação no direito brasileiro. *RDA*, v. 111. p. 517-518. Os grifos são atuais.

[...] a lei silencia sobre os termos da declaração de utilidade. Mas nada era preciso dizer, pois está subentendido que a qualificação do objeto se deve enquadrar nas espécies – caso apontados no art. 5º [...]. A própria lei que autoriza cada operação expropriatória deve não só obedecer aos padrões constitucionais, como à legislação pertinente à matéria. Assim, a lei que autoriza o exercício da desapropriação deve obedecer à lei nacional reguladora do instituto [...] Efetivamente, pelo seu fundamento político, jurídico, teórico e normativo, na declaração se devem conter os requisitos e as condições que a autorizam.[75]

Também Hely Lopes Meirelles registra que "o ato expropriatório não contém qual norma; contém unicamente a individualização do bem a ser transferido para o domínio do expropriante e a *indicação do motivo da desapropriação*".[76]

Com efeito, como a desapropriação só se legitima quando arrimada nas hipóteses legais, a declaração, que é seu ato inicial indispensável, *sequer adquire consistência jurídica* se não enuncia em que hipótese se estriba. Esta é condição óbvia para se verificar quer a existência de um amparo normativo em tese, quer um grau mínimo (isto é, de subsistência lógica, de admissibilidade racional) de legítimo interesse sobre o bem, que sirva de *motivo* idôneo para pretendê-lo.

Caso se desprezasse tais requisitos, a lei federal não precisaria indicar quando é cabível a desapropriação. Outrossim, se não se der aos casos enunciados na lei uma significação mínima, isto é, um conteúdo qualquer correlacionável com as realidades concretas em que se aplicam, a enunciação legal também não significaria coisa alguma, podendo servir como mero pretexto para o expropriante. Seria, rigorosamente falando, um cheque em branco, utilizável ao sabor do expropriante, liberado de qualquer compromisso com o interesse público.

Por derradeiro, seja dito que a circunstância do ato da municipalidade de XXXX provir de seu Legislativo não lhe confere qualificação peculiar que purgue seus vícios ou a exima de contraste judicial, pois, como anota o preclaro Seabra Fagundes, a propósito da matéria:

> Observe-os que, não obstante a intervenção do Poder Legislativo, a DECLARAÇÃO é *sempre um ato de natureza administrativa*, por isso que se limita a definir uma situação individual. A intervenção do Legislativo

---

[75] FRANCO SOBRINHO, Manoel de Oliveira. *Desapropriação*. São Paulo: Saraiva, 1973. p. 231.
[76] MEIRELLES, Hely Lopes. *Direito administrativo brasileiro*. 2. ed. rev. e ampl. São Paulo: Revista dos Tribunais, 1964. p. 499. Grifos nossos.

não lhe dá o caráter de lei. Ele intervém aí no desempenho de atribuição de conteúdo puramente administrativo.[77]

No mesmo sentido, Hely Lopes Meirelles:

A lei que declara a utilidade pública de um bem não é normativa, é essencialmente dispositiva e de caráter individual. É *lei de efeito concreto* equiparável ao ato administrativo, *razão pelo qual não pode ser atacada e invalidada pelo Judiciário desde a sua promulgação e independentemente de qualquer atividade de execução,* porque ela já traz em si as conseqüências administrativas do decreto expropriatório.[78]

Isso tudo posto e considerado – e ainda que prescindidos os vícios postremeiramente enumerados – à consulta não hesitamos em responder:

O Município de XXXX não pode desapropriar a "Adutora Municipal XXXX", pena de ofensa às normas legais que regem o instituto e aos princípios constitucionais que informam a possibilidade do exercício de poder expropriatório.

É o nosso parecer.

São Paulo, 9 de agosto de 1974.

---

[77] FAGUNDES, Miguel Seabra. *Da desapropriação no direito brasileiro.* Rio de Janeiro: Freitas Bastos, 1942. p. 66.
[78] MEIRELLES, Hely Lopes. *Direito administrativo brasileiro.* 2. ed. rev. e ampl. São Paulo: Revista dos Tribunais, 1964. p. 499. Os últimos grifos são nossos.

EMENTA: LOTEAMENTO – MOMENTO EM QUE AS ÁREAS PREVISTAS COMO PÚBLICAS SE INCORPORAM AO DOMÍNIO PÚBLICO ANTES DO DECRETO-LEI Nº 271, DE 28.2.1967 (E DEPOIS DO DECRETO-LEI Nº 58, DE 10.12.1937): COM A INSCRIÇÃO NO REGISTRO IMOBILIÁRIO? COM A APROVAÇÃO DO LOTEAMENTO? COM O CONCURSO VOLUNTÁRIO? OU EM DECORRÊNCIA DE EVENTO DIVERSO?

Consulta

O Exmo. Sr. PREFEITO MUNICIPAL DE XXX, desejando recolher subsídios para orientação da Prefeitura, expõe-nos o que segue, formulando Consulta. *Verbis:*

> 1. Através do Decreto nº XXXX, esta Prefeitura aprovou o plano de loteamento denominado "A Fazenda da Cantareira" com base no Decreto-Lei 58.
>
> 2. O registro do loteamento deu-se no Município de XXXX, com desrespeito ao disposto no art. 169 da Lei nº 6.015/73, registro esse datado de 11 de julho de 1975.
>
> 3. Após a aprovação do loteamento por esta Prefeitura, tomamos conhecimento que o loteador havia, anteriormente à aprovação do loteamento, reservado área para si, averbando tal reserva, à margem da inscrição feita no Cartório de Mairiporã.

4. A reserva de referida área em nome do proprietário, ocasionou o seu direito à indenização por desapropriação indireta conta a SABESP, motivando, *ipso facto*, uma diminuição da área institucional, ruas e vielas já reservadas pela aprovação feita conforme Decreto nº 1344/78.

5. Com a reserva feita pelo proprietário do loteamento, visando a obtenção dá SABESP do valor da área indiretamente desapropriada, a Prefeitura Municipal de Caieiras considerou-se lesada no total das áreas institucionais, ruas e vielas reservadas pelo loteador, conforme Decreto nº 1344/78, motivando a propositura da ação que segue em anexo.

6. A propositura da ação teve por base a tese de que a simples aprovação do loteamento por este Município, ocasionara a transferência das áreas por concurso voluntário independentemente de inscrição.

7. O loteador, concomitantemente aos problemas surgidos, apresentou planta de substituição do loteamento, em 1980, demonstrativa de área já excluída a anteriormente desapropriada.

Com tal substituição, a metragem da área institucional, ruas e vielas que conforme o projeto aprovado em 1978 era de 241.398,00 m²., passou pelo novo projeto (ainda não aprovado) a 188. 553,00 m².

8. A Prefeitura constituiu Comissão para solucionar o problema e referida Comissão achou ser a Prefeitura credora de 52.845,00 m², que significou a diferença entre a área reservada pelo loteamento aprovado pelo Decreto nº 1344/78 e a nova planta apresentada pelo loteador, excluídas as áreas desapropriadas.

9. Há, no entanto, dúvida sobre esse direito postulado pela Comissão constituída por esta Administração, corroborada pela apresentação do Parecer em anexo e pelas alegações do loteador, que se diz possuidor de Parecer que lhe é favorável, exarado pelo Professor Hely Lopes Meirelles.

10. Do exposto, solicitamos de Vossa Senhoria, Parecer sobre a presente matéria, para o qual formulamos os seguintes quesitos:

a) Em face da legislação vigente à época da desapropriação indireta, operada pela SABESP e da propositura da ação de desapropriação indireta pelo loteador, existiam vias e espaços livres da área em questão, integradas ao patrimônio da Prefeitura Municipal de XXXX pelo concurso voluntário?

b) Com base no quesito anterior, a Prefeitura Municipal de XXXX tem direito a indenização que pleiteia perante o judiciário ou à reposição de 52.845,00 m² para aprovação do novo loteamento?

c) Pode a Prefeitura Municipal de XXXX negar-se a aprovar a planta de substituição do loteamento enquanto não solucionada, amigável ou judicialmente a pendência descrita no quesito anterior? Qual a sua responsabilidade no caso de ser negativa a resposta a esta consulta?

d) Não sendo válido o registro da parte da área situada no Município de XXXX, qual a providência legal a ser adotada pelo loteador e esta Prefeitura, para regularizar a questão?

Ante o relato dos fatos e os documentos acostados para subsidiar a Consulta, a ela respondo nos termos que seguem.

Parecer

1. Todo o problema proposto reside na questão de saber-se, ante um projeto de loteamento e ou de sua implementação, em que instante áreas previstas como públicas no projeto vêm a integrar-se no patrimônio público.

Parece bem, então, iniciar por uma exposição teórica ampla, que proporcione firmar premissas ulteriormente aplicáveis ao caso vertente, em sua configuração específica.

Para desatar a questão referida, cumpre proceder ao liminar discrímen entre duas situações possíveis:

a) casos em que a lei fixa o modo e o momento de conversão do domínio privado para o domínio público;

b) casos em que a lei é silente ao respeito deste ponto específico.

Comecemos pela segunda hipótese, que é a única ensejadora de dificuldades.

2. Estas existirão em todos os casos de *loteamentos rurais e nos de loteamentos urbanos anteriores a 28.2.1967*.

Antes desta data não havia lei que dirimisse a questão de modo explícito. Empós dela, quaisquer loteamentos urbanos novos caem sob o império de leis que fixam, de modo preciso, o meio e o momento exatos em que ocorre a integração no domínio municipal das áreas previstas como públicas no projeto.

De fato, como ao diante se verá, tanto o Decreto-Lei nº 271, de 28.2.1967, como a lei posterior – ora vigente – nº 6.766, de 19.12.1979, fixam, com exatidão, o modo e o instante decisivos para a conversão aludida.

O problema remanesce no caso dos *loteamentos rurais*, pois a eles não se aplica o Decreto-Lei nº 271, nem a Lei nº 6.766.

3. Para solver o problema indicado, fixemo-nos no período que medeia entre o Decreto-Lei nº 58, de 10.12.1937 e o Decreto-Lei nº 271.

Qualquer indagação atinente à época ainda anterior ao Decreto-Lei nº 58 seria irrelevante para os fins da consulta.

4. O Decreto-Lei nº 58, em seu art. 3º, estatuía: "A inscrição torna inalienáveis por qualquer título as vias de comunicação e os espaços livres constantes do memorial e da planta".

Inalienabilidade não é forma de perda da propriedade nem meio pelo qual outrem a adquira. Basta considerar que há bens públicos alienáveis – tais os dominicais – e bens particulares inalienáveis, para poder-se concluir que o versículo citado não está a referir qualificação da qual se tenha que derivar mutação subjetiva nas áreas e vias previstas como públicas no loteamento.

Cumpre, então, indagar se à míngua de outros subsídios no Decreto-Lei nº 58 deve-se concluir que tais bens permanecem para sempre no domínio privado, conquanto inalienáveis; ou se, em algum momento, passam à propriedade pública. A ser afirmativa a resposta para a segunda hipótese, suscita-se a questão de saber se *como* e *quando* tal se dá.

O tema envolve tormentosas dúvidas. Está longe de propor-se como indagação singela. Pelo comprovar é suficiente referir que são coligíveis na doutrina e jurisprudência pontos de vista vários, entrechocantes e muitas vezes imprecisos ou dúbios. Vejamos suas composturas.

5. (a) Pontes de Miranda entende que é na *aprovação* do projeto de loteamento que se deve buscar o modo e o instante da transferência à propriedade pública das áreas assim previstas no projeto. Eis suas palavras:

> Tem-se pretendido que as vias de comunicação e os espaços livres somente se tornam públicos por ato dos interessados, entregando-os à Prefeitura Municipal. De modo algum. A aprovação do loteamento faz públicas as vias de comunicação e públicos os espaços livres, com a ressalva de serem ultimados pelos loteadores as obras das vias de comunicação e dos espaços livres e da modificabilidade segundo o Decreto-lei 58.[79]

O Desembargador Sílvio Amaral, do TJSP, ao despachar deferindo o seguimento de recurso extraordinário – que tomaria o nº 73.044 – assim se manifestou: "O memorial e a planta mencionados foram *aprovados* pela Municipalidade que assim aceitou o plano apresentado e, automaticamente, assumiu o domínio das áreas reservadas para ruas e jardins".[80]

---

[79] MIRANDA, Francisco Cavalcanti Pontes de. *Tratado de direito privado*. Rio de Janeiro: Forense, 1971. v. 13. p. 89.
[80] AMARAL, Sílvio. *RTJ*, n. 62. p. 466 – despacho transcrito do relatório do Ministro Thompson Flores no RE nº 73.044.

Vê-se, pois, que acolheu, no despacho em apreço, a tese de que é a aprovação do projeto que determina a publicidade da área.

O Ministro Thompson Flores parece ter navegado nas mesmas águas, pois, como relator de acórdão no RE nº 89.252SP, grafou:

> É que independentemente da inscrição no Registro Imobiliário, a área reservada à Municipalidade é por ela aceita com a aprovação do loteamento, o bem – passara ao uso e domínio público, não cabendo, por isso mesmo, indenizar o loteamento, pelo fato omissivo de sua parte, a inscrição referida.[81]

No citado acórdão, refere-se, ainda, a um "concurso voluntário", o que torna dúbia a doutrina que esposou, pois a teoria em causa exige, para formação do concurso, ato posterior, distinto da simples aprovação.

6. (b) Outros extraem – indevidamente conforme registramos – do art. 3º do Decreto-Lei nº 58 a mutação subjetiva da propriedade a *partir da inscrição* do projeto de loteamento no registro imobiliário, entendendo que a referência à *inalienabilidade* importa aquisição das áreas em causa pelo Poder Público municipal.

É o que se vê defendido nas seguintes lições doutrinárias.

Ensina Luciano Benévolo de Andrade: "Releva salientar que passam ao domínio municipal as vias de comunicação e os espaços livres constantes do memorial e planta de loteamento de terrenos em decorrência do Registro Imobiliário, na forma do decreto-lei nº 58, de 10.12.37 (art. 3º)".[82]

Hely Lopes Meirelles também o afirma:

> O que ocorre, na realidade, com a inscrição do loteamento, é a *transferência, por destinação*, das vias e áreas livres, para o domínio público do Município, que é a entidade estatal titular dos bens urbanos de uso comum do povo e dos bens de uso especial da municipalidade. Isto é da tradição do nosso direito municipal e está repetido na lei de loteamentos, com visível imperfeição técnica, mas com perfeita adequação à realidade (o autor está se reportando ao art. 3º do decreto-lei 58). [...] Não há,

---

[81] FLORES, Thompson. *RTJ*, v. 91, mar. 1980. p. 1063.
[82] ANDRADE, Luciano Benévolo de. *Curso moderno de direito administrativo*. São Paulo: Saraiva, 1975. p. 101.

portanto, necessidade de inovação da teoria francesa do "concurso voluntário", para justificar uma transferência de domínio prevista por lei e tradicional em nosso direito, já tantas vezes aplicada pelos nossos Tribunais (RT vols. 318/285, 254/178, -228/248, RF 86/641).[83]

Dita ensinança é novamente confirmada pelo conhecido administrativista na 7ª edição atualizada – 1979, de seu *Direito administrativo brasileiro*,[84] ao tratar de bens públicos. Outrossim, conforme notícia de Mario Bernardo Sesta, em trabalho de mão e sobremão,[85] o STF, no RE nº 49.159, decidiu por este critério, ao firmar:

> Ruas e praças consectárias do loteamento e venda de propriedade urbana ou suburbana tornamse bens públicos de uso comum, inalienáveis, e isso da data em que inscritos no Registro de Imóveis o memorial, planta e de mais documentos a que se refere o decreto-lei nº 58 de 1937. (*DJU*, 19 jul. 1963)

Variante de tal orientação encontra-se em acórdão do TJRGS, relatado pelo Desembargador Emílio Maya Gischkow (Apelação Cível nº 6.692. *RT*, n. 412/363), cuja ementa reza: "O direito à via pública, constituído em favor do Poder Público, somente se integra com a inscrição do loteamento ou com a caracterização do aspecto de fato: utilização da via como coisa de uso comum".

Adotou, pois, a tese de que a inscrição acarreta aquisição da propriedade pelo Poder Público, ressalvado, contudo, que ela pode advir de uma situação de fato: o uso comum da via prevista no loteamento.

7. (c) Outros, ainda, acolhem a teoria francesa do "concurso voluntário" (*offre de concours*) segundo a qual é mister um ato do Poder Público – afora a simples aprovação do projeto – revelando que aceita as áreas previstas como públicas.

Veja-se, por exemplo, decisão do TJSP, na Ap. Cível nº 125.745, em que foi relator o Desembargador Evaristo dos Santos, da qual consta:

---

[83] MEIRELLES, Hely Lopes. *Estudos e pareceres de direito público*. São Paulo: Revista dos Tribunais, 1971. v. I. p. 277278.

[84] MEIRELLES, Hely Lopes. *Direito administrativo brasileiro*. São Paulo: Revista dos Tribunais, 1979. p. 481.

[85] SESTA, Mario Bernardo. Loteamento e vias públicas. *Revista de Direito Público*, v. 45-46. p. 48 e segs.

Não é a aprovação do loteamento que transforma os bens particulares em públicos, tese que se tornaria insustentável diante da caducidade da licença de arruamento (art. 727 do Código de Obras), mas sim a aceitação do loteamento pela Prefeitura (afetação). Assim a teoria que realmente satisfaz é a do concurso voluntário. Inicia-se o mesmo com pedido de aprovação da planta. Executado o arruamento, se a Municipalidade aceita o plano, opera-se a transferência do domínio particular para o domínio público. Para sua caracterização é necessário o ato de oferta do particular ao Poder Público (aprovação da planta) e a aceitação por parte da Municipalidade. Manifestada a vontade de ambas as partes, opera-se a transferência.[86]

O Supremo Tribunal Federal acolheu integralmente esta tese em acórdão do qual foi relator o Ministro Djaci Falcão (RE nº 59.065. *RTJ*, n. 50/686).

8. (d) Finalmente, cabe referir o alentado e substancioso estudo precitado de Mario Bernardo Sesta – de onde colhemos amplos subsídios – para quem: "No comum dos casos e sempre ao regime do decreto-lei 58/37, será o uso público *efetivo* das áreas comuns que haverá de torná-los bens públicos".[87]

Citando Cretella Jr., mostra que a afetação de um bem à dominialidade pública pode resultar de um ato ou de um *fato*, premissa na qual se supedita para concluir que: "No regime do decreto-lei nº 58/37, a afetação é posterior ao registro e se dá pelo efetivo uso comum do povo sobre as áreas que foram ao mesmo delimitadas e/ou pelo mesmo tomadas".[88]

Ressalte-se, entretanto, que o autor referido não faz coincidir a noção de bem público com a de propriedade pública. Adotando a tese de Cirne Lima, segundo quem podem coexistir sobre o mesmo objeto duas relações, uma pública e outra privada, entende que o bem não se converte à propriedade pública com a só afetação.

Pretende que a propriedade privada "adormecida" (a expressão e do autor) irá conviver com a relação de dominialidade pública, por força da qual os bens em apreço se categorizam como bens públicos. A dualidade, contudo, encerrar-se-á com a extinção do domínio privado em prol da propriedade pública, por meio do instituto do imemorial.

---

[86] SANTOS, Evaristo dos. Ap. Cível nº 125.745. *RDA*, v. 87. p. 218.
[87] SESTA, Mario Bernardo. Loteamento e vias públicas. *Revista de Direito Público*, v. 45-46. p. 56.
[88] SESTA, Mario Bernardo. Loteamento e vias públicas. *Revista de Direito Público*, v. 45-46. p. 56.

É dizer: o decurso do tempo por lapso igual ou superior a 40 anos – segundo o critério proposto pelo autor, seria suficiente para considerar dissolvida a propriedade privada, uma vez mantido o bem, por tal período, sob afetação pública.

Trata-se, como se vê, de posição extremamente original que tem, quando menos, o mérito de colocar em realce a transcendente importância da efetiva afetação do bem à utilização coletiva.

9. O escorço que vimos de fazer, apontando diversas tendências, permite visualizar quão complexa é a matéria questionada. Quanto a nós, estamos em que nenhuma das posições expostas merece integral acolhida. Nenhuma delas pode esquivar-se a reparos sérios.

10. A tese que imputa à *aprovação* do projeto de loteamento poder instaurador de propriedade pública sobre vias e áreas livres carece de base legal ou principiológica.

De um lado o Decreto-Lei nº 58 em nada abona esta inteligência. De outro lado, a aprovação é simples ato administrativo de concordância com um projeto. O loteador, ao submetê-lo à prefeitura, está simplesmente a revelar intento de vir a lotear um bem. Pode não o fazer, entretanto. Pode não o registrar. Pode não vender lote algum. Pode não executar qualquer arruamento.

Posto que não realize qualquer ato jurídico *apto a transferir domínio* nem qualquer ato material *donde resulte utilização pública,* seria um contrassenso que viesse a perder a propriedade das áreas em questão e outro contrassenso que o Poder Público se transformasse em proprietário de ruas que não existem.

É o quanto basta para repelir esta teoria.

11. A tese que atribui à inscrição no registro imobiliário a propriedade das áreas previstas como públicas é menos chocante que a anterior, mas acomoda-se mal no Decreto-Lei nº 58.

Dado que o art. 3º deste diploma fala em inalienabilidade – noção radicalmente distinta de aquisição de propriedade –, tem-se que houve por suficiente gravá-las desta forma, dispensando-se de adotar solução mais radical. Com efeito, se houvera pretendido instaurar propriedade pública sobre as referidas áreas, tê-lo-ia feito, como o fizeram os diplomas ulteriores. Não houve omissão na matéria – de maneira a abrir espaço para supor-se que a inscrição seria causa de aquisição de domínio. Pelo contrário, tratando da inscrição, atribuiu-lhe o específico efeito que lhe desejou inculcar. Daí que não cabe torcer a dicção normativa, ampliando-lhe o alcance para muito além das fronteiras comportadas pela voz "inalienabilidade".

Ainda aqui, cabe retornar ao argumento anterior. Se o proprietário da área loteada efetivamente não a lotear, se não proceder a arruamento, se não vender lote algum, que sentido faz incorporar ao patrimônio público vias que não existem, áreas livres não delimitadas de fato? Qual o proveito público nisto? Porque julgar – *sem lei que o estabeleça* – elidida a propriedade privada sobre tais áreas quando nem a coletividade nem o Poder Público colherão daí algum proveito?

Por estas razões não merece acolhida a orientação em tela.

12. A teoria francesa do "concurso voluntário" (*offre de concours*) pode, num primeiro súbito de vista, parecer aliciante. Seu atrativo está no aparente prestígio que confere ao interesse público – na medida em que exige manifestação concordante do município para a instauração da propriedade pública, entretanto, por detrás deste suposto mérito, surpreende-se nela uma equivocada compreensão daquilo que é, realmente, o interesse público e um desconhecimento dos reais deveres públicos perante a coletividade. Despojada de seu falso ornato, esfumam-se os presumidos encantos que tem e sua nudez desgraciosa revela-se antinômica ao interesse público.

Com efeito, a teoria em causa põe em oblívio o relevantíssimo fato de que a aprovação e registro do loteamento *podem ser* fonte de consequências que farão emergir ponderáveis e legítimos interesses coletivos ante os quais não haverá mais cogitar de uma liberdade administrativa para aceitar ou deixar de aceitar as vias públicas e áreas livres.

Do instante em que, vendidos os lotes, neles se instalem adquirentes que virão – assim, como terceiros – a servir-se das vias abertas, terá ocorrido um evento por si mesmo relevante para o interesse público. Não será dado ao município decidir se as vias postas efetivamente em público, sem oposição municipal, devem ou não pertencer à coletividade. Esta já se terá apossado delas uma vez disponíveis. E o apoderamento em causa será absolutamente legítimo, pois a aprovação do projeto e a inscrição do loteamento haverão liberado o uso em apreço, uma vez efetuado o arruamento.

Em suma, a utilização de vias postas em público fará gerar o "fato da afetação", subsequente a atos legítimos.

13. Aliás, vale considerar que, mesmo quando ilegítimos os atos anteriores ou a conduta de clandestino "loteador", destes fatos surtirão consequências que põem em causa relevantíssimos interesses coletivos, nascidos a partir da ocupação de espaços e da efetiva concessão de vias

que se veem "postas em público"; é dizer: assumidas pela coletividade da qual o município é, axiomaticamente, o representante.

Como dizer-se que tais vias não são públicas, não pertencem ao município, se em público já são? Como tratar o problema segundo critérios privatísticos, à moda de uma relação patrimonial qualquer, em que alguém decide – com plena autonomia de vontade – que uma relação entre terceiros não lhe aproveita?

A situação é radicalmente distinta, tanto mais no caso de loteamento aprovado e registrado, pois o Poder Público haverá intervindo, liberando os trabalhos, autorizando vendas, sacramentando uma operação que envolve os interesses da coletividade. Ainda que não o haja feito, é *dever jurídico* do Poder Público embargar operações de retalhamento do solo, se procedidas contra a lei. Se omitiu-se no dever de embaraçar e frustrar retalhamento ilegítimo do solo municipal e a sombra desta omissão surgiram, medraram e se desenvolveram interesses de munícipes, se foram abertas e postas em público vias de circulação, não lhe cabe, ao depois, erigir-se no poder de renegá-las, pois tais vias já serão vias coletivas, isto é, do município.

14. É tão nítida a existência de interesse público em situações quejandas que o eminente Seabra Fagundes as tomou como exemplo para indicar a impossibilidade da extrapolação de critérios privatísticos na invalidação de atos administrativos. Disse o iluminado mestre:

> Mas, por outro lado, vista em face de algum caso concreto, pode acontecer que a situação resultante do ato, embora nascida irregularmente, torne-se útil àquele mesmo interesse. Também as numerosas situações pessoais alcançadas e beneficiadas pelo ato vicioso podem aconselhar a subsistência de seus efeitos.[89]

E, logo além, em nota de rodapé suscitada pelo comento referido:

> O ato, por exemplo que sem obediência a preceitos legais, faça numerosas concessões de terras a colonos com o fim de fixá-los em determinada região, apesar de vicioso, merecerá ser mantido se após a instalação e fixação dos beneficiários se constatar a sua irregularidade.[90]

---

[89] FAGUNDES, Miguel Seabra. *O controle dos atos administrativos pelo Poder Judiciário*. 5. ed. rev. e atual. Rio de Janeiro: Forense, 1979. p. 47.
[90] FAGUNDES, Miguel Seabra. *O controle dos atos administrativos pelo Poder Judiciário*. 5. ed. rev. e atual. Rio de Janeiro: Forense, 1979. p. 47.

Nem é por outra razão que os municípios se têm visto na contingência de legitimar, ulteriormente, inúmeros loteamentos irregulares, clandestinos, nos quais se cristalizou um interesse coletivo impostergável.

15. Tem-se, portanto, que a teoria do "concurso voluntário" padece de um vício irremissível. Supõe que o interesse público se realiza dando-se ao município o poder de decidir sobre aceitação ou não de vias, tal como se se tratara de uma relação em que vigora o cânone de autonomia da vontade. Presume necessário um ato onde já pode existir um "fato" de afetação ocorrido – ora com a explícita aquiescência do Poder Público, quando se trata de loteamento aprovado e registrado, ora propiciado pela inércia do Poder Público, quando se trata de loteamento clandestino.

Por ser desatenta a índole do direito público e por ignorar a função serviente que o Poder Público tem no estado de direito, menoscaba os deveres públicos, deixando de erigi-los em ideia central do moderno direito público. Ademais, *parece confundir o problema da responsabilidade de terceiros com o problema da propriedade pública*, questões entre si dissociadas logicamente.

Por tudo isto, não merece adoção a tese do "concurso voluntário".

16. O ponto de vista esposado por Mario Bernardo Sesta tem, conforme já se aludiu, o assinalado mérito de encarecer a importância do "fato da afetação" como apoderamento efetivo pela coletividade das áreas públicas. Faz dele o elemento decisivo para instauração da dominialidade pública.

Contudo sua construção, *data venia*, ao separar, no caso dos loteamentos, a dominialidade pública da propriedade pública – com remanescência do domínio privado sobre as áreas previstas como públicas – é inútil, artificiosa e fonte de dificuldades desnecessárias. Obriga o inspirado autor a cerebrino esforço para encontrar fórmula por meio da qual ditas áreas venham a integrar-se definitivamente no patrimônio público (pelo imemorial). Força-o a acrescentar este apendículo imaginoso para, dessarte, resolver um impasse. Aliás, um desnecessário impasse: demitir o loteador de uma dominialidade inexpressiva ao ponto de configurar-se como um sem-sentido, mas que arriscava perdurar até a consumação dos séculos.

É o brilho da construção jurídica, forjada com pena de ouro, que lhe traz inegável fascínio. Sem embargo, não merece acolhida.

Introduz a distinção entre domínio e propriedade pública que é, no caso dos loteamentos, perfeitamente dispensável. Se as áreas e vias propostas como públicas estavam de antemão previstas para tal fim, se como tal foram aprovadas e inscritas no registro imobiliário, se o arruamento se efetuou e os usuários as assumiram – dando-se a situação fática de afetação – que sentido lógico tem a persistência do domínio privado do loteador? Se as áreas apontadas como públicas já nasceram com o signo correspondente, porque supor conservada uma dominialidade privada inexpressiva e que se quer mesmo fazê-la demitida?

Não é aceitável a teoria proposta, mas enfoca o tema sublinhando ângulos importantes que merecem ser enfatizados.

17. Estamos em que, ao lume do Decreto-Lei nº 58, nos loteamentos aprovados pela prefeitura e inscritos no registro imobiliário, instaura-se a propriedade pública sobre as vias e áreas assim previstas quando o loteamento passa do projeto à efetivação. Isto é, quando o loteador, liberado pela inscrição no registro, efetivamente vende lotes e os adquirentes, assumindo-lhes a posse, vêm a fazer uso dos espaços arruados.

Ao tempo do Decreto-Lei nº 58, não há propriedade pública sobre as áreas prepostas a ficarem em público enquanto não se efetive a venda de lotes – fazendo surgir um interesse da coletividade afiançado por atos públicos – e ocorra assunção das vias por usuários.

Este fato, *a assunção das vias por usuários*, produz a "entrada em público" destas vias. Antes disto, existirá interesse de compradores, justificar-se-á ação impositiva pública em benefício deles, mas ainda não terá eclodido o evento que faz públicas as vias; isto é, "estarem em público", servirem, deveras, ao uso coletivo.

Se tal não se dá, de propriedade pública não há cogitar, *in casu*, porque faleceria o título explicativo desta passagem.

18. Com efeito, a razão da publicidade de bens de uso comum é o uso comum. A ocorrência do uso comum em bens que para tal uso foram previstos (por destinação particular aprovada pelo Poder Público e devidamente inscrita) *completa a sequência legal pressuposta e instaura* o que se pressupôs. Faz surdir, pois, a propriedade pública, que este é o destino natural dos bens de uso comum.

As demais áreas livres, *porque contempladas como consectárias* do retalhamento do solo e implantação de vias, seguem, por derivação, o mesmo destino. Deveras, se foram previstas porque servientes do todo, precisamente porque o são não se podem desligar do sistema que as reclama e em função do qual foram previstas.

19. O ponto de vista que se vem de expor, sobre a forma e o momento em que irrompe a propriedade pública sobre as vias e áreas livres dos loteamentos aprovados e inscritos sob a vigência do Decreto-Lei nº 58, pretende-se assentado em princípios inerentes à lógica dos poderes, funções e deveres estatais no estado moderno.

Estriba-se na ideia de que a noção de dever ante os fins constitucionais é prevalente; em que os poderes administrativos não existem quando o Estado os deseja ou expressamente propõe-se a afirmá-los, mas que são, assaz de vezes, simples decorrência dos deveres impostos pela Constituição e pelas leis.

20. A função social da propriedade é o princípio cardeal que, expressa ou implicitamente, tem residido nos documentos constitucionais do país, seja por força de sua literal afirmação, seja como inerência às noções de "República" (*res pública*) e de Estado de Direito.

Este cânone superior impõe interpretações obedientes a seu valor estimativo e impede interpretações que se lhe contraponham, ainda quando convenientes a interesses patrimoniais das pessoas de direito público.

Posto que o Estado, em sua triplicidade de pessoas políticas, tem deveres essenciais e entre estes o da senhoria sobre as coisas públicas – que o são por destino natural (como os mares, rios etc.) ou que o são por destinação avalizada pelo Poder Público – não cabe imaginar assista ao município poder para decidir sobre sua titulação a respeito de coisas que "estão em público". Admitilo implicaria negar a preponderância do "dever" sobre o "poder" em tema público e, demais disso, infirmar a "função social da propriedade".

21. Visto o momento e o meio de extinção do domínio privado e instauração da propriedade pública, sob o regime do Decreto-Lei nº 58, consideremos agora a compostura que assume a partir do Decreto-Lei nº 271.

Ressalvados os loteamentos que já estavam protocolados ou aprovados nas prefeituras em 28.2.1967 (art. 9º do DL nº 271), em todos os demais loteamentos urbanos o início da dominialidade pública foi estabelecida pelo art. 4º. É a seguinte sua dicção: "Desde a data da inscrição do loteamento passam a integrar a domínio público do Município as vias e praças e áreas destinadas a edifícios públicos e outros equipamentos urbanos constantes do projeto e do memorial descritivo".

Este regramento foi confirmado pela lei em vigor, nº 6.766, de 19.12.1979, cujo art. 22 estabelece: "Desde a data do registro do loteamento, passam a integrar o domínio do Município as vias e praças, os espaços livres e as áreas destinadas a edifícios públicos e outros equipamentos urbanos, constantes do projeto e do memorial descritivo".

Como se vê, tirante modificações de linguagem irrelevantes para o caso *sub examine*, foi mantida a disposição anterior.

22. Ao ponto em que se chegou, podem ser firmadas as seguintes conclusões, que servirão de premissas para o exame do caso concreto que nos foi submetido:

a) Nos loteamentos *urbanos* anteriores ao Decreto-Lei nº 271 de 28.2.1967, e em quaisquer loteamentos rurais, a dominialidade pública nasce com a concreta afetação fática das vias públicas ao uso da coletividade, seguindo igual destino, por derivação, as demais áreas previstas para fins públicos.

b) Desde o Decreto-Lei nº 271, até a presente data, a dominialidade pública se instaura com o registro do loteamento no correspondente registro imobiliário.

O caso concreto

23. Consta das informações que subsidiam a consulta, que o projeto de loteamento em questão foi aprovado pela Prefeitura de XXXX com base no Decreto-Lei nº 58, de 1937, por meio do Decreto municipal XXXX de 1978.

Ora, em 1978 já estava vigente, *há onze anos*, o Decreto-Lei federal nº 271, de 28.2.1977, sendo ele, pois, o diploma regulador da matéria, *se se trata de loteamento urbano. Se, entretanto, de loteamento rural se trata*, aí sim, a disciplina aplicável é a do Decreto-Lei nº 58.

24. Consideraremos a questão ao lume de ambos os textos, pois, como se verá, a resposta aos quesitos não se altera num ou noutro caso.

25. Se a normação regedora for a do Decreto-Lei nº 58, não se instaura a propriedade pública municipal antes da efetiva, fática, afetação das vias públicas à coletividade. Esta é a conclusão que frisamos no item 22, letra "a", deste parecer, em sintonia com o arrazoado dos itens 12 a 15 e 17.

No caso vertente, de acordo com informação verbal que nos foi dada pelo consulente, não houve venda de lotes nem colocação em público de vias internas do pretendido loteamento. Segue-se que inocorreu constituição de dominialidade pública sobre parte alguma da área do loteamento sita em XXXXX.

Conforme anotamos, não basta a aprovação do loteamento pela prefeitura para fazer surdir propriedade municipal sobre áreas previstas como públicas. A tal inteligência opõem-se os argumentos que alinhavamos nos itens 4 e 10. Nem é o ato de aceitação do município que decide sobre isto, consoante expusemos nos itens 12 a 15.

Assim, a aprovação do loteamento efetivada pela Prefeitura Municipal de XXXXX, em 31.3.1978, por meio do Decreto nº 1.344, não tinha nem teve o condão de fazer emergir dominialidade do município sobre áreas previstas como públicas no projeto.

26. Ainda de acordo com as informações ilustradoras da consulta, o projeto em questão jamais foi registrado na circunscrição mobiliária concernente aos imóveis sitos em XXXX. Houve registro – feito pela totalidade do loteamento – apenas em XXXX, em 11.7.1975, com posterior averbação modificadora em 15.9.1976.

Mesmo que se queira entender – o que não é possível, conforme adiante veremos – que dito registro tinha o condão de tornar inalienáveis os espaços públicos sitos em *outra circunscrição*, nem ao menos tal inalienabilidade seria sustentável. Isto porque, apesar de o art. 3º do Decreto-Lei nº 58 prever esta clausulação, admitia também (no art. 1º, §5º) modificação do plano de loteamento com a concordância da prefeitura e cancelamento da inscrição, a requerimento do loteador, enquanto nenhum lote fosse compromissado e devidamente inscrito (art. 6º, letra "b"). Ora, isto efetivamente ocorreu em 15.9.1976. Houve concordância da Prefeitura de XXXX e foi averbada no registro, na mesma data, alteração do projeto inicial, para fins de excluir parte da área do loteamento: área inclusiva de espaços previstos como públicos, sitos no Município de XXXX e que deram objeto à controvérsia noticiada pela Consulente. Note-se que, a época da aprovação do projeto em Caieiras, dita aceitação já era velha de quase dois anos.

27. É verdade que a aprovação em apreço, como informa a Consulta, fez-se com base na *planta do projeto inicial*, ou seja, planta anterior à modificação e à averbação, no albo imobiliário, da alteração subsequente.

Nada obstante, o fato é que do *registro imobiliário* não se podia nem se pode fazer derivar sequer a inalienabilidade das áreas controvertidas, pois elas já estavam excluídas da vinculação ao loteamento e residentes, novamente, na propriedade do loteador.

Sobremais, como a planta aprovada pela Prefeitura de XXXX não foi levada a subsequente registro, inexistiu ato registral de onde surtisse o efeito restaurador da situação primitiva (isto é, daquela que precedeu a averbação feita em 15.9.1976).

28. De outra parte, admitindo-se que o projeto de loteamento em pauta sempre esteve sob a regência do Decreto-Lei nº 271 (e não do Decreto-Lei nº 58) – em face da data de sua apresentação e de seu caráter urbano –, a conclusão não discrepa daquela que se acaba de apresentar.

Isto porque o decreto-lei citado expressamente estabelece, conforme já foi referido, que a dominialidade pública sobre as áreas votadas a tal destino inicia-se com a inscrição do loteamento no registro imobiliário; é o que dispõe seu art. 4º.

Ora, não tendo havido registro do loteamento na circunscrição responsável pela área de XXXX, inocorreu o fator decisivo para a mutação dominial subjetiva à que alude o citado artigo.

Deveras, o registro inicial em XXXX, embora feito pela totalidade do projeto, não podia produzir efeitos sobre a área sediada em XXXX, porque alheia ao âmbito jurídico alcançável pelo Registro de XXXX. A Lei de Registros Públicos – nº 6.015, de 31.12.1973 –, em seu art. 169, com a redação dada pela Lei nº 6.216, de 30.6.1975, estabelece ser obrigatório o registro no cartório da situação do imóvel, particularizando no item II: "Os registros relativos a imóveis situados em comarcas ou circunscrições limítrofes, que serão feitos em todas elas".

Verifica-se, portanto, que era obrigatório o registro na circunscrição concernente a XXXX. E isto não ocorreu. Não se deu, portanto, o ato translativo.

29. Ainda que se quisesse, *argumentandum tantum*, admitir que o primeiro registro do loteamento tinha – conquanto feito em XXXX – força eficacial suficiente para operar, em XXXX, a mutação subjetiva da propriedade sobre as áreas votadas a destino público, não seria possível sustentar que ditas áreas persistiram integradas no patrimônio municipal de XXXX.

É que dito registro foi – *antes mesmo da aprovação do loteamento em XXXX* – alterado. Se o registro anterior fosse válido para fins de translação do domínio em XXXX, por igual razão, também sê-lo-ia, para os mesmos fins, a averbação ulterior. De acordo com esta averbação, efetuada em 15.9.1976, as áreas questionadas foram excluídas do loteamento e reincorporadas à propriedade do loteador.

Este procedimento, conforme já se ressaltou no item 26, era perfeitamente legítimo, porque confortado pelos arts. 1º, §5º e 6º, letra "b", do Decreto-Lei nº 58, o qual, nesta parte, remanesceu inatingido pelo Decreto-Lei nº 271, conforme se extrai do art. 10 deste ultimo diploma:

Este Decreto-Lei entrará em vigor na data de sua publicação, mantidos o Decreto Lei n.º 58, de 10 de dezembro de 1937, no que couber e não for revogado por dispositivo expresso deste Decreto-Lei, da Lei número 4591, de 16 de dezembro de 1964 e dos atos normativos mencionados no artigo 2.º deste Decreto-Lei.

30. Cabe ressaltar que na suposição feita – apenas para argumentar, conforme salientado – de ter havido dupla mutação subjetiva sobre as áreas em controvérsia (passagem à propriedade pública de XXXX, com o registro em XXXX e retorno à propriedade do loteador com a averbação em XXXX), comparece um elemento complicador.

É que importaria saber o momento exato no qual incidiu a desapropriação, à que alude a Consulta, sobre as áreas questionadas. Com efeito: a desapropriação tanto poderia ter ocorrido antes da suposta integração dos bens (por força do registro em XXXX) no patrimônio de XXXX; como poderia ter sucedido depois desta suposta passagem e antes da averbação que os reverteria ao loteador; como, finalmente, poderia ter sucedido após tal reversão.

31. Tomando-se por base a premissa inexata, porém figurada no raciocínio, de que o registro (e a averbação) em XXXX produziria ou poderia produzir consequências dominiais em XXXX, se a desapropriação ocorreu ao tempo em que o Município de XXXX era o *dominus*, a este caberia a indenização expropriatória.

Em tese, três momentos podem ser fixados para caracterizar o instante em que se deu a expropriação. Esta, como consta dos dados informativos da Consulta, resultou de um apossamento efetivado pela SABESP. Correspondeu, portanto, à chamada "desapropriação indireta".

Trata-se, então, de saber se o momento da aquisição do domínio pela SABESP foi o do "apossamento do bem" ou da prolação da decisão judicial na ação de "desapropriação indireta" ou, ainda, o do pagamento do preço.

32. O momento em que se deu o apossamento pela SABESP, de acordo com a sentença proferida na ação de indenização por "desapropriação indireta", foi em 1970.

A ser tomado este instante como definidor da aquisição do domínio pela SABESP, o registro do loteamento não poderia ter o efeito de trespassar aquelas áreas para a propriedade municipal. Se haviam, previamente ao registro, se transformado em áreas públicas, o loteador já não mais lhes tinha o domínio, daí que seria inútil seu ato de vontade destinado a trespassá-las.

Logo, se se fizer coincidir a data da desapropriação com a data do apossamento, ela teria ocorrido *antes* de o Município de XXXX poder ter pretensões à senhoria sobre a área controvertida. Logo, nada terá a reclamar em razão da desapropriação indireta e subsequente indenização.

33. A data da sentença foi 13.12.1978 e se houve recurso, obviamente, a decisão judicial definitiva foi posterior.

Pois bem: já em 13.12.1978, por força de averbação no registro imobiliário, as áreas questionadas haviam retornado ao patrimônio do loteador. Então, caso se tome a decisão judicial como base para fixar o instante da aquisição do domínio pela SABESP (e perda da propriedade pelo anterior titular do domínio), resulta que o Município de XXXX não poderia alimentar pretensões indenizatórias sobre dita área. Isto porque, já em 15.9.1976 – quando da averbação mencionada –, não era, por título algum, senhor das áreas controvertidas.

34. Se se adotar a data do pagamento da indenização pela "desapropriação indireta", como sendo a adequada para fixar a ocasião definida da aquisição do domínio pela SABESP, *a fortiori*, o Município de XXXX igualmente nada poderá pleitear. Com efeito, o momento deste pagamento só pode ser posterior à decisão judicial na citada ação. Se, na época da decisão, XXXX já não era – por título algum – proprietária do bem e, depois disso, nenhum ato traslativo foi praticado, é óbvio que nada pode alegar em seu prol no que atina à indenização pelas áreas expropriadas.

35. Verifica-se, dessarte, que também não aproveitaria a Prefeitura de XXXX presumir, nos atos registrais efetuados em XXXX, efeitos sobre imóveis sitos em XXXX.

36. Sintetizando os pontos principais até aqui abordados, com as cabíveis conclusões para o caso concreto, pode-se fazer o seguinte escorço.

A) O loteamento em apreço, sendo, como é, posterior a 28.2.1967, se urbano – como tudo indica – rege-se pelo Decreto-Lei nº 271; se rural, pelo Decreto-Lei nº 58.

B) A partir do Decreto-Lei nº 271, é fora de dúvida que a propriedade pública nos loteamentos urbanos se instaura como o registro no registro imobiliário competente.

C) Uma vez que o projeto em apreço jamais foi registrado na circunscrição de XXXX; tendo em conta, ainda, que espaços votados ao destino público, no projeto apresentado em XXXX, jamais foram postos em público; também não havendo ocorrido venda alguma de lote neste município, conclui-se que inexistiu trespasse de qualquer área ao domínio de XXXX.

D) Ainda que o loteamento em causa fosse regido tão só pelo Decreto-Lei nº 58, inexistiria pretensão dominial substante do Município de XXXX sobre as áreas previstas como públicas no projeto.

37. A assertiva funda-se em quatro ordens de razões. A saber:

a) *Em primeiro lugar*, o Decreto-Lei nº 58 não diz que os espaços previstos como públicos no projeto de loteamento passam ao domínio municipal. Cifra-se a estabelecer, no art. 3º, que ficam inalienáveis a partir da inscrição. Inalienabilidade é voz que, em direito, tem sentido próprio, definido, perfeitamente explícito e conhecido. Não significa trespasse do domínio privado para o domínio público. Tanto é assim que existem bens particulares inalienáveis e bens públicos alienáveis. Assim, bastaria esta circunstância para desautorizar conclusão de que o registro do loteamento, só por só – e feito exclusivamente em XXXX – converteu as áreas controvertidas em bens do domínio de XXXX.

38. De outra parte, não houve venda de lote algum em XXXX nem preposição fática das áreas previstas como públicas ao uso público. Jamais "estiveram em público". Então, inexistiu fato jurídico relevante para conversão da dominialidade sobre os referidos bens.

Note-se que, sobremais, o loteador não violou a inalienabilidade – se acaso existisse – das questionadas áreas. Perdeu-as em virtude de "desapropriação indireta".

39. b) Em segundo lugar, o registro do projeto de loteamento em XXXX (tanto como a averbação) não produziu – porque não podia produzir – efeitos jurídicos sobre imóveis sediados em XXXX. O art. 169, II, da Lei de Registros Públicos exigia, como exige, que o registro se fizesse em todas as circunscrições onde estão sediados os imóveis. Não houve registro na circunscrição a que estão afetos os imóveis localizados em XXXX.

40. c) Em terceiro lugar, se acaso o registro em XXXX tivesse a força jurídica – que não tem – para operar a passagem dos bens questionados sitos em XXXX, do domínio privado para o domínio do Município de XXXX, a averbação ulterior, efetivada no mesmo registro com suporte nos arts. 1º, §5º

e 6º, letra "b" do Decreto-Lei nº 58, tê-los-ia revertido à propriedade do loteador.

41. d) Em quarto lugar, a perda da propriedade dos bens questionados – em prol da SABESP como decorrência da "desapropriação indireta" – ocorreu em um momento no qual só o loteador poderia ter pretensões à sua dominialidade. À época, XXXX não contava, em seu favor, com título, real ou presumido, que abonasse, justificadamente, aspirações à dominialidade sobre os bens em causa. É que, ante a dificuldade de determinar juridicamente o momento em que, nas desapropriações, ocorre a perda da propriedade e aquisição do domínio, são concebíveis três soluções.

42. Tratando-se de "desapropriação indireta", um dos momentos concebíveis é o do apossamento integrador do bem no patrimônio público. Este, conforme a sentença, deu-se em 1970. Muito antes, portanto, da aprovação do loteamento ou de seu registro. Logo, nesta data, XXXX não poderia ter qualquer aspiração à dominialidade e, pois, a indenização por desapropriação.

Um segundo momento concebível – e que se ajusta mal aos casos de desapropriação indireta – é o da decisão judicial. A decisão em causa ocorreu em dezembro de 1970 ou depois disso. Já em 1976, por força da averbação no Registro de XXXX, os bens questionados haviam revertido ao loteador (se acaso houvessem, antes disso, emigrado de seu patrimônio com o registro inicial).

O outro momento imaginável para consumação da desapropriação é o do pagamento da indenização. Este, como é óbvio, deu-se ainda mais recentemente. Logo, em época na qual, pelas razões expostas, faleceria apoio a pretensões de XXXX sobre ditos bens e, consequentemente, sobre indenização pela desapropriação deles.

43. e) Finalmente, a tese do "concurso voluntário" – única via capaz de fornecer arrimo às postulações de XXXX – sobre ser muito frágil em tese, dado o sistema normativo brasileiro, e, no caso concreto, absolutamente insustentável.

Em primeiro lugar, se cabível sua invocação, cifrar-se-ia ao período que precede o advento do Decreto-Lei nº 271. Este, tal como a lei vigente, fixa o momento e o meio instauradores da dominialidade pública. Logo, desde o Decreto-Lei nº 271 não mais é possível, nos loteamentos urbanos, pretender invocar o "concurso voluntário", para construir, ao arrepio da lei, meio e momento aquisitivos diversos da previsão normativa, com apoio, apenas, em dois atos administrativos: aprovação do projeto e aceitação das áreas.

Ora, no caso concreto, está-se perante loteamento – que tudo indica seja urbano – posterior ao Decreto-Lei nº 271. Logo, é descabido trazer à colação a tese do concurso voluntário.

44. Uma segunda razão obstaria sua pertinência. É que o concurso voluntário supõe a aprovação de um projeto de loteamento. Então, se já o loteamento em causa urbano ou rural, regido pelo Decreto-Lei nº 271 ou 58, para falar-se em "concurso voluntário", tem-se que tomar por base a aprovação de um projeto. Ora, no caso em foco, a aprovação efetivada por XXXX deu-se sobre uma planta *errada*, conforme se extrai dos termos da consulta e das informações documentais e verbais que a instruíram.

Com efeito, o projeto inicialmente apresentado à Prefeitura de XXXX – e que foi aprovado – por uma parte incluía áreas que no Registro de XXXX estavam excluídas do loteamento e, *por outra parte*, ao incluí-las, estava agregando áreas *não trespassáveis ao domínio de XXXX* porque já apossadas – em "desapropriação indireta" – pela SABESP.

45. Deveras, a ação de "desapropriação indireta" tem como pressuposto um *fato consumado*: a integração do bem no domínio público. Quando o loteador propôs ação de indenização por desapropriação indireta contra a SABESP, foi porque as áreas questionadas já estavam em poder daquela entidade e afetadas à realização de obras públicas. A sentença, nesta ação, fixou em 1970 a época do apossamento.

Assim, quando da aprovação do projeto em XXXX (31.3.1978), áreas previstas como devendo vir a integrar-se em seu domínio já não podiam ter tal destino. *Ergo*, a "aprovação" *estava viciada por erro.*

46. Então, mesmo considerando insuficiente para viciar a aprovação o desencontro entre a averbação no Registro de XXXX e o projeto apresentado em XXXX (porque vindo a ser feito ulterior registro em XXXX, com base no projeto aí aprovado, tudo se resolveria naturalmente; com a normal inclusão daquelas áreas no todo loteável) ainda assim a aprovação terá de ser considerada juridicamente viciada por erro. O erro irremissível não reside no aludido descompasso, mas em razão distinta e muito mais importante: computar no loteamento, como áreas trespassáveis ao domínio de XXXX, espaços que, por estarem vinculados a obras públicas da SABESP, não se podiam transferir à municipalidade.

47. Segue-se que, sendo viciada a aprovação e por isso insuscetível de produzir seus regulares efeitos, não pode servir de base para um pretenso "concurso voluntário".

48. Cabe indagar, agora: como fica a pendência entre a Prefeitura de XXXX e o loteador, uma vez que este apresentou à municipalidade projeto substitutivo do original, exatamente para excluir do loteamento as áreas perdidas para a SABESP e afinar o projeto com a aprovação e registro existentes em XXXX, no que tange à área total loteável?

Se o projeto substitutivo atende às exigências legais, *deve ser aprovado*. Isto é: se as alterações nele contidas ajustam-se ao requerido pela Lei nº 6.766, de 19.12.1979 – já em vigor quando do pedido de substituição do projeto (25.8.1980) – não há senão aprová-lo. Uma vez aprovado, caberá ao loteador levá-lo a registro na circunscrição imobiliária competente em relação aos imóveis sitos em XXXX.

Se remanescer algum desencontro entre os registros imobiliários de XXXX e de XXXX, é prudente proceder à harmonização entre eles, com as necessárias averbações, para evitar, de vez, problemas que possam resultar da invocação de um ou outro dos registros – ainda que descabido trazer à colação dados registrais de um deles para pretender efeitos sobre imóveis sitos em âmbito alheio.

49. Uma vez que a Prefeitura Municipal de XXXX não tem, ao nosso ver, direito à indenização alguma pelas áreas expropriadas, não se deve negar aprovação ao loteamento, caso este já confortado nas disposições legais sobre loteamento, pelo só fato de existir a citada pendência judicial. Negá-la seria expor-se à ação judicial proposta pelo loteador, para compelir a Prefeitura à expedição da aprovação com excelentes possibilidades de sucesso, além de eventual pagamento por perdas e danos decorrentes de indevida resistência, patrimonialmente gravosa ao requerente. É lógico que nada se pode antecipar, concludentemente, sobre este último aspecto, que dependera inteiramente de provas.

50. Isto posto, às indagações respondo:

a) Não existem, em decorrência dos atos até então praticados pelo loteador e pela Prefeitura Municipal de XXXX, vias e espaços livres integrados no domínio deste município por força do projeto de loteamento em apreço.

b) A Prefeitura de XXXX não faz jus à indenização alguma pela expropriação da área questionada nem à reposição dela por ter sido desapropriada.

c) A Prefeitura Municipal de XXXX não pode negar-se à aprovação de projeto de loteamento que esteja afinado com as exigências e pressupostos estabelecidos na legislação de loteamento, estribando-se no conflito aludido na Consulta, uma vez que nele desassiste razão à Consulente.

d) Não é válido, em relação a imóveis sitos em XXXX, o registro efetuado em XXXX. Assim, para regularizar tal situação, uma vez aprovado o loteamento pela Prefeitura de XXXX, cumpre levá-lo a registro na circunscrição imobiliária competente em relação aos imóveis sediados neste município.
É o meu parecer.

São Paulo, 16 de janeiro de 1984.

LICITAÇÃO – LEIS DE MERCADO E PREÇOS – EQUILÍBRIO ECONÔMICO-FINANCEIRO

A Associação XXXXXX expõe-nos os fatos abaixo, formulando a seguir:

Consulta

1. YYYY, promoveu a concorrência pública no xxx, na qual previu que os fornecimentos objeto do certame seriam feitos periodicamente, sempre que solicitados, dentro do espaço de tempo de doze meses, com base em quantidades variáveis por partida, entre um mínimo e um máximo pré-estabelecidos para elas. O edital do certame continha cláusula segundo a qual os preços poderiam ser reajustados quando permitido pela legislação federal, já que, à época, estavam proibidos em decorrência de "Medida Provisória".

2. Tendo em vista que as propostas datavam do mês de março, contratos realizados em 22.08.91, com base na aludida licitação, tiveram seus preços reajustados, já que à esta época não mais vigorava a referida proibição de efetuá-los. O reajuste em causa foi de 35,18%, sobre os preços homologados e baseou-se na variação dos índices setoriais de preços por atacado, veiculados pela Fundação Getúlio Vargas (IPA-GV), sendo de notar que estes eram os mais baixos índices disponíveis.

3. Os contratados efetuaram as prestações previstas e a Administração as recebeu normalmente. Contudo, não efetuou os correspondentes pagamentos. Anulou os contratos, determinou a sustação dos pagamentos, sem sequer indicar quando os efetuaria e decidiu que dos valores pendentes seriam deduzidos os percentuais atinentes ao reajuste; tudo isto sem efetuar procedimento prévio em que aos contratados fosse assegurada ampla defesa, com os meios e recursos a ela inerentes.

Alegou vícios nos contratos e inclusive aduziu o fato de que os preços reais contratuais foram mais altos que os obtidos em anteriores contratos. Diga-se, aliás, que tal afirmação é inexata, pois fundou-se em inadequada comparação de índices, não se valendo dos que teriam sido pertinentes para efetuar o cotejo. Pelo comprovar é suficiente verificar-se que são aproximadamente equivalentes os preços reais oferecidos na licitação anterior e os propostos na subseqüente. A Administração tomou por base contratos travados em fevereiro de 1991 (antes da publicação dos índices divulgados naquele mês), olvidando-se de que foram justamente tais índices que registraram notável incremento inflacionário.

4. Isto posto, indaga-se:

I – É ilegítimo edital de concorrência pública no qual se prevê que os fornecimentos objeto do certame se efetivarão periodicamente, sempre que demandados dentro do lapso temporal de doze meses, em partidas de quantidades variáveis entre um mínimo e um máximo para elas pré fixado, tal como o fez a Concorrência no xxx?

II – Eventuais diferenças de preço a menor em anterior aquisição de produtos equivalentes configura, de per si, causa jurídica bastante para considerar-se inválida concorrência posterior na qual foram acolhidos preços reais mais elevados?

III – É causa de invalidade de contrato a aplicação de reajuste (em época na qual não estavam proibidos reajustes) do valor ofertado e acolhido na licitação, sobretudo existindo no edital cláusula autorizando aplicação de reajustes caso a legislação federal, que então os interditava, viesse a permití-los?

IV – Foi inválida a adoção de reajuste fundado na variação do índice setorial de preços por atacado, veiculado pela Fundação Getúlio Vargas (IPA-GV), sobremodo sendo o mais baixo índice então disponível, ou teria sido necessário, para validade do reajuste, comprovar por outros meios a alteração do equilíbrio econômico financeiro considerado pelas partes?

V – Podia a Administração, sob a alegação de que os contratos estavam incursos nos "vícios" objeto das indagações anteriores, sustar pagamentos relativos a prestações já efetuadas, sem indicar quando os saldaria, determinando, ainda, redução dos créditos pendentes para deduzir o diferencial dos reajustes, fazendo-o, ademais, sem oferecer aos contratados ampla defesa com os meios e recursos a ela inerentes?

VI – Se inválida a conduta da Administração, qual a decorrência do descumprimento dos prazos de pagamento em que incide?

VII – É cabível a utilização de mandado de segurança contra ato de administrador público que determina a sustação de pagamento contratualmente previsto?

Às indagações respondo nos termos que seguem.

Parecer

1. Antes mesmo de examinar *in concreto* as indagações da Consulta, convém inicialmente recordar certas noções singelas, de trânsito corrente entre os estudiosos de direito administrativo. Em despeito de sua simplicidade, servem de adequado pano de fundo para análise, iluminação e desate dos pontos questionados, uma vez que se lhes extraiam algumas inerências pouco referidas ou exploradas pela doutrina.

Comece-se, pois, pela noção sabida e ressabida de que a Administração Pública e suas entidades auxiliares, salvo perante exceções previstas em lei, só podem efetuar compras depois de concluído um procedimento preliminar, denominado licitação (art. 37, XXI, da Constituição e art. 2º do Decreto-Lei nº 2.300, de 21.11.1986). Os objetivos deste instituto são, manifesta e concomitantemente, os abaixo mencionados.

De um lado, por meio da licitação, pretende-se ensejar que os sujeitos interessados e aptos a fornecerem os bens pretendidos pelo Poder Público (e seus sujeitos auxiliares) disputem entre si tal negócio. Quer-se que concorram com suas respectivas ofertas, porém adstritos a fazê-lo rigorosamente dentro de *condições unilateralmente estabelecidas pela entidade promotora do certame e sobre as quais os disputantes não podem ter qualquer interferência*.

2. Com isto, atende-se a um dos objetivos do certame, que é o de assegurar *igualdade* na disputa das relações que o Poder Público intente travar com terceiros. Tal dever de propiciar tratamento isonômico, embora expressamente consignado em lei (arts. 3º e 4º do Decreto-Lei nº 2.300, de 21.11.1986), tem sua verdadeira matriz em sede superior. Procede quer da própria noção de República e de Estado democrático de direito (art. 1º da Constituição), quer de preceitos específicos, como os que constam do art. 5º *caput* e inc. I da Lei Magna, quer, ainda, do art. 37 deste diploma. Ali está imposta à Administração direta, indireta ou fundacional, em todas as esferas de Governo, a obediência ao princípio da *impessoalidade*.

De outro lado, almeja-se, graças a esta mesma disputa que o Poder Público promove, buscar a oferta mais satisfatória *que se disponham a lhe fazer*, assegurando-se, dessarte, o alcance do negócio configurável como o mais vantajoso que *a Administração tem condições de obter no mercado*.

3. Resulta, pois, destas noções comezinhas que a licitação é um instituto encartado não apenas na linha de preocupações isonômicas,

próprias do Estado de direito, mas também – e marcadamente – no propósito de conseguir para a Administração o negócio que, *segundo seus próprios termos* (os que fixa imperativamente no ato de convocação), seja o mais conveniente *que pode alcançar*. Com efeito, vai implícito neste procedimento que a concorrência entre ofertantes proporcionar-lhe-á o melhor negócio que ela, a *Administração, é capaz de conseguir* enquanto sujeito que participa de transações sujeitas às *leis de mercado*.

Desde logo, a partir destas primeiras noções incontestes, duas ideias nelas contidas – mas pouco ou nada enfatizadas entre nós – merecem ser postas em relevo.

Uma, a de que *as normas retoras da licitação são da alçada e responsabilidade de quem as fixou unilateralmente e promoveu o certame cuja condução e orientação manteve e tinha de manter sob seu exclusivo governo*.

Outra, a de que os negócios que a Administração efetua com terceiros mediante relações voluntárias, isto é, não imperativas para os administrados, *correm à mesma sorte que quaisquer outras relações jurídicas no que concerne aos efeitos econômicos das leis de mercado*.

4. A primeira destas ideias traz consigo, inexoravelmente, a conclusão de que as regras do certame licitatório, ou seja, as condições que o presidem, *são assunto absolutamente estranho aos licitantes*. São, pois, igualmente estranhas a quem, vencendo-o, venha a travar contrato com a entidade que o promoveu. Vale dizer: os disputantes não têm direito algum a interferir com o regramento. O que lhes cabe é tão só *obedecê-lo*, assistindo-lhes unicamente insurgir-se contra ele se desatender as condições necessárias a uma disputa isonômica.

Em suma: a *conveniência* de que as normas regentes da disputa sejam tais ou quais e *a responsabilidade pelo acerto delas* é questão pertinente a quem promove o certame (pessoa, órgão e agente a quem sejam imputáveis) e não aos que buscarão atender ao que lhes haja sido solicitado e nos termos em que o foi. O comprador (no caso a pessoa da esfera administrativa), como é natural, tomando em conta os próprios interesses, dita os termos que lhe convêm e que reputa juridicamente adequados. Os eventuais vendedores (no caso os afluentes à licitação), se lhes convierem tais termos, é dizer, se também consultarem seus interesses, ofertam dentro daquelas mesmas disposições apresentadas como retoras da disputa e do futuro contrato. São as pautas que existem e das quais não podem fugir.

5. Assim, aquele que faça a melhor oferta, vença a licitação, seja contratado e *cumpra o contrato* que firmou, *prestando o objeto que lhe competia prestar na forma prevista e avençada – salvo na hipótese de haver-se*

conluiado com os agentes que organizaram o certame a fim de prejudicar a entidade licitadora –, obviamente, não pode vir a ser, ao depois, onerado em decorrência de censura acaso feita ulteriormente ao promotor do certame. A eventual inculca de que as regras por este estabelecidas eram inconvenientes, insatisfatórias ou incursas em ilegalidade constituir-se-ão em *res inter alios acta*. Não podem, então, afetar os direitos do contratado que resultaram de prestações suas *já consumadas* e, como tal, irretiráveis do mundo.

De resto, o parágrafo único do art. 49 do Decreto-Lei nº 2.300, de 22.11.1986, disciplinador de licitações e contratos na órbita federal, expressamente consigna: "A nulidade não exonera a Administração do dever de indenizar o contratado, pelo que este houver executado ate a data em que ela for declarada, contanto que não lhe seja imputável, promovendo-se a responsabilidade de quem lhe deu causa".

Excetuado, pois, o caso de se apurar e demonstrar que os agentes da entidade que promoveu a licitação e o vencedor dela se consorciaram para lesar a pessoa jurídica que adquiriu os bens, nenhuma consequência desfavorável pode onerar quem cumpriu com exatidão o que dele se pedira. Sublinhe-se, ademais, que tal apuração, por força de disposição constitucional expressa – se já não fora por força da própria natureza do Estado de direito – depende de obediência a um "devido processo legal", isto é, ao atendimento de "contraditório e ampla defesa, com os meios e recursos a ela inerentes" (*litterim*), consoante dispõe o art. 5º, LV, da Lei Magna brasileira.

Com efeito, dado que as condições do certame são *unilateralmente* estabelecidas pela Administração, segundo critérios de sua conveniência e oportunidade (assunto interno do sujeito que o organiza), seria o mais supremo dos contrassensos que o contratado da Administração – que nada teve a ver com as sobreditas condições – depois de cumprir o contrato e honrar o vínculo que firmara, como lhe competia, deva ser agravado em seus direitos contratuais em decorrência de vício alheio, isto é, inculcado a outrem. A evidência desta conclusão é tanto mais saliente quando se sabe, de um lado, que a *legalidade* dos editais de licitação passa, *obrigatoriamente*, pelo exame de órgão jurídico da pessoa governamental – conforme impõe o art. 31, parágrafo único do Decreto-Lei nº 2.300 – e, de outro lado, que os atos administrativos gozam de *presunção de legitimidade* (e um edital de licitação é indiscutivelmente um ato administrativo).

6. Sem embargo, bastas vezes a Administração Pública incorre no absurdo e no teratológico desígnio de pretender, em tais casos, afetar a

posição jurídica do contratado, negando-lhe ou retardando-lhe a fruição dos direitos oriundos de prestações já cumpridas e ainda impagas. Esta conduta viciosa está fundada na incompreensão evidente de um princípio jurídico incensurável e corretamente sufragado pela nossa jurisprudência, qual seja: o de que a Administração tem o direito de anular os próprios atos incursos em ilegalidade. Aliás, melhor se diria que a Administração tem o dever de anular seus atos viciados, quando não estiver perante o dever de convalidá-los, com ressalva, apenas, das chamadas "barreiras" à invalidação.[91]

Com efeito, o fato de a Administração dever fulminar seus atos viciados inconvalidáveis não postula que possa ignorar, amesquinhar ou postergar direitos resultantes de situações jurídicas *já consumadas* e que se produziram em relação a terceiros de boa-fé; isto é, *sujeitos que não concorreram para a ilegalidade* arguida nem mesmo teriam o poder de constituí-la.

7. Perante comportamentos ilegais da Administração, que envolvam terceiros aos quais não é imputável o vício arguido, cumpre, inicialmente, distinguir duas situações que se apartam de modo visceral. A saber: uma, em que os efeitos fáticos pressupostos no ato ou contrato ainda não se produziram. Nestes casos, a fulminação do ato impede que venham a eclodir e convém que os impeça, pois nada, de direito, concorre para que seja de outra forma; outra, em que a descoberta do vício só ocorre *depois que a contraparte da Administração já lhe prestou algo que era de seu dever prestar em decorrência do ato ou contrato que os ligara.*

Nesta segunda hipótese, é claro a todas as luzes que, se a Administração, fundada na anulação procedida, sustar o pagamento que à sua contraparte correspondia como fruto da prestação já efetuada, fraudá-lo-á, deixando-o a descoberto, lesado pela falta do suprimento (ou do tempestivo suprimento) da paga prevista como correspectivo da prestação realizada. Incorrerá, dessarte, em enriquecimento ilícito, obtido à custa de seu contratado. Ora, se este nem título jurídico dispunha para concorrer na constituição do vício inquinado, é manifesto que não pode vir a sofrer por ele.

Deveras, atender ao disposto em um ato unilateral ou travar um contrato firmado segundo condições unilateralmente decididas pela Administração *não é concorrer para o vício residente naquelas condições* a que aderiu *e podia aderir* porque, como dito: (a) o exame da legalidade de tais

---

[91] Cf. ZANCANER, Weida. *Da convalidação e da invalidação dos atos administrativos*. São Paulo: Revista dos Tribunais, 1990, especialmente Capítulo 3 e conclusões 13 a 21, do Capítulo 7.

condições fora feito pelo órgão competente da própria Administração, isto é, por aquele a quem, de direito, incumbia, como dever de ofício, analisá-las sob o prisma administrativo; (b) o indiscutido princípio da presunção de legalidade dos atos administrativos levava e devia levar o administrado a pressupor legítimas as regras editalícias que governavam o certame e regeriam o posterior contrato nelas previsto.

8. A segunda ideia referida como merecedora de realce é a de que a Administração *não tem como evadir-se* às *leis econômicas de mercado* quando se propõe a constituir com terceiros relações *voluntárias*, não imperativas; nas quais, portanto, sua contraparte é livre para vincular-se e para ofertar os valores em função dos quais aceitará engajar-se no liame.

Ou seja, trata-se aqui de sublinhar a evidência (o que surpreendentemente é necessário fazer) de que, não havendo obrigação de participar de licitação e de contratar com entidade governamental, quem aflui ao certame está no *direito* de ofertar os preços que considere satisfatórios perante *aquele negócio* e *aquele comprador*. Irá fazê-lo tomando em conta as características da operação comercial licitada, a credibilidade do sujeito que a propõe e as garantias de que irá desfrutar. De seu turno, o comprador, como em qualquer relação de negócio voluntariamente constituída entre as partes, é livre para aceitar ou rejeitar as ofertas que lhe façam.

Se as reputar elevadas e, portanto, inconvenientes, pura e simplesmente deverá recusá-las. Com efeito, se considera que existe alguém disposto a fazer-lhe cotações melhores, basta-lhe realizar nova licitação e comprovar, dessarte – se puder –, sua convicção de que existem ofertas mais vantajosas. Se, entretanto, aceitá-las e contratar com quem lhe haja feito a oferta mais baixa, não tem porque questionar ulteriormente o preço, sob alegação de que foi excessivo, de que em outra época adquiriu os mesmos produtos por preços reais menores, pretendendo, por tal razão, que houve "ilicitude" no negócio, ou, para usar uma expressão jornalística do momento (em despeito de sua manifesta impropriedade), que os preços estavam "superfaturados".

Em suma, o fato de algo ser comprado por dado preço, ao depois reputado elevado – mesmo que fosse procedente a alegação – *não é título jurídico prestante para sacrificar direitos contratuais do fornecedor, pois quem os adquiriu fê-lo simplesmente por não encontrar no mercado quem se arriscasse a oferecer-lhe preços mais baixos.*

Com efeito, inúmeras vezes o Poder Público e suas entidades auxiliares pagam, como é sabido e ressabido, preços superiores aos que os particulares conseguem obter no mercado. Os menos avisados supõem que tal fato, lamentável por todos os títulos, deve-se *exclusivamente* à conduta incorreta de agentes públicos e de fornecedores ou empreiteiros de obras. Sem embargo, mesmo que todas as licitações sejam realizadas na conformidade dos mais incensuráveis padrões de eficiência e moralidade administrativa, ainda assim, tal fenômeno indesejável persistirá se repetindo em múltiplas ocasiões, como simples efeito das leis de mercado, pois os negócios em que a Administração é parte envolvem uma álea de proporções enormes.

Deveras, quem, em despeito de uma inflação incontrolável, exige sejam sustentados preços oferecidos em licitação realizada muito antes da data prevista para os pagamentos; quem, sistematicamente, também não os efetua nas épocas aprazadas; quem tem o poder de editar os índices de perda de poder aquisitivo da moeda e de reajuste de preços e ora os faz discrepantes da realidade, ora atrela a correção monetária a índices inferiores aos que adota para atualização de seus próprios créditos, ora determina unilateralmente a proibição de correção ou de reajustes, ora faz desaparecer do universo índices relativos a determinados meses nos quais justamente a inflação foi mais elevada; quem, sendo inadimplente e às vezes arbitrário, não oferece qualquer garantia de responder eficazmente pela inadimplência ou arbítrio, pois, cobrado judicialmente – de fora parte retaliações que ameaça e pode utilizar – só paga, pelo sistema de precatórios, no mínimo um ano ou ano e meio depois e com moeda aguada (já sem nenhuma significação econômica); quem, em suma, tem a faca e o queijo nas mãos, mantendo a contraparte à sua mercê, evidentemente não pode esperar, na mecânica do mercado, ser considerado um "cliente" confiável, ao qual, então, são ofertáveis preços compatíveis com a pontualidade, lisura e equilíbrio entre partes, garantidores da economicidade de negócio travado sobre bases firmes e, por isto mesmo, muito menos onerosas. Agisse um particular do modo com que age o Estado em suas relações contratuais e receberia, por parte das pessoas honestas, os mais desprimorosos epítetos no que concerne a sua lisura moral.

É óbvio que o Poder Público será um contratante de pouca ou nenhuma confiabilidade e arcará com as consequências que daí resultam enquanto perdurarem no país as interpretações doutrinárias, marcadas pelo ranço do mais puro autoritarismo, que lhe tem servido de escora para as práticas em que incorre com habitualidade. Significativo exemplo desta distorção reside justamente na crença de que a Administração pode, sem respeitar o direito de defesa com todos os meios e recursos a ela inerentes, declarar "ilegítima" uma dada licitação ou contrato e sustar pagamentos por trabalhos já realizados ou por bens fornecidos, lançando sobre as costas da contraparte responsabilidades que, quando existentes, concernem aos seus próprios agentes. Em suma: na medida em que persistam comportamentos desta ordem, o interesse público – que a todos interessa ver salvaguardado – sofrerá continuadamente gravames, os quais, a final, embalam-se no berço de teorias, concepções e interpretações alegadamente construídas em sua defesa, mas que, além de não terem calço jurídico prestante, são, na verdade, uma inesgotável fonte de prejuízos aos cofres públicos e matriz de contumélias à própria lisura na condução dos assuntos de interesse geral.

9. Os dois pontos até aqui sublinhados põem em saliência a injuridicidade e ilogismo flagrantes de:

(a) supor-se legítimo o ato administrativo que susta ou retarda pagamentos correspondentes a prestações já efetuadas pelo contratado da Administração, *sub color* de vício nas regras da licitação ou em contrato travado nesta conformidade, ignorando a exigência do devido processo legal *e independentemente de demonstrar conluio entre o contratado e agentes seus* (que neste caso teriam de ser pessoalmente responsabilizados). O absurdo é particularmente evidente porque os preceptivos retores da licitação e do contrato são da *exclusiva alçada da própria Administração*. Logo, se vícios neles houver, resultam de ato do próprio sujeito que os arguiu e ainda pretende sacar proveito de haver neles incorrido, pois o contratado nada mais faz que *aderir* a regras e disposições que encontra prontas;

(b) supor-se, no caso de contratos *efetuados após concorrência pública*, que é título jurídico prestante para caracterizar-lhes a invalidade, a alegação de que a oferta vencedora e acolhida continha preços elevados, por superar os preços reais constantes de contratos realizados em época anterior. Se fosse verdadeira a alegação, nem por isto caberia sustar ou retardar pagamento de prestações já efetuadas, pois o contratante governamental, além de não ter encontrado, no mercado, preços menores – como o demonstra o resultado final da licitação – não estava obrigado a aceitar as ofertas que aceitou e sobre cuja base contratou. Se o fez, é autêntico disparate negacear pagamentos pelos bens já recebidos e utilizados.

10. Fixadas estas premissas, pode-se passar ao exame das questões *in concreto* formuladas.

Indaga, inicialmente, a Consulta se configura invalidade do edital (e de contratos subsequentemente firmados com base nele) o fato de prever-se que o fornecimento objeto do certame deva ser feito periodicamente e com base em quantidades variáveis entre um mínimo e um máximo preestabelecidos, dentro de um período de doze meses, sem delimitação do total global. Esclarece a Consulente que este foi o regime adotado na concorrência no xxx.

O sistema aludido pode ser questionado no que concerne à sua conveniência, mas inválido não é. Certamente se assenta sobre a ideia de que a Administração, *desejando assegurar-se a persistência de um preço real durante um período largo de tempo*, todavia, não pode ou não quer comprometer-se a adquirir quantidades previamente definidas em sua globalidade, seja (a) por não estar certa do montante total que necessitará dentro do período (o que tem particular relevo no caso de bens perecíveis), seja porque (b) deseja poupar-se dos encargos e custos de armazenamento por um espaço de tempo mais longo, seja porque (c) carece dos recursos necessários para uma compra de maior porte, seja porque (d) pretende escalonar desembolsos, fazendo-os tão só à medida que lhe sejam precisas as distintas partidas, seja (e) pela conjugação destes fatores. Tais razões abonariam o procedimento referido. Reversamente, apresentaria a desvantagem de não ensejar o possível barateamento de preço que resultaria de uma compra envolvendo quantidades máximas. Tem-se, aí, pois, fatores a serem sopesados em análise de conveniência e oportunidade administrativa que não solúveis em abstrato.

11. Nossa legislação não repele o sistema em causa, tanto que prevê o chamado *registro de preços*, contemplado no art. 14, inc. II, do Decreto-Lei nº 2.300, de 21.11.1986, que é, como se sabe, o diploma regente de licitações e contratos na órbita federal. De acordo com o referido preceptivo: "As compras, sempre que possível e conveniente, *deverão*: I – [...]; II – ser processadas através de sistema de *registro de preços*; [...]".

O artigo em questão, do modo como está redigido, parece indicar que nem ao menos exige, para o registro de preços, licitação prévia desenvolvida nas modalidades e condições dos arts. 20 e 21, pois no art. 14 fala-se em "pesquisa de mercado". Com efeito, os parágrafos do referido artigo rezam o seguinte:

§1º O registro de preços será precedido de ampla pesquisa de mercado.
§2º Os preços registrados serão periodicamente publicados no Diário Oficial da União, para orientação da Administração.
§3º O sistema de registro de preços será regulamentado por decreto.

Daí a observação do saudoso e festejado Hely Lopes Meirelles:

O estatuto exige que o registro de preços seja precedido de "ampla pesquisa de mercado" (art. 14, parágrafo 1º), permitindo inferir que, pelo atual sistema, a Administração pode, unilateralmente, registrar os preços e estabelecer as condições para a formalização das compras, convocando os interessados que concordem com aqueles e estas a integrar o seu *cadastro de fornecedores*, depois de devidamente habilitados.[92]

Já a legislação do Município de São Paulo, Lei nº 10.544, de 31.5.1988, 22.11, em seus arts. 9º e 13, prevê o registro de preços, não apenas para compras, como também para serviços, mas impõe, em ambos os casos, uma prévia concorrência.

Ora, se o diploma federal admite o registro de preços para a realização de compras sucessivas e não exige para tanto uma prévia concorrência, não se vê como deva ser reputada ilegal a realização de compras sucessivas precedidas de licitação – e na modalidade de concorrência pública – que expressamente as contemple.

12. Indaga, mais, a consulente, se eventuais diferenças de preço a menor em anterior aquisição de produtos semelhantes constituem-se em causa bastante para considerar-se viciada a concorrência posterior.

Conforme dantes se disse, o fato de a Administração vir a reputar elevados determinados preços, por superiores aos que encontrara anteriormente, de modo algum lhe pode servir de causa prestante para justificar o agravamento de direitos do contratado que cumpriu a prestação a que se obrigara perante ela.

Também não se pode depreender vício em concorrência meramente por haver a Administração adquirido, em passado próximo ou remoto, os mesmos bens por valor inferior. Passa-se que, como se frisou de início, tanto a licitação, como o contrato administrativo, suscita vínculos constituídos voluntariamente, ou seja, não imperativos em sua formação. O Poder Público e suas entidades auxiliares, ao recorrerem

---

[92] MEIRELLES, Hely Lopes. *Licitação e contrato administrativo*. 9. ed. atual. São Paulo: Revista dos Tribunais, 1990. p. 58-59.

a tais procedimentos, sujeitam-se, então, às leis do mercado, de modo que não podem obrigar os ofertantes a sustentarem os preços anteriores ou quaisquer outros que a promotora do certame considere desejáveis.

Donde, se uma licitação é corretamente efetuada, com a divulgação imposta pela lei e se desenvolve em obediência aos trâmites normativos pertinentes, resulta claro que os preços com que final se defronta são os únicos que pode obter. Então, se for eleito o menor deles, isto é, o que apresente mais vantagens para a promotora do certame, evidentemente a licitação não será viciada em razão do preço acolhido, salvo se, consoante também se deixou averbado a bom tempo, tiver havido conluio entre agentes da entidade que a promoveu e os afluentes ao certame ou, ainda, se os próprios ofertantes houverem se concertado para engendrarem propostas artificialmente elevadas. Em tal caso, se a Administração, mediante procedimento regular, respeitoso do devido processo legal, apurar ocorrência do gênero, aí sim, configurar-se-á um caso de invalidação do certame e necessária responsabilização dos envolvidos. Fora daí, entretanto, é claro que descabe depreender vício em licitação tão só porque os preços reais das cotações superaram os praticados em aquisição anterior.

In casu, conforme noticia a Consulta, nem ao menos é exato que haja ocorrido um descompasso de preços reais hábil para evidenciar elevação injustificada de preços em momentos sucessivos. É que teria sido erroneamente deduzida, por fundar-se em incorreto manejo dos índices, pois não se valeu dos que seriam pertinentes para cotejá-los, vez que, se comparados os preços ofertados na licitação precedente com os propostos na licitação posterior, verificar-se-ia entre eles uma razoável equivalência. O confronto feito pela Administração tomou por base período menor, isto é, o dos contratos travados em fevereiro de 1990 (antes da publicação do índice de preços concernentes ao mês anterior) e os preços oferecidos em março daquele ano. Ora, foram justamente os índices divulgados em fevereiro (atinentes ao mês de janeiro) que retrataram o brutal incremento inflacionário ocorrido em janeiro e suprimido pelo Governo, como se a realidade econômica, em si mesma, pudesse ser supressa por decisão governamental.

13. Pergunta, ainda, o Consulente se, em contratos efetuados em 22.8.1991, consequentes á licitação homologada em 2.4.1991, foi legítimo ou ilegítimo o reajuste de 35,18%, baseado no Índice de Preços por Atacado (IPA) da Fundação Getúlio Vargas, considerando-se que este era o mais baixo índice de reajuste então disponível e que o edital da sobredita licitação previa que os preços poderiam ser reajustados

quando permitido pela legislação federal (pois à época da licitação não o era).

A resposta à indagação não oferece qualquer dificuldade. Com efeito, os reajustes de preço não se constituem, ao contrário do que possam supor administradores menos avisados, em favor deferido pelo Poder Público ao seu contratado, mas, diversamente, configuram-se como autêntico e inquestionável direito deste, já que representam, tão só, a mantença do *equilíbrio econômico-financeiro* considerado pelas partes.

Tal direito promana dos mais comezinhos princípios atinentes à natureza do contrato administrativo e, demais disto, resulta de expressa disposição *constitucional*, fato que é (ou devia ser) sabido de qualquer pessoa que milite na área jurídico-administrativa. Donde, evidentemente, ato algum subalterno à Constituição poderia interferir com o direito em causa.

Convém, de toda sorte, recordar e desenvolver estas noções curiais atinentes à *garantia de imutabilidade da equação econômico-financeira* ajustada nos contratos administrativos, bem como sua natural consequência: o reajuste de preços.

Na teoria do contrato administrativo, a manutenção do equilíbrio econômico-financeiro é aceita como verdadeiro "artigo de fé". Doutrina e jurisprudência brasileiras, em sintonia com o pensamento alienígena, assentaram-se pacificamente em que, neste tipo de avença, o contratado goza de sólida proteção no que concerne ao ângulo patrimonial do vínculo, até mesmo como contrapartida das prerrogativas reconhecíveis ao contratante governamental. Este indiscutido direito, como é óbvio – mas importa dizê-lo – corresponde a uma garantia verdadeira, *real*, substancial e não a uma garantia *fictícia, simulada, nominal*.

Entende-se por equação econômico-financeira a relação de igualdade, ou seja, de equivalência, entre as obrigações assumidas pelo contratado à época em que se compromete e a compensação econômica que lhe haverá de corresponder em razão das referidas obrigações. É que, como muito bem o disse Hely Lopes Meirelles, "O contrato administrativo, por parte da Administração, destina-se ao atendimento das necessidades públicas, mas por parte do contratado, *objetiva um lucro*, através da remuneração consubstanciada nas cláusulas econômicas e financeiras".[93]

---

[93] MEIRELLES, Hely Lopes. *Licitação e contrato administrativo*. 7. ed. atual. São Paulo: Revista dos Tribunais, 1987. p. 161.

Georges Pequignot, um clássico no tema contrato administrativo, ao respeito averbou:

> O contratado tem direito à remuneração inscrita em seu contrato. É o princípio da fixidez do contrato. *Ele não consentiu seu concurso senão na esperança de um certo lucro.* Aceitou tomar a seu cargo trabalhos e áleas que, se não houvesse querido contratar, seriam suportados pela Administração. É normal que seja remunerado por isso.[94]

É induvidoso que a equação econômico-financeira é um dos pilares da teoria do contrato administrativo. Para dizê-lo com palavras de Marcello Caetano:

> O contrato assenta, pois, numa determinada equação financeira (o valor em dinheiro dos encargos assumidos por um dos contraentes deve equivaler às vantagens prometidas pelo outro) e as relações contratuais têm de desenvolver-se na base do equilíbrio estabelecido no ato de estipulação.[95]

14. A expressão "equação econômico-financeira" significa igualdade, equivalência. Corresponde ao termo de equilíbrio que se definiu na conformidade do que os contratantes estipularam quando definiram suas recíprocas obrigações. Esta noção de equivalência, de igualdade que deverá persistir, fica muito bem esclarecida nas seguintes expressões com que Marcel Waline a descreve:

> Assim, o equilíbrio econômico e financeiro do contrato é uma relação que foi estabelecida pelas próprias partes contratantes no momento da conclusão do contrato, entre um conjunto de direitos do contratante e um conjunto de encargos deste, que pareceram equivalentes, *donde o nome de "equação"*; DESDE ENTÃO ESTA EQUIVALÊNCIA NÃO MAIS PODE SER ALTERADA.[96]

O respeito a tal equação só existe quando ambas as partes cumprem à fidelidade o que nela se traduziu. Então, uma delas, o contratado, tem que executar a prestação ou as prestações devidas com

---

[94] PEQUIGNOT, George. *Théorie general du contract administratif.* Paris: A. Pedone, 1945. p. 433-434. Grifos nossos.
[95] CAETANO, Marcello. *Princípios fundamentais do direito administrativo.* Rio de Janeiro: Forense, 1977. p. 255-256.
[96] WALINE, Marcel. *Droit administratif.* 5. ed. Paris: Sirey, 1963. p. 618. Grifos nossos.

absoluto rigor e exatidão. A outra parte, o contratante público, está, de seu turno, adstrito a assegurar ao contratado, com o pagamento ou pagamentos, *o valor* que, à época da fixação de seus termos, por ambos foi havido como remuneração apta a *acobertar o custo* da prestação e o *lucro* que a ela corresponderia.

Jean Rivero, referindo-se à remuneração do contratado, assim se expressou:

> As disposições relativas à remuneração *escapam do poder de modificação unilateral da administração*. Mas, além disto, o elemento de associação já assinalado se manifesta neste ponto com uma força particular: é o princípio do equilíbrio financeiro do contrato, *que é uma das características essenciais do contrato administrativo* e a contra-partida das prerrogativas da administração.[97]

15. Merece ser salientado que, ao contrário do que se passa nas relações entre particulares, o Poder Público e suas entidades coadjuvantes não podem escolher livremente os sujeitos com quem vão contratar. Estes são selecionados, como foi dito, em um procedimento preliminar obrigatório, a licitação, instituto que visa, de um lado, assegurar igualdade a todos os interessados na disputa dos negócios que pessoas governamentais pretendam travar com terceiros e, de outro lado, ensejar ao Poder Público a realização do contrato mais satisfatório.

Pela licitação se afere, dentre as propostas feitas por ofertantes habilitados, aquela que merece classificar-se em primeiro lugar, segundo critérios previamente divulgados, e que, *demais disso*, se apresente como *satisfatória*. Com efeito, podem existir muitas propostas e nem mesmo a primeira classificada revelar-se como satisfatória, conquanto as restantes ainda o sejam menos. Por isso, após a classificação expede-se (ou não) o ato de adjudicação. Este é o pronunciamento por meio do qual "[...] a Administração, em vista do eventual contrato a ser travado, proclama satisfatória a proposta classificada em primeiro lugar".[98]

Assim, por via da adjudicação, outorga-se acolhida a uma dada proposta que, sobre ser comparativamente a melhor, é também conveniente, *adequada*. Segue-se que os valores ofertados pelo licitante vencedor, para acobertar as despesas a que se obriga e para ensejar o

---

[97] RIVERO, Jean. *Droit administratif*. 3. ed. Paris: Dalloz, 1965. p. 111.
[98] BANDEIRA DE MELLO, Celso Antônio. *Licitação*. São Paulo: Revista dos Tribunais, 1980. p. 81.

lucro que o impulsiona a contratar, são, em tal caso, *reconhecidos como pertinentes, merecedores de aceitação e os mais vantajosos que a Administração conseguiu obter, conforme apurado no certame.*

A proposta aceita consubstancia, então, a base econômica em vista da qual se compõe o equilíbrio do contrato. É dizer: aos encargos previstos corresponderá uma contrapartida econômica *dessarte qualificada como idônea* para acobertar os custos em que incorrerá o proponente com o contrato e para remunerar-lhe a atividade devida.

É bem de ver, pois, que *a equação econômico-financeira tem seus termos definidos antes do travamento do contrato,* pois são ditos termos que recebam a avaliação de preço, em vista da qual alguém se qualifica para ser o contratado. Em conclusão: nas licitações em que o preço é fator final decisivo, a adjudicação traz consigo o reconhecimento de que a composição econômica proposta é a *contrapartida adequada* dos encargos previstos no certame, *motivo pelo qual deverá ser intransigentemente preservada a igualdade que disto resulta.* Daí que a citada igualdade é para ser mantida até conclusão do contrato, pois aqueles termos econômicos (correlatos aos encargos supostos) é que credenciaram o ofertante à constituição do vínculo. Por força disto, a Administração não só pode, mas deve, mediante os necessários reajustes, manter a equação econômica que proclamou satisfatória, inclusive porque disposições infraconstitucionais seriam impotentes para obstar-lhes a aplicação.

16. Deveras, não são apenas razões de ordem lógica ou mesmo radicadas conaturalmente na índole do contrato administrativo que impõem o respeito à igualdade econômico-financeira estipulada. É o próprio direito positivo brasileiro que exige, de modo enfático, seu necessário acatamento. Com efeito, entre nós, além de receber sagração legal, foi reputada suficientemente importante para que se lhe atribuísse o caráter de imposição *constitucional,* motivo pelo qual nem leis, nem atos administrativos poderiam se lhe contrapor.

Com efeito, o art. 37, XXI, do Diploma Supremo estatui:

> ressalvados os casos especificados na legislação, as obras, serviços, compras e alienações serão contratados mediante processo de licitação pública que assegure igualdade de condições a todos os concorrentes, *com cláusulas que estabeleçam obrigações de pagamento, mantidas as condições efetivas da proposta* [...].

É evidente que para as obrigações de pagamento se cumprirem de maneira a que sejam "mantidas as condições efetivas da proposta", a equação econômico-financeira estipulada, que é a resultante da proposta, terá de se conservar sempre inalterada, intacta, a salvo de ulteriores mutações que lhe afetem a compostura.

É óbvio, pois, que há uma correlação entre estas obrigações de pagamento e as condições efetivas da proposta. Vale dizer, como ambos se obrigaram à face daquelas condições *efetivas*, são elas que presidem, por uma parte, a obrigação de prestar fielmente o convencionado para fazer jus ao correspectivo e, por outra parte, a obrigação de pagar em correlação com as condições *efetivas* que residiram na proposta. Posto que esta é feita na presença de certas *condições efetivas*, para que as obrigações de pagamento se façam com mantença delas, *evidentemente é necessário que conservem a correlação inicial entre prestações e remuneração.*

Este é o motivo que demanda sejam adotados reajustes de preços sempre que necessários para resguardar a permanência da aludida correlação, como se refere em seguida.

17. Reajustes de preços são fórmulas adrede concebidas para preservar de modo fluido, simples e pacífico o conteúdo econômico-financeiro do ajuste.

Como a equação estabelecida entre as partes é uma relação de equivalência entre prestações recíprocas, fica entendido que ao custo de uma prestação (x) – que se compõe pelos encargos econômicos por ela implicados e a margem de lucro remuneratório ali embutida – corresponde o pagamento (y) que a acoberta. Esta relação de igualdade ideal, convencionada, deve ser mantida. Assim, se os custos dos insumos necessários à prestação (x) sofrem elevações constantes – como é rotineiro entre nós –, os pagamentos (y) têm de incrementar-se na mesma proporção, sem o que a igualdade denominada "equação econômico-financeira" deixa de existir; descompõe-se.

Com efeito, para que prestações se equivalham, isto é, para que se mantenham obedientes ao equilíbrio inicial, é preciso que à variação de uma corresponda variação proporcional da outra. Deveras, é de evidência solar que se um dos termos for modificado pelo acréscimo de um peso maior, advindo do crescimento do preço dos insumos (fato irresistível para o contratado) sem que, em contrapartida, a outra parte incremente a retribuição, o equilíbrio pactuado se rompe e as prestações a que se obrigou o primeiro tornam-se-lhe gravosas, antieconômicas, podendo – conforme o vulto do contrato – assumir até mesmo caráter ruinoso.

É este efeito injurídico que a todo transe procura-se evitar. Daí as cláusulas de *reajuste*, as quais preveem, como o próprio nome indica, um ajuste automático do valor dos pagamentos (de acordo com a fórmula ou o sistema preestabelecido) à variação do preço dos insumos. Trata-se, como se vê, de mecanismo pelo qual se busca, de maneira simples e expedita, manter incólume, intacta, a igualdade que as partes convencionaram ao travarem o contrato.

18. Desde que se enraizou a consciência de que não se vivia em um mundo estável, em economia liberta de surpresas, os contratos administrativos passaram a conter cláusulas de reajustes de preços. Como disse Paul-Francis Benoît,[99] a Administração e seus contratantes, instruídos pela experiência, passaram a se premunir no próprio contrato contra as oscilações econômicas. Isto significa que as disposições iniciais atinentes ao preço valem *rebus sic stantibus*, pois este deve ser reajustado *pari passu* com as alterações subsequentes que nele influem, conforme noticia Marcel Waline.[100] É dizer, as partes acautelam o risco derivado das altas que, sobretudo no Brasil (e de há muito), assumiram caráter de plena normalidade. Portanto, as cláusulas de reajuste *assumem explicitamente o propósito de garantir, com previdência, o equilíbrio econômico-financeiro assentado*, pois acolhem a atualização do preço como um elemento integrante da própria avença.

Pode ocorrer que em certas épocas os preços permaneçam estáveis. Entre nós, isto só tem ocorrido em curtos períodos subsequentes a "congelamentos" impostos pelo Governo. Os efeitos destas medidas drásticas sempre foram efêmeros e terminaram sucedidos por elevações bruscas e animadas por tendências de incremento progressivo. É claro que a paralisação de reajustes só pode ter lugar e ser legítima, *se, quando e enquanto os preços efetivamente se mantiverem estáveis*. Deveras, se os atos governamentais se revelarem impotentes para deter-lhes a elevação ou quando, findo o congelamento, voltarem a se incrementar, é óbvio que de nada valerão tais medidas impedientes de reajustes, pois seriam *nulas perante a Constituição*, além de que afrontariam de modo visível a própria índole dos contratos administrativos, por agravarem sua equação econômico-financeira.

19. Impende referir, ainda que, também em nível infraconstitucional, antes mesmo da vigente Lei Magna, o diploma retor das licitações e contratos administrativos na órbita federal, isto é, o Decreto-Lei nº 2.300, de 21.11.1986, também já abonava expressamente o respeito à equação econômico-financeira e, por consequência, a aplicação de reajustes para restaurá-la, quando agravada. Assim, seu

---

[99] BENOÎT, Francis-Paul. *Le droit administratif français*. Paris: Dalloz, 1968. p. 360.
[100] WALINE, Marcel. *Droit administratif*. 9. ed. Paris: Sirey, 1963. p. 624-635, nºs 1.049-1.050.

art. 55, II, "d", contempla alteração do contrato, por acordo das partes: "para *restabelecer a relação que as partes pactuaram inicialmente*, entre os encargos do contratado e a retribuição da Administração para a *justa* remuneração da obra, serviço ou fornecimento, *objetivando a manutenção do equilíbrio econômico e financeiro do contrato*".

Outrossim, o §6º do sobredito artigo (com a redação que lhe deu o Decreto-Lei nº 2.360) dispõe: "Em havendo alteração unilateral do contrato que aumente os encargos do contratado, a Administração deverá restabelecer, por aditamento, o equilíbrio econômico-financeiro inicial".

Acresça-se que o §5º estabelece: "Quaisquer tributos ou encargos legais, criados, alterados ou extintos, após a assinatura do contrato, de comprovada repercussão nos preços contratados, implicarão a revisão destes para mais ou para menos, conforme o caso".

20. Cumpre notar, finalmente, que a obrigatoriedade de reajustes *não depende de cláusula editalícia ou contratual*. É consequência implícita do aludido princípio do equilíbrio econômico-financeiro ou, mesmo que assim não se entenda, de todo modo, *no Brasil constitui-se em inarredável característica do contrato administrativo*, como resulta do supramencionado art. 37, inc. XXI, da Constituição do país. Logo é inoperante disposição legal que o proíba e é prescindindo que o edital ou o contrato lhe façam explícita referência. Se o previrem, entretanto, é da mais esplendorosa obviedade que efetuá-los constituir-se-á em ato inquestionável de simples aplicação do que estava expressamente estatuído. Por isto, também, nada importa que a previsão de reajustes houvesse sido feita (em época na qual estavam vedados) clausulando-se sua utilização para quando a legislação lhe permitisse operatividade, já que esta, consoante dito, existiria sempre: com ou sem autorização legal, com ou sem previsão editalícia ou contratual, toda vez que efetivamente ocorresse discrepância entre as condições de preço real dos insumos vigentes à época da proposta e as vigorantes na ou nas épocas de pagamento da prestação.

Por tudo quanto se disse, resulta claro, pois, que reajuste contratual, efetuado em época na qual era legalmente permitido fazê-lo, não padece de ilegitimidade alguma por haver sido contemplado em regra editalícia que condicionara sua aplicação ao eventual levantamento normativo da proibição então vigorante.

21. Indaga mais a Consulente se houve vício em contratos firmados em 22.8.1991, por nele haverem sido reajustados os preços da concorrência, cotados em março de 1991, com base no índice setorial

mais baixo disponível, o veiculado pela Fundação Getúlio Vargas (IPA-FGV), isto é, 35,18%. Seria tal procedimento indevido, por não se ter exigido outra comprovação da ruptura do equilíbrio econômico-financeiro além dos citados índices?

A resposta meridianamente óbvia é a de que os índices de preços setoriais, como qualquer pessoa sabe, cumprem a função de captar a variação neles ocorrente ao longo do tempo, de maneira a evidenciar, por si mesmos, a sobredita variação. Precisamente para isto é que existem. Logo, chega a ser insólito que se proponha a indagação em causa. Tanto mais porque a remissão a índices para efeito de reajuste de contratos *sempre foi feita*, sem despertar qualquer espécie de estranheza, que, de resto, não tem cabida alguma.

Aliás, este procedimento de uso generalizado – no Brasil, como alhures, tal como dantes se disse (nºs 17 e 18) – tem por finalidade exatamente acolher um meio fluido, simples, objetivo e expedito de assegurar o resguardo da equação econômico-financeira do contrato. A ser de outro modo, propor-se-iam, sem nenhum proveito (a não ser o de embaraçar-lhe a efetivação), dificuldades e problemas de apuração complexos que empeceriam ou retardariam a garantia da igualdade original e que, justamente, são superados de modo singelo, objetivo e ágil pela aplicação de índices. Posto que estes retratam a variação de preços, é evidente que se existiu tal variação colhida pelos índices, só por absurdo poder-se-ia pretender que não é prestante para demonstrar a quebra do equilíbrio econômico-financeiro a ser respeitado no contrato administrativo. Tendo sido adotado, como informa a Consulta, o índice setorial de preços por atacado da FGV, o qual era o mais baixo de todos os índices disponíveis – portanto, o que ofertava o menor reajuste – é claro que nada de censurável se pode ver nisto. Vício jurídico algum macula tal procedimento.

22. Indaga-se na Consulta, outrossim, se, tendo sido anulados os contratos subsequentes à Concorrência no xxx sob inculca de incursão nos "vícios" objeto dos questionamentos anteriores, poderia a Administração sustar os pagamentos correspondentes a prestações já efetuadas e ainda insaldadas, determinando que a "indenização" a que se refere o art. 49, parágrafo único, do Decreto-Lei nº 2.300 se efetue na ocasião que bem lhe pareça e sem acréscimo sobre o valor cotado em março de 1991.

Parafraseando o Ex-Ministro Orozimbo Nonato, desta questão poder-se-ia dizer o mesmo que disse ele a propósito de outra, mas que envolvia resposta igualmente merecedora de cabal rejeição:

"O mesmo é propor a questão que lhe dar resposta negativa". Deveras, pelo quanto dantes se averbou, resulta evidente que a Administração não pode agravar a situação de contratado, que já implementou prestação devida por força do contrato, sob arguição de vício que o enfermava, salvo se este for imputável ao próprio contratado.

Demais disto, o diploma regente de licitações e contratos no âmbito federal, o Decreto-Lei nº 2.300, em seu art. 43, parágrafo único, precitado, explicita que a nulidade "não exonera a Administração do dever de indenizar o contratado, pelo que este houver executado até a data em que foi declarada, contanto que não lhe seja imputável [...]". Aliás, seria um contrassenso absoluto que a contraparte do Poder Público pudesse ser prejudicada em razão de vício – ainda que existente – praticado por outrem e, o que é pior, justamente por quem o invoca para fulminar a relação jurídica. Segue-se que a paga relativa à prestação já cumprida tem de fazer-se pontualmente e tal como prevista, pois os contratantes aceitaram o travamento do vínculo naqueles termos.

Sobremodo estando em pauta, como ocorre nos contratos administrativos, o *dever constitucional de respeitar a equação econômico-financeira que presidiu a constituição do vínculo* (cf. item 16 do parecer), com mais clareza se percebe que a Administração não pode se esquivar ao tempestivo pagamento do valor correspondente à prestação, nem reduzir-lhe o montante, pois qualquer atraso no pagamento ou subtração no valor que a preservaria constituem-se em violação de um comando residente na própria Constituição. A conclusão será tanto mais evidente quando o ato invalidador do contrato haja se estribado em fundamentos insatisfatórios e ou – como ocorreu no caso, segundo informações da Consulta – tenha incorrido no vício manifesto de ignorar o disposto no art. 5º, LV, da Lei Magna, isto é, o respeito ao contraditório e ampla defesa com os meios e recursos a ela inerentes.

Deveras, se (por força do referido preceptivo) mesmo o "acusado" de algum comportamento ilegítimo, enquanto não houver o "devido processo", está a salvo de gravames que resultariam da procedência da acusação, como reputar admissível que, sem ele, o contratado – que nem ao menos é um acusado – possa desde logo sofrer a procrastinação de pagamento relativo à prestação já cumprida, além de ter seu crédito imediatamente reduzido pela contraparte, ante simples anulação do contrato por suposto vício imputável à própria Administração?

É visível, portanto, que a Administração nem pode, dessarte, *diminuir o crédito* da contraparte, nem pode *atrasar o pagamento* que com ela convencionou e que corresponde a uma prestação já efetuada. É impensável, ademais, que seja direito da Administração saldar o compromisso daí decorrente na ocasião que melhor lhe apraza. Consistindo em débito vencido, não lhe assiste protrair-lhe o pagamento. Fazê-lo implica violar o dever contratual de pagar pontualmente, transgredir o art. 49, parágrafo único do Decreto-Lei nº 2.300 e ofender a equação econômico-financeira estabelecida, com agravo ao art. 37, XXI, da Constituição.

23. Indaga, ainda, a Consulente sobre as consequências em que incorre a contratante pelo fato de descumprir os prazos de pagamento a que se obrigara.

Ao compor-se consensualmente com um particular, a Administração, assim como adquire direitos, também assume *obrigações*. Estas, portanto, corresponderão a direitos do contratado, que não podem ser desconhecidos ou amesquinhados.

Assim, em relação à violação das obrigações contratuais – como, *e.g.*, a intempestividade dos pagamentos –, também se encontra protegida a equação econômico-financeira, com todos os ressarcimentos de prejuízos oriundos de infrações do contratante público, isto é, correção monetária, juros de mora e prejuízos demonstráveis.

Deveras, o atraso de pagamentos é uma falta contratual; é o descumprimento do avençado e um agravo ao direito do credor que tem que ser reparado na forma da lei civil. Por isso disse o precitado Pequignot: "Toda inadimplência, toda violação constituem uma falta da Administração. Não há razão alguma para não aplicar a toda esta parte do contrato as regras estabelecidas no Direito Privado".[101]

Aliás, o próprio Decreto-Lei nº 2.300, em seu art. 44, estabelece que os contratos administrativos "regulam-se por suas cláusulas e pelos preceitos de direito público, aplicando-se-lhes supletivamente, disposições de direito privado". A regra geral no direito brasileiro, em tema de inexecução de obrigações, é a que consta do art. 1.056 do Código Civil, cujos termos são os seguintes: "Não cumprindo a obrigação ou deixando de cumpri-la pelo modo e no tempo determinados, responde o devedor por perdas e danos".

Assim, o mínimo a ser cogitado quando o contratante governamental retarde pagamentos, além da correção monetária, é o vencimento de *juros*. Deveras, se alguém faz jus a um pagamento e não o recebe à época devida, sofre com isto um gravame, uma perda advinda de não

---

[101] PEQUIGNOT, George. *Théorie general du contract administratif*. Paris: A. Pedone, 1945. p. 443.

dispor daquilo que contratualmente lhe competia na ocasião aprazada. Demais disso, se o retardamento causar ao credor ainda outros prejuízos, contanto que os prove, fará jus à correspondente indenização.

24. Finalmente, a Consulente questiona se o mandado de segurança é via processual hábil contra ato de administrador público que determine a sustação de pagamento previsto contratualmente e devido em razão de prestação já efetuada.

Tendo em vista que sustar pagamentos devidos em razão de prestação efetuada em cumprimento de contrato administrativo é conduta gravosa a direito líquido e certo, pois suscetível de comprovação documental, prescindindo de recurso a provas testemunhais ou periciais, não resta dúvida que pode ser contestado mediante mandado de segurança.

25. Isto tudo posto e considerado, às indagações da Consulta respondo:

I – Não configura invalidade do edital de licitação o fato de prever que o fornecimento objeto do certame deva ser feito periodicamente e com base em quantidades variáveis, por partida, entre um mínimo e um máximo preestabelecidos, dentro do prazo de doze meses, tal como o fez a Concorrência nº xxx.

II – Eventuais diferenças de preço a menor em anterior aquisição de produtos semelhantes não se constituem, de per si, em causa jurídica bastante para considerar-se inválida concorrência posterior na qual foram acolhidos preços mais elevados.

III – A aplicação, no contrato administrativo, de reajuste do valor ofertado e acolhido na licitação não é causa de invalidade do contrato, sobremodo se no edital existia cláusula que previa a aplicação de reajustes, caso a legislação federal, que então os interditava, viesse a permiti-los.

IV – Não se constitui em vício algum reajustar contratos com base no índice mais baixo então existente, o índice setorial de preços no atacado da FGV (IPA-GV), sendo inteiramente dispensável a comprovação por outros meios da ruptura do equilíbrio econômico-financeiro do contrato.

V – A Administração não podia, sob alegação de que os contratos estavam incursos nos "vícios" objeto das indagações precedentes, sustar pagamentos relativos a prestações já efetuadas e muito menos unilateralmente reduzir o montante dos créditos a eles correspondentes, sobreposse se tal procedimento não foi precedido de processo administrativo, garantidor de ampla defesa com os meios e recursos a ela inerentes, na qual os credores pudessem exibir o infundado da pretensão administrativa.

VI – O descumprimento de prazos contratuais pela Administração, ainda que sob as alegações mencionadas nos tópicos anteriores, constitui-se em comportamento ilícito, acarretando a obrigação de saldá-los devidamente corrigidos, com pagamento de juros de mora, além da responsabilidade por outros danos acaso comprováveis pelo contratado.

VII – O ato de irregular sustação dos aludidos pagamentos fere direito líquido e certo dos contratados, ensejando a impetração de mandado de segurança.

É o meu parecer.

São Paulo, 16 de dezembro de 1991.

EMENTA: CONCESSÃO DE OBRA PÚBLICA E CONCESSÃO DE SERVIÇO PÚBLICO – PEDÁGIO: NATUREZA JURÍDICA

A empresa XXXX formula-nos a seguinte:

Consulta

1. A cobrança de pedágio como forma de remuneração de empresa concessionária de rodovia pública fere alguma norma do direito positivo brasileiro, constitucional ou infraconstitucional, notadamente o direito de locomoção?

2. Em caso negativo, a cobrança de pedágio depende de lei específica para cada concessão?

Às indagações respondo nos termos que seguem.

Parecer

1. A concessão de obra pública é um instituto de grande vetustez. Manoel Maria Diez nos dá notícia de que na Grécia antiga portos foram construídos por este procedimento. O mesmo se passou em Roma.[102]

---

[102] DIEZ, Manoel Maria. *Derecho administrativo*. 2. ed. corrigida. Buenos Aires: Plus Ultra, 1979. t. III. p. 292.

André de Laubadère[103] e Auby e Ducos-Adler[104] registram que, antes da Revolução Francesa, frequentemente, canais e pontes se edificaram por este meio, isto é, a expensas do concessionário, o qual se remunerava cobrando diretamente dos usuários pela utilização destas obras.

Observa Laubadère que, no curso do século XIX, o instituto teve grande desenvolvimento, efetuando-se com um caráter misto de concessão de obra e concessão de serviço público, pois esta última emergia da missão confiada ao concessionário de construir a obra e operar o serviço sobre ela assentado, ressaltando ser este o caso típico das concessões de estrada de ferro. Anota o eminente autor:

> durant tout le XIXe. siècle, l'élément travail public parut, dans ces cas, prédominant e ces concessions étaient denommées 'concessions de travaux publics'; puis, le point de vue fut inversé et Ia concession de travail public, au plan de l'analyse juridique, disparut, fondue dans Ia concession de service public.[105]

2. A fusão entre os dois aspectos (exploração da obra e do serviço) pareceu tão marcante a Duez e Debeire que, referindo-se à concessão de obra pública, disseram: "Dans le marché n'a q'une mission: construire. Dans Ia concession, le constructeur n'a pas fini quand il achève l'ouvrage a construire: sa tâche principal commence seulement: il doit exploiter un service au moyen de l' ouvrage".[106]

Georges Vedel e Pierre Devolvé anotam que a concessão de rodovias e as de parques de estacionamentos são simultaneamente concessões de obras e de serviços públicos,[107] e Charles Debbasch observa que concessão de serviço e de obra pública comumente se imbricam.[108] René Chapus averba que frequentemente o concessionário tem, primeiramente, o encargo de construir as obras necessárias à execução do serviço. Em tal caso, a concessão é simultaneamente de obra e de serviço público.[109]

---

[103] LAUBADÈRE, André de. *Traite élementaire de droit administratif.* 5. ed. Paris: LGDF, 1970. v. II. p. 280.

[104] AUBY, Jean Marie; DUCOS-ADLER, Robert. *Précis de droit administratif.* Paris: Dalloz, 1967. p. 427.

[105] LAUBADÈRE, André de. *Traite élementaire de droit administratif.* 5. ed. Paris: LGDF, 1970. v. II. p. 281.

[106] DUEZ, Paul; DEBEIRE, Guy. *Traité de droit administratif.* Paris: Dalloz, 1952. p. 927.

[107] VEDEL, Georges; DEVOLVE, Pierre. *Droit administratif.* 12. ed. Paris: Thémis, 1992. t. 2. p. 769.

[108] DEBBASCH, Charles. *Droit administratif.* Paris: Cujas, 1968. p. 196.

[109] CHAPUS, René. *Droit administratif général.* 6. ed. Paris: Montchrestien, 1992. t. I. p. 467.

Muitas vezes ocorre efetivamente como que uma superposição dos dois institutos. Isto sucede, por exemplo, quando em concessão de rodovias para obras de construção, reparos ou simplesmente de manutenção delas, o concessionário está igualmente obrigado a certos serviços acessórios, *exempli gratia*, os de assistência e socorro aos veículos e passageiros, os de instalação e funcionamento de postos de reparo ou de oferta de comunicação telefônica e/ou de informações aos usuários sobre o tráfego nas sobreditas rodovias.

A verdade, contudo, é que os dois institutos não se confundem. Tanto isto é exato que pode haver concessão de obra sem envolver prestação de serviço público propriamente dito, como de resto anotam os autores precitados. Assim, também, pode haver prestação de serviço público sem pressupor obra pública. Marcel Waline bem documenta estes fatos.[110]

A concessão de obra difere da concessão de serviço público – apesar de em muitos casos parecerem se confundir ou efetivamente se fundirem – por terem objetos perfeitamente diversos e apresentarem aspectos distintos, a saber: (a) a obra é um *produto*; o serviço é uma *atividade*; (b) a obra é, em si mesma, algo *estático*; o serviço é uma fluência, portanto, neste sentido, algo *dinâmico*; (c) na obra, a utilidade captável, fruível, reside no *complexo de bens materiais que a constitui*; no serviço, a utilidade advém de uma *prestação*; (d) a obra oferece, pois, *diretamente* sua utilidade ao gozo dos usuários, ao passo que o serviço pressupõe uma *atividade de intermediação*, para ser fruído; (e) o serviço, geralmente, pressupõe uma obra, mas isto nem sempre sucede.

3. Há, em ambas, um traço relevantíssimo que lhes é comum: tanto numa quanto noutra, um bem preposto à satisfação da comunidade (a obra ou serviço) e que por isso mesmo estaria, em princípio, em mãos do próprio Poder Público, ao invés de se encontrar sob a direta gestão estatal, fica sob a cura imediata de terceiros que o exploram para remunerar-se. É certo que, na concessão de obra como na de serviço, estes bens persistem sempre sendo públicos e sua senhoria invariavelmente assistirá ao concedente; nada obstante, o desempenho do serviço ou a exploração da obra se transferem ao concessionário.

São estes traços fundamentais, encontradiços nos dois institutos, que levam à sua parificação no que concerne a aturadas cautelas, quer na *formação* do vínculo constitutivo das concessões em apreço, quer no

---

[110] WALINE, Marcel. *Droit administratif*. 9. ed. Paris: Sirey, 1963. p. 576; 578.

reconhecimento de ampla *disponibilidade do concedente* sobre o objeto entregue à compita do concessionário, quer no regime que se lhes dispensa, de tal sorte que *são institutos gêmeos*.

4. Em sua forma clássica, a concessão de obra era a via pela qual o concessionário pagava-se da construção, efetuada a suas expensas, mas é utilizada, igualmente, para melhoramento, conservação ou reparos de obra pública, notadamente rodovias.

Pode-se, pois, definir a concessão de obra pública como um ajuste por meio do qual o Poder Público defere a alguém o poder de explorar uma obra pública, *cobrando diretamente dos usuários um pedágio por sua utilização*, a fim de que este, o concessionário, por tal modo se pague da construção dela, de seu melhoramento, manutenção ou reparo.

À vista das precedentes anotações, cabe assinalar: (a) a antiguidade da concessão de obra, cuja teorização precedeu a da concessão de serviço público; (b) a predominância, historicamente, da concessão de obra, designação que servia para batizar este instituto, nos casos em que se encontrava imbricada com a concessão de serviço público; (c) a frequência com que ambos se encontraram fundidos; mas, sobretudo (d) o traço mais característico da concessão de obra pública (e de serviço público) que reside, como assinalam seus teóricos, *na modalidade de pagamento do concessionário*.

Com efeito, ela é, como disse Osvaldo Maximo Bezzi, "un sistema de contratacion singularizado por la modalidad del pago del precio".[111] Deveras, "c'est le mode de rémunération qui distingue le marché de travaux publics [que é o nome do contrato de obra pública na França] de la concession".[112] Este modo de remuneração, que a peculiariza, consiste precisamente em assistir ao concessionário o direito de explorar a obra, cobrando-se diretamente dos usuários dela, ou seja, *recebendo um pedágio*.

5. Em nossa legislação, os institutos em causa foram confundidos e unificados, pois o art. 2º da Lei nº 8.987, de 13.2.1995, que "dispõe sobre o regime de concessão e permissão da prestação de serviços públicos previsto no art. 175 da Constituição e dá outras providências", também dispõe, em seu inc. III, que, para os fins da citada lei, considera-se:

> concessão de serviço público precedida de obra pública: a construção, total ou parcial, conservação, reforma, ampliação ou melhoramento de quaisquer obras de interesse público, delegada pelo poder concedente,

---

[111] BEZZI, Osvaldo Maximo. *El contrato de obra publica*. Buenos Aires: Lex, 1977. t. I. Cap. XIX-1.
[112] WALINE, Marcel. *Droit administratif*. 9. ed. Paris: Sirey, 1963. p. 575.

mediante licitação, na modalidade de concorrência, à pessoa jurídica ou consórcio de empresas que demonstre capacidade para sua realização, por sua conta e risco, de forma que o investimento da concessionária seja remunerado e amortizado mediante a exploração do serviço *ou da obra* por prazo determinado.

Entre nós, há, pois, expressa previsão legal de exploração de obra pública por concessionário.

6. Do quanto se disse, já se percebe tratar-se de instituto jurídico largamente conhecido, devidamente legislado e inclusive utilizado entre nós. Na órbita federal, estão sob regime de concessão as rodovias Presidente Dutra, Rio-Juiz de Fora e Osório-Porto Alegre, e, no Estado de São Paulo, *ad exemplum*, várias se encontram sob tal regime ou em vias de sê-lo. Com efeito, vinte e três lotes de rodovias foram inclusos em programa de "privatização", já estando concedidos ao menos cinco deles, dentre os quais contam-se os importantíssimos Sistema Anchieta-Imigrantes e Sistema Anhanguera-Bandeirantes.

Ao que saibamos não há em obras *doutrinárias* ou na *jurisprudência* censura à constitucionalidade da concessão a particulares de obras de construção, manutenção ou reparos de rodovias, custeadas mediante pedágio cobrado pelo concessionário diretamente dos usuários.

Deveras, não se vê como ou em que haveria ofensa à Constituição na adoção de tal instituto. Sabidamente, a utilização de bens públicos, inclusive de uso comum, pode ser gratuita ou remunerada. O Código Civil, no art. 68 dispõe que: "O uso comum dos bens públicos pode ser gratuito, ou retribuído, conforme disponham as leis da União, dos Estados, ou dos Municípios, a cuja administração pertencerem".

Na doutrina alienígena e brasileira, há fartíssima referência à possibilidade de haver uso comum remunerado. Cifremo-nos aos autores nacionais. Maria Sylvia Zanella Di Pietro refere o citado art. 68 e diz que o uso comum "é, em geral, gratuito, mas pode, excepcionalmente, ser remunerado".[113] Diógenes Gasparini, que também refere o preceptivo mencionado do Código Civil, averba que tal uso é "quase sempre gracioso",[114] o que bem demonstra que nem sempre o é. Sérgio de Andréa Ferreira anota: "Já foi acentuado que pode o uso comum ser gratuito ou remunerado (CC, art. 68), surgindo as taxas de

---

[113] DI PIETRO, Maria Sylvia Zanella. *Direito administrativo*. 9. ed. São Paulo: Atlas, 1998. p. 441.
[114] GASPARINI, Diógenes. *Direito administrativo*. 4. ed. São Paulo: Saraiva, 1995. p. 504.

pedágio de estacionamento etc.".[115] Diogo Figueiredo Moreira Neto preleciona:

> A utilização comum, como indica a expressão, é a que é franqueada a todos, indistintamente, como sucede, em geral, com as ruas, estradas, avenidas, praias, mares, rios navegáveis etc. Esta liberdade de utilização poderá estar, não obstante, sujeita a uma condição, como o pagamento de um pedágio, para estradas.[116]

Nós mesmos, tratando dos bens de uso comum, anotamos:

> Além disto, dependendo do que as leis estabeleçam, o uso comum pode ser gratuito ou remunerado. Assim, a circulação nas estradas é livre, mas seus condutores, para fazê-lo, terão que pagar o «pedêgio», acaso estabelecido. Ao dizer-se que o uso é livre, está-se caracterizando que ele independe de algum ato administrativo reportado a alguma individualização especificadora de tal ou qual utente. Assim, *verbi gratia*, o pagamento de pedágio, a que se vem de aludir, é condição geral imponível a quaisquer condutores de veículos – e não decisão individualmente tomada à vista deste ou daquele usuário.[117]

7. Sendo certo, então, que é pacificamente aceito o vetusto instituto da concessão de obras públicas, tanto como o é igualmente a possibilidade de remuneração pela utilização de bens de uso comum, se a lei o estabelecer, resulta que não há óbice algum à imposição de pedágio para circulação de veículos automotores nas rodovias.

Note-se que não se está, minimamente, contestando a existência de limites à possibilidade de instituir remuneração para a utilização de bens de uso comum. Com efeito, seria interdito fazê-lo nos casos em que exigir remuneração, por isto constituir-se-ia em meio frustrador de direitos constitucionais.

8. Este vício, ao nosso ver, efetivamente ocorreria se, *exempli gratia*, fosse pretendida dos pedestres remuneração pelo uso das calçadas e cruzamento das ruas (a começar daquelas onde residem), pois sua utilização é tão indispensável, como condição até mesmo

---

[115] FERREIRA, Sérgio de Andréa. *Direito administrativo didático*. 2. ed. Rio de Janeiro: Forense, 1981. p. 166.

[116] MOREIRA NETO, Diogo de Figueiredo. *Curso de direito administrativo*. 2. ed. Rio de Janeiro: Forense, 1974. p. 260.

[117] BANDEIRA DE MELLO, Celso Antônio. *Curso de direito administrativo*. 9. ed. São Paulo: Malheiros, 1997. p. 539.

do mais comezinho exercício de sua liberdade de ir e vir, que atentaria contra rudimentos dos direitos individuais, causando, pois, agravo à Constituição. Com efeito, em tal caso, a demanda de uma remuneração pelo uso de bem público cuja utilização é condição *sine qua non* para "viver" e "conviver" (inerência social) em dado local – ou mesmo nele exercer a cidadania – corresponderia a demandar pagamento para que alguém possa "conviver", já que, no plano real, isto só seria concretamente possível se aí pudesse circular.

Mesmo que o pagamento exigido *dos pedestres* fosse feito apenas em relação a determinadas ruas ou viadutos, *quando existissem vias alternativas de acesso* aos mesmos pontos por aqueles interligados, ainda assim seria inadmissível a cobrança. É que, de toda sorte, as pessoas de poder aquisitivo mínimo ficariam excluídas do *mais elementar e natural dos usos* de um bem de uso comum do povo, isto é, daquele que se faz recorrendo apenas aos meios com que a própria natureza dotou as pessoas, *independentemente de suas posses*; é dizer, o que se efetiva pelas próprias pernas, sem intermediação de qualquer recurso revelador de capacidade econômica. Contenderia, então, com as diretrizes da Constituição do país, a qual se orienta em sentido inverso.

Deveras, se a Lei Magna estabelece, entre os objetivos fundamentais da República (art. 3º, "construir uma sociedade livre, justa e solidária", "erradicar a pobreza e a marginalização e reduzir as desigualdades sociais e regionais", se determina que a ordem econômica tem por fim "assegurar a todos uma existência digna, conforme os ditames da justiça social" (art. 170) e impõe a observância, entre outros princípios, o da "redução das desigualdades regionais e sociais" (inc. VII do mesmo artigo), resulta claro que está a exigir uma atuação legal e administrativa de *promoção* destes objetivos. Donde, chocar-se-iam à força aberta com a Constituição do país condutas públicas que, em antagonismo às disposições constitucionais, até mesmo concorressem para acentuar as situações de marginalização e exclusão social, privando os que se encontram na base da sociedade do desfrute mais elementar de bens de uso comum do povo, isto é, o que é feito na condição de pedestre. É bem de ver, ademais, que *desnaturaria o caráter do uso comum inerente ao bem*, por converter, *mesmo o mais rudimentar dos usos*, em privativo de uma *categoria de pessoas*: as dotadas de certo poder aquisitivo e excludente dos socialmente menos aquinhoados. Nisto haveria, pois, uma reserva de tais bens a uma classe de sujeitos, com marginalização dos demais, mesmo estando em pauta o mais primário dos usos de um bem de uso comum (o do pedestre), com o que eliminar-se-ia o caráter de uso comum de um bem de tal natureza e instaurar-se-ia uma discriminação incompatível com a orientação constitucional. Em tal caso, exigir pagamento inevitavelmente acarretaria – para todas as pessoas cujo poder econômico seja mínimo (e no Brasil são legião) – restrição ao desfrute *do mais primário uso comum dos bens desta tipologia*. Por razões análogas, o mesmo poderia ser dito – ainda que sem a força de evidência que ressuma da hipótese mencionada – para o caso de ciclistas nas vias em que fosse admitido o trânsito de bicicletas.

9. O que não se tolera, então, é a adoção de providências que frustrem aos mais pobres o desfrute do elementar uso comum – *o que se faz a pé* – nada existindo em desfavor da demanda de pagamento a quem esteja em situação concretamente reveladora de poder aquisitivo razoável, que é o que sucede com os que dispõem de veículos automotores.

10. Com efeito, o uso de veículo desta natureza já é de per si revelador da existência de algum poder aquisitivo excludente da ideia de escassez completa de recursos e, pois, afasta a hipótese de discriminação atentatória aos valores que a Constituição defende com energia. Com efeito, deles não se deduz – abraçado que foi o regime da livre iniciativa, capitalista, pois – a imposição de uma igualdade econômica necessária e, portanto, a impossibilidade de pagamento para utilização de bens de uso comum. Logo, nisto não se poderia vislumbrar restrição que contendesse com o direito constitucional de ir e vir. É que tal direito, como quaisquer outros, pode perfeitamente estar condicionado ao implemento de condições, contanto que não o desnaturem. Ora, exigir que para utilizar rodovia seja pago um pedágio pelo condutor de veículo automotor (cuja disponibilidade já estará a revelar poder aquisitivo suficiente para tanto) a toda evidência não é coartar-lhe o exercício do direito de locomoção; não é criar-lhe embaraços que o tornem insuscetível ou dificilmente susceptível de ser expressado.

Assim, nem mesmo radicalizando uma visão extremada poder-se-ia, em interpretação razoável, considerar desnaturado tal direito. Tanto isto é exato que, ao que se saiba, até o presente jamais foi doutrinária ou jurisprudencialmente contendida a validade da existência de pedágios, com base em tal argumento, e, pois, consectariamente, da concessão de obra pública (instituto, como visto, amplamente conhecido e utilizado). De resto, se a alegação tivera alguma consistência, certamente não teria sido olvidada pelos estudiosos ou pelos julgados, dado o relevo do tema que põe em causa.

11. Em suma: o direito de ir e vir não fica desnaturado e muito menos sacrificado pela circunstância de que condutores de veículo automotor devam pagar pelo trânsito em rodovias. A toda evidência, a simples disponibilidade de tal meio de locomoção é demonstrativa de recursos econômicos compatíveis com tal pagamento, o que exclui a ideia de que por meio dele esteja coartado o direito de ir e vir.

12. Outra questão que se propõe é a de saber-se qual a natureza do pedágio cobrado por concessionário de obra pública.

Visto que a concessão de serviço público e a de obra pública são institutos símiles, visto que frequentemente se imbricam, e que a legislação brasileira os tratou unificadamente, é perceptível de imediato que a remuneração do concessionário de obra pública tem a mesma índole da remuneração do concessionário de serviço público.

O assunto foi detidamente tratado por Antonio Carlos Cintra do Amaral em trabalho intitulado "Concessão de rodovias e cobrança de pedágio", constante da obra coletiva *Direito constitucional e administrativo*.[118] De acordo com o citado jurista, o pedágio será tributo quando cobrado pelo Estado e tarifa, quando por concessionário.

Referido autor deixa esclarecido – com absoluta correção, segundo entendemos – que o *pedágio cobrado pelos concessionários de obras públicas* é *tarifa*; não sujeito, pois, às exigências do regime tributário (princípio da legalidade, nos termos próprios do direito tributário, e princípio da anualidade, a teor do art. 150, I e III, "b" da Constituição Federal), pelo que pode ser fixado e aumentado por decreto e exigido no decurso do mesmo exercício financeiro. No que atina a este tópico basta seguir, ao menos em linha geral, os mesmos argumentos que o ilustrado jurista colacionou, quando muito aditando-lhes alguma minudência ou acréscimo que ainda mais os reforça.

13. A Constituição Federal, ao tratar de serviços públicos concedidos, fala em política "tarifária", assim como o Texto Constitucional precedente falava em "tarifas", como anota o ilustrado jurista referido. Vale dizer, ao valer-se de uma denominação específica para qualificar a retribuição do serviço, *quando prestado por concessionário*, a Lei Maior conduz, ao menos em princípio, ao entendimento de que a configura como modalidade própria, distinta, pois, da figura tributária sobejamente conhecida: a taxa.

---

[118] AMARAL, Antonio Carlos Cintra do. Concessão de rodovias e cobrança de pedágio. *In*: BANDEIRA DE MELLO, Celso Antônio. *Direito constitucional e administrativo* – Estudos em homenagem a Geraldo Ataliba. São Paulo: Malheiros, 1997. v. II. p. 127 e segs.

Esta razão, ainda que de per si não fosse definitivamente concludente, confirma-se, entretanto – e já agora com força irretorquível – ante o fato de que, como é sabido, ressabido e imposto *pela própria Constituição e pelas leis*, na concessão de serviço público, o concessionário faz jus ao equilíbrio econômico-financeiro do contrato, como ao diante melhor se dirá. Seu asseguramento seria incompatível com o regime tributário, próprio da taxa, não só porque para ser aumentada depende de lei, como também porque dita lei só entraria em vigor no exercício seguinte, ao passo que o regime de tarifa, pelo contrário, é o que proporciona o atendimento desta exigência constitucional.

Deveras, o equilíbrio em questão poderia a qualquer tempo sofrer ruptura, seja pela ocorrência de eventos supervenientes e imprevistos, seja por medidas gerais do Poder Público que o afetassem, seja mesmo por providências concretas que o concedente adotasse, implicando agregar encargos suplementares para o concessionário. Ora, se a restauração dependesse de lei, como ocorreria no caso da taxa, não haveria como garantir sua efetivação ou pelo menos sua pronta recomposição, inclusive porque, em sendo expedida a lei necessária, ante o princípio da anualidade, só entraria em vigor no exercício seguinte. Em face disto, como observou o autor citado, é "evidente que dificilmente o equilíbrio econômico poderia ser restabelecido antes que a situação concreta se tornasse irremediável".[119]

Com efeito, não há duvidar de que existe constitucionalmente a imposição da mantença do equilíbrio econômico-financeiro na Constituição.

14. Já hoje ela não está literalmente disposta apenas para a concessão, mas foi estendida expressamente para a generalidade dos contratos administrativos, sendo certo que a Lei Magna qualifica a concessão de serviços públicos como contrato (art. 175, parágrafo único). Ao tempo da Carta de 1969, o art. 167, II, tratando da concessão de serviço público, falava em "tarifas [...] que assegurem o equilíbrio econômico e financeiro do contrato". Hoje, no preceptivo correspondente, não existe mais dita menção, porém o art. 37, XXI, generalizou o dever de respeito ao equilíbrio econômico-financeiro em contratos administrativos, nos seguintes termos:

---

[119] AMARAL, Antonio Carlos Cintra do. Concessão de rodovias e cobrança de pedágio. *In*: BANDEIRA DE MELLO, Celso Antônio. *Estudos em homenagem a Geraldo Ataliba*. São Paulo: Malheiros, 1997. v. II. p. 130.

Ressalvados os casos especificados na legislação, as obras, serviços, compras e alienações serão contratados, mediante processo de licitação pública que assegure igualdade de condições a todos os concorrentes, com cláusulas que estabeleçam obrigações de pagamento *mantidas as condições efetivas da proposta* [...].

Estabeleceu, pois, a garantia de uma correlação inseparável entre as obrigações de pagamento e as condições efetivas da proposta. Vale dizer, como as partes se compuseram à face daquelas condições *efetivas*, são elas que presidem, por uma parte, a obrigação de o contratado prestar fielmente o convencionado para fazer jus ao ganho que aspira e, por outra parte, a obrigação de que o pagamento correspectivo respeite as condições *efetivas* que residiram na proposta.

15. A legislação infraconstitucional, ou seja, a Lei nº 8.987, de 13.2.1995, ao conceituar o serviço precedido de obra pública (art. 2º, III) – como dito – contemplou aí a concessão de obra pública, a qual compreende tanto sua construção, como sua conservação, reforma ou melhoramento. Note-se que, na parte final do dispositivo, ao se referir à remuneração do concessionário, fala em: "mediante a exploração do serviço *ou da obra* por prazo determinado". Assim, é induvidoso que as disposições da citada lei se aplicam indiferentemente à retribuição do serviço ou da obra e, pois, ao equilíbrio econômico-financeiro.

Nos termos da citada lei, a teor de seu art. 9º: "A tarifa do serviço concedido será fixada pelo preço da proposta vencedora da licitação e preservada pelas regras de revisão previstas nesta Lei, no edital e no contrato".

Deste dispositivo já se extrai, não apenas que o valor da tarifa terá de ser preservado, como ainda *que não é fixada por lei, mas pelo preço da proposta vencedora na licitação*, o que bem demonstra diversidade profunda entre seu regime e o da taxa.

O §1º do mesmo preceptivo, com a redação que lhe deu a Lei nº 9.648, de 27.5.1998, estatui que: "A tarifa não será subordinada à legislação anterior [...]", o que reitera sua diferença em relação ao regime da taxa.

De seu turno, o §2º estabelece que: "Os contratos poderão prever mecanismos de revisão das tarifas, a fim de manter-se o equilíbrio econômico-financeiro".

Já o §3º dispõe: "Ressalvados os impostos sobre a renda, a criação, alteração ou extinção de quaisquer tributos ou encargos legais, após a apresentação da proposta, quando comprovado seu impacto, implicará a revisão da tarifa, para mais ou para menos, conforme o caso".

De seu turno, o §4º determina: "Em havendo alteração unilateral do contrato que afete o seu inicial equilíbrio econômico-financeiro, o poder concedente deverá restabelecê-lo *concomitantemente* à alteração".

É torrencial, pois, a insistência normativa em aclarar que o regime remuneratório não guarda similitude com o da taxa. Antes – e pelo contrário – revela flexibilidade muitíssimo maior, inteiramente incompatível com o da taxa, pela indeclinável necessidade de garantir a equação econômico-financeira, o que seria impossível fazer e com a presteza necessária (de que é eloquente exemplo, a imposição do §4º, retrotranscrito, da Lei nº 8.987), se de taxa se tratasse, pela submissão desta aos princípios constitucionais tributários da legalidade e da anualidade.

Agregue-se, por fim, como acentua o precitado Antonio Carlos Cintra do Amaral, que a lei de licitação e contratos (nº 8.666, de 21.6.1993, com as atualizações sucessivas), aplicável no que for compatível às concessões de serviços e obras públicas também enfatiza o respeito ao equilíbrio econômico-financeiro do contrato (arts. 57, §1º, 58, §§1º e 2º, 65, II, "d", §§5º e 6º, assim como o art. 40, XI e XIV, "a" e "c").

16. Por tudo isto se vê que a remuneração do concessionário de obra pública não depende de lei que a fixe em cada caso.

É certo, apenas, que para a outorga de concessão de obra pública é necessário lei que a autorize, seja estabelecendo dita possibilidade no que concerne a determinada rodovia, seja no que respeita a um conjunto delas. Foi o que de outra feita assinalamos:

> A outorga do serviço (ou obra) em concessão depende de lei que a autorize. Não pode o Executivo, por simples decisão sua, entender de transferir a terceiros o exercício de atividade havida como peculiar ao Estado. É que se se trata de um serviço próprio dele, quem deve, em princípio, prestá-lo é a Administração Pública. [...] Assim, cumpre que a lei fundamente o ato administrativo da concessão, outorgando ao Executivo competência para adoção desta técnica de prestação de serviço. Nada impede, todavia, que a lei faculte, genericamente, a adoção de tal medida em relação a uma série de serviços que indique.[120]

Uma vez autorizada a concessão, tanto mais que a cobrança da tarifa é conatural ao instituto e que seu valor é determinado na oferta vencedora do certame licitatório (art. 9º precitado da Lei nº 8.987), é

---

[120] BANDEIRA DE MELLO, Celso Antônio. *Curso de direito administrativo*. 10. ed. São Paulo: Malheiros, 1998. p. 466.

evidente que não há necessidade de lei, em cada caso, para que possa ser cobrada.

17. Isto posto e considerado, às indagações da Consulta respondo:

I – A cobrança de pedágio, como forma de remuneração de empresa concessionária de rodovia pública, não fere norma alguma do direito positivo brasileiro, seja constitucional, seja infraconstitucional.

II – A cobrança de pedágio, em tais condições, não depende de lei específica para cada concessão, pois a própria concessão, legalmente autorizada, já presume, conaturalmente, a cobrança de pedágio, cujo valor decorre da oferta vencedora do certame licitatório.

É meu parecer.

São Paulo, 20 de julho de 1998.

EMENTA: VIA TRANSVERSA DE TRANSFORMAÇÃO DE MEDIDA PROVISÓRIA EM LEI: BURLA GROSSEIRA AO PROCESSO LEGISLATIVO – IMPOSSIBILIDADE JURÍDICA DE A LEI TRANSMUDAR O SENTIDO NATURAL DAS PALAVRAS CONSTITUCIONAIS – IMPOSSIBILIDADE JURÍDICA DE EMENDA CONSTITUCIONAL TRAZER SUPORTE DE VALIDADE PARA LEI ORIGINARIAMENTE INCONSTITUCIONAL

Ilustres advogados acostam documentos instrutórios e formulam a seguinte:

Consulta

I – A Lei nº 9.718, de 17.11.98, publicada aos 18 do mesmo mês, tendo trazido substanciais alterações ao conteúdo da Medida Provisória nº 1.724, de 29 de outubro de 1998, publicada no dia subseqüente, pode ser considerada como resultado de sua "conversão"? Em caso negativo, seria necessário que o processo legislativo antecedesse a edição da Lei nº 9.718?

II – A Lei nº 9.718/98, que previu a incidência da contribuição ao PIS e da COFINS sobre a totalidade das receitas, encontrou bom fundamento constitucional no art. 195, inc. I, da Constituição Federal, segundo os termos vigentes quando de sua edição?

III – Em caso negativo, teria a sobredita lei criado nova fonte de custeio da Seguridade Social, a reclamar edição de lei complementar, consoante o §4º do art. 195 da Constituição Federal?

IV – A superveniência da Emenda Constitucional nº 20, de 15.12.98, publicada aos 16 do mesmo mês, teria "constitucionalizado" a Lei nº 9.718?

V – O fato da Emenda Constitucional nº 20/98 conter dispositivos e expressões aprovados pela Câmara, mas não referendados pelo Senado, a macula de vício insanável?

Às indagações respondo nos termos que seguem.

Parecer

1. Medida provisória, como em diferentes oportunidades ressaltamos,[121] é providência *excepcional* que o presidente da República, ante situações invulgares (cumulativamente interesse público relevante e urgência), pode produzir para enfrentar *transitoriamente* problemas emergentes, sérios e prementes, que não possam aguardar a tramitação do procedimento legislativo – ainda que em regime de urgência – sob pena de comprometimento do bem jurídico que vem a acudir de imediato.

Sua validade máxima é de trinta dias e neste interregno pende de aprovação ou reprovação do Congresso. Findo tal período *in albis*, perderá a eficácia *retroativa e irremediavelmente*. Com efeito, prevista que é no art. 62 da Constituição, seu parágrafo único estabelece que se o Congresso não a avalizar, *convertendo-a em lei* em trinta dias contados a partir de sua publicação, perderá a eficácia desde a data em que haja sido editada, caso em que o Congresso disciplinará as relações jurídicas por ela instauradas ao longo da dilação vencida.

2. Todos no Brasil sabem que tem sido feito uso abusivo destas providências. Todos sabem que têm sido expedidas sem relação alguma com os pressupostos de sua válida expedição. Todos sabem, igualmente, que, contrariando a lógica e a Constituição, têm sido reiteradas, como se não fossem providências *provisórias* que perimem desde o início quando não convertidas em lei ao cabo do trintênio referido.

---

[121] BANDEIRA DE MELLO, Celso Antônio. *Curso de direito administrativo*. 10. ed. São Paulo: Malheiros, 1998. p. 75-81; BANDEIRA DE MELLO, Celso Antônio. Perfil constitucional das medidas provisórias. *RDP*, v. 95, p. 28-32, jul./set. 1990; BANDEIRA DE MELLO, Celso Antônio. Controle judicial dos pressupostos de validade das medidas provisórias. *RT*, v. 758, p. 11-15, dez. 1998.

Uma conduta ilegítima, mormente inconstitucional, não se converte em legítima, em constitucional, pelo fato de ser repetida ou por escapar à sanção que lhe corresponderia, assim como um furto, um roubo, um estupro, um homicídio, não se transformam em comportamentos lícitos por sua frequência ou por seus autores permanecerem impunes.

Estas observações, aparentemente desnecessárias, por acacianas, são, contudo, pertinentes, pois a primeira indagação da Consulta propõe dúvida cuja solução é igualmente óbvia, mas que, ante a anormalidade da aplicação do direito nos tempos correntes, encontra espaço para ser questionada em sério.

Com efeito, pergunta o Consulente se a Lei nº 9.718, publicada em 28.11.1998, pode ser considerada "conversão" da Medida Provisória nº 1.724/98, conquanto lhe haja aportado substanciais alterações e se, em caso negativo, seria necessário que o processo legislativo antecedesse dita lei.

3. A existência de alterações substanciais introduzidas pela lei em apreço em relação na medida provisória que pretensamente estaria a "converter" é algo óbvio. Basta saber ler, compará-las e ter o conhecimento mínimo necessário para apreender o significado das palavras ubicadas em uma e outra normas para, de imediato, verificar-se que *são regências normativas distintas*. Donde, em relação a este tópico descabe qualquer espécie de comentário.

Logo, toda questão reside em saber-se se "converter" medida provisória em lei é "transformá-la" em lei simplesmente *ou é editar outras regras*, distintas das que constam da medida provisória, desde que guardem com ela alguns ou vários pontos de similitude.

Ainda aqui poder-se-ia dizer que os requisitos básicos para responder à indagação, continuam sendo os de saber ler e possuir o conhecimento mínimo necessário para entender as palavras da língua portuguesa, cabendo, entretanto, acrescentar que noções de direito constitucional podem carrear elementos úteis para salientar ainda mais o que, de per si, também já se poderia considerar evidente.

4. O parágrafo único do art. 62 da Constituição dispõe: "As medidas provisórias perderão eficácia, desde a edição, *se não forem convertidas em lei no prazo de trinta dias*, a partir de sua publicação, devendo o Congresso Nacional disciplinar as relações jurídicas delas decorrentes".

Conforme se lê neste preceptivo, o que se trata é de conversão *das medidas provisórias* em lei e não conversão de *outra coisa em lei*, pois não está prevista a atribuição do caráter de lei a normas distintas das residentes na medida provisória. Não é difícil entender, pois, que converter medida provisória em lei é atribuir a ela, vale dizer, àquelas *mesmas regras nela veiculadas*, o caráter de lei, a partir da conversão. Assim, o estabelecido no versículo em causa é uma forma *especial, incomum, de promover o ingresso no universo jurídico de normas com o caráter de lei*. Que normas? As normas que dantes estavam rotuladas como medida provisória e que dantes possuíam tal caráter.

Esta forma anômala de produzir lei – diversa do procedimento legislativo correntio, ordinário – foi estabelecida para o caso específico de o Congresso Nacional, *em sessão conjunta*, deliberar acolher uma certa disciplina normativa, até então provisória e expedida pelo presidente (medida provisória), infundindo-lhe a natureza de lei.

Donde, é de solar clareza, que o processo dito de "conversão" nada mais é senão o de conferir à *medida provisória, tal como editada*, outra qualidade jurídica, outros atributos jurídicos: os de lei, *fazendo-o mediante procedimento peculiar, específico para a hipótese e menos exigente do que aquele que é requerido para as leis em geral*.

5. Qual a concreta importância jurídica de se distinguir lógica e juridicamente a hipótese peculiar de conversão de medida provisória em lei (ou seja, da acolhida de suas disposições *tal como editadas*) de hipótese radicalmente distinta – e não abrigada na Constituição – consistente em agregar-lhe, a título de conversão, conteúdo diverso, isto é, inclusivo de regras diferentes das que dela constavam?

O relevo da questão reside em que, se fora isto possível, estaria inaugurada uma forma de burla à Constituição; uma forma de produzir leis *violando o procedimento legislativo ordinário* e, *sobretudo, amesquinhando o peso que a Lei Maior atribuiu ao pronunciamento de cada casa legislativa e notadamente ao do Senado Federal*.

É o que se demonstra a seguir.

6. Para que irrompam leis no universo jurídico, ou seja, para que normas ainda não editadas ingressem no sistema com força de disposições inaugurais, a via normal é o cumprimento de dado processo legislativo *constitucionalmente estabelecido como forma idônea para tanto*. E – note-se – um processo muito distinto, muito mais cauteloso e exigente do que aquele previsto para a conversão de medidas provisórias em lei. Eis porque usar um pelo outro seria o mesmo que propiciar o surgimento de leis produzidas por métodos espúrios, incompatíveis com o disposto na Constituição e nos regimentos internos de Senado e Câmara.

É que um projeto de lei, como se sabe, de fora parte as peculiaridades de iniciativa e as resultantes de emendas que se lhe façam, tem que ser examinado e aprovado, *sucessivamente*, em cada uma das casas legislativas. *Se for rejeitado por uma delas, o projeto não se converte em lei, pois será arquivado* (art. 65 da CF). Este sistema implica atribuir tanto ao Senado quanto à Câmara o mesmo peso decisório. Como consequência disto, o voto dos 81 senadores – representantes que são das unidades federadas – tem a mesma força para decidir se um projeto converter-se-á ou não em lei quanto o voto dos 513 deputados.

Deveras, como a aprovação de um projeto de lei depende da aprovação de cada Casa, separadamente, se a maioria dos 81 senadores (42, se todos estiverem presentes e votarem) resolver que um dado projeto não deve ser aprovado, de nada adiantará que o mesmo projeto haja obtido 513 votos favoráveis dos deputados federais. Isto demonstra a cautela com que se deseja a aprovação das leis *e a importância que se atribui* à *representação dos estados*.

7. Aliás, ao respeito disto mesmo, em obra teórica, conquanto examinando outro problema, sublinhamos a impossibilidade de, *por vias transversas*, costear o peso significativo que corresponde ao Senado na produção das leis. Naquela oportunidade, grafamos o que segue:

> Quid juris, se o Presidente editar medida provisória fora das hipóteses em que o art. 62 lhe permitiria e, ainda assim, o Congresso vier a acolhê-la, convertendo-a em lei? Dita conversão sana o vício de origem, já que o Legislativo poderia livremente legislar sobre o assunto? Em tal caso, impugnações dantes ou mesmo posteriormente efetuadas perante o Poder Judiciário deverão ser rejeitadas, por força de convalidação da medida em decorrência de sua conversão em lei? A resposta terá de ser negativa. É que a sobredita "conversão em lei", subseqüente à medida provisória inválida, terá se efetuado como corresponderia ao caso – em sessão conjunta do Congresso Nacional. Ora, não é este o processo estabelecido para o exame e votação das leis. Projetos de lei, seja de quem for a iniciativa, são examinados e votados em cada Casa do Congresso, separadamente. Portanto, apenas quando aprovado naquela perante a qual se iniciou é que será examinado pela outra (art. 65). Encareça-se que o Senado – Casa de representação dos Estados – tem um número de parlamentares muito inferior ao da Câmara. Assim, a votação dos senadores em sessão conjunta, evidentemente, diminui seu peso de influência, amesquinhando a participação decisória do Senado na aprovação ou rejeição de leis.
>
> Em conseqüência, será forçoso reconhecer que, na hipótese cogitada, se houver "conversão", será conversão inválida, por vício no processo de formação da "lei". Se, pelo contrário, o Congresso houvesse votado

regularmente uma lei, com o mesmo conteúdo que se continha na medida provisória, a coincidência de teor entre ambas não significaria "conversão" da primeira na segunda. Seria simplesmente uma lei – como qualquer outra – cujo conteúdo de fato equivalerá ao anteriormente estabelecido na medida provisória inválida, mas, neste caso, seus efeitos não reatroagiriam. Ou seja: tal como as leis em geral, deflagraria efeitos a partir de sua promulgação, ficando, pois, a descoberto e caracterizados como inválidos os atos baseados na medida provisória inconstitucional, com todas as conseqüências jurídicas daí decorrentes.[122]

8. É evidente, pois, que nos casos em que a Constituição Federal estabelece que o assunto se decide em sessão conjunta do Congresso Nacional, o peso do Senado se amesquinha. O voto dos senadores se dilui no conjunto dos 594 votantes (81 do Senado e 513 da Câmara), porquanto a decisão é tomada por maioria que engloba, indistintamente, senadores e deputados, segundo o princípio do "cada cabeça um voto".

Assim, só por isto, já é esplendorosamente clara a radical diferença entre o processo legislativo ordinário, previsto para a produção das leis, e a conversão de medida provisória em lei, *pois esta se dá em sessão conjunta do Congresso Nacional*. Donde, quando se trata de converter medida provisória em lei, o Senado perde a expressão que lhe é reservada nos casos de elaboração de lei.

Logo, se fosse possível, ao efetuar conversão de medida provisória em lei, introduzir regras diversas das que dela constavam, estaria "inventada" uma fórmula para desobedecer ao processo legislativo. Estaria criado um caminho para fazer vigorar como lei disposições *que não foram produzidas nos termos previstos na Constituição*.

Referido caminho, além de violar toda a tramitação regulada na Lei Magna e nos regimentos internos de cada casa, apresentaria as seguintes graves infringências aos propósitos constitucionais:

a) eliminaria o poder constitucionalmente outorgado tanto à Câmara, quanto ao Senado, de poderem, isoladamente, cada qual com sua desaprovação, impedir o surgimento de lei que lhes parecesse inoportuna, mesmo quando havida como oportuna pela outra casa;

b) amesquinharia, pelas razões mencionadas, o peso que os votos dos senadores deveria ter na produção legislativa, por diluir a significação que nela lhes corresponderia. Com isto, por via

---

[122] BANDEIRA DE MELLO, Celso Antônio. *Curso de direito administrativo*. 10. ed. São Paulo: Malheiros, 1998. p. 81. Os grifos são atuais.

de consequência, estaria também enfraquecida a compostura da representação dos estados no processo legislativo;
c) abriria portas à burla da norma constitucional segundo cujos termos, quando um projeto de lei for rejeitado, a "matéria" dele constante não poderá ser objeto de novo projeto na mesma sessão legislativa, salvo pela maioria absoluta dos membros de qualquer das Casas do Congresso Nacional (art. 67 da CF). Tal vedação seria contornável pelo expediente simples de aproveitar medida provisória adrede expedida com tal propósito, agregando-lhe, quando da "conversão", dispositivos inclusivos de matéria dantes integrada em projeto de lei rejeitado na sessão legislativa em curso. Quem vive no Brasil, sobretudo nos tempos que correm, sabe muito bem que tal risco não seria descurável.

9. Em suma: se fora tolerável valer-se da conversão de medida provisória para, alterando-lhe o conteúdo original, introduzir ou modificar preceitos que dela constavam, *haveria uma completa subversão do mecanismo engendrado pelos constituintes para a elaboração das leis e instaurada uma forma de ludibriar as exigências e cautelas constitucionais previstas para a introdução no sistema jurídico positivo brasileiro de regras com a força e os atributos específicos da lei.*

10. Uma última palavra deve ser dita quanto à importância da obediência às formas em direito, notadamente das que modelam os processos ou procedimentos previstos para expedição dos atos expressivos do poder estatal.

Bem o disse Yhering: "a forma é a maior inimiga do capricho e irmã gêmea da liberdade". É no *modus procedendi*, é no atendimento aos meios e condições reguladoras do comportamento dos órgãos do poder que residem as garantias dos indivíduos e grupos sociais personalizados. Sem isto, os membros do corpo social ficariam inermes ante o agigantamento dos poderes de que veio a dispor o Estado como consectário natural das necessidades da sociedade moderna.

Bartolomé Fiorini ensina que de há muito está superada a ideia de que as noções de processo e procedimento são próprias da órbita judicial. Aplicam-se a todas as funções do Estado.[123] Royo Villanova observa que todas as funções do Estado não apenas têm de aplicar o

---

[123] FIORINI, Bartolomé. *Procedimiento administrativo y recurso hierárquico*. 2. ed. Buenos Aires: Abeledo-Perrot, 1971. p. 14.

direito substancial, *mas devem fazê-lo segundo certos trâmites e formas, de maneira a que a legalidade se realize por inteiro.*[124]

A ideia, de resto simplicíssima, que está por detrás destas afirmações é a de que, tal como na esfera judicial, para produzir-se o ato próprio de cada função, não se requer apenas consonância substancial dele com a norma que lhe serve de calço, mas também com os meios de produzi-la. Com efeito, no Estado de direito, os cidadãos têm a garantia não só de que o Poder Público estará, de antemão, cifrado unicamente à busca dos fins estabelecidos, *mas também de que tais fins só poderão ser perseguidos pelos modos adrede estabelecidos para tanto.*

11. Em suma: a proteção dos indivíduos também resulta da prefixação dos *meios, condições* e *formas* a que os órgãos do poder têm de se cingir para produzir os atos que lhes correspondem. Bem por isso, a legislação em todos os países esmera-se em clausular a ação do Estado mediante enunciação dos pressupostos condicionadores do exercício de seus poderes e em formalizar cada vez mais acentuadamente o "processo" por meio do qual se formam as decisões estatais.

Vale dizer: regula-se o *iter* formativo das medidas a serem impostas aos cidadãos. Então, como a passagem do poder em abstrato (competência) para sua expressão em concreto transita por providências intermédias, por canais e vias preestabelecidos, pode-se controlar-lhes a correção e lisura. Pode-se verificar, pois, se os exercentes de poder estatal atenderam ao que deveriam atender para chegar à regra produzida ou se, inversamente, a conduta adotada foi caprichosa, desabrida ou meramente reveladora de substituição da vontade estampada nas normas (a que deviam obediência: no caso em tela, as constitucionais) pelas próprias vontades; em uma palavra: confere-se se os eflúvios inebriantes do poder os levaram a tomar nos próprios dentes as rédeas da sociedade, ao invés de agirem como representantes dela, isto é, como sujeitos obsequiosos aos comandos que a sociedade, no ato constituinte, elaborou precisamente para contê-los dentro das pautas que reputou adequadas.

Assim, de modo algum se pode considerar irrelevante a obediência aos trâmites constitucionalmente estabelecidos para a produção dos diversos atos da alçada do Poder Legislativo, visto que ditos trâmites substanciam formas havidas como adequadas para disciplinar a conduta dos que haveriam de exercer tão potentes funções.

---

[124] ROYO VILLANOVA, Antonio. *Elementos de derecho administrativo.* 25. ed. corrigida e aumentada por Segismundo Royo Villanova. Valladolid: Santarén, 1960-1961. v. II. p. 848-849.

12. Isto posto, resulta claro e de clareza meridiana que foi inconstitucional a "suposta conversão" da Medida Provisória nº 1.724/98 na Lei nº 9.718, publicada em 28.11.1998, dado que, a pretexto de fazê-lo, trouxe substanciais alterações em relação à medida provisória em causa. Assim, para que as normas introduzidas pudessem entrar validamente em vigor *teria sido necessário que houvessem sido precedidas de regular processo legislativo, tal como previsto na Constituição do país e nos regimentos internos de cada casa do Congresso*. Logo, suas imposições são nulas, eivadas de gravíssima nulidade, pois escusa dizer que falece ao Congresso competência para inventar um meio, não previsto na Lei Magna, de introduzir regras capazes de costear as cautelas que nela foram previstas para fazer ingressar no universo jurídico leis, propriamente ditas.

13. Indaga também o Consulente se, de fora parte os problemas relativos à forma como foi produzida, a referida Lei nº 9.718, que previu a incidência da contribuição ao PIS e da Cofins sobre a totalidade das receitas, encontrava fundamento constitucional prestante no art. 195, I, da Constituição Federal, tal como vigente ele à data da edição da mencionada lei.

De acordo com o art. 195, I, nos termos em que redigido antes da Emenda Constitucional nº 20:

> A seguridade social será financiada por toda a sociedade, de forma direta e indireta, nos termos da lei, mediante recursos provenientes dos orçamentos da União, dos Estados do Distrito Federal e dos Municípios, e das seguintes contribuições sociais:
> I – dos empregadores, incidente sobre a folha de salários, o faturamento e o lucro; [...].

Já a Lei nº 9.718, ao se referir à contribuição social devida pelos empregadores, pessoas jurídicas de direito privado, dispõe:

> Art. 2º As contribuições para o PIS/PASEP e a COFINS, devidas pelas pessoas jurídicas de direito privado, serão calculadas com base no seu faturamento, observadas a legislação vigente e as alterações introduzidas por esta Lei.
> Art. 3º O faturamento a que se refere o artigo anterior corresponde à *receita bruta* da pessoa jurídica.
> §1º Entende-se por receita bruta *a totalidade das receitas auferidas pela pessoa jurídica*, sendo irrelevantes o tipo de atividade por ela exercida e a classificação contábil adotada para as receitas.

Nota-se, já a um primeiro súbito de vista, que o disciplinado pela lei está em desacordo com o previsto na Constituição.

Curiosamente, para desatender à Lei Magna e fingir – mesmo grotescamente – que a estava atendendo, foi adotado um expediente grosseiro e pueril, até mesmo desdenhoso da capacidade de intelecção alheia.

14. É que o art. 2º repete a previsão constitucional, estabelecendo, em consonância com sua dicção, que a base de cálculo do imposto é o faturamento. Aí a "proclamação" de obséquio ao ditame constitucional.

Entretanto, o art. 3º, desdiz o art. 2º, mediante o recurso, malicioso pelo intento, mas ingênuo pelo primarismo, de propor um "conceito próprio de faturamento", por força do qual atribui a tal palavra um préstimo, uma extensão, um conteúdo, fabricado *ad hoc*, ao gosto de seus prolatores e manifestamente descoincidente com o significado corrente e jurídico de "faturamento".

Com efeito, faturamento é o produto dos atos de "faturar". *Só se deve e, aliás, só se pode faturar as vendas de mercadorias ou serviços*. Uma empresa não tem, nem que queira, como faturar, *exempli gratia*, as receitas que aufira em consequência de suas aplicações financeiras. Sem embargo, o art. 3º qualificou como faturamento algo absolutamente distinto do faturável, pois fez equivaler a faturamento a "receita bruta da pessoa jurídica", caracterizando-a como a "totalidade das receitas".

Ora, faturamento e receita bruta são noções radicalmente distintas, não apenas *quantitativa*, mas *qualitativamente*.

Com efeito, de um lado, o que uma empresa vai auferir ou aufere com as vendas de mercadorias ou prestações de serviço que "fature" (ou que, de todo modo, estaria obrigada a faturar) será sempre menor do que aquilo que aufere ou que pode auferir com o produto de outras receitas licitamente produzíveis fora de sua atividade-fim. É evidente, pois, que receita, maiormente "receita bruta", "totalidade das receitas", é algo de montante superior ou possivelmente superior a "faturamento".

De outro lado, as noções de "faturamento" e 'receita" remetem-se a objetos de natureza lógica e juridicamente distintas. É dizer: suas diferenças não advêm apenas da diversidade de quantitativos a que se reportam, mas resulta também do fato de que se referem a objetos de identidades lógicas e jurídicas reciprocamente irredutíveis, porquanto a noção de receita conota ingressos cuja caracterização, como tal, *independe do fato de provirem de faturamentos*. Logo, não está atrelada a esta categoria; independe dela para existir. Deveras, *não podendo ser objeto de faturamento* ingressos provenientes de atos jurídicos alheios à venda de mercadorias e à prestação de serviços, mas que, à toda evidência, são qualificáveis como receitas, disto resulta que faturamento e receita são conceitos que abrigam objetos mentados de *natureza e qualidade diversas*.

15. Ao lume destas observações, ressalta à evidência que o legislador abusou da própria competência de modo flagrante, teratológico, com surpreendente ousadia, ao subverter por inteiro a noção de faturamento e atribuir-lhe um significado completamente estranho ao que como tal se poderia entender.

Assim, se a Constituição estabelece que o "faturamento" é a base de cálculo da contribuição do empregador para o PIS/Pasep e para o Cofins, é óbvio que o legislador não pode modificar tal base de cálculo, desvirtuá-la e alargá-la segundo melhor lhe convenha, maiormente porque, como se sabe, a base de cálculo é fundamental na confirmação da identificação do tributo.

Agregue-se que se ao legislador fosse dado irrogar às palavras da Constituição o sentido que bem lhe aprouvesse, redefinindo-as ao próprio talante, evidentemente tudo o que da Lei Magna constasse seria inútil, pois a significação de suas disposições não mais residiria nela, mas na legislatura ordinária. É dizer: nenhuma das regras que produziu para reger o Estado, para garantir o cidadão, surtiria qualquer efeito. Seria o mesmo que nada.

O texto básico do país converter-se-ia em uma burla monumental, pois seu conteúdo, seus preceitos, seus mandamentos, suas restrições, não ofereceriam, a quem quer que seja, a ordem, a disciplina, a segurança, a defesa, a proteção, a garantia, em função das quais foram produzidos e que se constituem na sua própria razão de existir. Ao invés de os legisladores estarem cingidos pelas normas constitucionais, seriam eles próprios os definidores de seus âmbitos de liberdade legiferante, a qual não mais encontraria outras peias senão as que decorressem de suas vontades tão ilimitadas e tão incontendíveis quanto as que correspondem às do poder constituinte originário.

Por isto, de outra feita, após anotar que desassiste à lei o poder de conferir às expressões constitucionais conotação ou denotação transbordantes do sentido admissível na intelecção normal das palavras, apostilamos:

> 3.- Com efeito, se fora negada procedência às assertivas em apreço, chegarseia à absurda conclusão de que os preceptivos constitucionais tem valência nula; isto é, que não se prestam a cumprir sua única e

específica função: demarcar, na qualidade de regras superiores, o campo de liberdade do legislador, assim como de todos os regramentos, atos e intelecções sucessivos. Deveras, se o legislador ou o aplicador da regra pudessem delinear, a seu talante, o campo de restrições a que estão submetidos, através da redefinição das palavras constitucionais, assumiriam, dessarte, a função de constituintes.

As leis não mais teriam que ser editadas em função do limite de liberdade outorgado pela Constituição, pois elas mesmas gizariam a própria liberdade, mediante o procedimento óbvio de "construir" a amplitude, o conteúdo e o alcance dos dispositivos da Lei Maior (que deixaria de sêlo). As leis não mais teriam que ser lidas em função da Constituição, mas esta é que teria que ser lida em função das leis. As leis converterseiam em regras supremas e os preceitos constitucionais em "pseudo" normas, meros adornos do sistema jurídico, palavras "ocas", é dizer, nãopalavras.

4. Regras jurídicas expressamse em palavras. Palavra é um signo, o que quer dizer significante: que abriga o significado. Quando não há um significado, não há significante e portanto não há signo; logo, não há palavra. A menos que se queira abraçar o absurdo, o 'happening", como critério de análise jurídica, temse que admitir que as palavras, vazadas na Carta do Pais, são efetivamente palavras e por isso contêm um significado cognoscível, o qual serve de inadversável limite para o legislador e para o intérprete. Assim, salvo disparatando, é forçoso concluir que as expressões constitucionais tem um conteúdo, isto é, abrigam conceitos que não podem ser manipulados pelo legislador ou pelo intérprete, a seus gostos.[125]

16. Dessarte, ante as considerações feitas, não há senão concluir que a Lei nº 9.718, de 27.11.1998, publicada aos 28 do mesmo mês, não encontrava bom fundamento de validade no art. 195, I, da Constituição do país, tal como estava redigido antes da superveniência da Emenda Constitucional nº 20, publicada aos 16.12.1998, de tal sorte que a sobredita lei, ao nascer, padeceu do vício de *inconstitucionalidade material*, afora o já dantes apontado vício de *inconstitucionalidade formal*.

17. Indaga também o Consulente se, faltando à Lei nº 9.718 fundamento prestante no art. 195, I, poder-se-ia entender, então, que criou nova fonte de custeio da Seguridade Social, caso em que seria obrigatória lei complementar (195, §4º).

De fato, o art. 195, §4º, da Constituição Federal estabelece que: "A Lei poderá instituir outras fontes destinadas a garantir a manutenção ou expansão da seguridade social, obedecido o disposto no art. 154, I".

---

[125] BANDEIRA DE MELLO, Celso Antônio. *Revista de Direito Tributário*, n. 23-24, jan./jun. 1983. p. 92.

De seu turno, o art. 154, I, dispõe que: "A Lei poderá instituir: I – mediante lei complementar, impostos não previstos no artigo anterior, desde que não sejam cumulativos nem tenham fato gerador ou base de cálculo próprios dos discriminados nesta Constituição".

Ora, consoante visto, o tributo contemplado na Lei nº 9.718 não poderia validamente radicar-se no art. 195, I.

Donde, só poderia enquadrar-se nas "outras fontes de custeio", a teor do art. 154, I. Neste caso, então, sua instituição, como nele previsto, dependeria de lei complementar. Uma vez que dita lei não é lei complementar, a imposição tributária nela contemplada, já agora por não haver resultado de lei complementar, apresentar-se-ia também como flagrantemente inconstitucional.

18. Indaga mais, o Consulente, se a sobrevinda da Emenda nº 20, de 15.12.1998, publicada aos 16 de dezembro, "constitucionalizou" a mencionada Lei nº 9.718, vez que tal emenda modificou o disposto no art. 195, I, da Constituição, inciso este que foi dividido em duas letras, sendo que a letra "b" se refere a "faturamento *ou receita*", alargando nisto, pois, a base de cálculo dos tributos em questão.

O questionado, portanto, envolve o seguinte tema de alta indagação teórica: disposição legal que viola materialmente as normas de uma Constituição será recepcionada ou convalidada por *emenda constitucional*, caso seu regramento seja compatível com as disposições novas estabelecidas pela emenda?

19. De passagem, anote-se que o indagado não é sobre a compatibilidade de norma originariamente inconstitucional com *nova Constituição*, mas com *emenda constitucional*.

Registre-se, de saída, que ambas *são questões visceralmente distintas*, pois nova Constituição significa ruptura com a Constituição precedente, já que a nova não encontra seu fundamento de validade na anterior, não se reporta, de direito, a ela, *prescinde radicalmente daquela que a precedeu* e a *submerge por inteiro*.

Diversamente, uma emenda constitucional, modifica, mas não rompe com a Constituição anterior, não perime a Lei Magna antecedente. Precisamente o inverso: continua com a anterior Constituição, *encontra nela seu fundamento de validade, a ela se reporta e nela se integra, não afetando a persistência da ordem jurídica de que faz parte*. Dessarte, reponta um laço incindível entre a emenda e a Constituição emendada, do que resulta uma solidariedade jurídica entre os termos antigos e os novos *de um só e mesmo* documento fundamental.

Tratando-se, pois, como visto, de questões distintas, para o desate do indagado é desnecessário considerar aquela que não está em pauta no caso vertente. Basta cifrar-nos à que corresponde ao tema específico proposto. Isto, contudo, não nos exime de tecer algumas considerações relativas à sobrevinda de Constituições novas e seus efeitos.

20. Uma vez que uma Constituição é a inauguração de um sistema sem conexões *jurídicas* com aquele que o antecedeu, perempto o sistema anterior, tudo que a este pertencia, que nele se estribava e dele derivava, em princípio, teria que desaparecer. Donde, todas as normas infraconstitucionais precedentes, em tese, deveriam desaparecer, porque sua relação de pertinência, sua referibilidade – em uma palavra: o suporte que lhes infundia e proporcionava existência jurídica – deixou de existir com a sobrevinda de *nova Constituição*.

Sem embargo, sabe-se que, mesmo perante a sobrevinda de uma *nova Constituição*, as normas infraconstitucionais preexistentes nem por isto perimem. E considera-se que não perimem mesmo quando a Constituição posterior se omite em ressalvá-las, isto é, mesmo quando deixa de oferecer-lhes explicitamente seu suporte de validade, declarando-as acolhidas.

A razão deste entendimento é puramente prática. É o imperativo de mantê-las vivas para superar a dificuldade gigantesca de ter que começar a legislar da estaca zero. Daí a interpretação corrente, absolutamente generalizada, segundo a qual a Constituição nova, implicitamente, "recepciona" regras anteriores a ela e com ela compatíveis, as quais passam a se fundamentar no sistema novo, sendo certo que as incompatíveis perimem *ipso jure*. Registre-se, de passo, que não se está aqui a cogitar da questão paralela de saber-se qual o destino das leis que nasceram defeituosamente *em face da Constituição anterior*, isto é, que padeciam de invalidade (ou seja, eram inconstitucionais), mas que são compatíveis com a *nova Constituição*, pois este não é o tema objeto da Consulta.

Do quanto foi dito já se verifica que a persistência de normas infraconstitucionais anteriores à nova Constituição *não é uma implicação lógica, ou seja, não é derivada da aplicação de um raciocínio abstrato que reclamasse tal conclusão. Pelo contrário, o raciocínio abstrato conduziria à conclusão oposta*. É a necessidade concreta – e o direito é concebido em função de necessidades práticas e operativas – que leva ao expediente de haver como "recepcionadas" normas preexistentes.

21. *Já na hipótese de emenda constitucional, o fenômeno é outro*, pois o sistema não está rompido, a Constituição continua em vigor e, portanto,

persiste sendo a fonte de validade de quaisquer normas. Assim, *em face de emendas não há sequer porque propor o tema da continuidade das normas anteriores, isto é, o tema da "recepção"* visto que não compareçem as razões que infirmariam as leis precedentes. Em suma: elas não teriam porque ser "recepcionadas", pois no sistema estavam e nele continuam.

Frisa-se tal ponto para exibir que a questão suscitada na Consulta concerne a um tópico desligado do tema da pertinência de uma norma a um dado sistema e sua "recepção" em outro. O que entra em pauta não é, pois, a questão da prorrogação da "existência" de uma norma (por via de "recepção"), *mas exclusivamente o tema da validade dela,* já que, embora incompatível com *dicções constitucionais precedentes,* apresenta-se, entretanto, como compatível com as dicções novas introduzidas pela emenda.

Assim, o assunto cogitável é outro, completamente distinto daquele até o presente referido. É o de saber-se se, em tal caso, as disposições da emenda trazem consigo (ou não) o efeito de *vir a ofertar um "suporte de validade", a posteriori,* para leis originariamente inconstitucionais, vale dizer, para leis que surgiram em descompasso com o texto anterior, o alterado.

O fenômeno, como se vê, também não é (ou ao menos não necessariamente o seria) o da "convalidação", pois esta tem sempre efeitos retroativos.

22. Ora, enquanto não completada a discussão sobre a superveniência de fundamento de validade para regra que dela presumidamente dantes carecia e firmada uma conclusão sobre seus efeitos, mantém-se irresoluto um problema que, em tese, comportaria as seguintes quatro alternativas de resposta:

   a) uma regra que não foi, no passado, oficialmente reconhecida – e pelos meios próprios – como inconstitucional, é *existente e válida desde o início, pois sua invalidade* dependeria de haver sido *constituída* no pretérito; logo, se antes os termos da emenda nada se lhe pode censurar, seria um sem-sentido pretender recusar-lhe, no presente, uma validade que nunca deixou de ter;

   b) a regra acoimada de originariamente inconstitucional, *ainda que efetivamente o fosse,* se compatível com a emenda, fica *retroativamente validada,* porque passou a estar de acordo com a Constituição e não se pode considerar inconstitucional aquilo que, no presente, se encontra afinado com ela;

c) a regra originariamente inconstitucional, se compatível com a emenda, dela receberá um fundamento de *validade a posteriori*, entretanto, *só oferecerá esteio para seus efeitos a partir da própria emenda*, seja pelo simples princípio da irretroatividade, seja porque, a ser de outro modo, franquear-se-ia a *burla ao próprio sistema*, efetuável mediante produção de leis inconstitucionais em antecipação a emendas futuras ou, dito pelo inverso, bloquear-se-ia o reconhecimento de inconstitucionalidades graças ao expediente de produzir emenda sucessiva, o que representaria uma fragilização do sistema;
d) a regra originariamente inconstitucional *continua a padecer de inconstitucionalidade*, pois a lisura de um ato – *pertencente a um mesmo sistema constitucional* –, pelo necessário respeito à sua integridade absoluta, deve ser sempre apreciada ao lume das normas do tempo em que foi produzida. Se assim não fosse, tal como observado no item anterior, estar-se-ia reconhecendo que o sistema assume, admite e conforta, de antemão, a validação de burlas a si próprio, o que seria ilógico e inadmissível; donde, reconhecer validação *a posteriori* – mesmo que não retroativa – seria contemporizar com tal desrespeito.

23. A primeira das alternativas é a que demanda, para sua análise, maiores detenças, pois sua sustentação depende de conceitos objeto de funda controvérsia doutrinária. Envolve a definição de posições sobre os temas da "existência" e da "validade" de uma norma e traz consigo a concepção de que ambas se reduzem a uma coisa só, motivo pelo qual à invalidação se atribui natureza "constitutiva" – e não declaratória.

Ou seja: entende que, enquanto uma norma não for expulsa do sistema pelos meios previstos, ela é, só por isto, *válida*. Logo, descaberia considerar inconstitucional determinada regra que esteja dentro do sistema, ficando, pois, liminarmente excluída a hipótese de pretender negar-lhe a admissibilidade.

Verifica-se, então, que seu exame obriga a tecer considerações quer sobre o tema da "existência" (ou "pertinência" de uma norma a dado sistema), quer sobre o da "validade". Implica tomar posição quanto a serem ou não coisas distintas, sendo este o ponto de partida para sopesar a procedência ou improcedência desta alternativa exegética ante o problema das possíveis consequências de compatibilidade de uma dada norma com emenda constitucional superveniente.

24. O entendimento segundo o qual um ato é "válido" enquanto não for expelido do sistema, pois validade e existência são uma coisa só, atrela-se ao pensamento de Kelsen, segundo o qual: "Com a palavra «validade (Geltung)» designamos o modo de existência específico das normas"[126] ou ainda: "Esta validade de uma norma é a sua específica existência ideal. O fato de que uma norma «seja válida» significa que existe. Uma norma que não «seja válida» não é uma norma, por não ser uma norma que existe".[127]

Daí sua conclusão de que falar-se em lei inconstitucional – antes que órgão autorizado para expelir a lei assim o decida – é um sem-sentido, pois a declaração de inconstitucionalidade é sempre *constitutiva*.

Esta intelecção, que no passado nos pareceu verdadeira, ainda que jamais a houvéssemos sufragado por escrito, conquanto a tenhamos expendido verbalmente muitas vezes – e que, em rigor, se encontrava em aberta contradição com outros tópicos de nosso pensamento expressado em diversas obras[128] (não há senão confessá-lo) –, é incorreta e inaceitável.

Com efeito, *para que se possa predicar validade ou invalidade de uma norma encartada em dado direito positivo, cumpre antes, lógica e juridicamente, que tal norma exista naquele sistema.*

25. Os dois tópicos não podem ser confundidos porque o tema da existência de um ato, de uma norma, diz com sua referibilidade a um dado sistema normativo, concerne a sua "pertinência" ao sistema no qual se encarta ou se propõe a encartar-se. Uma lei pertence ao direito positivo brasileiro (ou inglês, ou francês ou espanhol), porque "promana" daquele sistema jurídico. Ou seja: é lei brasileira (e não inglesa, francesa ou espanhola) porque se "radica" no sistema jurídico positivo brasileiro.

Este "promanar", este "radicar-se", significa que a lei foi produzida *com fundamento naquele sistema*, o que equivale a dizer, com

---

[126] KELSEN, Hans. *Théorie pure du droit*. Tradução francesa da 2. ed. de Charles Einsenmann. Paris: Dalloz, 1962. p. 13.

[127] KELSEN, Hans. *Teoria generale delle norme*. Tradução italiana de Mirella Torre e Mario Losano. Torino: Giulio Eunaudi, 1985. p. 54.

[128] Assim, de há muito distinguimos explicitamente existência de validade. Cf. notadamente, BANDEIRA DE MELLO, Celso Antônio. *Curso de direito administrativo*. 4. ed. São Paulo: Malheiros, 1993. p. 177: "Sem os elementos não há ato jurídico algum (administrativo ou não). Sem os pressupostos não há ato administrativo formado de maneira válida". Mais tarde, em edições posteriores procuramos aperfeiçoar o tratamento do tema dos elementos e pressupostos do ato, distinguindo, a partir da 8ª edição (1996), os pressupostos de existência do ato de seus pressupostos de validade (p. 220 e segs.).

fundamento (bom ou mau, procedentemente sustentável ou não) na Constituição do país, por ser ela que unifica e dá *identidade* ao sistema. Ela é que serve de escoro, fonte de pertinência da norma ao sistema em questão. É sua referibilidade *original* àquele sistema o que faz uma lei (e assim também qualquer outro ato), ser ou não uma lei brasileira (ou inglesa, francesa ou espanhola).

É certo que enquanto não for expelida do sistema pelos meios previstos como idôneos para tanto, a norma nele permanecerá e produzirá seus efeitos, *o que, todavia, não significa que possua atributos de validade*. Pode ter nascido em descompasso com norma superior, contradizendo formal ou materialmente preceitos que teria de respeitar. Estará vigorante, será eficaz – se não pender de algum termo inicial – mas nem por isto ter-se-á de concluir que é válida.

Em suma: a existência de uma norma, sua pertinência a um sistema jurídico, nada predica quanto à sua validade ou invalidade.

26. Tratando do ato administrativo – mas o conceito expendido vale para qualquer ato jurídico, geral e abstrato, como as leis soem ser ou concreto e específico como em sua maioria o são os administrativos – depois de separar a "existência" do ato, isto é sua "perfeição" da validade, expendemos nosso entendimento ao respeito da validade, nos seguintes termos:

> O ato administrativo é válido quando foi expedido em absoluta conformidade com as exigências do sistema normativo. Vale dizer, quando se encontra adequado aos requisitos estabelecidos pela ordem jurídica. *Validade, por isto, é a adequação do ato às exigências normativas.*[129]

Invalidade, pois, é a antítese da validade. Ato inválido é o que foi expedido em descompasso com as exigências do sistema normativo. É o que contraria os requisitos por ele estabelecidos. É o inadequado às exigências a que teria de se submeter, quer formal, quer materialmente. Quando o ato é inválido, em face da lei, diz-se que é ilegal; quando inválido, em face da Constituição, diz-se que é inconstitucional. Assim, lei produzida em desacordo com os ditames da Constituição é norma inconstitucional, ou seja, norma que nela não encontra bom fundamento para suster-se.

---

[129] BANDEIRA DE MELLO, Celso Antônio. *Curso de direito administrativo*. 8. ed. São Paulo: Malheiros, 1996. p. 233, nº 13. Os grifos são atuais.

27. Em todos os sistemas jurídicos existem normas que regulam a admissão e normas que regulam a expulsão de normas. Uma norma referida a dado sistema, isto é, que haja sido por ele produzida, que com ele guarde a "relação genética de pertinência", é uma norma *existente* e nele permanecerá enquanto não for expulsa pelas formas de expulsão ali contempladas. A invalidação, ora chamada de anulação ora de nulidade, tanto como a revogação, são formas previstas de expulsão. A invalidação – e assim, pois, *a invalidação por inconstitucionalidade* – é, portanto, uma forma de expelir norma descompassada com a Constituição.

Verifica-se, então, que validade é coisa diversa de existência ou pertinência atual de uma norma a um certo sistema. Com efeito, um ato inválido, só por sê-lo, não é um ato inexistente. Portanto, uma lei inconstitucional, só por sê-lo, não é uma lei inexistente. Enquanto não for expulsa do sistema, nele persistirá. De outro lado, um ato existente, só por sê-lo, não é um ato válido. Do mesmo modo, uma lei que viola a Constituição não será válida, não será constitucional, pelo só fato de existir, isto é, pelo fato de não haver sido expulsa do sistema.

O ato de invalidar (o ato de declarar diretamente ou de reconhecer, *incidenter tantum*, a inconstitucionalidade de uma lei) pressupõe, de logo, que se esteja perante uma norma integrante do sistema e pressupõe, outrossim, não apenas logicamente (como dantes, aliás, equivocadamente supúnhamos), mas também juridicamente, que o ato dessarte atacado seja *inválido*.

Ou seja, tal exigência é inafastável do ponto de vista lógico – já que invalidar depende de um juízo recognitivo da invalidade, logo, de um *status* lógico que preexistia à invalidação – e é igualmente inafastável *do ponto de vista jurídico* porque o órgão que procederá à invalidação *não teria outro título jurídico para fazê-lo senão o de que se trata de um ato inválido*.

Quer-se dizer: o juiz – tomemo-lo como paradigma – não está, de direito, qualificado para invalidar senão quando o ato careça de validade. Nada importa que tal juízo tenha de ser feito por ele mesmo, pois, de qualquer modo, sua pronúncia neste sentido está, *pelo próprio direito, previamente atrelada* à *condição jurídica da invalidade do ato* (lei ou qualquer outro). Deveras, a questão relativa a quem procede ao ato de reconhecimento da invalidade é questão distinta da *exigência jurídica de prévia invalidade*, para que possa ser pronunciada.

28. Ao nosso ver, a demonstração mais cabal e irretorquível de que existência, pertinência de uma norma a dado sistema e validade são noções absolutamente inconfundíveis *tem-se no fato de que, no exame da inconstitucionalidade incidenter tantum, o juiz não aplica uma norma jurídica*

por considerá-la inconstitucional, ou seja, "carente de validade", "inválida", mas nem por isto a expulsa do sistema (falece-lhe atribuição para fazê-lo), o que só ocorre na ação direta de inconstitucionalidade.

A norma em questão *continuará a existir* dentro do sistema, mas sua validade terá sido questionada como algo autônomo em relação à existência e proclamada como suficiente para impedir sua aplicação ao caso concreto.

Vale dizer: o juiz assume que a invalidade de uma norma é coisa diversa de sua existência ou pertinência ao sistema. Para, *incidenter tantum* desaplicar uma regra que houve por inconstitucional, o pronunciamento judicial *restringe-se ao tema da validade da lei perante a Constituição*. É o quanto bastaria para ter-se que rejeitar a tese kelseniana de que "validade é a forma específica de existência de uma norma jurídica". Não é. Deveras, como visto, *nega-se validade a ela, por ser este o único fundamento para desaplicá-la no caso concreto*, mas não se nega, nem se interfere com sua existência.

29. Quem explica com percuciência e clareza o equívoco de Kelsen é o ilustre jurista pernambucano Marcelo Neves. Vale, portanto, transcrever trechos de suas lições a este propósito:

> A teoria pura do Direito, definindo a validade como a existência específica de uma norma jurídica, confundiu os conceitos de pertinência e validade, enquanto conformidade à «norma fundamental» do sistema jurídico. Também Hart, considerando o Direito do ponto de vista interno, confundiu expressamente estes dois conceitos, no sentido de que só pertenceriam ao sistema (seriam válidas) as normas («regras») que satisfizessem a todos os requisitos estabelecidos na regra de reconhecimento.
>
> Contudo, o ordenamento jurídico, por constituir espécie de sistema normativo dinâmico, tolera a incorporação de normas jurídicas, que permanecerão no sistema enquanto não houver produção de ato jurídico ou norma jurídica destinada a expulsá-las, isto é, até que se manifeste o órgão competente desconstituindo-as. Portanto, *ao passo que nos sistemas normativos estáticos, onde as normas são explicitadas mediante processos de derivação lógico-dedutiva desenvolvidos a partir de uma norma básica, a pertinência da norma implica sua validade e vice-versa, os sistemas jurídicos construídos e desenvolvidos através dos processos políticos e técnicos de produção-aplicação normativa, caracterizam-se por uma nítida distinção entre pertinência e validade das normas.*
>
> Aqui, há analogia com a distinção de Pontes de Miranda entre existência e validade dos atos jurídicos, também aplicadas às normas jurídicas. A «existência» de um ato ou norma jurídica, segundo Pontes de Miranda, constitui-se por sua entrada no «mundo jurídico». Quando o ato jurídico

entra defeituosamente no «mundo jurídico», há «existência» sem validade. Portanto, distinguem-se os planos da existência e da validade. Os atos e normas jurídicas são válidos quando produzidos regularmente pelos agentes do sistema (órgãos em sentido estrito ou particulares). A invalidade resulta da integração ao «mundo jurídico» de atos e normas produzidos defeituosamente pelos agentes do sistema.[130]

E poucas páginas além:

> O fato de pertencerem ao sistema jurídico normas inválidas confirma o que sustentamos anteriormente: no ordenamento jurídico, ao contrário do que ocorre nos sistemas nomológicos e nos sistemas normativos estáticos, a hierarquia das proposições não e absoluta, perfeita [...] A explicação semiótica desta situação – pertinência ao ordenamento jurídico de normas inválidas – encontra-se nas características semânticas e pragmáticas do discurso jurídico. A plurivocidade significativa da linguagem jurídica (problema semântico), utilizada pelos diversos órgãos que exercem o poder e também pelos destinatários do poder (problema pragmático), implica a exigência prática de que a norma permaneça no sistema enquanto não seja desconstituída por órgão competente, caracterizando-se a presunção *juris tantum* de validade das normas emanadas de órgãos do sistema [...].[131]

Cabe, aqui, apenas, a seguinte anotação: a norma permanecerá no sistema enquanto não *desconstituída sua existência*, isto é, sua pertinência ao sistema – o que é absolutamente verdadeiro – mas poderá, sobre o fundamento de que é inválida, ser desaplicada pelo juiz no exame de constitucionalidade *incidenter tantum*, como já se disse, *nisto se confirmando e comprovando inadversavelmente a distinção jurídica entre existência e validade*.

30. Verificada, então, a improcedência dos fundamentos teóricos que alicerçariam a primeira alternativa exegética dantes mencionada, demonstrada está a improcedência da tese segundo a qual uma regra que não foi, no passado, oficialmente reconhecida – e pelos meios próprios – como inconstitucional é existente e *válida desde o início*.

Logo, nela jamais se poderia encontrar suporte prestante para o entendimento de que a Lei nº 9.718, de 27.11.1998, publicada aos 28 do mesmo mês, é válida, é constitucional.

---

[130] NEVES, Marcelo. *Teoria da inconstitucionalidade das leis*. São Paulo: Saraiva, 1988. p. 40-41. Grifos nossos.
[131] NEVES, Marcelo. *Teoria da inconstitucionalidade das leis*. São Paulo: Saraiva, 1988. p. 45-46.

31. Isto posto, passemos ao exame da segunda alternativa, segundo a qual dita lei, pelo simples fato da superveniência da Emenda Constitucional nº 20, com a qual é compatível, adquiriu suporte de validade retroativo, pois inconstitucionalidade se examina ante as normas presentes.

Esta posição, ao contrário da anterior, carece de estribo em bases teóricas elaboradas.

Com efeito, nada justificaria a retroatividade do suporte de validade sobrevindo, tanto mais porque, em nosso sistema, vigora explicitamente o princípio da irretroatividade das leis, *cujo fundamento lógico e jurídico (o da segurança jurídica)* tanto comparece no caso de leis quanto, por identidade de razão, no caso de emendas constitucionais, porque nenhum motivo haveria para que em face delas deixasse de vigorar.

Deveras, se se estivesse perante hipótese de *Constituição nova*, poder-se-ia entender que, pela falta de relação entre ela e a precedente, a posterior não teria razão para zelar pela lisura das regras infraconstitucionais que a precederam, assim como não teria (ou pelo menos não o teria obrigatoriamente) que evitar a retroação de seus dispositivos, *conquanto seja certo que, mesmo em tais casos, em favor da segurança jurídica, as Constituições* – salvo no que elas mesmas hajam disposto em contrário – *sempre têm sido entendidas como não retroativas*, até porque, a ser de outro modo, instaurar-se-ia o caos social.[132]

Assim, a regra, ineludivelmente, é a da não retroação, motivo porque os termos da emenda não podem retroagir para conferir validade inicial a uma lei que originalmente padecia de invalidade.

32. Quando, inversamente, se está perante emenda, está-se – consoante já foi reiteradamente dito – sempre perante a mesma Constituição. Donde, já não se poderá dizer que a ela é indiferente ou irrelevante a lisura da obediência aos seus termos anteriores, dadas as repercussões futuras disto, como ao diante se demonstra. Muito menos poder-se-á dizer que lhe é irrelevante o tema da retroação, pela instabilização que provocaria naquele mesmo sistema que persiste em vigor, pois as normas da emenda são intrassistemáticas, e as infraconstitucionais obviamente também o são, quer sejam anteriores,

---

[132] Registre-se que a referência feita é à "irretroatividade" e não ao "direito adquirido", o qual propõe problema diverso: o da ultra-atividade da norma antiga. Pela teoria do direito adquirido, o que se protege são certos direitos nascidos no passado que transitam no presente e se projetam para o futuro, pretendendo-se involucrá-los com o manto protetor da norma antiga; ou seja, quer-se que continuem regidos pelos termos dela.

quer sejam posteriores à emenda. Segue-se que sua lisura, sua validade original, não é estranha àquela mesma Constituição, conquanto emendada.

De outra parte, se, como assinalado, o princípio, a regra, é a irretroação, mesmo no caso de Constituição nova, *maiormente o será no caso de simples emenda*, motivo pelo qual, a admitir-se que sua superveniência ofereceria suporte de validade para lei originariamente inconstitucional, por certo tal suporte *não poderia senão conferir-lhe efeitos a partir da emenda* (tal como admitido naquela que seria, consoante indicado, uma terceira alternativa exegética).

Assim, por estas razões, de fora parte as que serão apresentadas em seguida, deve ser rejeitada radicalmente a interpretação segundo a qual, com a sobrevinda de emenda constitucional, adquire retroativa validade a lei anterior que com ela se compadece, mas que brigava com o texto precedente.

Logo, seria inaceitável o entendimento de que a Lei nº 9.718, de 27.11.1998, publicada aos 28 do mesmo mês, ficou retroativamente "constitucionalizada" pela Emenda Constitucional nº 20, de 15.12.1998, publicada no dia sucessivo.

33. Conforme a terceira alternativa exegética, o entendimento correto é a outorga de validade à lei originariamente inconstitucional consonante com a emenda sucessiva, porém tais efeitos só se poderiam contar dali por diante. Ou seja: não se lhes poderia reconhecer validade desde o passado, tanto porque isto implicaria atribuir força retroativa à emenda, quanto porque, se isto fosse tolerável, franquear-se-ia a *burla ao próprio sistema, efetuável mediante produção de leis inconstitucionais em antecipação a emendas futuras ou, dito pelo inverso, bloquear-se-ia o reconhecimento de inconstitucionalidades, graças ao expediente de produzir emenda sucessiva, o que representaria uma fragilização do sistema.*

Trata-se de argumento fortíssimo e que demonstra a repercussão negativa (não apenas no presente, mas também para o futuro do próprio sistema) implicada na tese da validação retroativa de norma inconstitucional.

De fato, é impossível acolher-se um critério exegético por força do qual se irroga ao ordenamento jurídico a assunção da ideia de que *compactua com burlas que lhe hajam sido feitas e de que compactuará com as que lhe venham a ser feitas* e que *validará comportamentos produzidos em desacordo com seus ditames*. Ou seja, isto corresponderia a atribuir ao ordenamento a proclamação de que, desde que sejam praticadas tais burlas, outorgar-lhes-á seu aval (e, ademais, irrestrito, segundo aqueles que lhe atribuem validação retroativa).

34. Em relação a um contrassenso desta ordem, assim se pronunciaram dois exímios constitucionalistas de máxima suposição, Canotilho e Vital Moreira:

> Pode suceder, como se viu, que uma norma vigente tenha sido inconstitucional no passado, tendo deixado de o ser a partir de certo momento, por efeito da revisão constitucional (ver infra cap. VII, 4.2.).
>
> Esta inconstitucionalidade pretérita não perde relevância em relação ao período em que se verificou, sendo-lhe aplicáveis os mecanismos do sistema de fiscalização da constitucionalidade, incluindo a declaração de inconstitucionalidade com fôrça obrigatória geral com referência ao período em causa. Diferente é o caso das normas que tenham sido inconstitucionais à face de normas constitucionais anteriores à CRP (abreviatura, esclareça-se, de Constituição da República Portuguesa) e tenham deixado de o ser à face desta. Por princípio, o sistema de fiscalização da constitucionalidade não pode servir para fiscalizar senão o cumprimento da Constituição vigente, *ainda que em versão anterior*.[133]

(Grifos nossos)

Mais além, no capítulo VII, item 4.2, referido na citação acima, os autores fazem o seguinte importantíssimo comentário:

> Também no que respeita ao direito ordinário anterior inconstitucional à face da Constituição antes da revisão, não deverá considerar-se como retroactivamente convalidado, só por deixar de ser contrário à Constituição após a revisão. Desde logo, por uma razão prática: a admitir-se essa solução, estaria aberta a porta para «revisões» antecipadas por via de lei ordinária, feitas «à conta» de futura revisão constitucional; por outro lado, a razão invocada para convalidar o direito ordinário anterior à Constituição – designadamente a de que os órgãos de fiscalização da constitucionalidade não podem ser guardiões de uma ordem constitucional perimida – não colhe aqui, pois a ordem constitucional continua a ser a mesma, embora parcialmente alterada. Portanto, a «convalidação» não poderá retroagir ao tempo anterior ao da lei de revisão e só tem sentido em relação à inconstitucionalidade material, não em relação à inconstitucionalidade formal ou orgânica, pois estes tipos dizem respeito à formação do acto normativo, não podendo ser sanados a posteriori.[134]

---

[133] CANOTILHO, J. J. Gomes; MOREIRA, Vital. *Fundamentos da Constituição*. Coimbra: Coimbra Editora, 1991. p. 269.

[134] CANOTILHO, J. J. Gomes; MOREIRA, Vital. *Fundamentos da Constituição*. Coimbra: Coimbra Editora, 1991. p. 297.

35. Agregue-se a isto, desde logo, a observação de que a razão impediente do efeito retroativo *não é apenas prática*, como apontaram os autores. É *também teórica*, conforme dantes procuramos demonstrar. Acolhê-la implicaria – repise-se – atribuir ao ordenamento a contradição essencial de justificar, e por antecipação, burlas a si próprio, isto é, *fraudes* à *Constituição*, dando-lhe previamente seu apoio.

Por isto mesmo, dita razão, em seu aspecto prático, mas muito mais em seu *aspecto teórico*, inibe não apenas a retroação, *mas também a própria validação da norma originariamente inconstitucional* que seja consonante com o teor da emenda superveniente.

Eis porque não é de acolher esta que indicamos como terceira alternativa exegética. Incorre no ilogismo (ademais de incorrer na inconveniência) de pressupor que o ordenamento constitucional compactua com sua própria violação, postergando a evidência de que o primeiro objetivo, a própria razão de existir de um ordenamento jurídico, é ser respeitado. Não o de ser fraudado e, ademais, com a garantia prévia de que avalizará a burla que lhe seja feita. Dessarte, não pode ser aceito o entendimento de que emenda constitucional confere validade, mesmo que não retroativamente, a inconstitucionalidades originárias.

Assim, é inadmissível supor que a Lei nº 9.718, de 27.11.1998, publicada aos 28 do mesmo mês, ficou "constitucionalizada" pela Emenda Constitucional nº 20, mesmo com o reparo de que tal constitucionalização só operará a partir de sua superveniência.

36. Deveras, se, ante os termos de uma dada Constituição, certa norma não pode ser produzida, porque confrontaria a Lei Magna, é direito, é garantia, dos administrados serem liberados dos gravames que tal norma lhes causaria, mediante exibição, na esfera própria, de sua inconstitucionalidade. Mas, se for reconhecido ao próprio autor da inconstitucionalidade, ao próprio violador do direito, ou seja, aquele mesmo que arremeteu contra tais garantias, o poder de eficazmente fraudar, *com o aval do ordenamento jurídico*, a proteção que derivava do sobredito ordenamento, ter-se-á proclamado com isto a inanidade de tal proteção, a imoralidade como regra de conduta do Poder Público, a astúcia cavilosa como padrão do direito e a vileza perante a sociedade como princípio ético do Estado.

Cumpre não esquecer que as Constituições, que o próprio Estado de direito, se constituem em um projeto de contenção do exercício do poder, em prol das liberdades e garantias do cidadão. É, pois, cabal contrassenso interpretar problemas jurídicos surdidos na intimidade deste entorno, dando-lhes solução que avalize conceitos inversos aos que inspiram o Estado de direito e a segurança que veio prover.

37. É induvidoso que *emendas constitucionais*, editadas nos limites que lhes são cabíveis, aportam modificações ao quadro constitucional anterior. É óbvio, de conseguinte, que servirão, dali por diante, como bom fundamento de validade para as normas produzidas em sua consonância. Nada mais natural, então, que, por isto mesmo, sejam, *em sucessão a ela, editadas leis* conformes a estes novos termos, por muito gravosas que possam ser aos administrados, se comparadas com os termos dantes possíveis. Isto, todavia, não postula, nem lógica, nem jurídica, nem eticamente – e muito menos concorre para sustentação e prestígio do ordenamento – que deva recolher o que *dantes era inconstitucional* para abrigá-lo com um manto de resguardo, *ainda que para infundir-lhe tal atributo tão só para o futuro*.

Propender para exegese deste feitio implicaria incorrer no contrassenso de reputar lógico que o ordenamento milite em desfavor da própria higidez e, demais disso, em considerar que o direito prestigia ou é indiferente à fraude, à burla e não apenas a si próprio como aos integrantes da sociedade. Não é de bom feitio hermenêutico enveredar por interpretações que sufraguem, em maior ou menor grau, a indulgência com elas, ou que lhes propicie a prática, o que, ocorrerá, entretanto, se a incursão em tais condutas for inconsequente e se o beneficiário delas puder absorver os frutos de expedientes desta ordem.

38. O que se vem de anotar é sobreposse evidente nos casos em que a emenda constitucional é editada pouco depois da lei inconstitucional, evidenciando que busca remendar o vício que maculava dita lei. Foi exatamente o que ocorreu com a Emenda Constitucional nº 20, de 15 de dezembro do mesmo ano, editada menos de vinte dias depois da Lei nº 9.718, de 27.11.1998.

Ressalta, na hipótese, o objetivo de fraude, a conduta desleal, de má-fé, sendo certo, entretanto, que o primeiro obrigado a um comportamento liso, lhano, leal, é aquele que encarna a ordem jurídica, ou seja: o próprio Estado, tanto mais porque dispõe, em face da sociedade, de todos os poderes, com ressalva dos limites que a Constituição lhe impõe.

Já os mais vetustos textos de direito ressaltavam a exigência da honestidade como inerência do jurídico. Disse Modestino: "Semper in conjuntionis non solum quid liceat considerandum est sed et quid honestum sit", vale dizer: "Sempre nas vinculações, não só o que é lícito deve ser ponderado, senão também o que é honesto".[135]

Se fosse reconhecível ao Estado o direito de proceder de molde a absorver vantagens por meio de expedientes astuciosos por via dos quais frustrasse aos administrados colher os resultados da segurança que o próprio ordenamento lhes propiciava, estar-se-ia não apenas deprimindo garantias constitucionais, mas também premiando a má-fé, o que seria inaceitável, maiormente perante a Constituição brasileira que, expressamente, no art. 37, consagra o princípio da moralidade administrativa, o qual, *a fortiori*, terá de vigorar perante o próprio Estado brasileiro no exercício de função ainda mais elevada, como o é a legislativa, maiormente a de emendas constitucionais.

39. Ora, o direito abomina a má-fé. Acresce que, mais que qualquer outro sujeito de direitos, está o Poder Público assujeitado ao princípio da boa-fé, cuja importância apresenta, então, particular relevo na esfera das relações de direito público.

O alumiado publicista espanhol Jesus Gonzalez Perez, em monografia preciosa sobre o princípio da boa-fé em direito administrativo, tece ao respeito considerações que, por sua justeza, merecem transcrição literal:

> El de buena fe aparece como uno de los principios generales que sirvem de fundamento al Ordenamiento, informan la labor interpretativa y constituyen decisivo instrumento de integración. [...]
>
> Como disse GUASP "todos los campos del derecho estatal son clima propicio, como cualquier otro, al desarrollo de esta verdadera patologia de lo jurídico. Y es más, ella se dá en el seno de los principales elementos que conjuga la relacion jurídica estatal: la Autoridad y el súbdito".
>
> Porque, en efecto, la presencia de los valores de lealtad, honestidad y moralidad que su aplicación comporta es especialmente necesaria en el mundo de las relaciones de la Administración con los administrados.[136]

Adverte que tal princípio "es exigible en los actos juridicos, en el ejercicio de los derechos y en el cumplimiento de las obligaciones".[137]

---

[135] FRANÇA, Rubens Limongi. *Brocardos jurídicos*. 3. ed. São Paulo: Revista dos Tribunais, 1977. p. 89-90; 134-135.

[136] GONZALEZ PEREZ, Jesus. *El principio general de la buena fe en el derecho administrativo*. Madrid: Civitas, 1983. p. 15; 31.

[137] GONZALEZ PEREZ, Jesus. *El principio general de la buena fe en el derecho administrativo*. Madrid: Civitas, 1983. p. 31.

Note-se que sendo a boa-fé um princípio geral de direito, a adoção de interpretações que o prestigiem não significa uma liberalidade por parte do intérprete, seja ele juiz, seja outro aplicador do direito, mas representa atendimento obrigatório ao próprio sistema jurídico, pois, como disse Eduardo García de Enterría, figura pinacular do direito público contemporâneo:

> Conviene recordar a este proposito que los principios generales del Derecho son una condensación de los grandes valores jurídicos materiales que constituyen el substractum del Ordenamiento y de la experiencia reiterada de la vida jurídica. No consisten, pues, en una abstracta e indeterminada invocación de la justicia o de la consciencia moral o de la discreción del juez, sino, más bien, en la expresión de una justicia material especificada técnicamente en función de los problemas jurídicos concretos *y objetivada en la lógica misma de las instituciones*.[138]
> (Grifos nossos)

40. Assim, na conformidade das considerações feitas, não há senão concluir que, dentre as alternativas exegéticas em tese suscitáveis perante o tema de leis originariamente desconformes com a Constituição, mas comportadas por emenda constitucional superveniente, a única merecedora de endosso é a que apresentamos como a quarta delas, ou seja, aquela segundo a qual a sobrevinda de emenda *não constitucionaliza a norma inicialmente inválida*. Dessarte, seus efeitos poderão ser impugnados e desaplicada tal regra. Para que venham a irromper validamente no universo jurídico efeitos correspondentes aos supostos na lei originariamente inválida será necessário que, *após a emenda, seja editada nova lei, se o legislador entender de fazê-lo e de atribuir-lhe teor igual*, pois, só então, será compatível com o enquadramento constitucional vigente.

Tal conclusão, ainda que, *argumentandum tantum*, não fosse induvidosamente a solução adequada para a generalidade das hipóteses – como entendemos que é – sê-lo-ia, ao menos, perante emendas constitucionais produzidas logo em seguida à lei inconstitucional. Deveras, se acolhida "constitucionalização" em tais condições, a exegese que a acolhesse estaria a prestar-se para acobertar propósito fraudulento, imoral, em descompasso com o art. 37 da Constituição

---

[138] GARCÍA DE ENTERRÍA, Eduardo; FERNÁNDEZ, Tomás-Ramón. *Curso de derecho administrativo*. 3. ed. Madrid: Civitas, 1981. p. 400.

e com princípios gerais de direito, vício este, aliás, visível no caso da Emenda Constitucional nº 20, em relação à Lei nº 9.718, de 27.11.1998.

41. Finalmente, indaga o Consulente se o fato de a Emenda Constitucional nº 20 conter dispositivos e expressões aprovados pela Câmara, mas não referendados pelo Senado, a macula de vício insanável?

Tomando como paradigma uma forma enfática de expressão do eminente Ex-Ministro do Supremo Tribunal Federal Orozimbo Nonato, do indagado pode-se dizer: "o mesmo é propor a questão que lhe dar resposta positiva".

Com efeito, nos termos da Constituição, a proposta de emenda será "discutida e votada em cada Casa do Congresso Nacional, em dois turnos, considerando-se aprovada se obtiver, em ambos, três quintos dos votos dos respectivos membros" (art. 60, §2º). Ora, se há dispositivos e expressões aprovados pela Câmara, mas que não o foram pelo Senado, resulta claro, da mais exuberante clareza, que a Constituição foi desrespeitada, pois a emenda, tal qual é, não foi aprovada em cada uma das casas, como a Lei Magna estampadamente o exige.

Em direito, como qualquer o sabe, as competências não são irrogações de autoridade para decidir por quaisquer meios, mas unicamente para produzir atos (normativos gerais e abstratos ou individuais e concretos) pelas vias, formas, meios e condições que o direito estabelece. Somente no Estado absolutista é que uma autoridade, o rei, agia a seu talante.

42. No Estado de direito, quaisquer autoridades, legislativas, executivas ou judiciais (sejam elas, portanto, quais forem), estão rigorosamente adstritas à obediência de todos os requisitos previamente estabelecidos para regular sua atuação. Estes meios, estas formas, estas condições, estas cautelas, estes requisitos, são concebidos e instaurados exata e precisamente para que a produção jurídica se faça de maneira a assegurar plena observância dos bens que a regra de direito reputou valiosos e necessários para a garantia do interesse coletivo.

Donde, a violação deles acarreta a nulidade do que haja sido produzido em dissonância com a previsão normativa que os assujeitava a determinado enquadramento. Torna-se a repetir a frase de Yhering: "A forma é inimiga do capricho e irmã gêmea da liberdade". Quanto à importância do processo em geral e do processo legislativo em particular não há senão remetermo-nos ao que dantes dissemos, em outro trecho deste parecer, invocando, uma vez mais, a sempre lembrada lição de Royo Villanova, segundo o qual o Estado, no desempenho de quaisquer de suas funções, ao aplicar o direito substancial, tem de fazê-lo *segundo certos trâmites e formas, de maneira a que a legalidade se realize por inteiro*.[139]

43. Com efeito, é garantia dos cidadãos não só a de que o Poder Público está, de antemão, cingido à busca de fins conformados ao interesse público, *mas também a de que só poderá nele aportar pelos meios e modos adrede estabelecidos para tanto*. A proteção da sociedade e de cada um dos indivíduos também resulta da prefixação dos *meios, condições e formas* a que os órgãos do poder têm de se adscrever para produzir os atos que lhes correspondem. Não é por outra razão que se regula o *iter* formativo das medidas a serem impostas aos cidadãos.

Aliás, com relação ao processo legislativo, é óbvio que se a Constituição se empenhou em estabelecer determinadas normas para a produção de emendas constitucionais foi por reputá-las indispensáveis. Logo, se o legislador de mandato ordinário pretende editar emendas *só poderá fazê-lo nos termos facultados* – e não em condições diversas daquelas dentro nas quais desfruta da habilitação conferida pela Lei Magna.

Assim, é óbvio e da mais irretorquível obviedade que, contendo a Emenda Constitucional nº 20 dispositivos e expressões que receberam a aprovação da Câmara, *mas não receberam para todos eles idêntica aprovação do Senado*, dita emenda é inconstitucional e, pois, nula. Donde, tal emenda é manifestamente incapaz de oferecer suporte jurídico válido para normas de patamar inferior, maiormente se ditas normas não se coadunavam com o precedentemente disposto na Constituição.

Segue-se que a Lei nº 9.718, de 27.11.1998, se já não fora inconstitucional pelas razões dantes aduzidas, sê-lo-ia por esta ora considerada, vez que lhe falta suporte válido, pois a própria Emenda nº 20 é nula por vício formal gravíssimo, donde, incapaz de supedaneá-la.

44. Isto tudo posto e considerado, às indagações da Consulta respondo:

I – É claro e de clareza meridiana que foi inconstitucional a "suposta conversão" da Medida Provisória nº 1.724/98 na Lei nº 9.718, publicada em 28.11.1998, dado que, a pretexto de fazê-lo, o Congresso trouxe substanciais alterações em relação à medida provisória em causa. Assim, para que as normas introduzidas pudessem entrar validamente em vigor *teria sido necessário que houvessem sido precedidas de*

---

[139] ROYO VILLANOVA, Antonio. *Elementos de derecho administrativo*. 25. ed. corrigida e aumentada por Segismundo Royo Villanova. Valladolid: Santarén, 1960-1961. v. II. p. 848 e 849.

regular processo legislativo, tal como previsto na Constituição do país e nos regimentos internos de cada casa do Congresso. Logo, as normas resultantes da pretensa "conversão" são nulas, eivadas de gravíssima nulidade, pois escusa dizer que falece ao Congresso competência para inventar um meio, não previsto na Lei Magna, de costear as cautelas que nela foram previstas para fazer ingressar no universo jurídico leis, propriamente ditas (nºs 3 a 12 do parecer).

II – A Lei nº 9.718, de 27.11.1998, publicada aos 28 do mesmo mês, não encontrava bom fundamento de validade no art. 195, I, da Constituição do país, tal como estava redigido antes da superveniência da Emenda Constitucional nº 20, publicada aos 16.12.1998. Assim, a sobredita lei, ao nascer, afora o já dantes apontado vício de *inconstitucionalidade formal*, padeceu também do vício de *inconstitucionalidade material*. É que a "lei" em questão subverteu e desnaturou completamente o conceito de "faturamento" a que tinha de se jungir, por ser o previsto na Lei Magna. Com efeito, fabricando *ad hoc* para ele a acepção de "receita bruta", de "totalidade das receitas", forjou noções completamente diversas, não apenas *quantitativa*, mas *qualitativamente* do significado passível de ser reconhecido como correspondente ao conceito de faturamento. Com isto, o Legislativo abusou da própria competência de modo flagrante, teratológico. Se ao legislador fosse dado irrogar às palavras da Constituição o sentido que bem lhe aprouvesse, redefinindo-as ao próprio talante, evidentemente tudo o que da Lei Magna constasse seria inútil, pois a significação de suas disposições não mais residiria nela, mas na legislatura ordinária. É dizer: nenhuma das regras que produziu para reger o Estado, para garantir o cidadão, surtiria qualquer efeito. Seria o mesmo que nada e o texto básico do país converter-se-ia em uma burla monumental, em uma facécia, em uma pantomima, pois seu conteúdo, seus preceitos, seus mandamentos, suas restrições, não ofereceriam, a quem quer que fosse, a ordem, a disciplina, a segurança, a defesa, a proteção, a garantia, em função das quais foram produzidos e que se constituem na sua própria razão de existir. Ao invés de os legisladores estarem cingidos pelas normas constitucionais, seriam eles próprios os definidores de seus âmbitos de liberdade legiferante, a qual não mais encontraria outras peias senão as que decorressem de suas vontades tão ilimitadas e tão incontendíveis quanto as que correspondem às do poder constituinte originário (nºs 13 a 16 do parecer).

III – Como o tributo cogitado na Lei nº 9.718 não poderia subsumir-se ao previsto no art. 195, I, da Constituição, só poderia, então, configurar-se como "nova fonte de custeio da Seguridade Social", caso em que, a teor §4º do mesmo artigo, seria obrigatória lei complementar para criá-lo. Uma vez que a "Lei" nº 9.718 não é lei complementar, também por este ângulo ressaltaria sua grosseira inconstitucionalidade (nº 17 do parecer).

IV – Sendo certo que emenda constitucional – diferentemente de uma nova Constituição – não é ruptura com o ordenamento jurídico anterior, mas, pelo contrário, funda-se nele, nele se integra e representa sua continuidade, seria inadmissível entender que tem o efeito de "constitucionalizar", ainda que daí para o futuro, leis originariamente inconstitucionais. Deveras, tal intelecção propiciaria fraude ao próprio ordenamento, pois ensejaria e confortaria sua burla, efetuável mediante produção de leis inconstitucionais em antecipação a emendas futuras ou, dito pelo inverso, ensejaria o bloqueio do reconhecimento de inconstitucionalidades graças ao expediente de produzir emenda sucessiva. Propender para exegese deste feitio implicaria incorrer no contrassenso de reputar lógico que o ordenamento milite em seu próprio desfavor, isto é, o de que previamente assume que, se for burlado, tal burla será aprovada, validada e confortada por seu aval protetor. Nisto estaria, então, implicado que o direito prestigia ou é indiferente à fraude, à burla, não apenas a si próprio como aos integrantes da sociedade, inobstante o Estado de direito seja concebido como instrumento de proteção aos cidadãos contra o exercício desatado do poder. Dessarte, ficaria afiançada a inanidade de tal proteção.

Logo, não é de admitir que emenda constitucional superveniente à lei inconstitucional, mas com ela compatível, receba validação dali para o futuro. Antes, ter-se-á de entender que, se o legislador *desejar produzir nova lei e com o mesmo teor, que o faça, então, editando-a novamente*, já agora – e só agora – dentro de possibilidades efetivamente comportadas pelo sistema normativo.

Tal solução, única tolerável, é, quando menos, irretorquível nos casos em que a emenda sucede a breve prazo a lei inconstitucional, patenteando o intuito de remendar o vício em que incorrera – tal como sucedeu com a Emenda nº 20, em relação à Lei nº 9.718. Em situações desta compostura, admitir a validação sucessiva da lei seria, em guisa de interpretar, promover consagração da imoralidade como regra de conduta do Poder Público, a astúcia cavilosa como padrão do direito e a vileza perante a sociedade como princípio ético do Estado. Nisto haveria ofensa frontal não apenas ao princípio da moralidade administrativa, previsto no art. 37 da Constituição (e maiormente vigorante para o Poder Público quando exerça a altaneira função de elaborar emendas constitucionais), mas também ao princípio geral de direito que reclama obediência aos cânones da lealdade e da boa-fé e proscreve a má-fé como pauta de conduta (nºs 18 a 40 do parecer).

V – A Emenda Constitucional nº 20, por conter expressões e dispositivos aprovados pela Câmara Federal, mas não referendados pelo Senado, violou abertamente o processo legislativo previsto na Constituição, visto que o art. 60, §2º, impõe que seja aprovada por ambas as casas, o que, *in casu*, pela razão apontada, inocorreu. Segue-se que dita emenda é nula, eivada de visceral nulidade, motivo pelo qual a Lei nº 9.718, se já não fora inconstitucional pelas razões precedentemente aduzidas, sê-lo-ia, por não ter onde haurir fundamento de validade prestante, que este não lhe poderia ser ofertado por emenda nula.

É meu parecer.

São Paulo, 18 de fevereiro de 1999.

EMENTA: EQUILÍBRIO ECONÔMICO-FINANCEIRO DE CONTRATO ADMINISTRATIVO, FATO DO PRÍNCIPE E DEVER JURÍDICO DE REEQUILÍBRIO DA EQUAÇÃO INICIAL

A Empresa XXXX, por seu ilustre advogado, expõe-nos os fatos abaixo, acosta documentos instrutórios e formula-nos a seguinte:

Consulta

1. A Consulente disputou e venceu licitação, identificada como Concorrência XXXXX, para permissão de serviços públicos de movimentação e armazenagem de mercadorias, pelo prazo de 10 (dez) anos, na Estação Aduaneira Interior – EADI na Jurisdição da Delegacia da Receita Federal em Limeira, a qual abrangia sete agências então integrantes daquela sub-região fiscal: Rio Claro, Limeira, Americana, Araras, Piracicaba, Pirassununga e Porto Ferreira. Ditas agências eram compreensivas de 28 (vinte e oito) municípios, a saber: Águas de São Pedro, Americana, Analândia, Araras, Charqueada, Cordeirópolis, Corumbataí, Descalvado, Ipeúna, Iracemópolis, Itirapina, Leme, Limeira, Nova Odessa, Piracicaba, Pirassununga, Porto Ferreira, Rio Claro, Rio das Pedras, Saltinho, Santa Bárbara do Oeste, Santa Cruz da Conceição, Santa Cruz das Palmeiras, Santa Gertrudes, Santa Maria da Serra, Santa Rita do Passa Quatro, São Pedro e Tambaú.

2. Nos termos da licitação e da minuta de contrato que a integrava foi travado o contrato entre a União Federal e a Consulente, em 15.10.1998. Por força dele e na conformidade do que estava previsto no item 3.2.1 do edital, a Consulente se obrigou a efetuar investimentos, em

prazo prefixado, seja na área demandada, seja em equipamentos, seja em construções e em pátio de manobras, cujas dimensões mínimas e características básicas foram preestabelecidas tendo em vista o cumprimento do objeto contratual tal como se apresentara.

Ainda em 1999, estando em fase de instalação a EADI/ Limeira, o Poder Público cindiu a SRF/SRRF 8ª Região em duas regiões, criando a DRF/Piracicaba-SP, diminuindo pela metade o número de municípios abrangidos pela área na qual devia atuar, nos termos da licitação e do contrato, de sorte que a jurisdição passou a abranger apenas 14 (quatorze) municípios, com o que, evidentemente, diminuiu-lhe o potencial de rentabilidade e alterou a correlação entre as dimensões das obras demandadas, com os consequentes investimentos, e as perspectivas de captação de movimentação e armazenamento de cargas.

3. Em face disto a Consulente solicitou reestruturação contratual, tendo em vista recomposição do equilíbrio econômico-financeiro dessarte significativamente transtornado, o qual, entretanto, foi recusado sobre o fundamento de que o item 6.6 do edital expressamente previa que:

A SRF, no interesse do Serviço Público, poderá promover novas licitações para outorga de permissão ou concessão, se for o caso, para a prestação dos serviços públicos de movimentação e armazenagem de mercadorias em EADI, na mesma jurisdição estabelecida no item 1.

Ante os fatos relatados, indaga:

I – Em face da doutrina, do direito positivo, do próprio edital da licitação que disputou e dos termos do contrato firmado, tinha a Consulente direito à mantença do equilíbrio econômico-financeiro do contrato?

II – Configura "fato do príncipe" a divisão abrangida originalmente pela DRF-Limeira e a sequente licitação de uma EADI para atender à nova DRF com jurisdição sobre a área de Piracicaba e outros municípios que foram retirados da abrangência da DRF-Limeira?

III – Tendo em vista a redução de 50% da área geográfica abrangida pela jurisdição original da referida EADI-Limeira, tal como descrito na Consulta e nos documentos instrutórios, tem a Consulente direito à redução dos investimentos contratualmente previstos na EADI-Limeira como forma de obter o reequilíbrio econômico-financeiro do empreendimento?

IV – Para justificar o reequilíbrio contratual, a alteração da equação econômico-financeira necessita já estar materializada, causando prejuízos efetivos ou pode ser deduzida antecipadamente, desde que, como no caso, ocorram fatos incontroversos que demonstrem serem tais danos não só absolutamente plausíveis, mas inevitáveis, como implicações lógicas do ato que o afeta, ante a diminuição da receita originalmente prevista, maiormente tendo em conta demonstrativos colhidos em estudos que levaram à elaboração da proposta vencedora da EADI?

V – Caso não seja cautelarmente afastada a recusa da Administração em recompor a referida equação, dito comportamento caracteriza conduta faltosa da Administração que autoriza a rescisão do contrato administrativo e a responsabilidade do Estado pelas perdas e danos que a Consulente venha a suportar?

Às indagações respondo nos termos que seguem.

Parecer

1. Doutrina e jurisprudência brasileiras, em sintonia com a teoria clássica do contrato administrativo, assim como a própria legislação do país, *a começar pela Constituição*, assentaram-se em que neste tipo de avença o contratado goza de sólida proteção e garantia no concernente ao ângulo econômico-financeiro, até mesmo como contrapartida das prerrogativas públicas reconhecíveis ao contratante governamental.

Entende-se por equação ou equilíbrio econômico e financeiro a relação de igualdade entre as obrigações assumidas no momento do ajuste e os termos estipuladores da compensação econômica que lhe corresponderá em razão das referidas obrigações. Esta igualdade que estabelecem deve perdurar ao longo de toda duração do vínculo e é uma inadversável garantia do contratado.

Marcel Waline caracteriza este aspecto do contrato administrativo com as seguintes palavras:

> [...] o equilíbrio econômico e financeiro do contrato é uma relação que foi estabelecida pelas próprias partes contratantes no momento da conclusão do contrato, entre um conjunto de direitos do contratante e um conjunto de encargos deste, que pareceram equivalentes, donde o nome de "equação"; *desde então esta equivalência não mais pode ser alterada*.[140]

Assim também, Marcelo Caetano anota:

> O Contrato assenta, pois, numa determinada equação financeira (o valor em dinheiro dos encargos assumidos por um dos contraentes deve eqüivaler ao das vantagens prometidas pelo outro) e as relações contratuais têm de desenvolver-se na base do equilíbrio estabelecido no ato de estipulação.[141]

---

[140] WALINE, Marcel. *Droit administratif*. 9. ed. Paris: Sirey, 1963. p. 618. Grifos nossos.
[141] CAETANO, Marcello. *Princípios fundamentais do direito administrativo*. Rio de Janeiro: Forense, 1977. p. 255-256.

2. Donde, é obrigatória a restauração da mesma igualdade de início pactuada se o Poder Público irrogar encargos suplementares ao contratado, se, por qualquer meio, adotar medidas que agravem a equação inicial ou se acudirem determinadas circunstâncias alheias ao comportamento do contratado que lhe acarretem onerosa ruptura do equilíbrio avençado. É dizer: uma vez variados os componentes que presidiriam a "comum intenção das partes", o "honesto equilíbrio entre as prestações" – para servimo-nos de expressões correntes na doutrina e jurisprudência francesas – cumpre que varie também a contrapartida econômica, a bem de manter-se respeitado o equilíbrio estatuído no acordo inicial.

No que atina à *parte econômica da avença*, então, o contratado da Administração se encontra perfeitamente resguardado, pois, como bem o diz George Pequignot, um clássico em tema de contrato administrativo:

> O contrato administrativo é um liame de boa fé e a boa fé exige que a administração, como qualquer outro contratante, execute seus compromissos, sob esta reserva de que sejam salvaguardados os superiores interesses do serviço público, ao arrepio dos quais não se poderia engajar. Esta parte do contrato, então, deve ser colocada sob o signo da comum intenção das partes.[142]

Enfatizando, ainda uma vez, a deferência com a boa-fé, o renomado autor agrega: "Além disso, seria contrário à regra da boa-fé, contrário também a qualquer segurança dos negócios, e portanto perigoso para o Estado social e econômico que a Administração pudesse modificar, especialmente reduzir, esta remuneração".[143]

3. A lição dos administrativistas pátrios afina por igual diapasão, em concorde unanimidade. Para citar apenas um monografista sobre contrato administrativo, refira-se à lição de Hely Lopes Meirelles, em cujo trabalho se encontrarão outras achegas doutrinárias. Diz o eminente autor:

> O contrato administrativo, por parte da Administração destina-se ao atendimento das necessidades públicas, mas, por parte do contratado,

---

[142] PEQUIGNOT, George. *Théorie general du contract administratif*. Paris: A. Pedone, 1945. p. 432.

[143] PEQUIGNOT, George. *Théorie general du contract administratif*. Paris: A. Pedone, 1945. p. 434-434.

objetiva um lucro, através da remuneração consubstanciada nas cláusulas econômicas e financeiras. Este lucro, há que ser assegurado nos termos iniciais do ajuste, durante a execução do contrato, em sua plenitude, mesmo que a Administração se veja compelida a modificar o projeto, ou o modo e forma da prestação contratual, para melhor adequação às exigências do serviço público.[144]

Esta mesma linha de considerações, em que se realça a causa que leva o contratado a engajar-se na relação, já fora enfatizada pelo precitado Pequignot nos seguintes termos: *"Ele não consentiu seu concurso senão na esperança de um certo lucro*. Aceitou tomar a seu cargo trabalhos e áleas que, se não houvesse querido contratar, seriam suportados pela Administração. É normal que seja remunerado por isso".[145]

É claro que o respeito à equação econômico-financeira só existe quando ambas as partes cumprem à fidelidade o que nela se traduziu. Então, uma delas, o contratado, tem que executar a prestação ou as prestações devidas com absoluto rigor e exatidão. A outra parte, o contratante público, está, de seu turno, adstrito a assegurar ao contratado as *mesmas condições* que, à época do ajuste, lhe foram por ele oferecidas para captação da remuneração e havidas (por um e outro) como meio idôneo para acobertamento do custo da atividade e do lucro que lhe corresponderia, ou, se o interesse público demandar a alteração delas, terá de recompor a igualdade inicial, sem o que estará fraudando sua contraparte.

4. *Dessarte, nenhuma das partes se locupleta* à *custa da outra*. A ambas é deferido o que as incitou a travar o liame. Nem o contratante nem o contratado sacam outras vantagens além das que consentiram reciprocamente em outorgar-se e que se constituíram na própria razão do engajamento havido. *Cada qual obtém o que ajustara com a contraparte. Há, pois, satisfação dos respectivos escopos contratuais e perfeita realização do direito estipulado na avença.*

É certo, pois, que a Administração não pode sonegar, seja porque expediente for, a inteireza da retribuição que assiste ao contratado, como bem se adverte no seguinte comentário de Jean Rivero:

---

[144] MEIRELLES, Hely Lopes. *Licitação e contrato administrativo*. 7. ed. atual. São Paulo: Revista dos Tribunais, 1987. p. 161.
[145] PEQUIGNOT, George. *Théorie general du contract administratif*. Paris: A. Pedone, 1945. p. 434.

As disposições relativas à remuneração *escapam do poder de modificação unilateral da administração*. Mas, além disto, o elemento de associação já assinalado se manifesta neste ponto com uma força particular: é o princípio do equilíbrio financeiro do contrato, *que é uma das características essenciais do contrato administrativo* e a contrapartida das prerrogativas da administração.[146]

5. Assim, tal como foi dito, a igualdade em questão, havida como pertinente quando da acolhida da proposta, é para ser mantida, *quer no travamento do vínculo, quer ao longo de todo o contrato*, pois aqueles termos econômicos (correlatos aos encargos supostos) é que credenciaram o ofertante ao contrato. Eis, pois, que a Administração não só pode, *mas deve* manter a equação econômica que ela própria proclamou satisfatória. Aliás, se assim não fosse, maiormente em vista dos poderes reconhecidos no contrato administrativo à parte governamental, o Poder Público "não encontraria contratantes", consoante averbou Francis-Paul Benoît.[147] E cabe acrescentar: se os encontrasse ou seriam irresponsáveis ou sujeitos de má-fé. Irresponsáveis porque estariam se abalançando a travar um vínculo sem a certeza de que poderiam cumpri-lo ou sem a consciência dos riscos envolvidos tanto para si como para o próprio interesse público residente no objeto contratual – dessarte posto sob ameaça. Ou então seriam sujeitos de má-fé, fiados em que, mediante procedimentos escusos, garantir-se-iam aquilo que o direito não lhes estava a outorgar.

Ora, o Poder Público não pode contratar nem com irresponsáveis nem com sujeitos de má-fé. Tanto é assim que, de um lado, existe nos certames licitatórios (procedimento pré-contratual obrigatório) uma fase de "habilitação" dos licitantes, em que se lhes apura a idoneidade, ou seja, o credenciamento para o objeto contratual e, de outro lado, há previsão de sanções para os que fraudam a confiança dos contratantes públicos, isto é, a declaração de inidoneidade, pela qual ficam suspensos do direito de licitar e contratar com a Administração.

Visto que a Administração só pode validamente contratar com sujeitos idôneos e responsáveis e que só haverá contratantes que preencham tais requisitos se a equação econômico-financeira do contrato for imutável, *resulta que a imutabilidade da equação econômico-financeira é da essência do contrato administrativo*, pois, sem isto, a Administração não poderá validamente firmar contratos administrativos.

---

[146] RIVERO, Jean. *Droit administratif*. 3. ed. Paris: Dalloz, 1965. p. 111. Grifos nossos.
[147] BENOÎT, Francis-Paul. *Le droit administratif français*. Paris: Dalloz, 1968. p. 588.

6. De resto, cumpre anotar que ao cabo do certame licitatório, ao adjudicar a obra ou serviço a um dado concorrente, fica *proclamado* pela Administração que a oferta acolhida é não apenas a melhor delas, mas é também *adequada, satisfatória*. Em suma, com a adjudicação, firma-se que a proposta aceita corresponde, juridicamente, ao *melhor* negócio *exequível* que a Administração poderia obter.

Logo, se pretendesse ao depois, *fosse por que meios fosse*, subtrair densidade aos termos do ajuste econômico predefinido como o melhor, o mais satisfatório às conveniências públicas, *estaria incorrendo em conduta imoral*, expressamente repelida pelo art. 37, *caput*, da Constituição. Com efeito, não é conduta moralmente aceitável buscar proveitos indevidos, sacados da contraparte, com agravo ao equilíbrio fixado como o adequado.

Com efeito, o Estado e as criaturas que instituir para auxiliá-lo não atuam de acordo com o direito, *mas violam-no, quando afrontam direitos alheios* ou quando, havendo-os agravado, deixam de recompô-los fundados na errônea suposição de que estão, dessarte, a defender o "interesse público". *Juridicamente, não há interesse público contra a lei. Não há interesse público no desatendimento de direito alheio. Não é lícito a uma pessoa governamental esquivar-se a cumprir ou a reconhecer o direito de terceiros.*

7. Esta obviedade muitas vezes necessita ser afirmada ante a ingênua desenvoltura do Poder Público, no Brasil, em supor-se acima da ordem jurídica ou liberado para eximir-se de cumpri-la, contrapondo-lhe alegações de "interesse público". Por isto – e só por isto – é que cabe mencioná-la, sintetizando-a, nos seguintes termos: é dever das pessoas governamentais respeitarem os direitos alheios e recomporem, inclusive espontaneamente, os agravos que lhes hajam causado, posto que *não é interesse público, mas transgressão dele*, esquivaram-se de reconhecê-los.

É livre de qualquer discussão o fato de que o Poder Público e seus coadjuvantes só podem perseguir *fins lícitos*, segundo a forma e os meios juridicamente previstos e, ademais, consentâneos com a "moralidade administrativa", já que esta se encontra expressamente qualificada pelo Texto Constitucional como princípio obrigatório para a Administração direta e indireta (art. 37).

Nos quadrantes da *moralidade administrativa* obviamente *estão implicados o pleno respeito aos direitos alheios, a conduta leal e de boa-fé*; logo, no caso dos contratos administrativos, a deferência para com o equilíbrio econômico-financeiro estipulado.

8. Ao respeito da boa-fé calham à fiveleta as lições do eminente Jesus Gonzalez Perez, que, em monografia preciosa sobre tal princípio *no direito administrativo*, depois de advertir a prescindência de sua expressa consagração legal, ressalta sua importância neste ramo do direito, aclara-lhe o conteúdo e indica o âmbito de sua aplicação, nas seguintes passagens que merecem cita literal:

> El de buena fe aparece como uno de los principios generales que sirvem de fundamento al Ordenamiento, informan la labor interpretativa y constituyen decisivo instrumento de integración. El hecho de su consagración en una norma legal no supone que con anterioridad no existiera, ni que por tal consagración legislativa haya perdido tal carácter.
>
> El principio general de la buena fe no solo tiene aplicacion en el Derecho Administrativo, sino que en este ámbito adquiere especial relevancia. Como disse GUASP "todos los campos del derecho estatal son clima propicio, como cualquier otro, al desarrollo de esta verdadera patologia de lo jurídico. Y es más, ella se dá en el seno de los principales elementos que conjuga la relacion jurídica estatal: la Autoridad y el súbdito".
>
> Porque, en efecto, la presencia de los valores de lealtad, honestidad y moralidad que su aplicación comporta es especialmente necesaria en el mundo de las relaciones de la Administración con los administrados. [...]
>
> La buena fe, a cuyas exigencias han de ajustar su actuación todos los miembros de la comunidad, sólo puede predicarse, en sus recíprocas relaciones, de la actitud de uno en relación con otro. Significa – dice LACRUZ – que este otro, según la estimación habitual de la gente, puede esperar determinada conducta del uno, o determinadas consecuencias de su conducta, o que no ha de tener otras distintas o perjudiciales. La jurisprudencia civil ha delimitado correctamente su âmbito de aplicación. Como en la sentencia de 24 de junio de 1969 (Ponente: BONET), al decir que la buena fe *"significa confianza, seguridad y honorabilidad basadas en ella, por lo que se refieren sobre todo al cumplimiento de la palavra dada;* especialmente, la palabra fe, fidelidad, *quiere decir que una de las partes se entrega confiadamente a la conducta leal de otra en el comportamiento de sus obligaciones, fiado en que* ésta *no le engañara"*.[148]

Adverte que tal princípio "es exigible en los actos juridicos, en el ejercicio de los derechos y en el cumplimiento de las obligaciones".[149]

---

[148] GONZALEZ PEREZ, Jesus. *El principio general de la buena fe en el derecho administrativo.* Madrid: Civitas, 1983. p. 31-40. Grifos nossos.

[149] GONZALEZ PEREZ, Jesus. *El principio general de la buena fe en el derecho administrativo.* Madrid: Civitas, 1983. p. 1.

Certamente arrimado em igual linha de pensamento, Agustín Gordillo, referindo-se especificamente ao contrato administrativo, observou:

> Diz-se assim, que os contratos administrativos são essencialmente de boa fé, do que resulta que a Administração não deve atuar como se se tratasse de um negócio lucrativo, nem de intentar obter ganhos ilegítimos à custa do contratado, nem a aproveitar-se de situações legais ou fáticas que a favoreçam em prejuízo do contratado.[150]

9. As bastas lições doutrinárias transcritas sobre o equilíbrio econômico-financeiro no contrato administrativo, assim como a sujeição do contratante governamental a respeitá-lo, estão luminosamente espelhadas no direito positivo brasileiro. Assim, desde logo, a Constituição brasileira estatuiu, em seu art. 37, XXI:

> ressalvados os casos especificados na legislação, as obras, serviços, compras e alienações serão contratados mediante processo de licitação pública que assegure igualdade de condições a todos os concorrentes, *com cláusulas que estabeleçam obrigações de pagamento, mantidas as condições efetivas da proposta* [...].

É evidente que, para as obrigações de pagamento se cumprirem de maneira a que sejam "mantidas as condições efetivas da proposta", a equação econômico-financeira estipulada, que é a resultante da proposta, terá de se conservar sempre inalterada, intacta, a salvo de ulteriores mutações que lhe afetem a compostura.

Sobremais, como o contrato, notoriamente, gera direito adquirido para as partes, dado que a equação econômico-financeira o integra, segundo os termos do preceito supracitado, resulta que ficará também sob o abrigo do art. 5º, XXXVI, de acordo com o qual "a lei não prejudicará o direito adquirido, o ato jurídico perfeito e a coisa julgada". Se nem a lei pode afetar direito adquirido, muito menos poderiam fazê-lo simples atos administrativos, como é curial.

10. No plano legal, a Lei nº 8.666, de 21.6.1993 (com alterações sucessivas), expressamente abona o respeito à sobredita equação. Assim, o art. 65, II, "d", prevê alteração do contrato, por acordo das partes:

---

[150] GORDILLO, Agustín. *Contratos administrativos*. Buenos Aires: Associacion Argentina de Derecho Administrativo, 1977. p. 15.

para *restabelecer a relação que as partes pactuaram inicialmente*, entre os encargos do contratado e a retribuição da Administração para a *justa* remuneração da obra, serviço ou fornecimento, *objetivando a manutenção do equilíbrio econômico e financeiro inicial do contrato, na hipótese de sobrevirem fatos imprevisíveis, ou previsíveis porém de conseqüências incalculáveis, retardadores ou impeditivos da execução do ajustado, ou ainda, em caso de força maior, caso fortuito ou fato do príncipe, configurando* álea econômica extraordinária e extracontratual.

Acresça-se que o §5º estabelece:

Quaisquer tributos ou encargos legais, criados, alterados ou extintos, bem como a superveniência de disposições legais, quando ocorridas após a data da apresentação das propostas, de comprovada repercussão nos preços contratados, implicarão a revisão destes para mais ou para menos, conforme o caso.

Os preceitos citados estão a revelar o reconhecimento legislativo da necessidade e justeza de assegurar-se o equilíbrio econômico-financeiro do contrato administrativo.

De resto, não só neles se estampa a preocupação com a mantença da equação estipulada e a obrigação de assegurá-la, conforme se vê nos seguintes outros dispositivos: o art. 5º e parágrafos que preveem correção monetária para os créditos do contratado; o art. 7º, §7º, que traduz idêntico cuidado; o art. 40, XI (com a redação dada pela Lei nº 8.883/94), *impositivo de reajustes contratuais;* o art. 57, §1º, que se reporta expressamente à manutenção do equilíbrio econômico-financeiro, sempre que ocorrerem alterações nos prazos de início de etapas de execução, conclusão e entrega, pelas razões nele arroladas; o art. 58, §§1º e 2º, que explicitam, respectivamente, a impossibilidade de alteração do sobredito equilíbrio sem concordância do contratado e a necessidade da revisão contratual, com este mesmo objetivo *quando o Poder Público alterar unilateralmente o contrato para melhor adequá-lo* às *finalidades públicas.*

11. É à luz deste panorama doutrinário, constitucional e legal, que se há de examinar o caso vertente.

Consoante os dados informadores da Consulta, a Consulente disputou e venceu certame licitatório (Edital XXXX), na modalidade de concorrência, tendo por objeto (item I do edital e cláusula primeira do contrato) a "permissão para prestação dos serviços públicos de movimentação e armazenagem de mercadorias, pelo prazo de dez anos, na Estação Aduaneira Interior, para carga geral, na Jurisdição da Delegacia da Receita Federal em Limeira".

Para participar de tal concorrência teve de demonstrar, na fase de habilitação, ser proprietária ou ter autorização para ocupação de imóvel por dez anos, registrada no cartório competente, localizado obrigatoriamente na jurisdição da DRF-Limeira e a ser utilizado exclusivamente nas atividades da Estação Aduaneira Interior – EADI –, acompanhando dita documentação de projeto ou anteprojeto, com a indicação de que disporá, na data de funcionamento da sobredita estação (até 18 meses após a assinatura do contrato, cf. cláusula 3.3.2, I) entre muitos outros requisitos: 1 – área fechada e coberta de armazenagem com, no mínimo, 11.790 (onze mil, setecentos e noventa) metros quadrados, sendo mencionado armazém de paredes rígidas, com piso pavimentado, esquadrias e coberturas que proporcionem condições de segurança e pé direito livre de, no mínimo, 6 (seis) metros; 2 – área descoberta, pavimentada para tráfego pesado, com 32.469 (trinta e dois mil, quatrocentos e sessenta e nove) metros quadrados, no mínimo, compreendendo os pátios de armazenagem, de manobra rodoviária, de estacionamento de veículos, reboques, semirreboques e equipamentos; 3 – instalações completas e exclusivas para a Secretaria da Receita Federal – SRF, com área mínima de 200 (duzentos) metros quadrados para expediente etc., tudo conforme consta do *item 3.2.1 do edital*.

12. As áreas mínimas estabelecidas como obrigatórias no projeto ou anteprojeto deixam claro que a Administração pressupunha *um dado volume de movimentação e armazenagem de mercadorias*: aquele correspondente ao previsto para a Estação Aduaneira Interior da Jurisdição de Limeira e que seu possível incremento poderia ser acudido, no curso do contrato, por ulteriores expansões de construções e equipamentos, efetuáveis a expensas do contratado, depois de autorizadas (item 7.4 do edital).

É, portanto, óbvio e da mais inquestionável obviedade que o candidato, no certame licitatório, tinha que absorver dispêndios relativos a tais compromissos, *tomando por base um movimento e uma armazenagem* cuja estimativa já estava previamente esboçada nas dimensões exigidas para as construções e equipamentos mínimos indicados no edital, resultando disto:

    a) que a amplitude de ditas construções e equipamentos, à toda evidência, se *correlacionava* com a estimativa de movimento *naquela* área *de jurisdição de Limeira*, ou seja, *naquela mesma que fora posta em certame pela licitação em causa, donde, com a abrangência que tinha;*

À época do certame, informa a Consulente, a jurisdição da Delegacia da Receita Federal de Limeira, a ser atendida pela citada EADI- Limeira, compreendia sete agências abrangendo 28 (vinte e oito) municípios.

b) que estas mesmas indicações relativas às dimensões mínimas exigidas para a EADI-Limeira e a abrangência de sua área de jurisdição (área, pois, de captação da clientela) haveriam de ser tomadas em conta, pelos disputantes, *seja em suas propostas de tarifas para remuneração dos serviços a que estavam se candidatando, seja nas propostas de percentuais que teriam de pagar ao Fundo Especial de Desenvolvimento – Fundaf* (nunca inferior a 6% da receita que auferissem com armazenagem e movimentação de mercadorias na importação e no trânsito aduaneiro de passagem e nunca inferior a 2% da que correspondesse na exportação, reexportação, devolução ou redestinação), tal como previsto nos itens *3.3.2, II e III do edital.*

Com efeito, é curial que o acobertamento dos dispêndios a serem efetuados com o imóvel, com as construções, com os equipamentos e com os pagamentos devidos ao Fundaf, tanto como a perspectiva de percepção de um proveito econômico que incitava à disputa da referida EADI, estão *em relação direta e indissociável* com a intensidade do movimento e armazenagem de mercadorias, a qual, de seu turno, mantém a mesma íntima relação com a área de abrangência da EADI.

13. O edital e o contrato (tal como a minuta que o integrava, por força do item 16.12), como, aliás, não podia deixar de ser, deixaram expressamente proclamado seu obséquio ao equilíbrio econômico-financeiro do contrato em apreço.

Assim, o item 8.2.1 do edital e a cláusula sétima do contrato firmado, em rigorosa consonância com a minuta integrante do edital, dispõem identicamente o seguinte: "Os preços referentes à movimentação e armazenagem de mercadorias poderão ser revistos *a fim de manter-se o equilíbrio econômico-financeiro do contrato*".

O item 8.2.3 do edital e o parágrafo segundo da referida cláusula sétima do contrato, em sintonia, aliás, com o previsto no art. 65, II, "d", §5º, da Lei nº 8.666, de 21.6.1993, estatuem: "Ressalvados os impostos sobre a renda, a criação, alteração ou extinção de quaisquer tributos ou encargos legais, após a apresentação da proposta, quando comprovado o seu impacto, implicará a revisão da tarifa, para mais ou para menos, conforme o caso".

De seu turno, o item 8.2.4 do edital e o parágrafo terceiro da mesma cláusula sétima rezam: "Em havendo alteração unilateral do contrato que afete o seu inicial equilíbrio econômico-financeiro, a SRF/8ª RF deverá restabelecê-lo *concomitantemente* à *alteração*".

Com igual objetivo de resguardo ao equilíbrio em causa, o item 8.3.1 do edital e a cláusula oitava do contrato preveem que: "Os preços dos serviços permitidos serão reajustados anualmente, a partir da data limite da apresentação da proposta, de acordo com a seguinte fórmula: [...]".

É, então, livre de qualquer dúvida ou entredúvida que tanto o direito brasileiro, como o edital da licitação que precedeu o contrato *sub examine* e ele próprio são perfeitamente claros e explícitos quanto ao resguardo do equilíbrio econômico-financeiro.

14. Informa a Consulente que, firmado o contrato, estando ainda em fase de implantação da EADI, a SRF/SRRF/8ª RF cindiu a área de jurisdição de Limeira em duas, criando a DRF/Piracicaba-SP e abrindo para ela um novo edital de licitação. Com isto, a área a ser atendida pela EADI-Limeira foi restringida *pela metade*, deixando de compreender o espaço correspondente aos anteriores 28 (vinte e oito) municípios e passando a abranger tão somente 14 (quatorze) deles.

É, pois, da mais luminosa evidência que, assim procedendo, o Poder Público federal descompôs o equilíbrio inicialmente suposto, visto que alterou as condições objetivas que *presidiram as obrigações assumidas pelo vencedor da licitação, obrigações estas que se encontravam correlacionadas com a proposta efetuada e aceita pelo contratante governamental*.

É evidente, é insuscetível de qualquer dúvida, que os disputantes do certame só poderiam efetuar suas propostas – propostas sérias e firmes, como têm de ser – tomando por base um dimensionamento das instalações e perspectivas correlatas a um volume de atividade correspondente ao da área geoeconômica apresentadas pelo promotor da licitação, à época em que esta se efetuou. Assim, também, nestes termos foi firmado o contrato e nele estratificada uma equação econômico-financeira.

15. É, então, da mais solar obviedade, que, por força da alteração ocorrida:

    (a) as obras, instalações e equipamentos a que se obrigou o contratado ficaram superdimensionadas, afetando a relação investimento-receita; e

(b) as receitas previstas, isto é, a rentabilidade potencial estabelecida, foram, por ato do Poder Público, significativamente reduzidas, emergindo disto, também, uma decomposição das bases sobre as quais o contratado previu o pagamento dos percentuais que ofertou para o Fundaf e que se estratificaram no contrato (12,01% da receita de armazenagem e movimentação de mercadorias na importação ou trânsito aduaneiro de passagem e 20,01% na exportação, reexportação, devolução ou redestinação).

Em uma palavra: o equilíbrio econômico-financeiro foi, de maneira estrondosamente visível, subvertido por inteiro, a dano do contratado.

Diante disto, como elucida a Consulta, o Consulente apresentou à SRF da 8ª Região pleito administrativo objetivando a reestruturação contratual. Tal pedido foi recusado, *sub color* de que o item 6.6 do edital previra explicitamente que, no interesse do serviço público, a SRF poderia "promover novas licitações" para a prestação dos serviços em apreço no mesmo local correspondente à jurisdição da EADI-Limeira.

16. Não há negar que o contratante governamental indubitavelmente poderia proceder a novas licitações dentro da área em apreço, sempre que o interesse público aconselhasse tal providência e que o item do edital referido expressamente contemplou tal possibilidade, *mas também não há negar que o uso de tal poder corresponde a uma alteração unilateral dos termos definidores do equilíbrio pactuado, obrigando, então, a uma restauração deste equilíbrio, conforme resulta da própria Constituição, dos dispositivos infraconstitucionais precitados e dos próprios termos, quer do edital, quer do contrato.*

A entender-se de outro modo, o item 6.6 do edital tornaria letra morta os dispositivos editalícios e contratuais asseguradores do equilíbrio econômico-financeiro do contrato, além de nulificar as disposições legais e a previsão constitucional estabelecida para sua proteção.

Com efeito, é inequívoco que o Poder Público pode organizar suas regiões fiscais da maneira mais conveniente e, portanto, que podia, até em uma mesma região, efetuar outras licitações para estabelecimentos de EADIS. E assim como poderia instituir outra EADI, tal como o fez, poderia também instituir duas, três ou mais EADIS ("novas licitações" dizia, aliás, o precitado item 6.6). É claro, outrossim, que o fazendo, todas as cláusulas relativas ao equilíbrio econômico-financeiro do contrato original perderiam qualquer significação e as garantias legais também ficariam reduzidas a coisa alguma, salvo, entendendo-se, como se tem de entender, que ditas providências obrigam à recomposição do equilíbrio subvertido.

Demais disto, se assim não fosse, o próprio processo licitatório original nada mais teria sido que uma providência irresponsável, pois nele não haveria elementos minimamente seguros para embasar qualquer proposta séria, visto que os candidatos ofertariam sem suporte em qualquer base firme, devendo simplesmente ficar à mercê do Poder Público, apostando na hipótese de este abster-se de modificar as condições vigentes, pois, se as alterasse, teriam de absorver quaisquer prejuízos, expondo-se inapelavelmente à ruína do negócio contratado. É óbvio que só um louco ou um mal-intencionado (confiante na utilização de recursos escusos para controlar a conduta administrativa) participaria de licitação e contrato desta ordem, sendo claro, outrossim, que o Poder Público não poderia envolver-se em negócio com quem apresentasse atributos tão desqualificadores.

Isto posto, resulta certo que, embora o Poder Público possa, a bem do interesse que lhe compete zelar, adotar providências que repercutam gravosamente sobre o equilíbrio inicialmente composto, terá de promover-lhe o reequilíbrio, conforme previsto na lei e nas precitadas disposições do edital e do contrato travado.

17. É certo também que – presumida (como tem de ser) a seriedade com que o Poder Público compôs os termos da licitação – as dimensões mínimas das obras que exigiu para habilitação dos licitantes *foram definidas em função da* área *então compreendida na jurisdição da SRF-Limeira,* objeto que estava posto em certame.

Sendo assim – e não se deve nem se pode admitir hipótese diversa, para não inculcar irresponsabilidade ou irreflexão aos organizadores da concorrência –, resulta claríssimo que a significativa redução da área abrangida na licitação acarreta inexoravelmente superdimensionamento das instalações a serem nela efetuadas e consequentemente dispêndio inútil que, de um lado, em nada aproveitará ao Poder Público e, de outro, agrava anormalmente o contratado, privado que foi de um potencial mercadológico e correlato proveito econômico com que contava (e podia contar ao tempo da licitação) para amortizar investimentos correlacionados à área anteriormente abrangida.

Vê-se, nisto, a outra ponta do agravo econômico causado pelo contratante governamental, e já agora de maneira induvidosamente *desnecessária,* logo, desenganadamente injurídica, porquanto bastar-lhe-ia proceder a uma redução nas exigências atinentes às dimensões da EADI-Limeira tal como remanesceu depois de sua cisão, para evitar um prejuízo suplementar ao contratado.

18. A redução da área originalmente abrangida pela EADI-Limeira é, em si mesma, providência lícita, *desde que amparada em "interesse do Serviço Público"*, tal como prevê o item 6.6 do edital.

Dito interesse tem que existir e ser demonstrável, sob pena de admitir-se que o poder de modificar áreas inicialmente licitadas não é ato de discrição, mas de puro arbítrio (inadmissível no Estado de direito) e que a referência a "interesse do Serviço Público" residente no item do edital é mero adorno inútil, locução oca, vazia de sentido, conclusão esta que implicaria mesmo negar-lhe o caráter de palavras, por convertê-las em grafias não significativas. Ou seja, ao invés de corresponderem a um limite contra atuações gratuitas, caprichosas, seriam um "nada", aposto como mero enfeite à dicção da referida cláusula. Note-se, que, *in casu*, é estranhável que antes mesmo de funcionar uma EADI recém-licitada, se considere necessário dividir a área que por ela seria coberta para abrir outra licitação em parte da citada área. Vale dizer: ou o estudo que precedeu a primeira licitação estava não apenas errado, mas muito errado, ou a cisão da área e consequente instauração da segunda licitação é que estão erradas.

A licitude da prática do ato unilateral consistente em desmembrar a área de jurisdição de Limeira não exime o Poder Público de recompor o equilíbrio econômico-financeiro dessarte afetado. É que, nos termos do próprio edital e do contrato, como já foi mencionado: "Em havendo alteração unilateral do contrato que afete o seu inicial equilíbrio econômico-financeiro, a SRF/8ª RF deverá restabelecê-lo *concomitantemente* à *alteração*" (item 8.2.4 do edital e o parágrafo terceiro da cláusula sétima).

De resto, o art. 58, inc. I, da Lei nº 8.666, de 21.6.1993, confere à Administração, em relação aos contratos administrativos, a prerrogativa de: "modificá-los unilateralmente para melhor adequação às finalidades de interesse público, *respeitados os direitos do contratado*".

Por isto seus §§1º e 2º dispõem:

> §1º As cláusulas econômico-financeiras e monetárias dos contratos administrativos não poderão ser alteradas sem prévia concordância do contratado.
>
> §2º Na hipótese do inciso I deste artigo, as cláusulas econômico-financeiras do contrato deverão ser revistas para que se mantenha o equilíbrio contratual.

Demais disto, o já transcrito art. 65, II, "d", da citada lei prevê alteração do contrato, por acordo das partes:

> para restabelecer a relação que as partes pactuaram inicialmente, entre os encargos do contratado e a retribuição da Administração para a justa remuneração da obra, serviço ou fornecimento, objetivando a manutenção do equilíbrio econômico e financeiro inicial do contrato, na hipótese de sobrevirem fatos imprevisíveis, ou previsíveis porém de conseqüências incalculáveis, retardadores ou impeditivos da execução do ajustado, ou ainda, em caso de força maior, caso fortuito ou fato do príncipe, configurando álea econômica extraordinária e extracontratual.

Em suma: a lei prevê o dever de se restaurar a equação econômico-financeira tanto nos casos em que a Administração, para atender a conveniências públicas, valendo-se de suas competências contratuais, modifica o inicialmente ajustado, afetando o equilíbrio inicial, quanto nas hipóteses em que, valendo-se de competência extracontratual, expende providência que repercute sobre a equação original de maneira gravosa para o contratado, como, a final, em outros casos nos quais dito efeito danoso não provém da ação de quaisquer das partes, mas de força maior ou de eventos imprevisíveis ou de consequências imprevisíveis.

19. Como se vê o referido art. 65, II, "d", acima transcrito, refere-se a "fato do príncipe", cujo conceito, entretanto, não é pacífico. Todos entendem que se constitui em medida governamental que afeta o equilíbrio do contrato. Aí termina a uniformidade de pontos de vista. Conforme registramos em obra teórica:

> Não há acordo, contudo, com relação aos atos suscetíveis de propiciarem a invocação desta teoria. Assim, registrando que no passado a teoria do fato do príncipe possuía maior amplitude, por abranger também os atos provenientes de outra pessoa de Direito Público que não o próprio concedente, os autores acordam apenas em que, para ser alegada, é forçoso que o ato gravoso proceda do concedente. Neste sentido Laubadère, Waline, Vedel, Rivero e Bénoît. Contudo, Laubadère, Waline e Rivero entendem que a teoria em causa cobre tanto os prejuízos que resultem da modificação unilateral das cláusulas da concessão quanto os que provenham de medida tomada com base em competência diversa daquela que o concedente exercitou ao praticar o ato concessivo. Já, Vedel e Bénoît consideram que só nesta última hipótese tem cabimento a remissão à teoria do fato do príncipe. Julgam que a indenização devida no caso de utilização pelo concedente dos poderes de alteração unilateral

de cláusulas funda-se na própria relação específica da concessão e não no exercício de um poder genérico (que os italianos qualificariam como "de supremacia geral") ao qual se deve ligar o fato do príncipe.[151]

Entre nós, Lúcia Valle Figueiredo[152] e Maria Sylvia Zanella Di Pietro[153] também registram a dissonância doutrinária, manifestando-se explicitamente esta última em prol da orientação que atrela o fato do príncipe ao uso de competência extracontratual, até porque, ao que parece, nele só inclui *medidas gerais*.

Segundo Diógenes Gasparini:

> No nosso Direito Positivo, fato do príncipe – ato ou fato da autoridade pública – é toda determinação estatal, positiva ou negativa, *geral* e imprevisível ou previsível, mas de conseqüências incalculáveis, que onera extraordinariamente ou que impede a execução do contrato e obriga a Administração Pública a compensar inteiramente os prejuízos suportados pelo contratante particular.[154]

Percebe-se, facilmente, então, que a matéria comporta significativas divergências no que atina à caracterização do chamado "fato do príncipe". Em nosso entendimento, nada importa que a medida seja geral ou especial, importa, isto sim, que haja sido tomada com fundamento em competência estranha à competência contratual.[155]

De toda sorte, a discussão, entre nós, não apresenta relevo significativo. É que, no direito brasileiro, o dever de restaurar o equilíbrio econômico-financeiro afetado existe, do mesmo modo, quer se trate do uso de competência alheia à contratual, quer se trate do meneio de competência contratual.

20. No caso vertente, a situação apresenta a peculiaridade de que, embora prevista no certame licitatório eventual nova licitação para os mesmos serviços na área abrangida pela EADI-Limeira, tal prerrogativa existiria mesmo que não houvesse sido feita a sobredita

---

[151] BANDEIRA DE MELLO, Celso Antônio. *Curso de direito administrativo*. 12. ed. São Paulo: Malheiros, 2000. p. 634-635, nota de rodapé nº 34.
[152] FIGUEIREDO, Lúcia Valle. *Curso de direito administrativo*. 4. ed. São Paulo: Malheiros, 2000. p. 482.
[153] DI PIETRO, Maria Sylvia Zanella. *Direito administrativo*. 12. ed. São Paulo: Atlas, 2000.
[154] GASPARINI, Diógenes. *Direito administrativo*. 5. ed. São Paulo: Saraiva, 2000. p. 542. Grifos nossos.
[155] GASPARINI, Diógenes. *Direito administrativo*. 5. ed. São Paulo: Saraiva, 2000. p. 556; 562.

previsão, sendo, pois, fruto de uma competência que independia de previsão contratual. Acresce que tal previsão não consta nem da minuta do contrato, integrante do edital, nem do contrato subsequentemente travado.

Assim, mesmo para aqueles que entendem – como é o nosso caso – que a teoria do fato do príncipe se reporta ao uso de competência extracontratual, estar-se-ia perante hipótese de fato do príncipe. *A fortiori*, assim também o seria para os que conferem à teoria em questão abrangência compreensiva do uso de quaisquer competências (contratuais ou extracontratuais) gravosas à equação econômico-financeira original.

21. No caso concreto e em face de tudo quanto se considerou, notadamente nos itens 12, 15, 17 e 18, é visível que em consequência da redução em 50% da área geográfica originalmente abrangida pela EADI-Limeira tornaram-se superdimensionadas as instalações exigidas na conformidade da licitação. Este excesso não beneficia ao interesse público e acarreta gravames supérfluos para o contratado. Com efeito, se determinadas dimensões da obra serviente da atividade foram estabelecidas *em função* das condições previstas no edital, variando tais condições é impossível que não variem correlatamente as dimensões e, consequentemente, os investimentos por elas suscitados, conforme se sublinhou, sobretudo no item 17 deste parecer. Trata-se de algo evidente, perceptível por qualquer.

Ora, se o Poder Público saca do contratado parte tão significativa do potencial mercadológico original, não lhe pode exigir obra e correspondentes investimentos *que haviam sido dimensionados à vista de um movimento e armazenagem de mercadorias muito maiores* do que os resultantes da divisão pela metade da área que os justificava. Trata-se de algo óbvio e que, se possível, ainda mais óbvio se revela ante a dicção do parágrafo terceiro da cláusula sétima do contrato e item 8.2.4 do edital, cujos termos: "Em havendo alteração unilateral do contrato que afete o seu inicial equilíbrio econômico-financeiro, a SRF/8ª RF deverá restabelecê-lo *concomitantemente* à *alteração*".

Não há negar que o contrato sofreu uma alteração unilateral (pois o contratado não mais disporá do volume de serviço à vista do qual fez as cotações de sua proposta e contratou), nada importando, quanto a isto, se a competência utilizada foi contratual ou extracontratual. Segue-se que o equilíbrio econômico-financeiro tem que ser restabelecido *concomitantemente* à *alteração*, o que equivale a dizer, tem que liberar, de imediato, o contratado de despesas que correspondiam aos termos iniciais do ajuste, mas que não guardam mais relação com a situação supervenientemente desencadeada pelo Poder Público, de fora parte a recomposição de outros prejuízos aferíveis em decorrência da redução do potencial mercadológico.

22. Casos existem nos quais a lógica, a mera lógica e nada mais do que um raciocínio elementar impõem de maneira inelutável a conclusão de que o equilíbrio contratual foi afetado, justificando-se, então, a adoção de providências que permitam, senão sua recomposição completa, quando menos, evitar seu desnecessário agravamento.

O caso em foco é, à toda evidência, um deles. Não é preciso desenvolver nenhuma elucubração sofisticada para perceber-se, de imediato, que a redução em 50% da área originalmente abrangida pela EADI-Limeira acarreta, *ipso facto*, substancial redução na remuneração que seria captada pelo contratado se não houvesse tal decisão administrativa. Assim, para reconhecê-lo é desnecessário que já esteja efetivada e materializados os consequentes prejuízos para o contratado. Que estes serão inevitáveis, que a remuneração suposta originalmente no contrato será afetada detrimentosamente é de incontendível certeza e esta percepção – que a mera racionalidade impõe – se robustece se estudos que levaram à elaboração da proposta vencedora acrescentam elementos de convicção demonstrativos da plausível diminuição da receita que seria auferida.

23. Segue-se que se a Administração recalcitra em recompor a equação afetada e, desde logo, se se recusa a exonerar o contratado de dispêndios cuja grandeza não mais guarda correlação com a situação precedente e se não é cautelarmente afastada a imposição deles, ter-se-á configurado falta contratual do contratante governamental ensejadora de rescisão do ajuste, pela qual terá ele de responder com as perdas e danos sofridos pelo contratado.

Com efeito, o art. 66 da Lei nº 8.666 estabelece que: "O contrato deverá ser executado fielmente pelas partes, de acordo com as cláusulas avençadas e as normas desta Lei, respondendo cada uma pelas conseqüências de sua inexecução total ou parcial".

Demais disto, o item 13.4 do edital e o parágrafo décimo da cláusula décima primeira do contrato dispõem: "O contrato de permissão poderá ser rescindido por iniciativa da permissionária no caso de descumprimento das normas contratuais pelo poder concedente mediante ação judicial especialmente intentada para este fim".

Uma vez que o direito ao equilíbrio econômico-financeiro, conforme abundante exposição, é assegurado pela Constituição, pela lei, por numerosas cláusulas do edital e do contrato, notadamente a sétima deste último e item 8.24 do edital, exigentes de reequilíbrio *concomitante* à sua quebra, não há duvidar que, uma vez violado, mostrando-se a Administração recalcitrante em corrigir-se, tem o contratado inequívoco direito à rescisão do contrato e às correspondentes indenizações.

24. Dessarte, às indagações formuladas, respondo:

I – Em face da doutrina, do direito positivo, do próprio edital da licitação que disputou e dos termos do contrato firmado, a Consulente tinha e tem direito à mantença do equilíbrio econômico-financeiro do contrato.

II – A divisão da jurisdição abrangida originariamente pela DRF-Limeira e a subsequente licitação de uma EADI para atender à nova DRF com jurisdição sobre a área de Piracicaba e outros municípios que foram retirados da abrangência da DRF-Limeira constituem-se em "fato do príncipe" com direta repercussão gravosa no equilíbrio contratual inicialmente estipulado.

III – A redução de 50% da área geográfica abrangida pela jurisdição original da referida EADI-Limeira, confere à Consulente direito à redução dos investimentos contratualmente previstos na mencionada EADI como forma de obter, ao menos parcialmente, reequilíbrio econômico-financeiro do empreendimento.

IV – A alteração da equação econômico-financeira do contrato administrativo, para justificar o reequilíbrio contratual, não demanda necessariamente sua efetiva materialização com o desencadear de prejuízos efetivos, mas pode ser deduzida antecipadamente, desde que ocorram fatos ou atos incontroversos que evidenciem, tal como ocorre no caso *sub consulta*, que os danos não são apenas plausíveis, mas, logicamente, indisputáveis, ante a inexorável diminuição de receita provocada por ato do Poder Público contratante, sobreposse se tal ocorrência gravosa está, ademais, apoiada em demonstrativo de estudos que levaram à elaboração da proposta vencedora.

V – Caso não seja cautelarmente afastada a recusa da Administração em recompor o equilíbrio afetado, ter-se-á caracterizado conduta faltosa do contratante governamental, ensejadora de rescisão do contrato, com direito de o contratado obter as perdas e danos que vier a suportar em decorrência disto.

É o meu parecer.

São Paulo, 12 de junho de 2000.

EMENTA: FORMA DE COMPOSIÇÃO DE COMPETÊNCIAS ENTRE PESSOAS JURÍDICAS DE DIREITO PÚBLICO PARA QUE SE ESTABELEÇA RECÍPROCA HARMONIA ENTRE ELAS – COMPETÊNCIAS MUNICIPAIS URBANÍSTICAS E COMPETÊNCIAS NACIONAIS DE TELECOMUNICAÇÃO: UBIQUAÇÃO DE ESTAÇÕES RÁDIO-BASE

A empresa XXXXX, por seu ilustre diretor jurídico, expõe-nos os fatos abaixo, formulando a seguir:

Consulta

1. A Consulente é concessionária de serviço móvel celular (SMC). Dito serviço só pode ser prestado mediante a instalação de Estações Rádio-base (ERB's) na área que se pretende cobrir. Sem a instalação das ERB's é absolutamente impossível a prestação do serviço.

2. É fato, também, que cada ERB tem um raio limitado de cobertura, variando de algumas centenas de metros nas regiões centrais das grandes cidades (onde os edifícios e o alto tráfego de comunicações limitam sua cobertura) até alguns quilômetros (nas periferias das grandes cidades, cidades de menor porte e rodovias). A densidade de prédios, obstáculos naturais e a intensidade do tráfego de comunicações diminuem o raio de cobertura de cada ERB, tornando obrigatória a instalação de um maior número delas para o adequado funcionamento do serviço.

3. A definição do exato local de instalação de cada ERB não é, portanto, uma decisão arbitrária ou discricionária da operadora. Sofisticados cálculos de engenharia, que consideram a realidade topográfica e física da área a ser coberta, bem como as condições de tráfego de voz ou dados, definem a localização de cada ERB. Assim, se as ERB's não forem instaladas nos locais definidos pela engenharia, o sistema não funcionará adequadamente e será mesmo impossível a disponibilização do serviço em certas áreas. Isto significa, por exemplo, que se não houver a instalação de ERB's em zona exclusivamente residencial, não haverá o serviço na referida área, o que afeta não apenas os seus moradores, mas todas as pessoas que ali transitam.

Há que se observar, além disto, que o Poder concedente estipula, inclusive contratualmente, rigorosas metas de cobertura e, bem assim, critérios de adequação do serviço. Seu não atendimento nos prazos fixados pode levar à perda da concessão. De resto, é natural que seja assim, pois se trata de serviço de interesse coletivo de competência da União.

4. Ocorre que, a título de exercer sua competência legislativa sobre matéria urbanística, alguns Municípios têm editado normas (leis, decretos, portarias, etc) pretendendo regular a instalação das ERB's. Outros não têm lei ou regulamentação específica sobre o tema. É certo, todavia, que cada Município estabelece as mais diferentes regras ou requisitos, inclusive pretendendo dispor sobre o que foi instalado no passado. Encontra-se todo o tipo de exigências: recuos, autorizações prévias e escritas de vizinhos, regularidade de todo o imóvel, no mais das vezes locados em parte, no qual está ou será instalada a ERB. As cópias das normas em anexo dão uma idéia de quão caótica é a situação.

5. Considerando que a expedição pelo Município de ato liberando a instalação da ERB é uma das condições necessárias para a devida regularização dela (as outras duas são a autorização da Agência Nacional de Telecomunicações – ANATEL para radiofreqüência e do Comando Aéreo Regional – COMAR, este quando for o caso), as operadoras estão vivenciando uma situação de completa insegurança jurídica.

A instalação das ERB's é obrigatória para cumprimento das metas fixadas pelo Poder concedente. De outro lado, as diversas normas municipais ou sua ausência impedem, em muitos casos, a obtenção da almejada autorização, o que gera autuações, ordens de fechamento e processos administrativos e judiciais, inclusive da parte do Ministério Público.

6. Há, com efeito, uma espécie de conflito de competências entre a União e os Municípios. Em última análise, vêm sendo editadas regras municipais que, a pretexto de expedir regras urbanísticas, de uso e ocupação do solo, impedem a regular prestação de um serviço de interesse coletivo de competência da União. No Estado de São Paulo, foi até editada

recentemente, mesmo após o veto do Snr. Governador, lei estadual sobre a matéria, estabelecendo, inclusive, recuos mínimos (anexo).

7. Registre-se que, no concernente à questão de radiação, a ANATEL adotou os limites preconizados pela Organização Mundial de Saúde (anexo). As medições efetuadas em ERB's das signatárias indicam valores inferiores a 10% dos tais limites máximos permitidos.

Diante de todo o exposto, indaga-se:

I – Quais são e como se compatibilizam as competências da União, Estados, Distrito Federal e Municípios em matéria urbanística?

II – As competências municipais para legislar sobre matéria urbanística sofrem limitações jurídicas decorrentes do exercício, por União e Estados, de competências de outra ordem que lhes sejam pertinentes?

III – É correto o entendimento de que à União e unicamente a esta esfera governamental é que assiste competência para definir os padrões técnicos de segurança e de salubridade pessoal relacionados com radiações oriundas de Estações Radio-base, excluindo-se, portanto, a possibilidade de terceiros fixarem para elas, em função de radiações, recuos ou afastamentos desconformes com os que resultem dos padrões estabelecidos na órbita federal?

IV – A concessão federal de serviços de telefonia celular é, em si mesma, suficiente para assegurar ao concessionário o direito à instalação de ERB's (necessariamente em território municipal) na conformidade de exigências técnicas impostergáveis para o adequado funcionamento do sobredito serviço ou o Município poderia, em nome do interesse local, contrapor-se a isto?

V – Pode o Município, em nome de sua competência reguladora e ordenadora do uso e ocupação do solo, proibir a instalação de ERB's em determinadas áreas, como nas estritamente residenciais, ou, então, estabelecer exigências que abiquem transversamente em resultado igualmente obstativo, por via de exigências tão onerosas que as inviabilizem *economicamente* ou as tornem *excessivamente gravosas*, alterando de modo significativo os custos que estariam implicados se não houvera tais exigências?

VI – A emissão da competente aquiescência para a instalação de ERB's por parte do Município (ou do Estado, se o caso) é ato discricionário ou vinculado? Favor explicar.

VII – Pode a legislação municipal fazer com que a expedição de licenças para instalação de ERB's fique na dependência de manifestação concordante dos moradores das vizinhanças?

VIII – Legislação superveniente, estadual ou municipal, que modifique os requisitos para instalação de ERB's, pode afetar a situação das que já estejam instaladas com base em atos municipais precedentemene expedidos?

IX – Ante a multiplicidade de pessoas tituladas para emissão de normas urbanísticas e da freqüente ausência de normas municipais específicas sobre a instalação de ERB's, qual a alternativa jurídica mais adequada para solucionar os problemas daí derivados, com vistas a se obter a necessária segurança jurídica?

Às indagações respondo nos termos que seguem.

Parecer

1. O art. 24, I, da Constituição Federal estabelece que compete à União, concorrentemente com estados e Distrito Federal, "legislar sobre direito urbanístico" (art. 24, I, da Constituição Federal). Sem embargo, consoante preceptivo do §1º, a titulação da União, ali prevista, é unicamente para expedir "normas gerais" às quais, conforme estatui o §2º, haverão de se conformar a legislação estadual ou distrital editada para suplementá-las. À falta delas, entretanto, os estados exercerão competência plena "para atender a suas peculiaridades", como estabelece o §3º. Contudo, sobrevindo ditas normas, fica suspensa a eficácia da legislação estadual no que lhes for contrária. É o que dispõe o §4º. Registre-se ser também da alçada da União, a teor do art. 182, §4º, expedir a lei "federal" que definirá os termos segundo os quais fica facultado ao poder municipal exigir do proprietário do solo urbano não edificado, mediante lei própria e específica para área incluída no plano diretor (também este aprovado por lei municipal), que promova seu adequado aproveitamento, sob pena de consequências previstas nos incs. I a III do mesmo dispositivo.

2. De par com as precitadas competências legislativas, da União, dos estados e do Distrito Federal, compete ao município, a teor do art. 30, I – e já agora privativamente –, expedir as normas urbanísticas que sejam de "interesse local". Também lhe compete "suplementar a legislação federal e estadual no que couber", conforme previsto no inc. II deste mesmo artigo. Acresce, ainda, que, a teor do inc. VIII, assiste-lhe, outrossim, "promover, no que couber, adequado ordenamento territorial, mediante planejamento e controle do uso, do parcelamento e da ocupação do solo urbano". Finalmente, em decorrência do art. 182, "A política de desenvolvimento urbano, executada pelo Poder Público municipal, conforme diretrizes gerais fixadas em lei, tem por objetivo ordenar o pleno desenvolvimento das funções sociais da cidade e garantir o bem-estar dos seus habitantes".

Eis, pois, que as competências mais significativas em matéria urbanística, na prática, são as do município. Aliás, basta uma leitura do chamado Estatuto da Cidade, ou seja, da Lei nacional nº 10.257, de 10.7.2001, expedida para regular os arts. 182 e 183 da Constituição, para perceber-se que tal reconhecimento nela está claramente expressado.

3. É óbvio que as assinaladas competências das diferentes pessoas jurídicas têm que se harmonizar, de sorte a não haver um pisoteamento de umas sobre outras ou um entrechoque que as contraponha. Uma vez mantidas cada qual na respectiva esfera que lhes foi assinalada pela Constituição, adscrevendo-se todas ao campo de ação que lhes corresponde, elas são compatibilizáveis. Com efeito: "Não se presumem antinomias ou incompatibilidades nos repositórios jurídicos", sintetizou Carlos Maximiliano. E logo além: "Sempre que descobre uma contradição deve o hermeneuta desconfiar de si; presumir que não compreendeu bem o sentido de cada um dos textos ao parecer inconciliáveis [...]".[156]

Dessarte, por muito difícil que seja – e muitas vezes o é – o exegeta não pode deixar de estabelecer uma composição entre normas oriundas destas diferentes esferas jurídicas (União, estados e municípios) para que convivam sem se desautorizar reciprocamente.

No Texto Constitucional há indicações claras apontando, ao menos, os vetores interpretativos aos quais se deve obedecer para deslinde da questão.

4. Viu-se que, em se tratando de "normas gerais", a competência é da União. Uma vez que as leis são sempre (ou quase sempre) normas gerais, há de se entender que quando o Texto Constitucional menciona "normas gerais" está a demandar algo além da generalidade que é comum a quaisquer leis, verificação óbvia que não espanca a notória dificuldade, ainda hoje irresoluta, para se proceder a uma identificação precisa do que sejam normas gerais.

Relembre-se inicialmente lições de Geraldo Ataliba, ao tratar, em estudo profundo, das normas gerais de direito financeiro e tributário previstas na Carta de 1967 e mantidas na Carta de 1969, dita Emenda nº 1 à referida Carta. De acordo com o referido jurista, deveriam ser consideradas como normas gerais tão somente as que previnem conflitos entre as pessoas de direito público e as que preenchem lacunas

---

[156] MAXIMILIANO, Carlos. *Hermenêutica e aplicação do direito*. 15. ed. Rio de Janeiro: Forense, 1995. p.134.

constitucionais insuscetíveis de serem supridas pelas próprias pessoas de direito público interessadas.[157]

5. Nós mesmos ensaiamos algumas diretrizes para qualificação das normas gerais, apontando que são gerais as que, ao contrário das outras, veiculam *apenas*:

> a) preceitos que estabelecem os princípios, os fundamentos, as diretrizes, os critérios básicos, conformadores das leis que necessariamente terão de sucedê-las para completar a regência da matéria. Isto é: daqueloutras que produzirão a ulterior disciplina específica e suficiente, ou seja, indispensável, para regular o assunto que foi objeto de normas apenas "gerais".
>
> Segue-se que não serão caracterizáveis como disposições veiculadoras de normas gerais as que exaurem o assunto nelas versado, dispensando regramento sucessivo. É claro, entretanto, que o dispositivo que formula princípios ou simples critérios não perde o caráter de norma geral pelo fato de esgotar os princípios ou critérios aplicáveis, visto que nem uns, nem outros, trazem consigo exaustão da disciplina da matéria sobre a qual se aplicam;
>
> b) preceitos que podem ser aplicados uniformemente em todo o País, por se adscreverem a aspectos nacionalmente indiferençados, de tal sorte que repercutem com neutralidade, indiferentemente, em quaisquer de suas regiões ou localidades.
>
> Segue-se que não serão normas gerais aquelas que produzem conseqüências díspares nas diversas áreas sobre as quais se aplicam, acarretando, em certas áreas, por força de condições, peculiaridades ou características próprias da região ou do local, repercussão gravosa sobre outros bens jurídicos igualmente conformados pelo Direito.[158]

José Afonso da Silva aponta como conteúdo possível das normas gerais *de direito urbanístico* da alçada da União "aquelas que, expressamente mencionadas na Constituição, fixem os princípios e diretrizes para o desenvolvimento urbano nacional, estabeleçam conceitos básicos de sua atuação e indiquem os instrumentos para sua execução".[159]

---

[157] ATALIBA, Geraldo. Normas gerais de direito financeiro e tributário e autonomia dos estados e municípios. *RDP*, v. 10, p. 45-80.

[158] BANDEIRA DE MELLO, Celso Antônio. *Curso de direito administrativo*. 14. ed. São Paulo: Malheiros, 2002. p. 473-474.

[159] SILVA, José Afonso da. *Direito urbanístico brasileiro*. 3. ed. rev. e atual. São Paulo: Malheiros, 2000. p. 64.

Tomando em conta estas indicações até agora feitas, nota-se que a competência da União relativa à expedição de normas gerais de direito urbanístico dificilmente se confundirá, em algum caso, com o campo competencial de estados e municípios. O mesmo se dirá no que atina às atribuições legislativas da União supostas no art. 182, §4º.

6. Quanto às competências estaduais na matéria, também são discerníveis das competências municipais, normalmente sem dificuldades de grande monta, porque, como disse o precitado José Afonso, são prepostas a

> estabelecer normas de coordenação dos planos urbanísticos no nível de suas regiões administrativas, além de sua expressa competência para, mediante lei complementar, instituir regiões metropolitanas, aglomerações urbanas e microrregiões, constituídas por agrupamentos de municípios limítrofes, para integrar a organização, o planejamento e a execução de funções públicas de interesse comum.[160]

7. Em vista do que até agora se disse resulta perceptível que nem União nem estados fixam normas urbanísticas "intramunicipais", mas apenas normas que contemplem aspectos "intermunicipais". Segue-se que, naquela intimidade o que vai sobrelevar é a competência do município. A este é que assistirá expedir as licenças para ocupação do solo urbano municipal (art. 30, VIII: "controle do uso, do parcelamento e da ocupação do solo urbano"), sempre que dita ocupação esteja conforme às leis municipais que a regulem.

Nada obstante, cabem aqui algumas importantes acotações para que se possa melhor gizar a extensão de liberdade que o município terá ou, dito pelo reverso, para encarecer algumas constrições a que estará sujeito para não se incompatibilizar com competências alheias.

8. Desde logo, é certo que legislação da alçada da União ou dos estados, ao incidir sobre matéria estranha ao direito propriamente urbanístico, pode, entretanto, repercutir neste campo. Em tais casos a legislação edilícia ou urbanística do município não poderá trazer consigo violação ou amesquinhamento daquilo que resulta de lei ou ato federal ou estadual legitimamente exarados, pois circunscritos à temática sobre a qual podiam dispor e tenham disposto em termos comedidos. Vale dizer que as normas municipais pertinentes terão

---

[160] SILVA, José Afonso da. *Direito urbanístico brasileiro*. 3. ed. rev. e atual. São Paulo: Malheiros, 2000. p. 55-56.

de manter compatibilidade com o que em outra esfera haja sido regularmente disposto.

Tome-se como exemplo imediatamente visível a legislação estadual que fixasse determinada cubagem mínima de ar como o piso de salubridade tolerável para compartimentos habitáveis. Disto resultaria a impossibilidade de a legislação edilícia municipal admitir que nas plantas das habitações uni ou plurifamiliares fossem aceitos como dormitórios compartimentos cujas reduzidas dimensões acarretassem uma cubagem de ar inferior à estabelecida na legislação sanitária estadual.

9. Similarmente, sendo de competência *privativa* da União, consoante dispõe o art. 22, IV, da Constituição Federal, legislar sobre *telecomunicações*, daí decorre que são obrigatórias em todo o país – e não podem ser dispensados ou agravados por disposição estadual ou municipal – as normas que nesta esfera sejam regularmente expedidas no que concerne aos *correspondentes equipamentos e respectivos requisitos de segurança* quanto aos *padrões considerados necessários e suficientes para preservação da saúde humana e salubridade ambiental*.

Ademais, posto que o art. 21, XI, do Texto Constitucional dispõe competir à União "explorar, diretamente ou mediante autorização, concessão ou permissão, os serviços de telecomunicações, nos termos da lei, que disporá sobre a organização dos serviços, a criação de um órgão regulador e outros aspectos institucionais", compreende-se que a outorga que faça de tais serviços *não pode ser, diretamente ou por vias transversas, impedida, frustrada, tornada ineficaz ou desnecessariamente perturbada em decorrência de lei estadual ou municipal*. Dessarte, é incensurável a Lei federal nº 8.919, de 15.7.1994, de acordo com a qual ao

> permissionário de qualquer serviço de radiocomunicação é assegurado o direito de instalação da respectiva estação, bem como do necessário sistema ou conjunto de antenas, em prédio próprio ou locado, observados os preceitos relativos às zonas de proteção de aeródromos, heliportos e de auxílio à navegação aérea, [...] obedecidos os princípios técnicos inerentes ao assunto e observadas as normas de engenharia e posturas federais, estaduais e municipais aplicáveis às construções, escavações e logradouros públicos.

10. Uma vez que a telefonia móvel celular é serviço de telecomunicações e seu funcionamento pressupõe instalação de estações rádio-base, a concessão, efetuada pela União, de serviços de telefonia celular traz *consigo a qualificação da concessionária no direito de efetuar as*

necessárias instalações cujos requisitos técnicos, *inclusive no que concerne à obediência aos padrões de salubridade em vista da emissão de radiações*, evidentemente são definidos na esfera da União e de ninguém mais.

A expedição pela União do ato concessivo, ou quando for o caso da permissão ou autorização, confere desde logo ao beneficiário a correspondente titulação que o habilitará ao exercício da atividade em causa, para cujo desempenho independerá de aquiescência de qualquer outra pessoa jurídica de direito público.

É de meridiana clareza que os sujeitos competentes para definição dos padrões técnicos de segurança e de salubridade pessoal ou ambiental relacionados com radiações oriundas de estações rádio-base são as pessoas jurídicas ou órgãos encartados na Administração direta ou indireta da União aos quais dita competência haja sido atribuída nos termos da legislação federal pertinente. Aliás, consoante informa a Consulta, em matéria de radiação, a Anatel adotou os limites preconizados pela Organização Mundial de Saúde. Ditos padrões impõem-se obrigatoriamente para estados e municípios, os quais, à toda evidência, não podem minorá-los nem os agravar. Ou seja, quanto a tais aspectos não há espaço para legislação estadual ou municipal, assim, serão *inconstitucionais* se incidirem sobre o referido tópico em descompasso com o disposto pelo Poder Público federal.

Dessarte, é visível que descabe a edição de lei municipal ou estadual para regular distâncias sobre o ponto de radiação de antena transmissora e a divisa do imóvel ou sobre a base desta e as divisas do lote, maiormente se o fizerem de maneira discrepante daquela que resulte das normas técnicas federais atinentes à garantia da salubridade circunvizinhante.

Em suma, conquanto seja livre de qualquer dúvida ou entredúvida que a instalação de estações rádio-base (ERBs) se assujeita às disposições urbanísticas municipais, também é livre de dúvidas ou entredúvidas que ditas normas do município *terão de atender a parâmetros de razoabilidade* e jamais poderão ser fonte de impedimento à aplicação de normas regularmente editadas nas órbitas federais ou estaduais, assim como menos ainda poderão se constituir em obstáculo inarredável à produção de efeitos de atos regularmente expedidos nas esferas da União ou dos estados.

11. As atividades de telecomunicações se exercitarão em diversos pontos do território nacional e, obrigatoriamente, na intimidade do espaço territorial de um município, por ser este a menor unidade geográfica político-administrativa em que se encontra dividido o

país. Assim, instalações físicas, como as ERBs, demandadas para o desempenho do que haja sido autorizado, concedido ou permitido, haverão de sediar-se em território municipal.

Se o município desfrutasse da prerrogativa de concordar ou não com a possibilidade de serem efetuadas tais instalações, é óbvio que a palavra definitiva sobre as consequências efetivas das referidas autorizações, concessões ou permissões ficaria retida em suas mãos. Já não seria a União, como quer o Texto Constitucional, quem decidiria sobre a real concreção de tais atos, porquanto estes ficariam na pendência de uma aquiescência municipal. Ora, as competências irrogadas à União no art. 21 não são o enunciado de palavras fátuas; não podem ser havidas como outorga de poderes inconsequentes, isto é, despojados do atributo de produzir, por si mesmos, as repercussões concretas na realidade em função das quais são exercitados.

A entender-se de outro modo, seria forçoso concluir que, na matéria, a esfera de atribuições da União teria de concertar-se com as decisões municipais, pena de se tornar inoperante na vida real, isto é, inapta a produzir os efeitos pretendidos pelos atos em que se traduzem.

É óbvio que ninguém sufragaria entendimento que abicasse em disparate de tal ordem. Evidentemente, na outorga pelo poder federal das habilitações previstas no art. 21, XI, está implícito que não poderão ser antepostos, por quem quer que seja, mediante lei ou mediante ato administrativo, obstáculos frustradores do sentido prático, objetivo, daquelas decisões da União.

12. Certamente por força de suas atribuições em matéria urbanística, o município poderá disciplinar a utilização dos espaços urbanos e, pois, estabelecer condições a serem atendidas por quaisquer sujeitos que os queiram ocupar. Aliás, a própria Lei nº 9.472, de 16.7.1997, conhecida como Lei Geral de Telecomunicações, as ressalva, embora reportada a normas sobre construção e utilização de espaços em "logradouros públicos". De fato, seu art. 74 estatui que "a concessão, permissão ou autorização de serviço de telecomunicações, não isenta a prestadora do atendimento às normas de engenharia e às leis municipais, estaduais ou do Distrito Federal relativas à construção e à instalação de cabos e equipamentos em *logradouros públicos*".

Daí, entretanto, como é hialinamente claro, não se segue que, a título de fixar dito regramento, possa erigir empeços que representem, *in concreto*, para os titulados pela União como autorizados, concessionários ou permissionários de serviços de telecomunicações, a inviabilização física, técnica ou econômica, do *direito* de utilizarem os espaços imprescindíveis para implantação de equipamentos que neles se tenham de instalar para a adequada prestação da atividade em vista da qual foram regularmente qualificados pelo poder federal.

Isto significa que, embora a legislação municipal possa estabelecer normas preordenadas a assegurar adequada utilização dos espaços urbanos, de maneira, inclusive, a que sejam respeitados critérios até mesmo estéticos, sobretudo em áreas nobres, não poderá fazê-lo de molde a tornar proibida em determinadas zonas a instalação de equipamentos – como as ERBs, por exemplo – se nelas necessitarem se ubicar por razões de ordem técnica, sob pena de comprometimento da adequada prestação do serviço, sobretudo nos casos em que seja obrigatório, perante o poder concedente, alcançar determinados padrões ou metas de qualidade.

Pelos mesmos fundamentos jurídicos aduzidos, também não são admissíveis disposições municipais, estabelecidas em lei ou em atos subalternos, como os provenientes do Executivo, que, mesmo não se apresentando como um impedimento direto à instalação dos sobreditos equipamentos, abiquem transversamente em resultado igualmente obstativo, por via de exigências tão onerosas que a inviabilizem *economicamente* ou a tornem *excessivamente gravosa*, alterando de modo significativo os custos que estariam implicados se não houvesse tais exigências.

Ante as considerações óbvias de que as habilitações deferidas pela União em matéria de telecomunicações produzem efeitos por força própria, decorre que não ficam assujeitadas à concordância do município em conferir-lhes condições de efetiva produção de efeitos práticos. Evidencia-se, então, igualmente, que os sujeitos a quem o poder federal outorgue tais habilitações *têm direito* ao exercício das sobreditas atividades, no que está evidentemente implicado, a utilização dos meios para tanto imprescindíveis.

13. Ora, se há, pois, *direito* ao exercício das atividades em causa e, consequentemente, à utilização dos meios e equipamentos que lhe são inerentes, segue-se, por derivação lógica irrefragável, que o município não dispõe de aptidão jurídica para, a seu critério, isto é, *discricionariamente*, deferir ou indeferir licenças para instalação dos equipamentos em apreço. Deveras, se a autoridade municipal pudesse, ao seu líbito, invocar razões de interesse público para outorgar ou denegar licenças de instalação, nela é que estaria retida a aptidão jurídica para ensejar ou obstacular as atividades de telecomunicações.

Em suma, a União ficaria a depender de um *nihil obstat* editado pelos municípios, conclusão esta que ninguém da área jurídica, em seu juízo normal, encamparia.

Assim, é forçoso reconhecer que o município não tem *competência discricionária* para livremente aquiescer ou denegar a instalação de ERBs. Antes e pelo contrário, uma vez atendidos os normais requisitos da legislação urbanística, está, de direito, obrigado a aquiescer em que sejam instaladas dentro de perímetros nos quais, por razões de ordem técnica, devam obrigatoriamente se alocar para o bom funcionamento do serviço a que estão prepostas. Portanto, trata-se de ato vinculado.

Com as expressões "discricionário", "discricionariedade", estamos a significar *margem de interferência subjetiva do administrador* na decisão a ser tomada. Negando a existência dela na apreciação relativa à expedição de licenças para instalação de ERBs, estamos a afirmar que o município não pode outorgar ou negar licença para que sejam instaladas mediante critérios subjetivos. Sua decisão quanto a isto terá de estar assentada no contraste entre normas jurídicas descritivas de uma *situação objetivamente reconhecível* e a pretensão formulada pelo sujeito titulado para o serviço de telecomunicação celular, de tal sorte que se este se encontrar conforme à legislação será obrigatória a expedição da licença, tal como seria obrigatória sua denegação no caso de desacordo com a lei. Em suma: o que está em pauta é um ato vinculado.

Se inexistir lei municipal específica contemplando as estações rádio-base, tendo em vista que o município não poderia obstar o funcionamento de um serviço de telecomunicações concedido pela União – o que ocorreria se fossem negadas licenças para instalação das ERBs –, a solução será aplicar as disposições legislativas municipais que se aplicam à generalidade das edificações, atendendo-se às normas existentes no que concerne a coeficientes de edificação e taxas de ocupação.

Em tal caso, ainda que seja menos evidente a ausência de liberdade administrativa, mesmo assim, havendo, como há, direito de o concessionário instalar a ERB em área onde seja tecnicamente indispensável para a correta prestação do serviço, tudo se resumirá em atender a *exigências razoáveis* que a Administração haja estabelecido com base nas disposições gerais sobre o direito de edificar previstas na legislação urbanística. Vale dizer: a outorga ou denegação da licença não serão jamais decisões tomadas meramente com base em um entendimento do administrador sobre ser ou não conveniente que se instalem ERBs na área.

14. Firmados estes pontos, outrossim se exibe como conclusão inadversável a de que a expedição de licença municipal para instalação de ERBs no local tal ou qual não pode ser, nem mesmo pela legislação do município, condicionada a manifestações concordantes dos moradores da área ou de suas circunvizinhanças.

Com efeito, uma vez assente que os titulados a serviços de telecomunicações têm *direito* a desenvolver as correspondentes atividades e que tal direito abrange como consectário lógico inafastável o de instalar as ERBs dentro dos perímetros em que, por razões de ordem técnica, necessitem se ubicar, resulta que ninguém, seja ou não vizinho de tais locais, poderia validamente sufocá-lo. É do mesmo modo claro que, se fosse aceita tal possibilidade, os atos que a Constituição atribuiu à União passariam a ter sua eficácia jurídica e fática pendente da concordância deste segmento dos moradores locais, com manifesta violação da competência federal na matéria, porquanto na Lei Maior inexiste qualquer clausulamento desta natureza.

15. As estações rádio-base são edificações, isto é, torres com implementos. Assim, os atos municipais que liberam suas instalações têm a mesma natureza daqueles que liberam as edificações em geral. Vale dizer: ainda que expedidos sob outra designação (autorização, permissão ou qualquer outro), são verdadeiramente *licenças de edificar*, ou seja, atos notoriamente vinculados e que uma vez emitidos *perfazem atos jurídicos perfeitos e geram direito adquirido.*

Deveras, edificações para prestar serviços de telecomunicações por todo um largo período da concessão não se erigem com propósitos precários, mas se fazem com ânimo de permanência, além de envolverem dispêndios obviamente incompatíveis com precariedade. Ademais, não é a licença que compõe o direito a edificar. Este precede a edificação. Apenas o exercício de tal direito é que está condicionado a um ato administrativo cuja função específica é conferir se há ou não há conformidade entre a edificação pretendida, isto é, a ereção da estação rádio-base, e os condicionamentos normativos a que está sujeita. Em suma: a licença é ato que remove obstáculo ao *exercício* de um poder jurídico preexistente, mas cuja atuação está condicionada a uma conferência administrativa.

16. É bem de ver, portanto, que o deferimento de licença nada tem de precário. Com efeito, a voz "precário", reportada ao ato administrativo, significa provisório, cancelável a qualquer tempo, instável. É evidente que um ato recognitivo de direito nada pode ter de precário, de instável, de provisório.

Daí haver Hely Lopes Meirelles enunciado, com propriedade, a diferença existente entre os alvarás de licença, atos definitivos e os de autorização, atos precários, nos seguintes termos:

> O alvará pode ser definitivo ou precário: será definitivo e vinculante para a Administração quando expedido diante de um direito subjetivo do requerente como é a edificação, desde que o proprietário satisfaça todas as exigências das normas edilícias; será precário e discricionário se a Administração o concede por liberalidade, desde que não haja impedimento legal para sua expedição, como é o alvará de porte de arma ou de uso especial de um bem público. O alvará definitivo consubstancia uma licença; o alvará precário expressa uma autorização.[161]

Sérgio de Andréa Ferreira, o eminente professor da Universidade Estadual do Rio de Janeiro, professa lição em que sublinha os mesmos traços, ao dizer: "A primeira, a licença, de caráter vinculado envolve direito subjetivo oponível à própria Administração, a última, autorização ou permissão, *eminentemente discricionária é precária e revogável*".[162]

17. De resto, seria simplesmente absurdo imaginar-se precariedade na licença para construir, tanto em face de seu caráter meramente aferidor de um direito preexistente, quanto à vista dos relevantes efeitos patrimoniais que são envolvidos com base neste ato administrativo. Deveras, uma vez obtida a licença, o interessado investe recursos de monta. Sem abalançar-se a riscos descomedidos, ninguém alocaria importâncias de tomo, assumindo a álea de suportar prejuízos de assinalado porte.

Consequência, então, do quanto se vem de dizer é a de que as licenças de edificar, porque retratam atos jurídicos perfeitos e conferem direito adquirido, não podem ser afetadas por legislação superveniente que altere os termos dantes vigorantes para expedi-la. Assim, as licenças já emitidas para instalação das ERBs, mesmo que hajam sido deferidas sob a denominação de "autorizações" ou de "permissões" ou sob qualquer outra nomenclatura, não serão afetadas na hipótese de sobrevir legislação ulterior que regule diversamente a matéria.

18. De toda sorte, tendo em vista a quantidade de problemas suscitados pela instalação de estações rádio-base, a solução mais

---

[161] MEIRELLES, Hely Lopes. *Direito administrativo brasileiro*. 6. ed. atual. São Paulo: Revista dos Tribunais, 1978. p. 111-112.
[162] FERREIRA, Sérgio de Andréa. *Direito administrativo didático*. Rio de Janeiro: Forense, 1978. p. 252.

adequada para implantar segurança jurídica na matéria seria a expedição, pela União, de norma geral capaz de prevenir conflitos de competência entre os diversos titulados para legislar sobre matéria urbanística e para compor diretrizes que, na ausência de legislação municipal específica para as sobreditas estações, fornecessem critérios seguros para desate da questão.

19. Isto tudo posto e considerado, às indagações da Consulta respondo:

I – Em matéria urbanística, a competência da União é restrita à expedição das chamadas "normas gerais" (art. 24, §1º da Constituição Federal), portanto, normas que fixam princípios, critérios e diretrizes gerais, que fornecem a caracterização básica dos instrumentos urbanísticos e que previnem conflitos de competência legislativa entre as pessoas jurídicas de capacidade política. Compete-lhe, outrossim, a expedição da lei prevista no art. 182, §4º, da Lei Maior, para definir os termos segundo os quais o município poderá exigir do proprietário do solo urbano não edificado e sito em área incluída no plano diretor que promova seu adequado aproveitamento, sob pena de consequências previstas nos incs. I a III do mesmo dispositivo.

Já a competência dos estados e do Distrito Federal, previstas concorrentemente com a da União no art. 24, com os suplementos delineadores dos §§1º a 4º, tem sobretudo por objeto, como bem o disse José Afonso da Silva:

> estabelecer normas de coordenação dos planos urbanísticos no nível de suas regiões administrativas, além de sua expressa competência para, mediante lei complementar, instituir regiões metropolitanas, aglomerações urbanas e microrregiões, constituídas por agrupamentos de municípios limítrofes, para integrar a organização, o planejamento e a execução de funções públicas de interesse comum.

A competência urbanística do município, privativa no que concerne aos assuntos de interesse local (art. 30, I), comporta, ainda, a suplementação da legislação federal e estadual, no que couber (inc. II) e se destina a "promover, no que couber, adequado ordenamento territorial, mediante planejamento e controle do uso, do parcelamento e da ocupação do solo urbano" (inc. VIII). Assim, os municípios exercem as competências urbanísticas mais relevantes em termos práticos, pois enquanto os outros sujeitos fixam normas preocupados com os aspectos "inter" ou "supramunicipais", estes disciplinam os tópicos mais concretos e diretos da matéria, isto é, os "intramunicipais".

Uma vez mantidas cada qual na respectiva esfera que lhes foi assinalada pela Constituição, adscrevendo-se todas ao campo de ação que lhes corresponde, elas são compatibilizáveis, uma vez que, conforme o exposto, ainda que todas versem matéria urbanística, possuem objetos discerníveis (itens 1 a 7 do parecer).

II – As competências municipais para legislar sobre matéria urbanística sofrem indiscutíveis limitações jurídicas decorrentes do exercício, por União e estados, de competências de outra ordem que lhes sejam pertinentes. Em tais casos a legislação edilícia ou urbanística do município não poderá trazer consigo violação ou amesquinhamento daquilo que resulta de lei ou ato federal ou estadual legitimamente exarados, pois circunscritos à temática sobre a qual podiam dispor e tenham disposto em termos comedidos. Sirva de exemplo legislação estadual que fixasse como piso de salubridade para compartimentos habitáveis uma determinada cubagem mínima de ar. Disto resultaria a impossibilidade de a legislação edilícia municipal admitir que nas plantas das habitações uni ou plurifamiliares fossem aceitos como dormitórios compartimentos cujas reduzidas dimensões acarretassem uma cubagem de ar inferior à estabelecida na legislação sanitária estadual. Similarmente, sendo de competência *privativa* da União, consoante dispõe o art. 22, IV, da Constituição Federal, legislar sobre *telecomunicações*, daí decorre que são obrigatórias em todo o país – e não podem ser dispensadas ou agravadas por disposição estadual ou municipal – as normas que nesta esfera sejam regularmente expedidas para regular os correspondentes equipamentos e seus requisitos de segurança quanto aos padrões de radiação considerados necessários e suficientes para preservação da saúde humana (itens 8 e 9 do parecer).

III – É procedente o entendimento de que à União e unicamente a esta esfera governamental é que assiste competência para definir os padrões técnicos de segurança e de salubridade pessoal relacionados com radiações oriundas de estações rádio-base, excluindo-se, portanto, a possibilidade de terceiros fixarem para elas, em função de radiações, recuos ou afastamentos desconformes com os que resultem dos padrões estabelecidos na órbita federal (itens 9 e 10).

IV – A concessão federal de serviços de telefonia celular é, em si mesma, suficiente para assegurar ao concessionário o direito à instalação de ERBs (necessariamente em território municipal) na conformidade de exigências técnicas impostergáveis para o adequado funcionamento do sobredito serviço. Assim, o município não pode, em nome do interesse local, contrapor-se a isto (itens 10 e 11).

V – O município não pode, em nome de sua competência reguladora e ordenadora do uso e ocupação do solo, proibir a instalação de ERBs em determinadas áreas, como nas estritamente residenciais. Assim também, não pode estabelecer condições que abiquem transversalmente em resultado igualmente obstativo, como ocorreria se impusesse exigências que as inviabilizassem *economicamente* ou as tornassem *excessivamente dispendiosas*, alterando de modo significativo os custos que estariam implicados se não houvesse tais exigências (itens 11 e 12 do parecer).

VI – A emissão da competente aquiescência para a instalação de ERBs por parte do município – falece ao Estado tal competência – não é ato discricionário, mas vinculado ao disposto na lei regedora da espécie. Se inexistir lei municipal específica contemplando as estações rádio-base, tendo em vista que o município não poderia obstar o funcionamento de um serviço de telecomunicações concedido pela União – o que ocorreria se fossem negadas licenças para instalação das ERBs –, a solução será aplicar as disposições legislativas municipais que se aplicam à generalidade das edificações, atendendo-se às normas existentes no que concerne a coeficientes de edificação e taxas de ocupação. Em tal caso, ainda que seja menos evidente a ausência de liberdade administrativa, mas, havendo, como há, direito de o concessionário instalar a ERB em área onde seja tecnicamente indispensável para a correta prestação do serviço, tudo se resumirá em atender a *exigências razoáveis* que a Administração haja estabelecido com base nas disposições gerais sobre o direito de edificar previstas na legislação urbanística. Vale dizer: a outorga ou denegação da licença não serão jamais decisões tomadas meramente com base em um entendimento do administrador sobre ser ou não conveniente que se instalem ERBs na área (item 13 do parecer).

VII – A legislação municipal não pode fazer com que a expedição de licenças para instalação de ERBs fique na dependência de manifestação concordante dos moradores das vizinhanças (item 14 do parecer).

VIII – Legislação superveniente, estadual ou municipal que modifique os requisitos para instalação de ERBs não pode afetar a situação das que já estejam instaladas com base em atos municipais precedentemente expedidos, pois isto implicaria ofensa a atos jurídicos perfeitos e direitos adquiridos (itens 15 a 17 do parecer).

IX – Ante a multiplicidade de pessoas tituladas para emissão de normas urbanísticas e a frequente ausência de normas municipais específicas sobre a instalação de ERBs, a alternativa jurídica mais adequada para solucionar os problemas daí derivados, com vistas a se obter a necessária segurança jurídica, seria a edição, pela União, de norma geral capaz de prevenir conflitos de competência entre os diversos titulados para legislar sobre matéria urbanística e para compor diretrizes que, na ausência de legislação municipal específica para as sobreditas estações, fornecessem critérios seguros para desate da questão (item 18 do parecer).

É o meu parecer.

São Paulo, 17 de maio de 2002.

EMENTA: SERVIÇOS PÚBLICOS E
SERVIÇO DE UTILIDADE PÚBLICA –
CARACTERIZAÇÃO DOS SERVIÇOS
DE TÁXI – AUSÊNCIA DE PRECARIEDADE
NA TITULAÇÃO PARA PRESTÁ-LO –
DESVIO DE PODER LEGISLATIVO

XXXX, formula-nos a seguinte:

Consulta

I – As empresas que executam o serviço de transporte individual de passageiros, por meio de táxi, estão a prestar um serviço público, categorizando-se, então como permissionárias de serviço público ou a atividade que exercem é atividade econômica, regida pelos princípios da ordem econômica? Tal atividade deve ser havida como liberada por ato precário, ou seja, suscetível a qualquer tempo de ser infirmado livremente e inclusive sem indenização alguma?

II – A lei nº 13.515, de 17 de janeiro 2003, pode ser considerada incursa em desvio de poder, padecendo, neste caso, de nulidade, no concernente ao disposto no art. 1º, segundo o qual, dentre os Alvarás de Estacionamento concedidos às pessoas jurídicas exploradores do serviço de táxi, 700 (setecentos) deles serão transferidos à Secretaria Municipal de Transportes, para serem concedidos, a teor do art. 2º, aos motoristas profissionais que comprovadamente, em 11 de junho de 2002, exerciam dita atividade junto às pessoas jurídicas exploradoras do referido serviço?

Às indagações respondo nos termos que seguem.

Parecer

1. Indaga a Consulente se as atividades sociais a que está preposta e exerce, quais sejam, as de execução do serviço de transporte individual de passageiros em veículos de aluguel a taxímetro, no Município de São Paulo, categorizam-se como serviços públicos ou se correspondem a atividades econômicas, privadas, perguntando, em seguida, se ditas atividades devem ser havidas como liberadas por ato precário, ou seja, suscetível, a qualquer tempo, de ser infirmado livremente e inclusive sem indenização alguma.

A resposta ao indagado melhor se perfaz trazendo-se à balha, introdutoriamente, determinadas noções atinentes às distintas atividades que se desenvolvem no seio da sociedade e a categorização que possuem de direito.

Dentre as múltiplas atividades materiais que se desenvolvem no seio da coletividade, evidentemente há algumas que apresentam o mais subido relevo para a satisfação de elementares necessidades ou comodidades da vida social. Seus desempenhos concorrem para satisfazer reclamos básicos para a qualidade de vida das pessoas em geral e pode interferir com relação a aspectos muito variados, ora mais, ora menos importantes, mas de toda sorte com importância suficiente para nela causar repercussões significativas.

Tomem-se, como exemplos, a produção e comercialização de gêneros alimentícios como o leite, a carne, o pão e, no Brasil, o arroz e o feijão. *Idem* com relação ao sal ou ao açúcar. O mesmo poder-se-á dizer quanto à indústria e ao comércio de medicamentos em geral ou com relação aos estabelecimentos onde se ministra o ensino em seus diferentes graus.

Certos serviços também são igualmente indispensáveis para um funcionamento minimamente regular dos equipamentos que perfazem o conjunto de bens inerentes ao padrão civilizatório de uma dada época. Com efeito, a sociedade não pode se passar dos serviços de encanadores, eletricistas, mecânicos e outros prestadores de atividades, por vezes até mesmo muito singelas, mas cuja falta descomporia o funcionamento da vida social. Acrescente-se que, sobretudo em grandes aglomerados urbanos, se não houvera quem disponibilizasse um serviço de transporte coletivo de passageiros, praticamente paralisar-se-ia o conjunto de atividades que neles se realiza. Outrossim, se faltassem os serviços de fornecimento de água ou de energia elétrica, instaurar-se-ia o caos e, se fossem interrompidos os serviços de comunicações telefônicas dispensados à sociedade, o ritmo de atividades normais da vida sofreria um transtorno de grandes proporções.

2. A iniciativa privada, a livre ação das pessoas físicas e jurídicas que atuam em dado meio social, provê inúmeros destes bens e serviços, muitos dos quais, como dito, são, para além de qualquer dúvida ou entredúvida, extremamente relevantes para satisfação das necessidades ou comodidades básicas dos membros da sociedade. Outros deles, entretanto, são havidos pelo Estado como correspondentes a um mínimo que lhe compete assegurar ao corpo social e que, por distintas causas, não podem, a seu juízo, ficar, pura e simplesmente, relegados à espontaneidade da livre iniciativa.

Neste último caso, o Poder Público coleciona tais atividades e as assume como pertinentes à sua alçada. Considera que deverá provê-las ou promover-lhes o provimento, o qual se fará, então, na conformidade de um regime jurídico específico; aquele que lhe é próprio, específico: o regime de direito público. Nem por isto, todavia, necessariamente subtrairá indiferentemente estas múltiplas atividades do campo onde se move a livre iniciativa e no qual a atuação dos particulares, como é natural, irá se desenvolver sob a égide do direito privado.

Com efeito, dentre as atividades que o Estado categoriza como de sua responsabilidade, só se autoatribui titularidade *exclusiva* em relação a algumas delas que, dessarte, considerará excluídas do campo da livre iniciativa. Por isto, ele próprio as prestará ou outorgará seu desempenho a terceiros, por concessão ou permissão. Já, com relação a outras, não se reserva exclusividade, daí que o Estado não teria como outorgá-las, porquanto os particulares também podem titularizá-las no simples exercício da livre iniciativa. Logo, o Poder Público as desempenhará em concomitância com a iniciativa privada de entidades que acaso operem ou venham a operar em tal setor.

3. Em vista do exposto, não é difícil concluir que:
a) as atividades materiais que o Poder Público entendeu de qualificar como pertinentes a seu campo próprio de deveres em face da coletividade são os chamados *serviços públicos*;
b) aqueloutras que permaneceram liberadas aos particulares são as que compõem a esfera da *livre iniciativa*, mesmo que, em certos casos, exercidas em concomitância com a atuação do Estado no mesmo âmbito. É o que ocorre com a saúde, a educação, a previdência e a assistência social, pois a Constituição as declara livres à iniciativa privada, de modo expresso ou de modo implícito, do mesmo passo em que estabelece que o Poder Público deverá exercê-las;

c) o fato de uma produção ou comercialização de bens ou prestação de serviços apresentar-se como visivelmente relevante para toda a sociedade não é o que determina sua qualificação como serviço público, *mas a circunstância de o Estado assumi-la e colocá-la sob a regência do direito público, no que estará atestando que a considera como de sua alçada própria.*

Com efeito, há atividades que o Estado assume e desempenha sem que por isto sejam qualificáveis como serviços públicos: é o que se passa quando interfere na ordem econômica personalizadamente, protagonizando uma atividade reconhecida como pertinente à esfera privada.

4. Este apartamento entre os campos da livre iniciativa – que é o do exercício das atividades que a Constituição considera próprias da "ordem econômica" – e dos "serviços públicos" resulta do fato de que, no direito brasileiro, a própria Lei Magna se encarregou de traçar tal divisão de modo razoavelmente explícito, ao arrolar:
    a) atividades qualificáveis como de titularidade exclusiva do Estado (art. 21, X, XI e XII);
    b) atividades pertinentes ao que denominou "ordem econômica", setor no qual vigora a livre iniciativa (arts. 170 e parágrafo único e 173), de par com
    c) atividades em relação às quais há, concorrentemente, titularidade do Estado e dos particulares (saúde: arts. 196, 197 e 199; educação: arts. 205, 206, III e IV, 208, 213 e 209; previdência social: arts. 201 e 202; e assistência social: 203 e 204).

Os serviços públicos que não se destinem a uma atuação concorrente do Estado e da livre iniciativa, isto é, os que sejam de titularidade exclusiva do Poder Público, a teor do art. 175, deverão ser prestados por ele próprio, "diretamente ou sob regime de concessão ou permissão, *sempre através de licitação"*.

5. Para encerrar esta primeira série de considerações, cumpre anotar que o fato de certas atividades serem privadas, estranhas ao conceito de serviço público, não as eximirá de submissão a uma disciplina estatal reguladora que poderá, inclusive, ser razoavelmente intensa, quando por sua índole, demandem uma fiscalização e condicionamentos altanto enérgicos para salvaguarda de interesses da coletividade. Tal disciplina, muito frequentemente, é caracterizada como "poder de polícia", expressado nas leis conformadoras do exercício da liberdade e da propriedade e nos atos administrativos produzidos na conformidade delas e que recebem os nomes mais

variados, não só em função das distintas funções que cumpram, mas também da ausência de uma fixidez terminológica.

Assim, as vozes autorização, permissão, aprovação prévia ou posterior, licença, homologação são utilizadas, ora pelas leis, ora pelos atos administrativos e mesmo (consequentemente) pela doutrina, sem muito critério, pois a taxinomia nada tem de firme ou precisa, de tal sorte que com o mesmo rótulo são designadas coisas diferentes ou coisas iguais são exprimidas com rótulos diversos. Foi o que deixamos anotado em obra teórica, ao dizer:

> Cumpre observar que a terminologia com que os atos administrativos são rotulados é muito incerta, inexistindo concordância entre os autores com respeito à indicação do ato tal ou qual debaixo de uma designação uniforme. O mesmo se passa na legislação, que, freqüentemente, utiliza acriticamente as expressões mencionadas, sem distinguir ou selecionar com rigor uma dada designação constante para uma determinada espécie de ato.[163]

Oswaldo Aranha Bandeira de Mello, autor cujas lições adotamos ao enunciar as várias figuras de atos administrativos e respectivas denominações, já observava em relação a este mesmo tópico que:

> A matéria é inçada de dificuldades, pois a teoria a respeito da catalogação e conceituação dos atos administrativos ainda não se acha definitivamente elaborada, dada a falta de terminologia técnica peculiar na legislação e as dissenção entre os autores quanto ao significado de vários institutos jurídicos a eles correspondentes. Por isso o prof. Mario Mazagão chegou a afirmar que a respeito se verifica 'novo exemplo de confusão babélica' (cf. Conceito do Direito Administrativo, p. 36, ano 1926). Passados quarenta anos desta assertiva, ainda ela tem certa procedência.[164]

Até hoje o problema persiste. Veja-se que, entre tantos outros, Diógenes Gasparini[165] e Hely Lopes Meirelles[166] também fazem a mesma advertência.

---

[163] BANDEIRA DE MELLO, Celso Antônio. *Curso de direito administrativo*. 4. ed. São Paulo: Malheiros, 1993. p. 210, e, hoje, p. 402, da 15ª edição (2003).

[164] BANDEIRA DE MELLO, Oswaldo Aranha. *Princípios gerais de direito administrativo*. 2. ed. Rio de Janeiro: Forense, 1979. v. I. p. 546.

[165] GASPARINI, Diógenes. *Direito administrativo*. 5. ed. São Paulo: Saraiva, 2000. p. 76.

[166] MEIRELLES, Hely Lopes. *Direito administrativo brasileiro*. 24. ed. São Paulo: Malheiros, 1999. p. 161.

6. Uma vez concluída a exposição de algumas bases teóricas úteis para a iluminação da Consulta, cabe observar que os serviços prestados pelos "táxis" – e quanto a isto nada importa que o sejam por autônomos ou por empresas – possuem especial relevo e utilidade para toda a coletividade, tal como se passa, aliás, com inúmeras outras atividades privadas, devendo por isto ser objeto de regulamentação pelo Poder Público, como de fato ocorre, mas obviamente *isto não significa que sejam categorizáveis como serviços públicos*.

Ao respeito de atividades que apresentam este subido interesse, sem, contudo, se configurarem como serviços públicos, o precitado Oswaldo Aranha Bandeira de Mello, denominando-os de utilidade pública, observou que:

> [...] são serviços correspondentes a prestações privadas, mas dado o fim a que são dirigidos e o número elevado de pessoas que neles são interessadas, pertencentes à coletividade, são submetidos a disciplina jurídica especial, mesmo porque, na falta de tais serviços, por parte dos particulares, deve o poder público provê-los. Por isso são exercidos até mediante certa regulamentação do Estado. Constituem atividades privadas, sujeitas à sua ingerência.
>
> A simples regulamentação, portanto, da prestação de determinada atividade, em alguns de seus aspectos, não significa em considerá-la pública, mas apenas, de utilidade pública.[167]

7. Nem a Constituição, nem a Lei Orgânica dos Municípios, nem a lei municipal regente da matéria, qualificam os serviços de táxis como serviços públicos. Contudo, a Constituição foi expressa em qualificar como serviço público municipal o transporte *coletivo* local de passageiros (art. 30, VI), não se podendo, como é óbvio, considerar casual a explícita menção à "coletivo". Nisto, à toda evidência ficou implícito, mas transparente, o propósito de excluir o transporte individual de passageiros da categorização de serviço público.

Já a lei municipal disciplinadora do assunto foi perfeitamente explícita quanto a isto. Deveras, a Lei nº 7.329, de 11.7.1969 – que "estabelece normas para a execução do serviço de transporte individual de passageiros em veículos de aluguel a taxímetro e dá outras providências" –, estampa com extrovertida clareza a qualificação

---

[167] BANDEIRA DE MELLO, Oswaldo Aranha. Do serviço público. *RDA*, v. 21, jul./set. 1950. p. 8.

que lhe dá. Identifica os serviços de táxi como "serviços de interesse público". Portanto, de um lado vai caracterizado que não são serviços públicos e de outro que, sendo, então, atividades pertinentes à livre iniciativa, apresentam, contudo, um reconhecido interesse para toda a coletividade. De fato, é o art. 1º da sobredita lei que lhe esclarece a qualificação, dispondo:

> O transporte individual de passageiros, no Município, em veículos de aluguel providos de taxímetro, *constitui serviço de interesse público*, que somente poderá ser executado mediante prévia e expressa autorização da Prefeitura, a qual será consubstanciada pela outorga de Termo de Permissão e Alvará de Estacionamento, nas condições estabelecidas por esta lei e demais atos normativos que sejam expedidos pelo Poder Executivo.

Assim, os motoristas de táxi exercem uma profissão que, como as demais, correspondem ao exercício do direito previsto no art. 5º, XIII, da Constituição do país, de acordo com o qual: "É livre o exercício de qualquer trabalho, ofício ou profissão, atendidas as qualificações profissionais que a lei estabelecer".

Ninguém imaginaria mesmo que os motoristas de táxi fossem concessionários ou permissionários de serviço público.

De seu turno, as pessoas jurídicas que empresam serviços de táxi estão, na conformidade do art. 170 da Lei Magna, a exercer uma atividade econômica, no exercício da livre iniciativa e na conformidade do princípio da livre concorrência, a teor do parágrafo único do mesmo artigo, cujos termos: "É assegurado a todos o livre exercício de qualquer atividade econômica, independentemente de autorização de órgãos públicos, salvo nos casos previstos em lei".

Disto, obviamente, não se segue que tais empresas ou motoristas de táxi autônomos fiquem isentos das normas do poder de polícia que disciplinam as atividades dos particulares em geral, estabelecendo condicionamentos a suas liberdades e propriedades para impedir que, no exercício delas, venham a atuar de maneira nociva à sociedade, o que, sem dúvida, é visivelmente necessário quando em pauta atividades que envolvem obrigatoriamente um especial relacionamento com o público em geral.

8. Não estando em causa, pois, uma permissão de serviço público, não haveria porque imaginar-se que os alvarás deferidos em prol de empresas de táxi ou de autônomos sofreriam a mesma irrogada

precariedade das permissões de serviço público. De resto, cumpre dizer que mesmo esta índole precária da permissão de serviço público – instituto jurídico no qual mais se discutiu tal característica – já foi rechaçada em certas situações, tanto por acórdãos de nossos tribunais, quanto por boa parte da doutrina.

Vale a pena relembrar que os referidos julgados passaram a entender que a permissão não seria precária em hipóteses nas quais houvesse sido outorgada a prazo, ou quando existissem condicionamentos legais para extingui-la ou mesmo quando as situações por ela instauradas já perdurassem há um tempo muito longo e ainda quando o permissionário houvesse efetuado investimentos de significativa monta.

Esta tendência, de negar a precariedade em face de certas situações, está demonstrada nos seguintes acórdãos, cujas ementas são a seguir transcritas.

O STF, no RMS nº 18.787, 1ª Turma, julgado em 7.10.1968 (*RDA*, 97/185), assim decidiu: "Adquirido o direito à exploração do serviço de transporte coletivo, não pode a Administração revogá-la, unilateralmente com prejuízo da empresa permissionária".

Em seus votos, os julgadores deste feito enfatizaram que a permissionária havia cumprido todas as obrigações regulamentares e efetuado pesados investimentos.

A Suprema Corte no RMS nº 17.296, 1ª Turma, julgado em 14.10.1968 (*RDA*, 99/254), proferiu o acórdão assim ementado: "A permissão para exploração de serviço de transporte coletivo não pode ser anulada, unilateralmente, desque instalado e em funcionamento o serviço".

Saliente-se que embora a ementa, erroneamente, fale em anulação, tratava-se de revogação da permissão. Ainda aqui, sublinhou-se o fato de o permissionário haver feito investimentos significativos, assim como a circunstância de estar há longos anos prestando o sobredito serviço.

O TJSP, no MS nº 198/320, 3ª Câmara Civil, julgado em 21.10.1971 (*RDA*, 110/253), decidiu que: "A permissão concedida por prazo certo para exploração de linhas de ônibus, somente pode ser revogada por motivo justo, previsto em lei ou regulamento".

Na oportunidade foi acentuada a existência de certificado de conveniência e utilidade válido por cinco anos, bem como a existência de despesas significativas efetuadas pela permissionária.

9. Tal como se disse, também a doutrina tem feito reparos à precariedade da permissão de serviço público. Com efeito:

(a) uns entendem que, em tais casos, da designação permissão não se pode depreender precariedade, pois tratar-se-ia de um contrato[168] ou consideram que, em havendo prazo, é imprópria a designação adotada para a relação jurídica e os efeitos dos atos irão equiparar-se ou quase equiparar-se aos de uma concessão.[169] Na mesma linha Maria Sylvia Zanella Di Pietro, cujas palavras merecem transcrição literal:

> Segundo entendemos a fixação de prazo aproxima de tal forma a permissão da concessão que quase desaparecem as diferenças entre os dois institutos. Em muitos casos, nota-se que a Administração celebra verdadeiros contratos de concessão sob o nome de permissão. Isto ocorre porque a precariedade inerente à permissão, com possibilidade de revogação a qualquer momento, sem indenização, plenamente admissível quando se trate de permissão de uso de bem público (sem maiores gastos para o permissionário) é inteiramente inadequada quando se cuida de prestação de serviço público. Trata-se de um empreendimento que, como outro qualquer, envolve gastos; de modo que dificilmente alguém se interessar, sem ter as garantias de respeito ao equilíbrio econômico-financeiro, somente assegurado pelo contrato com o prazo estabelecido.
>
> Daí as permissões com prazo, que desnaturam o instituto; e daí, também, o fato de já haver quem impugne o caráter de permissão de determinados atos que a lei assim denomina (cf. Meirelles Teixeira, in RDP 6/100 e 7/114) e até quem pregue, por sua inutilidade, a extinção do instituto (cf. Ivan Barbosa Rigolin, 1988:639-644). Talvez por isso, a Constituição, no art. 175, parágrafo único, inciso I, refira-se à permissão como contrato.[170]

(b) outros consideram tratar-se de uma normação excepcional da permissão,[171] [172] que, bem por isto, terá regime diverso do que lhe é conatural, ensejando, então, maiores garantias ao permissionário;

---

[168] TEIXEIRA, José Horácio Meirelles. Permissão e concessão de serviço público. *RDP*, v.6/100 e 7/114.
[169] BANDEIRA DE MELLO, Oswaldo Aranha. *Princípios gerais de direito administrativo*. 2. ed. Rio de Janeiro: Forense, 1979. v. I. p. 551.
[170] DI PIETRO, Maria Sylvia Zanella. *Direito administrativo*. 14. ed. São Paulo: Atlas, 2002. p. 281-282.
[171] MEIRELLES, Hely Lopes. *Direito administrativo brasileiro*. 14. ed. São Paulo: Revista dos Tribunais, 1989. p. 350-351.
[172] MOREIRA NETO, Diogo de Figueiredo. *Curso de direito administrativo*. 2. ed. Rio de Janeiro: Forense, 1974. p. 348.

(c) há ainda os que admitem, como Cretella Jr.,[173] que existem, simplesmente, duas modalidades de permissão: uma simples, sem prazo, e outra "qualificada", vale dizer, com prazo certo. Substancialmente não é distinta a opinião de Diógenes Gasparini,[174] para quem não procede o dizer-se que a permissão seja precária, pois seu regime será tal ou qual dependendo do que o direito dispuser em cada caso ao respeito;

(d) finalmente, Lúcia Valle Figueiredo expressamente declara que não vê como possa ser utilizada para a "implementação de serviços públicos, de natureza continuada, de serviços que postulem continuidade [...]", pois, em sua forma clássica, tal como a configura a doutrina brasileira, a permissão é unilateral e precária. Entende que "deve ser ato bilateral, precedido de licitação, e jamais poderia ter natureza precária, sobretudo se alocados grandes capitais". Sustenta que – se já no passado não lhe pareciam existir diferenças quanto ao regime jurídico entre permissão e concessão de serviço público – desde a Constituição de 1988 não é mais possível predicar-lhe precariedade, pois foi colocada "pari passu com a concessão de serviço público".[175]

10. Estas ressalvas à precariedade, a que se vem de aludir, em última instância demonstram que a permissão só tem cabida quando utilizada para acudir a situações efêmeras, transitórias ou enfrentáveis a título provisório à vista de contingentes eventualidades, até regular solução delas. Por isto, sempre que a natureza da situação em causa ou dispositivos da lei reguladora da espécie sugiram outra diretriz, não se deverá extrair do *nomen juris* permissão força suficiente para afrontar o valor segurança jurídica. Não é difícil, pois, perceber que o que levou jurisprudência e doutrina a conceberem os referidos cerceios foi a generalização de um uso impróprio da permissão.

Ora bem, se mesmo à permissão *de serviço público* é negada a precariedade quando legalmente delineada com condicionamentos, limitações, dos quais se pode depreender proteção à situação jurídica

---

[173] CRETELLA JR., José. *Direito administrativo*. Rio de Janeiro: Forense, 1983. v. I. p. 129.
[174] GASPARINI, Diógenes. *Curso de direito administrativo*. 3. ed. São Paulo: Saraiva, 1993. p. 258 e segs.
[175] FIGUEIREDO, Lúcia Valle. *Curso de direito administrativo*. 2. ed. São Paulo: Malheiros, 1995. p. 70-71.

do permitente ou se implica dispêndios de monta que reclamariam uma certa estabilidade do vínculo, *a fortiori* haver-se-á de reconhecer equivalentes efeitos quando em causa uma atividade privada pertinente à livre iniciativa, qual seja, o "serviço de transporte individual de passageiros em veículos de aluguel a taxímetro".

Note-se que a lei regedora dos serviços de táxi no Município de XXXX estabelece, no art. 37, um conjunto de disposições a que as empresas deverão atender e cujo descumprimento as assujeita a sanções de gravidade progressiva, culminando com a cassação do "termo de permissão" e o "impedimento para prestação do serviço". Por força disto, haver-se-á de entender que não é "precário" o exercício de tal atividade e que, como qualquer outra, uma vez regularmente reconhecido o direito de exercê-la, instaura-se um direito adquirido em favor de quem a desempenhe.

11. Registre-se que a circunstância de a lei valer-se da expressão "permissão", habitualmente associada a um ato precário, como dito, pouco significa. Aliás, desde logo, o art. 1º da Lei nº 7.329, de 11.7.1969, começa por dizer que o referido serviço somente poderá ser executado mediante prévia e expressa "autorização", ensejando perguntar-se se, a final, quis se referir a uma autorização ou a uma permissão, o que bem revela a rigorosa falta de técnica do legislador e o seu descomprometimento com o rigor terminológico. Acresce que, consoante foi dantes registrado, o uso que a legislação faz da nomenclatura dos atos administrativos é notoriamente promíscuo (item 5 do parecer). Assim, não se deve extrair do nome *permissão*, utilizado na lei, consequências em todo incompatíveis com o instituto que haja sido regulado.

Veja-se: seria possível, em boa razão, imaginar-se que uma profissão, qual a de motorista autônomo de táxi, é algo precário? Faz sentido admitir que alguém se arroja ao exercício de um ofício desta natureza, com todas as implicações inerentes a uma opção profissional, eleita como meio de autossustento do motorista e de sua família (o que à toda evidência supõe encargos fixos contínuos e regulares, quais *exempli gratia* os da manutenção e educação de filhos), ficando inteiramente à mercê da prefeitura querer ou não conservar-lhe o direito de exercer dita profissão?

É óbvio que não se pode aceitar que a ordem jurídica pretenda, em um Estado de direito e que ademais se afirma Estado democrático de direito, instaurar uma insegurança desta natureza.

12. Tanto como no caso do motorista autônomo, uma vez que entra em causa o mesmíssimo serviço, seria descabido admitir que seja precário, suscetível de livre restrição ou eliminação pela prefeitura, um empreendimento compreendido no campo da iniciativa privada, isto é, no exercício de atividade econômica, que o Texto Constitucional declara livre e que pressupõe a alocação de recursos de porte. Com efeito, o investimento demandado pela Lei nº 7.329 é de um mínimo de 15 (quinze) veículos de aluguel (art. 6º, letra "a"), devendo a frota alcançar pelo menos 20 (vinte) em 2 (dois) anos, 25 (vinte e cinco) dentro de 3 (três) anos, 30 (trinta) em 4 (quatro) anos e 40 (quarenta) em 5 (cinco) anos (art. 37, "e"), além das despesas com tantos alvarás de estacionamento quantos forem os automóveis da frota e ainda ter disponibilidade de uma área mínima de 500 m² (quinhentos metros quadrados) destinada a estacionamento dos veículos, com pelo menos 150 m² (cento e cinquenta metros quadrados) de área coberta e instalação obrigatória de escritório (art. 6º, "b").

Não se imagina que um negócio que tenha o mínimo de seriedade se constitua com tantas exigências, mas exposto a um risco grande, à insegurança completa inerente a uma "precariedade". Só mesmo uma concepção antiquadíssima do direito administrativo e que o suponha um direito constituído para subjugar os cidadãos é que poderia abonar inteligência desta ordem. Isto, de resto, corresponderia a ignorar a própria origem e os propósitos inerentes a este ramo jurídico, que são justamente os de proteger o cidadão contra a tendência autoritária dos detentores do mando político, como de outra feita anotamos, ao tratar das bases ideológicas do direito administrativo:

> [...] esta impressão generalizada que enaltece a idéia de Poder, entretanto, e ainda que desgraçadamente até hoje seja com freqüência abonada nas interpretações dos diversos tópicos do Direito Administrativo, nas quais se trai claramente um viés autoritário, é surpreendentemente falsa, desencontrada com a História e a própria razão de ser do Direito Administrativo.[176]

13. Este plexo de considerações que se vem de expender força concluir que seria inconstitucional qualquer tentativa de atribuir precariedade ao exercício da profissão de motorista de táxi ou ao empreendimento econômico das empresas que efetuam tal serviço,

---

[176] BANDEIRA DE MELLO, Celso Antônio. *Curso de direito administrativo*. 15. ed. São Paulo: Malheiros, 2003. p. 40.

porquanto brigaria com as garantias que a Constituição confere às pessoas físicas ou jurídicas que estejam a exercer legitimamente suas atividades e feriria o *direito adquirido que têm desde o instante em que hajam regularmente ingressado em tais misteres*, o qual é um natural consectário da liberação do exercício da sobredita atividade.

Indaga, ainda, a Consulente se a Lei nº 13.515, de 17.1.2003, pode ser considerada incursa em desvio de poder, padecendo, neste caso, de nulidade, no concernente ao disposto no art. 1º, segundo o qual, dentre os alvarás de estacionamento concedidos às pessoas jurídicas exploradores do serviço de táxi, 700 (setecentos) deles serão transferidos à Secretaria Municipal de Transportes, para serem concedidos, a teor do art. 2º, aos motoristas profissionais que comprovadamente, em 11.6.2002, exerciam dita atividade junto às pessoas jurídicas exploradoras do referido serviço.

Leis, tanto como os atos administrativos, podem incorrer no grave vício jurídico denominado "desvio de poder", o qual não é mácula privativa dos atos administrativos. Pode se apresentar, igualmente, por ocasião do exercício de atividade legislativa ou jurisdicional. Ou seja: *leis* e decisões judiciais são igualmente suscetíveis de incorrerem no aludido vício, porquanto umas e outras são, também, emanações das competências públicas, as quais impõem fidelidade às finalidades que as presidem. Assim, se o legislador ou o juiz delas fizerem uso impróprio, a dizer, divorciado do sentido e direcionamento que lhes concernem, haverão traído as competências que os habilitavam e os atos que produzirem resultarão enodoados pela indelével jaça do desvio de poder.

Assim como o ato administrativo está assujeitado à lei, às finalidades nela prestigiadas, a lei está assujeitada à Constituição, aos desideratos ali consagrados e aos valores encarecidos neste plano superior. Demais disto, assim como um ato administrativo não pode buscar escopo distinto do que seja *específico* à *específica* norma legal que lhe sirva de arrimo, também não pode a lei buscar objetivo diverso do que seja inerente ao específico dispositivo constitucional a que esteja atrelada a disposição legiferante expedida. Ou seja, se a Constituição habilita legislar em vista de dado escopo, a lei não pode ser produzida com traição a ele.

14. Caio Tácito, em precioso artigo intitulado *O desvio de poder no controle dos atos administrativos, legislativos e jurisdicionais*,[177] enumera

---

[177] TÁCITO, Caio. O desvio de poder no controle dos atos administrativos, legislativos e jurisdicionais. *RDA*, v. 188. p. 1 e segs.

decisões do Supremo Tribunal Federal, algumas até mesmo antigas, nas quais o desvio de poder é explicitamente reconhecido como vício suscetível de macular a produção legislativa e, dentre os julgados colacionados, pode-se verificar que ora existe alojamento na primeira, ora na segunda hipótese mencionadas.

Ou seja: casos há em que o legislador simplesmente fez uso desatado de sua competência legislativa, de maneira a ultrapassar o sentido da norma constitucional habilitante, como ocorreu em lei na qual o poder de tributar foi normativamente disciplinado de maneira a produzir tratamento escorchante sobre o contribuinte. Ao respeito, no RE nº 18.331, conforme referido no mencionado artigo do eminente jurista citado, o Relator Ministro Orozimbo Nonato salientou: "É um poder cujo exercício não deve ir até o abuso, o excesso, o desvio, sendo aplicável, ainda aqui, a doutrina fecunda do detournement de pouvoir".

Outras decisões, recolhidas na mesma fonte, exemplificam hipóteses em que o desvio de poder é surpreendido no fato de a lei buscar finalidade distinta daquela inerente ao objetivo próprio da competência legislativa exercitada; ou seja: haverem autorizado providência administrativa restritiva de direitos com o fito de forçar o contribuinte a satisfazer pretensões tributárias: "é inadmissível a interdição de estabelecimento ou a apreensão de mercadorias como meio coercitivo para cobrança de tributo (Súmulas nºs 70 e 323)". *Idem* quanto à fulminação dos decretos-leis nºs 5 e 42 de 1937. Como explica o mestre Caio Tácito, a Suprema Corte

> dilatando o princípio à inconstitucionalidade dos Decretos-leis nºs 5 e 42 de 1937 – que restringiam indiretamente a atividade comercial de empresas em débito, impedindo-as de comprar selos ou despachar mercadoria – implicitamente configurou o abuso de poder legislativo (Súmula nº 547 e acórdão no recurso extraordinário nº 63.026, RDA 10/209).[178]

O mesmo autor, colacionando referências doutrinárias, menciona que o publicista luso J. J. Canotilho, em seu *Direito constitucional*, "adverte que a lei é vinculada ao fim constitucionalmente fixado e ao princípio da razoabilidade", de sorte a fundamentar, nas expressões

---

[178] TÁCITO, Caio. O desvio de poder no controle dos atos administrativos, legislativos e jurisdicionais. *RDA*, v. 188. p. 7.

do renomado jurista português, "a transferência para os domínios da atividade legislativa da figura do desvio de poder dos atos administrativos".[179]

15. Fixado este ponto de partida, resta questionar se a competência municipal para disciplina do serviço de táxis e outorga de alvarás para pessoas físicas e jurídicas lhe é pertinente em vista de bem assegurar os interesses dos usuários de tal serviço ou se a razão dela é a de promover uma redistribuição econômica entre as empresas e as pessoas físicas interessadas no exercício da sobredita atividade.

Tem-se como evidente, para além de qualquer dúvida ou entredúvida, que a competência municipal sobre o assunto é para ser exercida, acima de tudo, em proveito dos usuários e não em proveito dos motoristas de táxi ou das empresas que operam no setor.

Ora bem, é inequívoco que os usuários recebem maior segurança quando atendidos por veículos de frota das referidas empresas do que ao serem atendidos por quem não seja ligado às empresas em questão. Isto se dá, não apenas porque, em caso de acidente, tais empresas possuem um respaldo econômico que os autônomos não teriam como oferecer, mas, sobretudo, pela sensação, aliás justificada, de confiança, de segurança pessoal, que os usuários têm ao contatarem empresas, muito maior do que a que teriam se recorressem a um autônomo, salvo quando previamente o conhecem. É que, como qualquer o sabe, ao recorrerem aos serviços de uma empresa pressupõem que esta haverá selecionado com cuidado, sob o aspecto da idoneidade, da cortesia e da habilitação, aqueles que irão dirigir seus veículos.

Ademais, o usuário, em sendo o caso, poderá contatar com maior facilidade a empresa proprietária da frota do que o motorista autônomo, no caso de incidentes de vária natureza, como o seriam, *exempli gratia*, a desinteligência com o condutor do veículo ou o esquecimento de objetos no carro, assim como, presumivelmente, terá maiores facilidades para com elas obter bom sucesso em suas pretensões.

Não é por razões distintas destes que, como é de conhecimento geral, normalmente quem recorre aos serviços de táxi depois do cair da tarde, mas sobretudo à noite, procura uma empresa ao invés de sair à busca de um autônomo, salvo se previamente o conhece. Em suma: a maior visibilidade das empresas resulta em um inequívoco fator de confiança que milita em favor destas no confronto com os autônomos.

---

[179] TÁCITO, Caio. O desvio de poder no controle dos atos administrativos, legislativos e jurisdicionais. *RDA*, v. 188. p. 9.

Eis, pois, que os dispositivos legais em causa não concorrem na linha de oferecer maiores vantagens aos usuários, mas aparentam servir a um objetivo diverso daquele que juridicamente deveria nortear a competência legislativa municipal na matéria, pois parecem voltados, isto sim, a preocupações sociais redistributivistas. Não se está, de modo algum, a afirmar que preocupações desta ordem não podem ou não devem, também elas, inspirar a legislação municipal. Antes, cabe dizer que não só podem como devem. Sem embargo, não podem primar sobre a finalidade própria da competência manejada, de maneira a concorrer em direção inversa à que lhe seria inerente, como ocorre no caso.

16. Anote-se que a busca de um objetivo público valioso não é suficiente para validar um ato, se a via utilizada está desconforme com a índole da competência manejada. Seabra Fagundes, com sua precisão habitual, tratando do ato administrativo eivado de desvio de poder, havia anotado que o seu autor não poderia buscar finalidade que dela discrepasse, dizendo: "não importa que a diferente finalidade com que tenha agido seja moralmente lícita. Mesmo moralizada e justa, o ato será inválido por divergir da orientação legal".[180]

Claro está que igual lição se aplica quando a dissonância for entre a lei e a diretriz constitucional informadora da competência legal exercida.

17. *In casu*, parece que os dispositivos em questão padecem ainda de outro vício, qual seja: a inidoneidade para atender à finalidade que os teria inspirado, circunstância esta que terminaria por caracterizar a existência de um agravo a determinados sujeitos de direito, as empresas de táxi, sem lograr atingir objetivos sociais prezáveis que os teria inspirado e, de quebra, causando também agravos à camada social mais desfavorecida.

É que, ao retirar 700 (setecentos) alvarás das empresas, a lei *ipso facto* estaria a retirar também o meio de vida dos 700 (setecentos) motoristas utilizados no serviço das sobreditas empresas. Não lhes aproveitaria o fato de virem a se credenciar para obter ditos alvarás pois, se tivessem recursos para adquirir um veículo a fim de se estabelecerem como autônomos, não estariam a depender dos veículos das empresas. Em suma: a medida contida na lei só poderia favorecer – o que, todavia, nela não se prevê – os que estivessem em situação econômica melhor do que aqueles que usam veículos de empresa para trabalhar; ou seja, só

---

[180] FAGUNDES, Miguel Seabra. *O controle dos atos administrativos pelo Poder Judiciário*. 5. ed. rev. e atual. Rio de Janeiro: Forense, 1979. p. 72-73.

poderia aproveitar aos que já possuem recursos para se estabelecerem com veículo próprio.

18. Isto tudo posto e considerado, às indagações da Consulta respondo:

I – As empresas que executam o serviço de transporte individual de passageiros, por meio de táxi, não estão a prestar um serviço público, pelo que não se categorizam como permissionárias de serviço público. A atividade que exercem é atividade econômica, regida pelos princípios da ordem econômica.

Dita atividade, em despeito da nomenclatura "termo de permissão", não pode ser de modo algum havida como liberada por ato precário, suscetível a qualquer tempo de ser infirmado livremente e inclusive sem indenização alguma. Antes e pelo contrário a liberação ocorrida investe as empresas (e o mesmo se poderia dizer em relação aos motoristas autônomos) em direito adquirido ao exercício da sobredita atividade.

II – A Lei nº 13.515, de 17.1.2003, incorreu em desvio de poder, padecendo então de nulidade, no que concerne ao disposto no art. 1º, segundo o qual, dentre os alvarás de estacionamento concedidos às pessoas jurídicas exploradores do serviço de táxi, 700 (setecentos) deles serão transferidos à Secretaria Municipal de Transportes, para serem concedidos, a teor do art. 2º, aos motoristas profissionais que comprovadamente, em 11.6.2002, exerciam dita atividade junto às pessoas jurídicas exploradoras do referido serviço.

É o meu parecer.

São Paulo, 26 de maio de 2003.

EMENTA: ÂMBITO DE APLICAÇÃO DO INSTITUTO DA LICITAÇÃO – CONVÊNIO PARA A PRESTAÇÃO DE SERVIÇOS DE SAÚDE

XXXX acosta farta documentação e formula-nos a seguinte:

Consulta

I – Para a realização de convênios com a Consulente, destinados à obtenção dos serviços de saúde que esta promove no âmbito do serviço público federal, a União e suas pessoas auxiliares acaso estão adstritas à realização de prévio procedimento licitatório?

II – O Decreto federal nº 4.978, de 03.02.2004, notadamente com a redação original de seu art. 1º, padecia de vício de inconstitucionalidade?

Às indagações respondo nos termos que seguem.

Parecer

I O campo de incidência do dever de licitar

1. Quando o Estado e suas entidades auxiliares necessitam travar certas relações *com terceiros*, quais, *exempli gratia*, as de alienação, locação ou aquisição de bens, realização de obras ou serviços, geralmente terão, como é sabido e ressabido, de efetuar preliminarmente uma licitação para firmar estes pretendidos vínculos.

Isto evidentemente ocorre quando, conforme se vem de dizer – e é até mesmo intuitivo – os sujeitos governamentais necessitam constituir vínculos com terceiros, é dizer, *com pessoas alheias a seu próprio universo*, caso em que deverão oferecer a estes terceiros iguais oportunidades, tratamento isonômico e forcejar por obter o negócio mais vantajoso.

De resto, é isto o que diz o art. 2º da Lei nº 8.666, de 21.6.1993, veiculadora das normas gerais de licitação e contratos: "As obras, serviços, inclusive de publicidade, compras, alienações, concessões, permissões e locação da Administração Pública, *quando contratadas com terceiros*, serão necessariamente precedidas de licitação, ressalvadas as hipóteses previstas nesta lei".

A expressão "Administração Pública" utilizada no preceptivo em causa tem a abrangência que decorre do parágrafo único do art. 1º, segundo o qual:

> Subordinam-se ao regime desta Lei, além dos órgãos da administração direta, os fundos especiais, as autarquias, as fundações públicas, as empresas públicas, as sociedades de economia mista e as demais entidades controladas diretamente pela União, Estados, Distrito Federal e Municípios.

2. Em suma: licitação só é cogitável quando os sujeitos governamentais estejam a necessitar de bens ou *serviços não proporcionados por eles próprios*, diretamente ou mediante organizações que eles mesmos mantenham.

Deveras, se o Estado ou entidade que lhe integra o aparelhamento administrativo pretende bem ou serviço encontradiço em sua intimidade organizacional, ofertado por sujeito com personalidade de direito público ou de direito privado, seria simplesmente um sem-sentido que fosse buscar externamente aquilo que está a seu alcance e que pode obter sem precisão de relacionar-se com entidades estranhas a seu universo orgânico.

Esta conclusão óbvia poderia ser excepcionada nos casos em que o bem ou serviço fosse ofertado por entidade governamental que estivesse a atuar em setor *que não lhe fosse em princípio pertinente*; isto é, quando estivesse a ocupar esfera que a Constituição atribuiu, preferencialmente, à livre iniciativa, na forma do art. 173, de acordo com cujos dizeres: "Ressalvados os casos previstos nesta Constituição, a exploração direta de atividade econômica pelo Estado só será permitida quando necessária aos imperativos da segurança nacional ou a relevante interesse coletivo, conforme definidos em lei".

Neste caso, estando a concorrer com a iniciativa privada, o Estado não poderia deixar de oferecer iguais oportunidades de negócio para os particulares que nele atuassem, sob pena de ofensa ao princípio da isonomia. Daí que, salvo por alguma razão legitimamente excludente, o Poder Público e suas pessoas auxiliares teriam de abrir certame licitatório para que empresas privadas e as organizações governamentais do ramo concorressem na disputa do negócio a ser efetuado.

3. Com a ressalva que se acaba de fazer, a compreensão de que o âmbito de incidência do instituto da licitação está restrito aos casos em que o Estado e seus sujeitos auxiliares não produzem ou ofertam o bem ou serviço necessários é particularmente evidente perante atividades de interesse *interna corporis*, ou seja, respeitantes aos próprios agentes do Estado, *qua tale*.

Com efeito, assim como o Estado se propõe a desenvolver ele próprio, por si ou por entidades que cria, atividades que interessam aos membros da sociedade como um todo (quais, a construção de obras e o desempenho de serviços públicos), também se propõe a efetuar *atividades que interessam circunscritamente ao universo dos sujeitos que lhe integram a intimidade organizacional*. A outorga, por ele próprio, de aposentadoria e pensões a seus servidores e dependentes é um bom exemplo disto.

Ou seja: há empreendimentos estatais concernentes à vida social, procedidos em vista do cumprimento de suas atividades voltadas para o bem-estar geral e há, de par com isto, atividades que o Estado promove em vista, tão só, dos integrantes de seu aparelhamento governamental.

Nestes últimos casos é mais do que evidente que o que entra em pauta é um assunto de "economia interna", uma questão atinente à vida intestina das entidades governamentais; logo, objeto estranho à arena em que os particulares normalmente competem à busca de seus lucros, de seus proveitos econômicos; é dizer: segmento alheio ao campo negocial natural das empresas privadas. Donde, jamais se poderia pretender que o Poder Público esteja obrigado a franqueá-lo para que empreendedores privados, lobrigando a possibilidade de captar lucros, busquem capturar proveitos econômicos nesta esfera.

4. Eis, pois, que o Estado pode – e ninguém, nem mesmo o mais paroxístico neoliberal, jamais cometeu a insensatez de contestá-lo – promover ele próprio, *seja por sua Administração direta*, seja por entidade que patrocine, o atendimento de interesses legalmente encartados unicamente na esfera de seu aparelhamento administrativo.

É claro também, consequentemente, que nesta hipótese deverá relacionar-se diretamente com tal entidade, não estando por nada obrigado a abrir licitação para que empresas privadas, farejando a possibilidade de ganhos, venham a disputar a prestação da atividade conducente à satisfação destes interesses com pessoa constituída sob o patrocínio do Poder Público para atendê-los. *Mais ainda, sequer seria permitido ao Estado contratar com terceiro aquilo que pode obter de uma organização por ele patrocinada, pois fazê-lo seria desperdiçar recursos públicos* e proporcionar indevido favorecimento a particulares, comprometendo o princípio da moralidade administrativa e o da eficiência.

II O caso *sub consulta*

5. A Consulente formula duas indagações: uma, se os serviços de assistência médica a servidores públicos que ela presta podem lhe ser atribuídos por entidades governamentais independentemente de licitação ou se haveria necessidade de efetuá-la, e outra, se o Decreto federal nº 4.978, de 23.2.2004, que regulamentou o art. 230, da Lei nº 8.112/90, padece de alguma inconstitucionalidade.

6. A Consulente é uma entidade fechada de previdência complementar – EFPC, *sem fins lucrativos*, conforme reconhecido pela Secretaria de Previdência Complementar do Ministério de Previdência Social, *patrocinada por entidades e* órgãos *federais* e que opera programas de seguridade social, exclusivamente para os servidores públicos da União, ativos, inativos e seus familiares, proporcionando, de par com outros programas, o de assistência à saúde, no qual se compreende assistência médica, hospitalar, odontológica, psicológica e farmacêutica.

O regime de custeio é o que resulta de uma contribuição participativa, partilhada entre o servidor e o órgão ou instituição a que pertence que haja firmado o convênio de adesão.

O órgão supremo da Consulente, a quem cabe escolher o diretor executivo, é seu conselho deliberativo, cuja composição é paritária, com três membros representantes das patrocinadoras e três membros representantes dos assistidos, isto é, dos servidores. O conselho fiscal da Consulente segue o mesmo modelo paritário.

Vale dizer: são os próprios conveniados e assistidos que, por seus representantes, decidem sobre os valores das contribuições, sobre o credenciamento dos profissionais e instituições da área da saúde que atenderão aos assistidos, assim como os valores que lhes serão pagos pelos serviços prestados, tanto como sobre os vários assuntos concernentes à entidade.

O sistema, portanto, é de autogestão. Assim, a própria União, por via de seus órgãos ou entidades (patrocinadoras) tem participação ativa na gestão da Consulente.

7. Anote-se, por último, que a atividade desenvolvida pela sobredita pessoa corresponde, nos termos dos arts. 183, 184, III, 185, I, "d", da Lei nº 8.112, de 11.12.1990, que é o Estatuto dos Servidores Públicos Civis da União, das Autarquias e das Fundações Públicas Federais, ao cumprimento de atividade que o Poder Público está *obrigado* a promover em favor de seus servidores, seja por via do SUS, seja diretamente pelo órgão ou entidade a que estiver vinculado o servidor, seja mediante convênio ou contrato, alternativas estas abertas no art. 230 da mesma lei. Demais disto, a atividade em questão está expressamente prevista como exercitável pelo Estado ou suas entidades auxiliares no art. 1º da Lei Complementar nº 108, de 29.5.2001, sendo, de resto, caracterizável como nitidamente estatal, *ex vi* do art. 202, §§3º e 4º, da Constituição Federal.

Aliás, os dispositivos mencionados trazem consigo a evidência de que a atividade da Consulente se enquadra no âmbito típico de atividades pertinentes ao Estado; logo, não enquadráveis entre as que o Texto Constitucional designa como exploração de atividade econômica, setor reservado em princípio aos particulares e no qual o Estado só atuará como protagonista quando acicatado por imperativos da segurança nacional ou relevante interesse coletivo (art. 173 da CF).

8. A origem histórica remota da Consulente é o IAPI – Instituto de Aposentadorias e Pensões dos Industriários, cuja Resolução nº 185, de 29.9.1945, autorizou a instituição da Assistência Patronal aos seus servidores. Em 21.11.1966, o Decreto-Lei nº 72 unificou os vários institutos de previdência (IAPs), dando origem ao INPS – Instituto Nacional de Previdência Social, para quem foi passada a Assistência Patronal, que, de resto, pela Lei nº 5.890, de 8.6.1973, deixaria de ser exclusivamente patronal, tornando-se contributiva, com a fixação de 2% dos vencimentos dos servidores estatutários do INPS. Em 1977, a partir da Lei nº 6.439, de 1º de setembro, a Assistência Patronal é estendida a todos os servidores das demais entidades do SINPAS – Sistema Nacional de Previdência e Assistência Social. Em 1979, pelo Decreto nº 83.266, de 13.3.1979, a Assistência Patronal é constituída em forma de sistema sob a supervisão do Departamento de Pessoal do Ministério da Previdência e Assistência Social. Em 1983, pela Portaria

nº 3.167, de 10 de junho, foi criada a Comissão Diretora de Assistência Patronal (CODAP), aprovando-se seu regimento interno em outubro deste mesmo ano. Em 15.3.1989, foi instituído o Grupo Executivo de Assistência Patronal – GEAP, permanecendo a Assistência Patronal sem personalidade jurídica, como instituição encartada no âmbito da União, até que este Grupo Executivo, em 28.4.1990, instituiu a Fundação GEAP, mediante escritura pública lavrada no 3º Cartório de Notas de Brasília. O antigo Ministério da Previdência e Assistência Social, em 13.3.1990, por ato do ministro publicado aos 14 do mesmo mês, aprova os Estatutos da Fundação GEAP e a reconhece como entidade de previdência fechada, com sede e foro em Brasília. Conquanto a transformação do GEAP em Fundação GEAP houvesse padecido de vício, por carência de autorização legislativa, a situação se convalidou juridicamente com a sobrevinda da lei que extinguiu o INAMPS e deu outras providências, isto é, a Lei nº 8.689, de 27.7.1.993, cujo art. 5º, §1º, deu explícito reconhecimento à transformação do GEAP em fundação e manteve em prol dela a contribuição prevista no inc. II do art. 69 da Lei nº 3.807, de 26.8.1960, com a redação dada pela Lei nº 5.890, de 8.6.1973, e no art. 22 da Lei nº 6.439, de 1º.9.1977.

A compostura da referida fundação, assim como seu histórico exibem de maneira clara e inconfutável tratar-se de entidade originada no Poder Público, sem fins lucrativos, mantida desde sempre sob sua permanente ingerência, alimentada por recursos provenientes dos cofres governamentais, de par com a contribuição dos assistidos, que tem finalidade de assistência à saúde e cuja atuação é restrita ao universo dos servidores públicos federais. É impossível, portanto, mesmo ao mais distraído ou, inversamente, ao mais preconcebido dos intérpretes deixar de notar que se trata de pessoa jurídica diversa, por completo, de uma entidade particular e que, pelo contrário, sua fisionomia revela, para além de qualquer dúvida ou entredúvida, tratar-se de sujeito encarregado de atividade instrumental do Estado e que lhe compõe o universo organizacional.

9. Eis, pois, que, na conformidade do que se averbou ao longo dos itens 1 a 4 deste parecer, trata-se inequivocamente de entidade que, por se sediar em campo interno ao aparelho administrativo público e por operar tão somente na órbita intestina do Poder Público, não necessita submeter-se a processo licitatório para travar convênio com o Estado ou pessoa auxiliar dele (ou para ser por ele contratado), pois tal instituto, como visto, não existe senão para o travamento de negócios com *terceiros*. Ora, seja qual for a qualificação que se pretenda dar à

Consulente, ao menos uma coisa é certa e de certeza irrefragável. Jamais poderia ser considerada um "terceiro" em relação ao Poder Público, no sentido em que a palavra foi utilizada no art. 2º da Lei nº 8.666, de 21.6.1993, isto é, a de um estranho ao mundo estatal, por integrar o universo dos particulares ou da pluralidade de pessoas exteriores à ordem jurídica brasileira.

10. O quanto se disse até aqui já seria suficiente para ter-se como respondida de sobejo a primeira indagação da Consulta. Sem embargo, à mesma conclusão indicada se aportaria por outras vias; isto é, de todo modo haver-se-ia de abicar no entendimento de que *in casu* não caberia demandar licitação ainda que tal instituto, em tese, fosse aplicável ao travamento de vínculo com a Consulente. E isto por duas razões.

A primeira delas é que, se cabível fosse a realização de certame licitatório, sua obrigação estaria arredada por se configurar, ao menos por extremada similitude, uma das hipóteses de *dispensa* do dever de licitar: a hipótese contemplada no art. 24, VIII, de acordo com o qual é dispensável licitação:

> para a aquisição, por pessoa jurídica de direito público interno, de bens produzidos ou serviços prestados por órgão ou entidade que integre a Administração Pública e que tenha sido criado para esse fim específico em data anterior à vigência desta Lei, desde que o preço contratado seja compatível com o praticado no mercado.

Diga-se de passo que, se as pessoas de direito público estão eximidas da obrigação de licitar na hipótese cogitada no preceptivo em causa, *a fortiori* estarão as entidades auxiliares do Estado revestidas de personalidade de direito privado.

11. Foi dito "ao menos por extrema similitude", pois, no caso concreto, não se trata propriamente de "preço contratado", uma vez que, na relação com a Consulente, jamais se proporá tal tema, só podendo estar em causa "convênios" e sem que, em rigor, exista um "preço" no sentido comum da expressão. Deveras, tratando-se de uma autogestão e promovida sem fins lucrativos, os conveniados resolvem sobre o valor a ser pago em função unicamente do indispensável para atender ao serviço e na medida de suas próprias conveniências, nunca de um intento de captar ganhos como seria próprio das empresas privadas.

Dessarte, se o instituto da licitação houvesse sido concebido – e não o foi como se viu – para abranger relações do gênero das que a

Consulente trava, o preceptivo citado o afastaria na situação vertente. Deveras, esta causa excludente de licitação pretendeu, de um lado, amparar a situação de entidades estatais que explorassem atividade econômica, isto é, reservada em princípio aos particulares, permitindo que fossem contratadas sem licitação, mas, de outro, impedir que no futuro novas entidades estatais viessem a se beneficiar deste favor.

Assim, a licitação seria dispensável, com base no referido art. 24, VIII, pois foi criada anteriormente à Lei nº 8.666, mesmo se – o que não é o caso, como visto – a Consulente fosse exploradora de atividade reservada à iniciativa privada e só explorável pelo Estado por imperativos da segurança nacional ou relevante interesse público, a teor do art. 173 da Constituição.

12. De fora parte esta razão a que se vem de aludir e que poderia ser aduzida *ex abundantia*, também não seria cogitável licitação porque, se acaso a Consulente fosse um "terceiro", isto é, alguém a cujos serviços o Poder Público só poderia recorrer na conformidade da legislação sobre licitações, o que, já se viu, não ocorre, estar-se-ia, no caso vertente, perante hipótese de "inexigibilidade de licitação", figura contemplada no art. 25 da Lei nº 8.666, de acordo com o qual:

> É inexigível a licitação quando houver inviabilidade de competição, *em especial*:
>
> I – para aquisição de materiais, equipamentos, ou gêneros que só possam ser fornecidos por produtor, empresa ou representante comercial exclusivo, vedada a preferência de marca, devendo a comprovação de exclusividade ser feita através de atestado fornecido pelo órgão de registro do comércio do local em que se realizaria a licitação ou a obra ou o serviço, pelo Sindicato, Federação ou Confederação Patronal, ou, ainda, pelas entidades equivalentes;
>
> II – para a contratação de serviços técnicos enumerados no art. 13 desta Lei, de natureza singular, com profissionais ou empresas de notória especialização, vedada a inexigibilidade para serviços de publicidade e divulgação;
>
> III – para contratação de profissional de qualquer setor artístico, diretamente ou através de empresário exclusivo, desde que consagrado pela crítica especializada ou pela opinião pública.

O artigo está reportado a situações em que, segundo sua expressão, haveria "inviabilidade de competição". Nele se encontra, em seus três incisos, um arrolamento apenas exemplificativo disto. Precatadamente a lei abriu um indispensável espaço para postergação da licitação em quaisquer outros casos nos quais sua instauração careceria de sentido ou implicaria verdadeiro contrassenso. Foi o que de outra feita deixamos averbado: "Cumpre salientar que a relação dos casos de inexigibilidade *não é exaustiva*. Com efeito, o art. 25 refere que a licitação é inexigível *quando inviável* a competição. E apenas destaca algumas hipóteses". Por isto disse em seguida: *"especialmente quando* [...]". Em suma: o que os incs. I a III do art. 25 estabelecem é, simplesmente, uma prévia e já resoluta indicação de hipóteses nas quais ficam antecipadas situações características de inviabilidade, nos termos ali enumerados, *sem exclusão de casos não catalogados, mas igualmente possíveis*.

Outras hipóteses de exclusão do certame licitatório existirão, ainda que não arroladas nos incs. I a III, quando se proponham situações nas quais estejam ausentes pressupostos jurídicos ou fáticos condicionadores dos certames licitatórios. Vale dizer: naquelas hipóteses em que ou (a) o uso da licitação significaria simplesmente inviabilizar o cumprimento de um interesse jurídico prestigiado no sistema normativo e ao qual a Administração deva dar provimento ou (b) os prestadores do serviço almejado simplesmente não se engajariam na disputa dele em certame licitatório, inexistindo, pois, quem, com as aptidões necessárias, se dispusesse a disputar o objeto do certame que se armasse a tal propósito.

Tais casos, como se exemplifica, têm que ser excludentes de licitação e, então, devem, conforme se disse, ser havidos como abrigados no *caput* do art. 25, ainda que a ele se tenha que conferir algum elastério, se por outra razão não fosse, se-lo-ia, ao menos, para atender à incontendível e sempre lembrada advertência de Carlos Maximiliano: "Deve o Direito ser interpretado inteligentemente, não de modo a que a ordem legal envolva um absurdo, prescreva inconveniências, vá ter a conclusões inconsistentes ou impossíveis".[181]

13. Pois bem, no caso vertente, mesmo que não se pudesse dizer que o objeto necessariamente será singular, nem se pudesse afirmar de modo absoluto que só um dado sujeito o forneceria, ter-se-ia de reconhecer-lhe uma singularidade relevante que torna literalmente impossível o cotejo entre a Consulente e as empresas privadas que promovem a prestação de serviços de saúde, de tal maneira que seria um verdadeiro contrassenso pretender que seja promovida uma licitação.

---

[181] MAXIMILIANO, Carlos. *Curso de direito administrativo*. 17. ed. São Paulo: Malheiros, 2004. p. 503-504.

Esta singularidade relevante reside *nas condições profundamente diversas* em que uma e outras prestam a atividade pretendida, por força de seus respectivos atributos subjetivos, os quais as fazem visceralmente distintas no *modus operandi*.

14. Com efeito, a Consulente, por sua compostura jurídica, oferece um serviço cuja promoção é autogerida pelos patrocinadores e pelos assistidos, de tal sorte que a direção suprema do empreendimento fica a cargo dos próprios interessados. Por isto mesmo, o próprio valor correspondente aos serviços é, a final, decidido pelos interessados, os quais também decidem quem serão os credenciados a prestá-los e que valores lhes serão pagos. Demais disto, a Consulente é entidade sem fins lucrativos, ou seja, não pretende lucrar nada das entidades governamentais que com ela se conveniam.

É óbvio, é evidente e da mais solar evidência, que as empresas que oferecem planos de assistência médica ou seguro saúde não oferecem nem podem oferecer nada disto. Não estão no mundo negocial para isto, mas para captarem lucros, para obterem ganhos a serem sacados das pessoas com quem contratem.

Acresce que a atividade da Consulente na área da saúde cobre saúde e assistência, pois oferece auxílio financeiro para aquisição de órtese e prótese não cirúrgicas, auxílio financeiro para aquisição de medicamentos especiais e auxílio financeiro para educação de menor deficiente, além de cobrir na área de saúde transplantes, o que não é oferecido de modo generalizado, isto é, no plano básico, pelas empresas privadas; nos serviços de saúde promovidos pela Consulente também não há um diferencial de pagamento por faixa etária, ao contrário do que ocorre com as empresa privadas.

Eis, pois, que as condições ofertáveis por uma e por outra são rigorosamente heterogêneas; donde, em nada e por nada suscetíveis de serem cotejadas, tornando literalmente incabível a competição, de maneira a compor hipótese de sua "inviabilidade", pois é sabido e ressabido que só se licitam coisas homogêneas, intercambiáveis.

Ante todo o exposto, pelas diversas ordens de razões jurídicas mencionadas resulta claro a todas as luzes que a União pode conveniar-se diretamente com a Consulente, tanto mais porque, como de início foi acentuado, nem ao menos caberia pertinentemente propor-se, *in casu*, o tema da licitação.

15. Respondida a primeira indagação estão colhidos todos os subsídios necessários para a consideração da segunda delas, isto é, sobre

a existência ou não de eventual inconstitucionalidade no Decreto federal nº 4.978, de 23.2.2004, que regulamentou o art. 230, da Lei nº 8.112/90.

O referido decreto foi alvo de questionamento centrado em seu art. 1º, cuja redação, ao depois modificada pelo Decreto nº 5.010, de 9.3.2004, originariamente dispunha que:

> A assistência à saúde do servidor ativo ou inativo e de sua família, de responsabilidade da União, de suas autarquias e fundações, será prestada por intermédio de convênios a serem firmados com entidades fechadas de autogestão, sem fins lucrativos, assegurando-se a gestão participativa.

Este dispositivo conjugado com o art. 4º foi tido como gerador de situação inconstitucional, favorecedora da Consulente e excludente das empresas que oferecem planos de saúde ou seguro saúde, porquanto este último preceptivo estabelece: "Os atuais contratos e convênios de assistência à saúde que não se encontrem amparados pelas disposições deste Decreto não serão renovados".

Em rigor, não há mais espaço para questionamento algum, visto que a alteração do art. 1º, promovida pelo referido Decreto nº 5.010, de 9.3.2004, arredou de vez as objeções arguidas, pois sua nova redação deixa claríssimo que foi feita precisamente para dar amparo às possibilidades de negócio a serem travados com o Poder Público almejados por empresas privadas que exercem lucrativamente a oferta de planos de assistência à saúde ou seguro-saúde.

Donde, nada mais haveria a impugnar no decreto em causa se, deveras, existisse razão jurídica prestante para objetar-lhe a forma original. Ocorre que não existia. Com efeito, nada mais natural do que o Poder Público reservar a prestação dos serviços em causa a entidade por ele patrocinada, obsequiosa ao princípio da autogestão e sem fins lucrativos. Surpreendente por todos os títulos é que abra ou mantenha aberto este campo para empresas que pretendam lucrar com a prestação de atividade que é ofertada no interior do próprio aparelhamento governamental, pois assim deve ser considerada entidade patrocinada pelo próprio Estado e pessoas auxiliares suas. Sobre surpreendente, ao nosso ver, é injurídica tal solução, pois traz consigo dispêndios externos rigorosamente desnecessários, com o que atenta contra o princípio da moralidade administrativa.

16. Ante todo o exposto e considerado, às indagações da Consulta respondo:

I – Para a realização de convênios com a Consulente destinados à obtenção dos serviços de saúde que esta promove no âmbito do serviço público federal, a União e suas pessoas auxiliares não estão adstritas a procedimento licitatório prévio algum, o qual seria manifestamente impróprio e descabido ante a natureza da sobredita fundação e a especificidade de sua estrutura e *modus operandi*.

II – O Decreto federal nº 4.978, de 3.2.2004, com a redação original de seu art. 1º, não padecia de vício jurídico algum; antes, perfilhava orientação juridicamente aplausível. Com a nova redação de seu art. 1º, deixa de se expor às críticas que se lhe imputava, as quais, aliás, eram, de direito, improcedentes. Com a nova redação do sobredito artigo, resultante do Decreto federal nº 5.010, de 9.3.2004, agora sim, se expõe à censura de propiciar despesas descabidas, contravindo o princípio constitucional da moralidade.

É o meu parecer.

São Paulo, 15 de março de 2004.

EMENTA: CARACTERIZAÇÃO DAS CHAMADAS "NORMAS GERAIS" DEFINIDORAS DE CERTAS COMPETÊNCIAS DA UNIÃO – PERECIMENTO DA VIGÊNCIA DE LEI PELO PERECIMENTO DOS PRESSUPOSTOS QUE LHE PRESIDIRAM A EDIÇÃO E NOS QUAIS ESTAVA ASSENTADA

Empresa XXXX, por meio do ilustre advogado, expõe-nos os fatos abaixo, acosta elementos instrutórios e formula a seguinte:

Consulta

1. Em 4.6.1986, o Brasil adotou a Convenção nº 162, aprovada durante a 72ª Conferência Internacional do Trabalho, promovida pela OIT – Organização Internacional do Trabalho. Dita convenção foi aprovada pelo Congresso Nacional em 25.8.1989, conforme Decreto Legislativo nº 51, ratificado pelo presidente da República em 24.4.1990.

2. Para atender aos compromissos dela decorrentes, foi editada a Lei nº 9.055, de 1º.6.1995 que disciplina a extração, industrialização, comercialização, utilização e transporte do asbesto/amianto e dos produtos que o contenham, bem como das fibras naturais e artificiais de qualquer origem, utilizadas para o mesmo fim e dá outras providências. Dita lei estabeleceu uma radical proscrição de quaisquer daquelas atividades no que concerne aos seguintes tipos de asbestos: actinolita amosita (asbesto marrom), antofilita, crocidolita (asbesto azul) e tremolita. Vedou, também, a pulverização e a venda a granel de todos os tipos de asbestos, inclusive do crisotila.

3. Na impossibilidade de substituir o amianto da variedade crisotila (amianto branco), posto inexistir, à época, material sucedâneo, a referida lei excepcionou-o da referida vedação absoluta, conquanto estabelecesse restrições à sua extração e impusesse cautelas e obrigações para as empresas que manipulem ou utilizem materiais contendo aquele tipo de amianto, tendo em vista prevenir danos à saúde, ao meio ambiente e notadamente à higidez dos trabalhadores passíveis de serem afetados pela nocividade deste produto.

Vale observar que o art. 3º deste diploma legal manteve expressamente em vigor as normas contidas nos acordos internacionais ratificados pela República Federativa do Brasil, o que inclui o compromisso assumido na retrocitada OIT nº 162 de envidar esforços para proscrever o uso do amianto tão logo possível sua substituição por outro material menos nocivo ou desprovido de nocividade.

4. Em 2001 foram lançados, no Brasil, produtos de fibrocimento com utilização de um fio de álcool polivinílico – PVA, importado da China e do Japão, em substituição ao amianto.

A partir de 2003, o Brasil passou a produzir, em substituição ao amianto e ao PVA, um fio de polipropileno – PP, com características especiais, com base em matéria-prima nacional.

5. Em 13.7.2004, o Ministério da Saúde, pela Anvisa, decidiu recomendar o uso do polipropileno na fabricação de produtos de fibrocimento, reconhecendo-o como material não cancerígeno.

6. Os estados de Pernambuco, Rio Grande do Sul e Rio de Janeiro editaram leis proibindo a fabricação, o comércio e o uso de materiais contendo amianto, sem excepcionar o amianto branco, tal como dantes já o haviam feito leis de São Paulo e Mato Grosso do Sul. Todas foram atacadas por ações diretas de inconstitucionalidade, sendo que estas duas últimas foram havidas como parcialmente procedentes e as três inicialmente mencionadas ainda não foram julgadas.

7. Ante todo o exposto e o que consta das informações acostadas à Consulta, indaga-se:

I – A norma permissiva do uso do amianto branco constante da Lei federal nº 9.055, de 1º.6.1995, constitui-se em "norma geral"? As leis estaduais de Pernambuco, Rio Grande do Sul e Rio de Janeiro que proíbem o uso do amianto, sem excepcionar o amianto branco, estão a contrariar norma geral ou correspondem ao exercício legítimo de competência estadual para prover sobre a matéria?

II – Procederia o entendimento de que não poderia haver conflito entre as leis estaduais de Pernambuco, Rio Grande do Sul e Rio de Janeiro e o dispositivo da lei federal que autorizava o uso do amianto branco, pois, com o superveniente surgimento de sucedâneos do amianto não agressivos à saúde e de utilização plenamente exequível no país, o mencionado permissivo perdeu os pressupostos de sua vigência, inclusive porque esta consequência se afina com a diretriz que dimana da Convenção nº 162 da OIT, a qual tem força obrigatória no país?

III – São constitucionais as leis estaduais de Pernambuco, Rio Grande do Sul e Rio de Janeiro que proíbem o uso do amianto, sem excepcionar o amianto branco?

Às indagações respondo nos termos que seguem.

Parecer

1. A Lei federal nº 9.055, de 1º.6.1995, "disciplina a extração, industrialização, utilização, comercialização e transporte do asbesto/amianto e dos produtos que o contenham, bem como das fibras naturais e artificiais, de qualquer origem, utilizadas para o mesmo fim e dá outras providências".
Seus arts. 1º e 2º rezam:

> Art. 1º É vedada em todo o território nacional:
> I – a extração, produção, industrialização, utilização e comercialização da actinolita, amosita (asbesto marrom), antofilita, crocidolita (amianto azul) e da tremolita, variedades minerais pertencentes ao grupo dos anfibólios, bem como dos produtos que contenham estas substâncias minerais;
> II – a pulverização (spray) de todos os tipos de fibras, tanto de asbesto/amianto da variedade crisotila como daquelas naturais e artificiais referidas no art. 2º desta Lei;
> III – a venda a granel de fibras em pó, tanto de asbesto/amianto da variedade crisotila como daquelas naturais e artificiais referidas no art. 2º desta Lei.
> Art. 2º O asbesto/amianto da variedade crisotila (asbesto branco), do grupo dos minerais das serpentinas, e as demais fibras, naturais e artificiais de qualquer origem, utilizadas para o mesmo fim, serão extraídas, industrializadas, utilizadas e comercializadas em consonância com as disposições desta Lei.
> Parágrafo único. Para os efeitos desta Lei, consideram-se fibras naturais e artificiais as comprovadamente nocivas à saúde humana.

Como se vê, ressalvado apenas o amianto branco (art. 2º), são radicalmente proibidos qualquer atividade extrativa, industrial, comercializadora, o transporte e até a utilização das demais variedades do amianto e dos produtos que as contenham (art. 1º). Quanto ao amianto branco, que é a variedade crisotila, a teor do citado art. 2º, continua expressamente permitida sua extração, comercialização, industrialização e utilização nos termos legais. Aliás, mesmo em relação ao amianto branco, é proibida a pulverização e a venda a granel de suas fibras em pó.

2. Com efeito, não há dúvida alguma de que também ele é um produto altamente perigoso, tanto assim que o art. 10 da lei expressamente considera que seu transporte "é considerado de alto risco e, no caso de acidente, a área deve ser isolada, com todo o material sendo reembalado dentro de normas de segurança, sob a responsabilidade da empresa transportadora".

Para realçar sua periculosidade, basta ver que o art. 5º obriga as empresas que manipularem ou utilizarem os materiais contendo amianto branco a enviar,

> anualmente, ao Sistema Único de Saúde e aos sindicatos representativos dos trabalhadores uma listagem dos seus empregados, com indicação de setor, função, cargo, data de nascimento, de admissão e de avaliação médica periódica, acompanhada do diagnóstico resultante.

De seu turno, o parágrafo único deste mesmo artigo exige:

> Todos os trabalhadores das empresas que lidam com o asbesto/amianto da variedade crisotila e com as fibras naturais e artificiais referidas no art. 2º desta Lei serão registrados e acompanhados por serviços do Sistema Único de Saúde, devidamente qualificados para esse fim, sem prejuízo das ações de promoção, proteção e recuperação da saúde interna, de responsabilidade das empresas.

Tão preocupante é a utilização deste mesmo mineral que o art. 9º da lei prevê que sejam promovidas pesquisas por institutos, fundações e universidades públicas e privadas, bem como pelos órgãos do Sistema Único de Saúde no sentido de sua utilização sem riscos para a saúde humana, para o que será concedida linha especial de financiamento pelos órgãos governamentais responsáveis pelo fomento à pesquisa e à tecnologia.

Os demais dispositivos desta lei são também, *todos eles*, expressivos da certeza de que está em questão a utilização de algo verdadeiramente perigoso e cujo manuseio ou utilização têm de ser cercados de aturadas cautelas. Trata-se, pois, de lei que, à toda evidência, versa o tema da proteção da saúde. Seu objeto é o contemplado no art. 24, XII, da Constituição, artigo este que enuncia as competências concorrentes da União, estados e Distrito Federal e para as quais a habilitação da União cinge-se à edição de normas gerais, conforme estatuído no §1º do citado preceptivo.

3. Diversamente da lei federal aludida e com posterioridade a ela, leis estaduais de Pernambuco, do Rio Grande do Sul e do Rio de Janeiro vedaram a produção e comercialização de produtos à base de amianto, sem excepcionar o amianto branco. Duas razões, cada qual de *per si* suficiente, revelam o descabimento de supor que são inconstitucionais as leis estaduais aludidas, por vedarem a utilização de qualquer tipo de amianto, sem ressalva do amianto branco, em contraste, pois, com a Lei federal nº 9.055, de 1º.6.1995, supostamente veiculadora unicamente de normas gerais.

A primeira destas razões consiste em que as referidas leis estaduais eram livres para regular a matéria, desde que, como ocorreu, fosse respeitado o que estava proibido em lei federal veiculadora de normas gerais; a segunda, assenta-se em que, mesmo se assim não fosse, a lei federal em apreço já havia perdido vigência, derrocada que fora por evento superveniente, de sorte que não mais se poderia instaurar uma confrontação entre uma e outras. Vejamos.

4. As leis, como é cediço, soem ser gerais e abstratas. Assim, quando a Constituição confere à União competência para expedir "normas gerais", diferentemente do que o faz no art. 21, em que lhe atribui pura e simplesmente competência para legislar sem qualquer adjetivação restritiva, à toda evidência está outorgando uma modalidade específica de competência. Deveras, se é próprio de quaisquer leis serem gerais, ao se referir a "normas gerais", o texto da Lei Magna está, por certo, reportando-se a normas cujo "nível de generalidade" é peculiar em seu confronto com as demais leis. Em síntese: a expressão "norma geral" tem um significado qualificador de determinada compostura tipológica de lei, na qual, em princípio, o nível de abstração é maior, a disciplina estabelecida é menos pormenorizada, prevalecendo a estatuição de coordenadas, de rumos reguladores básicos e *sem fechar espaço para ulteriores especificações, detalhamentos e acréscimos a serem feitos por leis que se revestem da "generalidade comum".*

É sabido e ressabido que a doutrina sempre sentiu dificuldades em caracterizar de modo preciso e cortante as "normas gerais", de maneira a apartá-las nitidamente das que não possuem tal atributo. Diogo

Figueiredo Moreira Neto,[182] em trabalho extremamente cuidadoso, que Alice Gonzáles Borges, em obra de induvidoso valor,[183] qualificou como "o mais substancial, sistematizado e profundo" ao respeito do tema, arrolou as diferentes orientações que a doutrina alienígena e a nacional têm proposto na tentativa de resolver o problema. Anote-se que, em despeito das dificuldades do tema, os doutrinadores, como é óbvio, jamais deixaram de assentar que as "normas gerais" se constituem em uma categoria individuada de normas, assim como, evidentemente, jamais admitiram que as aludidas dificuldades autorizassem o uso indiscriminado das distintas competências a que respectivamente correspondem.

Independentemente das agruras (agudizadas perante os casos concretos) que ensombrecem a distinção entre elas, não se questiona que há também certas áreas de claridade total, isto é, existem algumas concordâncias generalizadas e até intuitivas quando se trata de apartar umas de outras.

Ninguém duvida que são normas gerais as que estabelecem diretrizes, que firmam princípios, que modelam apenas o suficiente para identificar a tipicidade de um instituto jurídico ou de um objeto legislado, conferindo-lhe um tratamento apenas delineador da compostura de seu regime, sem entrar em particularidades, minúcias ou especificações peculiarizadoras. Deveras, tanto é claro que a mera fixação de um perfil normativo lato responde a uma norma geral quanto é claro que qualquer especialização regulatória includente de situações particulares em princípio refoge ao caráter de norma geral. A consideração casuística, o tratamento individualizador, a nominação personalizadora, constituem-se na antítese da norma geral.

5. No aludido estudo de Diogo Figueiredo Moreira Neto, este mestre fez o que chamou de tabulação das diversas colocações doutrinárias ali colacionadas, inclusivas do pensamento de Bülher, Maunz, Matz, Burdeau, Cláudio Pacheco, Pontes de Miranda, Alcino Pinto Falcão, Carvalho Pinto, Geraldo Ataliba, Souto Maior Borges, Paulo de Barros Carvalho, Marco Aurélio Grecco, Adilson Dallari, José Afonso da Silva e Manoel Gonçalves Ferreira Filho, e ao cabo de tudo, como

---

[182] MOREIRA NETO, Diogo de Figueiredo. Competência concorrente limitada – O problema da conceituação das normas gerais. *Revista de Informação Legislativa*, v. 100, out./dez. 1988. p. 127-162.
[183] BORGES, Alice Gonzáles. *Normas gerais no estatuto de licitações e contratos administrativos*. São Paulo: RT, 1991.

fruto de suas análises e meditações, formulou o seguinte conceito de normas gerais, dizendo:

> Chegamos, assim, em síntese, a que normas gerais são declarações *principiológicas* que cabe à União editar, no uso de sua competência concorrente limitada, *restrita ao estabelecimento de diretrizes* nacionais sobre certos assuntos, que deverão ser respeitadas pelos Estados-membros na feitura das suas respectivas legislações através de normas específicas e particularizantes que as detalharão, de modo que possam ser aplicadas, direta e imediatamente, às relações concretas a que se destinam, em seus respectivos âmbitos políticos.[184] (Grifos nossos)

Se ficarmos pura e simplesmente com as noções até aqui expendidas e que desfrutam de bom trânsito doutrinário, seria forçoso reconhecer que a legislação federal permissiva do uso de amianto branco não tem como alojar-se na categoria de normas gerais, sem embargo de que seu fundamento só pode enquadrar-se no art. 24 do Texto Constitucional, pois seu alcance e objetivos foram claramente os de exarar disciplina protetora da saúde, objeto cogitado no inc. XII do mencionado preceptivo.

Deveras, não há como considerá-las meramente enunciadoras de *princípios* ou de *diretrizes* ou de *critérios* para proteção da saúde humana ou mesmo da higidez ambiental quando em pauta a extração, industrialização, comercialização ou utilização de certos bens da natureza.

Pelo contrário, nela existe uma especificação óbvia, uma pormenorização evidente, na qual vai indicado até mesmo um específico mineral, o amianto e, ainda mais, sucessivamente, uma determinada variedade dele – a crisotila ou amianto branco – para fins de permitir-lhe a manipulação e uso, em contraste com a proibição das outras variedades. Se tais disposições não são particularizações, então, não há mais sentido algum nas palavras *particularização, pormenorização, detalhamento, especificação* e quejandas.

É fácil notar que a serem obrigatoriamente obedecidas tanto as normas do art. 1º, como também do art. 2º da lei federal, a legislação da União sobre tal assunto *terá exaurido completamente o tema*, abortando a possibilidade de ulterior legislação *significativa* dos estados. Com isto,

---

[184] MOREIRA NETO, Diogo de Figueiredo. Competência concorrente limitada – O problema da conceituação das normas gerais. *Revista de Informação Legislativa*, v. 100, out./dez. 1988. p. 159.

ao contrário do que seria a índole das normas gerais, por força delas ficaria nulificada a competência estadual para expedição das normas não qualificáveis como normas gerais.

6. Mesmo que se admita em franco descompasso com a doutrina universal que é preciso flexibilizar este entendimento para conferir à expressão "normas gerais", *no direito brasileiro perante os casos de competência concorrente*, um sentido bem mais abrangente do que normalmente se lhe dá, não haveria como, sensatamente, considerar que os estados estão impedidos de proibir totalmente o uso do amianto *sub color* de que o fazendo afrontariam normas gerais da alçada da União.

Deveras, para fundamentar uma intelecção ampliadora, poder-se-ia argumentar que a primeira noção de normas gerais, até aqui expendida, carece de suplementações, de aportes, em face do direito positivo brasileiro, pois, como quaisquer noções jurídicas, ela deve ser caracterizada com atenção às especificidades do sistema jurídico em que esteja inserida. Assim, quando menos *na hipótese de competências concorrentes*, as normas gerais necessitariam ser compreendidas ao lume do modelo de discriminação constitucional de competências, tal como formulado em nosso direito, tendo-se a cautela de evitar interpretações que possam conduzir a soluções francamente inadmissíveis, ainda quando pareçam obsequiosas à dicção literal do art. 24, §1º, da Lei Maior.

7. A Constituição Federal, em seu art. 24 e parágrafos, dispõe:

Compete à União, aos Estados e ao Distrito Federal legislar concorrentemente sobre:

I – direito tributário, financeiro, penitenciário, econômico e urbanístico;

II – orçamento;

III – juntas comerciais;

IV – custas dos serviços forenses;

V – produção e consumo;

VI – florestas, caça, pesca, fauna, conservação da natureza, defesa do solo e dos recursos naturais, proteção do meio ambiente e controle da poluição;

VII – proteção ao patrimônio histórico, cultural, artístico, turístico e paisagístico;

VIII – responsabilidade por dano ao meio ambiente, ao consumidor, a bens e direitos de valor artístico, estético, histórico, turístico e paisagístico;

IX – educação, cultura, ensino e desporto;

X – criação, funcionamento e processo do juizado de pequenas causas;
XI – procedimentos em matéria processual;
XII – previdência social, proteção e defesa da saúde;
XIII – assistência jurídica e Defensoria pública;
XIV – proteção e integração social das pessoas portadoras de deficiência;
XV – proteção à infância e à juventude;
XVI – organização, garantias, direitos e deveres das polícias civis.

§1º No âmbito da legislação concorrente, a competência da União limitar-se-á a estabelecer normas gerais.

§2º A competência da União para legislar sobre normas gerais não exclui a competência suplementar dos Estados.

§3º Inexistindo lei federal sobre normas gerais, os Estados exercerão a competência legislativa plena, para atender a suas peculiaridades.

§4º A superveniência de lei federal sobre normas gerais suspende a eficácia da lei estadual, no que lhe for contrário.

Tendo em vista estas distintas hipóteses de legislação concorrente, nas quais a competência da União está, pois, cifrada à expedição de normas gerais, mas em atenção à índole dos objetos legisláveis nelas referidos, poder-se-ia, talvez, sustentar o seguinte. Se é certo que descaberia adotar uma acepção tão desatada de "normas gerais" que, além de contrariar-lhe o usual sentido linguístico, eliminasse, em termos práticos, um discrímen que a Constituição explicitamente quis fazer e fez entre este tipo de normas e as demais normas legais, dever-se-ia, entretanto, evitar uma compreensão dela que abicasse em resultados chocantemente inconvenientes.

8. Então, para preveni-los, reconhecer-se-ia como incluída no campo das normas gerais a fixação, pela União, de *padrões mínimos de defesa dos interesses públicos* concernentes às matérias em apreço, pois deveriam estar assegurados em todo o país, sob pena de ditos interesses ficarem à míngua de proteção. É que tal malefício poderia ocorrer seja por inércia de certos estados, seja mesmo, em determinados casos mais específicos, por carecerem alguns deles de preparo ou informação técnica suficientes para o reconhecimento e definição dos ditos padrões mínimos indispensáveis ao resguardo do interesse público quando envolvida matéria técnica.

Dessarte, de fora parte as diretrizes, princípios e delineamentos genéricos, a União estaria autorizada também a qualificar, naquelas matérias, um *patamar, um piso defensivo do interesse público* a que a legislação estadual e distrital não poderia desatender. Porém, acima daquele piso e obviamente respeitados os princípios e diretrizes pertinentes, estados e Distrito Federal legislariam livremente sobre as matérias da legislação concorrente. Isto é, poderiam neste campo sempre *estabelecer exigências defensivas do interesse público, ainda mais enérgicas, mais intensas ou mais extensas do que as fixadas pela União*; o que não poderiam seria rebaixá-las porque, aí sim, estariam contrariando normas gerais, é dizer, normas instituídas para caracterizar o patamar mínimo imposto para defesa do interesse público atinente àquele objeto legislado.

9. Além deste entendimento – ora alvitrado e que, à toda evidência ultrapassa tanto a literalidade da expressão "normas gerais", quanto as posições doutrinárias correntes – é óbvio que não se pode avançar.

Fazê-lo implicaria admitir que a União, justamente ao contrário do espírito presidente do art. 24, §1º, pudesse invadir e angustiar o espaço competencial dos estados (e do Distrito Federal), expandindo a própria competência em detrimento daquela que legitimamente assistiria a unidades da Federação. É claro que para chegar-se a isto seria necessário violentar clara e ilimitadamente tanto o modelo constitucional de discriminação de competências, quanto arrombar definitiva e exorbitantemente as comportas significantes da expressão linguística "normas gerais".

Segue-se que a Lei federal nº 9.055, de 1º.6.1995, na melhor das hipóteses, poderia, de acordo com uma interpretação lata da expressão "normas gerais", estabelecer as proibições que instituiu no art. 1º, pois, deste modo, estaria simplesmente definindo, na matéria (inc. XII do art. 24 – proteção e defesa da saúde), *o patamar mínimo de proteção e defesa de tal interesse público*, a ser observado em todo o país. Entretanto, daquela lei nunca se poderia validamente extrair, por força do disposto notadamente em seu art. 2º, proibição aos estados de vedarem o uso também do amianto branco, pois a autorização nele conferida, como é claro a todas as luzes, desborda do caráter de normas gerais. É que nela não estão contidos nem simplesmente princípios, diretrizes, lineamentos gerais, nem a defesa de um padrão mínimo de proteção ao interesse público a ser resguardado contra violação por parte de estados ou Distrito Federal. Este padrão mínimo está definido no art. 1º. No art. 2º e nos consectários dele, o que está estabelecido é justamente o contrário e por isto mesmo incapaz de cercear a ação legislativa de estados e municípios.

Eis, pois, que tanto em uma interpretação corrente do sentido de "normas gerais" quanto em uma interpretação bastante lassa do que seriam elas, na conformidade de alternativa exegética aqui alvitrada, as leis estaduais de Pernambuco, Rio Grande do Sul e Rio de Janeiro que proíbem a utilização e o comércio do amianto branco são, para além de quaisquer dúvidas ou entredúvidas, perfeitamente constitucionais.

Sem embargo, as razões expostas não são as únicas que confortam a constitucionalidade das sobreditas leis estaduais.

10. Entre os valores consagrados pela Constituição brasileira, nos incisos do art. 3º estão enunciados aqueles aos quais foi atribuída a estatura de fundamentos da República. O inc. III menciona "a dignidade da pessoa humana", que muitos consideram ser o princípio fundamental subjacente às Constituições de nosso tempo histórico.

É claro que o direito à saúde é um dos valores mais obviamente abrigados na ideia da dignidade da pessoa humana. A Lei Magna do país atribuiu tão relevante importância à saúde que lhe consagrou toda uma seção; a Seção II do capítulo sobre a Seguridade Social. Dita seção, que abre com o art. 196, proclama que: "A saúde é direito de todos e dever do Estado, garantido mediante políticas sociais e econômicas que visem a redução do risco de doença e de outros agravos [...]". O art. 6º da Constituição, com o qual se inaugura o capítulo sobre os direitos sociais, menciona o direito "à saúde" e o art. 7º, concernente aos direitos dos trabalhadores urbanos e rurais, arrola entre outros que visem à melhoria de sua condição social a: "redução dos riscos inerentes ao trabalho, por meio de normas de saúde, higiene e segurança".

Eis, pois, que a defesa e proteção da saúde em geral e do trabalhador em particular são encargos a que o Estado não pode se esquivar, mas, pelo contrário, haverá de prover-lhes o atendimento com a melhor das diligências a seu alcance. Entre elas se incluem, à toda obviedade, as diligências legislativas, o que, de todo modo, está igualmente suposto no art. 24, XII, da Constituição, o qual justamente prevê, entre as competências concorrentes de União, estados e Distrito Federal, legislar sobre "[...] proteção e defesa da saúde".

11. Acresce que o Estado brasileiro adotou a Convenção nº 162, de 1986, da Organização Internacional do Trabalho, aprovada pelo Congresso Nacional em 25.8.1989, por meio do Decreto legislativo nº 51, confirmado e ratificado pelo presidente da República em 24.4.1990, texto, pois, de força impositiva no direito brasileiro.

O art. 2º desta convenção esclarece que, para os fins do que nela se dispõe, o termo *asbesto* compreende as diversas variedades de asbesto (branco, marrom, azul), e o art. 3º, numerais 1, 2 e 3, dispõem que:

1. A legislação nacional deverá prescrever as medidas que se hão de adotar para prevenir e controlar os riscos para saúde devidos à exposição ocupacional ao asbesto e para proteger os trabalhadores de tais riscos. 2. A legislação nacional adotada na aplicação do parágrafo 1º do presente artigo deverá ser periodicamente revista à luz dos progressos técnicos de do desenvolvimento dos conhecimentos científicos. A autoridade competente poderá permitir exceções de caráter temporário às medidas prescritas em virtude do parágrafo primeiro do presente artigo, nas condições e dentro dos prazos fixados em prévia consulta com as organizações mais representativas de empregadores e empregados interessados. Quando a autoridade competente permitir exceções com base no parágrafo 3º do presente artigo, deverá velar para que se tomem as precauções necessárias para proteger a saúde dos trabalhadores.

De seu turno, o art. 10 determina:

Quando seja necessário para proteger a saúde dos trabalhadores e seja tecnicamente possível, a legislação nacional deverá estabelecer uma ou várias das seguintes medidas: a) sempre que possível, a substituição do asbesto, ou de certos tipos de asbesto, por outros materiais ou produtos ou a utilização de tecnologias alternativas, cientificamente reconhecidas pela autoridade competente como inofensivos ou menos ofensivos; b) a proibição total ou parcial da utilização do asbesto ou de certos tipos de asbesto ou de certos produtos que contenham asbesto em determinados processos de trabalho.

Ressuma das disposições desta convenção o explícito intento de banir o uso de qualquer modalidade de asbesto quando tecnicamente possível e viável e a disposição de conviver com ele ou alguma variedade dele enquanto não for tecnicamente possível ou viável bani-lo por completo e, como é claro, o compromisso dos Estados signatários em atender a estas disposições.

12. Foi nesta conformidade e em perfeita sintonia com os termos da Convenção nº 162 da OIT que surgiu a mencionada Lei nº 9.055, de 1º.6.1995.

De então para cá, a situação relativamente às possibilidades de postergação do uso de quaisquer modalidades de amianto alterou-se de maneira significativa, quer no exterior, quer no Brasil. Tanto isto é exato que, consoante informações instrutórias acostadas à Consulta, 42 países já o baniram. O primeiro deles foi a Islândia, em 1983, ainda antes da citada convenção. Em 1º.1.2005, a União Europeia determinou sua exclusão em todos os países que ainda não haviam adotado tal providência, caso unicamente de Portugal e Grécia, pois outros, econômica e socialmente mais potentes, como Alemanha e França, já o haviam banido há cerca de dez anos. Na América Latina, o Chile e a Argentina o proscreverem em 2001, o Uruguai em 2002 e Honduras em 2004, ao passo que El Salvador o havia feito quase duas décadas antes. Na Ásia, o Japão e o Vietnã proibiram-no também em 2004. A Austrália e a África do Sul haviam adotado a mesma medida um ano antes.

Esta proscrição do amianto que veio se acentuando ao longo dos anos decorre do seu caráter terrivelmente danoso à saúde humana como agente responsável, conforme foi sendo irrefutavelmente constatado, por câncer do pulmão e das vias gastrointestinais, gerador de moléstias letais na pleura e no peritônio, acarretando morte extremamente sofrida em suas vítimas. À medida que foram surgindo sucedâneos industriais e comerciais do amianto, nada mais justificava sua utilização ante as desastrosas consequências que acarreta para a saúde humana.

No Brasil, já existe sucedâneo hábil para o amianto. Consoante informação acostada à Consulta, além do PVA importado, existe um fio de polipropileno com características especiais produzido no país a partir de matéria-prima nacional, produtos inofensivos à saúde e perfeitamente aptos a substituir o amianto.

13. Ora bem, se o Brasil se obrigou a diligenciar no sentido de proscrever a utilização do amianto sempre que possível e inclusive a rever periodicamente sua legislação "à luz dos progressos técnicos e do desenvolvimento dos conhecimentos científicos" (numeral 2 do art. 3º da Convenção nº 162 da OIT); se a hostilidade em relação ao amianto é devida a preocupações com a saúde humana em geral e em particular com a saúde dos que, por motivo de trabalho, ficam expostos à terrível nocividade dele; se a proteção da saúde, que é um dos elementares requisitos do respeito à dignidade da pessoa humana, constitui-se em bem jurídico objeto de evidentes cuidados defensivos na Constituição e, finalmente, se já existe entre nós a possibilidade de eximir as pessoas – e especificamente os trabalhadores – da exposição aos riscos decorrentes do uso do amianto, dada a existência no país de sucedâneos não agressivos à saúde, parece óbvio que as razões que supedaneavam a permissão do uso do amianto branco na Lei nº 9.055, de 1º.6.1995, perimiram. Ou seja, os pressupostos jurídicos da lei, que se assentavam em uma dada situação fática, desapareceram em razão do fato posterior que foi o avanço tecnológico ensejador da substituição do amianto e sua plena exequibilidade no país.

Não se nega que é possível assumir, na matéria, uma posição ortodoxamente formalista ou até mesmo ritualística e em consequência sustentar que, enquanto a lei não for revogada ou modificada por outra, seus termos permanecem vigorantes, em despeito do que acima foi acentuado. Entretanto, caberia igualmente indagar se pode ser havida como interpretação correta do direito a que se aferra a certas posições armadas sobre esquemas rígidos e tradicionais e que aspira a ser prestante mesmo quando, às vezes, se aparta da própria razão de ser do direito. Por certo, é mais fácil, por sua simplicidade, aderir a modelos interpretativos que não conhecem os meios tons e que têm como apanágio a comodidade ofertada por sua rigidez.

14. Sua antítese são as construções elaboradas com supedâneo na força explícita ou latente de princípios constitucionais conjugados e articulados em obséquio a uma concepção sistêmica da ordem jurídico-positiva interpretanda, e, por isto mesmo, apoderadas de maior ductilidade, de melhor adaptabilidade às circunstâncias concretas.

A justificativa desta abordagem exegética é, de um lado, o fato óbvio, conquanto nem sempre operacionalmente lembrado, de que o direito e tudo que nele se dispõe existe para servir aos homens, razão suficiente para obrigar o ajuste de qualquer interpretação a este propósito sem receio de afrontar preconceitos jurídicos. De outro lado, comparece em seu abono a circunstância de que tecnicamente as finalidades inspiradoras do direito vigente são melhor servidas quando, para conduzir as interpretações, buscam-se os princípios maiores que lhe conferem identidade ao invés de cifrar-se a alguns conceitos estereotipados.

É esta forma de encarar a função da hermenêutica que leva ao entendimento de que, ao menos em certos casos, a superação dos pressupostos em que estava assentada uma lei pode representar o perecimento de sua vigência.

15. Comece-se por anotar que as normas jurídicas, sejam elas individuais e concretas, como a maioria dos atos administrativos, ou gerais e abstratas, como soem ser as leis, podem perder vigência não apenas quando declaradas inválidas ou quando expressamente revogadas, mas também por perecimento de suas condições de existência.

Esta última hipótese ocorre por diferentes razões. Por vezes, na intimidade do próprio ato está previsto o evento que o faz perecer. É o que sucede, *exempli gratia*, com o provimento administrativo com termo final certo, qual o prazo de um ano. A lei orçamentária, como as leis temporárias, quer tenham prazo certo de vigência, quer hajam sido expedidas para atender a situações excepcionais enquanto durem, correm idêntica sorte. Também o ato administrativo submetido a evento futuro e incerto que vem a se realizar – pense-se na outorga precária do direito de derivação de água de um açude se este não baixar de determinada cota – perde vigência quando a condição resolutiva haja eclodido. Assim como o próprio ato pode fazer previsão desta ordem, esta pode residir em ato sucessivo que contenha equivalente determinação ou na ocorrência de fato que torne sem sentido o ato precedente, fazendo perimir sua razão de existir.

No caso concreto, parece claro que, se a lei federal proibiu o uso do amianto no país e por exceção única autorizou o amianto branco tão só por falta de alternativa viável – já que deixou manifesta sua consciência dos riscos de malefícios aí implicados –, a partir do momento em que passou a existir a alternativa viável, isto é, um sucedâneo para ele, deixou de existir o suporte lógico para a sobrevida da mencionada exceção. Em consequência, exauriu-se a força jurídica daquela permissão excepcional, efeito que não pode ser recusado inclusive por ser esta a diretriz que dimana da Convenção nº 162 da OIT, a qual, como já foi dito, tem força obrigatória no país.

É evidente, em fim de contas, que as leis estaduais de Pernambuco, do Rio Grande do Sul e do Rio de Janeiro é que mantêm afinamento tanto com a diretriz constitucional de proteção à saúde de todos e com os direitos sociais dos trabalhadores como com o espírito norteador da aludida Convenção nº 162.

16. Isto tudo posto e considerado, às indagações da Consulta respondo:

    I – A norma permissiva do uso do amianto branco constante da Lei federal nº 9.055, de 1º.6.1995, cujo objeto evidente é o de prover a defesa e proteção da saúde (inc. XII, do art. 24 da Constituição Federal), não se enquadra como "norma geral", seja qual for o critério razoável que se adote para identificar tal tipo de norma. As leis estaduais de Pernambuco, Rio Grande do Sul e Rio de Janeiro que proíbem o uso do amianto, sem excepcionar o amianto branco, não contrariam norma geral alguma e correspondem ao exercício legítimo de competência estadual para prover sobre a matéria.

    II – Ainda que a disposição permissiva do uso de amianto branco constante da Lei federal nº 9.055 fosse norma geral, não poderia estar instaurado conflito entre ela e as leis estaduais de Pernambuco, Rio Grande do Sul e Rio de Janeiro que proíbem o uso do amianto, sem excepcionar o amianto branco. É que em face do superveniente surgimento de sucedâneos dele não agressivos à saúde e de utilização plenamente exequível no país, o permissivo em questão perdeu sua vigência, inclusive porque tal conclusão afina-se com a diretriz que dimana da Convenção nº 162 da OIT, a qual tem força obrigatória no país.

III – As leis estaduais de Pernambuco, Rio Grande do Sul e Rio de Janeiro que proíbem o uso do amianto, sem excepcionar o amianto branco, correspondem ao uso lídimo de suas competências concorrentes previstas no art. 24, XII, da Constituição Federal, sendo, pois, perfeitamente constitucionais.

É o meu parecer.

São Paulo, 5 de dezembro de 2005.

EMENTA: SOCIEDADE DE ECONOMIA MISTA PRESTADORA DE SERVIÇO PÚBLICO – SUBMISSÃO À ARBITRAGEM – CONTRATO COM EMPRESA ESTRANGEIRA E SUBMISSÃO AO DIREITO PÚBLICO BRASILEIRO

XXXXX, por seu ilustre advogado, em complementação a anterior pedido de parecer do interesse da empresa XXXX, concessionária do serviço público federal de energia elétrica, formula-nos a seguinte:

Consulta

I – Sociedade de economia mista titular de concessão para exploração de serviços públicos pode, sem autorização legislativa, validamente aderir à cláusula compromissória de arbitragem, como a XXXXX o fez em seu contrato com a UEGA? Porventura o art. 23, inc. XV, da Lei nº 8.987, de 13.2.1995, ao prever entre as cláusulas essenciais do contrato de concessão as relativas ao foro e ao modo de solução das divergências contratuais, estaria com isto se referindo à arbitragem? Em caso positivo, dita previsão aplica-se tão só às relações entre concedente e concessionário ou a qualquer contrato celebrado entre concessionário e terceiros? Se negativa a resposta, poder-se-ia entender que, no silêncio da lei, a adoção da via arbitral resulta autorizada com base no princípio de que o não proibido está *ipso facto* permitido?

II – O disposto nos §§1º e 2º do art. 25 da Lei nº 8.987, de 13.2.1995, afastaria a aplicabilidade das normas de direito público ao contrato de venda e compra de potência assegurada celebrado entre XXXXX e UEGA? O regime jurídico aplicável ao contrato ou ao concessionário afastaria a aplicabilidade das normas e princípios de direito público à XXXX, enquanto sociedade de economia mista?

III – O serviço prestado pela XXXXX, por força dos contratos de concessão nºs XXXX (distribuição de energia elétrica e geração de energia elétrica destinada ao público) está subsumido ao art. 21, XII, "b", da Constituição Federal? A prestação de serviços cometida à XXXXX está subsumida ao art. 173 ou ao art. 175 da Constituição Federal? Por força de sua subsunção ao pertinente dispositivo, resultam contenções aos atos de vontade, isto é, à liberdade dos administradores da XXXXX e à disponibilidade de direitos sobre os bens jurídicos objeto da concessão? Às empresas de geração, transmissão e distribuição de energia elétrica, independentemente de seu *status* de empresa privada ou de economia mista, aplica-se o disposto no parágrafo único do art. 170 da Constituição?

IV – A submissão da XXXXX à (i) cláusula compromissória prevista na cláusula 34.3 do contrato de venda e compra de potência assegurada celebrado com a UEGA, bem como (ii) a cláusula que prevê a indexação à variação cambial do "pagamento mensal", conforme previsão constante da cláusula 17, além da (iii) opção de compra/venda que determina a transferência da titularidade da usina termelétrica de Araucária à XXXXX na hipótese de inadimplemento do contrato, mediante pagamento do preço de compra ali estipulado, devem ser interpretadas como atos de mera gestão versando direitos disponíveis afetos unicamente ao direito privado? Esta última cláusula que implica a aquisição forçada da Araucária pela XXXXX, na hipótese de inadimplemento contratual, é compatível com a presumida necessidade de um móvel de interesse público para que sociedade de economia mista adquira um bem, tanto mais em consideração ao fato de que o contrato entre XXXXX e UEGA não foi precedido de licitação? Os dispositivos contratuais em questão devem ser interpretados como um reforço ao entendimento de que ditas avenças estão fora do campo do direito público, tendo natureza privada, ou, inversamente, por serem incompatíveis com o direito público exibem uma nulidade de pleno direito.

V – A exclusão do contrato entre XXXXX e UEGA às regras da licitação, por força do disposto no inc. XXII do art. 24 da Lei de Licitações, afastaria também a incidência sobre ele dos comandos contidos no citado diploma legal, como os concernentes a contratos e eventualmente sanções?

VI – Era de competência da ANEEL homologar o referido contrato de venda e compra de potência assegurada celebrado entre XXXXX e UEGA? A não homologação dele acarretaria ausência de eficácia do inteiro teor de tal contrato? Tribunal arbitral poderia ajuizar sobre a mencionada competência da ANEEL, sobre as razões pela qual esta não homologou o contrato, e rever tais decisões ou simplesmente conferir eficácia ao contrato? Sentença arbitral que assim procedesse seria passível de homologação pelo Superior Tribunal de Justiça? Não obtendo tal homologação, seria eficaz em território nacional?

VII – No direito brasileiro, normas cogentes podem ser livremente afastadas pela vontade das partes em um contrato?

VIII – A hipótese contratualmente suposta de haver aquisição forçada da Araucária pela XXXXX, a juízo exclusivo desta em caso de inadimplência da XXXXX, assim como a circunstância da relação contratual ser passível de redução a um valor comercial, compõe razão suficiente para entender-se que, por isto mesmo, a relação é regida exclusivamente pelo direito privado? Quando a lei exigir forma pública para a prática de certos atos de alienação de bens ou para a realização de certos contratos, mesmo quando se trate de relação entre particulares, tal exigência poderia ser afastada pela vontade dos contratantes?

IX – Existindo nulidades no contrato de venda e compra de potência assegurada celebrado entre XXXXX e UEGA, teria o administrador da XXXXX a faculdade ou o dever de declará-las e, se necessário, levar dito contrato ao exame do Poder Judiciário. O brocardo *venire contra factum proprium non valet* é aplicável à Administração direta e indireta e, consequentemente, também ao caso vertente? A atual administração da XXXXX tem o dever de invalidar ou declarar nulos os atos inválidos da Administração precedente? Haveria nisto ofensa ao princípio da segurança jurídica?

X – No direito brasileiro, é lícito a uma parte contratante alegar desconhecimento de texto de lei? Pode uma parte contratante legitimamente imputar à outra contratante a obrigação de informação das disposições legais aplicáveis à estipulação contratual?

XI – Pode um sócio estrangeiro impor ao administrador de uma sociedade de economia mista modelo de contratação não compatível com o direito pátrio? Se o fizer, poderia ao depois alegar dano à confiança pelo prejuízo ocorrido?

Às indagações respondo nos termos que seguem.

Parecer

1. As respostas às indagações feitas são bastante simples, pois não envolvem questões de alta indagação jurídica. Para solvê-las, basta relembrar noções conhecidas de quaisquer cultores do direito brasileiro, ainda que uma ou outra delas possa escapar a quem tenha formação apenas no campo do direito privado ou, de toda sorte, careça de intimidade suficiente com o direito público.

As noções a que se aludiu são relativas à indisponibilidade do interesse público, ao regime inerente ao serviço público com as correlatas consequências para seus prestadores e finalmente à índole das sociedades de economia mista no direito constitucional brasileiro.

Todas elas são noções que, *in casu*, se inter-relacionam intimamente, como a seguir se dirá.

2. Uma das mais elementares noções do direito público é a de que interesses públicos são bens indisponíveis, *res extra commercium*. Não há quem ignore esta obviedade. Sabe-se que com ela pretende-se significar que o sujeito que esteja a gerir interesses públicos não tem, ao contrário de quem gere interesse privados, a liberdade, a autonomia, em suma, a disponibilidade sobre os interesses em questão. Por isto mesmo, o manejo deles se faz de modo circunscrito, sujeito a inúmeras limitações, pois, quem realmente dispõe de liberdade em relação à sua definição e forma de cura é o Legislativo, ainda assim, como é natural, dentro de certas balizas: as que hajam sido constitucionalmente estabelecidas. De seu turno, ao Executivo é que compete, em nível infralegal, formular os termos para assegurar-lhes a mais adequada realização e controle.

A atividade administrativa do Estado é, por excelência, a atividade de gestão de interesses públicos.

Cirne Lima, o mestre genial cujas lições são inolvidáveis e perenes, foi quem, com frases lapidares, bem caracterizou a indisponibilidade dos interesses públicos inerente à atividade administrativa, ao dizer que ela "é a atividade do que não é proprietário – do que não tem a disposição da cousa ou do negócio administrado",[185] pois "Na administração, o dever e finalidade são predominantes; no domínio, a vontade".[186]

Deveras: "Traço característico da atividade assim designada é estar vinculada – não a uma vontade livremente determinada – porém, a um fim alheio à pessoa e aos interesses particulares do agente ou do órgão que a exercita".[187]

Com efeito, bem o disse este alumiado jurista: "Opõe-se a noção de administração a de propriedade, nisto que, sob administração, o bem não se entende vinculado à vontade ou personalidade do administrador, porém a finalidade impessoal a que essa vontade deve servir".[188]

Sempre na conformidade do mesmo administrativista: "A relação de administração é a relação jurídica que se estrutura ao influxo de uma finalidade cogente".[189]

---

[185] LIMA, Ruy Cirne. *Princípios de direito administrativo*. 3. ed. Porto Alegre: Sulina, 1954. p. 22.
[186] LIMA, Ruy Cirne. *Princípios de direito administrativo*. 3. ed. Porto Alegre: Sulina, 1954. p. 52.
[187] LIMA, Ruy Cirne. *Princípios de direito administrativo*. 3. ed. Porto Alegre: Sulina, 1954. p. 21.
[188] LIMA, Ruy Cirne. *Princípios de direito administrativo*. 3. ed. Porto Alegre: Sulina, 1954. p. 20.
[189] LIMA, Ruy Cirne. *Princípios de direito administrativo*. 3. ed. Porto Alegre: Sulina, 1954. p. 53.

Igualmente é de sua lavra o seguinte perfeitíssimo escólio: "A relação de administração somente se nos depara, no plano das relações jurídicas, quando a finalidade que a atividade de administração se propõe, nos aparece defendida e protegida, pela ordem jurídica, contra o próprio agente e contra terceiros".[190]

Em suma:

> O fim e não a vontade domina todas as formas de administração. Supõe destarte a atividade administrativa a preexistência de uma regra jurídica reconhecendolhe uma finalidade própria. Jaz consequentemente a Administração Pública, debaixo da legislação que deve enunciar e determinar a regra de direito.[191]

3. Prestar serviço público implica, como é curial e universalmente sabido, desenvolver *atividade administrativa, atividade pública*. Serviços públicos, por definição, são serviços havidos pelo Estado como atividades que encarnam interesses públicos; logo, bens indisponíveis, ou seja, *res extra commercium*.

Anote-se que os serviços de produção e distribuição de energia elétrica, isto é, serviços públicos *ex vi* do art. 21, XII, "b" da Constituição Federal, de acordo com o citado preceptivo, tanto podem ser prestados pelo próprio Poder Público ou entidade autárquica quanto por entidades privadas, sejam ou não governamentais, circunstância que, como é curial, em nada interfere com sua natureza e, pois, com o fato de se tratar de interesses indisponíveis. Assim como a circunstância de um particular ser concessionário de "serviço público" não faz com que o serviço deixe de sê-lo, não será porque uma sociedade de economia mista tem personalidade de direito privado que o serviço público que preste perderá tal caráter e se degradará da categoria de interesse público, bem indisponível.

Segue-se disto que as questões jurídicas envolvendo "prestação de serviços públicos", recursos necessários para bem desempenhá-los, instrumentos jurídicos compostos em vista deste desiderato – estejam ou não a cargo de sociedades de economia mista – não envolvem bens patrimoniais disponíveis, mas interesses indisponíveis. As peias que daí derivam para quem o desempenha são particularmente óbvias se este não é o senhor do serviço, mas apenas um sujeito titulado a prestá-lo na qualidade de concessionário.

---

[190] LIMA, Ruy Cirne. *Princípios de direito administrativo*. 3. ed. Porto Alegre: Sulina, 1954. p. 52.
[191] LIMA, Ruy Cirne. *Princípios de direito administrativo*. 3. ed. Porto Alegre: Sulina, 1954. p. 22.

4. A concessão de serviço público pressupõe que o Estado considera o serviço em causa como próprio e *como privativo do Poder Público*. Sendo assim, o serviço não pode deixar de ser *res extra commercium*, inegociável, inamovivelmente sediado na esfera pública. Por isto não há transferência da titularidade do serviço para quem venha a ser habilitado a desempenhá-lo. Só as pessoas de natureza pública podem ser titulares, ter como próprias as atividades públicas. Então, o que se transfere para o concessionário – diversamente do que ocorre no caso das autarquias – é tão só e simplesmente o *exercício* da atividade pública.[192] Daí que o Estado mantém, sempre e permanentemente, total disponibilidade sobre o serviço concedido.[193]

Já quem é simplesmente concessionário não tem disponibilidade alguma sobre o serviço. Terá de prestá-lo nos termos que lhe resultem da concessão e qualquer intento de alterar aqueles termos ou de acrescentar-lhes novas condições terá de ser submetido ao titular do serviço que é quem decide o que é conveniente ao interesse público.

Obviamente, nos termos da lei, a Administração é que dispõe, com plena liberdade e do modo que entender mais satisfatório para o interesse público, sobre a parte *regulamentar do serviço* e está peada apenas no que concerne ao elemento verdadeiramente contratual da concessão, que é o equilíbrio econômico-financeiro.

Faz parte do aspecto regulamentar tudo o que diz com o modo de prestação do serviço, com as condições a ele relativas e à sua fruição pelos usuários. Em consequência, integram-no as disposições relativas à *organização*, ao *funcionamento* do serviço, *aos meios passíveis de serem utilizados*, ao *prazo* da concessão e às *tarifas* que serão cobradas; esta é a parte *mutável* na concessão por ato exclusivo do Estado. *Em relação a esta parte, o concedente – e mais ninguém – é que pode dispor*.

5. Consoante acima se anotou, o Estado tanto pode prestar os serviços públicos de energia elétrica diretamente quanto por meio de outros sujeitos que habilitará para isto. Assim, poderá fazê-lo

---

[192] É Zanobini quem, com magistral proficiência, observa, a propósito dos particulares investidos de poderes públicos: "di tali poteri questi soggetti non hanno mai la titolarità, ma possono avvere soltanto l'esercizio, in forza di una concessione fatta dello Stato e sempre da questo revocabile senza che l'ente venga meno" (ZANOBINI, Guido. *Corso di diritto amministrativo*. Padova: Cedam, 1944. v. I. p. 139).

[193] É bem expressiva da intensidade do controle esta frase de Bonnard: "En principe on peut dire qu'il y a service concedé lorsque l'État se réserve à l'égard du fonctionnement du service *um controle tellement poussé* que cela implique de sa part *mainmise* sur l'entreprise et volonté que ce soit un service publique et non une entreprise privée" (BONNARD, Roger. *Précis de droit administratif*. 2. ed. Paris: Sirey, 1935. p. 547).

concedendo a prestação do serviço a terceiros, completamente estranhos a seu corpo administrativo, como poderá criar sujeitos governamentais para isto. Para realizar atividades que lhe dizem respeito, o Poder Público engendra, no plano legislativo, distintos modelos *operacionais*, ou seja, fórmulas subjetivadas diversas, para implementar objetivos que assumiu no interesse da coletividade. Assim também Estados Federados criam entidades coadjuvantes suas, às vezes para que possam receber do titular do serviço a qualidade de concessionários dos serviços prestados em seu âmbito territorial.

Seja qual for a forma adotada, é evidente que as entidades a que o Poder Público der vida não passam de sujeitos *auxiliares seus*. As finalidades em cujo nome foram instituídas as diretrizes a que devem se ajustar e os controles para aferir seu procedimento são, evidentemente, públicos. Nem poderia ser de outra forma. Por isto, todas elas são categorizadas, quer doutrinária, quer normativamente, como entidades da "Administração indireta" (art. 4º do Decreto-Lei federal nº 200, de 25.2.1967, modificado pelo Decreto-Lei nº 900, de 29.9.1969, com alterações posteriores); ou seja: "administração pública indireta", como é óbvio – e não administração privada indireta.

6. As criaturas em apreço são, pois, figuras pelas quais se realiza *administração pública*, vale dizer, administração de interesses que pertencem a toda a sociedade e que, de conseguinte, têm que ser conhecidos e controlados por todos os membros do corpo social, por meio dos mecanismos que a sociedade, constitucional e ou legalmente, instituiu como pertinentes à fiscalização e correção dos negócios públicos. Ainda que sociedades mistas se submetam a controles internos ou efetuados meramente em nível de acionistas ou cotistas – evento que se processa na intimidade de tais sujeitos e que serve também e sobretudo à defesa de interesses privados de acionistas minoritários –, não podem se lavar dos controles externos, que são, aliás, de distintos tipos. Valham, como referência, os efetuados pela própria Administração central, os que podem resultar de ação popular e os que se efetuam pelo Poder Legislativo, com o auxílio do Tribunal de Contas pertinente (arts. 5º, LXXIII; 49, IX; 70 e 71 da Constituição Federal).

Aliás, a existência de tais controles serve para demonstrar que as empresas públicas e sociedades de economia mista, conquanto modeladas sobre figurino tomado de empréstimo, em geral, ao direito mercantil, são visceralmente distintas da generalidade das pessoas de direito privado. Em relação a estas últimas não haveria cogitar das aludidas formas de controle.

7. Com efeito, os sujeitos que nascem do sopro estatal, seja quando instaurados com personalidade de direito público, seja quando criados com personalidade de direito privado, têm como traço essencial, como marca que os distingue de quaisquer outros, como signo que lhes preside a existência e comanda a intelecção de suas naturezas, o fato de serem criaturas *instrumentais* do Estado; são seres que gravitam na órbita pública. Estão, tanto como o próprio Estado, atrelados à realização de interesses do todo social e os recursos que os embasam são, no todo ou em sua parte majoritária, originários de fonte pública. Tais criaturas existem para que o Estado, por seu intermédio, conduza de modo satisfatório assuntos que dizem respeito a toda a coletividade.

Exatamente por isto – tal como o Estado – encontram-se sujeitas a todos os controles públicos necessários para a certeza e a segurança de que, ao desenvolverem seus cometimentos, manter-se-ão estritamente afiveladas ao cumprimento do escopo para o qual foram concebidas e atenderão obsequiosamente aos deveres de legalidade, impessoalidade, moralidade e publicidade, conforme disposto no art. 37, *caput*, da Constituição brasileira, segundo o qual: "A administração pública direta e *indireta* de qualquer dos poderes da União, dos Estados, do Distrito Federal e dos Municípios obedecerá aos princípios da legalidade, impessoalidade, moralidade, publicidade e eficiência e, também ao seguinte: [...]".

Segue-se que, caso se desviem do direito positivo, caso seus dirigentes refujam aberta ou astuciosamente das normas legais ou dos princípios de legitimidade que conformam a ação destas pessoas governamentais, é *inexcusável dever das autoridades controladoras internas ou externas, tanto como dos que sucedam aos infratores da ordem jurídica*, fulminar os atos indevidamente praticados, diligenciar pelos meios jurídicos competentes a eliminação dos que não possam, por si próprios, extinguir e desencadear as medidas cabíveis para a responsabilização civil, administrativa e – em sendo o caso – penal dos que desatenderam aos deveres a que estavam adstritos.

Em suma: as entidades auxiliares do Estado, ainda quando modeladas sob figurino privado, não são, portanto, da mesma cepa que as demais pessoas de direito privado. A razão de existir, os fins em vista dos quais são criadas, os recursos econômicos que manejam, os interesses a que servem (e podem servir) são manifestamente distintos e, sob muitos aspectos, até mesmo diametralmente opostos aos daqueloutras. Bastaria esta evidência para perceber-se que não poderiam mesmo estar submetidas à igual disciplina jurídica. Sofrerão sempre e inevitavelmente um influxo de normas de direito público.

8. De resto, as próprias entidades em causa também comportam uma diversidade de regimes, conforme sejam prestadoras de serviço público ou exploradoras da atividade econômica.

Com efeito, é preciso distinguir as sociedades de economia mista e empresas públicas em duas distintas espécies; a saber: *prestadoras de serviços públicos e exploradoras de atividade econômica*, pois o regime de umas e outras não é idêntico. Ambas, inobstante sejam constituídas sob forma de direito privado, sofrem o impacto de regras de direito público. As primeiras, entretanto, são alcançadas por estes preceitos com uma carga mais intensa do que ocorre com as segundas, o que é perfeitamente compreensível.

Deveras, as prestadoras de serviço público desenvolvem atividade em tudo e por tudo equivalente aos misteres típicos do Estado e dos quais este é o senhor exclusivo. Operam, portanto, numa seara estatal por excelência, afeiçoada aos seus cometimentos tradicionais e que demandará, bastas vezes, o recurso a meios publicísticos de atuação (como sucede, aliás, inevitavelmente, com particulares concessionários de serviço público), de par com o rigor dos controles a que se têm de submeter, seja por se alimentarem de recursos captados da coletividade por meio de instrumentos de direito público (tarifas), seja pela supina relevância do bem jurídico de que se ocupam: o serviço público, isto é, "serviço existencial, relativamente à sociedade, ou pelo menos, assim havido num momento dado [...]", no dizer de Cirne Lima.[194]

9. Como de outra feita averbamos, justamente em relação a esta espécie de sociedades,

> o grau de funcionalidade da distinção entre pessoa de direito público e pessoa de direito privado – questão que se resume a uma discriminação de regimes – cai para seu nível mínimo. Embora sem apagar a distinção existente, reduz-se a teores modestos, dada a vigorosa concorrência de princípios e normas publicísticas inevitavelmente afluentes para a proteção da atividade desempenhada, controle da ação de seus agentes e defesa dos administrados. Assim, a personalidade de direito privado que lhes seja infundida, é matizada por vivos tons de direito público, a fim de ajustar-se a suas funções.[195]

---

[194] LIMA, Ruy Cirne. *Princípios de direito administrativo*. 3. ed. Porto Alegre: Sulina, 1954. p. 84.
[195] BANDEIRA DE MELLO, Celso Antônio. Natureza essencial das sociedades mistas e empresas públicas. *Rev. de Direito Público*, v. 71. p. 115.

Já as exploradoras de atividade econômica protagonizam seu empenho em um campo que é, por definição, o terreno próprio dos particulares, das empresas privadas, e ao qual o Estado só por exceção pode acorrer na qualidade de personagem empreendedor; ainda assim, este papel lhe é facultado apenas quando houver sido acicatado por motivos de alta relevância. Em tal hipótese, contudo, justamente para que não se instaure uma "concorrência desleal" com os particulares, a entidade governamental terá de comparecer despojada dos atributos que acompanham os entes governamentais.

Por tal razão, seu regime – neste caso – haverá de ser muito mais próximo do regime das empresas particulares do que ao operar na prestação de serviços públicos. De resto, é compreensível que para atuar na esfera econômica não necessite manejar prerrogativas estranhas a esta órbita e, de outro lado, que precise de agilidade similar à dos particulares, como condição de bom sucesso empresarial. Logo, é perfeitamente natural que aí seja *menos intenso* o afluxo de normas de direito público, as quais, todavia, como se dirá mais além, *nem por isso deixarão de comparecer em certa medida*, contanto que não impliquem criação de situação vantajosa no confronto com as empresas privadas.

Este discrime entre os dois tipos de empresas estatais, com as correspondentes diversidades de regime, o formulamos, já há muitos anos em obra teórica, ao enfocarmos estas modalidades de atuação indireta do Estado,[196] volvendo, depois, várias vezes, sobre a importância deste tópico. Não ficamos escoteiros nesta demonstração. Outros estudiosos do direito público, como, de início, Eros Grau[197] e Hely Lopes Meirelles,[198] também frisaram, em mais de uma oportunidade, o relevo do aludido discrímen, o qual acabou por ser acolhido unanimemente pela doutrina e ganhou, por igual, aceitação irrestrita na jurisprudência pátria.

10. De toda sorte, o fato é que a personalidade jurídica de direito privado conferida a sociedades de economia mista ou empresas públicas, sejam elas prestadoras de serviço público ou exploradoras de atividade econômica, não significa, nem poderia significar, que, por tal circunstância, desgarrem da órbita pública ou que, comparativamente

---

[196] BANDEIRA DE MELLO, Celso Antônio. *Prestação de serviços públicos e Administração indireta*. 1. ed. São Paulo: Revista dos Tribunais, 1973. p. 101 e segs.; 119; 122; 124; 135; 141-143.

[197] GRAU, Eros. *Elementos de direito econômico*. São Paulo: RT, 1981. p. 103.

[198] MEIRELLES, Hely Lopes. *Estudos e pareceres de direito público*. São Paulo: Revista dos Tribunais, 1971. v. II. p. 151.

com as pessoas jurídicas de direito público, seja menor o *nível de seus comprometimentos* com objetivos que transcendem interesses privados. Muito menos, então, caberia imaginar que estejam libertas dos procedimentos defensivos dos recursos e interesses públicos nelas entranhados. Por isto, *assujeitam-se a um conjunto de regras de direito público* – algumas delas explícitas já no próprio Texto Constitucional –, que vincam sua originalidade em contraste com as demais pessoas de direito privado.

De resto, se as sociedades de economia mista ou empresas públicas fossem pessoas submissas a um regime jurídico idêntico ao que é aplicado à generalidade das pessoas de direito privado, não existiriam como categoria jurídica autônoma.[199]

Então, embora basicamente se conformem à disciplina do direito privado, sobreposse no que tange a suas relações com terceiros, *nem por isto são regidas exclusivamente pelos preceitos atinentes* àquele *ramo do direito. Muito pelo contrário. Sofrem também, como se disse, a ingerência de princípios e normas de direito público.* A peculiaridade desta situação foi o que levou Jean-Denis Bredin, em tese de doutoramento, na França, a sustentar que possuem natureza híbrida.[200] Entre nós, a reputada administrativista Lúcia Valle Figueiredo,[201] em oportuna monografia, também pôs em questão o ajustamento destas figuras ao modelo paradigmático do direito privado.

Hoje é induvidoso, no seio da melhor doutrina, que seria ingênuo considerá-las simples pessoas de direito privado à moda de quaisquer outras. Hely Lopes Meirelles, por exemplo, subsidiado por inúmeras achegas doutrinárias e jurisprudenciais que colacionou – valendo entre elas destacar a remissão ao notável trabalho de Rubem Nogueira –, teceu importantes considerações sobre a originalidade do regime destas entidades. Daí que, ao examinar um caso concreto, depois de observar que a Consulente era sociedade de economia mista e, portanto, pessoa jurídica de direito privado, adverte que, embora se revista da forma de sociedade anônima,

---

[199] FLEINER, Fritz. *Principes generaux du droit administratif allemand.* Tradução francesa de Ch. Einsenman. Paris: Delagrave, 1933. p. 82-83.

[200] BREDIN, Jean-Denis. *l'entreprise semi-publique et publique et le droit prive.* Paris: Librairie Generale de Droit et de Jurisprudence, 1957.

[201] FIGUEIREDO, Lúcia Valle. *Empresas públicas e sociedades de economia mista.* São Paulo: Revista dos Tribunais, 1978.

nem por isso se insere na exclusiva disciplina jurídica elaborada para as sociedades mercantís de fins puramente lucrativos (cf. Rubem Nogueira, "Função da Lei na vida dos entes estatais", RDA 99/37). Essa é a posição dominante na doutrina de hoje, que repele o "privatismo" exagerado, relativo às sociedades de economia mista. A esta doutrina aderimos há muito [...].²⁰²

11. De resto, é a própria Constituição que, de logo, trata de assinalar, em inúmeros preceptivos, a diferenciação nítida entre sociedades de economia mista e empresas públicas (*seja de que tipo forem*) e demais pessoas de direito privado. Com efeito, sobre as primeiras faz incidir, expressamente, um conjunto de disposições de direito público que, liminarmente, compõem um evidente e claríssimo discrímen no regime jurídico de umas e outras, pois seus comandos, como aliás é obvio, incidem apenas sobre as empresas estatais.

Veja-se: no art. 5º, LXXIII, estatui que "qualquer cidadão é parte legítima para propor ação popular que vise a anular ato lesivo ao patrimônio público *ou de entidade de que o Estado participe* [...]". No art. 14, §9º, dispõe que lei complementar estabelecerá casos de inelegibilidade e prazos de sua cessação para prevenir a possibilidade de abuso no exercício de cargo, função ou emprego, "na administração direta ou *indireta*". No art. 37, também já referido, impõe, tanto à Administração direta, quanto à "indireta", da União, dos estados, do Distrito Federal e dos municípios, submissão aos princípios da legalidade, impessoalidade, moralidade, publicidade e também às disposições arroladas nos vários incisos subsequentes. Entre eles, salientem-se os seguintes: inc. II, que estabelece que a admissão em emprego *nestas pessoas* dependerá, tal como ocorre na Administração direta e autárquica, de "concurso público de provas ou de provas e títulos"; inc. XVII, por força do qual a proibição de acumular cargo função ou emprego, prevista em relação aos servidores públicos civis, "abrange autarquias, empresas públicas, *sociedades de economia mista* e fundações mantidas pelo Poder Público"; inc. XIX, em decorrência do qual "somente por lei específica poderão ser criadas empresa pública, *sociedade de economia mista*, autarquia ou fundação pública"; inc. XX, segundo cujos termos "depende de autorização legislativa, em cada caso, a criação de subsidiárias das *entidades mencionadas no inciso anterior*,

---

²⁰² MEIRELLES, Hely Lopes. *Estudos e pareceres de direito público*. São Paulo: Revista dos Tribunais, 1971. v. II. p. 148-152, sobretudo.

assim como a participação de qualquer delas em empresa privada"; inc. XXI, no qual se consagra a regra geral de "licitação pública", imposta também a *tais pessoas*, "para as obras, serviços, compras e alienações". No art. 49, firma como de competência exclusiva do Congresso Nacional "fiscalizar e controlar, diretamente, ou por qualquer de suas Casas, os atos do Poder Executivo, incluídos os *da administração indireta*". No art. 52, estabelece competir privativamente ao Senado Federal "dispor sobre limites globais e condições de operação de crédito externo e interno da União, dos Estados, do Distrito Federal e dos Municípios, de suas autarquias *e demais entidade controladas pelo Poder Público* [...]". No art. 54, impede deputados e senadores, desde a diplomação, que firmem ou mantenham contrato com "empresa pública ou *sociedade de economia mista*" (tanto quanto com pessoa jurídica de direito público), salvo se de cláusulas uniformes e que nelas aceitem cargo, função ou emprego. Além disto, interdita-lhes, desde a posse, que ocupem, em tais pessoas, cargo, função ou emprego de que sejam exoneráveis *ad nutum* e que patrocinem causas em que elas sejam interessadas. A cominação para quem viole estes impedimentos é a perda do cargo, conforme prevê o art. 55. No art. 70 está fixado que o Congresso Nacional e o controle interno de cada poder exercerão a "fiscalização contábil, financeira, orçamentária, operacional e patrimonial da União e das entidades da administração direta e *indireta*, quanto à legalidade, legitimidade, economicidade", bem como sobre "aplicação das subvenções e renuncia de receitas". No art. 71, estatui-se que compete ao *Tribunal de Contas*, em sua missão de auxílio ao Poder Legislativo no exercício do controle externo, "julgar as contas dos administradores e demais responsáveis por bens ou valores públicos da administração direta e *indireta*, incluídas as fundações e sociedades instituídas e mantidas pelo Poder Público [...]"; "apreciar , para fins de registro, a legalidade dos atos de admissão de pessoal, a qualquer título, na administração direta e *indireta* [...]"; "realizar, por iniciativa própria, da Câmara dos Deputados, do Senado Federal, de Comissão técnica ou de inquérito, inspeções e auditorias de natureza contábil, financeira, orçamentária, operacional e patrimonial, nas unidades administrativas dos poderes Legislativo, Executivo e Judiciário e demais entidades *referidas no inc. II*" (que são, entre outras, as entidades da *Administração indireta*). Tais dispositivos têm força cogente também no âmbito dos estados, Distrito Federal e municípios, por força do art. 75. No art. 163, prevê-se que lei complementar disporá sobre "dívida pública externa e interna, incluídas a das autarquias, fundações e demais *entidades controladas pelo Poder Público*". No art. 165, §5º, determina-se que a lei orçamentária anual compreenderá "o orçamento fiscal referente aos Poderes da União, seus fundos, órgãos e entidades da administração direta e *indireta*, inclusive fundações instituídas e mantidas pelo Poder Público" (inc. I); "o orçamento de investimento das empresas em que a União, direta ou indiretamente *detenha a maioria do capital social com direito a voto*" (inc. II); "o orçamento da seguridade social, abrangendo todas as entidades e órgãos a ela vinculados, da administração direta ou *indireta*, bem como os fundos e fundações instituídos e mantidos pelo Poder Público" (inc. III). No §9º do mesmo art. 165, explicita-se que a lei complementar deverá "estabelecer normas de gestão financeira e patrimonial da administração direta e *indireta*, bem como condições para a instituição e funcionamento de fundos". No art. 169, parágrafo único, dispõe-se:

> a concessão de qualquer vantagem ou aumento de remuneração, a criação de cargos ou a alteração da estrutura de carreiras, bem como a admissão de pessoal, a qualquer título, pelos órgãos ou entidades da administração direta ou *indireta*, inclusive fundações instituídas e mantidas pelo Poder Público, só poderão ser feitas: I – se houver prévia dotação orçamentária suficiente para atender às projeções de despesa de pessoal e aos acréscimos dela decorrentes.

Note-se que todos os dispositivos arrolados são obrigatórios também para estados e municípios, seja por força de suas próprias dicções, seja por disposição constitucional explícita determinando seu acolhimento nestas esferas, seja por envolverem princípios constitucionais, caso em que, nos termos do art. 25, são impositivos para os estados, que terão de acolhê-los ou respeitá-los nas "Constituições e leis que adotarem".

12. Esta volumosa cópia de versículos constitucionais, nos quais são versados variados aspectos concernentes às entidades da Administração indireta, quer tenham personalidade de direito público ou de direito privado, *quer sejam exploradoras da atividade econômica ou prestadoras de serviços públicos*, demonstra de maneira inconfutável, incontendível mesmo, que, por imperativo da própria Lei Maior, o regime jurídico a que se submetem apresenta diferenças profundas em relação à disciplina própria das empresas privadas em geral, já que a estas últimas não se aplica nenhum dos preceitos referidos.

Deles ressuma, tal como amplamente se disse no início deste estudo, que ditas entidades governamentais são simples instrumentos personalizados da ação estatal. Caracterizam-se como meros sujeitos auxiliares, conaturalmente engajados na realização de interesses pertinentes à toda a coletividade e, portanto, inconfundíveis com interesses privados.

A Constituição deixou, pois, translucidamente estampado o caráter ancilar que lhes quis atribuir (e atribuiu), o que é particularmente visível na preocupação manifesta de mantê-los sob estrito controle por meio de *mecanismos de direito público* (sujeição ao Tribunal de Contas, por exemplo) e de conservar-lhes os meios humanos e materiais sob rigoroso enquadramento, também por via de *instrumentos de direito público* (concurso público para admissão de pessoal; suficiência de prévia dotação orçamentária para atender à expansão da despesa como condição de deferimento de vantagens, de aumentos retributivos ou de alteração da estrutura de carreiras – que, evidentemente não são normas trabalhistas; fixação pelo Senado de limites para o endividamento; inclusão de seus orçamentos na lei orçamentária anual da pessoa de direito público a que estejam jungidos). O mesmo fenômeno se repete no que concerne à disciplina preliminar à obtenção de bens, obras ou serviços e alienações, pois também aí foram assujeitados a um *procedimento de direito público* (licitação pública, que, também evidentemente, não é norma obrigacional de direito privado).

Assim, ressalta com indiscutível obviedade que o regime jurídico das sociedades mistas e empresas públicas, por decisão constitucional obrigatória para todo o país, não é o mesmo regime aplicável a empresas privadas, e nem sempre é idêntico ao destas no que concerne às relações com terceiros, na medida em que, com objetivos de melhor controlá-las, a Lei Maior impôs-lhes procedimentos e contenções (que refluem sobre a liberdade de seus relacionamentos; como o concurso público para admissão de pessoal e a licitação pública) inexistentes para a generalidade das pessoas de direito privado.

13. Feitas estas averbações que, como inicialmente se disse, correspondem a noções de trânsito corrente e moente entre os publicistas, as respostas às indagações feitas se apresentam como meras consequências destes tópicos singelos e, quando muito, vez ou outra, demandam, como reforço, o acréscimo de algum suplemento normativo. Isto posto, pode-se passar a respondê-las, na conformidade da sequência e numeração que consta da Consulta.

Indagação I

14. Sociedade de economia mista titular de concessão para exploração de serviços públicos, seja por força de sua índole de criatura meramente auxiliar do Estado, seja pelo fato de ser prestadora de serviço público, bem indisponível, seja pelo fato de ser mera concessionária que, pois, não tem disponibilidade sobre os interesses postos sob sua cura, evidentemente não pode, sem autorização legislativa, validamente aderir à cláusula compromissória de arbitragem. Por esta razão a XXXXX não poderia validamente fazê-lo em seu contrato com a UEGA.

Quaisquer assuntos relacionados com os serviços de energia elétrica de que seja concessionária – quer no que respeita à sua geração, à sua aquisição a granel, à sua prestação aos usuários, ou, assunção, nesta matéria, de obrigações de monta com terceiros diversas dos encargos que hajam sido diretamente postos à sua compita no contrato de concessão – se ubicarão na esfera de interesses indisponíveis, pois concernem a interesses cuja senhoria e disponibilidade pertencem ao concedente.

Já por isto se vê a nulidade evidente de cláusula compromissória de arbitragem na hipótese da Consulta. De resto a própria lei regedora das arbitragens, Lei nº 9.307, de 23.9.1996, já em seu art. 1º, delimita seu âmbito de incidência com dizer: "As pessoas capazes de contratar poderão valer-se da arbitragem para dirimir litígios relativos a direitos patrimoniais *disponíveis*".

Assim, seu âmbito de aplicação não alcança situações em que estejam em causa interesses indisponíveis, que é o que ocorre no contrato em apreço por envolver questões sobre as quais a XXXXX não tinha a liberdade de decidir, visto que interferentes com os poderes e encargos relativos ao serviço público de energia elétrica (do qual é mera concessionária), os quais só seriam definíveis no patamar da autoridade concedente.

15. Sem embargo, dita nulidade se evidencia do modo mais flagrante possível em face do disposto no art. 55, §2º, da Lei nº 8.666, de 21.6.1993, que dispõe sobre normas de licitação e contratos da Administração Pública, abrangida nesta noção tanto a Administração direta como a indireta (e até mais do que ela), por força do art. 1º da citada lei.[203]

---

[203] Este art. 1º estabelece: "Subordinam-se ao regime desta Lei, além dos órgãos da administração direta, os fundos especiais, as autarquias, as fundações públicas, as empresas públicas, as sociedades de economia mista e demais entidades controladas direta ou indiretamente pela União, Estados, Distrito Federal e Municípios".

Dispõe o mencionado art. 55, §2º:

> Nos contratos celebrados pela Administração Pública com pessoas físicas ou jurídicas, inclusive aquelas domiciliadas no estrangeiro, deverá constar necessariamente *cláusula que declare competente o foro da sede da Administração para dirimir qualquer questão contratual*, salvo o disposto no §6º do art. 32 desta Lei.

Se o foro é o da sede da Administração, já se vê que não poderia ser o de um tribunal arbitral e, além disto, no exterior.

Esta norma cogente não está de modo algum afetada pelo disposto no art. 23, inc. XV, da Lei nº 8.987, de 13.2.1995. Referido dispositivo estatui que deverão constar dos contratos de concessão: "o foro e modo amigável de solução das divergências contratuais".

Desde logo, "modo amigável de solução" é o que se obtém por *mediação* e não consiste em solução contenciosa, seja ela judicial, seja extrajudicial. Por força de mediação as partes entram em *acordo*. Transigem ambas ou transige uma só delas, chegando a um denominador comum, a um ponto em que ambos, a final, se põem concordes. O juízo arbitral é coisa inteiramente diversa. Há uma contenda que é soluta por um *tertius* (estranho ao Poder Judiciário). Este realmente procede como um juiz: dá ganho de causa àquele que reputa estar apoiado pelo direito e a outra parte perde. Não se trata de um acordo sobre o ponto em divergência. É a vitória de um e a derrota de outro; literalmente a antítese de um acordo, que seria o resultado bem-sucedido de uma mediação.

Eis, pois, que o disposto no art. 23, XV, da Lei nº 8.987 não contende em nada e por nada com o §2º do art. 55 da Lei nº 8.666.

Sem embargo, os dois dispositivos transcritos não teriam mesmo que confrontar no caso vertente. É que este último diz respeito a contratos das entidades da Administração direta e indireta, ao passo que o art. 23, XV, concerne unicamente a contratos de *concessão*. Ora, nem a XXXXX deu (ou poderia dar) concessão de serviço público à XXX, nem esta o deu (ou poderia dar) à XXXXX. Assim, não estava em pauta um contrato a que se aplicasse o mencionado art. 25, XV.

16. De toda sorte, como se vê, a matéria é legalmente regulada, não ensejando nem mesmo a disparatada suposição de que, no silêncio da lei, a concessionária pudesse se valer do princípio de que o não proibido é permitido, ensejando-lhe então recorrer à arbitragem.

Deveras, além de não haver silêncio da lei, consoante indicado, dito princípio jamais seria invocável por uma entidade da Administração indireta. A regra para esta é a inversa; ou seja: o que não está permitido está proibido. É o princípio da legalidade. Este, como é sabido e ressabido, significa que a Administração não está apenas proibida de atuar *contra legem* ou *praeter legem*, mas só pode agir *secundum legem*, conforme feliz e preciso ensinamento de Michel Stassinopoulos.[204] Nas palavras de Hely Lopes Meirelles, enquanto "na administração particular é lícito fazer tudo que a lei não proíbe, na Administração Pública só é permitido fazer o que a lei autoriza". Daí porque também averbou que o administrador não pode se afastar da legalidade e das exigências do bem comum, "sob pena de praticar ato inválido e expor-se a responsabilidade disciplinar, civil e criminal, conforme o caso".[205]

Sociedade de economia mista, pela legislação brasileira, de resto já mencionada, é Administração Pública; é Administração indireta (art. 4º do Decreto-Lei federal nº 200, de 25.2.1967, modificado pelo Decreto-Lei nº 900, de 29.9.1969, com alterações posteriores). Está, ademais, expressamente assujeitada aos rigores do princípio da legalidade pelo art. 37, *caput*, da Constituição, dantes invocado e cujos termos quadra repetir: "A administração pública direta e *indireta* de qualquer dos poderes da União, dos Estados, do Distrito Federal e dos Municípios obedecerá aos princípios da legalidade, impessoalidade, moralidade, publicidade e eficiência e, também ao seguinte: [...]".

Indagação II

17. O disposto nos §§1º e 2º do art. 25 da Lei nº 8.987, de 13.2.1995, em nada afastava a aplicabilidade das normas de direito público ao contrato de venda e compra de potência assegurada celebrado entre XXXXX e UEGA. Os preceptivos mencionados estatuem:

> §1º Sem prejuízo da responsabilidade a que se refere este artigo, a concessionária poderá contratar com terceiros o desenvolvimento de atividades inerentes, acessórias ou complementares ao serviço concedido, bem como a implementação de projetos associados.
>
> §2º Os contratos celebrados entre a concessionária e os terceiros a que se refere o parágrafo anterior reger-se-ão pelo direito privado, não se estabelecendo qualquer relação jurídica entre os terceiros e o poder concedente.

---

[204] STASSINOPOULOS, Michel. *Traité des actes administratifs*. Athenas: Librairie Sirey, 1954. p. 69.

[205] MEIRELLES, Hely Lopes. *Direito administrativo brasileiro*. 27. ed. São Paulo: Malheiros, 2002. p. 86.

§3º A execução das atividades contratadas com terceiros pressupõe o cumprimento das normas regulamentares da modalidade do serviço concedido.

Em rigor, aí está estabelecido o óbvio, a saber: o fato de ser concessionário não inibe a pessoa de firmar contratos com terceiros para adjudicar-se os elementos necessários ou úteis ao cumprimento do objeto da concessão, nem transforma tais contratos em contratos de direito público, os quais, obviamente, serão regidos pelo direito privado (se alguma *outra razão* não os colocar sob regência do direito público).

Cumpre, todavia, ter atenção para o fato de que nem por ser de direito privado poderá o contrato tal ou qual deixar de obedecer a normas de direito público que lhe sejam impositivas; isto é: a *relação em si mesma se governa pelo direito privado*, questão alheia ao fato de que todo e qualquer vínculo jurídico sofre sujeições não necessariamente nele estipuladas. *Exempli gratia*, contratos de direito civil ou comercial podem estar assujeitados ao cumprimento de obrigações estabelecidas no âmbito do direito tributário ou na esfera do direito previdenciário; vale dizer, *obrigações reguladas pelo direito público*.

Assim, os preceptivos mencionados não pretenderam, nem poderiam fazê-lo, afastar todo o direito restante, fosse tributário, previdenciário, administrativo ou qualquer outro. Limitaram-se a qualificar a índole das normas que disciplinariam a *própria relação* travada por concessionário com terceiros em vista de adjudicar-se o necessário, conveniente ou desejável para o cumprimento do objeto da concessão. Com isto não se propuseram a conferir imunidade ao concessionário para travar relações não permitidas em face do direito público, assim como não se predispuseram a liberá-lo das obrigações ou sujeições desta índole que os colheriam. De resto, o próprio §3º confirma inteiramente a intelecção que se vem de fazer.

18. Cumpre concluir, então, que o disposto nos §§1º e 2º do art. 25 da Lei nº 8.987, de 13.2.1995, em nada afastaria a aplicabilidade de normas de direito público ao contrato de venda e compra de potência assegurada celebrado entre XXXXX e UEGA. Tão só indica as normas que presidiriam o vínculo entre as partes, em si mesmo considerado. Ou seja, os parágrafos em apreço não significam que a XXXXX e UEGA estariam habilitados para regular interesses indisponíveis ou para abrir mão de obrigações a que a relação de concessão lhes impõe.

Sem embargo, ditas normas concernentes à aplicação do direito privado ao contrato não comparecem no contrato entre XXXXX e UEGA;

ou seja: *não se aplicam no caso da relação entre estas partes*, pelo fato de a XXXXX ser sociedade de economia mista.

Como já se viu, o art. 37 da Constituição Federal declara as entidades não apenas da Administração direta, mas também da indireta, logo, as sociedades de economia mista – figura tipológica a que pertence a XXXXX – assujeitadas a princípios e normas alheios ao direito privado, figurando entre os princípios expressamente mencionados, os da legalidade, o da impessoalidade, da moralidade, da publicidade e da eficiência. Assim, também, na conformidade deles, a Lei nº 8.666/93 expressamente estatui que os contratos das sociedades de economia mista são por ela colhidos, qualificados, então, como *contratos administrativos*; é dizer: contratos regidos pelo direito público e não pelo direito privado.

Eis, pois, que por sobejas razões jamais se poderia imaginar que o contrato travado entre XXXXX e UEGA refugiria aos princípios e ditames do direito público.

Indagação III

19. O serviço prestado pela XXXXX, por força dos contratos de concessão nºs XXXX (distribuição de energia elétrica e geração de energia elétrica destinada ao público), obviamente está subsumido no art. 21, XII, "b", da Constituição Federal. É que este preceptivo, como dantes se disse, expressamente estatui – e o faz com incontendível clareza – que:

> Compete à União: [...]
>
> XII – explorar, diretamente ou mediante autorização, concessão ou permissão:
>
> a) [...];
>
> b) os serviços e instalações de energia elétrica e o aproveitamento energético dos cursos de água, em articulação com os Estados onde se situam os potenciais hidroenergéticos; [...].

Donde, é claro a todas luzes, que os sobreditos serviços se constituem em serviços públicos, enquadrando-se sua prestação na previsão do art. 175 da Lei Magna, cujo *caput* estabelece: "Incumbe ao Poder Público, na forma da lei, diretamente ou sob regime de concessão ou permissão, sempre através de licitação, a prestação de serviços públicos".

À toda evidência, não haveria cogitar, pois, do disposto no art. 173, visto que este menciona aquilo que, no plano constitucional, é a antítese do serviço público, ou seja: exploração de atividade econômica. Com efeito, o serviço público é atividade típica do Estado, que os particulares só podem exercer quando titulados por ele e, ainda assim, como e enquanto for conveniente ao interesse público. Inversamente, a atividade econômica é o campo reservado aos particulares; é o pertinente à livre iniciativa. Integra-se em uma órbita cuja protagonização, em princípio, é vedada ao Estado, pois este só pode desempenhá-la em circunstâncias especiais. Pelo comprovar, basta ler o art. 173, cujos dizeres são os seguintes: "Ressalvados os casos previstos nesta Constituição, a exploração direta de atividade econômica pelo Estado só será permitida quando necessária aos imperativos da segurança nacional ou a relevante interesse coletivo, conforme definidos em lei".

Pelo exposto, é claro a todas as luzes que às empresas de geração, transmissão e distribuição de energia elétrica, independentemente de seu *status* de empresa privada ou de economia mista, não se aplica o disposto no parágrafo único do art. 170 da Constituição, pois este está a tratar justamente da exploração de atividade econômica pelos particulares, isto é, do setor de atividades existentes no seio da coletividade que foi reservado à livre iniciativa e que, como dito, é o campo, por definição, antitético ao dos serviços públicos, seara esta em que se ubicam os concessionários de atividade havida como própria do Estado.

20. Posto que os serviços cometidos à XXXXX se qualificam como serviços públicos, bens indisponíveis, *res extra commercium*, compreende-se que em seu desempenho os administradores da XXXXX não gozem da liberdade própria dos que atuam na esfera do direito privado, da livre iniciativa, do universo onde o que não está proibido está permitido, em suma, no regime da "autonomia da vontade". Pelo contrário, como desempenham serviços públicos, movem-se no campo da "função".

Existe função quando alguém está investido no *dever* de satisfazer dadas finalidades em prol do *interesse de outrem*, necessitando, para tanto, manejar os poderes requeridos para supri-las. Logo, tais poderes são *instrumentais* ao alcance das sobreditas finalidades. Sem eles, o sujeito investido na função não teria como desincumbir-se do *dever* posto a seu cargo.

Quem exerce "função administrativa" está adscrito a satisfazer interesses públicos, ou seja, interesses de outrem: a coletividade. Por isso, suas manifestações de "vontade" só são legítimas se, quando e na medida indispensável ao atendimento dos interesses públicos. É situação oposta à da autonomia da vontade, típica do direito privado. De regra, neste último alguém busca, em proveito próprio, os interesses que lhe apetecem, fazendo-o, pois, com plena liberdade, contanto que não viole alguma lei.

Onde há função, pelo contrário, não há autonomia da vontade, nem a liberdade em que se expressa, nem a autodeterminação da finalidade a ser buscada, nem a procura de interesses próprios, pessoais. Há adscrição a uma finalidade previamente estabelecida[206] e, no caso de função pública, há submissão da vontade ao escopo pré-traçado na Constituição ou na lei e há o dever de bem curar um interesse alheio: o interesse público; vale dizer, da coletividade como um todo, e não da entidade governamental em si mesma considerada.

Tendo em vista este caráter de assujeitamento do poder a uma finalidade instituída no interesse de todos – e não da pessoa exercente do poder – a vontade desta é limitada, é contida, é coartada e condicionada por se movimentar na órbita de interesses indisponíveis, sobressaindo, então, o aspecto finalístico que as informa, do que decorrerão suas inerentes limitações. Havia, pois, contenções aos atos de vontade, isto é, à liberdade dos administradores da XXXXX e à disponibilidade de direitos sobre os bens jurídicos objeto de concessão.

Aliás, estando em pauta matéria toda ela assujeitada à legislação publicística relativa a aproveitamento e utilização de energia elétrica, bem como a autorizações do órgão regulamentador e fiscalizador, isto é, da ANEEL, bem se vê que os direitos em questão refugiam, por inteiro, à livre disposição característica dos interesses privados e direitos que lhes sejam correspondentes.

Indagação IV

21. A submissão da XXXXX à (i) cláusula compromissória prevista na cláusula 34.3 do contrato de venda e compra de potência assegurada celebrado com a UEGA, bem como (ii) a cláusula que prevê a indexação à variação cambial do "pagamento mensal", conforme previsão constante da cláusula 17, além da (iii) opção de compra/venda que determina a transferência da titularidade da usina termelétrica de Araucária à XXXXX na hipótese de inadimplemento do contrato, mediante pagamento do preço de compra ali estipulado,

---

[206] Para um confronto entre atividade privada e atividade administrativa, autonomia da vontade e função, cf. QUEIRÓ, Afonso Rodrigues. *Reflexões sobre a teoria do desvio de poder*. Coimbra: Coimbra Editora, 1940. p. 15-18.

à toda evidência jamais poderiam ser reputadas atos de mera gestão versando direitos disponíveis afetos unicamente ao direito privado. Pelo contrário, é de clareza solar que desbordaram além de qualquer limite de razoabilidade, ultrapassando completamente poderes correntes de gestão para se arrojarem em uma esfera que lhes era interdita, ignorando por completo a indisponibilidade dos interesses que estavam entregues a seus cuidados.

Sobre a exorbitância e ilegalidade no que respeita ao compromisso arbitral, já se falou nos itens 14 e 15 deste parecer.

No que concerne à indexação de pagamentos à variação cambial, é ainda mais óbvio que existe nisto um apartamento evidente do exercício dos normais poderes de gestão. Atrelar obrigação constituída no Brasil e a ser cumprida no Brasil a uma moeda estrangeira corresponde a adotar procedimento esdrúxulo, pois implica fazer com que relação jurídica interna seja solvida mediante valoração estranha não só à moeda nacional, mas também a critérios internamente constituídos para atualização de valores. Há nisto, pois, uma subordinação explícita a elementos exógenos.

É óbvio que ocorrência desta natureza por ninguém poderia ser considerada comportamento incluso na normalidade jurídica em um país soberano. É impossível deixar de reconhecer que se trata de procedimento que refoge ao que seria a normalidade jurídica. Bem por isto, salta aos olhos que concertar providência desta ordem extrapola largamente o exercício de ordinários poderes de gestão. Ressalvada a hipótese de norma legal que habilitasse a este proceder, não se pode considerar nem normal nem válida cláusula deste teor. Com efeito, a Lei nº 10.192, de 14.2.2001, que é conversão de anteriores medidas provisórias, estatui em seu art. 1º, parágrafo único, que:

> São vedadas, sob pena de nulidade, quaisquer estipulações de:
> I – pagamento expressas em, ou vinculadas a ouro ou moeda estrangeira, ressalvado o disposto nos arts. 2º e 3º do Decreto-Lei nº 857, de 11 de setembro de 1969 e na parte final do art. 6º da Lei nº 8.880, de 27 de maio de 1994.

22. No que atina à cláusula de aquisição forçada da Araucária pela XXXXX na hipótese de inadimplemento contratual desta, salta aos olhos que se constitui em disposição literalmente aberrante: uma sociedade de economia mista prestadora de serviços públicos curvar-se ao espantoso assujeitamento de proceder a uma aquisição

independentemente de existir um móvel de interesse público que fundamente esta operação jurídica. Trata-se de algo tão surpreendente que custa a crer que um administrador de entidade desta natureza haja tido a audácia de assumir comprometimento desta ordem.

O desplante e a ilegalidade em apreço exibem suas culminâncias extremas ao se considerar que o vínculo com a UEGA não fora precedido de licitação, pois se assentou na dispensa prevista no art. 24, XXII, o qual ensejava aquisição de energia elétrica mediante contratação direta se adquirida de concessionário, permissionário ou autorizado. Passar-se desta dispensa – prevista para uma hipótese *específica e restrita* – a uma contratação direta na aquisição de uma empresa é algo que ultrapassa o limite do absurdo jurídico, ao ponto de dispensar maiores comentários.

23. Mais absurdo, ainda, se possível, seria supor que os dispositivos contratuais sob comento, posto que se apresentariam como incabíveis na esfera do direito público, estariam a reforçar a intelecção de que se tratou de avença estabelecida fora deste campo, isto é, constituída nos domínios do direito privado.

Intelecção deste jaez, que primaria pelo sumo disparate, seria o mesmo que presumir que se a Administração realiza um contrato desobediente às normas da Lei nº 8.666 (por exemplo, sem prévia licitação fora das hipóteses de dispensa ou de inexigibilidade ou prevendo pagamento antecipado da obra a ser realizada ou dos bens a serem fornecidos) tal circunstância valeria como elemento interpretativo para induzir à conclusão de que teria realizado um contrato de direito privado e não um contrato administrativo, pois neste domínio não seriam admissíveis as ilegalidades cometidas. Dislate deste porte ninguém cometeria.

Mais não é preciso para exibir a inconsistência de suposição desta ordem e a obviedade de que os dispositivos questionados são simplesmente nulos de pleno direito e maculados por nulidade de espantosa compostura.

Indagação V

24. O fato de ter havido dispensa de licitação para o contrato de compra e venda de potência assegurada travado entre XXXXX e UEGA, ao invés de afastar a incidência sobre ele do conjunto de comandos residentes na lei de Licitações e Contratos, *justamente comprova a plena aplicabilidade deles*. É que, se dito contrato não estivesse sobre a égide da citada lei, não haveria porque lhe invocar o art. 24, inc. XXII.

Assim, houve, liminarmente, um reconhecimento formal e explícito, na própria abertura do termo de contrato (Considerando B), de que a relação jurídica travada era um contrato administrativo submisso à Lei nº 8.666, de 21.6.1993. Aplicar um dado dispositivo da lei que se reconhece ser a lei do contrato não traz consigo, em sistema lógico algum, a consequência de significar a exclusão de todos os restantes dispositivos da mesma lei que nada tenham a ver com o preceptivo em questão. Ou seja: o fato de se reputar aplicável preceptivo que libera a realização de um dado e específico requisito pré-contratual, evidentemente, não acarreta liberação de qualquer dos dispositivos da lei cujas prescrições sejam estranhas àquilo que foi havido como liberado. Daí que todas as demais normas inclusas na lei, como as relativas de modo geral aos contratos ou às eventuais sanções, são obviamente aplicáveis à relação jurídica travada entre as partes.

Indagação VI

25. A Lei nº 9.427, de 26.12.1996, que criou a ANEEL, entre outras atribuições conferidas no art. 3º, menciona as de:

> IV – celebrar e gerir os contratos de concessão ou de permissão de serviços públicos de energia elétrica, de concessão de uso de bem público, expedir as autorizações, bem como fiscalizar, diretamente ou mediante convênios com órgãos estaduais, as concessões e a prestação dos serviços de energia elétrica; [...]
>
> VIII – estabelecer, com vistas a propiciar concorrência efetiva entre os agentes e a impedir a concentração econômica nos serviços e atividades de energia elétrica, restrições, limites ou condições para empresas, grupos empresariais e acionistas, quanto à obtenção e transferência de concessões, permissões e autorizações, à concentração societária e à realização de negócios entre si; [...]
>
> XIII – *efetuar o controle prévio e a posteriori de atos e negócios jurídicos a serem celebrados entre concessionárias, permissionárias, autorizadas e seus controladores*, suas sociedades controladas ou coligadas e outras sociedades controladas ou coligadas de controlador comum, impondo-lhes restrições à mútua constituição de direitos e obrigações, especialmente comerciais e, no limite, a abstenção do próprio ato ou contrato.

De seu turno, o Decreto nº 2.003, de 10.9.1996, estatui em seu art. 24 que:

> Os contratos de comercialização de energia elétrica celebrados entre o produtor independente e o concessionário ou permissionário de serviço público de energia elétrica deverão ser submetidos por estes a *homologação* do órgão regulador e fiscalizador do Poder concedente.

Em consonância com as precedentes disposições, a Resolução ANEEL nº 22, de 4.2.1999, em seu art. 1º, dispôs:

> A celebração de acordos, ajustes, convênios e contratos, por concessionária ou permissionária com integrantes do seu grupo controlador, diretos ou indiretos; com empresas controladas ou coligadas; com pessoas físicas ou jurídicas que, juntamente com a concessionária ou permissionária, façam parte, direta ou indiretamente, de uma mesma empresa controlada; com pessoas físicas e jurídicas que tenham diretores ou administradores comuns, tendo por objeto a transferência de tecnologia, assistência técnica e prestação de serviços de forma contínua e regular, deverá observar os procedimentos estabelecidos nesta Resolução. §1º [...]; §2º deverão ser submetidos ao exame e aprovação da ANEEL, dentro do prazo de 30 (trinta) dias da data em que forem firmados e nas condições desta Resolução, os instrumentos contratuais celebrados entre as concessionárias ou permissionárias, e as pessoas físicas ou jurídicas listadas no *caput* deste artigo, em especial, os que versem sobre direção, engenharia, contabilidade, consultoria, compras, informática, construção, operação, manutenção, supervisão, planejamento e testes de avaliação dos sistemas de geração, transmissão, distribuição e comercialização de energia elétrica.

Aliás, o próprio contrato de concessão da XXXXX, na cláusula sexta, subcláusula primeira, estatui que:

> A concessionária deverá submeter ao exame e aprovação da ANEEL, nas hipóteses, condições e segundo procedimentos estabelecidos em regulamento específico, os contratos, convênios, acordos ou ajustes celebrados entre ela e acionistas pertinentes ao seu Grupo Controlador, diretos ou indiretos, ou empresas controladas ou coligadas, bem como celebrados com: [...].

Eis, pois, que é livre de qualquer dúvida ou entredúvida que a ANEEL tinha competência para apreciar e homologar o contrato travado entre XXXXX e UEGA, disto dependendo sua produção de efeitos. Não se trata de algo implícito ou deduzido, mas, pelo contrário, de normas explícitas que o estabeleceram com hialina clareza.

Aliás, estas mesmas normas tornam igualmente óbvio tudo que dantes se disse sobre a natureza do contrato, sobre o fato de que versa sobre bens indisponíveis e sobre sua submissão ao direito público. Em suma, a eventual aquisição da usina por parte da XXXXX é questão que sofre o influxo de disciplina publicística e controle governamental, motivo pelo qual não podia ser livremente disposta pelas partes e, em consequência, igualmente não pode ser objeto de arbitragem.

As normas mencionadas não possuem terminologia uniforme, pois ou falam em aprovação, ou em homologação. A taxinomia em relação aos atos administrativos é imprecisa entre nós, dada a própria imprecisão normativa que usa indiscriminadamente determinados termos para batizar objetos jurídicos distintos. Sem embargo, ninguém discrepa em que "aprovação" e "homologação" são termos que, em todo e qualquer caso, nominam atos de *aquiescência*, de concordância de um órgão controlador com a conduta de um sujeito cujo comportamento necessita passar pelo crivo da autoridade para estar liberada sua produção ou os efeitos jurídicos dela.

Dessarte, é livre de qualquer dúvida ou entredúvida que o contrato entre a XXXXX e a UEG Araucária *jamais seria de direito eficaz enquanto pendesse de manifestação aquiescente da ANEEL*. Com efeito, é certo que dito condicionamento, como resulta das referidas normas, não está limitado a algum ponto, aspecto ou tópico dos atos, negócios, ajustes ou contratos celebrados, mas a eles em si mesmo, vale dizer, à totalidade, ao inteiro teor, do que disponham.

26. A possibilidade jurídica de Tribunal arbitral ajuizar sobre a mencionada competência da ANEEL ou sobre as razões pela qual esta não homologou o contrato, e rever tais decisões ou simplesmente conferir eficácia ao contrato é, se assim se pode dizer, menor do que nenhuma. Presumir como possível qualquer destas providências seria incorrer em inominável absurdo perante o direito.

Com efeito, seria o mais rotundo e grotesco dos disparates imaginar que particulares teriam aptidão jurídica para emitir pronunciamentos definidores do âmbito da competência das entidades públicas ou para proceder, com eficácia jurídica relevante, à avaliação das razões pelas quais praticaram ou recusaram a prática de determinado ato ou, pior que isto, para modificá-las e até mesmo conferir eficácia à negócio jurídico ao qual a entidade pública haja negado. Cogitar de algo tão rebarbativo seria equivalente a admitir que motorista particular pode multar a autoridade de trânsito, que o cidadão pode tributar o Estado, que o município pode decretar intervenção municipal no estado e este intervenção estadual na União!

É, pois, meridianamente claro que se sentença arbitral incorresse em quaisquer destes desatinos jamais seria homologável pelo Superior Tribunal de Justiça, até porque conduta de tal ordem apareceria, desde logo, como histriônica. E é, finalmente, óbvio que não obtendo homologação não seria eficaz no território nacional.

Indagação VII

27. Uma norma jurídica se diz cogente precisamente quando o que nela se dispõe não pode ser afastado pela vontade das partes. Assim, é curial que normas de tal índole não possam ser afastadas pela vontade das partes. Se pudessem sê-lo, cogentes não seriam tais normas.

Indagação VIII

28. A hipótese contratualmente suposta de haver aquisição forçada da Araucária pela XXXXX, a juízo exclusivo desta em caso de inadimplência da XXXXX, assim como a circunstância da relação contratual ser passível de redução a um valor comercial, de modo algum compõe razão prestante para induzir ao entendimento de que, por isto mesmo, a relação é regida exclusivamente pelo direito privado.

A natureza jurídica de uma relação não é dada pelo fato de estar em descompasso com as normas que lhe seriam imponíveis no âmbito de um dado ramo jurídico. Assim, não se pode depreender que um contrato é de direito civil por estar em desacordo com normas de direito comercial. Do mesmo modo, ninguém admitiria como um raciocínio jurídico prestante o de reputar que um dado contrato é uma locação civil de serviços e não contrato trabalhista pelo fato de o empregador haver desatendido às normas para ele previstas no direito do trabalho.

Por idêntica razão não é raciocínio idôneo considerar que a violação de normas e princípios de direito público induz a crer que é de direito privado uma certa relação jurídica travada por entidade da Administração indireta, tanto mais se se trata de concessionária de serviço público e que está, por disposições normativas e contratuais expressas, submissa à aprovação da entidade pública disciplinadora e fiscalizadora de concessões, permissões e autorizações de energia elétrica.

A vontade de contratantes não tem poder jurídico para afastar exigências normativas, ainda quando concernentes à forma jurídica exigida para determinados atos, tal, *exempli gratia*, a forma pública. Note-se que até mesmo contrato entre particulares, isto é, sujeitos alheios ao universo administrativo estatal, podem estar e muitas vezes estão sujeitos a exigências de forma que as partes contratantes não podem afastar. Bem por isto são inúteis quaisquer aditamentos ou acréscimos contratuais que acaso façam buscando conferir força jurídica a disposições que hajam concertado em desacordo com as previsões normativas.

Segue-se que a previsão de forma pública para certos atos de aquisição ou alienação de bens não pode ser afastada pelas partes nem mesmo quando estas sejam pessoas estranhas ao aparelho administrativo estatal.

Indagação IX

29. A existência de nulidades no contrato de contrato de venda e compra de potência assegurada, celebrado entre XXXXX e UEGA, propõe para o administrador da XXXXX não apenas a faculdade, mas impõe-lhe o inadversável dever de declará-las inválidas e, se necessário, levar dito contrato ao exame do Poder Judiciário. A razão disto é óbvia e decorre da circunstância já encarecida de que atividade administrativa é exercício de "função".

Conquanto a palavra *função*, em direito, seja utilizada em acepções distintas, seu sentido mais relevante é precisamente aquele a que se reporta Enzo Capaccioli com dizer: "Un significato ben intelligibile de funzione è quello per cui si chiama funzione il potere il cui esercizio sia dovuto". E logo em seguida: "quando si parla di 'funzione' nel senso in esame, si entende no tanto aggiungere, a quella di potere, uma nozione diversa, quanto sottolineare quella qualità del potere (pubblico) che consiste nella doverosità dell' esercizio".[207]

Estes mesmos caracteres estavam acentuados por Renato Alessi, quase no pórtico de seu *Sistema istituzionale del diritto amministrativo italiano*, nos seguintes termos: "Appunto il potere, statuale considerato in quanto diretto a queste finalità di interesse collettivo, ed in quanto oggetto di um dovere giuridico relativamente alla sua esplicazione, costituice uma funzione statuale".[208]

Função, em síntese, é o exercício no interesse alheio de um poder manifestado em conta de um dever legal.

30. Uma vez que na esfera pública o que existe são funções, elas trazem consigo para tal esfera o que os doutrinadores italianos qualificam como *doverosità*.

Deveras, na esfera do direito público, os poderes assinados ao sujeito não se apresentam como situações subjetivas a serem consideradas apenas pelo ângulo ativo. É que, encartados no exercício de "funções", implicam dever de atuar no interesse alheio – o do corpo social – compondo, portanto, uma situação de *sujeição*. Vale dizer, os titulares destas situações subjetivas recebem suas competências para

---

[207] CAPACCIOLI, Enzo. *Manuale di Diritto Amministrativo*. Padova: Cedam, 1980. v. I. p. 250.

[208] ALESSI, Renato. *Sistema istituzionale del diritto amministrativo italiano*. 3. ed. Milão: Giuffrè, 1960. p. 2. Possivelmente a primeira caracterização de função nesta linha de idéias seja devida a Santi Romano, em seus *Principii di diritto costituzionale generale* (Milano: A. Giuffre, 1945), colacionado por Alessi no trecho citado.

as exercerem em prol de um terceiro: a coletividade a que servem. Eis porque, em obra teórica, conceituamos competência como "o círculo compreensivo de um plexo de deveres públicos a serem satisfeitos mediante o exercício de correlatos e demarcados poderes instrumentais, legalmente conferidos para a satisfação de interesses públicos".[209]

Consequência desta índole das competências públicas é que são de exercício obrigatório para os órgãos e agentes públicos. Vale dizer: exercitá-las não é uma questão entregue à livre decisão de quem as deva manejar. Não está em pauta um problema "pessoal" do sujeito, ao qual ele possa dar a solução que mais lhe apraz. Está sotoposto ao dever jurídico de atender à finalidade legal e, pois, de deflagrar os poderes requeridos para tanto, sempre que presentes os pressupostos para seu desencadeamento.

31. Assim, é absolutamente induvidoso que a atual administração da XXXXX tem o indeclinável dever de invalidar os atos da Administração precedente que confrontaram com o direito e de levar ao exame do Poder Judiciário os que não puder dissolver por si própria, para que naquela sede sejam fulminados.

Atribuir ao brocado *venire contra factum proprium non valet* a força de, no direito público, obstar o exercício das providências mencionadas seria um desacerto de proporções simplesmente teratológicas, porque implicaria ignorar o princípio cediço de que a Administração *deve anular seus atos inválidos*, já que neles está contido rigorosa e precisamente um *venire contra factum proprium*.

É perceptível já a um primeiro súbito de vista que não há nisto ofensa alguma ao princípio da segurança jurídica, exatamente por ser da essência das relações jurídicas a ineludível necessidade de obediência ao direito e consequente eliminação delas quando praticadas com violação da ordem jurídica. Sustentar o contrário seria defender a inacreditável tese de que um contrato praticado com violação ao direito, quando decorresse de conduta ilegal concertada entre administrador público e terceiro, deveria ficar a salvo e persistir incólume no universo jurídico, porque fulminá-la causaria insegurança jurídica! Imoralidade deste teor jamais se viu sustentada por quem quer que fosse.

Indagação X

32. O direito se assenta em determinados pressupostos, como é universalmente sabido. Um deles é o de que não se pode alegar

---

[209] BANDEIRA DE MELLO, Celso Antônio. *Curso de direito administrativo*. 14. ed. São Paulo: Malheiros, 2002. p. 126.

desconhecimento de lei para eximir-se às consequências de descumpri-la. A Lei de Introdução ao Código Civil, verdadeira norma de sobredireito, estatui em seu art. 3º que: "Ninguém se escusa de cumprir a lei, alegando que não a conhece".

Assim, não haveria como, no direito brasileiro, alegar desconhecimento de texto de lei para eximir-se a suas consequências.

De outra parte, nenhum contratante poderia legitimamente pretender-se fraudado pela contraparte sob a argumento de que esta teria a obrigação de informá-lo das disposições legais aplicáveis às estipulações contratuais. Evidentemente esta obrigação não pesa sobre os ombros de nenhum dos contratantes. Não há princípio ou disposição legal alguma que estabeleça encargo desta ordem à compita de um dos contratantes perante vínculo jurídico da índole do que se travou entre XXXXX e UEGA. Como é natural, cada qual deve informar-se por si próprio e recorrer a seus próprios advogados para obter a assessoria necessária.

Indagação XI

33. É de solar evidência que sócio estrangeiro não pode impor à administrador de sociedade de economia mista algum modelo de contratação não compatível com o direito pátrio. Se o fizer e sua contraparte aceitar, ambos estarão a assumir o risco de que a ilegalidade seja descoberta e desencadeadas as correlatas consequências. É igualmente claro que o sócio estrangeiro não poderia depois alegar dano à confiança pelo prejuízo ocorrido, pois a ele competia ter a diligência normal exigível de qualquer contratante, ou seja: a de saber se seu contrato estava ou não de acordo com as exigências jurídicas cabíveis. Este é o mínimo dos mínimos que se espera de alguém que contrata.

Exceção a tal princípio nunca poderia ser erigida em prol de quem não fosse hipossuficiente. Menos ainda caberia imaginá-la no caso de empresa norte-americana de porte. Como é claro a todas as luzes, esta não pode deixar de ter assistência jurídica para a realização de empreendimentos do teor e vulto como o que se substanciou no contrato entre XXXXX e UEGA.

34. Isto tudo posto e considerado, podem-se sumular, nos seguintes termos, as respostas dadas aos questionamentos formulados na Consulta:

    I – Sociedade de economia mista titular de concessão para exploração de serviços públicos, seja por força de sua índole de criatura meramente auxiliar do Estado, seja pelo fato de ser prestadora de serviço público, bem indisponível, seja pelo fato de ser mera concessionária que, pois, não tem disponibilidade sobre os interesses postos sob sua cura, evidentemente não pode, sem autorização legislativa, validamente aderir à cláusula compromissória de arbitragem. Por esta razão a XXXXX não poderia validamente fazê-lo em seu contrato com a UEGA. De resto, a lei de arbitragens, consoante seu art. 1º, só se aplica a "litígios relativos a direitos patrimoniais *disponíveis"*. Donde, não alcança situações em que estejam em causa interesses indisponíveis, como ocorre no contrato em apreço. Acresce que o art. 55, §2º, da Lei de Licitação e Contratos da Administração Pública direta e indireta exige que dos "contratos por elas travados com pessoas físicas ou jurídicas, inclusive aquelas domiciliadas no estrangeiro, conste necessariamente *cláusula que declare competente o foro da sede da Administração para dirimir qualquer questão contratual,* salvo o disposto no §6º do art. 32 desta Lei". Como o foro é o da sede da Administração, não poderia ser o de um tribunal arbitral e além disto no exterior. Esta norma cogente não foi afetada pelo art. 23, inc. XV, da Lei nº 8.987, de 13.2.1995. Este se refere a "modo amigável de solução de divergências", isto é, mediação, que é providência conducente a acordo e não juízo arbitral, algo visceralmente distinto: decisão que abica em resultado final independentemente de acordo. Além disto os dois dispositivos *in casu* jamais contenderiam, pois o art. 23, XV, concerne unicamente a contratos de *concessão.* Ora, nem a XXXXX deu (ou poderia dar) concessão de serviço público à UEGA, nem esta o deu (ou poderia dar) à XXXXX. Assim, não estava em pauta contrato a que se aplicasse o mencionado art. 23, XV. Finalmente, não há o silêncio legal passível de suscitar a disparatada suposição de que no silêncio da lei a concessionária poderia se valer do princípio de que o não proibido é permitido, ensejando-lhe então recorrer à arbitragem. Dito princípio jamais seria invocável por uma entidade da Administração indireta. A regra para esta é a inversa; ou seja: o que não está permitido está proibido, conforme o princípio da legalidade que se aplica à Administração indireta por dicção expressa do art. 37, *caput*, da Constituição.

II – O disposto nos §§1º e 2º do art. 25 da Lei nº 8.987, de 13.2.1995, não afasta a aplicabilidade das normas de direito público ao contrato de venda e compra de potência assegurada celebrado entre XXXXX e UEGA. Regras de direito público não são afastáveis apenas porque um contrato é de direito privado. Contratos de direito civil ou comercial podem estar assujeitados ao cumprimento de obrigações estabelecidas no âmbito do direito tributário ou na esfera do direito previdenciário; vale dizer, *obrigações reguladas pelo direito público*. Os preceptivos mencionados não significam que a XXXXX e UEGA estariam habilitadas para regular interesses indisponíveis ou para abrir mão de obrigações que a relação de concessão lhes impõe. Ademais, ditos preceitos não comparecem no contrato entre XXXX e Copel, pois esta é sociedade de economia mista, sujeita ao art. 37 da Constituição Federal e seus contratos, conforme a Lei nº 8.666/93, são *contratos administrativos*; é dizer: contratos regidos pelo direito público e não pelo direito privado.

III – Os serviços prestados pelo XXXXX, por força dos contratos de concessão nºs XXXX (distribuição de energia elétrica e geração de energia elétrica destinada ao público) estão, para além de qualquer dúvida ou entredúvida, subsumidos ao art. 21, XII, "b", da Constituição Federal. Subsumem-se também ao art. 175, que é o pertinente à prestação de serviços públicos e não ao 173, pois este cogita de exploração de atividade econômica. O parágrafo único do art. 170 não lhes diz respeito, por ser pertinente à livre iniciativa na atividade econômica, nada importando quanto a isto a qualificação como entidade particular ou como sociedade de economia mista. Por estar em causa serviço público, a vontade dos administradores da XXXXX é necessariamente coartada, condicionada, no que concerne à disponibilidade de direitos sobre os bens jurídicos objeto da concessão.

IV – A submissão da XXXXX à (i) cláusula compromissória, bem como (ii) a cláusula que prevê a indexação à variação cambial do "pagamento mensal", além da (iii) opção de compra/venda que determina a transferência da titularidade da usina termelétrica de Araucária à XXXXX, na hipótese de inadimplemento do contrato, mediante pagamento do preço de compra ali estipulado, à toda evidência não são atos de mera gestão versando direitos disponíveis afetos unicamente ao direito privado, além de se constituírem em disposições inválidas. Contendem com princípios publicísticos e com disposições normativas. A cláusula compromissória discrepa do âmbito permitido pela Lei de Arbitragens e ofende o art. 55, §2º, da Lei nº 8.666/93. A cláusula de indexação ao dólar viola a Lei nº 10.192, de 14.2.2001. A cláusula de aquisição forçada da Araucária pela XXXXX cria uma obrigação de compra que só poderia se realizar se houvesse um móvel de interesse público a fundamentá-la e além disto viola a exigência de licitação. Esta fora dispensada para aquisição de energia elétrica e não para aquisição de uma empresa.

Não há supor que os dispositivos contratuais em apreço, por se apresentarem como incabíveis na esfera do direito público, reforçariam a intelecção de que se tratou de avença constituída nos domínios do direito privado. A violação de normas de direito público não é razão prestante para transferir uma relação para o campo do direito privado.

V – O fato de ter havido dispensa de licitação para o contrato de compra e venda de potência assegurada travado entre XXXXX e UEGA, ao invés de afastar a incidência sobre ele do conjunto de comandos residentes na Lei de Licitações e Contratos, *justamente comprova a plena aplicabilidade deles.* É que se dito contrato não estivesse sobre a égide da citada lei não haveria porque invocar-lhe o art. 24, inc. XXII. Aplicar um dado dispositivo da lei que se reconhece ser a lei do contrato não traz consigo, em sistema lógico algum, a consequência de significar a exclusão de todos os restantes dispositivos da mesma lei que nada tenham a ver com o preceptivo em questão. Daí que todas as demais normas inclusas na lei, como as relativas de modo geral aos contratos ou às eventuais sanções, são obviamente aplicáveis à relação jurídica travada entre as partes.

VI – Sem dúvida era de competência da ANEEL homologar o referido contrato de venda e compra de potência assegurada celebrado entre XXXXX e UEGA. A Lei nº 9.427, de 26.12.1996, conferiu-lhe, estas atribuições. O Decreto nº 2.003, de 10.9.1996, também o fez. *Idem* a Resolução ANEEL nº 22, de 4.2.1999. O próprio contrato de concessão da XXXXX, na cláusula sexta, subcláusula primeira, estatuiu neste mesmo sentido. É induvidoso que a totalidade do contrato entre a XXXXX e a UEG Araucária *jamais seria de direito eficaz enquanto pendesse de manifestação aquiescente da ANEEL*, pois dito condicionamento, como resulta das referidas normas, não está limitado a tópico dos atos, negócios, ajustes ou contratos celebrados, mas à totalidade do que disponham.

Não há possibilidade jurídica de tribunal arbitral ajuizar sobre a mencionada competência da ANEEL ou sobre as razões pela qual esta não homologou o contrato, nem de rever tais decisões ou conferir eficácia ao contrato. Particulares não têm aptidão jurídica para emitir pronunciamentos definidores do âmbito da competência das entidades públicas ou para proceder, com eficácia jurídica relevante, à avaliação das razões pelas quais praticaram ou recusaram a prática de determinado ato ou, pior que isto, para modificá-las e até mesmo conferir eficácia a negócio jurídico ao qual a entidade pública haja negado. É, pois, meridianamente claro que se sentença arbitral incorresse em quaisquer destes desatinos jamais seria homologável pelo Superior Tribunal de Justiça. E é, finalmente, óbvio que não obtendo homologação não seria eficaz no território nacional.

VII – Normas cogentes não podem ser afastadas pela vontade das partes.

VIII – A hipótese contratualmente suposta de haver aquisição forçada da Araucária pela XXXXX, a juízo exclusivo desta em caso de inadimplência da XXXXX, assim como a circunstância da relação contratual ser passível de redução a um valor comercial, não compõe razão prestante para induzir ao entendimento de que, por isto mesmo, a relação é regida exclusivamente pelo direito privado. A natureza jurídica de uma relação não é dada pelo fato de estar em descompasso com as normas que lhe seriam imponíveis no âmbito de um dado ramo jurídico.

É sabido que a vontade de contratantes não tem poder jurídico para afastar exigências normativas obrigatórias. Mesmo contratos entre particulares podem estar e muitas vezes estão sujeitos a exigências de forma que as partes contratantes não podem afastar. Bem por isto são inúteis quaisquer aditamentos ou acréscimos contratuais que acaso façam buscando conferir força jurídica a disposições que hajam concertado em desacordo com as previsões normativas. Segue-se que a previsão de forma pública para certos atos de aquisição ou alienação de bens não pode ser afastada pelas partes nem mesmo quando sejam pessoas estranhas ao aparelho administrativo estatal.

IX – A existência de nulidades no contrato de contrato de venda e compra de potência assegurada, celebrado entre XXXXX e UEGA, propõe para o administrador da XXXXX não apenas a faculdade, mas impõe-lhe o dever de declará-las inválidas e, se necessário, levar dito contrato ao exame do Poder Judiciário. Isto porque a atividade administrativa é exercício de "função". Na esfera do direito público os poderes assinados ao sujeito implicam dever de atuar no interesse do corpo social, compondo, portanto, uma situação de *sujeição*. A atual administração da XXXXX tem o dever de invalidar os atos da Administração precedente que confrontaram com o direito e de levar ao exame do Poder Judiciário os que não puder dissolver por si própria, para que naquela sede sejam fulminados.

Não se pode atribuir ao brocado *venire contra factum proprium non valet* a força de, no direito público, obstar o exercício das providências mencionadas. Fazê-lo implicaria ignorar o princípio cediço de que a Administração *deve anular seus atos inválidos*, já que neles está contido rigorosa e precisamente um *venire contra factum proprium*. Não há nisto ofensa alguma ao princípio da segurança jurídica, exatamente por ser da essência das relações jurídicas a ineludível necessidade de obediência ao direito e consequente eliminação delas quando praticadas com violação da ordem jurídica. Sustentar o contrário seria defender a tese inconcebível e imoral de que um contrato praticado com violação ao direito, quando decorresse de conduta ilegal concertada entre administrador público e terceiro, deveria ficar a salvo e persistir incólume no universo jurídico, porque fulminá-la causaria insegurança jurídica.

X – Um dos pressupostos em que se assenta o direito é o de que não se pode alegar desconhecimento de lei para eximir-se às consequências de descumpri-la. A Lei de Introdução ao Código Civil, norma de sobre direito, estatui em seu art. 3º que: "Ninguém se escusa de cumprir a lei, alegando que não a conhece". Assim, no direito brasileiro, não haveria espaço para alegar desconhecimento de texto de lei a fim de eximir-se às consequências de sua violação.

Contratante algum pode legitimamente pretender-se fraudado pela contraparte sob a arguição de que esta teria a obrigação de informá-lo das disposições legais aplicáveis às estipulações contratuais. Não há princípio ou disposição legal alguma que estabeleça encargo desta ordem à compita de um dos contratantes perante vínculo jurídico da índole do que se travou entre XXXXX e UEGA. Cada qual deve informar-se por si próprio e recorrer a seus próprios advogados para obter a assessoria necessária.

XI – É de solar evidência que sócio estrangeiro não pode impor a administrador de sociedade de economia mista algum modelo de contratação não compatível com o direito pátrio. Se o fizer e sua contraparte aceitar, ambos estarão a assumir o risco de que a ilegalidade seja descoberta e desencadeadas as correlatas consequências. Também não caberia ao sócio estrangeiro alegar, depois, dano à confiança pelo prejuízo ocorrido, pois a ele competia ter a diligência normal exigível de qualquer contratante, qual a de saber se seu contrato estava ou não de acordo com as exigências jurídicas cabíveis. Exceção a tal princípio nunca poderia ser erigida em prol de quem não fosse hipossuficiente.

É o meu parecer.

São Paulo, 12 de dezembro de 2005.

EMENTA: CRITÉRIO DA MAIOR OFERTA COMO FATOR DE JULGAMENTO DE LICITAÇÃO DESTINADA A CONCESSÕES DE SERVIÇO PÚBLICO: INADMISSIBILIDADE

O Sindicato XXXX, por seu ilustre advogado, formula-nos a seguinte:

Consulta

I – O art. 15 da Lei nº 8.987, de 13.02.95, constitui-se em regra especial no que concerne aos critérios de julgamento das licitações de concessão de serviço público no âmbito federal, estadual, distrital e municipal?

II – O art. 46 da Lei nº 8.666, de 21.06.1.993, aplica-se às licitações para concessão ou permissão de serviço público, notadamente às promovidas em vista do transporte coletivo de passageiros?

III – O critério de julgamento maior oferta de pagamento para obtenção da outorga do serviço, isoladamente ou em conjugação com outros critérios, pode ser utilizado pela Administração nas licitações promovidas em vista de concessões e permissões a serem exploradas pelo concessionário ou permissionário mediante cobrança de tarifas dos usuários, como ocorre nas concessões ou permissões de transporte coletivo de passageiros?

Às indagações respondo nos termos que seguem.

Parecer

1. A Lei nº 8.666, de 21.6.1993, que expediu normas gerais de licitação e contrato, em seu art. 45, estatuiu:

> O julgamento das propostas será objetivo, devendo a Comissão de licitação ou o responsável pelo convite realizá-lo em conformidade com os tipos de licitação, os critérios previamente estabelecidos no ato convocatório e de acordo com os fatores exclusivamente nele referidos, de maneira a possibilitar sua aferição pelos licitantes e pelos órgãos de controle.
>
> §1º Para os efeitos deste artigo, constituem tipos de licitação, exceto na modalidade concurso:
>
> I – a de menor preço – quando o critério de seleção da proposta mais vantajosa para a Administração determinar que será vencedor o licitante que apresentar a proposta de acordo com as especificações do edital ou convite e ofertar o menor preço;
>
> II – a de melhor técnica;
>
> III – a de técnica e preço;
>
> IV – a de maior lance ou oferta nos casos de alienação de bens ou concessão de direito real de uso.

O §5º deste mesmo artigo dispôs: "É vedada a utilização de outros tipos de licitação não previstos neste artigo".

O art. 46 estabelece:

> Os tipos de licitação "melhor técnica" ou "técnica e preço" serão utilizados exclusivamente para serviços de natureza predominantemente intelectual, em especial na elaboração de projetos, cálculos, fiscalização, supervisão e gerenciamento e de engenharia consultiva em geral e, em particular, para a elaboração de estudos técnicos preliminares e projetos básicos e executivos, ressalvado o disposto no §4º do artigo anterior.

Como se pode ver, a lei, ao indicar os *critérios* adotáveis para a escolha do melhor proponente, denominou-os de "tipos de licitação".

Foi isto mesmo que anotamos em obra teórica, ao mencioná-los, dizendo:

> Esclareça-se que a lei denomina "tipos de licitação" ao que, na verdade, são os distintos critérios fundamentais de julgamento por ela estabelecidos para obras, serviços e compras (não para concurso e leilão),

vedada a criação de outros (art. 45, §5º). São eles os seguintes: (I) de menor preço; (II) de melhor técnica; (III) de técnica e preço; e (IV) o de maior lance ou oferta, nos casos de alienação de bens ou concessão de direito real de uso.[210]

2. A Lei nº 8.987, de 13.2.1995, que é a norma geral prevista no art. 175 da Constituição para disciplinar as concessões e permissões de serviço público, portanto obrigatória para as esferas federal, estadual, distrital e municipal, em seu art. 15, regulou o regime de escolha das ofertas nos seguintes termos:

> No julgamento da licitação será considerado um dos seguintes critérios:
> I – o menor valor da tarifa do serviço público a ser prestado;
> II – a maior oferta, nos casos de pagamento ao poder concedente pela outorga da concessão;
> III – a combinação, dois a dois, dos critérios referidos nos incisos I, II e VII;
> IV – melhor proposta técnica, com preço fixado no edital;
> V – melhor proposta em razão da combinação dos critérios de menor valor da tarifa do serviço público a ser prestado com o de melhor técnica;
> VI – melhor proposta em razão da combinação dos critérios de maior oferta pela outorga da concessão com o de melhor técnica; ou
> VII – melhor oferta de pagamento pela outorga após qualificação de propostas técnicas.
> §1º A aplicação do critério previsto no inciso III só será admitida quando previamente estabelecida no edital de licitação, inclusive com regras e fórmulas precisas para avaliação econômico-financeira.
> §2º Para fins de aplicação do disposto nos incisos IV, V, VI e VII, o edital de licitação conterá parâmetros e exigências para formulação de propostas técnicas.

De seu turno, o art. 18, dispôs: "O edital de licitação será elaborado pelo poder concedente, observados, *no que couber*, os critérios e as normas gerais da legislação própria sobre licitações e contratos e conterá, especialmente: [...]".

Do disposto nestes preceptivos, já se extraem duas conclusões que se encontram explicitadas com a mais absoluta clareza, a saber:

---

[210] BANDEIRA DE MELLO, Celso Antônio. *Curso de direito administrativo*. 20. ed. São Paulo: Malheiros, 2005. p. 564.

(a) uma, a de que a lei concernente a concessões e permissões de serviço público não desejou adotar *in totum* o disposto na legislação regedora de licitações e contratos (Lei nº 8.666, de 21.6.1993), pois, de modo expresso e inequívoco, estabeleceu *critérios de julgamento* distintos dos que, nesta última, foram previstos como meios de eleição da melhor proposta, isto é, do que nela receberam o nome de *tipos de licitação,* como acima foi anotado;

b) outra, a de que a observância da legislação geral sobre licitação e contratos, nos editais concernentes a outorgas de concessão e permissão, efetuar-se-á "no que couber"; assim, reafirma-se nisto que não há obrigatoriedade de obedecer à totalidade das regras estabelecidas na Lei nº 8.666, o que, de resto, é particularmente claro no que atina ao tema "critérios de julgamento" (ou tipos de licitação), já que, em relação a eles, existe previsão específica na Lei nº 8.987.

3. Acresce que é princípio interpretativo universalmente conhecido o de que *specialia derogant generali,* isto é, as (disposições) especiais derrogam as gerais. Carlos Maximiliano, o príncipe dos mestres de exegese nesta conformidade, ensina:

> Se existe antinomia entre a regra geral e a peculiar, específica, esta, no caso particular, tem a supremacia. Preferem-se as disposições que se relacionam mais direta e especialmente com o assunto de que se trata: *In toto jure generi per speciem derogatur, et illud potissimum habetur quod ad especiem directum est* – em toda disposição de Direito, o gênero é derrogado pela espécie, e considera-se de importância preponderante o que respeita diretamente à espécie.[211]

O autor esclarece que se trata de uma citação de Papiniano, no *Digesto,* liv. 50, tit. 17, frag. 80, no que se evidencia a vetustez do preceito interpretativo em questão.

Eis, pois, que as normas presidentes da licitação de concessões e permissões de serviço público, que hajam sido estabelecidas pela Lei nº 8.987, por serem regras específicas, para elas concebidas, são as que nesta matéria vigoram, não havendo como ou porque invocar, quanto a este tópico, disposições residentes na lei geral de licitações.

---

[211] MAXIMILIANO, Carlos. *Hermenêutica e aplicação do direito.* 15. ed. Rio de Janeiro: Forense, 1995. p. 135.

Tal entendimento, pois, é manifestamente impositivo em tema de critérios de julgamento, visto que foram especificamente previstos para as hipóteses em que o bem licitado deve ser explorado pelo vencedor do certame. Dessarte, seria descabido, inteiramente impróprio, pretender aduzir regras que foram pressupostas para o atendimento da generalidade das situações – as quais, diga-se de passagem, têm compostura inteiramente distinta da que respeita a concessões e permissões – a fim de reputá-las aplicáveis também nos casos em que estão em pauta ditas figuras peculiares.

4. Ao contrário da lei geral de licitações, a Lei nº 8.987, após indicar os critérios adotáveis para julgamento dos certames cujo objeto fosse a exploração do serviço ou da obra, não estabeleceu reserva alguma dos critérios de técnica ou de técnica e preço para as hipóteses em que estavam confinados na lei geral de licitações. Isto é, não reproduziu a limitação de seu uso às hipóteses nela mencionadas. De resto, *nem caberia fazê-lo por tal modo* visto que há uma profunda diferença entre os "tipos de licitação" da Lei nº 8.666 e os critérios de julgamento professados na Lei nº 8.987. Assim, não seriam extrapoláveis as restrições estabelecidas na primeira, desde logo porque não encontrariam objeto similar para sobre eles equivalentemente incidir.

Com efeito, na Lei nº 8.666, o chamado tipo de licitação de "melhor técnica", em rigor, como também observamos na obra teórica precitada, não é fórmula de decisão do certame com base na técnica. Deveras, consoante havíamos dito:

> No julgamento pela melhor técnica, diversamente do que o nome sugere, a seleção da proposta mais vantajosa é a que resulta de uma negociação que culmina pela escolha daquela que, tendo alcançado índice técnico comparativamente mais elevado do que o de outras, seu proponente concorde em rebaixar a cotação que havia feito até o montante da proposta de menor preço dentre as ofertadas. Como nem sempre o autor da proposta de melhor nota técnica concordará com dito rebaixamento, só o fazendo quem lhe esteja imediatamente abaixo, ou o subseqüente, e assim sucessivamente, claro está que nem sempre será escolhida a proposta de melhor técnica, ao contrário do que sugere a denominação dada pela lei a este "critério" de julgamento (ou "tipo" de licitação, para usar da terminologia normativa). Veja-se que, se nenhum dos autores das propostas tecnicamente melhor alocadas aquiescer em reduzir o preço, terminará por ser escolhida a de menor preço, conquanto tecnicamente inferior a todas as demais. [...]
>
> Neste tipo de licitação, que está inteiramente regulada no art. 46, §1º, e seus quatro incisos, o ato convocatório indicará o preço máximo

admissível, o índice de valorização técnica mínima para aceitabilidade das propostas e os critérios de avaliação técnica delas, os quais hão de ser pertinentes ao objeto, enunciados com clareza e objetividade, e levarão em conta a capacitação e experiência do proponente, a qualidade técnica da proposta, compreendendo metodologia, organização, tecnologias e recursos materiais a serem utilizados, bem como qualificação das equipes técnicas a serem mobilizadas para os trabalhos. As propostas serão apresentadas cada qual em envelopes distintos, correspondentes um à proposta técnica e outro à proposta de preços. Inicialmente abrir-se-ão os envelopes contendo as propostas técnicas, as quais serão avaliadas. As que não alcançarem o índice técnico mínimo preestabelecido, constante do ato convocatório, serão eliminadas e devolvidos fechados aos seus proponentes os envelopes das respectivas propostas de preços (também chamadas propostas comerciais), pois não poderão ser consideradas. As que obtiveram o aludido índice serão classificadas pela ordem de notas que obtiveram.

Resolvidos estes tópicos, que supõem (embora a lei neste passo não o diga) a abertura de prazos para interposição de recursos e apreciação deles, serão abertos os envelopes contendo as propostas de preço. A partir daí a Administração iniciará negociação com o autor da proposta técnica classificada em primeiro lugar para que este a rebaixe, tendo como referencial a menor proposta de preço ofertado. Se houver impasse na negociação, procederá da mesma forma, sucessivamente, com os demais proponentes, pela ordem de classificação.[212]

Muito diferentemente, na Lei nº 8.987, o fator técnica no julgamento é *técnica mesmo* e não o preço mais baixo que se possa conseguir a partir dos que hajam ofertado a melhor técnica. E ora comparece como (a) índice *de suficiência* em uma hipótese na qual o decisivo é a oferta de pagamento pela outorga (inc. VI), ora (b) a técnica propriamente dita comparece como fator decisório, já que o preço está prefixado (inc. IV), ou, ainda, (c) a técnica em si mesma é ponderada juntamente com outro fator, os quais, conjugados como resultado do somatório de um e outro, determinarão a classificação da proposta (incs. V e VI). Já se vê que o uso da técnica nestas várias alternativas não é a mesma coisa que o critério de melhor técnica da Lei nº 8.666. Logo, não haveria como pretender que uma restrição de dada ordem – a que existe em relação ao tipo "técnica" na lei geral de licitações – pudesse se estender a algo que tendo embora o mesmo nome ("técnica") está a significar coisa distinta.

---

[212] BANDEIRA DE MELLO, Celso Antônio. *Curso de direito administrativo.* 20. ed. São Paulo: Malheiros, 2005. p. 566-567.

5. Já o critério de técnica e preço, este sim, apresenta certa similitude em ambas as leis. Dissemos certa e não total similitude porque na Lei nº 8.666, o que se busca em tema de preço é o "menor" preço, ao passo que na Lei nº 8.987, ora se busca o "maior" preço (a oferta mais alta para obter a concessão ou permissão) – logo, o inverso em um e outro caso – e ora se busca realmente algo menor: embora não tecnicamente o menor preço, mas a "menor tarifa". Seja como for, é visível que não são cotejáveis as situações que entram em pauta nos tipos de licitação e nos critérios de julgamento de uma e outra leis.

Donde, também por estes motivos ora aduzidos, pode-se concluir sem hesitação alguma pela inaplicabilidade às concessões e permissões do art. 46 da Lei nº 8.666, o qual reservou os julgamentos por técnica ou por técnica e preço "exclusivamente para serviços de natureza predominantemente intelectual, em especial na elaboração de projetos, cálculos, fiscalização, supervisão e gerenciamento e de engenharia consultiva em geral e, em particular, para a elaboração de estudos técnicos preliminares e projetos básicos e executivos" (art. 46 da Lei nº 8.666), ou para "contratação de bens e serviços de informática" (art. 45, §4º) ou ainda, excepcionalmente:

> por autorização expressa e mediante justificativa circunstanciada da maior autoridade da Administração promotora constante do ato convocatório, para fornecimento de bens e execução de obras ou prestação de serviços de grande vulto majoritariamente dependentes de tecnologia nitidamente sofisticada e de domínio restrito, atestado por autoridades técnicas de reconhecida qualificação, nos casos em que o objeto pretendido admitir soluções alternativas e variações de execução, com repercussões significativas sobre sua qualidade, produtividade, rendimento e durabilidade concretamente mensuráveis, e estas puderem ser adotadas à livre escolha dos licitantes. (Art. 46, §3º)

De toda sorte, nem mesmo seriam necessárias considerações desta ordem, pois se a lei pertinente, a que disciplinou o regime jurídico norteador de concessões e permissões, expôs seus próprios critérios de julgamento das licitações e não estabeleceu qualquer restrição no que tange à utilização de quaisquer deles, seria simplesmente abusivo buscar em outra lei interdições que nela não se encontram.

6. Por fim, cumpre anotar que extrapolações do gênero não seriam cabíveis na espécie ante a diversidade de situações no que respeita aos objetos a serem postos sob julgamento em uma e outra das leis em causa.

Deveras, na Lei nº 8.666, estão em causa *despesas* que entidades governamentais deverão fazer na *aquisição, para si,* de bens, obras ou serviços. Na Lei nº 8.987, muito distintamente, *não estão em causa despesas de entidades governamentais, porque estas não pretendem adquirir nada para si próprias*. O bem posto em certame é o desempenho de algo a ser efetuado em prol da coletividade e não das entidades governamentais. Estas não terão nada a pagar; quem custeará o serviço e a remuneração dele são os usuários, posto que concessionários ou permissionários é que "explorarão" a atividade, dela sacando seu suporte e proveito econômico.

Assim, é evidente que, estando em causa situações tão profundamente distintas, não haveria motivo algum prestante para justificar a extração de normas limitadoras de critérios de julgamento concebidos para um dado objeto e vigentes em uma dada lei, em vista de transplantá-la para situações profundamente diversas e tratadas em outra lei.

7. Cumpre anotar, entretanto, que também alguns dos critérios estabelecidos na Lei nº 8.987 para o julgamento de licitações relativas às concessões e permissões de serviço público padecem de vícios jurídicos facilmente perceptíveis, porque contrariam a índole constitucional destes institutos.

Com efeito, no art. 15, o item II refere o *maior pagamento ao concedente pela outorga da concessão* e nos itens III, VI e VII, dentre as hipóteses neles cogitadas, está a conjugação deste mesmo fator com algum outro. Ora, serviço público *não é exploração estatal de atividade econômica*, campo de empreendimentos propiciatórios de lucro, próprio em princípio, da iniciativa privada e no qual o Estado só operará excepcionalmente, como decorre do art. 173 e parágrafos da Constituição. Entre ambos existe um fosso intransponível que impede a Administração de fazer do serviço público um *instrumento lucrativo*, como se estivera perante um negócio qualquer.

Deveras, o serviço público é atividade considerada pelo Estado como indispensável à coletividade, ou seja, indispensável aos cidadãos em geral. Justamente por atribuir-lhe importância transcendente, o Estado assume dita atividade como própria, entendendo que os cidadãos não devem ficar dela privados, pelo que também não podem ser relegados meramente a eventuais iniciativas dos particulares neste campo. Consequência óbvia desta valoração é a *modicidade* das tarifas, a que a nossa legislação expressamente se reporta, impondo-a de modo taxativo no art. 6º, §1º, da Lei nº 8.987, de 13.2.1995, regente de concessões e permissões de serviço público.

Ao apresentar uma relação de serviços como públicos, a Constituição do país irroga ao Poder Público o dever inelutável de prestá-los, diretamente ou por meio dos que credencie para isto e investe os cidadãos no direito de que lhes sejam propiciados. Nisto, evidentemente, está compreendida a facilitação máxima de seu desfrute, circunstância que se contrapõe a qualquer pretensão estatal de tentar convertê-los em instrumento de captação de lucro. Não é para isto que existe o serviço público e não foi para isto que o Texto Constitucional o concebeu como um verdadeiro dever do Estado para com o cidadão.

Ora, adotar, isoladamente ou em conjunto com outro fator, o maior pagamento ao Poder Público como critério de julgamento de licitação para a outorga de concessão ou permissão é, à toda evidência, *conspirar contra a modicidade das tarifas*, promover-lhes a elevação, incentivar ofertas em que o valor tarifário inexoravelmente se incrementará para acobertar uma oferta de valor mais alto a fim de irrigar os cofres públicos e não a fim de oferecer o serviço nas condições mais adequadas aos usuários.

Quando o Poder Público necessita de recursos deve valer-se das vias adequadas, pertinentes, concebidas para tal fim. Os instrumentos tributários, a emissão de títulos da dívida pública e, como contingência inerente à índole da atividade, a exploração de atividade econômica poderá vir a proporcioná-los como "receita industrial".

Utilizar o serviço público como meio de captação de proveitos econômicos é pura e simplesmente um *desvio de poder*, ou seja, é "a utilização de uma competência para alcançar resultado diverso daquele em vista do qual foi instituída tal competência", expressões estas que correspondem à definição do gravíssimo vício jurídico conhecido pelo nome de *desvio de poder*.

8. Também pode existir tal vício na atividade legislativa. O desvio de poder não é mácula jurídica privativa dos atos administrativos. Pode se apresentar, igualmente, por ocasião do exercício de atividade legislativa ou jurisdicional. Ou seja: *leis* e decisões judiciais são igualmente suscetíveis de incorrerem no aludido vício, porquanto umas e outras são, também, emanações das competências públicas, as quais impõem fidelidade às finalidades que as presidem. Assim, se o legislador ou o juiz delas fizerem uso impróprio, a dizer, divorciado do sentido e direcionamento que lhes concernem, haverão traído as

competências que os habilitavam e os atos que produzirem resultarão enodoados pela indelével jaça do desvio de poder.

Assim como o ato administrativo está assujeitado à lei, às finalidades nela prestigiadas, a lei está assujeitada à Constituição, aos desideratos ali consagrados, aos valores e princípios encarecidos neste plano superior. Demais disto, assim como um ato administrativo não pode buscar escopo distinto do que seja *específico* à *específica* norma legal que lhe sirva de arrimo, também não pode a lei buscar objetivo diverso do que seja inerente ao específico dispositivo constitucional a que esteja atrelada a disposição legiferante expedida. Ou seja, se a Constituição habilita legislar em vista de dado escopo, a lei não pode ser produzida com traição a ele.

Ora, o serviço público se articula sobre certos princípios que lhe são inerentes. Entre eles, como se sabe, está o princípio da modicidade, até porque se não estivesse, o serviço público não cumpriria a finalidade em vista do qual existe: atender a necessidades ou comodidades importantes para a generalidade dos cidadãos. Assim, ao prever tais serviços, a Constituição implicitamente está a impor a modicidade das tarifas. Como se sabe, "tanto faz parte da lei o que nela se encontra explícito quanto o que nela implicitamente se contém", conforme disse Black, monumental tratadista sobre exegese, que foi juiz e *chief justice* da Suprema Corte norte-americana.[213]

9. Caio Tácito, em precioso artigo intitulado *O desvio de poder no controle dos atos administrativos, legislativos e jurisdicionais*,[214] enumera decisões do Supremo Tribunal Federal, algumas até mesmo antigas, nas quais o desvio de poder é explicitamente reconhecido como vício suscetível de macular a produção legislativa e, dentre os julgados colacionados, pode-se verificar que ora existe alojamento na primeira, ora na segunda hipótese mencionadas.

Ou seja: casos há em que o legislador simplesmente fez uso desatado de sua competência legislativa, de maneira a ultrapassar o sentido da norma constitucional habilitante, como ocorreu em lei na qual o poder de tributar foi normativamente disciplinado de maneira a produzir tratamento escorchante sobre o contribuinte. Ao respeito, no RE nº 18.331, conforme referido no mencionado artigo do eminente

---

[213] BLACK, Henry Campbell. *Handbook on construction and interpretation of law*. St. Paul, Minn.: West Publishing Co., 1896. p. 62.
[214] TÁCITO, Caio. O desvio de poder no controle dos atos administrativos, legislativos e jurisdicionais. *RDA*, v. 188. p. 1 e segs.

jurista citado, o Relator Ministro Orozimbo Nonato salientou: "É um poder cujo exercício não deve ir até o abuso, o excesso, o desvio, sendo aplicável, ainda aqui, a doutrina fecunda do detournement de pouvoir".

Outras decisões, recolhidas na mesma fonte, exemplificam hipóteses em que o desvio de poder é surpreendido no fato de a lei buscar finalidade distinta daquela inerente ao objetivo próprio da competência legislativa exercitada; ou seja: haverem autorizado providência administrativa restritiva de direitos com o fito de forçar o contribuinte a satisfazer pretensões tributárias: "é inadmissível a interdição de estabelecimento ou a apreensão de mercadorias como meio coercitivo para cobrança de tributo (Súmulas nºs 70 e 323)". *Idem* quanto à fulminação dos decretos-leis nºs 5 e 42 de 1937. Como explica o mestre Caio Tácito, a Suprema Corte

> dilatando o princípio à inconstitucionalidade dos Decretos-leis nºs 5 e 42 de 1937 – que restringiam indiretamente a atividade comercial de empresas em débito, impedindo-as de comprar selos ou despachar mercadoria – implicitamente configurou o abuso de poder legislativo (Súmula nº 547 e acórdão no recurso extraordinário nº 63.026, RDA 10/209).[215]

O mesmo autor, colacionando referências doutrinárias, menciona que o publicista luso J. J. Canotilho, em seu *Direito constitucional*, "adverte que a lei é vinculada ao fim constitucionalmente fixado e ao princípio da razoabilidade", de sorte a fundamentar, nas expressões do renomado jurista português. "a transferência para os domínios da atividade legislativa da figura do desvio de poder dos atos administrativos".[216]

10. Isto tudo posto e considerado, às indagações da Consulta respondo:

I – O art. 15 da Lei nº 8.987, de 13.2.1995, constitui-se em regra especial no que concerne aos critérios de julgamento das licitações de concessão de serviço público no âmbito federal, estadual, distrital e municipal.

II – O art. 46 da Lei nº 8.666, de 21.6.1993, não se aplica às licitações para concessão ou permissão de serviço público, no que estão

---

[215] TÁCITO, Caio. O desvio de poder no controle dos atos administrativos, legislativos e jurisdicionais. *RDA*, v. 188. p. 7.

[216] TÁCITO, Caio. O desvio de poder no controle dos atos administrativos, legislativos e jurisdicionais. *RDA*, v. 188. p. 9.

inclusas obviamente as promovidas em vista do transporte coletivo de passageiros.

III – O critério de julgamento maior oferta de pagamento para obtenção da outorga do serviço, isoladamente ou em conjugação com outros critérios, não pode ser utilizado pela Administração nas licitações promovidas em vista de concessões e permissões a serem exploradas pelo concessionário ou permissionário mediante cobrança de tarifas dos usuários, como ocorre nas concessões ou permissões de transporte coletivo de passageiros.

É o meu parecer.

São Paulo, 22 de maio de 2006.

EMENTA: PRINCÍPIO DA SEGURANÇA JURÍDICA – MUDANÇA DE ORIENTAÇÃO ADMINISTRATIVA

Consórcio XXXX expõe-nos os fatos abaixo relatados, acosta documentos instrutórios e formula a seguinte:

Consulta

1. Em 01.6.2000, a Consulente formalizou perante o DECEX – órgão vinculado ao Ministério do Desenvolvimento, Indústria e Comércio Exterior – requerimento solicitando concessão de regime aduaneiro especial de *drawback*, na modalidade fornecimento no mercado interno, com fundamento no art. 5º da Lei nº 8.032, de 12.4.1990, posteriormente alterado pela Lei nº 10.184, de 12.2.2001 (Processo Administrativo nº 52100.003763/2003-39). Ao formulário do pedido de *drawback* foram anexados os documentos necessários à concessão do benefício, na conformidade das exigências normativas. Anote-se que vigorava, então, um arrolamento de exigências constante da Portaria SECEX nº 4, de 11.06.97 e pelo Comunicado DECEX nº 21, de 11.06.97, com alterações posteriores constantes do Comunicado DECEX nº 2, de 31.01.2000, os quais, diga-se, de logo, não impunham divulgação da licitação no Exterior.

2. O DECEX, ante o cumprimento dos requisitos legais, em 07.2.2002, aprovou a concessão do regime aduaneiro especial solicitado, por meio do Ato Concessório de *Drawback* nº 20020020341.

3. Cerca de quatro anos depois, isto é, em 04 de maio de 2006, a Consulente foi surpreendida com notificação, datada de 06 de janeiro deste mesmo ano, dando-lhe ciência da existência de um processo tendo por

objeto a revisão da concessão em apreço, com base em recomendação genérica do Ministério Público Federal para que o DECEX revisse toda as "operações de *drawback* concedidas com base no art. 5º da Lei nº 8.0332/1990" atentando para

(1) o "conceito de industrialização", conforme Regulamento do IPI e as exclusões de tal conceito estabelecidas em decretos sucessivos;

(2) A licitação ter sido realizada por entidades sujeitas à Lei nº 8.666/1993 e com previsão no Edital de fruição de benefício fiscal;

4. Conquanto haja sido considerada insubsistente a questão relativa ao "conceito de industrialização", o DECEX houve por bem declarar a *"nulidade" do Ato Concessório de Drawback"*, *"com efeito retroativo à data de validade inicial"*, "sub color" de que:

a licitação internacional foi realizada pelo Consórcio Rio Eteno e Rio Polímeros Ltda., entidades não sujeitas à Lei nº 8.666/93; b)não houve divulgação no exterior da licitação internacional; c) no Edital ou Carta-Convite não houve previsão de fruição do benefício fiscal (drawback para fornecimento no mercado interno).

Anote-se que, até então, o DECEX jamais fizera exigências desta natureza aos postulantes de regime aduaneiro especial de *drawback* tanto que, à época do pleito da Consulente, não lhe opôs qualquer embargo e expediu o Ato Concessório reconhecendo, então, o perfeito cumprimento dos requisitos necessários para tanto. Aliás, deve ser encarecido que a exigência de divulgação da licitação no Exterior só viria a surgir com a Portaria SECEX nº 11, em 25.8.2004, vale dizer: mais de dois anos depois do Ato Concessório de *Drawback* nº 20020020341 (07.2.2002).

Isto posto exposto indaga:

I – Ante as normas jurídicas então vigentes, foi nula a concessão de regime aduaneiro especial de *drawback*, isto é, existia a obrigação de ser realizada uma licitação pública, própria das pessoas da administração pública direta e indireta, bem como as obrigações de promover divulgação no exterior da licitação internacional e de constar do Edital ou Carta-Convite previsão de fruição do benefício fiscal?

II – A decisão do DECEX configura mudança de orientação administrativa e, se assim for, poderia ser aplicada com efeitos retroativos?

Às indagações respondo nos termos que seguem.

Parecer

1. A função nuclear do direito é o estabelecimento de uma ordem. Vale dizer: o objetivo essencial buscado pelas normas jurídicas é a fixação de pautas de comportamento, graças ao que tanto a sociedade

como seus membros têm por definido *o que pode e o que não pode ser feito*. Sem isto, haveria o caos, a incerteza, a insegurança completa.

São as normas que permitem a convivência entre os homens, pois os liames em seu nome travados os protegem contra a álea total que equivaleria à instabilidade, à insegurança absolutas. Ordem e estabilidade formam um binômio indissociável. Uma não existe sem outra e ambas proporcionam a segurança nas relações humanas, aí incluído o social e dentro dele o direito.

O direito é *per definitionem* um esquema de ordem e por isso se fala em ordenação jurídica, em ordenamento jurídico. A surpresa, o imprevisível, a instabilidade, são, precisamente, noções antitéticas ao direito, que com elas não poderia conviver, nem seria exequível, tanto mais porque tem como função eliminá-las.

2. Numerosos institutos exibem que as situações e relações jurídicas constituídas à sombra das normas – até mesmo quando mal formadas, isto é, em descompasso com elas ou produzidas em face de interpretações que ao depois não prosperam – são protegidas pelo manto da estabilidade que o direito necessita estender a bem da segurança jurídica, por ser este um objetivo sem cujo atendimento as relações sociais não poderiam prosperar com tranquilidade.

Com efeito, a "segurança jurídica" coincide com uma das mais profundas aspirações do homem: a da segurança em si mesma, a da certeza possível em relação ao que o cerca, sendo esta uma busca permanente do ser humano. É a insopitável necessidade de poder assentar-se sobre algo, reconhecido como estável ou relativamente estável, o que permite vislumbrar com alguma previsibilidade o futuro; é ela, pois, que enseja projetar e iniciar, consequentemente – e não aleatoriamente, ao mero sabor do acaso – comportamentos cujos frutos são esperáveis em médio e longo prazo. Dita previsibilidade é, portanto, o que condiciona a ação humana. Esta é a normalidade das coisas.

Bem por isto o chamado princípio da "segurança jurídica", se não é o mais importante dentre todos os princípios gerais de direito é, indisputavelmente, um dos mais importantes. Posto que um altíssimo porcentual das relações compostas pelos sujeitos de direito constitui-se em vista do porvir e não apenas da imediatidade das situações, cumpre, como inafastável requisito de um ordenado convívio social, livre de abalos repentinos ou surpresas desconcertantes, que haja uma certa estabilidade nas situações assim constituídas.

3. Dessarte, conquanto o direito seja, como tudo o mais, uma constante mutação para ajustar-se a novas realidades e para melhor

satisfazer interesses públicos, ele revela e sempre revelou, em épocas de normalidade, um compreensível empenho em efetuar suas inovações causando o menor trauma possível, a menor comoção, às relações jurídicas passadas que se perlongaram no tempo ou que dependem da superveniência de eventos futuros previstos.

O instituto da prescrição corresponde ao fecho insuprimível deste esquema de ordem que é o direito. Com efeito, se as relações jurídicas fossem sempre questionáveis, a ordem seria ilusória, a segurança precária e a estabilidade nenhuma. Vigoraria o reino da surpresa, do imprevisto, situações – como averbado – antinômicas ao direito. Nenhum ordenamento jurídico, seja em que tempo for, pode se passar de instrumentos que pacifiquem as relações jurídicas.

O instituto do direito adquirido, o da decadência, o da preclusão, o da coisa julgada, são também eles demonstrativos da insuperável necessidade de assegurar a tranquilização que o convívio social e jurídico reclama.

4. Assim, não é de estranhar que na própria Constituição Federal se encontrem manifestações reveladoras deste extremado cuidado, que vai mesmo ao ponto de, por amor à pacificação definitiva de situações compostas no passado, consolidá-las de vez para que não sofram comoções traumáticas – ainda que surdidas ao arrepio do direito. Quer-se dizer: a estabilização de situações desta ordem, constituídas no passado, *até quando incursas em inconstitucionalidade,* foi reconhecida pela Lei Magna como um interesse preservável certamente em atenção aos mesmos fundamentos que dantes foram encarecidos ao ser sublinhada a notável importância que a ideia de segurança tem para os homens e para a normalidade da vida.

Veja-se que o art. 19 das "Disposições Transitórias" conferiu estabilidade aos que contassem, à data da promulgação da Lei Magna, cinco anos de serviços continuados, a servidores que haviam ingressado no serviço público *com violação da Constituição* dantes vigente e em desacordo com a atual, isto é, sem concurso. O art. 29, §3º, preservou os direitos e garantias dos que já fossem membros do Ministério Público e que por eles optassem, ressalvando-os da situação nova que a Constituição veio a impor. O art. 17, §2º, consolidou a acumulação *inconstitucional* (que o era antes, à vista da Carta de 1969 e que continuaria a sê-lo em face da Constituição de 88) de cargos ou empregos na área de saúde. Estes exemplos são mais que suficientes para exibir a extrema importância que no direito brasileiro se atribui ao princípio da segurança jurídica.

5. Ante comportamentos administrativos, o princípio da estabilidade e segurança jurídicas bem como o da boa-fé dos administrados possuem tão assinalada relevância que inspiraram Almiro do Couto e Silva – iluminado professor de Direito Administrativo da Faculdade de Direito da Universidade Federal do Rio Grande do Sul – a produzir magistral ensaio no qual demonstra que até mesmo o fundamental princípio da legalidade administrativa, para bem cumprir-se seu objetivo essencial, terá de ceder passo, inúmeras vezes, à prevalência dos reclamos da boa-fé e da segurança jurídica, decorrendo disto relevantíssimas consequências para o tema da revisibilidade dos atos administrativos pela Administração.[217] Vale a pena transcrever oportuníssimas considerações tecidas pelo ilustre jurista a respeito do eventual contraste entre os princípios da legalidade e da segurança jurídica.

Diz o eminente autor:

> Faz-se modernamente, também, a correção de algumas distorções do princípio da legalidade da Administração Pública, resultantes do esquecimento de que sua origem radica na proteção dos indivíduos contra o Estado, dentro do circulo das conquistas liberais obtidas no final do século XVIII e inicio do século XIX, e decorrente, igualmente da ênfase excessiva no interesse do Estado em manter integro e sem lesões seu ordenamento jurídico. A noção doutrinariamente reconhecida e jurisprudencialmente assente de que a Administração pode desfazer seus próprios atos, quando nulos, acentua este último aspecto, em desfavor das razões que levaram ao surgimento do princípio da legalidade, voltadas todas para a defesa do individuo contra o Estado. Serve à concepção de que o Estado tem sempre o poder de anular seus atos ilegais a verdade indiscutida no Direito Privado, desde o Direito Romano, de que o ato nulo jamais produz efeitos, convalida, convalece ou sana, sendo mesmo insuscetível de ratificação. Se assim efetivamente é, então caberá sempre à Administração Pública revisar seus próprios atos, desconstituindo-os de oficio, quando eivados de nulidade, do mesmo modo como sempre será possível, quando válidos, revogá-los, desde que inexista óbice legal e não tenham gerado direitos subjetivos.
>
> Aos poucos, porém, foi-se insinuando a idéia de proteção à boa-fé ou da proteção à confiança, a mesma idéia, em suma, da segurança jurídica, cristalizada no princípio de irretroatividade das Leis ou no de que são válidos os atos praticados por funcionários de fato, apesar da manifesta incompetência das pessoas que deles emanaram.

---

[217] SILVA, Almiro do Couto e. Princípios da legalidade da Administração Pública e da segurança jurídica no Estado contemporâneo. Conferência realizada no VI Congresso Brasileiro de Direito Administrativo, outubro de 1987, em Belém, Pará. *RDP*, v. 84. p. 46 e segs.

6. O mestre citado explica que o primeiro estágio desta evolução foi o de considerar que a faculdade reconhecida ao Poder Público de anular seus atos encontra limites não só em direitos subjetivos regularmente constituídos, mas também no respeito à boa-fé e à confiança dos administrados, para o que invoca as autorizadas lições de Fritz Fleiner e Walter Jellinek. Esclarece, logo, que o passo seguinte, conforme elucida o consagrado publicista tedesco Otto Bachof, foi a aceitação, pela doutrina e pela jurisprudência daquele país – firmada na década de 1950 –, de que o princípio da possibilidade de anulação administrativa dos próprios atos veio a ser substituído por princípio oposto: princípio da impossibilidade da anulação em aras à boa-fé e à segurança jurídica. Donde, a preponderância do princípio da legalidade sobre a da proteção à confiança só ocorreriam nas hipóteses em que "a vantagem é obtida pelo destinatário por meios ilícitos e por ele utilizados, com culpa sua, ou resulta de procedimento que gera sua responsabilidade. Nesses casos não se pode falar em proteção à confiança do favorecido".

Sempre trazendo à balha a concepção modernamente vigorante na doutrina e jurisprudência alemãs, o referido publicista expõe que "é absolutamente defeso o anulamento quando se trate de atos administrativos que concedam prestações em dinheiro, que se exauram de uma só vez ou que apresentem caráter duradouro, como os de índole social, subvenções, pensões ou proventos de aposentadoria".

O autor coleciona ainda ensinamentos de Fragola e Sandulli, na Itália, segundo os quais o decurso de tempo prolongado erige barreiras à anulação de ofício pela Administração.

7. Na França, como se sabe e também disto nos dá notícia Almiro do Couto e Silva, desde o aresto *Dame Cachet*, de 1922, tanto a revogação como a anulação administrativa só se podem efetuar no mesmo prazo de interposição do recurso contencioso de anulação, isto geralmente dentro de dois meses da edição do ato revisando, pois este é o prazo do recurso por "excesso de poder".

O mesmo se passa no direito belga, conforme noticia André Mast.[218]

Na Espanha, Jesus Gonzalez Peres encarece que a Lei de Procedimento Administrativo, em seu art. 112, impõe limitações a faculdades

---

[218] MAST, André. *Précis du droit administratif belge*. Bruxelles-Gand: Ed. Scientifique E. Story, 1966. p. 311-312.

administrativas revisionais. "Las facultades de anulación y revocación no podram ser exercitadas – dice – cuando [...] por el tiempo transcurrido u otras circunstancias, su ejercicio resultase contrario a la equidad".[219]

8. Embora o princípio da estabilidade jurídica e da boa-fé não recebam em todos os países tratamento de igual realce no que concerne aos limites que daí derivariam para a anulabilidade dos atos administrativos pela própria administração (caso do Brasil), é fácil ver-se – pelo quanto se expôs – que *mesmo em tema de atos com vício de legitimidade (cuja prática dependeu da manifestação de vontade aquiescente de* órgão *estatal, aferidor de sua correção jurídica),* tanto o princípio da estabilidade das relações jurídicas quanto o da boa-fé dos administrados opõem barreiras à livre anulabilidade de ofício, conforme ressuma das anotações coletadas pelo eminente autor.

Por força mesmo deste princípio, tanto como dos princípios da presunção de legitimidade dos atos administrativos e da lealdade e boa-fé, firmou-se o correto entendimento de *que orientações firmadas pela Administração em dada matéria não podem, sem prévia e pública notícia, ser modificadas em casos concretos* para fins de sancionar, agravar situação dos administrados ou denegar-lhes pretensões, de tal sorte que *só se aplicam aos casos ocorridos depois de tal notícia.*

De fato, a notória vigência de tais princípios não toleraria solução diversa.

9. Com efeito, é sabido e ressabido que os atos administrativos gozam de *presunção de legitimidade,* de tal sorte que os administrados, ao atuarem arrimados em decisão do Estado, devem presumir, salvo prova em contrário ou fundadas razões de suspeita, que o Poder Público ao travar o liame o fez de modo juridicamente incensurável.

Deveras, como disse Hely Lopes Meirelles:

> Os atos administrativos, quaisquer que seja a sua categoria ou espécie, nascem com a presunção de legitimidade, independentemente de norma legal que a estabeleça. Essa presunção decorre do principio da legalidade da Administração, que nos Estados de Direito, informa toda a atuação governamental.[220]

---

[219] GONZALEZ PEREZ, Jesus. *El principio general de la buena fe en el derecho administrativo.* Madrid: Civitas, 1983. p. 104.
[220] MEIRELLES, Hely Lopes. *Direito administrativo brasileiro.* 10. ed. atual. São Paulo: Revista dos Tribunais, 1984. p. 116-117.

Nós mesmos, de outra feita, anotamos:

> O ato administrativo goza de uma presunção de legitimidade, até prova em contrário. Pressupõe-se que foi expedido na conformidade do Direito. É compreensível que assim seja. Exatamente porque sua função é executar a lei, manifestando um dos "poderes do Estado", desfruta deste crédito de confiança para cumpri-la expeditamente.[221]

Compreende-se, pois, que se o Poder Público, atuando em claras, em abertas e publicadas, firma a posição jurídica de alguém, este não terá como ou porque presumir que no decurso das providências concernentes ao travamento do vínculo ocorreu alguma impropriedade, sobremodo se esta diz com atuação interna e alheia à composição do vínculo propriamente dito.

A presunção de legitimidade é o atributo do ato administrativo, graças ao qual as declarações jurídicas da Administração, até prova em contrário, são havidas como afinadas com o direito.

Ao respeito Juan Carlos Cassagne averbou:

> Dentro de las prerrogativas "hacia afuera", de que dispone la Administracion, uno de los pilares de nuestro regimen juridico administrativo es la denominada presunción de legitimidad – tambien llamada presunción de validez del acto administrativo – por lo cual se presume que éste ha sido dictado en armonia con el ordenamiento juridico, es decir, con arreglo a derecho.[222]

E acrescenta: "La presunción de legitimidad constituye un principio del acto administrativo que encuentra su fundamento en la presunción de validez que acompaña a todos los actos estatales, princípio en el que basa a su vez el deber del administrado de cumplir el acto administrativo".[223]

Tratase de noção corrente e moente no direito administrativo, pacificamente aceita entre nós, sem bulha doutrinária ou jurisprudencial, e que, por isso mesmo, dispensa maiores considerações.

---

[221] BANDEIRA DE MELLO, Celso Antônio. *Ato administrativo e direito dos administrados*. São Paulo: Revista dos Tribunais, 1981. p. 24.

[222] CASSAGNE, Juan Carlos. *El acto administrativo*. Buenos Aires: Abeledo Perrot, 1974. p. 326.

[223] CASSAGNE, Juan Carlos. *El acto administrativo*. Buenos Aires: Abeledo Perrot, 1974. p. 327328.

10. O que importa ressaltar é a consequência imediata deste princípio. Uma vez expedido o ato administrativo, o particular *tem o direito* de supor regulares os comportamentos que pratique na conformidade dele. Em outras palavras: o administrado que atua em consonância com um ato administrativo – pelo menos se este tiver aparência de regularidade – está respaldado pelo ato, escorado nele. Donde, quem atuou arrimado neles tem o direito de esperar que tais atos se revistam de um mínimo de seriedade. Este mínimo consiste em não serem causas potenciais de fraude ao patrimônio de quem neles confiou – como, de resto, teria de confiar.

Com efeito, por força da presunção de legitimidade do ato, o administrado pode, sem receios, afiançado por uma declaração da Administração Pública, desenvolver as atividades que o poder estatal afirmou serem exercitáveis legitimamente.

A Administração Pública está sujeita a um dever de probidade – no que se inclui a lealdade perante os administrados. O dever de probidade administrativa não é apenas imposto pela ética, mas está consagrado pelo Texto Constitucional, nos arts. 37 e 82, VI. Bem por isso, a Administração está jungida a comportar-se de modo leal com os administrados.

Em quaisquer de seus atos, o Estado – tanto mais porque cumpre a função de ordenador da vida social – tem de emergir como interlocutor sério, veraz, responsável, leal e obrigado aos ditames da boa-fé. De seu turno, os administrados *podem agir fiados na seriedade, responsabilidade, lealdade e boa-fé do Poder Público*, maiormente porque a situação dos particulares é, em larguíssima medida, condicionada por decisões estatais, ora genéricas, ora provenientes de atos administrativos concretos.

Daí que, se o Poder Público toma dada orientação e ao depois se convence de seu desacerto, não tem porque sonegar um direito que dantes deu por certo. Quem se retrata de orientação anterior não pode – sem violar a boa-fé – pretender que aquele que agiu nela embasado seja ao depois onerado em razão desta inconstância no entendimento administrativo.

11. Pode-se, pois, dizer que de par com o princípio da presunção de legalidade, o princípio da boa-fé é, conjugadamente com ele, outro cânone que concorre para a consagração da ideia segundo a qual a mudança de entendimento administrativo só produz efeitos para os casos futuros e depois de pública notícia desta alteração de entendimento.

O eminente professor espanhol Jesus Gonzalez Perez, em monografia preciosa sobre o princípio da boa-fé *em direito administrativo*, anota que tal princípio independe de consagração legal, ressalta sua importância no direito administrativo, aclara-lhe o conteúdo e indica o âmbito de sua aplicação, nas seguintes passagens que merecem cita literal:

> El de buena fe aparece como uno de los principios generales que sirvem de fundamento al Ordenamiento, informan la labor interpretativa y constituyen decisivo instrumento de integración. El hecho de su consagración en una norma legal no supone que con anterioridad no existiera, ni que por tal consagración legislativa haya perdido tal carácter. [...]
>
> El principio general de la buena fe no solo tiene aplicación en el Derecho Administrativo, sino que en este ámbito adquiere especial relevancia. Como disse GUASP 'todos los campos del derecho estatal son clima propicio, como cualquier otro, al desarrollo de esta verdadera patologia de lo jurídico. Y es más, ella se dá en el seno de los principales elementos que conjuga la relación jurídica estatal: la Autoridad y el súbdito'. Porque, en efecto, la presencia de los valores de lealtad, honestidad y moralidad que su aplicación comporta es especialmente necesaria en el mundo de las relaciones de la Administración con los administrados. [...]
>
> La buena fe, a cuyas exigencias han de ajustar su actuación todos los miembros de la comunidad, sólo puede predicarse, en sus recíprocas relaciones, de la actitud de uno en relación con otro. Significa – dice LACRUZ – que este otro, según la estimación habitual de la gente, puede esperar determinada conducta del uno, o determinadas consecuencias de su conducta, o que no ha de tener otras distintas o perjudiciales. La jurisprudencia civil ha delimitado correctamente su âmbito de aplicación. Como en la sentencia de 24 de junio de 1969 (Ponente: BONET), al decir que la buena fe *significa confianza, seguridad y honorabilidad basadas en ella*, por lo que se refieren sobre todo al cumplimiento de la palavra dada; especialmente, la palabra fe, fidelidad, *quiere decir que una de las partes se entrega confiadamente a la conducta leal de otra en el comportamiento de sus obligaciones, fiado en que* ésta *no le engañara*.[224]

Adverte que tal princípio "es exigible en los actos juridicos, en el ejercicio de los derechos y en el cumplimiento de obligaciones".[225]

---

[224] GONZALEZ PEREZ, Jesus. *El principio general de la buena fe en el derecho administrativo*. Madrid: Civitas, 1983. 15; 31; 40. Grifos nossos.

[225] GONZALEZ PEREZ, Jesus. *El principio general de la buena fe en el derecho administrativo*. Madrid: Civitas, 1983. p. 1.

12. O fato é que todas estas ideias expressadas com apoio em fundamentos teóricos *encontram-se plenamente consagradas legislativamente*. Em matéria tributária, o art. 146 do Código Tributário Nacional (Lei nº 5.172, de 25.10.1966), expressamente, prescreve:

> A modificação introduzida, de ofício ou em conseqüência de decisão administrativa ou judicial, nos critérios jurídicos adotados pela autoridade administrativa no exercício do lançamento somente pode ser efetivada, em relação a um mesmo sujeito passivo, quanto a fato gerador ocorrido posteriormente à sua introdução.

Mas não apenas em matéria tributária é que haverá de prevalecer solução de tal ordem, porquanto esta mesma determinação existe generalizadamente para qualquer atividade administrativa, consoante imposição do art. 2º e seu parágrafo único, inc. XIII, da lei que regula o processo administrativo no âmbito federal (Lei nº 9.784, de 29.1.1999). Dispõem os mencionados preceptivos:

> Art. 2º A Administração Pública obedecerá, dentre outros, aos princípios da legalidade, finalidade, motivação, razoabilidade, proporcionalidade, moralidade, ampla defesa, contraditório, segurança jurídica, interesse público e eficiência.
> Parágrafo único. Nos processos administrativos serão observados, entre outros, os critérios de:
> I – [...];
> XIII – interpretação da norma administrativa da forma que melhor garanta o atendimento do fim público a que se dirige, *vedada aplicação retroativa de nova interpretação*.

13. Anote-se, derradeiramente que, mesmo se não existisse a presunção de legitimidade dos atos administrativos, o administrado não teria que arcar com consequências patrimoniais gravosas resultantes de falhas administrativas, *salvo se fosse seu dever* assumir – mais que uma atitude neutra, carente de predicação sobre a lisura dos comportamentos administrativos – uma posição de suspicácia rotineira quanto à legitimidade das condutas da Administração. Em suma, a menos que existisse um insólito princípio da presunção de ilegalidade dos atos administrativos, descaberia agravar o administrado em nome de defeitos irrogáveis à contraparte pública.

Assim, é meridianamente claro que o sujeito que se vincula em certas relações afiançado por atos do Poder Público não pode ser prejudicado por defeitos que acaso se venham a irrogar ao comportamento governamental, por increpar-se-lhe a adoção de solução jurídica até então tida como juridicamente correta e ao depois havida como inválida.

O administrado que com base em decisão administrativa compõe com a Administração um liame de conteúdo válido, por meio do órgão hábil para travá-lo, nada tem a ver com o procedimento interior administrativo, que sucede fora de sua interveniência. É um estranho em relação a ele e salvo o caso de má-fé, obviamente não pode sofrer detrimentos causados por eventuais falhas administrativas para as quais não concorreu, com as quais não aquiesceu e nem podia, de direito, concorrer ou aquiescer.

Seria um inominável absurdo, aliás, pudesse o Estado detectar uma incorreção no meneio de seus próprios assuntos, servindo-lhe sua própria falha como suporte prestante para onerar quem não falhou e com ele entreteve relacionamento de boa-fé. Com efeito, ao proceder à invalidação a Administração estará, *ipso facto*, proclamando em abertas e publicadas que, em momento anterior, afrontou o direito. Seria descabido que o violador do direito, justamente ao se autoacusar ou ao se reconhecer precedentemente acusado de transgressor do direito – condição para invalidação do ato –, lançasse sobre ombros alheios gravames patrimoniais decorrentes de ato seu.

O caso *sub consulta*

14. A Lei nº 8.032, de 12.4.1990, dispôs em seu art. 5º, com a redação que lhe deu a Lei nº 10.184 de 2001:

> O regime aduaneiro especial de que trata o inciso II do art. 78 do Decreto-Lei nº 37, de 18 de novembro de 1966, poderá ser aplicado à importação de matérias-primas, produtos intermediários e componentes destinados à fabricação, no País, de máquinas e equipamentos a serem fornecidos no mercado interno, em decorrência de licitação internacional, contra pagamento em moeda conversível proveniente de financiamento concedido por instituição financeira internacional, da qual o Brasil participe, ou por entidade governamental estrangeira ou, ainda, pelo Banco Nacional de Desenvolvimento Econômico e Social – BNDES, com recursos captados no exterior.[226]

---

[226] Sua redação original difere da atual unicamente em que nesta última foi acrescida a referência ao BNDES.

A expressão "licitação internacional", à toda evidência, não significa que se trate de licitação só efetuável por entidade da Administração Pública, direta ou indireta, isto é, sujeita à Lei nº 8.666, de 21.6.1993. É que licitação é modalidade preliminar de aquisição *tanto existente no direito público, como no direito privado*.

Embora mais comum no direito público, o fato é que também as empresas privadas, perante negócios de porte, utilizam-se de licitações, as quais, é bem de ver, não obedecem ao mesmo rito procedimental e os mesmos rigores formalísticos, mas são conducentes ao mesmo objetivo. Procuram, como é natural, obter a proposta mais satisfatória e sempre que possível pelo menor preço, buscando-a entre aqueles fornecedores que as empresas sabem estar em condições de fazer ofertas de qualidade.

15. Veja-se que há numerosas referências à licitação efetuada por particulares no Código Civil brasileiro, tanto no de 1916, como no de 2002. De fato, no primeiro, encontram-se menções a ela nos arts. 815, §2º, 816 e em seus §§1º e 4º, bem como no art. 855. No Código vigente está contemplada nos arts. 1.322, parágrafo único, 1.481, §§1º e 4º, 1.482 e 2.019, §2º, no qual se determina que seja observado o "processo da licitação" quando a adjudicação for requerida por mais de um herdeiro.

O próprio BID, em seu manual sobre políticas básicas e procedimentos de aquisições, em seu capítulo 3, no item 3.1, registra que: "A licitação pode ser pública ou privada e a licitação pública pode ser internacional ou restrita ao âmbito local".

Exatamente por se tratar de instituto comum ao direito público e ao direito privado é que a Constituição, ao tratar da licitação pertinente aos sujeitos governamentais, apropriadamente qualificou-a como "licitação *pública*", no art. 37, inc. XXI, ao reputá-la obrigatória, salvo os casos previstos em lei, para as contratações da Administração Pública direta e indireta de qualquer dos poderes da União, dos estados, do Distrito Federal e dos municípios. Com efeito, de acordo com o preceptivo em pauta, "as obras, serviços, compras e alienações dos referidos sujeitos serão contratados mediante processo de licitação *pública*".

A própria Lei nº 8.666 é explícita em dizer, em sua ementa, que ela veio regular as licitações "da Administração Pública", no que revela a clara consciência de que licitação não é apenas pertinente àquela esfera. De resto, seu art. 1º também é claro e expresso ao mencionar que o regime desta lei é aplicável "no âmbito dos Poderes da União, Estados, Distrito Federal e dos Municípios".

Assim, é visível que a circunstância de o art. 5º da Lei nº 8.032 mencionar licitação internacional não significa que esteja a se referir à licitação pública e, pois, que o regime aduaneiro especial de que cogite só caiba quando presente entidade sujeita à Lei nº 8.666 ou que haja promovido certame com submissão ao regramento nela previsto.

16. Há, contudo, uma razão *definitiva e incontendível* que demonstra para além de qualquer dúvida ou entredúvida que o art. 5º da Lei nº 8.032, de 12.4.1990, com a redação que lhe deu a Lei nº 10.184, de 2001, estava obrigatoriamente reportado a quaisquer empresas que preenchessem os requisitos normativamente exigidos e não apenas às entidades sujeitas às licitações regidas pela Lei nº 8.666, isto é, os sujeitos integrantes da Administração indireta.

Esta simplicíssima razão é a de que dita lei não poderia estar pretendendo afrontar a Constituição do país.

Deveras, o art. 173, §2º, da Lei Magna dispõe: "As empresas públicas e as sociedades de economia mista não poderão gozar de privilégios fiscais não extensivos às do setor privado".

Eis, pois, que qualquer benefício de natureza fiscal só poderia ser concedido às sobreditas pessoas governamentais desde que abrangente da generalidade de empresas privadas. Averbe-se que tal circunstância impõe a conclusão de que este foi o alcance do preceptivo legal mencionado, pois, a ser de outra sorte estaria eivado de inconstitucionalidade. Ora, é sabido e ressabido que entre duas interpretações comportáveis por uma norma jurídica jamais se pode adotar aquela que implicaria atribuir-lhe sentido em virtude do qual ver-se-ia maculada pela coima de inconstitucional.

17. O Supremo Tribunal Federal inúmeras vezes tem feito esta advertência que, de resto, é corriqueira e, ademais, muito vetusta na doutrina. Veja-se que Henry Campbell Black, juiz da Suprema Corte dos Estados Unidos da América do Norte, onde foi *chief justice*, em sua monumental obra sobre interpretação da Constituição e das leis, talvez a mais notável que jamais se escreveu sobre tais matérias, já em 1897, destes modos expressava este cânone exegético: "Unconstitutionality will be avoided, if possible, by putting such a construction on the statute as will make it conform to the constitution".

A seguir desenvolve esta orientação nos seguintes termos:

> The courts will not so construe the law as to make it conflict with the constitution, but will rather put such an interpretation upon it as will avoid conflict with the constitution and give it the force of law, if this

can be done without extravagance. They mais desregard the natural and usual import of the words used, if it is possible to adote another construction, sustaining the statute, wich shall not be strained or fantastic.[227]

Black ensina ainda:

Every act of the legislature is presumed to be valid and constitutional until the contrary is shown. All doubts are resolved in favor of the validity for the act. If it is fairly and reasonably open to more than one construction, that construction will be adopted which will reconcile the statute with the constitution and avoid the consequence of unconstitutionality.[228]

E mais:

Hence it follows that the courts will not so construe the laws as to make it conflict with the constitution, but will rather put such an interpretation upon its as will avoid conflict with the constitution and give it full force and effect, if this can be done without extravagance. If there is doubt or uncertainty as to the meaning of the legislature, if the words or provisions of the statute are obscure, or if the enactment is fairly susceptible of two or more constructions, that interpretation will be adopted which will avoid the effect of unconstitutionality, even though it may be necessary, for this purpose, to disregard the more usual or apparent import of the language employed.[229]

O autor invoca, em confirmação disto, as decisões nos casos Parsons *v*. Bedford, 3 Pet. 433; Grenada Co. *v*. Brogden, 112 U. S. 261, 5 Sup. Ct. 125; Inkster *v*. Carver, 16 Mich. 484; Newland *v*. Marsh, III, 176; Roosevelt *v*. Godard, 52 Barb 533; Singer Manuf. Co. *v*. McCollock, 24 Fed. 667 e inúmeras outras.

Entre nós, Carlos Maximiliano, eminente ex-ministro do Supremo Tribunal Federal, príncipe de nossos mestres de exegese, reportando-se a lições de Willoughby, anotou: "Sempre que for possível sem fazer demasiada violência às palavras, interprete-se a linguagem da lei com

---

[227] BLACK, Henry Campbell. *Handbook of American constitutional law*. 2. ed. St. Paul, Minn.: West Publishing Co., 1897. p. 60.
[228] BLACK, Henry Campbell. *Handbook on construction and interpretation of law*. St. Paul, Minn.: West Publishing Co., 1896. p. 93.
[229] BLACK, Henry Campbell. *Handbook on construction and interpretation of law*. St. Paul, Minn.: West Publishing Co., 1896. 93-94.

reservas tais que se torne constitucional a medida que ela institui ou disciplina".[230]

Eis, pois, que descaberia alimentar qualquer desabusada suposição de que ao falar em licitação, a Lei nº 8.032, de 12.4.1990, com a redação que lhe deu a Lei nº 10.184 de 2001, estava reportada a pessoas governamentais. Pelo contrário, a intelecção correta conforme anotado é a de que tinha em mira as entidades privadas em geral e compreendia qualquer modalidade de licitação.

18. De resto, a própria Administração Pública já de longa data deixara estampada publicamente esta mesma intelecção, proclamando que a expressão em causa abrangia "qualquer convite, de caráter público administrativo ou privado, para apresentação de propostas de fornecimento de maquinaria, bens e equipamento industrial e materiais para transformação quando não restrita a produtos de fabricação nacional" e que compreendia, outrossim, "a simples tomada de preços entre número restrito de proponentes para fins de negociação de bens".

Deveras, é isto que está estampado na Portaria nº 6, de 14.1.1969, do Ministério da Fazenda, expedida justamente em vista do regime aduaneiro especial cogitado no Decreto-Lei nº 37, de 18.11.1966 e que segundo informações da Consulente sempre foi acolhida pelo Decex. É a seguinte a dicção da mencionada portaria:

> I – para efeito de aplicação da presente Portaria, considera-se concorrência internacional qualquer convite, de caráter público administrativo ou privado, para apresentação de propostas de fornecimento de maquinaria, bens e equipamento industrial e materiais para transformação quando não restrita a produtos de fabricação nacional;
>
> II – inclui-se na definição do inciso I a simples tomada de preços entre número restrito de proponentes para fins de negociação de bens;
>
> III – os convites das concorrências internacionais deverão atender cumulativamente aos seguintes dispositivos: [...].

Ora, cumpre sublinhar que a lei, ou, mais precisamente, o sistema legal, é o fundamento jurídico de toda e qualquer ação administrativa. A expressão "legalidade" deve ser entendida como conformidade à *lei* e, *sucessivamente,* às *subsequentes normas* que, a título de cumpri-la, a Administração expeça, adquirindo então um sentido mais extenso.

---

[230] MAXIMILIANO, Carlos. *Hermenêutica e aplicação do direito.* 15. ed. Rio de Janeiro: Forense, 1995. p. 308.

Ou seja, é desdobramento de um dos aspectos do princípio da legalidade o respeito, quando da prática de atos individuais, aos atos genéricos que a Administração haja produzido para regular seus comportamentos ulteriores.

O renomado professor A. R. Brewer-Carias observou:

> A Administração além de estar submetida às regras ou normas jurídicas a que estão submetidos o juiz e os particulares, deve cumprir estritamente em sua atividade as normas que ela mesma haja criado. Esta é a característica essencial do Princípio da Legalidade Administrativa, pois este não implica apenas submissão da Administração às regras de direito que lhe são exteriores mas acarreta também submissão a regras ou normas jurídicas que ela mesma haja elaborado.[231]

No mesmo sentido Fritz Fleiner, que diz: "A autoridade administrativa não está ligada apenas pelo Direito criado pelo legislador ao qual está subordinada; está igualmente (subordinada) pelo Direito que ela própria cria, ligada aos seus próprios regulamentos e seus estatutos autônomos".[232]

É, pois, evidente que a Administração estava ligada àquele entendimento de sorte que não podia haver como inválido um ato conformado à referida acepção, descabendo, então, increpar-lhe, a título de ilegalidade, o fato de "a licitação internacional ter sido realizada pelo Consórcio Rio Eteno e Rio Polímeros Ltda., entidades não sujeitas à Lei nº 8.666/93".

19. Também descaberia anular a concessão do regime aduaneiro especial sob arguição de ilegalidade no fato de não ter havido divulgação no exterior da licitação internacional. E isto por, ao menos, duas razões: uma, a de que tal arguição só aparece ao final, isto é, depois da fase instrutória, quando da decisão do Decex, sem que tivesse sido oferecida oportunidade de defesa quanto a isto.

Não tendo sido ensejada contestação ou esclarecimentos em relação ao fato, é óbvio que houve violação ao devido processo legal e nulidade na arguição deste suposto vício. Ou seja, com base nele não se poderia fundamentar qualquer ato anulatório.

---

[231] BREWER-CARIAS, Alan Randolph. *Las instituciones fundamentales del derecho administrativo venezolano*. Caracas: Universidad Central, 1964. p. 27.

[232] FLEINER, Fritz. *Principes generaux du droit administratif allemand*. Tradução francesa de Ch. Einsenman. Paris: Delagrave, 1933. p. 92.

A segunda razão, ainda mais contundente, é a de que não pode haver ilegalidade sem desobediência a alguma lei ou norma de nível inferior validamente emitida e vigente. Ora norma alguma (lei ou ato inferior) exigia, à época do pedido e da própria concessão do regime aduaneiro especial, que fosse divulgada a licitação internacional no exterior.

Vigorava, então, um arrolamento de exigências constante da Portaria Secex nº 4, de 11.6.1997 e pelo Comunicado Decex nº 21, de 11.6.1997, com alterações posteriores constantes do Comunicado Decex nº 2, de 31.1.2000, os quais não impunham divulgação da licitação no exterior, exigência esta que só viria a surgir com a Portaria Secex nº 11, em 25.8.2004, vale dizer: mais de dois anos depois do Ato Concessório de *Drawback* nº 20020020341 (7.2.2002).

Bem se vê que é impossível praticar uma ilegalidade contra norma jurídica inexistente e que só viria a existir muito mais tarde. Dessarte, a arguição em apreço é inteiramente descabida e, pois, imprestável para supeditar o ato anulatório em causa.

De resto, cumpre anotar que nem mesmo na licitação internacional a que alude a Lei nº 8.666, de 21.6.1993 – aplicável à Administração Pública direta e indireta e cujo formalismo e rigores são notórios –, é exigida a divulgação no exterior. Licitação internacional é aquela aberta à participação de empresas que não estejam em funcionamento no país e deve atender aos arts. 32, §4º e 42 da referida lei, mas não há exigência alguma de publicação do edital no exterior.

20. Igualmente não poderia ser arguida como tisnada de vício a concessão pelo fato de que "no Edital ou Carta-Convite não houve previsão de fruição do benefício fiscal (drawback para fornecimento no mercado interno)". Tal como na arguição precedente, cabe dizer que não pode haver ilegalidade sem desobediência a alguma lei ou norma de nível inferior. Ora, dispositivo algum exigia que fosse feita dita menção no edital ou carta-convite. Dessarte, era impossível incorrer em ilegalidade pelo motivo alegado.

Eis, pois, que a anulação do Ato Concessório de *Drawback* nº 20020020341 é que foi viciada, pois as razões aduzidas para fulminá-lo não têm suporte jurídico satisfatório.

21. Em vista de tudo quanto foi dito é visível que a conduta do Decex, no caso vertente, constituiu-se pura e simplesmente em uma mudança de orientação administrativa. Assim, a anulação do ato concessório do regime especial aduaneiro de *drawback* representou uma decisão que, de um lado, contrariou entendimentos anteriores,

consagrados até mesmo em portaria expedida para regular o alcance da expressão "licitação internacional". De outro lado, igualmente, alterou entendimentos passados ao irrogar ilicitudes fundando-se na exigência de que, no pretérito, estivessem cumpridos requisitos que dantes nem lei nem ato inferior algum exigia.

Em suma: a decisão em causa configura mudança de orientação administrativa com pretensão de produzir efeitos retroativos, contrariando nisto tanto princípios fundamentais do direito que dimanam de suas próprias razões essenciais, quanto disposições expressas do direito positivo brasileiro, quais as residentes no art. 146 do Código Tributário Nacional e no art. 2º, parágrafo único, inc. XIII, da Lei nº 9.784, de 29.1.1999, que regula o processo administrativo no âmbito federal.

22. Em face de todo o exposto e considerado, às indagações da Consulta respondo:

I – Ante as normas jurídicas então vigentes, não foi nula a concessão de regime aduaneiro especial de *drawback*, pois as alegações que a supeditaram não têm fomento jurídico, já que inexistia a obrigação de ser realizada uma licitação pública, própria das pessoas da Administração Pública direta e indireta, assim como inexistia, também, quer a obrigação de se promover divulgação no exterior da licitação internacional, quer a de constar do edital ou carta-convite previsão de fruição do benefício fiscal.

II – A decisão do Decex configura mudança de orientação administrativa e, como tal, de modo algum poderia ser aplicada com efeitos retroativos, pois a tanto se opõem não apenas solidíssimas razões teóricas e principiológicas, mas também dicções normativas expressas residentes no art. 146 do Código Tributário Nacional e no art. 2º, parágrafo único, inc. XIII, da Lei nº 9.784, de 29.1.1999, que regula o processo administrativo no âmbito federal.

É o meu parecer.

São Paulo, 26 de setembro de 2006.

PARECER: CONCEITO E CLASSIFICAÇÃO – RESPONSABILIDADE DE QUEM ATENDE OU DESATENDE A PARECER TÉCNICO – RESPONSABILIDADE DE QUEM O EMITE – ADMINISTRAÇÃO CONTENCIOSA: DEVER DE IMPARCIALIDADE - RESPONSABILIDADE POR VIOLÁ-LA

O eminente professor XXXXX formula-nos a seguinte:

Consulta

I – Pela prática de atos supostamente ilícitos, pode ser civilmente responsabilizada autoridade pública cuja formação profissional é de administrador e que atuou na estrita conformidade de pareceres técnico-jurídicos legalmente previstos como obrigatórios?

II – É inválido processo administrativo e acarreta obrigatória responsabilização administrativa dos integrantes da comissão que o conduziu pelos fatos de (a) concluir pela responsabilização de um determinado servidor em razão de atos praticados em estrita conformidade de pareceres técnicos estranhos à sua área profissional e (b) por haver dita comissão desbordado dos parâmetros da razoabilidade, do bom senso e da imparcialidade, deixando transparecer manifesto intento seletivamente persecutório, como se evidencia no fato de haver eximido os outros diretores que se encontravam em idêntica situação?

Às indagações respondo nos termos que seguem.

Parecer

1. Os atos administrativos, dentre as diferentes classificações que comportam, podem ser sistematizados em função da natureza da atividade que exprimem, caso em que, segundo o modelo mais comumente adotado, distinguem-se em atos de administração ativa, de administração consultiva ou de administração de controle, aos quais, segundo nos parece, devem ser acrescentados os de administração verificadora (relativa aos atos que a doutrina italiana denomina de *accertamenti*, bem como aos de inscrição e registro) e os de administração contenciosa.[233]

De toda sorte, parece correto o entendimento corrente de que os pareceres se alocam entre os atos qualificáveis como pertinentes à administração consultiva, ainda que aqueles denominados "vinculantes", espécie da mais extrema raridade, devessem, segundo alguns autores, ser excluídos do gênero "parecer". Conforme registra Giulio Getthi,[234] deste teor são os pronunciamentos de Donati e Borsi, o primeiro por assimilá-los a autorizações, o que os inclui no campo da administração ativa, o segundo por considerar que são atos complexos de complexidade desigual, enquanto Forti e Navarra, os ubicam na esfera da administração de controle.

2. Parecer, na precisa definição do prof. Oswaldo Aranha Bandeira de Mello, "é o ato administrativo unilateral pelo qual se manifesta opinião acerca de questão submetida para pronunciamento".[235]

A finalidade dos pareceres "é a de iluminar e aconselhar o órgão da administração ativa", como o disse Pietro Virga.[236] Assim, os pareceres podem ser divididos em pareceres *técnicos* e pareceres administrativos.

3. Os primeiros (pareceres técnicos), *iluminam* o órgão de administração ativa, isto é, trazem-lhe informações e esclarecimentos *da alçada de especialistas*, portanto envolvem noções *apropriáveis mediante conhecimentos científicos ou de uma técnica refinada, pelo que, aduzem ao agente da administração ativa subsídios que este não possui (enquanto meramente administrador e, nesta específica qualidade, não pode*

---

[233] Cf. nosso *Curso de direito administrativo*. 21. ed. São Paulo: Malheiros, 2006. p. 402-403.
[234] GETTHI, Giulio. *La consulenza amministrativa*. Padova: Cedam, 1974. p. 236, nota de rodapé nº 16.
[235] BANDEIRA DE MELLO, Oswaldo Aranha. *Princípios gerais de direito administrativo*. 2. ed. Rio de Janeiro: Forense, 1979. v. I. p. 575.
[236] VIRGA, Pietro. *Diritto amministrativo*. 4. ed. atual. Milano: Giuffrè, 1997. v. 2. p. 28-29.

autorizadamente possuir), mas que são condicionais a uma decisão abalizada, que pode ou deve tomar. Valem, como exemplo, os pareceres técnico-jurídicos, ou da área médica ou da engenharia.

Em tais casos, o *emissor do parecer*, com base nos sobreditos conhecimentos, procede a uma avaliação da matéria que lhe foi submetida e firmadas suas análises *técnicas*, emite um juízo conclusivo que servirá de base para que *a autoridade que o demandou* esteja em condições de tomar conscientemente determinada providência. É que, encontrando-se esta perante elementos cuja apreensão e deslinde não podia efetuar por si, já que escapam ao seu domínio *funcional* de conhecimentos e que, pois, não tem o *dever funcional* de possuir, passa a estar assentada sobre juízo no qual pode repousar para sua decisão, já que emitido pelo habilitado a esclarecê-la, isto é, a "iluminá-la".

No dizer de Hely Lopes Meirelles, que colaciona neste mesmo sentido acórdão do STF (*RDA*, 80/136):

> Parecer técnico é o que provém de órgão ou agente especializado na matéria, não podendo ser contestado por leigo, ou mesmo por superior hierárquico. Nessa modalidade de parecer ou julgamento não prevalece a hierarquia administrativa, pois não há subordinação no campo da técnica.[237]

4. Os segundos (pareceres administrativos), correspondem a um aconselhamento – por certo, também baseado em avaliações emitidas por sujeitos qualificados – mas que envolvem conhecimentos e apreciações formuláveis segundo critérios nos quais o que prepondera é uma *política administrativa*, um direcionamento e opções que se incluem, portanto, em esfera pertinente à área *funcional* de conhecimentos próprios da autoridade administrativa titulada para, a sabendas, decidir sobre sua conveniência.

5. É evidente que o administrador para o desempenho de suas funções ver-se-á confrontado com a necessidade de esclarecimentos provindos dos mais diversos ramos do conhecimento humano. Administrar é uma atividade complexa que tem intersecções com todos os campos do conhecimento, resultando disto, como observou Yves Weber, que lhe é necessário acostar-se em múltiplas técnicas atinentes a estes diversos setores, pois nenhuma atividade humana é estranha

---

[237] MEIRELLES, Hely Lopes. *Direito administrativo brasileiro*. 21. ed. São Paulo: Malheiros, 1990. p. 177.

à ação do Estado. Mas, conforme ressaltou este monografista: "entre esta diversidade de técnicas solicitadas, uma transcende a todas, a *técnica jurídica*".[238]

Com efeito, dada a importância primacial do princípio da legalidade administrativa, é corriqueiro que o administrador público e aquele que chefia a Administração se veja, rotineiramente, a braços com a necessidade de esclarecimento sobre a viabilidade ou mesmo sobre a obrigatoriedade jurídica de certas condutas que poderá ou deverá tomar, o que o colocará na contingência de esclarecer-se mediante pareceres técnico-jurídicos.

No caso de tais pareceres, é evidente que o administrador, ainda quando se tratasse de alguém com formação nesta área, terá como arrimo – inquestionável para ele – aquilo que lhe haja sido elucidado pela manifestação jurídica (e com muito maior razão, do ponto de vista fático, se sua formação profissional for em área diversa, qual a de médico, engenheiro, administrador, agrônomo ou qualquer outra).

6. Note-se que não se está a dizer que o parecer necessariamente lhe vinculará a conduta. Esta é outra questão. Como se sabe, os pareceres costumam ser classificados em (a) facultativos; (b) obrigatórios e (c) vinculantes.[239]

Facultativos, são os que a autoridade pode solicitar, mas não está obrigada a demandá-los. *Obrigatórios* são aqueles que a autoridade está juridicamente adstrita a solicitar antes de decidir, mas, tanto quanto em relação aos anteriores, não está obrigada a seguir. *Vinculantes* são aqueles que a autoridade não apenas deve pedir, mas estará obrigada a seguir.

Segue-se que, no caso dos pareceres obrigatórios, e, assim, pois, dos técnico-jurídicos, se não for solicitado o parecer, o ato decisório será, *ipso facto*, inválido. No caso dos vinculantes, sê-lo-á tanto na hipótese de não ser solicitado, quanto na de ser praticado ato decisório em desconformidade com ele.

---

[238] WEBER, Yves. *La administration consultative*. LGDJ: Paris, 1968. p. 16. Grifos nossos.

[239] Confira-se ao respeito, entre tantos, além dos autores já citados, no Brasil, Maria Sylvia Zanella Di Pietro, chamando à colação lições de BANDEIRA DE MELLO, Oswaldo Aranha. *Direito administrativo*. 6. ed. São Paulo: Atlas, 1996. p. 191. No exterior, DIEZ, Manoel Maria. *El acto administrativo*. Buenos Aires: TEA, 1961. p. 45; FORTI, Ugo. *Diritto amministrativo*. Napoli: Eugenio Jovene, 1937. v. II. p. 124 e segs., entre os mais recentes GALLI, Rocco. *Corso di diritto amministrativo*. 2. ed. reimpr. atual. Padova: Cedam, 1996. p. 413 e segs.; *Corso di diritto amministrativo*. 2. ed. rev. e ampl. Torino: Giappichelli, 1997. p. 446 e segs.

7. Cifrando-nos ao tema dos *pareceres técnicos* (nos quais se incluem, pois, os jurídicos), restará saber quais as consequências, para o agente da administração ativa, se, afinal, o ato decisório vier a ser considerado inválido: (a) no caso de haver-se afastado das conclusões do parecer obrigatório e (b) no caso de haver atuado em sua conformidade.

Parece-nos fora de dúvida que, na primeira hipótese, vindo a ser considerado inválido o ato praticado em *desconformidade com o parecer técnico* (e cujo vício se relacione com questão ou aspecto objeto da manifestação do parecer), caberá responsabilização do agente que expediu o ato decisório, pois, em tal caso, *ficará evidenciado que agiu (pelo menos) com culpa*, porquanto terá desatendido conclusões em relação às quais não tinha habilitação *funcional* para contender com conhecimento de causa. É óbvio, de outra parte, que se o ato decisório for considerado válido não terá porque ser responsabilizado.

8. Se, diversamente, houver atuado na conformidade do parecer técnico, entendemos também fora de dúvida que *descaberá responsabilizar o agente* que praticou o ato decisório, se, a final, dito ato vier a ser considerado inválido por razões relacionadas com tópico objeto das conclusões do parecer. É que, em tal caso, seu comportamento terá sido estribado em conclusões *a respeito das quais não tinha, funcionalmente ou sequer de fato, conhecimento de causa para decidir e que foram fornecidas por quem as possuía*. Logo, não se poderá derivar diretamente daí *imprudência, negligência ou imperícia*, vale dizer, culpa. Note-se, ademais, que em se tratando de parecer obrigatório, o fato mesmo de sê-lo indica a importância, o relevo jurídico atribuído ao parecer. Com efeito, é evidente que a lei não o faria obrigatório se não atribuísse subido realce jurídico à manifestação que dele decorreria. Deveras, não se vê como seria possível que a lei lhe houvesse atribuído tal importância e, inversa e ilogicamente, o administrador não lhe pudesse atribuir o mesmo relevo, isto é, não pudesse se calçar tranquilamente sobre ele, seguro de que estaria a operar na conformidade do direito.

Solução diversa conduziria ao absurdo. Deveras, implicaria responsabilizar alguém que, adstrito a agir com base em noções *estranhas* à *sua* área *funcional de conhecimentos e, demais disto, obrigado a buscar socorro nelas*, decidiu-se na exata conformidade das conclusões *legalmente previstas como instrumentais de sua ação*. Bem se vê, então, que admitir responsabilização por ato decisório praticado em tais termos implicaria responsabilizar dado sujeito por conclusões alheias que haviam sido previamente supostas na lei como necessárias para iluminação da conduta administrativa.

Assim como não se imaginaria que um advogado devesse ser responsabilizado por agir na conformidade de um parecer médico ou de um parecer de engenharia expedido sobre estas respectivas matérias, também não se imaginaria que um engenheiro ou um médico ou um administrador devessem ser responsabilizados por conduta produzida na conformidade de um parecer jurídico emitido nesta esfera.

9. Finalmente, deve-se encarecer o fato notório – donde, incompatível com detenças para demonstrá-lo – de que a responsabilidade civil dos agentes públicos só tem lugar nos casos de dolo ou culpa, o que, aliás, tradicionalmente se estampa até mesmo em nossas Constituições (hoje, residindo no art. 37, §6º da Lei Magna).

Ora, como já se anotou, não se pode considerar culposo o ato de quem atuou embasado em parecer técnico da área pertinente. Dessarte, não se pode responsabilizar civilmente autoridade pública, sob arguição de ilegalidade do ato que praticou, se o fez devidamente esforçado em parecer técnico-jurídico que lhe respaldava a conduta profligada.

10. Ao classificarmos, em obra teórica, os órgãos administrativos, depois de analisarmos distintas categorias, aduzimos:

> A estas espécies tipológicas de órgãos devem ser acrescentados os (d) órgãos verificadores "[...]"; e os (e) órgãos *contenciosos, aos quais compete, em posição de absoluta imparcialidade, o julgamento de situações controversas*. Sirvam como exemplos os Tribunais de Impostos e Taxas ou *as comissões processantes de funcionários*, que devem apurar eventual cometimento de infrações por eles e, sendo o caso, aplicar as correlatas sanções, com direito de ampla defesa dos servidores acusados.[240]

Com efeito, é certo e sabido que a Administração Pública, de par com a esmagadora maioria de sua atividade, em que comparece como parte militantemente ativa na busca de um certo e específico resultado, também assume, em certos casos, uma posição *neutra* e *imparcial* substancialmente similar à do Poder Judiciário. Nestes, os agentes que estejam a desempenhar dita função devem proceder com a mais completa isenção de ânimo, pois, o que lhes compete é exata e precisamente a busca objetiva de uma verdade factual para sobre ela poder aplicar, como ineludível dever, a regra de direito cabível, do que resultará a absolvição do imputado ou inversamente a conclusão sobre sua responsabilidade.

---

[240] BANDEIRA DE MELLO, Celso Antônio. *Curso de direito administrativo.* 21. ed. São Paulo: Malheiros, 2006. p. 137-138.

Por isto a Lei nº 8.112, de 11.12.1990, que "dispõe sobre o regime jurídico dos servidores públicos civis da União, das autarquias e das fundações públicas federais", ao tratar das comissões processantes, em seu art. 150, dispõe: "A Comissão exercerá suas atividades com independência e *imparcialidade*, assegurado o sigilo necessário à elucidação do fato ou exigido pelo interesse da administração".

Donde, não pode haver predisposição alguma, favorável ou desfavorável ao processado, pois não se trata de abicar em uma conclusão no sentido tal ou qual adrede pretendido, mas, inversamente, o pretendido é desembocar naquele resultado que, ao cabo do processo, se demonstre ser o que o direito aponta como o cabível no caso concreto. Vê-se, pois, como é claro a todas as luzes, que a condução do processo terá de se desenvolver com a mais cabal precisão e lisura.

Em nenhuma outra atuação administrativa a lealdade, a boa-fé, o equilíbrio, a prudência, o bom senso, a decência, o comportamento criterioso, são demandados com tanta imperatividade por parte dos agentes que a desempenhem, pois é de sua essência a busca da justiça, conforme delineada pelo regramento jurídico aplicando.

11. Disto se conclui, sem sombra de dúvida possível, que se os membros da comissão se afastarem das diretrizes indicadas, além de viciarem o processo e sua conclusão de irremissível nulidade, estarão a cometer falta funcional gravíssima, incorrendo em desvio de poder e – o que é sumamente grave – se prevalecendo de uma posição altaneira e da mais supina responsabilidade para desvirtuar uma das funções administrativas mais conspícuas. Logo, a incursão em tal vício implica a sujeição dos infratores a processo administrativo que pode lhes custar os próprios cargos, pois se constitui em ato que transgride deveres de moralidade administrativa, impostos no art. 116, IX, e é capitulável como improbidade administrativa, conduta que, a teor do art. 132, IV, ensancha a aplicação da pena de demissão.

Note-se que, uma vez estampada ocorrência tão seriamente desabonadora de membros de comissão processante, promover-lhes a responsabilidade não é ato a ser discricionariamente decidido por seus superiores. Pelo contrário, a responsabilização deles é obrigatória e inevitável.

Hely Lopes Meirelles averbou ao respeito:

A responsabilização dos servidores públicos é dever genérico da Administração e específico de todo chefe, em relação a seus subordinados. No campo do direito administrativo esse *dever de responsabilização* foi erigido em *obrigação legal*, e, mais que isso, em *crime funcional*, quando relegado pelo superior hierárquico, assumindo a forma de condescendência criminosa (CP, art. 320). E sobejam razões para esse rigor, uma vez que tanto lesa a Administração a infração do subordinado como a tolerância do chefe pela falta cometida, o que é um estímulo para o cometimento de novas infrações.[241]

Diógenes Gasparini também anota que a atribuição disciplinar

> se caracteriza como *dever-poder* da Administração Pública. Assim, ocorrida a infração e conhecidos os seus autores, não pode deixar a Administração Pública de puni-los, sob pena da autoridade competente incorrer no crime previsto no art. 320 do Código Penal (condescendência criminosa).[242]

Diogo de Figueiredo Moreira Neto igualmente acentua que violada a norma de conduta interna

> surge um *ilícito administrativo* e, como resultado necessário, o dever de responsabilização, ou seja, de suscitar-se a repressão. Este dever, de natureza derivada, é tão imprescindível para o funcionamento de qualquer sistema disciplinar, que a lei penal, prevendo a possibilidade de indulgência do superior para com o subordinado infrator, erige a figura à categoria de crime: *condescendência criminosa*.[243]

Não há necessidade de colacionar outros autores em abono desta conclusão, até porque descaberia supor que a lei irrogou aos hierarcas o poder de decidir segundo seus próprios critérios ou, pior que isto, de seus humores, isto é, na conformidade das disposições subjetivas de simpatia ou antipatia, de bom ou mau estado de espírito dos superiores ou do maior ou menor ânimo para se desincumbirem de suas responsabilidades. É evidente que isto se incompatibilizaria radicalmente com o exercício de atividade pública, a qual está inteiramente atrelada às finalidades que a lei estabelece devam ser atendidas. De toda sorte, o mero fato de a lei penal qualificar como

---

[241] MEIRELLES, Hely Lopes. *Direito administrativo brasileiro*. 15. ed. São Paulo: Revista dos Tribunais, 1990. p. 408. Grifos no original.

[242] GASPARINI, Diógenes. *Direito administrativo*. 5. ed. São Paulo: Saraiva, 2000. p. 204. Grifos no original.

[243] MOREIRA NETO, Diogo de Figueiredo. *Curso de direito administrativo*. 11. ed. Rio de Janeiro: Forense, 1999. p. 232.

crime a omissão em responsabilizar subordinado incurso em falta disciplinar é mais que suficiente para exibir o caráter vinculado da imposição da sanção.

De resto, na matéria nenhuma dúvida ou entredúvida poderia prosperar ante a claríssima dicção do art. 143 da precitada Lei nº 8.112. O preceptivo mencionado reza: "A autoridade que tiver ciência de irregularidade no serviço público é *obrigada a promover a sua apuração imediata, mediante sindicância ou processo administrativo disciplinar,* assegurada ao acusado ampla defesa".

12. Isto tudo posto e considerado, às indagações da Consulta respondo:

I – Autoridade pública não pode ser civilmente responsabilizada pela prática de atos apontados como ilícitos, se os produziu na conformidade de parecer técnico-jurídico, sobretudo, em se tratando de parecer de demanda obrigatória. Tal conclusão é particularmente evidente se a área de formação profissional da autoridade é alheia ao âmbito de conhecimentos próprios da ciência jurídica.

II – Processo administrativo em que a comissão processante concluiu pela responsabilização de dado servidor em razão de atos praticados em estrita conformidade de pareceres técnicos estranhos à sua área profissional e no qual dita comissão desbordou dos parâmetros da imparcialidade, da razoabilidade e do bom senso, deixando transparecer intento seletivamente persecutório, evidenciado no fato de haver eximido os outros diretores que se encontravam em idêntica situação, caracteriza *processo nulo* e acarreta *obrigatória* responsabilização administrativa dos integrantes da comissão.

É o meu parecer.

São Paulo, 22 de janeiro de 2007.

EMENTA: RESERVA LEGAL DE ÁREA VERDE EM PROPRIEDADE RURAL – HISTÓRICO NORMATIVO – SENTIDO E FINALIDADES – IMPOSSIBILIDADE CONSTITUCIONAL DE IMPOR REFLORESTAMENTO A QUEM NÃO EFETUOU DESMATAMENTO ILEGAL

XXXX, por seus ilustres advogados, formula-nos a seguinte:

Consulta

Nos imóveis rurais das regiões Leste Meridional, Sul e na parte sul da região Centro-Oeste do país:

I – A chamada "reserva legal" de 20%, calcula-se sobre toda a propriedade ou apenas sobre uma certa cobertura vegetal?

II – A área assim denominada diz respeito a quaisquer vegetações, ou apenas sobre determinada cobertura vegetal?

III – A obrigação de manter dita reserva é imponível a todo e qualquer proprietário de imóvel rural ou só àqueles cujos imóveis tenham uma certa cobertura vegetal?

IV – O efetivo aproveitamento econômico do imóvel efetuado na conformidade da lei do tempo, isto é, que não haja contravindo as normas sobre reserva legal então vigentes, pode, ao depois, por influência de legislação superveniente sobre tal assunto, ser reduzido em seu âmbito da efetiva utilização?

V – Em face da atual Constituição do país, a lei pode impor obrigação de reflorestamento de área suposta como de "reserva legal", a quem não foi o responsável por sua supressão?

Às indagações da consulta respondo nos termos que seguem.

Parecer

1. Não é nova a preocupação legislativa em preservar uma certa cobertura vegetal nas áreas rurais. Assim, o Código Florestal de 1934, precedente ao que hoje vige, e que então era o Decreto nº 23.793, de 23 de janeiro, determinava, em seu art. 23, que se conservasse um quarto das matas encontráveis no imóvel rural. De fato, nele se permitia que fossem abatidas até três quartas partes da vegetação existente, mas, por vegetação queria-se dizer: "matas". É o que resultava do *caput*, que falava em "terras cobertas de matas" e do §2º do mesmo artigo, segundo o qual, antes de iniciar-se a derrubada, o proprietário deveria dar ciência à autoridade competente para que esta determinasse "a parte das matas" que será conservada.

Deveras, os preceptivos citados assim rezavam:

> Art. 23. Nenhum proprietário de terras cobertas de matas poderá abater mais de três quartas partes da vegetação existente, salvo o disposto nos arts. 24, 31 e 52. [...]
>
> §2º Antes de iniciar a derrubada, com a antecedência mínima de 30 dias, o proprietário dará ciência de sua intenção á autoridade competente, afim de que esta determine a parte das matas que será conservada.

À época, ainda não havia distinção entre a área de preservação permanente e a área de reserva legal. Nem haviam sido cunhados estes termos, de tal sorte que a proteção vegetal mencionada abrangia ambas as espécies ulteriormente discriminadas pelas normas legais pertinentes.

2. Sem embargo, como logo se verá, em tema de área *de reserva legal* há um ponto em comum entre as disposições do sobredito Código e toda a legislação ulteriormente expedida. A saber: tanto ele como o Código Florestal de 1965, isto é, a Lei nº 4.717, de 15 de setembro daquele ano, seja em sua redação original, seja com a que lhe foi dada por sucessivos diplomas normativos, o último dos quais foi a Medida Provisória nº 2.166, de 24.8.2001, sempre e sempre estiveram reportados à conservação de um porcentual *da* área *recoberta por certa vegetação preexistente* e não a um porcentual da área do imóvel.

Basta um pouco de atenção na leitura dos vários diplomas sucessivos para se perceber ser esta, para além de qualquer dúvida ou entredúvida, a orientação normativa.

Como se viu, o art. 23 falava em proibição de abater três quartas partes "da vegetação". Ou seja, o referencial não era a área do imóvel, mas *a* área *coberta de vegetação*.

Quando sobrevêm a Lei nº 4.717, ou seja, o Código Florestal de 15.9.1965, ainda hoje em vigor com as alterações sucessivas, seu art. 16, que é o que cogita das áreas reservadas, adota o mesmo critério identificador dos espaços a serem protegidos. Deveras, o preceptivo em questão declara que as *derrubadas* de florestas nativas, primitivas ou regeneradas, só serão permitidas, uma vez respeitado o limite mínimo de 20% da área de cada propriedade "com cobertura arbórea". É dizer: o que entra em pauta são derrubadas de cobertura arbórea desde que sejam conservados 20% dela. Com efeito, o mencionado art. 16 reza:

> Art. 16. As florestas de domínio privado, não sujeitas ao regime de utilização limitada e ressalvadas as de preservação permanente, previstas nos artigos 2º e 3º, desta Lei, são suscetíveis de exploração, obedecidas as seguintes restrições:
>
> a) nas regiões Leste Meridional, Sul e Centro-Oeste, esta na parte sul, as derrubadas de florestas nativas, primitivas ou regeneradas, *só serão permitidas desde que seja, em qualquer caso, respeitado o limite mínimo de 20% da área de cada propriedade com cobertura arbórea localizada*, a critério da autoridade competente.

Logo, os 20% referidos na lei estão reportados a 20% da área que tenha dita cobertura, e não 20% de toda a propriedade, pois do que se trata é *de permitir derrubadas de florestas até um certo limite da quantidade de florestas existentes*. Por isto, aliás, falou-se em 20% da área da propriedade *com cobertura arbórea* localizada. Não haveria necessidade de mencionar, ao final, cobertura "arbórea", a menos que fosse para especificar de que 20% se tratava, pois antes já se falara em derrubada de floresta. Ou seja, se fora para referir-se a 20% da propriedade, seria o caso de dizer: "respeitado o limite mínimo de 20% da área de cada propriedade" e não o da área "com cobertura arbórea" localizada.

3. Estes mesmos 20%, que passaram a ser denominados "reserva legal", a partir da Lei nº 7.803, de 18.7.1989, *ex vi* do §3º, acrescentado por ela ao art. 16 do Código, continuaram a ser computados sobre dada *cobertura vegetal*, porquanto a letra "a" não foi bulida. Sem embargo, o que se alterou foi a incidência dos 20%. É que até esta lei, haver-se-ia de entender como "cobertura arbórea" a "área florestada", pois, em linguagem corrente é o que dali resultaria. Sem embargo, a partir da lei,

as "áreas de cerrado" também foram abrangidas na noção de "cobertura arbórea", em decorrência do §3º, também por ela acrescentado ao art. 16.

O aludido critério de calcular a reserva legal sobre a área dotada de uma certa cobertura vegetal e não sobre toda a área da propriedade *jamais* foi alterado, vindo a tornar-se até mesmo mais claro e explícito quanto a isto; alterou-se, isto sim, ao longo do tempo, a índole da cobertura vegetal, conforme se assinalou.

4. Assim, em 26.5.2000, com a sobrevinda da Medida Provisória nº 1.956-50, foi modificada a redação do art. 16. Seus termos passaram a ser os seguintes:

> As florestas e outras formas de vegetação nativa, ressalvadas as situadas em áreas de preservação permanente, assim como aquelas não sujeitas ao regime de utilização limitadas ou objeto de legislação específica, *são suscetíveis de supressão*, desde que sejam *mantidos*, a título de reserva legal, no mínimo:
>
> I – oitenta por cento, na propriedade rural situada em área de floresta localizada na Amazônia legal;
>
> II – trinta e cinco por cento, na propriedade rural situada em área de cerrado, localizada na Amazônia legal, sendo no mínimo vinte por cento na propriedade e quinze por cento na forma de compensação em outra área, desde que esteja localizada na mesma microbacia, e seja averbada nos termos do §7º deste artigo;
>
> III – vinte por cento, na propriedade rural situada em área de floresta ou outras formas de vegetação nativa localizada nas demais regiões do país; e
>
> IV – vinte por cento, na propriedade rural em área de campos gerais localizada em qualquer região do país.

De um lado, verifica-se que, ao tratar das propriedades rurais fora da Amazônia legal, admitiu-se a supressão da cobertura vegetal desde que mantidos, como reserva legal, vinte por cento de floresta *ou outras formas de vegetação nativa*, ou seja, não mais apenas florestas e cerrado.

Por outro lado, ficou ainda mais visível que o porcentual a ser conservado calculava-se sobre a área recoberta pela vegetação em apreço. É que a lei fala em permitir a supressão de florestas e outras formas de vegetação nativa, mantida uma reserva de vinte por cento. Não disse vinte por cento da propriedade. Vinte por cento de quê, então? Não tendo dito de quê, obviamente é vinte por cento *delas* (*florestas ou outras formas de vegetação nativa, pois é delas que a lei está falando para fins de autorizar supressão*). Por isto, em seguida, a lei não diz: "*da* propriedade", pois não se tratava de vinte por cento *da* propriedade, mas diz *"na"* propriedade (sita em área cuja cobertura seja de floresta ou de outra vegetação nativas ou em área de campos gerais).

Esta mesma redação foi conservada nas ulteriores medidas provisórias que alteraram dispositivos do Código, isto é, as MPs nºs 2.080-58, de 27.12.2000 e 2.166-67, de 24.8.2001, que é a última delas, sendo, portanto, esta, a vigente redação do Código Florestal.

5. Vê-se, pois, que, no direito brasileiro, a regra sempre foi a de permitir o corte de *vegetação nativa*, sempre que fosse preservado um certo percentual dela. Desde o Código Florestal de 1965, este percentual é de 20% nos imóveis rurais das regiões Leste Meridional, Sul e na parte sul da região Centro-Oeste do país.

6. Conforme se anotou, de início a vegetação preservável, sobre a qual se computava o porcentual que viria a ser chamado de reserva legal, era a área recoberta de *florestas*. Assim foi ao tempo do Código de 1934 e na redação original do Código de 1965 (art. 16, "a") até a edição da Lei nº 7.803, de 18.7.1989. Até então, no imóvel rural onde não houvesse florestas nada havia a reservar. Com a sobrevinda da mencionada lei, no âmbito da cobertura reservada foi incluída a área *de cerrado* (§3º do art. 16, então acrescentado). Ou seja: também esta vegetação passou a ser reservável. Mais tarde, com o advento da Medida Provisória nº 1.956-50, de 26.5.2000, expandiu-se muito a área a ser conservada a título de reserva legal, pois o art. 16 passou a mencionar, também, "outras formas de vegetação nativa" e explicitamente os "campos gerais".

É claro, todavia, que por muito que tivesse sido ampliada a área selecionada para embasar os 20% reserváveis, ela só tomava em conta a de "vegetação nativa" e não a de vegetação plantada; ou seja: *onde não houvesse vegetação nativa não haveria cogitar de reserva legal.*

Em suma: a área de reserva jamais disse respeito a qualquer cobertura vegetal, mas, ao longo do tempo tomou em conta, aliás expansivamente, diferentes espécies de vegetação, acabando por fixar-se sobre qualquer forma de vegetação *nativa*. Em consequência, a obrigação de conservar dita reserva não era imponível a todo e qualquer proprietário de imóvel rural, mas só àqueles cujos imóveis tinham, na conformidade da legislação então vigente, uma certa cobertura vegetal. Esta, somente a partir de 26.5.2000, passou a compreender qualquer espécie de vegetação, porém apenas se estivesse em causa *vegetação nativa*.

7. É bem de ver que se um proprietário se utilizou de seu imóvel rural na conformidade da lei do tempo, isto é, sem à época desrespeitar as normas vigentes concernentes à reserva legal, o uso

feito, o aproveitamento econômico *efetivo efetuado*, evidentemente terá correspondido a uma atuação legítima. Dessarte, haverá atuado com a proteção do direito, haurindo, de conseguinte, o asseguramento da correspondente extensão proveitosa, a qual exibia-se como mero correspectivo de seu direito de propriedade, cuja compostura, então, concretizou-se, a final, na extensão do uso efetivo que legitimamente lhe deu. Quer-se dizer: o comprometimento *efetivo* da área do imóvel rural, para fins de sacar dele o proveito econômico possível, toda vez que for feito sem violação de lei, define daí para o futuro a amplitude da expressão deste direito.

Uma comparação permitirá verificar que esta é a solução que o sistema jurídico adota em situações deste jaez.

Se alguém possui um imóvel em área urbana, sua utilização só pode ser feita na conformidade das leis urbanísticas e edilícias existentes. Se não efetuou nenhuma construção no terreno e sobrevém legislação nova, a ela terá de se conformar, não lhe assistindo arguir que a legislação anterior, vigente quando o adquiriu, lhe ensejava utilização mais ampla. Assim também, se edificou na conformidade de coeficientes inferiores aos que então eram permitidos, não poderá depois, em face de leis mais restritivas, para delas se eximir, aduzir que poderia ter se servido com maior largueza das possibilidades construtivas dantes vigorantes.

Entretanto, se edificou, valendo-se na íntegra das possibilidades construtivas vigentes, ou mesmo se iniciou a construção com base em planta aprovada que implicava uma dada utilização completa destas possibilidades, a legislação superveniente não poderá afetar o direito do proprietário, *pois já haverá se tornado um direito adquirido*. Isto é, nem lhe poderá ser exigida a alteração do que já fora construído, *sub color* de que deverá ajustar-se aos padrões da lei nova e nem mesmo poderá ser impedida a edificação já iniciada na conformidade de licença de edificar expedida com base na legislação urbanística e ou edilícia então vigente. Esta é noção corrente e moente entre os especialistas e sufragada unanimemente pelo Poder Judiciário.

8. Não se diga que no caso de edificação efetuada, seria realmente chocante exigir que fosse destruída ou parcialmente destruída, conforme o caso, pois a edificação é algo definitivo, ao passo que o mesmo não se dá com o plantio de uma cultura agrícola, que poderia ser desativada após a safra ou com o aproveitamento pastoril a que se poderia conferir tratamento similar. Mesmo prescindindo-se do fato de que o argumento imaginado não daria conta do caso em que ainda

não há edificação *e no qual já se reconhece existência de direito adquirido a partir do início da obra licenciada*, sua inconsistência advém de presumir temporariedade de destinação econômica a partir da temporariedade de safra. Tão definitiva quanto uma edificação é a destinação econômica que se dá a uma certa área de um imóvel rural.

O investimento que ali se faz em uma plantação qualquer, ou na implantação e manutenção de um pasto não é para ser abandonado depois da colheita ou da venda de uma geração de animais ali criados, gerados ou engordados. De resto, muitas vezes são necessárias safras sucessivas ou utilizações pastoris sucessivas para produzir uma rentabilidade que justifique o porte do investimento.

De toda sorte, o fato é que o espaço físico trabalhado pelo engenho humano é votado desde então, dali para o futuro, à captação de um proveito econômico que é o correlato da fruição, seja pessoal, seja pela lucratividade, proporcionada pela edificação em imóvel urbano. Assim, em um e outro caso, existe uma certa definitividade, que não é a de uma perenidade da matéria – inexistente em ambas as situações –, mas a da preposição do bem a uma função expressiva da dominialidade, a qual vem a assumir caráter de concreção no momento em que se promove seu *efetivo aproveitamento*.

Por força disto, lei ulterior que restrinja a liberdade da utilização de imóvel rural em função da chamada reserva legal não pode afetar a extensão da disponibilidade do proprietário sobre as áreas já dantes comprometidas com uma efetiva utilização econômica.

9. Todas estas considerações que ora foram feitas em rigor são despiciendas em face do anteriormente noticiado sobre a legislação concernente à "reserva legal". É que, conforme foi visto, esta só toma em consideração "cobertura vegetal nativa". Ou seja: não incide sobre área em que a vegetação é sucedâneo do trabalho humano, ao invés de simples obra da natureza.

Por isto, a legislação falava, inicialmente, em derrubada de matas. Depois, na versão original do art. 16 do Código de 1965, veio a mencionar *derrubadas de florestas nativas, primitivas ou regeneradas* e, finalmente, a partir da MP nº 1.956-50, de 26.5.2000, até o presente, menciona *que florestas e outras formas de vegetação nativa* "são suscetíveis de supressão [...] desde que sejam mantidos [...]". Como fala em supressão, e fala em manter, é óbvio que áreas rurais inteiramente aproveitadas por plantações agrícolas ou plantação de pastagens não mais terão *nem florestas nem outras formas de vegetação nativa* para serem parcialmente suprimidas e parcialmente mantidas. Logo, não terão reserva alguma a fazer e não terão aquilo que a lei considerou que pode ser "objeto de supressão".

10. A reserva legal é um caso típico de limitação administrativa da propriedade, isto é, do chamado "poder de polícia", o qual, tecnicamente, se configura como o condicionamento legal da liberdade ou da propriedade pelo qual se impõe às pessoas um dever de abstenção para prevenir condutas socialmente nocivas. Esta, é quando menos, a fisionomia normal do "poder de polícia". Este caráter de imposição de um *non facere* e não de um *dare*, de um *facere* ou de um *pati* é o que o distingue de outras figuras, como a requisição de bens ou de serviços e a servidão. Nota-se que a utilidade pública é assegurada pela interdição de que os particulares incidam em comportamentos antissociais. O que por meio dele se pretende é *evitar um dano* e por isto às vezes é apresentado pela doutrina internacional, um pouco simplistamente, como um "poder negativo", já que, por via dele, almeja-se obstar um mal.

Já a obrigação de reflorestar *para criar ou recriar uma reserva legal* compõe figura jurídica totalmente diversa e deve ser considerada incompatível com a Constituição do país, como ao diante se dirá, ressalvada apenas a hipótese de ser imposta a quem ilegalmente a suprimiu.

Deveras, quando o que o Poder Público almeja não é evitar um prejuízo social que adviria da conduta de alguém, *mas é produzir uma utilidade social, é criar um benefício para a sociedade, a regra quase que invariável é a de que ele próprio atua, ele próprio promove o benefício que reputa deva ser assegurado*. Para isto dispõe dos recursos econômicos necessários, hauridos, de regra, pela via tributária e dos meios instrumentais aptos à realização pretendida, seja, conforme o caso, valendo-se dos servidores públicos, seja contratando terceiros para o empreendimento reputado valioso. Em suma: não há, como no passado histórico, a *corveia*, ou seja, o dever de o cidadão efetuar prestações de serviço para atender à autoridade na realização de seus normais, rotineiros, cometimentos geradores de interesse público.

11. Com efeito, transformar os cidadãos em agentes do Estado, mobilizáveis para a concretização de projetos que este, com ou sem razão – não importa – considere valiosos para o interesse público é incompatível com as noções de liberdade e propriedade estampadas no contemporâneo Estado democrático de direito. Em suma: em uma sociedade moderna, tal como politicamente modelada no mundo Ocidental, foram incorporados valores aos quais se atribui grande

relevo, como os do respeito à liberdade individual e o resguardo à propriedade, de sorte que não se admite possam seus integrantes ser manobrados como marionetes a serviço de determinados objetivos sociais, mesmo que valiosos. É o Estado, como representante da coletividade que se encarrega de tais missões havidas como relevantes para o bem-estar de todos.

No que atina ao "meio ambiente", que é a rubrica do Capítulo VI, do Título VIII, a Constituição, depois de qualificá-lo, no art. 225, como bem de uso comum, direito de todos a que seja ecologicamente equilibrado e de apontar que incumbe ao Poder Público e à coletividade preservá-lo e defendê-lo, enumera com clareza, nos incs. I a VII do §1º, *o que incumbe ao Poder Público fazer* para alcançar tal resultado.

Entre estes vários deveres que comete *ao Estado*, afora o de "proteger a fauna e a flora, vedadas na forma da lei as práticas que coloquem em risco sua função ecológica [...]", menciona o de "preservar e *restaurar* os processos ecológicos essenciais e prover o manejo ecológico das espécies e ecossistemas". Quanto aos particulares, a única obrigação de recompor meio ambiente está expressa e é a que se prevê no §2º, de acordo com o qual: "Aquele que explorar recursos minerais fica obrigado a recuperar o meio ambiente degradado, de acordo com solução técnica exigida pelo órgão público competente na forma da lei [...]".

Ou seja, enquanto atribui ao Estado, como é normal, o dever de recuperar áreas degradadas, somente impõe tal dever *ao próprio sujeito que degradou o meio ambiente* e ainda assim em uma hipótese específica: *aquela em que o fez ao explorar, não o próprio bem, mas um bem público, isto é, recursos minerais*, os quais, como se sabe, pertencem à União (arts. 20, IX e 176 e parágrafos).

12. Além disso, quando a Constituição quis impor aos particulares *o dever de atuar positivamente* em sua propriedade para obter um resultado que fosse reputado socialmente útil, ou seja, para que cumprisse sua função social, *ela expressamente o fez. E o fez tão só no que concerne* à *propriedade urbana*. Vale dizer: atribuiu um tipo de tratamento para compelir a propriedade urbana ao cumprimento de sua função social e outro tipo de tratamento à propriedade rural para obtenção deste mesmo valor jurídico.

Veja-se: ao tratar da "Política Urbana", no art. 182, §4º, habilitou o Poder Público municipal, uma vez atendidos requisitos ali enunciados, a exigir "do proprietário do solo urbano não edificado, subutilizado ou não utilizado, que promova seu adequado aproveitamento", impondo, como primeira providência, conforme seu inc. I: "parcelamento ou edificação compulsórios". Ressalte-se que a imposição aos particulares do encargo de atuarem eles próprios como criadores da utilidade pública é algo absolutamente excepcional, como já se anotou.

Já no que concerne à propriedade rural – tratada logo a seguir, no art. 184 e segs. –, embora previsse no art. 186 "a *utilização adequada dos recursos naturais disponíveis e a preservação do meio-ambiente*" (inc. II), como um dos requisitos para considerar-se por ela cumprida sua função social, nem por isto previu a obrigação de reflorestar o imóvel que careça de cobertura vegetal nativa. Ou seja, em claríssimo contraste com o tratamento dado ao imóvel urbano, não previu a imposição de um correspondente "dever de fazer".

Assim, é visível que esta excepcionalíssima imposição de um comportamento positivo aos particulares para sujeitá-los ao encargo de atuarem como *criadores da utilidade pública*, que ocorreu no caso de imóvel urbano, não foi reproduzida no caso de imóveis rurais. Basta isto para compreender-se que não se pode irrogar aos proprietários de imóveis rurais o encargo de reflorestá-los, seja porque se a Constituição o desejasse tê-lo-ia feito, em simetria ou paralelismo com o que fez no caso de imóveis urbanos, seja pela evidentíssima razão de que a expressa criação de uma única situação excepcionalíssima, como foi dito, jamais autorizaria presumir a possibilidade de outra situação excepcionalíssima, se esta outra não foi prevista.

Sabe-se que a previsão de um dever de reflorestar *em favor da reserva legal* imposto aos particulares surge com a Lei nº 8.171, de 17.1.1991, cujo art. 99 estatui que a partir do ano seguinte ao da promulgação da lei, *quando for o caso*, o proprietário será obrigado a *recompor* dita reserva, nos termos ali estabelecidos e na conformidade de normas a serem aprovadas pelo órgão "gestor da matéria". Ao que consta, ditas normas não foram editadas e a obrigação em apreço não foi implementada. Tal obrigação, como dito, só seria aceitável se imposta a proprietário que desrespeitara a legislação protetora. Atualmente a obrigação de reflorestar está prevista no art. 44, I, do Código com a redação constante da Medida Provisória nº 2.166-67, de 24.8.2001.

As considerações dantes feitas exibem que a obrigação em causa ofende à escala vista o Texto Constitucional, pois somente poderia ser imposta ao proprietário do imóvel rural como uma sanção para o caso deste haver violado as disposições legais relativas à "reserva legal", por suprimir cobertura vegetal em desacordo com as normas vigentes.

13. As considerações exaradas neste parecer, em sua quase totalidade, dispensaram enunciações teóricas para aclaramento dos pontos abordados, pois se constituíram em singelas aplicações quase óbvias dos textos legais ou das medidas provisórias e de textos constitucionais regentes da matéria submetida a exame. Sem embargo, é claro e de meridiana clareza que as assertivas feitas em função das disposições normativas pertinentes apresentam-se, ademais, como conclusões inobjetáveis, uma vez considerado o conjunto da matéria ao lume de notórios princípios gerais de interpretação.

Comece-se por recordar com o eminentíssimo Carlos Maximiliano, príncipe de nossos mestres de hermenêutica que: "Deve o Direito ser interpretado inteligentemente, não de modo a que a ordem legal envolva um absurdo prescreva inconveniências, vá ter a conclusões inconsistentes ou impossíveis".[244]

De seu turno, Black, ex-*chief justice* da Suprema Corte norte-americana e que pode, sem favor algum, ser considerado o sumo mestre da exegese, averbou com letras de ouro: "It is presumed that legislature does not intend an absurdity, or that absurd consequences shall flow from its enactments. Such a result will therefore be avoided, if the terms of the act admit of it, by a reasonable construction of the statute".[245]

E, logo além, à mesma página: "The presumption against absurd consequences of the legislation is therefore no more than the presumption that the legislators are gifted whit ordinary good sense".

Ora bem, pretender despojar um proprietário da disponibilidade de 20% de sua propriedade a título de reserva legal, ao invés de 20% de uma certa cobertura vegetal existente na propriedade, de fora parte a área de preservação permanente que também deve permanecer intocada, significaria, como é claro a todas as luzes, provocar uma imediata elevação no preço da terra e um inevitável encarecimento da produção agrícola e pastoril. Ou seja: seria um evidente absurdo subtrair uma considerável área agricultável ou aproveitável para pasto em um país de população miserável, onde a maior parte mal ganha para alimentar-se.

Causar, neste quadro socioeconômico, em nome do alargamento da proteção de coberturas vegetais nativas, uma alta no preço dos

---

[244] MAXIMILIANO, Carlos. *Hermenêutica e aplicação do direito*. 15. ed. Rio de Janeiro: Forense, 1995. p. 166.
[245] BLACK, Henry Campbell. *Handbook on construction and interpretation of law*. St. Paul, Minn.: West Publishing Co., 1896. p. 104.

alimentos é providência em que a relação custo-benefício se revela, mesmo a um primeiro súbito de vista, desastrosa para interesses nacionais de satisfação premente, tanto mais ao se considerar que a Constituição em seu art. 3º, inc. III, aponta como um dos objetivos fundamentais da República Federativa do Brasil: "erradicar a pobreza e a marginalização e reduzir as desigualdades sociais e regionais".

Em suma: se existe uma presunção contra consequências absurdas, dado o pressuposto de que o legislador é dotado de um bom senso ordinário, elementar, não se poderia mesmo, ademais forçando a mão, enveredar por uma interpretação que irrogaria ao produtor da norma incursão em parvoíce, ainda que se trate, de "legislador" do Executivo, como ocorre no caso das medidas provisórias.

14. Ora bem, pior, muito pior que parvoíce é a pretensão do legislador, ainda quando do Executivo, ao impor reflorestamento a proprietário que não contraveio a legislação sobre "reserva florestal", mas simplesmente adquiriu um imóvel rural que já não tinha cobertura vegetal preservável, isto é vegetação nativa. *Sobre ser inconstitucional, como visto*, é medida que, *permissa maxima venia*, toca as raias da imbecilidade. É que somente quem ignora o custo envolvido em reflorestamento pode imaginar que um pequeno ou médio proprietário e muitas vezes até mesmo um proprietário de certo porte podem arrostar com encargos desta natureza sem ir à bancarrota.

Deveras só conseguiriam suportar custos desta ordem o grande proprietário, as plantações extensivas de empreendedores altamente capitalizados ou os criadores, recriadores e invernistas titulares de avultados latifúndios e ainda assim com dispêndios econômicos óbvios. Em suma: excetuados os grandes produtores agrícolas para exportação, os que plantam cana em larga escala e os frigoríficos – pois hoje se converteram também em grandes criadores de gado, como é notório –, ninguém mais aguentará as consequências devastadoras de uma exigência de tal ordem.

Ao invés de facilitar-se a coexistência de proprietários pequenos, médios e grandes, estar-se-ia concorrendo decisivamente para engendrar uma gigantesca concentração da propriedade rural no país, ao impossibilitar a sobrevivência econômica dos ruralistas que não se constituam em detentores de avultadíssimas somas de capital alocadas às sobreditas atividades, pois não lhes restaria alternativa salvo a de se desfazerem de seus imóveis. É bem de ver que medidas conducentes a estes resultados, claramente previsíveis por quem tenha um mínimo de noção sobre a situação econômica das atividades rurais, incompatibilizam-se à força aberta com os valores professados na Constituição, como os que residem nos arts. 170 e 193, afora a proteção à pequena e média propriedade, estampados art. 185, I, ou às empresas de pequeno porte no inc. IX do art. 170, para citar apenas alguns deles.

15. Isto tudo posto e considerado, às indagações da Consulta respondo:

> I – A chamada "reserva legal" de 20% não se calcula sobre toda a propriedade, mas apenas sobre uma certa cobertura vegetal nela existente.
>
> II – A "reserva legal" não diz respeito a quaisquer vegetações, mas somente à que contenha determinada cobertura vegetal cuja especificação variou ao longo do tempo.
>
> III – A obrigação de manter dita reserva não é imponível a todo e qualquer proprietário de imóvel rural, mas unicamente àqueles cujos imóveis tenham uma certa cobertura vegetal *nativa*.
>
> IV – O efetivo aproveitamento econômico do imóvel rural, efetuado na conformidade da lei do tempo, isto é, que não haja contravindo as normas sobre reserva legal então vigentes, não pode, ao depois, por influência de legislação superveniente sobre tal assunto, ser reduzido em seu âmbito da efetiva utilização.
>
> V – Em face da atual Constituição do país, a lei não pode, sob pena de óbvia inconstitucionalidade, impor obrigação de reflorestamento de área suposta como de "reserva legal" a quem não foi o responsável por sua supressão.

É o meu parecer.

São Paulo, 22 de fevereiro de 2007.

EMENTA: PRINCÍPIO DA LEGALIDADE NO DIREITO BRASILEIRO – GARANTIA CONSTITUCIONAL DO LIVRE EXERCÍCIO DE ATIVIDADE ECONÔMICA LÍCITA – DELEGAÇÃO LEGISLATIVA DISFARÇADA – INCONSTITUCIONALIDADE DO USO DE MEIOS INDIRETOS DE COMPULSÃO AO PAGAMENTO DE TRIBUTOS

XXXXXXX, por seu advogado, formula-nos a seguinte:

Consulta

I – Normas expedidas em nível *infralegal*, como instrução normativa da Receita Federal, se autorizadas por decreto-lei, lei ou regulamento do Executivo, podem dispor sobre condições de funcionamento de empresas privadas exploradoras de atividade econômica, tais as relativas a capital mínimo, regularidade fiscal da empresa, de seus sócios, pessoas físicas, gerentes, administradores e procuradores, assim como das pessoas jurídicas dela controladoras, de seus sócios, diretores, gerentes, administradores e procuradores?

II – *Lei* pode condicionar a exploração de atividade econômica do setor do fumo a um registro especial no Ministério da Fazenda ao atendimento de condições inteiramente alheias a condicionamentos de polícia relativos à defesa da saúde, do meio ambiente ou valores desta mesma índole?

III – Lei pode investir a Administração no poder de negar a um setor empresarial a possibilidade de desempenho de dada atividade econômica *em razão de pretensões tributárias* a ele relativas e que sejam resistidas pelo contribuinte?

Às indagações respondo nos termos que seguem.

Parecer

1. A Constituição brasileira, em seu art. 1º, proclama que a República Federativa do Brasil "constitui-se em Estado Democrático de Direito".

É sabido e ressabido que no Estado de direito "quer-se o governo das leis e não o dos homens", conforme a máxima oriunda do direito inglês; nele impera a *rule of law, not of men*.

É este preceito, característico de um modelo de Estado, que levou doutrinadores de todo o mundo a proferirem frases exemplares como as expressadas, no direito alemão, por Fritz Fleiner, segundo quem: "Administração legal significa, então: Administração posta em movimento pela lei e exercida nos limites de suas disposições".[246]

No direito grego, Michel Stassinopoulos produziu esta síntese admirável: "Em um Estado de Direito, a Administração encontra-se não apenas na impossibilidade de agir *contra legem* ou *extra legem*, mas é obrigada a agir sempre secundum legem".[247]

O eminente professor de Coimbra, Afonso Rodrigues Queiró, proferiu os seguintes preciosos ensinamentos: "A atividade administrativa é uma atividade de subsunção dos fatos da vida real às categorias legais",[248] ou "O Executivo é a 'longa manus' do legislador".[249]

Na Itália, Renato Alessi anota que a função administrativa se subordina à legislativa, nisto se concretizando o princípio da legalidade, de tal sorte que dita subordinação não se entende apenas em sentido negativo, isto é, no de que a lei pode lhe impor distintas proibições, mas

---

[246] FLEINER, Fritz. *Principes generaux du droit administratif allemand*. Tradução francesa de Ch. Einsenman. Paris: Delagrave, 1933. p. 87.
[247] STASSINOPOULOS, Michel. *Traité des actes administratifs*. Athenas: Librairie Sirey, 1954. p. 69.
[248] QUEIRÓ, Afonso Rodrigues. *Reflexões sobre a teoria do desvio de poder*. Coimbra: Coimbra Editora, 1940. p. 19.
[249] QUEIRÓ, Afonso Rodrigues. *Estudos de direito administrativo*. Coimbra: Atlântida, 1968. p. 9.

também e sobretudo em sentido *positivo*: e isto não somente no sentido de que a lei pode vincular positivamente a atividade administrativa a determinadas finalidades ou a determinados meios ou a determinadas formas, mas, além disto, no sentido de que, como melhor se verá a seu tempo, a administração, particularmente no que concerne a atividade de caráter jurídico pode fazer apenas aquilo que *a lei consente*.[250]

2. Entre nós, deve-se à Hely Lopes Meirelles a seguinte precisa advertência: "Enquanto na administração particular é lícito fazer tudo que a lei não proíbe, na Administração Pública só é permitido fazer o que a lei autoriza".[251]

O nunca assaz pranteado Seabra Fagundes, expressão pinacular do direito público brasileiro, resumiu tudo em frase lapidar, por sua exatidão e síntese, ao dizer que administrar é "aplicar a lei de ofício".[252]

Nós mesmos, inúmeras vezes, averbamos que: "A legalidade na Administração não se resume à ausência de oposição à lei, mas pressupõe autorização dela, como condição de sua ação".[253]

Todas as citações que se vem de arrolar são expressões do chamado "princípio da legalidade", o qual, como é universalmente sabido, encontra-se na raiz do Estado de direito.

A razão mesma do Estado de direito é a defesa do indivíduo contra o Poder Público. E a fórmula, por excelência, asseguradora deste desiderato reside na tripartição do exercício do poder, graças a que os cidadãos se garantem ante os riscos de *demasias do Executivo*, negando-se-lhe qualquer força jurídica para estabelecer as regras que inovem inauguralmente na ordem jurídica, *sobreposse quando impliquem limitações* à *liberdade e* à *propriedade* das pessoas. Com efeito, foi exatamente para deter o poder do monarca, cujo sucessor é o Poder Executivo, que se concebeu este mecanismo preconizado por Montesquieu e difundido em quase todo o mundo civilizado.

3. Em nosso direito constitucional, o princípio da legalidade é entendido segundo os termos acima enunciados e está estampado e exibido em abertas, do modo mais claro e explícito possível, aparecendo

---

[250] ALESSI, Renato. *Principi di diritto amministrativo*. 4. ed. Milão: Giuffrè, 1978. v. I. p. 16.
[251] MEIRELLES, Hely Lopes. *Direito administrativo brasileiro*. 15. ed. São Paulo: Revista dos Tribunais, 1990. p. 78.
[252] FAGUNDES, Miguel Seabra. *O controle dos atos administrativos pelo Poder Judiciário*. 5. ed. rev. e atual. Rio de Janeiro: Forense, 1979. p. 4-5.
[253] BANDEIRA DE MELLO, Celso Antônio. *Curso de direito administrativo*. 22. ed. São Paulo: Malheiros, 2007. p. 73.

até com redundância, dada sua reiteração em pelo menos três artigos da Constituição. Assim, o art. 5º, II, do Texto Magno dispõe: "Ninguém será obrigado a fazer ou deixar de fazer alguma coisa senão em virtude de lei".

O texto não diz *decreto*, não diz *regulamento*, não diz *instrução normativa*, mas simplesmente *lei*. Aliás, não é demais recordar que o preceptivo citado se encarta sob o Título II da Constituição, sob a rubrica "Dos Direitos e Garantias Fundamentais", o que certamente significa alguma coisa.

Seguese que, em face dele, qualquer ato da Administração só pode obrigar quando seja mera concretização de um abstrato comando legal.

De seu turno, o art. 37, acentuando a submissão da Administração Pública à lei, estatui: "A Administração Pública direta e indireta de qualquer dos Poderes da União, dos Estados, do Distrito Federal e dos Municípios obedecerá aos princípios da *legalidade*, impessoalidade, moralidade, publicidade e eficiência [...]".

O mesmo princípio retorna mais além, no art. 84, IV, cujo objetivo direto parece ser o de espancar qualquer dúvida ou entredúvida sobre os rigores deste princípio, visto que o remete diretamente aos atos mais conspícuos do chefe do Poder Executivo, com o que lhes delineia a compostura frisando sua subalternidade à lei, de maneira a que a atividade administrativa se apresente como meramente complementar a ela, sem agregar qualquer direito ou restrição que já não estejam nela dispostos. Diz o referido preceptivo que ao chefe do Executivo compete: "Sancionar, promulgar e fazer publicar as leis, expedir decretos e regulamentos para sua *fiel* execução".

Notase, pois, que decretos e regulamentos são meios de dar execução – e sobremais *fiel* – às leis. Sua índole vai, pois, definida como providência concebida a serviço da lei, mero instrumento de torná-la efetiva, sem atraiçoar-lhe a finalidade sob qualquer aspecto, sem ultrapassar seus limites e sem aditar-lhe restrições ou ingredientes que se estendam além do que ela estabeleceu, já que, como dito, a dicção constitucional, cautamente, tratou de advertir que a execução da lei, razão da existência destes atos administrativos, teria de ser efetuada de modo *fiel*.

4. É em vista desta caracterização constitucional do princípio da legalidade e de suas consequências para a Administração Pública – de resto tradicional em nossas leis magnas – que juristas pátrios da máxima

suposição expenderam considerações nas quais buscam acentuar as limitações conaturais a regulamentos. Foi nem mais nem menos que Pontes de Miranda quem averbou:

> Onde se estabelecem, alteram ou extinguem direitos, não há regulamentos — há abuso do poder regulamentar, invasão de competência legislativa. O regulamento não é mais do que auxiliar das leis, auxiliar que sói pretender, não raro, o lugar delas, mas sem que possa, com tal desenvoltura, justificar-se e lograr que o elevem à categoria de lei.[254]

E disse ainda:

> Se o regulamento cria direitos ou obrigações novas, estranhos à lei, ou faz reviver direitos, deveres, pretensões, obrigações, ações ou exceções, que a lei apagou, é inconstitucional. Por exemplo: se faz exemplificativo o que é taxativo, ou vice-versa. Tampouco pode ele limitar, ou ampliar direitos, deveres, pretensões, obrigações ou exceções à proibição, salvo se estão implícitas. Nem ordenar o que a lei não ordena [...]. Nenhum princípio novo, ou diferente, de direito material se lhe pode introduzir. Em conseqüência disso, não fixa nem diminui, nem eleva vencimentos, nem institui penas, emolumentos, taxas ou isenções. Vale dentro da lei; fora da lei a que se reporta, ou das outras leis, não vale. Em se tratando de regra jurídica de direito formal, o regulamento não pode ir além da edição de regras que indiquem a maneira de ser observada a regra jurídica. Sempre que no regulamento se insere o que se afasta, para mais ou para menos, da lei, é nulo, por ser contrária à lei a regra jurídica que se tentou embutir no sistema jurídico.[255]

5. Nos escalões da ordem jurídica a lei ocupa posição sobranceira, exatamente em decorrência de seu caráter de ato primário. Daí que se ubica em nível imediatamente infraconstitucional e em patamar *superior* aos regulamentos e demais atos subalternos. Seu valor jurídico prepondera sobre o valor jurídico dos regulamentos, instruções e quaisquer outros instrumentos de nível inferior. Sua força é altaneira em relação a eles. Enquanto a lei é infraconstitucional, o regulamento é infralegal.

---

[254] MIRANDA, Francisco Cavalcanti Pontes de. *Comentários à Constituição de 1967, com a Emenda nº 1 de 1969*. 2. ed. rev. São Paulo: Revista dos Tribunais, 1970. t. III. p. 314. As observações do autor citado foram feitas ao tempo da Carta de 1969, mas perante textos equivalentes aos ora vigentes.

[255] MIRANDA, Francisco Cavalcanti Pontes de. *Comentários à Constituição de 1967, com a Emenda nº 1 de 1969*. 2. ed. rev. São Paulo: Revista dos Tribunais, 1970. t. III. p. 316-317.

O eminente administrativista Alan Randolph Brewer-Carias estabelece este confronto nos seguintes termos: "lo que es legalidad para los actos de la Administración y de la Justicia, es constitucionalidad para la Legislación".[256]

Se fosse possível, mediante simples regulamentos expedidos por presidente, governador ou prefeitos e – pior do que isto – mediante resoluções, oriundas de simples segmentos do Executivo, instituir deveres de fazer ou não fazer e proceder à disciplina do uso da propriedade, os cidadãos ficariam à mercê da vontade pessoal do ungido no cargo ou da perspectiva unitária, monolítica, da corrente de pensamento de que este se fizesse porta-voz, ou – o que seria igualmente perigosíssimo – do entendimento de presumidos técnicos, que não têm qualquer responsabilidade perante o juízo popular.

Foi o que de outra feita averbamos, apostilando que:

> há inovação proibida sempre que seja impossível afirmar-se que aquele específico direito, dever, obrigação, limitação ou restrição já estavam estatuídos e identificados na lei regulamentada. Ou, reversamente: há inovação proibida quando se possa afirmar que aquele específico direito, dever, obrigação, limitação ou restrição incidentes sobre alguém não estavam já estatuídos e identificados na lei regulamentada.[257]

6. Esta diferente força jurídica, a de inovar *originariamente* (lei) ou, tão só, a de especificar *o que já foi objeto de disciplina* (regulamentos, resoluções e outros atos subalternos), portanto, o que já sofreu, por lei, *caracterização e delineamento anterior*, aponta para o âmago de um problema capital. A saber: o dos limites de liberdade passíveis de serem deferidos pela lei ao regulamento sem incorrer em *delegação de poderes disfarçada*, ou, mesmo, ingenuamente, procedida em descompasso com o Texto Constitucional.

A questão é transcendente, pois de nada adiantariam aturadas cautelas para acantonar o regulamento e os atos administrativos normativos em geral em seu campo de expressão próprio se, por força da própria obra legislativa, fosse possível, indiretamente, dilatar-lhes a esfera de ação e ensejar, por meio transverso, infiltração do Executivo em área que se quer defendida contra suas eventuais incursões.

---

[256] BREWER-CARIAS, Alan Randolph. *Las instituciones fundamentales del derecho administrativo venezolano*. Caracas: Universidad Central, 1964. p. 25.

[257] BANDEIRA DE MELLO, Celso Antônio. *Ato administrativo e direito dos administrados*. São Paulo: Revista dos Tribunais, 1981. p. 98.

Vale dizer: de nada adiantariam os arts. 5º, II, 37 e 84, IV, se, ulteriormente, o legislador pudesse entregar, de mão beijada, a esfera da liberdade e da propriedade dos administrados para ser disciplinada por via de regulamento. Com efeito, tais disposições existem não apenas para limitar a ação da Administração, *mas também e sobretudo para obstar que a própria lei venha a adotar disposições contrárias aos direitos que confere aos cidadãos*.

7. É claro que estes propósitos, tão claramente expressos nos dispositivos colacionados, não poderiam ser validamente costeados pelo expediente simplório da própria lei atribuir a entidades ou órgãos administrativos o poder de produzir disposições que se constituíssem, elas próprias, em disciplina da conduta das pessoas. Sua invalidade se exibiria quer quando instaurado de maneira aberta e direta, quer quando propiciado tal resultado mediante disposições legais *excessivamente genéricas, latas, frouxas, fluidas*, a serem preenchidas por via de atos subalternos, como regulamentos, regimentos, portarias e quantos outros nomes se possam conceber para designá-los. Com efeito, a plena vigência do princípio da legalidade foi instaurada pelo constituinte para garantia dos cidadãos e não para gáudio dos membros do Legislativo, razão pela qual não fica a depender da fidelidade que devotem aos termos constitucionais.

Segue-se que *nem a lei poderia permitir que o Executivo preenchesse o vácuo legislativo*. A ser de outra forma, a garantia substanciada nos versículos colecionados seria um *flatus vocis*, um nada jurídico, e com ela a Lei Suprema não estaria a oferecer a proteção que, ali mesmo, se propôs a dispensar aos cidadãos, pois sua efetividade não promanaria de seu comando, mas do amor ou desamor que os legisladores houvessem por bem tributar ao bem jurídico resguardado na Constituição. Ou seja: não existiria resguardo constitucional – inobstante estabelecido na Carta Máxima – mas apenas legal e nos termos em que a lei desejasse conferi-lo.

Fora isto possível e a garantia constitucional de que "ninguém poderá ser obrigado a fazer ou *deixar de fazer* alguma coisa senão em virtude *de lei*", a certeza de que a liberdade estaria resguardada contra arremetidas do Executivo e de que a propriedade não sofreria constrições a não ser por lei, deixariam de se constituir em proteção constitucional. Em suma: não mais haveria a garantia *constitucional* aludida, pois os ditames ali insculpidos teriam sua valia condicionada às decisões infraconstitucionais, isto é, às que resultassem do querer do legislador ordinário. É que o administrado seria obrigado a fazer ou deixar de fazer alguma coisa, *ora* em virtude de *regulamento, ora* de *lei,* ao líbito do Legislativo, isto é, conforme o legislador ordinário entendesse de decidir. É óbvio, entretanto, que, em tal caso, este último estaria se sobrepondo ao constituinte e subvertendo a hierarquia entre Constituição e lei, evento juridicamente inadmissível em regime de Constituição rígida.

Por tudo quanto se expôs, resulta óbvio que são inconstitucionais as disposições regulamentares ou normativas ainda mais subalternas produzidas na conformidade de *delegações disfarçadas,* resultantes de leis que meramente transferem ao Executivo o encargo de disciplinar o exercício da liberdade e da propriedade das pessoas.

8. Na delegação feita *indiretamente,* justamente faltam estas especificações, estes indispensáveis aclaramentos, pois se pretende, ao arrepio da Constituição, liberar o Executivo para compô-las, ficando-lhe concedido como que um cheque em branco, a ser preenchido por via regulamentar ou de algum outro ato subalterno. E isto, evidentemente, não é tolerado pela Constituição. Seria de absoluta inanidade o preceituado nos artigos insistentemente referidos, se houvesse tolerância para com práticas do gênero e os objetivos do Estado de direito, que foram tão zelosamente resguardados na Lei Magna, soçobrariam por inteiro.

Interpretação que ignorasse as limitações mencionadas contrariaria a sábia advertência de Carlos Maximiliano, o sumo mestre brasileiro em tema de hermenêutica, assim expressada: "Deve o Direito ser interpretado inteligentemente, não de modo a que a ordem legal envolva um absurdo prescreva inconveniências, vá ter a conclusões inconsistentes ou impossíveis".[258]

Com efeito, seria um absurdo e afrontoso à inteligência supor que a Constituição estabeleceu mecanismos tão cautelosos para defesa de valores ciosamente postos a bom recato, os quais, entretanto, seriam facilmente reduzidos a nada, graças ao expediente singelo das delegações procedidas indiretamente. É que, como disse Geraldo Ataliba, em frase altamente sugestiva: "Ninguém construiria uma fortaleza de pedra, colocando-lhe portas de papelão".

Deveras, toda a construção jurídica objetivada com o princípio da legalidade para ensejar segurança jurídica e isonomia valeriam nada e seriam "monumentos à esterilidade" se a caracterização das condutas

---

[258] MAXIMILIANO, Carlos. *Hermenêutica e aplicação do direito.* 2. ed. Porto Alegre: Livraria Globo, 1933. p. 183.

proibidas aos administrados pudesse ser feita de modo insuficiente pela lei, de tal maneira que estes não tivessem como saber, com certeza, quando e *do que* deveriam abster-se para se manterem ao largo das consequências sancionadores aplicáveis aos infratores do direito e qual exatamente a compressão estabelecida sobre seu direito de propriedade.

É evidente, portanto, e da mais solar evidência que, para cumprirem sua função específica (sobreposse em atenção às finalidades do Estado de direito), as normas legais proibitivas ou que de alguma maneira interfiram com o âmbito de liberdade e da propriedade dos administrados terão de qualificar de modo claro, perfeitamente inteligível, *qual exatamente* a restrição imposta, que *expressão efetiva possui* e *quando* é cabível. É à lei, e não a algum ato administrativo, que compete indicar as condições de aquisição ou restrição de direito. *Deveras, disciplinar certa matéria não é conferir a outrem o poder de discipliná-la.*

9. Cumpre recordar que as funções correspondentes a cada um dos poderes, em princípio, são indelegáveis. Com efeito, a indelegabilidade, enquanto princípio constitucional, resulta diretamente, ainda que de modo implícito, do art. 2º do Texto Magno, de acordo com o qual: "São Poderes da União, independentes e harmônicos entre si, o Legislativo, o Executivo e o Judiciário".

É que, sendo certo e indiscutido que os três poderes existem precisamente para apartar as funções que lhes são correspondentes, se pudessem delegar uns aos outros as que lhes são próprias, a tripartição proclamada pela Lei Maior não estaria nela ou por ela assegurada. Pelo contrário, dependeria do empenho que os titulares destes conjuntos orgânicos devotassem às atribuições que lhes concernem, ensejando-lhes, pois, manter ou desfazer, a seus talantes, o esquema jurídico-político que a Constituição instituiu para benefício e garantia dos cidadãos. Ninguém em sã consciência abraçaria intelecção que consagrasse tolice de tão desmesurado porte.

Tal indelegabilidade, portanto, não é homenagem vã aos ocasionais detentores das distintas funções estatais. Significa, isto sim, cautela estatuída em prol dos administrados, isto é, óbice a que qualquer dos poderes se demita de sua missão própria ou seja complacente com o uso de atribuições suas, trespassando-as para outro poder, no que estaria derrocando todo o sistema de repartição de poderes, concebido para a proteção dos indivíduos.

10. Não apenas pelas razões expendidas seria inadmissível que a lei, por vias transversas, facultasse ao Executivo invadir-lhe a esfera de atribuições. É que a própria Constituição expressamente prevê as

"leis delegadas" (art. 59, IV) e estabelece, no art. 68 e parágrafos, as condições e o procedimento da delegação legislativa, tanto como as matérias em relação às quais não admite lei delegada.

Assim, a simples previsão desta espécie legislativa demonstra, *a contrario sensu*, que a regra é a indelegabilidade. De outro lado, a existência do instituto torna óbvio que não podem existir delegações "disfarçadas", ou seja, produzidas por um meio diverso do previsto na Constituição, sem a obediência a suas condições, limites e processo. Vale dizer: são interditas delegações efetuadas sub-repticiamente, mediante expedição de normas legais excessivamente abertas, insuficientes para a definição do direito ou do dever a serem estabelecidos, as quais, por isto mesmo, ulteriormente vêm a receber, por via de ato administrativo, a caracterização que só poderia ser feita pela própria lei.

Aliás, note-se, *nem mesmo por "lei delegada" seria possível ao Executivo regular direitos individuais*, ante a vedação explícita do art. 68, III, o qual embarga que tal matéria seja objeto da referida espécie legislativa.

11. Este perigo das delegações disfarçadas é especialmente vitando e muito presente no Brasil. Contra ele advertiu Pontes de Miranda, ao apostilar:

> Se o Poder Legislativo deixa ao Poder Executivo fazer lei, delega; o poder regulamentar é o que se exerce sem criação de regras jurídicas que alterem as existentes e sem alteração da própria lei regulamentada. Fora daí, espíritos contaminados pelo totalitarismo de fonte italiano-alemã pretenderam fazer legítimas, de novo, as delegações legislativas que a Constituição de 1946, no art. 36, §2º, explicitamente proibiu. Na Constituição de 1967, o art. 6º, parágrafo único, primeira parte, também as veda, mas admite a lei delegada (arts. 52 e parágrafo único, 53 e 54). Nem o Poder Executivo pode alterar regras jurídicas constantes de lei, a pretexto de editar decretos para a sua fiel execução, ou regulamentos concernentes a elas, nem tal atribuição pode provir de permissão ou imposição legal de alterar regras legais, ou estendê-las, ou limitá-las.[259]

Entre nós, este procedimento abusivo, inconstitucional e escandaloso foi praticado inúmeras vezes e do modo mais flagrante

---

[259] MIRANDA, Francisco Cavalcanti Pontes de. *Comentários à Constituição de 1967, com a Emenda nº 1 de 1969*. 2. ed. rev. São Paulo: Revista dos Tribunais, 1970. t. III. p. 312-313. Cabe, aqui, repetir a anotação precedente: as observações do autor citado foram expendidas ao tempo da Carta de 1969, mas se aplicam com a mesma propriedade em face da Constituição vigente.

possível. Nisto se revela o profundo descaso que, infelizmente, nossos legisladores têm tido na mantença das prerrogativas do poder em que se encartam, demonstrando, pois, um cabal desapreço pela Constituição e – pior que isto – olímpica indiferença pela salvaguarda dos direitos e garantias dos cidadãos.

Nesta trilha viciosa, inúmeras têm sido as leis que deferem, *sic et simpliciter*, a órgãos colegiais do Executivo ou a entidades da Administração indireta poder de expedir decisões ("resoluções") cujo conteúdo só pode ser o de lei. Tais delegações são sempre nulas pelo que ao Judiciário assiste – como guardião do direito – fulminar a norma que delegou e a norma produzida por delegação.

Consciente destas aberrações, o constituinte pretendeu pôr um paradeiro nelas e abortar a possibilidade de se repetirem, fulminando-as no art. 25 do Ato das Disposições Constitucionais Transitórias, o qual, de um lado, vale como confirmação de que foram inúmeros os abusos e de outro representa sua condenação e a proibição de que se reproduzam. Estatuiu o referido dispositivo que:

> Ficam revogados, a partir de 180 dias da promulgação da Constituição, sujeito este prazo a prorrogação por lei, todos os dispositivos legais que atribuam ou deleguem a órgão do Poder Executivo competência assinalada pela Constituição ao Congresso Nacional, especialmente no que tange a:
> I – ação normativa;
> II – alocação ou transferência de recursos de qualquer espécie.

Sua referência ao fato de que se reportava a disposições atributivas de "competência assinalada pela Constituição ao Congresso Nacional" revela a consciência de que eram inconstitucionais; viciadas, portanto, tanto elas quanto os atos produzidos em sua conformidade.

12. Por tudo quanto se disse, não cabe a menor dúvida ou entredúvida que normas expedidas em nível *infralegal*, como regulamento e, *a fortiori*, instrução normativa da Receita Federal, ainda que autorizadas pelo Decreto-Lei nº 1.593, de 21.12.1977 ou pelas sucessivas disposições (medida provisória e lei) que modificaram seus primeiros artigos, jamais poderiam validamente dispor sobre condições de funcionamento de empresas privadas exploradoras de atividades econômicas relativas a capital mínimo, regularidade fiscal da empresa, de seus sócios, pessoas físicas, gerentes, administradores e procuradores, assim como das pessoas jurídicas dela controladoras, de seus sócios,

diretores, gerentes, administradores e procuradores. Seriam, a toda evidência, aberrantemente inconstitucionais, grosseiramente afrontosas a noções rudimentares do Estado de direito, tal como configurado entre nós.

13. Um dos "fundamentos" da ordem econômica é a "liberdade de iniciativa", conforme dispõe o art. 170, *caput*: "A ordem econômica, fundada na valorização do trabalho humano e na *livre iniciativa*, tem por fim assegurar a todos existência digna, conforme os ditames da justiça social, observados os seguintes princípios: [...]".

Resulta do sistema constitucional brasileiro que as atividades econômicas independem não só do arbítrio da Administração Pública, para serem iniciadas e prosseguidas, *como de qualquer outra interferência estranha* à *defesa de certos valores sociais* protegidos pelo Poder de Polícia, como os concernentes ao ajuste do empreendimento a exigências atinentes à salubridade, à segurança, à higidez do meio ambiente, à qualidade mínima do produto em defesa do consumidor etc.

Com efeito, este direito de os particulares operarem na esfera econômica não lhes é outorgado pela autoridade pública, nem mesmo por alguma lei, pois *lhes advém diretamente do Texto Constitucional* e descende da própria acolhida do regime capitalista. Eis porque nem mesmo a lei poderia segregar um ou alguns ramos econômicos e estabelecer para eles condições de funcionamento diversas das vigorantes para as demais, tornando-lhes o empreendimento ou a continuidade mais difícil do que os vigorantes para os demais. É óbvio que tal proceder seria discriminatório, donde ofensivo ao princípio da igualdade, além de consistir em uma via transversa para dificultar seu desempenho e um meio de coartar a liberdade de iniciativa constitucionalmente resguardada.

Com efeito, uma dada atividade empresarial ou é lícita ou é ilícita. Se é lícita, o Poder Público não pode prever para ela condições de funcionamento peculiares, específicas e alheias ao resguardo de interesses sociais que dita atividade pudesse ferir. É claro que *somente em nome de interesses desta ordem* é que poderiam ser estabelecidos condicionamentos a eles conexos, isto é, condicionamentos instituídos como forma de conferir se para o desempenho da atividade em questão *estariam sendo adotadas as cautelas requeridas para que dito desempenho se fizesse sem o risco de gravames sociais*. Em tal caso, a exigência de prévio exame da autoridade, incidente sobre a adoção ou não dos cuidados aludidos, necessários para a defesa da sociedade, em nada importaria violação do preceito da igualdade ou forma de estabelecer, por via transversa, uma constrição na liberdade de iniciativa constitucionalmente estabelecida.

14. Não se diga que, conquanto a regra constitucional imponha a liberdade em matéria de empreendimento econômico, o parágrafo único do precitado art. 170, embora a reafirme, opõe-lhe exceções – as que sejam estabelecidas em lei – dado que, segundo seus termos: "É assegurado a *todos* o livre exercício de *qualquer atividade econômica*, independentemente de autorização de órgãos públicos, salvo nos casos previstos em lei".

Na verdade, o que se contém neste preceptivo não é uma autorização para que o legislador ordinário, em tema de livre iniciativa, possa sobrepor sua orientação à orientação constitucional. Evidentemente é o que sucederia caso se entendesse que o parágrafo único em apreço conferiu ao legislador ordinário o poder de decidir quais são as atividades econômicas suscetíveis de serem exercidas pelos particulares ou, então, o poder de exigir que os empreendedores se submetessem a *qualquer espécie de condicionamentos* que o Estado desejasse impor como condição para o desempenho da atividade.

Seria um verdadeiro absurdo, um contrassenso cabal, extrair do parágrafo de um artigo a outorga de poder para agravar ou nulificar o que se contém em sua cabeça. O disparate interpretativo seria particularmente inadmissível quando se sabe que o artigo qualifica a livre iniciativa como um dos "fundamentos da ordem econômica". Um fundamento constitucional deste porte que pudesse ser arredado por obra da legislação ordinária, à toda evidência nada valeria e o constituinte revelar-se-ia um rematado tolo se houvesse pretendido construí-lo com tal fragilidade. Para valermo-nos da feliz imagem de Geraldo Ataliba, já dantes utilizada a outro propósito, "seria o mesmo que construir uma fortaleza e colocar-lhe portas de papelão".

15. O parágrafo único do art. 170, tal como qualquer outro preceptivo, tem que ser interpretado de maneira inteligente, como disse Carlos Maximiliano em passagem já dantes invocada. Deveras, dito parágrafo não veio para fragilizar o *caput* do art. 170, mas, pelo contrário, existe para reforçar-lhe as determinações. Com efeito, ele começa por dizer que: "A *todos* é assegurado o livre exercício de *qualquer* atividade econômica". Isto é, o parágrafo único não conferiu à lei o poder de excepcionar a quem quer que seja o exercício livre – e em livre concorrência – de qualquer atividade econômica. O que foi permitido é que a lei excepcionasse o direito de exercê-la *independentemente de algum ato de autorização de órgãos públicos*, e, se o fez, fê-lo como forma

de acautelar desnecessários riscos para certos valores sociais. Se já não fora pelas razões dantes aduzidas, perceber-se-ia que esta é a única interpretação possível porque, a ser de outro modo, as expressões "independentemente de autorização de órgão públicos" apareceria como uma inutilidade absoluta. E na lei não há palavras inúteis. Muito menos na Constituição.

16. Se o constituinte houvesse pretendido dizer que a atividade econômica é livre, mas que a lei poderia excepcionar tal regra, bastar-lhe-ia dizer: "É assegurado a todos o livre exercício de qualquer atividade econômica, salvo os casos indicados em lei". Mas não foi isto que fez. Intercalou as expressões: "independentemente de autorização de órgãos públicos". Logo, ao estampar em seguida "salvo os casos indicados em lei", deixou claro que aquilo que facultou à lei excepcionar foi justamente a prescindência de autorização. Nota-se, então, a um só tempo, de um lado, que a dicção legal "independentemente de autorização" é um *qualificativo reforçador* da liberdade de iniciativa, mas que tal qualificativo, em alguns casos – os previstos em lei –, não se incompatibiliza *com a prévia verificação da existência de certas cautelas* que teriam de ser adotadas para impedir que a atividade, se fosse empreendida sem estas preservações, viesse a agredir interesses sociais relevantes, ou seja, os protegidos pelo chamado "Poder de Polícia", aos quais mais acima se fez alusão.

Por isto e unicamente por isto é que a parte final do parágrafo único do art. 170 contemplou a possibilidade de "autorização prévia". Donde, esta dicção do parágrafo único não é uma chave mestra para que as autoridades "autorizem", a seu talante, as atividades econômicas tais ou quais. Evidentemente, também não é um meio espúrio de liberá-las para facilitar ou dificultar a implantação e o desempenho desta ou daquela atividade.

Eis porque não cabe um "registro especial" de certo ou certos setores econômicos para fins de impor aos que lhe sejam assujeitados um regime peculiar, mais exigente do que o vigorante para todos os demais, já que não existe a liberdade administrativa de delinear a amplitude da livre iniciativa ou de restringir-lhe as possibilidades de expressão. Há unicamente, como é natural, um controle, que em certos casos, no das autorizações, é prévio, sobre a adoção, pelo empreendedor, de todas as providências técnicas requeridas para que sua atuação não agrida interesses relevantes para o convívio social.

17. Em suma: é certo que em determinados casos a lei pode excepcionar a desnecessidade de autorização para o exercício de

alguma atividade. Sem embargo, dita autorização (ou denegação) não concerne à livre decisão empresarial de atuar nos setores tais ou quais e na amplitude acaso pretendida, mas ao ajuste do empreendimento às exigências atinentes à salubridade, à segurança, à higidez do meio ambiente, à qualidade mínima do produto em defesa do consumidor etc. Ou seja: o Poder Público só poderá fixar condições – a serem conferidas quando da emissão do ato concordante (a "autorização" de que fala a Lei Magna) – atinentes a uma certa ordem de valores sociais: aqueles protegidos pelo chamado "Poder de Polícia". Isto porque dita "autorização" não é uma forma de restringir a liberdade empresarial tornando-a mais difícil, mais onerosa, mais constrita em sua essencial expressão jurídica, do que nas demais atividades econômicas. É apenas um meio de conferir se o seu exercício dar-se-á dentro de padrões mínimos de qualidade, de salubridade, de segurança, de respeito ao ambiente ecológico etc. Vale dizer: *nos casos previstos em lei*, a Administração Pública pode ter sido habilitada a autorizar o exercício de dada atividade econômica, *cuja conformidade com as sobreditas exigências normativas deva ser aferida previamente.*

Em suma: os diversos bens jurídicos protegidos nas leis de "polícia administrativa", para garantia da sociedade e dos consumidores, podem ser razão determinante da submissão do início da atividade econômica a uma "autorização" cuja expedição tomará em conta a consonância do empreendimento com o bem jurídico que a lei em questão haja se proposto a resguardar liminarmente. O frequente, o comum, é que as leis prevejam apenas fiscalização após o início da atividade e aplicação de sanções sempre que, no exercício da atuação econômica, haja transgressão das regras condicionadoras de seu regular desenvolvimento. Sem embargo, casos há em que a lei estabelece – e pode fazê-lo, como explicitamente o reconhece o parágrafo único do art. 170 – uma prévia aquiescência administrativa ("autorização") dos órgãos competentes para aferir se houve adoção de certas cautelas necessárias à correção de seu desempenho.

É o que ocorre em relação a empreendimentos cuja índole é propícia à geração de agravos ecológicos. O mesmo sucede, com relação à produção ou comercialização de determinados bens, tais os agrotóxicos, medicamentos ou alimentos industrializados, em que a lei subordina seu ingresso no mercado a exames ou demonstrações prévias de que não oferecem riscos à saúde e possuem níveis de qualidade adequados, sem o que não é autorizada a liberação para comercialização ou consumo. Ideias e comentos deste teor, aqui ora transcritos, são os que se encontram estampados em obra teórica nas quais expusemos as razões únicas justificadoras da "autorização" a que alude o mencionado parágrafo único do art. 170.[260]

18. É fundamental realçar – repita-se – que tais autorizações não dizem respeito, nem podem dizer respeito, aos *aspectos econômicos* do empreendimento, nem à existência ou inexistência de pretensões tributárias insatisfeitas. A não ser assim, o art. 170 conteria apenas palavras vãs, juridicamente irrelevantes.

Por isto, é irrefragável a conclusão de que nem mesmo lei pode condicionar a exploração de atividade econômica do setor do fumo a um "registro especial" no Ministério da Fazenda (que, de resto, nada tem a ver com saúde pública) para o qual se exija o atendimento de requisitos inteiramente alheios aos condicionamentos de polícia relativos à defesa da saúde, do meio ambiente ou de valores desta mesma índole.

19. O aludido "registro especial" no Ministério da Fazenda autorizado inicialmente pelo art. 1º do Decreto-Lei nº 1.593, de 31.12.1977, com a redação alterada por normas ulteriores, tais o art. 1º da Lei nº 9.822/99, o art. 32 da MP nº 2.158-35/2001, e o art. 40 da Lei nº 10.833/2003, incide em outra aberrante inconstitucionalidade, qual seja a de restringir o exercício de atividade econômica em razão de pretensões tributárias resistidas pelo contribuinte.

A adoção de providências administrativas (com ou sem base legal) como fórmula de indiretamente constranger o administrado à satisfação de pretensões tributárias é assunto antigo e que, no passado, frequentou o Supremo Tribunal Federal inúmeras vezes, dando margem às súmulas nºs 70, 323 e 547 – que é a que mais diretamente interessa para o caso vertente. Seu teor é o seguinte: "Não é lícito à autoridade proibir que o contribuinte em débito adquira estampilhas, despache mercadorias nas alfândegas e exerça suas atividades profissionais".

Comentando-a, Roberto Rosas, em seu *Direito sumular – Comentários às súmulas do STF*,[261] anotou: "O Tribunal Pleno decidiu que a Fazenda deve cobrar seus créditos através de execução fiscal, sem impedir direta ou indiretamente a atividade profissional do contribuinte (RTJ 45/629). Posteriormente reafirmou sua orientação (RE ns. 63.026, 63.647)".

---

[260] BANDEIRA DE MELLO, Celso Antônio. *Curso de direito administrativo*. 22. ed. São Paulo: Malheiros, 2007. p. 767-770.
[261] ROSAS, Roberto. *Direito sumular* – Comentários às súmulas do STF. São Paulo: Revista dos Tribunais, [s.d.].

Com efeito, acertadamente, o Excelso Pretório, várias vezes, decidiu que a instituição de impedimento ao exercício de atividades profissionais (mercantis, industriais etc.), como forma de induzir ao pagamento de tributos, *afrontava a garantia constitucional do livre exercício delas*. E o fez tanto à vista do art. 141, §4º, da Constituição de 1946, quanto dos diplomas constitucionais posteriores (art. 153, §23, da Carta de 1967 e art. 5º, XIII, da Constituição de 1988).

20. Particularmente interessantes foram os julgados a seguir referidos:

O RE nº 60.644 – RJ (Tribunal Pleno – Matéria Constitucional), de relatoria do Ministro Gonçalves de Oliveira, julgado em fevereiro de 1968 (*RTJ*, 45/629), votação unânime, cuja ementa reza:

> Sanção fiscal. Interpretação do Dl Nº 5, de 1937, que vedava aos contribuintes o exercício de suas atividades mercantis por estarem em débito com a Fazenda Nacional. Revogação em face do art. 150, §4º, da Constituição Federal. Precedente do Supremo Tribunal Federal (RE nº 63.047).

Já neste RE nº 63.047 a que se reporta a ementa, o despacho que o admitiu – transcrito pelo Ministro Gonçalves de Oliveira – anotava:

> Este Tribunal, por reiteradas vêzes, têm se pronunciado pela incompatibilidade entre a norma do §4º, do art. 141, da C.F. de 1946, aliás mantida na Carta recentemente promulgada, com o preceito do invocado Decreto Lei nº 5, de 1937, que veda aos contribuintes o exercício de suas atividades mercantís, por estarem em débito com a Fazenda Nacional.

Ulteriormente, em julgamento de abril de 1968, no RE nº 63.026 (*RTJ*, 51/817), a matéria foi amplamente discutida no plenário, sendo relator para o acórdão o Min. Aliomar Baleeiro, reiterando-se o entendimento da inviabilidade da restrição. É a seguinte sua ementa: "*Solve et repete*. Não é lícito à autoridade proibir o contribuinte em débito de adquirir estampilhas, despachar mercadorias nas Alfândegas e exercer as suas atividades profissionais".

Em maio de 1968, no RE nº 61.367 – SP (Tribunal Pleno – Matéria Constitucional), de relatoria do Min. Thompson Flores (*RTJ*, 47/377), *já nem mesmo foi conhecido o recurso*, dada a pacificação da matéria, pelo que assim se pronunciou seu relator:

A respeito da matéria já se formou nesta Côrte jurisprudência, através de vários julgados, dando como inconstitucional a atividade fiscal que, com as sanções impostas, bloqueia a atividade profissional lícita do contribuinte. Recentemente mesmo, em sessão de 17 de abril último, ao ser julgado o RE 63.026 de São Paulo, do qual foi relator o Ministro Amaral Santos, compacta maioria reafirmou a tese da inoconstitucionalidade. Embora tenha ponto de vista próprio deduzido em voto proferido no julgamento rememorado, aceito a orientação do Tribunal. Em tais condições tenho que ditas sanções conflitam com a garantia a que se refere o art. 150, §23 da Constituição vigente, acolhendo, pois, a prejudicial de inconstitucionalidade. [...]

Em conclusão, não conheço o recurso, eis que é pacífica a orientação da declaração de inconstitucionalidade das sanções impostas.

O referido acórdão está assim ementado: "Sanções políticas nas obrigações fiscais. Desde que comprometam a atividade profissional do contribuinte, ainda que em débito com o Fisco, são inconstitucionais".

21. Já muito mais recentemente, *sob o império da atual Constituição*, em julgamento de outubro de 1990, o E. STF, em sessão plenária e por decisão unânime, no ERE nº 115.427-SP, sendo relator o Min. Carlos Velloso (*RT*, 662/209), recusou-se mesmo a conhecer dos embargos de divergência interpostos pelo Estado de São Paulo, ao propósito de restrições ao exercício de atividade profissional decorrentes do chamado "regime especial" do ICM, estabelecidas como forma de compelir ao pagamento de tributos. O acórdão está assim ementado:

Constitucional. Tributário. ICM: regime especial. Restrições de caráter punitivo. Liberdade de trabalho. CF de 1967, art. 153, §23, CF de 1988, art. 5, XIII.

1. O «regime especial do ICM», autorizado em lei estadual, porque impõe restrições e limitações à atividade comercial do contribuinte, viola a garantia constitucional da liberdade de trabalho (CF de 1967, art. 153, §23; CF de 1988, art. 5º, XIII), constituindo forma oblíqua de cobrança do tributo, assim execução política que a jurisprudência do STF sempre repeliu (Súmulas 70, 323 e 547).

2. Embargos de divergência conhecidos e improvidos.

3. No caso, os acórdãos indicados como divergentes cuidaram do tema sob o ponto de vista legal, enquanto que o acórdão embargado decidiu a questão tendo em vista a Constituição. Inocorrência, por isso, de divergência capaz de autorizar os embargos.

4. Embargos não conhecidos.

É claro a todas as luzes que se incompatibiliza com o Texto Constitucional previsão de medida que iniba o exercício de atividade profissional lícita, de qualquer gênero (industrial, comercial ou de serviços), com o fito de constranger o contribuinte a atender a pretensões tributárias insatisfeitas, as quais devem ser buscadas pela via própria e não por meios transversos. Claro igualmente é, como atestam os acórdãos transcritos – os quais substanciam jurisprudência antiga, firme e pacífica – que o Supremo Tribunal Federal fulmina por inconstitucionais medidas de tal natureza, provenham elas de ato administrativo ou de lei.

22. Resulta por igual incontrovertível que nada importa se a providência constritora estipulada consta de regulamento ou de lei, pois será irremissivelmente nula, por afrontosa à liberdade de trabalho, ofício ou profissão, consagrada no art. 5º, XIII, da Constituição Federal, questão esta muito bem flagrada nos acórdãos referidos e na Súmula nº 547 da jurisprudência dominante do Supremo Tribunal Federal.

Cumpre, ainda, encarecer enfaticamente que seria erro grosseiro supor que uma providência útil para a efetividade da obediência a encargos necessários para a vida coletiva, como ocorre com os tributários – mesmo se incidentes sobre atividade em relação à qual existam prevenções, motivadas por preocupações de saúde –, pode ser imposta mediante vias desajustadas ao direito. Aliás, a utilidade coletiva é sempre o argumento de que se servem as ditaduras para costear ou sobrepor-se à ordem jurídica. O desejo de efetividade com muita frequência é causa de pisoteamento do direito e das garantias individuais e só pode ser tolerado por espíritos afeitos ao autoritarismo; logo, pouco valorizadores da ambiência democrática e da prevalência das normas constitucionais que constituem o arcabouço do Estado democrático de direito, que é o proclamado no art. 1º da Constituição brasileira.

Com efeito, é no *modus procedendi*, é no atendimento às formas e condições disciplinadoras do comportamento do Poder Público, é, em suma, na rigorosa obediência ao *due process of law* que residem as garantias dos indivíduos e grupos sociais personalizados. Sem isto, os membros do corpo social ficariam inermes ante o agigantamento dos poderes de que dispõe o Estado como consectário natural das necessidades da sociedade moderna. As trilhas, as vias, ou seja, as formas admitidas pelo sistema jurídico, ajustadas, portanto, à Constituição, é que se constituem em garantias extremamente importantes para o primado do direito.

Bem o disse Yhering: "Inimiga jurada do arbítrio a forma é a irmã gêmea da liberdade".²⁶²

O império das formas, disse Montoro Puerto citando Jellinek:

> es más intenso en el Derecho Administrativo por la especial naturaleza del sujeto, del ente que no crea ni manifiesta la voluntad, ni desarrolla la acción, sino por medio de formas Al mismo tiempo, la más estricta exigencia de la forma en el campo del Derecho público, tiene su razón de ser en la función de garantía que las formalidades están llamadas a ejercer en las modernas organizaciones estatales, como señala ALESSI función garantía que arraiga en los orígenes mismos de la ciencia jurídico-administrativa, porque ésta nacía como producto de un Estado que desconfiaba de sus poderes.²⁶³

23. Em suma: a obediência à legitimidade significa que as pessoas têm a garantia não só de que o Poder Público estará, de antemão, cifrado unicamente à busca dos fins estabelecidos em lei, mas também de que tais fins só poderão ser perseguidos pelos modos validamente estabelecidos para tanto, *donde, pelos modos compatíveis com a Constituição*. Dessarte, constituir-se-ia em *desvio de poder* a autorização legal ou infralegal para que fossem buscados fins, ainda que legítimos, por meios ilegítimos, isto é, desafinados com a Constituição, ou seja, diversos das vias idôneas para buscá-los.

Em obra teórica precitada, ao respeito averbamos:

> Tanto pode existir desvio de poder em ato administrativo quanto em ato legislativo ou jurisdicional. Assim como o ato administrativo está assujeitado à lei, às finalidades nela prestigiadas, a lei está assujeitada à Constituição, aos desideratos ali consagrados e aos valores encarecidos neste plano superior. [...]
>
> Demais disto, assim como um ato administrativo não pode buscar escopo distinto do que seja específico à específica norma legal que lhe sirva de arrimo, também não pode a lei buscar objetivo diverso do que seja inerente ao específico dispositivo constitucional a que esteja atrelada a disposição legiferante expedida. Ou seja, se a Constituição habilita legislar em vista de dado escopo, a lei não pode ser produzida com traição a ele. [...]

---

[262] YHERING, Rudolf Von. *L'Esprit du droit romain*. 3. ed. rev. e corrig. Paris: Librairie Marescq Ainê, 1887. t. 3. p. 164.
[263] MONTORO PUERTO, Miguel. *Teoria de la forma de los actos jurídicos en derecho público*. Alicante: Editorial Marfil, 1976. p. 36.

> É certamente verdadeiro que o desvio de poder poderá muito mais freqüentemente encontrar espaço para irromper em atos administrativos do que em leis. A razão disto demora em que a margem de discrição dos primeiros em relação à lei será (de regra, ao menos) muito menor do que a margem de discrição da lei em relação à Constituição. Sem embargo, isto não interfere com o reconhecimento de que em ambas as hipóteses a compostura do vício é a mesma: consiste sempre no desencontro da providência tomada com a norma superior a que deve obséquio; a saber: no primeiro caso, à lei, e, no segundo, à Constituição.[264]

Imediatamente em seguida, citando artigo de Caio Tácito, nele encontramos como exemplo de desvio de poder legislativo exata e precisamente a restrição ao exercício de direito como forma espúria de obter satisfação a pretensões tributárias.

Caio Tácito, em precioso artigo intitulado *O desvio de poder no controle dos atos administrativos, legislativos e jurisdicionais*,[265] enumera decisões do STF, algumas até mesmo antigas, nas quais o desvio de poder é explicitamente reconhecido como vício suscetível de macular a produção legislativa.

Casos há em que o legislador simplesmente fez uso desatado de sua competência legislativa, de maneira a desbordar o sentido da norma constitucional habilitante – desviando-se, assim, de sua razão de ser –, como ocorreu em lei na qual o poder de tributar foi normativamente disciplinado de maneira a produzir tratamento escorchante sobre o contribuinte. Ao respeito, no RE nº 18.331, conforme referido no mencionado artigo do eminente jurista citado, o relator, Min. Orozimbo Nonato, salientou: "É um poder cujo exercício não deve ir até o abuso, o excesso, o desvio, sendo aplicável, ainda aqui, a doutrina fecunda do détournement de pouvoir".

> Outras decisões, recolhidas na mesma fonte, exemplificam hipóteses em que o desvio de poder é surpreendido no fato de a lei buscar finalidade visivelmente distinta daquela inerente ao objetivo próprio da competência legislativa exercitada; ou seja: haver autorizado providência administrativa restritiva de direitos com o fito de forçar o contribuinte a satisfazer pretensões tributárias: "é inadmissível a interdição de estabelecimento ou a apreensão de mercadorias como meio coercitivo para cobrança de tributo (Súmulas ns. 70 e 323)".

---

[264] BANDEIRA DE MELLO, Celso Antônio. *Curso de direito administrativo*. 22. ed. São Paulo: Malheiros, 2007. p. 945.
[265] TÁCITO, Caio. O desvio de poder no controle dos atos administrativos, legislativos e jurisdicionais. *RDA*, v. 188. p. 1 e segs.

Idem quanto à fulminação dos decretos-leis n°s 5 e 42, de 1937. Como explica o mestre Caio Tácito, a Suprema Corte,

> dilatando o princípio à inconstitucionalidade dos Decretos-leis ns. 5 e 42, de 1937 — que restringiam indiretamente a atividade comercial de empresas em débito, impedindo-as de comprar selos ou despachar mercadoria —, implicitamente configurou o abuso de poder legislativo (Súmula n. 547 e acórdão no RE n. 63.026, RDA 10/209).[266]

O mesmo autor, colacionando referências doutrinárias, menciona que o publicista luso J. J. Canotilho, em seu *Direito constitucional*, "adverte que a lei é vinculada ao fim constitucionalmente fixado e ao princípio da razoabilidade", de sorte a fundamentar, nas expressões do renomado jurista português, "a transferência para os domínios da atividade legislativa da figura do desvio de poder dos atos administrativos".[267]

24. Isto tudo posto e considerado, às indagações da consulta respondo:

I – Normas expedidas em nível *infralegal*, como instrução normativa da Receita Federal, se autorizadas por decreto-lei, lei ou regulamento do Executivo, não podem, de modo algum, dispor sobre condições de funcionamento de empresas privadas exploradoras de atividade econômica, tais as relativas a capital mínimo, regularidade fiscal da empresa, de seus sócios, pessoas físicas, gerentes, administradores e procuradores, assim como das pessoas jurídicas dela controladoras, de seus sócios, diretores, gerentes, administradores e procuradores, que isto seria aberrantemente inconstitucional.

II – *Lei* jamais pode, sem incorrer em grosseira ofensa à Constituição, condicionar a exploração de atividade econômica do setor do fumo a um registro especial no Ministério da Fazenda que previsse atendimento de condições inteiramente alheias a condicionamentos de polícia relativos à defesa da saúde, do meio ambiente ou valores desta mesma índole.

---

[266] TÁCITO, Caio. O desvio de poder no controle dos atos administrativos, legislativos e jurisdicionais. *RDA*, v. 188. p. 7.

[267] TÁCITO, Caio. O desvio de poder no controle dos atos administrativos, legislativos e jurisdicionais. *RDA*, v. 188. p. 9.

III – Lei não pode investir a Administração no poder de negar a um setor empresarial a possibilidade de desempenho de dada atividade econômica *em razão de pretensões tributárias* a ele relativas e que sejam resistidas pelo contribuinte, pois nisto há desvio de poder manifesto e agressão a direitos fundamentais do cidadão, o que é particularmente visível ante o fato de ser já antiga, mansa e pacífica a jurisprudência do E. Supremo Tribunal Federal fulminando tal prática abusiva.

É o meu parecer.

São Paulo, 12 de junho de 2007.

EMENTA: CONCESSÃO DE SERVIÇO PÚBLICO E AUTORIZAÇÃO ANTE O ART. 175 DA CONSTITUIÇÃO – PORTO ORGANIZADO E PORTOS PRIVATIVOS

XXXX, por seu ilustre advogado, formula-nos a seguinte:

Consulta

I – Há algum impedimento normativo a que terminais ou portos privativos que sem licitação receberam da União simples autorização de funcionamento prestem serviços a terceiros, generalizadamente?

II – Qual a função jurídica do chamado "porto organizado" a que se refere a Lei nº 8.630/93? Pode, sem desatenção aos interesses jurídicos que os "portos organizados" se propõem juridicamente a cumprir, haver atividade portuária prestada generalizadamente a terceiros fora deles?

Às indagações da Consulta respondo nos termos que seguem.

Parecer

1. Certas atividades, consistentes na prestação de utilidade ou comodidade material, *destinadas a satisfazer* à *coletividade em geral*, são qualificadas como serviços públicos quando, em dado tempo e lugar, o Estado reputa que não convém relegá-las simplesmente à livre iniciativa; ou seja, que não é socialmente desejável fiquem tão só assujeitadas à fiscalização e controles que exerce sobre a generalidade

das atividades privadas. Em tais casos, ante o relevo que lhes atribui, o Estado considera de seu dever assumi-las como pertinentes a si próprio (mesmo que sem exclusividade) e, em consequência, exatamente por isto, as coloca sob uma disciplina peculiar instaurada para resguardo dos interesses nelas encarnados: aquela disciplina que naturalmente corresponde ao próprio Estado, isto é, uma disciplina de direito público.

Em nosso *Curso de direito administrativo*, definimos serviço público como toda atividade de oferecimento de utilidade ou comodidade material destinada à satisfação da coletividade em geral, mas fruível singularmente pelos administrados, que o Estado assume como pertinente a seus deveres e presta por si mesmo ou por quem lhe faça as vezes, sob um regime de direito público – portanto, consagrador de prerrogativas de supremacia e de restrições especiais – instituído em favor dos interesses definidos como públicos no sistema normativo.

Por meio de tal regime, pretende-se garantir-lhe a prestação com os meios jurídicos necessários para assegurar a boa satisfação dos interesses públicos nele encarnados. Isto é, almeja-se proteger do modo mais eficaz possível as conveniências da coletividade e, igualmente, defender a boa prestação do serviço não apenas (a) em relação a terceiros que pudessem obstá-la; mas também – e com o mesmo empenho – (b) em relação ao próprio Estado e (c) ao sujeito que as esteja desempenhando (concessionário ou permissionário).

Com efeito, ao erigir-se algo em serviço público, bem relevantíssimo da coletividade, quer-se de um lado impedir que terceiros os obstaculem e de outro que seu titular ou quem haja sido credenciado a prestá-lo procedam, por ação ou omissão, de modo abusivo, quer por desrespeitar direitos dos administrados em geral, quer por sacrificar direitos ou conveniências dos usuários do serviço.

2. Conforme anotou com exatidão Dinorá Grotti em sua preciosa monografia sobre o tema:

> Cada povo diz o que é serviço público em seu sistema jurídico. A qualificação de uma dada atividade como serviço público remete ao plano da concepção do Estado sobre seu papel. É o plano da escolha política, que pode estar fixada na Constituição do país, na lei, na jurisprudência e nos costumes vigentes em um dado tempo histórico.[268]

---

[268] GROTTI, Dinorá. *O serviço público e a Constituição brasileira de 1988*. São Paulo: Malheiros, 2003. p. 87.

De acordo com o art. 21 do Texto Constitucional, inc. XII, letra "f", à União compete explorar os "portos marítimos, fluviais e lacustres". Isto significa que os serviços portuários sempre que oferecidos à coletividade são, por determinação constitucional mesma, erigidos em serviços públicos. Ora, a teor do art. 175 da Lei Magna brasileira: "Incumbe ao Poder Público, na forma da lei, *diretamente ou sob regime de concessão ou permissão, sempre através de licitação*, a prestação de serviços públicos".

Vê-se, pois, que a *prestação* dos serviços públicos portuários ou será feita diretamente pela União, a cuja *titularidade* definitivamente pertence, ou então seu desempenho poderá ser efetuado por terceiros, com base em concessão ou permissão de serviço público, as quais, todavia, quando instauradas, terão de sê-lo, de acordo com a linguagem peremptória e cortante da Constituição, "sempre através de licitação".

3. Note-se que se distinguem, de modo nítido, os serviços públicos, ou seja, atividades destinadas a satisfazer *interesses de outrem*, das atividades que alguém desenvolva em seu próprio proveito. Estas últimas jamais seriam serviços públicos, pois não estariam voltadas a preencher conveniências ou necessidades de terceiros, isto é, de sujeitos alheios ao prestador. Donde, à toda evidência, por se constituírem em atividades exercidas no interesse pessoal e não em atividades públicas, não teriam porque estar sujeitas ao regime protetor, específico de serviço público, acobertador de interesses do todo social. Outrossim, porque restritos à intimidade de algum sujeito, também não teriam porque ser colocados em disputa aberta como ocorre nos certames licitatórios. Para agir em seu prol, como é óbvio, ninguém necessita disputar com terceiros a atividade que exerce para si mesmo.

Considerações deste teor permitem espancar uma eventual presumível contradição entre a dicção do art. 21, XI e do art. 175 que se vem de citar.

Deveras, o art. 21, XI, fala que os serviços ali arrolados podem ser prestados diretamente ou mediante concessão, permissão ou autorização, que é, de resto, a primeira figura referida naquele primeiro preceptivo. Ou seja, nele se menciona autorização em contraste franco com o art. 175, o qual, à toda evidência, restringe a prestação por terceiros *unicamente* às *hipóteses de concessão ou permissão*.

A aparente contradição se dissolve se tomarmos em conta que dentre as atividades contempladas no inc. XI do art. 21 nem todas serão necessariamente prestadas em favor da coletividade. Podem sê-lo em benefício do próprio sujeito ou de um restrito grupo. Vale dizer, não serão serviços públicos, sem embargo de estar sob a competência da União autorizá-los. Para valermo-nos de dois exemplos bastante elucidativos, basta pensar-se no caso das telecomunicações procedidas por meios que liguem unicamente uma empresa matriz e sua empresa filial ou a produção de energia elétrica gerada por uma empresa tão só para uso de seu estabelecimento fabril.

Esta é a situação normal, podendo-se, todavia, admitir a autorização em caráter *excepcional* e *transitório*, para acudir momentaneamente a situação emergente. Ao respeito disto já nos havíamos manifestado há alguns anos em obra geral de direito administrativo, anotando que afora a hipótese normal, já mencionada, em que a palavra "autorização" foi usada no sentido corrente em direito administrativo para exprimir o ato de "polícia administrativa" que libera alguma conduta privada propriamente dita, mas cujo exercício depende de manifestação administrativa aquiescente para verificação se com ela não haverá gravames ao interesse público, haveria, ainda: "[...] a de abranger casos em que efetivamente está em pauta um serviço público, mas se trata de resolver emergencialmente uma dada situação, até a adoção dos convenientes procedimentos por força dos quais se outorga permissão ou concessão".[269]

4. Independentemente da interpretação do termo "autorização" no art. 21, incs. XI e XII, um ponto não pode suscitar dúvida alguma: a de que o Texto Magno impõe a licitação como regra para que alguém, que não o Poder Público, desempenhe serviço público. Com efeito, nenhum intérprete assisado sufragaria a intelecção de que se o Poder Público, ao invés de valer-se da concessão ou permissão mencionados no art. 175 como formas de outorga do serviço a terceiros, fizesse o uso da autorização ficaria, em casos que tais, liberado do dever de licitar, ressalvada a mencionada hipótese de situação emergencial e transitória a que se aludiu.

Deveras, jamais seria de admitir que a "autorização" pudesse significar uma porta escancarada para que o Poder Público se livrasse do dever constitucional de tratar a todos com isonomia, do qual o instituto da licitação é uma aplicação concreta. Seria risível se, depois de valer-se da rigorosa expressão "sempre através de licitação", o propósito constituinte pudesse ser transgredido com a mais completa desfaçatez

---

[269] BANDEIRA DE MELLO, Celso Antônio. *Curso de direito administrativo*. 24. ed. São Paulo: Malheiros, 2007. p. 675.

com base em que o art. 175 não mencionou – como realmente descaberia tê-lo feito – a palavra "autorização". Seria absurdo e afrontoso à inteligência supor que a Constituição estabeleceu mecanismos tão cautelosos para defesa de valores ciosamente postos a bom recato, os quais, entretanto, seriam facilmente reduzidos a nada, graças a tão singelo expediente. É que, como disse Geraldo Ataliba, em frase conhecida e altamente sugestiva: "Ninguém construiria uma fortaleza de pedra, colocando-lhe portas de papelão".

Isto significa, então, inexoravelmente, que os serviços públicos portuários, quando trespassados pela União, só podem sê-lo em seguimento a um certame licitatório. Disto decorre que norma alguma poderia estabelecer de modo diverso e ato administrativo algum teria o condão de ensejar que sujeitos diversos da União ou criatura sua, sem licitação e sem concessão ou permissão, efetuassem serviços públicos portuários, isto é, serviços desta natureza propiciados a terceiros.

Ainda que, *argumentandum tantum*, se quisesse admitir, em caráter excepcional e para obter o máximo de eficiência econômica na utilização de portos ou terminais privativos que neles se prestassem serviços a terceiros, generalizadamente, para aproveitamento de algum ócio de utilização, seria de toda sorte radicalmente inconcebível tolerar tal prática sem o preenchimento de duas condições; a saber: uma de que esta prestação a terceiros não representasse senão porcentual de muito pequena monta em relação ao uso próprio do terminal ou porto privativo, sob pena de desvirtuamento da índole do terminal privativo; outra, a de que fosse demonstrado que ditos serviços só viriam a ser prestados por não haver disponibilidade deles em prazo razoável por meio dos concessionários, até porque, a ser de outra sorte, estaria havendo uma concorrência desleal: já que estes, para exercerem tal mister, necessitaram disputar em licitação o direito de fazê-lo, diversamente do ocorrente nos terminais exclusivos, ao menos naqueles alocados fora da área dos portos organizados.

5. A Lei nº 8.630, de 25.2.1993, em seu art. 1º, dispõe que compete à União explorar diretamente ou mediante concessão o "porto organizado" e o define, em seu §1º, I, como:

> o construído e aparelhado para atender às necessidades da navegação, da movimentação de passageiros ou da movimentação e armazenagem de mercadorias, concedido ou explorado pela União, cujo tráfego e operações portuária estejam sob jurisdição de uma autoridade portuária.

De seu turno, o inc. IV do mesmo parágrafo define "área do porto organizado" como

> a compreendida pelas instalações portuárias, quais sejam, ancoradouros, docas, cais, pontes e piers de atracação e acostagem, terrenos, armazéns, edificações e vias de circulação interna, bem como pela infra-estrutura de proteção e acesso aquaviário ao porto tais como guias-correntes, quebra-mares, eclusas, canais, bacias de evolução e áreas de fundeio que devam ser mantidas pela Administração do Porto, referida na Seção II do Capítulo VI desta lei.

A exploração de instalação portuária tanto pode ser feita sob a modalidade de:
a) *uso público* (art. 4º, §2º, I), caso em que ficará restrita à área do porto organizado (§3º do mesmo artigo) e dependerá de concessão (art. 4º, inc. I e art. 5º, bem como art. 14, I, "a", da Lei nº 10.233, de 5.6.2001, que dispôs sobre a reestruturação dos transportes aquaviário e terrestre), precedida de licitação (art. 5º, inc. I, da Lei nº 8.630, art. 14, §1º e art. 28, II, da Lei nº 10.233);
b) sob a modalidade de *uso privativo* (art. 4º, §2º, II, da Lei nº 8.630), a qual, diversamente da modalidade do uso público, far-se-á por autorização, como decorre do art. 4º, II da Lei nº 8.630 e do art. 14, "c", da suprarreferida Lei nº 10.233. Efetuar-se-á fora da área do porto organizado, salvo se o interessado for titular do domínio útil do terreno (art. 4º, II da Lei nº 8.630) e independe de licitação (art. 43, I, da Lei nº 10.233, de 5.6.2001) quando não estiver em área de porto organizado, pois neste a licitação é obrigatória, cf. precitado art. 5º, inc. I, da Lei nº 8.630.

6. Situação comparável ao do uso privativo de portos ou terminais portuários tem-se, em certos casos, em relação a outro bem jurídico igualmente contemplado no art. 21 da Constituição; também no inc. XII, mas já agora na letra "b": "exploração de serviços e instalações de energia elétrica e o aproveitamento energético dos cursos de água [...]". É o que se passa quando o Poder Público outorga a uma empresa concessão para exploração de potencial hidráulico para fins de produzir energia elétrica *exclusivamente para alimentar a própria ou as próprias indústrias.*

Em casos deste jaez, sua distinção da concessão de serviço público será particularmente nítida, pois, aí, o bem oferecido ao concessionário o é como base geradora de um *bem de consumo seu*, ao passo que na concessão de serviço público – quando pressuposta a utilização de um bem público – este aparece como um bem *de produção*, ou seja, enquanto condição necessária para instrumentá-lo à prestação à *coletividade daquele serviço concedido*. Em suma: o serviço público, para sê-lo, terá de consistir em utilidade e comodidade oferecida *aos administrados em geral*, pois, *se assim não fosse, é bem de ver que o serviço não seria público*, não seria voltado para satisfazer a coletividade, mas apenas a interesses privados. Como se sabe, entre os princípios apontados como pertinentes ao serviço público, está o princípio da *universalidade* ou *generalidade*.

7. A função dos portos organizados, como resulta claramente do exame da Lei nº 8.630 e da Lei nº 10.233, é a de sediar os serviços públicos portuários, tendo em vista os interesses nacionais nesta área, de maneira a promover do modo mais eficiente, seguro e vantajoso possível a implementação física da política de exportações e as importações do país. Mediante tais serviços se desenvolve um importantíssimo setor da atividade econômica nacional, motivo pelo qual a Constituição assumiu os correspondentes encargos como serviços que não podiam ser deixados entregues pura e simplesmente aos empenhos da livre iniciativa, mas considerou que haveriam de estar submissos ao regime de direito público. Dessarte, as atividades que se processam nos portos organizados só podem ser prestadas pela União ou por concessionários, investidos nesta qualidade em consequência de um processo licitatório, no qual se forceja por assegurar a escolha dos mais aptos e com integral respeito ao princípio constitucional da isonomia.

8. Nunca se imaginaria que, existindo na Lei Magna previsão explícita de licitação para a investidura de concessionários, o Poder Público fosse livre para deixá-la de lado e, por via de autorizações, ou seja, sem a cautela constitucionalmente demandada, pudesse distribuir encargos desta grandeza a particulares, no que estaria, quando menos, a revelar grosseira ofensa aos reclamos do princípio da igualdade. Seria o sumo contrassenso e a consagração da mais absoluta inocuidade do art. 175 considerar que a prestação de serviços públicos portuários poderia ser atribuída sem licitação, pelo expediente da simples autorização.

Assim, é inevitável concluir que os chamados terminais e portos de uso privativo cumprem função perfeitamente distinta da prestação de serviços públicos portuários. Sua função não é a de prestar serviços portuários generalizadamente, como é próprio dos serviços públicos, mas atender a interesses específicos empresariais do próprio titular de tais terminais, o qual, por conveniências suas, considerou útil verticalizar sua cadeia negocial. Por isto e só por isto, ou seja, por este caráter privado do porto ou terminal é que podem ser deferidos sem licitação.

É óbvio, então, que nestes portos ou terminais privativos, sitos fora do "porto organizado, sem ostensivo agravo a interesses públicos e sem manifesta ofensa ao princípio da isonomia, serviços portuários", não poderiam ser prestados de forma generalizada, para terceiros.

Com efeito, ou as disposições constitucionais têm, como efetivamente têm, supremacia sobre quaisquer outras normas, sendo, então, certo e indiscutível que leis e atos administrativos que as contrariem são inválidos e juridicamente inaptos a produzir efeitos que contradigam seus mandamentos, ou a ordem jurídica não existe e impera pura e simplesmente o arbítrio, próprio de Estados incivilizados, primitivos, onde a barbárie é que se impõe em nome de qualquer ordem de interesses, que tanto podem ser de índole econômica, política, vontade dos governantes ou de alguma outra natureza.

9. Isto tudo posto e considerado, às indagações da Consulta respondo:

I – Há indiscutível impedimento constitucional para a prestação de serviços a terceiros por parte de terminais ou portos privativos que receberam da União simples autorização de funcionamento.

II – O chamado "porto organizado" a que se refere a Lei nº 8.630/93 é instrumento para a realização de interesses públicos relevantes concernentes à comercialização de bens nas relações exteriores do Brasil, tendo em vista os interesses nacionais nesta área, de maneira a promover do modo mais eficiente, seguro e vantajoso possível a implementação física da política de exportações e as importações do país, importante setor da economia nacional. Não pode haver, sem prejuízo para estes significativos interesses nacionais, atividade portuária prestada generalizadamente a terceiros fora do "porto organizado".

É o meu parecer.

São Paulo, 17 de dezembro de 2007.

EMENTA: CONTRATOS DA PETROBRAS E CONTRATOS DE DIREITO PÚBLICO – FATO DO PRÍNCIPE

XXXXX, por seus advogados, expõe-nos os fatos abaixo, formulando a seguir:

Consulta

Em 14.9.2001, a Petrobras veiculou dois convites para a licitação de contratos de afretamento referentes à construção e operação de 3 (três) embarcações do tipo AHTS (*Anchor Handling Tug Supply*). Essas embarcações de apoio às atividades de pesquisa, exploração e produção de petróleo (aqui referidas simplesmente como AHTS) têm como função o suprimento de plataformas e a movimentação de suas âncoras e demais estruturas de exploração. Elas constituem, juntamente com os helicópteros, a principal ligação entre o continente e as unidades de produção (plataformas, navios-tanque, navios-plataforma etc.).

Nos convites em tela, tratava-se da construção e operação de 3 (três) embarcações com diferentes portes e capacidades (AHTS 10.000, 12.000 e 15.000).[270] Uma das convidadas foi a norueguesa Farstad Shipping ASA (Farstad), que se associou no Brasil à Petroserv S.A., sagrando-se vencedora dos certames. Essa parceria deu origem à XXXXXXX, ora Consulente, sociedade criada especificamente para a celebração dos contratos de afretamento aqui referidos.

Em 31 de julho e em 16.8.2002, foram celebrados três contratos de

---

[270] Após sua construção, essas embarcações receberam os nomes de consulente Topázio (AHTS 10.000), Turmalina (AHTS 12.000) e Turquesa (AHTS 15.000).

afretamento (um para cada embarcação), figurando a Petrobras como contratante, a Consulente como contratada. Os contratos de afretamento previam que a construção dos navios deveria necessariamente ocorrer em território nacional, sendo certo que a vigência dos afretamentos e os pagamentos devidos pela estatal só se iniciariam após a disponibilização das embarcações.

Pela sistemática dos contratos, a consulente deveria se endividar junto ao BNDES para construir as embarcações – realizadas sem nenhum dispêndio da Petrobras –, para, no futuro, recuperar seus investimentos na operação dessas, por meio da cobrança das tarifas diárias de afretamento.

Para a construção das embarcações, a consulente contratou o Estaleiro Itajaí S.A. ("Estaleiro" ou "Itajaí"), em contratos firmados em 27.9.2001 (AHTS 10.000) e em 18.6.2003 (AHTS 12.000 e 15.000). As entregas eram previstas para, respectivamente, 27.4.2004, 18.5.2005 e 18.8.2005.

Os prazos previstos nos contratos celebrados com o Itajaí para a construção dos navios eram, respectivamente, 21 (vinte e um) meses, 8 (oito) meses e 3 (três) meses anteriores às datas estipuladas nos contratos de afretamento para o início da operação (30.11.2005 e 29.01.2006, respectivamente, para o AHTS 15.000 e para os AHTS 10.000 e AHTS 12.000). Isto é, em condições normais, as datas contratadas com o Estaleiro eram mais do que suficientes para atender aos prazos exigidos na licitação.

Para suportar a construção dos navios, a consulente celebrou dois contratos de financiamento com o Banco Nacional de Desenvolvimento Econômico e Social – BNDES, gestor do Fundo da Marinha Mercante.

Pois bem. Apesar da antecedência das datas de entrega previstas nos contratos de construção, eventos extraordinários inviabilizaram os prazos inicialmente estabelecidos com a Petrobras para o início da operação das embarcações.

O primeiro elemento responsável pelos atrasos foi a excessiva demora do BNDES em aprovar o financiamento requerido pela consulente por meio da utilização do Fundo de Renovação da Marinha Mercante. Enquanto os contratos com a Petrobras foram firmados em 31.07.2002 (AHTS 15.000) e 16.08.2002 (AHTS 10.000 e AHTS 12.000), os contratos de financiamento somente foram celebrados em 28.05.2003 e 26.11.2003, até 16 (dezesseis) meses depois da sua solicitação pela consulente. Mesmo para o BNDES tal prazo é excessivo, extrapolando o usual nas atividades do referido Banco. Em correspondências expressas, emitidas pelo Banco de Fomento, a Consulente foi informada de que o atraso foi causado por fatores internos do BNDES, que teve sua Diretoria e estrutura alteradas durante o processo de aprovação do financiamento, com a designação de novas atribuições a novos setores.

O segundo problema observado foi o acidente ocorrido com o motor importado para o casco do AHTS 10.000, em 27.12.2003. Durante uma movimentação interna no Porto de Itajaí, referido motor, de fabricação da *Rolls Royce Marine*, caiu do caminhão que o transportava no setor alfandegado do Porto, sofrendo avarias gravíssimas, conforme comprovam os relatórios e demais documentos. Após as análises devidas, constatou-se a necessidade de se descartar o motor, com sua posterior substituição. O acidente foi especialmente prejudicial para o cronograma de construção das embarcações, em razão (i) de sua metodologia semissequencial e (ii) da inexistência de estoque desse tipo de equipamento no mercado internacional.

Como se todo o mais não fosse suficiente, o Estaleiro Itajaí foi surpreendido pelos drásticos efeitos da intervenção decretada pelo Banco Central do Brasil (Bacen) no Banco Santos, em 22 de dezembro de 2004. Era nesse banco que se encontravam depositados os recursos do Estaleiro e, fato igualmente grave, era ele o emissor das cartas de crédito destinadas à importação de equipamentos do projeto.

Tendo tomado conhecimento da grave crise em que se encontrava o Estaleiro Itajaí, a consulente não mediu esforços para fazer o projeto acontecer, renegociando prazos, investindo capital próprio e tomando a frente das construções. Rescindir os contratos com o Estaleiro e buscar outro construtor não era e nem poderia ser uma opção real: quando da quebra do Banco Santos, a consulente já havia vertido ao Estaleiro Itajaí mais de R$240.000.000,00 (duzentos e quarenta milhões de reais) e o cenário de aquecimento da indústria nacional tornara inviável a tarefa de identificar outro Estaleiro ocioso.

Assim, a consulente atrasou a entrega de duas das embarcações devidas à Petrobras: Turmalina e Turquesa.

Os atrasos causados pelos eventos descritos acima postergaram de forma imprevista o início da operação dos barcos, submetendo a consulente a uma realidade econômica incalculável à época das propostas, com custos extremamente majorados pelo aumento da atividade de exploração e produção de petróleo em todos os mercados. As novas pressões sobre os custos foram observadas não apenas em razão da manutenção de custos por prazos mais extensos e de perdas de otimização no processo produtivo, mas também por causa do aquecimento verificado no mercado.

O aquecimento do setor petrolífero é indicado também pelo fato de que a Petrobras vem admitindo, em outros casos, pleitos semelhantes ao presente. No que toca especificamente à imprevisibilidade da magnitude desses aumentos de custos, é importante ressaltar que as previsões feitas pela Petrobras em 2001 para o período de 2005 foram superadas em até 104% (cento e quatro por cento).

Frise-se que todas as medidas possíveis e razoáveis foram adotadas pela Consulente. A consulente antecipou e se protegeu de muitos fatores, como correção cambial, risco de atraso de entrega de equipamentos (motivo pelo qual as encomendas foram feitas logo na celebração dos contratos), atrasos causados por condições climáticas etc., agindo sempre de forma prudente e conservadora.

Pois bem. A diferença entre os custos orçados e aqueles efetivamente arcados se apresentou extremamente significativa, conforme se pode observar no Parecer econômico e nos quadros constantes de seus Anexos.

Apesar de todo o narrado e das inúmeras cartas encaminhadas à estatal sobre o assunto, em 26.2.2008, a consulente ainda foi surpreendida com as cobranças de milionárias multas por atraso na entrega de duas das embarcações à Petrobras. A consulente respondeu essas notificações, apontando a impossibilidade de ser contratualmente responsabilizada e, muito menos, penalizada pelos atrasos em questão. Após receber a citação para responder à ação ajuizada pela consulente, a Petrobras prontamente julgou os recursos administrativos interpostos, rejeitando laconicamente as justificativas da Consulente e aplicando as multas impostas – que serão compensadas com os valores devidos à consulente pelo afretamento dos navios em questão.

À luz desse quadro fático e considerando a intransigência da Petrobras, que se negava a solucionar a questão administrativamente, a Consulente recorreu ao Poder Judiciário, com vistas a obter o reequilíbrio econômico-financeiro dos contratos de afretamento, ou a sua resolução, à luz do que dispõe a Lei de Licitações e Contratos Administrativos – Lei nº 8.666/93. Na mesma ação, a consulente requereu a suspensão e posterior anulação das multas contratuais pretendidas pela estatal, em razão do atraso na entrega das embarcações pela consulente.

Em sua contestação, a Petrobras não negou os fatos narrados pela Consulente, nem mesmo rejeitou o desequilíbrio econômico-financeiro verificado nos contratos de afretamento. Suas alegações foram apenas no sentido de que a estatal não concorreu diretamente para nenhum dos fatos causadores do desequilíbrio, não sendo possível responsabilizá-la diante da ausência de culpa. Outra alegação da Petrobras foi no sentido de que os contratos de afretamento seriam regidos apenas pelas regras civis e comerciais, não se sujeitando às disposições de direito público. Nesse cenário, ainda segundo a estatal, os fatos em tela não seriam imprevisíveis, mas sim risco do negócio.

A Consulente apresentou réplica, apontando a natureza pública dos contratos e a impertinência da culpa como requisito ao reequilíbrio de suas prestações. A consulente lembrou ainda que, mesmo à luz do direito privado, subsistiria o seu direito a uma relação contratual equilibrada. Atualmente, aguarda-se a instrução do feito.

Isto posto e em vista da documentação que consta dos autos do processo, indaga:

I – Os contratos de afretamento celebrados entre a Petrobras e a consulente se submetem ao regime jurídico de direito público, em especial às disposições materiais da Lei de Licitações e Contratos Administrativos (Lei nº 8.666/93)?

II – Os fatos narrados na inicial se subsumem ao art. 65, II, "d", da Lei nº 8.666/93, isto é, devem ser compreendidos como "fatos imprevisíveis, ou previsíveis mas de conseqüências incalculáveis, retardadores ou impeditivos da execução do ajustado, ou ainda, em caso de força maior, caso fortuito ou fato do príncipe, configurando álea econômica extraordinária e extracontratual"? Ou, ao contrário, devem ser compreendidos como fatos naturais, inseridos nos "riscos da atividade" da Consulente?

III – Tendo em vista as respostas dadas aos quesitos anteriores, assiste à consulente o direito à modificação das tarifas diárias de afretamento previstas nos contratos, ou à resolução destes com a liberação das respectivas embarcações? Esse direito da consulente se submete à discricionariedade da Petrobras?

IV – Tendo em vista a natureza dos contratos firmados e dos fatos supervenientes narrados acima, pode a Petrobras exigir da consulente o pagamento de sanções administrativas contratualmente previstas, em razão do atraso na entrega de duas das embarcações em questão?

Às indagações respondo nos termos que seguem.

Parecer

1. O contrato é uma composição consensual de interesses e substancia uma "transfusão de vontades", na imagem feliz de Clóvis Bevilaqua. Daí que é firmado para atendimento de conveniências recíprocas das partes. Seja ele de direito privado, seja de direito público, é sempre uma composição consensual de interesses; uma pacífica harmonização de interesses. Na medida em que envolve um ponto de coincidência de interesses, os sujeitos se afinam em torno dele, fazendo-o pela livre conjunção de suas vontades, as quais, dessarte, se atrelam para obter a recíproca satisfação de suas aspirações.

De conseguinte, o contrato gera um vínculo assentado nas premissas de lealdade e boa-fé, vez que as partes não estariam obrigadas a se relacionar; se o fazem é precisamente expectantes de que seus objetivos podem ser satisfeitos pela ação da parte contraposta e de que sê-lo-ão, dada a normal conduta do coobrigado, ou seja, dado o correto proceder dos contratantes.

Assim, é da índole dos contratos o respeito à boa-fé e, por isso mesmo, interpretam-se tais vínculos levando em conta esta natural presunção dos contratantes.

Bem observou Orlando Gomes que entre os princípios sobre os quais se assenta o direito dos contratos está o da boa-fé. Ao respeito, apostilou:

> Por ele se significa que o literal da linguagem não deve prevalecer sobre a intenção manifestada na declaração de vontade ou dela inferível. Ademais, subentende-se, no conteúdo do contrato, proposições que decorrem da natureza das obrigações contraídas, ou se impõem por força de uso regular e da própria equidade. Fala-se na existência de condições subentendidas.

E logo além:

> Ao princípio da boa fé empresta-se, ainda, outro significado. Para traduzir o interesse social das relações jurídicas, diz-se, como está expresso no Código Civil alemão, que as partes devem agir com lealdade e confiança recíprocas. Numa palavra, devem proceder com boa fé.[271]

Conceitos desta índole não são pertencentes apenas ao direito privado. Jesus Gonzalez Perez observou:

> El principio general de la buena fe no solo tiene aplicación en el Derecho Administrativo, sino que en este ámbito adquiere especial relevancia. Como dice GUASP "todos los campos del derecho estatal son clima propicio, como cualquier otro, al desarrollo de esta verdadera patología de lo jurídico. Y es más, ella se da en el seno de los principales elementos que conjuga la relación jurídica estatal: la Autoridad y el súbdito".
>
> Porque, en efecto, la presencia de los valores de lealtad, honestidad y moralidad que su aplicación comporta es especialmente necesaria en el mundo de las relaciones de la Administración con los administrados.[272]

Adverte que tal princípio "es exigible en los actos juridicos, en el ejercicio de los derechos y en el cumplimiento de las obligaciones".[273] Anota que "es el criterio de reciprocidad el que aparece como nota diferenciadora de la buena fe".[274]

---

[271] GOMES, Orlando. *Contratos*. Rio de Janeiro: Forense, [s.d.]. p. 46.

[272] GONZALEZ PEREZ, Jesus. *El principio general de la buena fe en el derecho administrativo*. Madrid: Civitas, 1983. p. 31.

[273] GONZALEZ PEREZ, Jesus. *El principio general de la buena fe en el derecho administrativo*. Madrid: Civitas, 1983. p. 31.

[274] GONZALEZ PEREZ, Jesus. *El principio general de la buena fe en el derecho administrativo*. Madrid: Civitas, 1983. p. 23.

2. Na medida em que uma relação comutativa e onerosa se instaura, deve-se entender que as partes buscaram prestações contrapostas que se equilibram. Vale dizer, considera-se que os sujeitos, tendo em pauta os respectivos interesses, sopesando-os, bem como aos recíprocos engajamentos, procuraram um termo de equivalência justificador do enlace a ser travado.

É justamente a procura deste relativo equilíbrio e a conclusão de que os encargos assumidos de parte a parte são idôneos para compô-lo aquilo que leva os sujeitos à formação do vínculo contratual. Eis porque se rejeita o chamado "contrato leonino".

Fica excluída, pois, a hipótese de um contrato oneroso e comutativo servir como instrumento prestante para uma parte locupletar-se em detrimento da outra.

Com efeito, *Qui sentit onus, sentire debet commodum et contra*. A este respeito disse Carlos Maximiliano:

> Quem suporta ônus, deve gozar as vantagens respectivas – "pertence o cômodo a quem sofre o incômodo". O adágio conclui – et contra: e "inversamente", isto é – os que têm direito ao cômodo, devem sofrer os incômodos que lhe estão anexos, ou do mesmo decorrem.[275]

São numerosos os brocardos antigos que consagram os reclamos a este equilíbrio necessário. Disse Paulo: *Secundum naturam est commoda cujusque rei eum sequi quem sequentur incommoda*, ou seja: "É conforme à natureza, que as comodidades de qualquer coisa correspondam àquele ao qual correspondem os encargos".[276]

3. Ninguém, nem o mais imprudente dos empresários, se engajaria em vínculo contratual se supusesse que este se constituiria em uma trilha para a própria ruína, assim como, nem mesmo o mais ambicioso dos contratantes pressupõe, de boa-fé, que, por via daquele liame, irá obter proveitos de porte desmesurado colhidos à custa daquele que, por isto mesmo, irá se destroçar economicamente.

Há, subjacente à ideia de contrato, a pressuposição de um certo equilíbrio, de uma relativa equivalência na satisfação dos interesses de ambas as partes. Não seria justo, pois, que, em uma relação desta índole

---

[275] MAXIMILIANO, Carlos. *Hermenêutica e aplicação do direito*. 2. ed. Porto Alegre: Livraria Globo, 1933. p. 270.

[276] Cf. FRANÇA, Rubens Limongi. *Brocardos jurídicos*. 3. ed. São Paulo: Revista dos Tribunais, 1977. p. 52-53; 110-111

de caráter negocial, um dos contratantes aniquilasse economicamente o outro, haurindo-lhe a energia empresarial e captando para si vantagens enormes.

Descaberia supor que tal assertiva possui apenas um cunho moral, um sabor ético, o qual, embora reconhecido como bem informado por tal caráter, seria estranho ao mundo jurídico e, pois, só afirmável em esfera alheia ao direito, donde insuscetível de ser eficazmente invocável neste específico plano.

Bem ao contrário disto, é inequívoco que o direito de cada tempo histórico se constrói, se assenta, sobre certo contexto social composto, entre outros elementos, por alguns valores básicos, ou seja, por alguns pressupostos éticos que o integram, de tal sorte que a realidade jurídica os alberga, nela se encontrando inapelavelmente transfundidos como expressão daquele mesmo tempo histórico. Tais pressupostos são a matéria-prima do que normalmente denominamos como princípios gerais do direito e entre eles de há muito está incorporada a convicção de que um contrato não pode ensejar o enriquecimento desatado de uma das partes à custa da ruína de sua contraparte.

4. Eduardo García de Enterría, figura pinacular do direito público contemporâneo, anotou:

> Conviene recordar a este proposito que los principios generales del Derecho son una condensación de los grandes valores jurídicos materiales que constituyen el substractum del Ordenamiento y de la experiencia reiterada de la vida jurídica. No consisten, pues, en una abstracta e indeterminada invocación de la justicia o de la consciencia moral o de la discreción del juez, sino, más bien, en la expresión de una justicia material especificada técnicamente en función de los problemas jurídicos concretos y objetivada en la lógica misma de las instituciones.[277]

De seu turno, O. A. Bandeira de Mello, referindo-se a eles disse que tais princípios "se infiltram no ordenamento jurídico de dado momento histórico" ou traduzem "o mínimo de moralidade que circunda o preceito legal, latente na fórmula escrita ou costumeira" e ressaltou que são "as teses jurídicas genéricas que informam o ordenamento jurídico-positivo do Estado", conquanto não se achem expressadas em texto legal específico. No exemplário de tais princípios

---

[277] GARCÍA DE ENTERRÍA, Eduardo; FERNÁNDEZ, Tomás-Ramón. *Curso de derecho administrativo*. 3. ed. Madrid: Civitas, 1981. p. 400.

gerais, o autor menciona, entre outros, o de que ninguém deve ser punido sem ser ouvido, *o do enriquecimento sem causa*, o de que ninguém pode se beneficiar da própria malícia etc.[278]

Em rigor técnico, princípios gerais de direito são vetores normativos *subjacentes* ao sistema jurídico-positivo, não, porém, como um dado estranho, mas como *uma inerência da construção em que se corporifica o ordenamento*. É que os diversos institutos nele compreendidos – quando menos considerados em sua complexidade íntegra – revelam, nas respectivas composturas, a absorção dos valores substanciados nos sobreditos princípios. Em síntese: há determinadas convicções éticas imersas na sociedade que permeiam de maneira inevitável toda produção normativa que nela se faça, na medida em que a intelecção de tais normas não só não consegue prescindir da cosmovisão social instalada naquele momento histórico, mas inevitavelmente a proclama, pois nela se exprime o mundo cultural que fermenta em seu seio.

Eis, pois, que a noção de *efeitos injustos de um contrato e sua inaceitabilidade* não é absolutamente mera invocação de conceitos morais. Muito pelo contrário, é reclamo a preceitos jurídicos havidos como de suma importância e que, de toda sorte – cumpre dizê-lo – já em tempos muito remotos mereciam sufrágio doutrinário e que, depois de um período de obscurecimento, voltaram a ser enfaticamente encarecidos por doutrina e jurisprudência.

5. Assim, nos tempos atuais, considera-se inadmissível que, por fatores inesperados, meramente eventuais, o contrato seja subvertido em sua razão de ser e convertido em instrumento prestante para que uma das partes se locuplete às expensas de outra. Com isto, de resto, nada mais se fez senão retomar uma tradição jurídica proveniente da época medieval, mas que ficara obscurecida na centúria retrasada. Deveras, no sec. XIX, atribuiu-se uma extremada rigidez à dicção expressada nas avenças, invocando-se a literalidade da vetusta máxima *pacta sunt servanda*.

Esta visão estreita, que rendia homenagem idólatra às aparências em detrimento da substância real do pactuado, não resistiu, entretanto, ao peso das razões que se lhe antepunham e ao advento de novas realidades sociais e econômicas.

---

[278] BANDEIRA DE MELLO, Oswaldo Aranha. *Princípios gerais de direito administrativo*. 2. ed. Rio de Janeiro: Forense, 1979. v. I. p. 406-407.

Hoje, é sabido e ressabido, como bem o expressou Orlando Gomes, que: "O princípio da fidelidade ao contrato perdeu a rigidez com que se expressava na locução *pacta sunt servanda*".[279]

Deveras, sempre consoante palavras do referido doutrinador, a sujeição ao *pacta sunt servanda* em seu extremado rigor: "Conduz, em certas circunstâncias, a situações manifestamente injustas. Torna-se descabida, em conseqüência, sua aplicação. Passou-se a admitir, então, que deve comportar exceções".[280]

Em nosso tempo histórico se reconhece, como bem o disse Maria Helena Diniz, que:

> [...] o princípio da autonomia da vontade não é onímodo, mas sofre limitações, oriundas do dirigismo contratual, que, ao invocar a supremacia do interesse público, intervém na economia do contrato, aplicando normas de ordem pública e impondo a adoção de sua revisão judicial. Isso acontece quando da superveniência de casos extraordinários e imprevisíveis por ocasião da formação do contrato, que o tornam, de um lado, excessivamente oneroso para um dos contraentes, gerando a impossibilidade subjetiva de sua execução, e acarretam, de outro, lucro desarrazoado para a outra parte. Isso é assim porque impera o entendimento de que, se se permitisse aos contratantes convencionar, a seu bel prazer, o ato negocial, estipulando quaisquer cláusulas sem que o juiz pudesse intervir, mesmo quando se arruinasse uma das partes, a ordem jurídica não cumpriria o seu objetivo de assegurar a igualdade econômica.[281]

6. Deveras, o mundo civilizado acolhe a ideia de que o contrato comutativo pressupõe uma certa relação de igualdade, incompatível, portanto, com ulterior desnivelamento extremo, ruinoso para uma das partes, provocado por circunstâncias supervenientes que, se porventura fossem antevistas, a relação não se teria formado. Com efeito, é bem de ver que, por certo, ninguém, salvo um demente, poderia desejar ou assumir um negócio que lhe causaria prejuízos desastrosos. Antes é de entender-se que as partes se ligaram na pressuposição de um vínculo de conveniência recíproca.

---

[279] GOMES, Orlando. *Transformações gerais do direito das obrigações*. 2. ed. aum. São Paulo: Revista dos Tribunais, 1980. p. 95.
[280] GOMES, Orlando. *Transformações gerais do direito das obrigações*. 2. ed. aum. São Paulo: Revista dos Tribunais, 1980. p. 95.
[281] DINIZ, Maria Helena. *Curso de direito civil brasileiro* – Teoria das obrigações contratuais e extra contratuais. São Paulo: Saraiva, 1984. v. III. p. 127-128.

Se, no contrato, o direito justamente prestigia a autonomia da vontade, como poderia ele conduzir ao oposto do que as vontades tiveram presente ao constituí-lo? Por isto mesmo, o princípio da autonomia da vontade há de ser entendido sem excessos ou, se se quiser, com os contemperamentos que evitem efeitos absurdos, no que se estará reconduzindo-o ao único sentido em que pode ser útil ao comércio jurídico.

Acresce que a boa ordem das relações sociais, o equilíbrio necessário para seu normal desenvolvimento e os valores éticos absorvidos nos sistemas jurídico positivos modernos se incompatibilizam desenganadamente com o locupletamento de uma das partes à custa da outra. Compreende-se, pois, que, tanto nos trabalhos científicos dos juristas quanto no âmbito dos pretórios, hajam ressoado vigorosamente estas preocupações. Daí o seguinte comento da referida civilista ilustre:[282]

> Ante os interesses da realidade social, a moderna doutrina jurídica e os tribunais estão admitindo, em casos graves, a possibilidade de revisão judicial dos contratos, quando a superveniência de acontecimentos extraordinários e imprevisíveis, por ocasião da formação dos pactos, torna sumamente onerosa a relação contratual, gerando a impossibilidade subjetiva de se executarem esses contratos.

7. Tem-se, então, por inteiramente superadas as concepções que, no paroxismo individualista, pretendiam atribuir ao contrato uma rigidez pétrea, postergando, inclusive, lições históricas sábias, respigáveis até mesmo em textos romanos antigos, mas que só se desenvolveram e impuseram com fruto da obra dos canonistas e pós-glosadores.

Para alguns, tais lições devem ser filiadas a comentos muito vetustos, como os de Sêneca e Cícero e aos textos de Africano e Neratio. É o que sustenta Othon Sidou.[283] Para a maioria dos doutrinadores, contudo, sua procedência, ao nosso ver acertadamente, encontra-se no direito medieval, invocando-se lições de Graciano, Santo Tomás de Aquino e sobretudo a célebre fórmula atribuída a Bartolo: *contractus qui habent tractum sucessivum et dependentiam de futuro rebus sic stantibus inteliguntur*, assim como aos estudos de Alciato.

---

[282] DINIZ, Maria Helena. *Curso de direito civil brasileiro* – Teoria das obrigações contratuais e extra contratuais. São Paulo: Saraiva, 1984. v. III. p. 28.

[283] SIDOU, Othon. *A cláusula rebus sic stantibus no direito brasileiro*. Rio de Janeiro: Livraria Freitas Bastos S.A., 1962. p. 7-14.

Seja verdadeira uma ou outra tese, o certo é que está incorporada ao patrimônio jurídico e moral dos povos cultos a compreensão de que os contratos não devem ser fonte de prejuízos ruinosos para uma das partes, acarretados pela mudança das circunstâncias vigorantes ao tempo em que foram travados.

Esta doutrina consagrada e que se contrapunha às durezas do *pacta sunt servanda* do direito romano (em que, se atenuações houve, foram excepcionais, como todos reconhecem), no passado viveria seu apogeu entre os séculos XIV e meados do século XVIII. Entrou de declinar nos finais da centúria, obscurecendo por inteiro ao longo do século XIX. Contudo, ressurgiu vigorosa em nosso tempo, conforme relato evolutivo traçado, entre tantos eminentes monografistas do tema, por Arnoldo Medeiros da Fonseca, em trabalho clássico sobre o assunto.[284]

Caio Mario da Silva Pereira expõe seu ressurgimento nos seguintes termos:

> Passada a fase do esplendor individualista, que foi o século XIX, convenceu-se o jurista que a economia do contrato não pode ser confiada ao puro jôgo das competições particulares. Deixando de lado outros aspectos, e encarando o negócio contratual sob o de sua execução, verifica-se que, vinculadas as partes aos têrmos da avença, são muitas vêzes levadas, pela fôrça incoercível das circunstâncias externas, a situações de extrema injustiça, conduzindo o rigoroso cumprimento do obrigado ao enriquecimento de um e ao sacrifício de outro. Todo contrato é previsão, e em todo contrato há margem de oscilação do ganho e da perda, em têrmos que permitem o lucro ou o prejuízo. Ao direito não podem afetar estas vicissitudes, desde que constritas nas margens do ilícito. Mas, quando é ultrapassado um grau de razoabilidade, que o jôgo da concorrência livre tolera, e é atingido o plano de desequilíbrio, não pode omitir-se o homem do direito, e deixar que em nome da ordem jurídica e por amor ao princípio da obrigatoriedade do contrato um dos contratantes leve o outro à ruína completa, e extraia para si o máximo benefício. Sentindo que "este desequilíbrio na economia do contrato afeta o próprio conteúdo de juridicidade, entendeu que não deveria permitir a execução rija do ajuste, quando a força das circunstâncias ambientes viesse criar um estado contrário ao princípio da justiça do contrato. E acordou de seu sono milenar um velho instituto que a

---

[284] FONSECA, Arnoldo Medeiros da. *Caso fortuito e teoria da imprevisão*. 3. ed. Rio de Janeiro: Forense, 1958. p. 197 e segs.

desenvoltura individualista havia relegado ao abandono, elaborando então a tese da resolução do contrato em razão da onerosidade excessiva da prestação.[285]

8. Assim, ao chegar-se ao final do século retrasado, iniciou-se o que se converteria em autêntica avalanche de elucubrações doutrinárias preordenadas a fundamentar um entendimento mais racional, mais afinado com a realidade dos tempos e ou mais justo das obrigações contratuais cujo cumprimento implicava oneração excessiva e desproporcionada para uma das partes. De resto, a grande instabilidade econômica a partir da Primeira Guerra Mundial, ou seja, o fim daquele mundo estável em que se viveu durante o século XIX, forçaria decisivamente a expansão do reconhecimento da revisibilidade dos contratos pela mudança inesperada das circunstâncias.

Tão numerosos foram os fundamentos aduzidos ou privilegiados pelas concepções dos diversos teóricos do direito a fim de lastrear dita revisibilidade que, entre nós, Anísio José de Oliveira[286] encontrou campo para, em interessante esforço de arrolamento e sistematização, colecionar e ordenar as orientações encontradas, agrupando-as em teorias: I) *intrínsecas* e II) *extrínsecas*. Dentre as primeiras, apartou, de um lado, as embasadas (A) na vontade e, de outro, (B) na prestação. Indicou como compreendidas nas teorias arrimadas na vontade (1) a teoria da pressuposição (Windscheid), (2) a teoria da vontade marginal (Osti), (3) a teoria da base do negócio (Oertmann), (4) a teoria do erro (Giovane), (5) a teoria da situação extraordinária (Bruzin) e (6) a teoria do dever de esforço (Hartmann). Apontou como estribadas no exame da prestação (1) a teoria do estado de necessidade (Lemannáe Coviello) e (2) a teoria do equilíbrio das prestações (Giorgio e Lenel). Já as teorias extrínsecas compreenderiam aquelas cujo fundamento reside (1) na moral (Ripertáe Voirin), (2) na boa-fé (Wendtáe Klenke), (3) na extensibilidade do fortuito (jurisprudência alemã, inglesa e francesa), (4) na socialização do direito (Badenes Gasset) e (5) na equidade e na justiça (Arnoldo Medeiros da Fonseca).

A simples menção desta cópia de teorias e das diferentes tendências em que o autor citado as encartou é suficiente para exibir

---

[285] PEREIRA, Caio Mario da Silva. *Instituições de direito civil*. Rio de Janeiro: Forense, 1963. v. III. p. 107-108.

[286] OLIVEIRA, Anísio José de. *A cláusula 'rebus sic stantibus' através dos tempos*. Belo Horizonte: Ibérica, 1968. p. 87.

o nível e a importância da acolhida que a doutrina internacional – e também a jurisprudência – conferiram ao reconhecimento da necessidade de mitigar os rigores das cláusulas contratuais nas relações comutativas onerosas quando delas viesse a resultar, ulteriormente, por força de eventos surpreendentes, desequilíbrio notável entre as prestações recíprocas, com efeitos patrimoniais desastrosos para uma das partes.

De resto, se não fora assim, o direito consagraria o *summum jus summa injuria*. Proporcionaria que, em casos do gênero, sob seu amparo, uma das partes tivesse, à custa da contraparte, um enriquecimento sem causa juridicamente aceitável. É o que assinalam muitos doutrinadores. Haveria nisto, pois, um verdadeiro abuso de direito, conforme enfatizam outros, advertindo que a consequência ruinosa para o onerado constituiria autêntica lesão, e, até mesmo, em certas hipóteses, a chamada lesão enorme ou enormíssima, na terminologia das Ordenações Manuelina e Filipina, vícios jurídicos estes duramente profligados por doutores ilustres.

9. De resto, também a legislação de inúmeros países veio a traduzir de modo explícito sua adesão aos mesmos propósitos de impedir a ocorrência destes resultados indesejáveis. Assim, os monografistas registram o repúdio a eles no Código polonês de 1934 (art. 269), no Código grego, de 1940 (art. 338), no Código Civil italiano, de 1942 (arts. 1.467 e 1.469), no velho Código Civil português (por meio de parágrafo introduzido, em 1930, no art. 1.401), diretriz ao depois também consagrada no Código Civil de 1966.[287] Reincorporava-se, dessarte, ao direito escrito o que, primitivamente, merecera agasalho explícito no *Codex Maximilianeus Bavaricus*, de 1756.

Ressalta o eminente Arnoldo Medeiros da Fonseca que, em muitos outros países, onde inexistia tal conforto expresso da lei, "a revisão judicial dos contratos administrativos é pacificamente admitida, pela jurisprudência, com apoio na noção de boa-fé, num conceito mitigado de impossibilidade, ou ainda por outros fundamentos [...]".[288] É o caso, *exempli gratia*, da Alemanha, da Suíça e da Noruega.

---

[287] Cf., entre tantos, Paulo Carneiro Maia, no verbete REBUS Sic Stantibus. *In*: MAIA, Paulo Carneiro. *Enciclopédia Saraiva*. São Paulo: Saraiva, 1977. v. 63. p. 281 e segs., e SIDOU, Othon. *A cláusula rebus sic stantibus no direito brasileiro*. Rio de Janeiro: Livraria Freitas Bastos S.A., 1962. p. 293 e segs.

[288] FONSECA, Arnoldo Medeiros da. *Caso fortuito e teoria da imprevisão*. 3. ed. Rio de Janeiro: Forense, 1958. p. 248.

Em outros ordenamentos a solução para o problema apareceria vinculada a algumas espécies de relações contratuais (e *ubi idem ratio ibi idem legis dispositio*), de fora parte o calço genérico que outorgavam em dispositivos amplos sobre os critérios de aplicação da lei, como sucede no caso brasileiro.

Entre nós, ao tempo do Código Civil anterior, ainda não havia dispositivos mais explícitos quanto ao dever de restaurar o equilíbrio contratual perante situações injustas, mas apenas o supedâneo do art. 5º da Lei de Introdução ao Código Civil, segundo o qual: "Na aplicação da lei, o juiz atender aos fins sociais a que ela se dirige e às exigências do bem comum". Este, de toda sorte, como anotaram alguns julgados, aponta a diretriz interpretativa, dentro da qual se abriga confortavelmente a aplicação de todos os contemperamentos a rigores exacerbados que proviriam de uma concepção estreita do *pacta sunt servanda*. Além disto, o atendimento à boa-fé, à equidade e a proscrição do abuso de direito são, para além de qualquer dúvida ou entredúvida, princípios gerais de direito e, nesta qualidade, invocáveis para a solução de questões em que uma das partes se locupletaria a expensas de outra pela mera álea de circunstâncias supervenientes.

Deveras, como bem o disse o nunca assaz louvado Aguiar Dias – ao criticar um acórdão expressivo de mentalidade retrógrada, aferrada à inflexibilidade contratual – somente um "romanismo feroz [sic]" poderia opor-se à revisibilidade que em toda parte se impunha. Daí sua preciosa lição proferida já em 1949, ao comentar dito acórdão:

> Ao passo que o brocardo *pacta sunt servanda* se sujeita, cada vez mais, ao interesse coletivo, a cláusula *rebus sic stantibus* entra progressivamente na consciência jurídica universal como corretivo necessário das iniqüidades geradas pelas circunstâncias. Posta na fábula, para que mais facilmente penetrasse nos espíritos a par bola do homem que matou a galinha dos ovos de ouro, nem assim se convencem os romanistas ferrenhos de que não é útil, mas pernicioso à coletividade impor o cumprimento de contrato que arruine o devedor. O próprio credor, conforme a repercussão do empobrecimento do devedor, sofre as conseqüências de sua intransigência.[289]

10. Não é de estranhar, então, que nossos tribunais, afinados com o mesmo pensamento, hajam se sensibilizado perante situações de

---

[289] DIAS, Aguiar. *Revista Forense*, v. 123, jun. 1949. p. 189.

injustiça manifesta, nas quais a ocorrência de imprevistos subvertedores das circunstâncias (sobre as quais se assentava a vontade originária das partes) colocara uma delas em situação desastrosa pelo manifesto desequilíbrio das prestações recíprocas. Bem por isto os pretórios brasileiros trataram de coartar a possibilidade de o direito constituir-se em instrumento para a contradita de seus fundamentos e diligenciaram em impedir que em nome da ordem jurídica se realizasse sua própria antítese.

Por isto mesmo, Alcino Salazar, ainda em 1953, há mais de cinquenta anos, portanto,[290] pode recensear uma cópia de decisões de nossos tribunais em que se admitia a aplicação da cláusula *rebus sic stantibus*. No referido trabalho colacionou julgados do STF publicados na *RF* (v. 77/ 79 e v. 113/92); do TJDF (v. 95/334, 97/111, 98/77 e 104/269); do TJSP, publicados na *RF* (v. 92/722) e na *RT* (v. 156/654 e 191/177), assim como do TJ da Bahia, na *RF* (v. 144/1383).

Registrem-se, ainda, entre tantos outros, os acórdãos do STF, publicados na *RTJ* (v. 51/187 e 96/667) e os do TJSP publicados na *RF* (v. 171/340) e na *RT* (v. 191/169, 254/213 e 305/847), nos quais fica explícito, inclusive com remissão a outros julgados, que a aplicação da *cláusula rebus sic stantibus* de há muito frequenta com naturalidade e êxito os nossos pretórios. De resto, para negar-lhe cabimento, só mesmo assumindo o "romanismo feroz" (já hoje completamente ultrapassado) a que aludia o festejado Aguiar Dias.

11. Inúmeras vezes nossos tribunais deixaram claro, ao tempo do anterior Código Civil, que nem mesmo a rigidez de seu art. 1.246 poderia servir como calço para uma das partes locupletar-se à custa da outra, razão pela qual recusavam a imutabilidade do valor estipulado na empreitada quando este resultado injurídico viesse a resultar das circunstâncias supervenientes.

Assim, de fora parte os julgados dantes referidos, que se assentavam na cláusula *rebus sic stantibus* ou que se apoiavam na vestimenta jurídica da teoria da imprevisão, vários outros tomam por estribo, para admitir a flexibilização do valor contratual, a teoria da lesão, do abuso do direito e sobretudo a do enriquecimento sem causa. Valham como exemplo os seguintes excertos de acórdãos, todos colhidos no *Jurisprudência das obrigações*, de Darcy Arruda Miranda Jr.:[291]

---

[290] SALAZAR, Alcino. *RDA*, v. 31, 1953. p. 303 e segs.
[291] MIRANDA JR., Darcy Arruda. *Jurisprudência das obrigações*. São Paulo: Revista dos Tribunais, [s.d.]. v. II. p. 906-907.

Não se pode admitir o locupletamento do proprietário à custa do empreiteiro. O art. 1.246 do Cód. Civil, que estabelece a invariabilidade do preço da empreitada, só admitindo o pagamento de acréscimos ou de extras mediante uma autorização por escrito do proprietário não pode receber uma interpretação puramente literal e restritiva. Por isso a jurisprudência e a doutrina a êle opõem um princípio geral de direito cuja aplicação dispensa acolhida em dispositivo expresso: o do enriquecimento sem causa (cf. Alfredo de Almeida Paiva, Aspectos do direito de empreitada, p. 73/86, ano de 1955 e E.V. de Miranda Carvalho, Contrato de Empreitada, p. 79/88, ano de 1953; "Rev. dos Tribs.", v. 4/334, 15/406, 27/468, 34/228, 44/213, 46/498, 61/505, 181/772, 216/259, 248/161 e 262/543). A única restrição, portanto, é a sua prova inequívoca e concludente, de maneira a afastar do espírito do julgador qualquer dúvida ou incerteza. (Ac. da 4ª Câm. Civil do T.J. de São Paulo, de 21/8/58, na ap. cív. n. 86.904; rel. des. O.A. Bandeira de Mello, in "RT", v. 283, p. 193). [...]

O Cód. Civil pátrio sob o influxo do individualismo então reinante, rompendo a tradição do nosso Direito, deixou de consignar o instituto da lesão. Não obstante, nos seus arts. 85, em que faz prevalecer a "vontade real", e 160, em que subordina a licitude do ato jurídico ao exercício regular de direito, impôs o princípio da equidade a presidir a ordem social, subordinando o Direito à Moral, segundo uma elevada concepção do sentido de Justiça. A circunstância de deixar de legislar sobre a lesão não impede a aplicação da teoria, ante a estrutura acolhida, que veda o enriquecimento à custa de outrém, sem causa justa. Mas, há direito positivo a respeito e consubstanciado na Lei Maior. De fato, o art. 154 da Const. Brasileira, de 1946, prescreve a usura "em todas as suas modalidades". Não se pode admitir o locupletamento do proprietário à custa do empreiteiro. O art. 1.246 do Cód. Civil, que estabelece a invariabilidade do preço da empreitada, só admitindo o pagamento de acréscimos ou de extras mediante uma autorização por escrito do proprietário não pode receber interpretação puramente literal e restritiva. Por isso, a jurisprudência e a doutrina a êle opõem um princípio geral de Direito, cuja aplicação dispensa acolhida em dispositivo expresso: o do enriquecimento sem causa. A única restrição, portanto, é a sua prova inequívoca e concludente, de modo a afastar do espírito do julgador qualquer dúvida ou incerteza". (Ac. do 2o Grupo de Câms. Civis do T.J. de São Paulo, de 5/2/59, nos embs. infs. n. 86.904; rel. Des. Prado Fraga, in "RT", v. 291, p. 198). [...]

No que se refere à aplicação do art. 1.246 do Cód. Civil, a regra aí estabelecida não pode ser interpretada na forma pretendida pelos réus, como observou o ilustre Magistrado reportando-se às eruditas considerações do acórdão inserto na "Rev. dos Tribs.", v. 283/193, do qual foi relator o eminente Des. Bandeira de Mello. [...]

O princípio firmado pelo referido dispositivo, quando a situação econômica do país revelava maior estabilidade, não pode ser aplicado na atualidade com demasiado rigor. Não havia, então, ao tempo da promulgação do Cód. Civil, leis reguladoras do salário mínimo, e no terreno jurídico havia maior estabilidade. [...]

A época em que vivemos se caracteriza por alterações súbitas nas relações contratuais de certa espécie, ditadas por imposições classistas ou sindicalistas, de sorte que nem sempre atua somente a vontade dos contratantes na execução das cláusulas convencionadas. [...]

Nessas condições é de admitir-se que o princípio adotado pelo art. 1.246 do Cód. Civil, no caso de aumento de nível do sal rio mínimo, só é aplicável quando expressamente convencionado. [...]

Não pode qualquer das partes, firmada na inalterabilidade da convenção, valer-se da influência de um fato externo, modificadora de condições essenciais à sua manutenção, locupletar-se à custa da outra, beneficiando-se com um enriquecimento sem causa. [...]

Nestas condições, merece mantida a sentença no que se refere à procedência da ação, sendo porém, fixada a condenação nos têrmos de início mencionados. São Paulo, 26 de abril de 1961 – Moura Bittencourt, pres. com voto – Ulisses Dória, relator – Virgílio Manente (Ac. un. da 4ª Câm. Civil do T.J. de São Paulo, na ap. cív. no 107.510 in "RT", v. 314, p. 247). [...]

A contestação do réu se funda em que o art. 1.246 do Cód. Civil não permite alteração do valor do contrato de empreitada, a não ser quando houver autorização por escrito do proprietário da obra. [...]

Ora, como mostrou a sentença, o referido art. 1.246 não pode ser interpretado em termos rígidos, e hoje a jurisprudência tem amenizado esta interpretação haja visto, os acórdãos mencionados na sentença, um dos quais dêste E. Tribunal de Justiça ("Rev. Justiça", v. 41/34) e outros dos demais Tribunais do País ("Rev. For.", v. 139/119; 140/145; 143/337 e 154/266). O próprio Supremo Tribunal Federal reconheceu que não seria possível impor ao empreiteiro a inadequada rigidez da regra do art. 1.246 do Cod. Civil, com o que facilitaria a locupletação de um contratante com a espoliação do outro ("Rev. Forense", 123/93)" (Ac. da 1ª Câm. Civil do TJ do R.G. do Sul, de 27/12/60, na ap. civ. n. 13.900; rel. Des. Julio Martins Porto, in "Rev. Jurídica", v. 52, p. 258).

12. *Atualmente*, o Código Civil brasileiro de 2002, em vários de seus dispositivos, revela *manifesto propósito de evitar as injustiças contratuais*. Dessarte, o art. 317 dispõe: "Quando, por motivos imprevisíveis, sobrevier desproporção manifesta entre o valor da prestação devida e o do momento de sua execução, poderá o juiz corrigi-lo, a pedido da parte, de modo que assegure, quanto possível, o valor real da prestação".

Animado do mesmo espírito de coibir o ônus excessivo para uma das partes, os arts. 478 e 479 estatuem:

Art. 478. Nos contratos de execução continuada ou diferida, se a prestação de uma das partes se tornar excessivamente onerosa, com extrema vantagem para a outra, em virtude de acontecimentos extraordinários e imprevisíveis, poderá o devedor pedir a resolução do contrato. Os efeitos da sentença que a decretar retroagirão à data da citação.

Art. 479. A resolução poderá ser evitada, oferecendo-se o réu a modificar eqüitativamente as condições do contrato.

É certo, pois, que, na atualidade, não apenas a jurisprudência pátria, mas também o direito positivo brasileiro, no próprio âmbito do direito privado, oferece confortável guarida à reposição da igualdade contratual desconcertada por eventos supervenientes imprevisíveis ou, então, enseja resolução do contrato em hipóteses deste jaez.

13. Por outro lado, é sabido e ressabido que a revisibilidade dos contratos para restabelecimento de seu equilíbrio econômico-financeiro recebe acolhida doutrinária e jurisprudencial muito mais fácil, espontânea e frequente justamente na esfera dos contratos efetuados por contratante governamental. Ao respeito não se põe dúvida alguma, inclusive porque, nesta órbita, concorrem inúmeras razões outras, além das já aduzidas, para que se restaure o equilíbrio inicialmente estipulado entre as partes.

Uma vez que a Consulta envolve precisamente um contrato efetuado entre a Consulente e a Petrobras S.A., uma empresa governamental, a qual, ademais, tem a peculiaridade de ser a exercente de atividade monopolizada, conforme art. 177 da própria Constituição, cumpre desenvolver mais amplamente o tema, começando por caracterizar as pessoas estatais constituídas sob forma de direito privado e os contratos por elas travados, para, subsequentemente, cogitar da revisibilidade nos contratos administrativos.

As empresas estatais, como de outra feita averbamos em obra teórica, são, fundamentalmente e acima de tudo, instrumentos de ação do Estado. O traço essencial caracterizador destas pessoas é o de se constituírem em auxiliares do Poder Público; logo, são entidades votadas, por definição, à busca de interesses transcendentes aos meramente privados. É preciso, pois, aturado precato para não incorrer no equívoco de assumir fetichisticamente sua personalidade de direito privado (como costumava ocorrer no Brasil) e imaginar que, por força dela, seu regime pode ser em tudo e por tudo equivalente ao dos sujeitos cujo modelo tipológico inspirou-lhes a criação.

Deveras, a personalidade de direito privado que as reveste não passa de um expediente técnico cujo préstimo adscreve-se, inevitavelmente, a certos limites, já que não poderia ter o condão de embargar a positividade de certos princípios e normas de direito público cujo arredamento comprometeria objetivos conaturais ao Estado de direito.

O traço nuclear das empresas estatais, isto é, das empresas públicas e sociedades de economia mista, reside no fato de serem coadjuvantes de misteres estatais. Nada pode dissolver este signo insculpido em suas naturezas. Dita realidade jurídica representa o mais certeiro norte para a intelecção destas pessoas. Consequentemente, aí está o critério retor para interpretação dos princípios jurídicos que lhes são obrigatoriamente aplicáveis, pena de converter-se o acidental – suas personalidades de direito privado – em essencial, e o essencial – seu caráter de sujeitos auxiliares do Estado – em acidental.

Como os objetivos estatais são profundamente distintos dos escopos privados, próprios dos particulares, já que almejam o bem-estar coletivo e não o proveito individual, singular (que é perseguido pelos particulares), compreende-se que exista um abismo profundo entre as entidades que o Estado criou para secundá-lo e as demais pessoas de direito privado das quais se tomou por empréstimo a forma jurídica. Assim, o regime que a estas últimas naturalmente corresponde, ao ser transposto para empresas públicas e sociedades de economia mista, tem que sofrer – também naturalmente – significativas adaptações, em atenção a suas peculiaridades. E isto, como é compreensível, há de refletir-se também em seus regimes contratual e pré-contratual.

14. Dessarte, o próprio Texto Constitucional vigente cuida de submeter *todas* as empresas públicas e sociedades de economia mista, *sejam elas prestadoras de serviço público ou exploradoras de atividade econômica*, a uma série de disposições que não vigoram para as demais pessoas de direito privado (e que nem faria sentido algum em relação a elas). Evidencia-se, pois, que o regime jurídico disciplinador destas entidades da Administração indireta é, certamente, peculiar. Basta examinar o Texto Constitucional para notar-se que as empresas estatais recebem uma caracterização que não pode deixar de ressoar nas avenças que venham a travar. Veja-se.

O art. 5º, LXXIII, confere a qualquer cidadão legitimidade para propor ação popular que vise anular atos lesivos ao patrimônio público ou a "entidade de que o Estado participe", à moralidade administrativa, ao meio ambiente e ao patrimônio histórico ou artístico. O art. 14 cogita de casos de inelegibilidade e em seu §9º prevê que lei complementar estabelecer outros, bem como seus prazos de cessação, a fim de proteger a normalidade das eleições contra a influência do poder econômico ou o abuso do exercício de cargo, emprego ou função na "Administração direta ou indireta". O art. 37, *caput*, declara submissos aos princípios da legalidade, impessoalidade, moralidade e publicidade e eficiência, a Administração direta e indireta, em todas as esferas e níveis de Governo. O inc. II do mesmo artigo impõe concurso público, de provas ou de provas e títulos para a admissão em cargos ou empregos na Administração direta e indireta. O inc. XVII estabelece que a proibição de acumular cargos públicos, salvo exceções constitucionalmente previstas (estatuída no inc. XVI), estende-se também a empregos e funções e abrange autarquias, empresas públicas, sociedades de economia mista e fundações governamentais. O inc. XIX dispõe que somente por lei específica podem ser criadas empresa pública, sociedade de economia mista, autarquia ou fundação governamental e o inc. XX estatui que depende de autorização legislativa, em cada caso, a criação de subsidiárias de tais pessoas ou a participação delas em empresas privadas. O inc. XXI estabelece que,

> ressalvados os casos especificados na legislação, as obras, serviços, compras e alienações (da administração direta e indireta) serão contratados mediante processo de licitação pública que assegure igualdade de condições a todos os concorrentes, com cláusulas que estabeleçam obrigações de pagamento, mantidas as condições efetivas da proposta, nos termos da lei, o qual somente permitir as exigências de qualificação técnica e econômica indispensáveis à garantia do cumprimento das obrigações.

O art. 49, inc. X, submete à fiscalização e controle do Congresso Nacional os atos do Poder Executivo, incluídos os da Administração indireta. O art. 52 submete as operações de crédito externo e interno da União, estados, Distrito Federal e municípios, suas autarquias e demais entidades controladas pelo Poder Público federal a limites e condições fixados pelo Senado Federal. O art. 54 estabelece vedação a que deputados e senadores, em certos casos desde a diplomação e em outros desde a posse, aceitem ou exerçam cargos, funções ou empregos e firmem ou mantenham contratos com pessoas de direito público, autarquias, empresas públicas ou sociedades de economia mista ou concessionários de serviço público, ou que patrocinem causas em que tais pessoas sejam interessadas, sob pena de perderem o mandato, conforme dispõe o art. 55, I. O art. 71, incs. II, III e IV, respectivamente, submetem ao julgamento do Tribunal de Contas as contas dos administradores e demais responsáveis por bens e valores públicos da Administração direta e indireta, incluídas as fundações e as sociedades instituídas e mantidas pelo Poder Público; determinam que pelo referido Tribunal sejam examinados quanto à legalidade, para fins de registro, os atos de admissão de pessoal a qualquer título, bem como as concessões de aposentadoria, reforma e pensões. O art. 165, §5º, estabelece que a lei orçamentária anual compreenderá o orçamento fiscal referente aos poderes da União, seus fundos, órgãos e entidades da Administração indireta, orçamentos de investimento das empresas em que a União, direta ou indiretamente, detenha a maioria acionária votante e o orçamento da seguridade social, abrangendo órgãos e entidades da Administração direta e indireta. O art. 169, parágrafo único, dispõe que a concessão de qualquer vantagem, aumento de remuneração, criação de cargos ou alteração de estrutura de carreiras, bem como a admissão de pessoal a qualquer título pelos órgãos e entidades da Administração direta ou indireta, inclusive fundações instituídas e mantidas pelo Poder Público, só poderão ser feitas se houver prévia dotação orçamentária suficiente para atender às projeções de despesa de pessoal e aos acréscimos dela decorrentes.

15. O arrolamento destes vários dispositivos demonstra que o regime das sociedades de economia mista e empresas públicas, sejam elas de que tipo forem (prestadoras de serviços públicos ou exploradoras de atividade econômica), já por força destas normas categoricamente expressas na Constituição, não é o mesmo das empresas privadas em geral.

Seria enganoso, outrossim, extrair de uma leitura pontual da Constituição, centrada no §1º, II, do art. 173, a suposição de que, em se tratando de estatais voltadas para exploração de atividade econômica, procederia dizer-se que se assujeitam à mesma disciplina regente das empresas particulares. Este preceito, redigido em linguagem desatada – e nesta medida contraditória com a torrente de dispositivos dantes citados – estatui, efetivamente, que as empresas governamentais, ao operarem na esfera econômica, submeter-se-ão ao regime próprio das empresas privadas.

Entretanto, revelar-se-ia balda a tentação de sacar deste dispositivo o entendimento de que a Lei Magna, assim dispondo, quis excluí-las das regras vigorantes para as demais empresas do Estado. É que a série de dispositivos dantes mencionados, além de não fazer discriminação alguma entre os tipos de empresa pública e de sociedade de economia mista – o que já induziria a concluir que efetivamente abarca ambas as espécies –, contém regras que, quando menos em sua esmagadora maioria, à toda evidência não teriam porque ser restritas apenas às prestadoras de serviço público, pois suas razões informadoras comparecem com igual procedência perante as exploradoras de atividade econômica. Logo, não é exato que estas últimas sejam disciplinadas na conformidade das normas regentes das empresas privadas. Daí a assertiva de que o art. 173, §1º, exprimiu-se de maneira desatada e reproduz um caso típico do qual se pode afirmar que o legislador *dixit plus quam voluit*.

16. Haver-se-á de admitir, isto sim, que as disposições concernentes a um ou outro tópico (admissão de pessoal por concurso público ou obrigação de licitar) podem sofrer contemperamentos ou exceções no caso de empresas públicas exploradoras de atividade econômica, nas hipóteses específicas em que o estrito atendimento de tais exigências seja, para além de qualquer dúvida ou entredúvida, incompatível com o desempenho da atividade a que hajam sido legalmente prepostas. Mas, contemperamentos ou exceções não se confundem com elisão ou menoscabo das citadas regras constitucionais. Significarão simplesmente uma harmonização delas com o disposto no referido art. 173, §1º da Lei Magna. Mandam os princípios de boa hermenêutica que, existindo aparente contradição entre dois comandos normativos, a prevalência de um, nas situações em seja visível que deva preponderar, se faça na estrita medida requerida para sua positividade, causando o menor agravo possível ao outro, de modo que ambos possam conviver em prazível harmonia.

17. Em sintonia com o que vem de ser exposto, não é de estranhar que as empresas governamentais, em despeito de sua personalidade de direito privado e seja qual for a finalidade a que estejam prepostas (prestação de serviço público ou exploração de atividade econômica), por serem entidades coadjuvantes do Estado, ao travarem contratos com terceiros, estejam submissas ao impacto de princípios e regras que refletem esta característica que lhes é conatural.

Assim, desde logo, o atendimento aos deveres da legalidade, da moralidade – e, pois, da boa-fé –, assim como da publicidade e da impessoalidade, apresenta-se-lhes como absolutamente impositivo. Deveras, *ex vi* do precitado art. 37, *caput*, da Constituição Federal, tanto a Administração direta como a indireta (caso das sobreditas pessoas) não podem se evadir à obediência dos "princípios" em questão.

São os seguintes os termos do mencionado preceptivo: "Art. 37. A administração pública direta e indireta de qualquer dos Poderes da União, dos Estados, do Distrito Federal e dos Municípios obedecerá aos princípios de legalidade, impessoalidade, moralidade, publicidade e eficiência e, também, ao seguinte".

Uma vez que "nas declarações de vontade se atenderá mais à intenção nelas consubstanciada do que ao sentido literal da linguagem" (art. 112 do Código Civil), resulta evidente que para bem atender a este comando normativo, isto é, à *legalidade*, as empresas estatais, em seus contratos com terceiros, hão de respeitar fielmente o *conteúdo da vontade* expressado nas avenças firmadas, ao invés de – no afã de buscar vantagens indevidas e de locupletar-se à custa de sua contraparte – resistir ao que delas resulta.

Além disto, o princípio da moralidade interdita-lhes buscar extrair proveitos anormais, sacados de circunstâncias fortuitas, quando, para obtê-los, deva lançar sobre os ombros de seu contratado prejuízos excepcionais que tornem, para este último, ruinoso o negócio travado, sendo certo que dita relação não se haveria constituído se fossem previsíveis os resultados desastrosos.

Com efeito, ninguém, em sã consciência, reputaria "moral" o comportamento do sujeito que, em desatenção ao espírito de um ajuste, procurasse captar proveitos excepcionais hauridos em decorrência da prestação de outrem. Ninguém sufragaria o entendimento de que enriquecer-se à custa do empobrecimento alheio, graças ao desnaturamento de um vínculo sinalagmático e comutativo, constitui-se em conduta de boa moral. Há, sem dúvida, uma notável diferença entre perseguir a realização de bons negócios, obrigação a que estão adstritas as empresas estatais, e aproveitar-se de circunstâncias ocasionais para converter o negócio em fator de enriquecimento à custa da prestação alheia.

18. De outra parte, o Texto Constitucional do país, em seu art. 37, XXI, impõe tanto à Administração direta quanto à indireta (isto é, empresas públicas, sociedades de economia mista e autarquias) de um lado, que as obras, serviços, compras e alienações sejam precedidas de licitação pública e de outro lado que sejam incluídas cláusulas asseguradoras da mantença das condições efetivas da proposta.

Este comando assujeita a generalidade das empresas públicas e sociedades de economia mista, quer sejam elas prestadoras de serviço público, quer sejam exploradoras de atividade econômica. Ressalve-se, como já se disse, que, em se tratando destas últimas, dever-se-á considerá-lo absolvível nas hipóteses em que a adoção do sobredito procedimento (com todos os rigores que lhe são inerentes) seja inconvivente com o regular desempenho da atividade econômica a que a pessoa esteja preposta. Inversamente, é óbvio que o recurso ao regime da licitação persiste indeclinável em quaisquer outros casos em que sua adoção não comprometa o desempenho das atividades da pessoa. Assim, evidentemente, inexistiriam razões prestantes para deixar de adotá-lo, *exempli gratia*, na construção do edifício-sede da empresa, na aquisição de seus móveis e utensílios, na implantação de fábrica e compra de maquinaria, de fora parte as múltiplas outras situações em que, mesmo no desempenho de suas atividades-fim, a realização de certame licitatório formalizadamente obsequioso ao regime corrente na esfera pública não se entremostre gravoso ao cumprimento do objetivo social da entidade.

Ora, ao cabo de um certame licitatório, ao adjudicar o objeto a um dado ofertante com o qual venha a contratar, a promotora do certame *ipso facto* está reconhecendo que a proposta por este feita, sobre ser a melhor que encontrou no mercado é, *demais disto, satisfatória* e exequível, pois se não o fosse, esquivar-se-ia de adjudicar e de contratar. *Em sendo satisfatória a proposta, segue-se que a Administração não teria título jurídico para, ulteriormente, buscar vantagens adicionais e menos ainda o teria para converter um negócio viável em negócio ruinoso para a contraparte.* Com efeito, se a proposta apresentasse tal característica, exibir-se-ia como inexequível economicamente e, então, como se sabe, teria que ser desclassificada.

Posto que a Administração não pode contratar com quem faça proposta inexequível, evidentemente, não poderia, ela mesma, ao depois, converter um negócio economicamente exequível em negócio economicamente inexequível, pena de estar burlando, *a posteriori*, a regra que proíbe o travamento de contratos que abriguem propostas incursas em tal impropriedade.

19. Além disto, posto que o referido art. 37, XXI, da Constituição exige que nos contratos da Administração direta e indireta ali supostos seja assegurada *a mantença das condições efetivas da proposta*, tem-se como certo e induvidoso que é característica dos contratos realizados por tais sujeitos a garantia da chamada "equação econômico-financeira". Ou seja: a igualdade estabelecida entre as partes por ocasião do travamento da avença deve ser mantida ao longo do contrato. Assim, as vantagens recíprocas que os contraentes houverem conseguido estabelecer quando da constituição do vínculo – cada qual à busca de um negócio que lhe fosse conveniente e compensador – hão de permanecer garantidas.

Todas estas características assinaladas são comuns aos contratos de quaisquer entidades da Administração indireta. Valem, portanto, indiferentemente, quer para os contratos de direito privado por elas firmados, quanto para os contratos administrativos que venham a travar. Por conveniência expositiva, entretanto, serão muito mais amplamente examinadas ao se tratar dos contratos administrativos.

20. Diga-se, aliás, que a última característica assinalada – isto é, o dever de mantença do equilíbrio econômico-financeiro dos contratos – se acaso fosse questionável em relação aos contratos efetuados por estatais exploradoras de atividade econômica, jamais poderia merecer impugnação no que concerne aos contratos que as exercentes de atividade monopolizada travassem *com o objetivo de instrumentar-se* para a realização de suas atividades-fim.

Com efeito, ao monopolizar determinada atividade, a Constituição deixa explícito – e de modo inobjetável – que qualificou a atividade em questão como de supina relevância e que, inobstante se trate de atividade econômica, pretendeu cercá-la de tais atenções e cuidados que excluiu a livre iniciativa de ingerência no setor, reservando-o tão somente a si próprio ou a entidades suas.

É visível, pois, que atribuiu à atividade em questão um *status* resguardador só cotejável ao que é conferido aos serviços públicos. E os contratos atinentes à prestação destes últimos, como se sabe, são contratos administrativos.

Sem dúvida, os contratos que as exercentes de tais atividades efetuassem na conclusão de suas atividades-fim não poderiam ser normalmente contratos administrativos, pois tal proceder inviabilizaria a operacionalização de seus misteres industriais e comerciais, se mais não fora por serem incompatíveis com as práticas comerciais correntes. Entretanto, o mesmo não se poderia dizer ou nem sempre se poderia dizer em relação à generalidade dos contratos que travem a fim de instrumentar-se para a realização de suas atividades-fim.

Assim, as exploradoras de atividade monopolizada, na obtenção de equipamentos, obras ou serviços, no país, ante o singular interesse da atividade que exercem (estampado no monopólio), podem perfeitamente desfrutar do regime dos contratos administrativos, beneficiando-se das prerrogativas de autoridade neles conferidas ao contratante governamental e, correlatamente, assujeitando-se à natural contrapartida disto, que é, notoriamente, a sólida garantia da contraparte no que concerne ao equilíbrio econômico-financeiro estipulado. Nisto, aliás, discrepam radicalmente da generalidade das empresas estatais exploradoras de atividade econômica.

Seja, pois, pelas razões ora aduzidas, seja pelo fato de que o equilíbrio econômico-financeiro dos contratos realizados pelas estatais deve ser sempre assegurado, nos termos do art. 37, XXI, do Texto Magno, cumpre examinar, agora, o regime dos contratos administrativos.

21. Nesta oportunidade examinar-se-ão mais detidamente certas características do contrato administrativo, algumas das quais concernem também à generalidade dos contratos travados por estatais e que dantes já foram apontadas, mas que, por comodidade expositiva, deixou-se para profundá-las ao ensejo do exame dos contratos administrativos.

Em tempo algum se contestou que a equação econômico-financeira do contrato administrativo merecesse integral proteção.

Na teoria do contrato administrativo, a manutenção deste *equilíbrio* – não sem razão – é aceita como verdadeiro "artigo de fé". Doutrina e jurisprudência brasileiras, em sintonia com o pensamento alienígena, assentaram-se pacificamente em que, neste tipo de avença, o contratado goza de sólida proteção e garantia no que concerne ao ângulo patrimonial do vínculo, até mesmo como contrapartida das prerrogativas reconhecíveis ao contratante governamental. Este indiscutido direito, como é óbvio – mas importa dizê-lo –, corresponde a uma garantia verdadeira, *real*, substancial e não a uma garantia *fictícia, simulada, nominal*.

Entende-se por equilíbrio ou equação econômico-financeira a relação de igualdade, vale dizer, de equivalência, entre as obrigações assumidas pelo contratado e a remuneração que lhe corresponderá, tudo conforme inicialmente ajustado pelas partes. Esta igualdade que estipularam deve perdurar ao longo de toda duração do vínculo e é uma garantia do contratado. Aliás, se assim não fosse, maiormente em vista dos poderes reconhecidos no contrato administrativo à parte governamental, o Poder Público "não encontraria contratantes", consoante averbou Francis-Paul Benoît.[292] Deveras, como muito bem o disse Hely Lopes Meirelles: "O contrato administrativo, por parte da Administração, destina-se ao atendimento das necessidades públicas, mas por parte do contratado, objetiva um lucro, através da remuneração consubstanciada nas cláusulas econômicas e financeiras".[293]

---

[292] BENOÎT, Francis-Paul. *Le droit administratif français*. Paris: Dalloz, 1968. p. 588.
[293] MEIRELLES, Hely Lopes. *Licitação e contrato administrativo*. 7. ed. atual. São Paulo: Revista dos Tribunais, 1987. p. 161.

Georges Pequignot, um clássico no tema contrato administrativo, apostilou ao respeito:

> O contratado tem direito à remuneração inscrita em seu contrato. É o princípio da fixidez do contrato. Ele não consentiu seu concurso senão na esperança de um certo lucro. Aceitou tomar a seu cargo trabalhos e áleas que, se não houvesse querido contratar, seriam suportados pela Administração. É normal que seja remunerado por isso Além disso, seria contrário à regra da boa-fé, contrário também a qualquer segurança dos negócios, e portanto perigoso para o Estado social e econômico que a Administração pudesse modificar, especialmente reduzir, esta remuneração.[294]

É induvidoso que a equação econômico-financeira se constitui em um dos pilares da teoria do contrato administrativo. Para dizê-lo com palavras de Marcello Caetano:

> O contrato assenta, pois, numa determinada equação financeira (o valor em dinheiro dos encargos assumidos por um dos contraentes deve equivaler às vantagens prometidas pelo outro) e as relações contratuais têm de desenvolver-se na base do equilíbrio estabelecido no ato de estipulação.[295]

22. A expressão "equação econômico-financeira" designa, pois, o termo de equilíbrio que se definiu quando do travamento do liame, o qual reflete o acolhimento de uma proposta feita de acordo com as condições estabelecidas no certame licitatório que o tenha precedido. Esta noção de equivalência, de igualdade que deverá persistir, fica muito bem realçada nas seguintes expressões com que Marcel Waline a descreve:

> Assim, o equilíbrio econômico e financeiro do contrato é uma relação que foi estabelecida pelas próprias partes contratantes no momento da conclusão do contrato, entre um conjunto de direitos do contratante e um conjunto de encargos deste, que pareceram equivalentes, donde o nome de "equação"; desde então esta equivalência não mais pode ser alterada.[296]

---

[294] PEQUIGNOT, George. *Théorie general du contract administratif*. Paris: A. Pedone, 1945. p. 434-434.
[295] CAETANO, Marcello. *Princípios fundamentais do direito administrativo*. Rio de Janeiro: Forense, 1977. p. 255-256.
[296] WALINE, Marcel. *Droit administratif*. 5. ed. Paris: Sirey, 1963. p. 618.

Dessarte, nenhuma das partes se locupleta à custa da outra. Ambas recebem o que as incitou a travar o liame. Nem o contratante nem o contratado sacam outras vantagens além das que consentiram reciprocamente em outorgar-se e que se constituíram na própria razão do engajamento havido. *Cada qual obtém o que previra e ajustara. Há, pois, satisfação dos respectivos escopos e perfeita realização do direito contratualmente estipulado.*

A igualdade, em questão, havida como pertinente quando da acolhida da proposta, como já foi dito, é para ser mantida, *quer no travamento do vínculo, quer ao longo de todo o contrato*, pois aqueles termos econômicos (correlatos aos encargos supostos) é que credenciaram o ofertante ao contrato. Eis, pois, que a Administração *deve* manter a equação econômica que ela própria proclamou satisfatória.

23. Como longamente se demonstrou na primeira parte deste parecer, entende-se não ser compatível com o direito que uma das partes do contrato se enriqueça à custa da outra em razão de eventos insuspeitados e supervenientes, estranhos à ação dos contraentes, que venham a desconcertar gravemente um equilíbrio que fora estipulado à vista de circunstâncias diversas.

Para acudir a situação juridicamente patológica que disto resultaria, socorrem-se, doutrina e jurisprudência, da chamada "teoria da imprevisão", por via da qual, modernamente, se retoma o vetusto princípio da cláusula *rebus sic stantibus*. Entre nós, a teoria da imprevisão, como foi dito, é perfeitamente acolhida como forma de restaurar o equilíbrio da equação econômico-financeira e evitar um enriquecimento ilícito por parte do contratante beneficiado.

De acordo com ela, as obrigações contratuais hão de ser interpretadas em correlação com o estado de coisas ao tempo em que se contratou. Em consequência, a mudança acentuada dos pressupostos de fato em que se embasou implica alterações que o direito não pode desconhecer, pois as vontades se ligaram em vista de certa situação e na expectativa de determinados efeitos e não em vista de situação e efeitos totalmente diversos, surgidos à margem do comportamento dos contraentes.

Com o advento da Primeira Guerra Mundial, o velho e salutar preceito contido na cláusula *rebus sic stantibus* reapareceu com roupagem nova, sob as vestes de "teoria da imprevisão". Fundamenta-se ela em que a ocorrência de fatos imprevisíveis, anormais, alheios à ação dos contraentes, e que o tornam ruinoso para uma das partes, acarreta situação que não pode ser suportada pelo prejudicado, pois proporcionaria a um dos contraentes locupletar-se sobre o outro.

Em verdade, na França ela tem início justamente para acudir problemas surdidos ao propósito de contratos travados pela Administração Pública. É célebre o aresto do Conselho de Estado em caso da Cia. de Gás de Bordeaux, em 1916, após o qual surgiu uma ampla jurisprudência receptiva.[297] No direito brasileiro, como se demonstrou, a teoria foi amplamente recebida e na esfera do direito administrativo há, inclusive, acórdãos antigos, atestando a longevidade de sua acolhida (*exempli gratia*, os publicados na *RDA*, 53/202 e 82/217, tanto como decisões bastante posteriores demonstrativas de sua atualidade, como o acórdão do TFR publicado na *RDA*, 163/248). Na esfera administrativa também se encontram decisões muito antigas neste sentido (*RDA*, 2/812, 5/277, 10/284, 25/357, 73/359), tal como na órbita do Tribunal de Contas (*RDA*, 11/231 e 13/266).

24. Ressalte-se que o Estado e as criaturas que instituir para auxiliá-lo, pouco importando quanto a isto se são prestadoras de serviços públicos ou exploradores de atividade econômica, não atuam de acordo com o direito, mas violam-no, quando afrontam direitos alheios ou quando, havendo-os agravado, deixam de recompô-los fundados na errônea suposição de que estão, dessarte, a defender o "interesse público". *Juridicamente, não há interesse público contra a lei. Não há interesse público no desatendimento de direito alheio. Não é lícito a uma pessoa governamental esquivar-se a cumprir ou a reconhecer o direito de terceiros.*

Esta obviedade muitas vezes necessita ser afirmada ante a ingênua desenvoltura do Poder Público, no Brasil, em supor-se acima da ordem jurídica ou liberado para eximir-se de cumpri-la, contrapondo-lhe alegações de "interesse público". Por isto – e só por isto – é que cabe mencioná-la, sintetizando-a, nos seguintes termos: é dever das pessoas governamentais respeitarem os direitos alheios e recomporem, inclusive espontaneamente, os agravos que lhes hajam causado, posto que *não é interesse público, mas transgressão dele*, esquivarem-se de reconhecê-los.

É livre de qualquer discussão o fato de que o Poder Público e seus coadjuvantes só podem perseguir *fins lícitos*, segundo a forma e os meios juridicamente previstos e, ademais, consentâneos com a "moralidade administrativa", já que esta se encontra expressamente

---

[297] cf. LAUBADÈRE, André de. *Traite élementaire de droit administratif*. 3. ed. Paris: LGDF, 1963. v. I. p. 315.

qualificada pelo Texto Constitucional como princípio obrigatório para a Administração direta e indireta (art. 37).

Nos quadrantes da moralidade administrativa obviamente *estão implicados o pleno respeito aos direitos alheios*, a conduta leal e de boa-fé; logo, no caso dos contratos administrativos, a deferência para com o equilíbrio econômico-financeiro estipulado.

Agustín Gordillo, o reputado mestre argentino, referindo-se especificamente ao contrato administrativo, observou:

> Diz-se assim, que os contratos administrativos são essencialmente de boa fé, do que resulta que a Administração não deve atuar como se se tratasse de um negócio lucrativo, nem de intentar obter ganhos ilegítimos à custa do contratado, nem a aproveitar-se de situações legais ou fáticas que a favoreçam em prejuízo do contratado.[298]

25. Tudo o que se vem de dizer está literalmente estampado na lei brasileira regente de licitações e contratos administrativos, Lei nº 8.666, de 21.6.1993 (com alterações sucessivas). Esta, de modo expresso e com a maior clareza possível, expressamente abona o respeito à equação econômico-financeira que os informa. Assim, o art. 65, II, "d", prevê alteração do contrato, por acordo das partes:

> para restabelecer a relação que as partes pactuaram inicialmente, entre os encargos do contratado e a retribuição da Administração para a justa remuneração da obra, serviço ou fornecimento, objetivando a manutenção do equilíbrio econômico e financeiro inicial do contrato, na hipótese de sobrevirem fatos imprevisíveis, ou previsíveis porém de conseqüências incalculáveis, retardadores ou impeditivos da execução do ajustado, ou ainda, em caso de força maior, caso fortuito ou fato do príncipe, configurando álea econômica extraordinária e extracontratual.

Acresça-se que o §5º estabelece:

> Quaisquer tributos ou encargos legais, criados, alterados ou extintos, bem como a superveniência de disposições legais, quando ocorridas após a data da apresentação das propostas, de comprovada repercussão nos preços contratados, implicarão a revisão destes para mais ou para menos, conforme o caso.

---

[298] GORDILLO, Agustín. *Contratos administrativos*. Buenos Aires: Associacion Argentina de Derecho Administrativo, 1977. p. 15.

Os preceitos citados estão a revelar o reconhecimento legislativo da necessidade e justeza de assegurar-se o equilíbrio econômico-financeiro do contrato administrativo.

De resto, não só neles se estampa a sobredita preocupação e a obrigação de garantir o respeito ao equilíbrio contratual, como se vê nos seguintes outros dispositivos: o art. 5º e parágrafos que preveem correção monetária para os créditos do contrato; o art. 7º, §7º, que traduz idêntico cuidado; o art. 40, XI (com a redação dada pela Lei nº 8.883/94), *impositivo de reajustes contratuais*; o art. 57, §1º, que se reporta expressamente à manutenção do equilíbrio econômico-financeiro, sempre que ocorrerem alterações nos prazos de início de etapas de execução, conclusão e entrega, pelas razões nele arroladas; o art. 58, §§1º e 2º, que explicitam, respectivamente, a impossibilidade de alteração do sobredito equilíbrio sem concordância do contratado e a necessidade da revisão contratual, com este mesmo objetivo quando o Poder Público alterar unilateralmente o contrato para melhor adequá-lo às finalidades públicas.

O caso *sub consulta*

26. No caso vertente, houve, como noticia a Consulta, total desconcerto da equação econômico-financeira estipulada pelas partes, de tal sorte que o cumprimento do contrato converteu a avença em negócio literalmente ruinoso para a contratada. Fatores supervenientes, estranhos às previsões originárias de quaisquer das partes e absolutamente imprevisíveis, subverteram de modo completo o equilíbrio que dantes se estabelecera nas recíprocas prestações.

Assim, em face das informações constantes da Consulta, não há duvidar que a contratante, entidade governamental exercente de atividade monopolizada e submissa, em seus contratos, à obediência de princípios insculpidos na Constituição do país como obrigatórios para a Administração direta e indireta está assujeitada ao dever jurídico de recompor a igualdade inicial suposta pelas partes. Uma vez que o art. 37, XXI da Lei Magna, exige a adoção de "cláusulas que assegurem as condições efetivas da proposta" e que o art. 37, *caput*, impõe a todas as entidades governamentais respeito aos princípios da legalidade e da moralidade, no que está incluso o dever de agir de boa-fé, sem locupletamento à custa alheia, resulta certo que, para acatamento de tais cânones, cabe-lhe restaurar o equilíbrio devido, uma vez efetivamente comprovados os prejuízos sofridos pela contraparte como fruto de eventos posteriores alheios à previsibilidade das partes e gravemente danosos à correlatividade das recíprocas prestações. Demais disto é a lei regente de contratos administrativos que exige a restauração da equação inicial ou a liberação do contratado quando eventos sucessivos e imprevisíveis transtornam a economia contratual.

27. • Visto que nos contratos de direito privado nem doutrina nem jurisprudência toleram que eventos supervenientes imprevisíveis e gravemente onerosos para uma das partes subvertam o sentido e a razão de ser das avenças comutativas, transformando-as em instrumento de enriquecimento sem causa de um dos contraentes às expensas do outro;
  • visto que, por força da própria Constituição brasileira, os contratos travados por entidades governamentais submetem-se a certos princípios, em alguns pontos similares aos dos contratos administrativos, como no concernente ao dever de licitar previamente, ao de conter cláusulas que assegurem as condições efetivas da proposta e ao de respeitar os princípios da legalidade e da moralidade;
  • visto que nos contratos administrativos a manutenção do equilíbrio econômico-financeiro é considerada autêntico "artigo de fé";
  • visto que estas relações contratuais "têm de desenvolver-se na base do equilíbrio estabelecido no ato de estipulação"[299] e que a equivalência entre as prestações, uma vez estabelecida quando do travamento do liame, "não mais pode ser alterada",[300] sendo esta "uma das características essenciais do contrato administrativo"[301] pela qual se assegura que nenhuma das partes se locupletará à custa da outra;
  • visto que a Administração só pode realizar contratos que contemplem preços exequíveis, pois ofertas que careçam deste atributo hão de ser obrigatoriamente desclassificadas;
  • visto que os contratos administrativos têm de ser obrigatoriamente precedidos de licitação na qual a proposta do adjudicatário é, por definição, qualificada como a mais vantajosa que se pôde obter e reconhecida como satisfatória, vale dizer,

---

[299] CAETANO, Marcello. *Princípios fundamentais do direito administrativo*. Rio de Janeiro: Forense, 1977.
[300] WALINE, Marcel. *Droit administratif*. 5. ed. Paris: Sirey, 1963.
[301] RIVERO, Jean. *Droit administratif*. 3. ed. Paris: Dalloz, 1965.

suficiente para acobertar adequadamente os custos da atividade a ser desenvolvida e a remuneração do contratado, sem o que não poderia ser aceita;
- visto que o contrato administrativo, como quaisquer contratos comutativos, é relação de boa-fé que impõe deveres de equidade, de lealdade e de equilíbrio nas obrigações correlatas segundo o assentimento dos modernos;
- visto que o princípio geral da boa-fé no âmbito do direito administrativo "adquire especial relevância" e "é exigível nos atos administrativos, no exercício de direitos e no cumprimento das obrigações",[302] sendo certo, ainda, que está abrigado no princípio da moralidade administrativa, previsto no art. 37, *caput*, da Constituição;
- visto que não há interesse público contra a lei ou efetuado com sacrifício injusto de direito alheio, pois o Estado não é nem pode converter-se em especulador ou explorador ganancioso;
- visto que o direito positivo brasileiro não só abona explicitamente o respeito ao equilíbrio econômico-financeiro dos contratos administrativos (arts. 65, II, "d" da Lei nº 8.666), mas o impõe de modo inadversável e estampado em nível constitucional, tanto como fruto do aludido dever de moralidade administrativa (art. 37) como, sobretudo, por expressa determinação do inc. XXI do art. 37 ao equilíbrio estipulado na avença;
- visto que é sobretudo na esfera dos contratos realizados pela Administração que se demanda a restauração do equilíbrio rompido por eventos supervenientes e imprevisíveis;
- visto que, em ocorrendo ruptura do equilíbrio econômico-financeiro gravosa ao contratado, por causas supervenientes alheias ao comportamento deste, a Administração, instada pela contraparte, não apenas pode, mas deve apurar-lhe a extensão e restaurar, por ato próprio, a igualdade inicial do contrato;
- visto tudo isto, tem-se como arrecadado todo o suficiente e necessário para responder às indagações da Consulta, pois fica evidente que o contrato travado entre a Petrobras e a Consulente estará sempre sob o influxo de determinadas regras

---

[302] GONZALEZ PEREZ, Jesus. *El principio general de la buena fe en el derecho administrativo*. Madrid: Civitas, 1983.

constitucionais e, de toda sorte, quer seja havido meramente como de direito privado, quer seja havido como contrato administrativo, em qualquer hipótese não pode ser fonte de um locupletamento da estatal à custa do empobrecimento da Consulente; não pode ensejar à primeira um enriquecimento sem causa, acarretador de lesão patrimonial grave à contratada; não pode ensejar que a contratante, beneficiada por eventos supervenientes imprevisíveis, se prevaleça de tal fato para asfixia de interesses legitimamente concertados inicialmente entre ambas.

28. Isto tudo posto e em face das informações ministradas pela Consulente, às indagações da Consulta respondo:

I – Os contratos de afretamento celebrados entre a Petrobras e a Consulente se submetem ao regime jurídico de direito público, em especial às disposições materiais da Lei de Licitações e Contratos Administrativos (Lei nº 8.666/93).

II – Os fatos narrados na inicial se subsumem ao art. 65, II, "d", da Lei nº 8.666/93, isto é, devem ser compreendidos como "fatos imprevisíveis, ou previsíveis mas de conseqüências incalculáveis, retardadores ou impeditivos da execução do ajustado, ou ainda, em caso de força maior, caso fortuito ou fato do príncipe, configurando álea econômica extraordinária e extracontratual".

III – Tendo em vista as respostas dadas aos quesitos anteriores, assiste à Consulente o direito à modificação das tarifas diárias de afretamento previstas nos contratos, ou à resolução destes com a liberação das respectivas embarcações. Esse direito da consulente, à toda evidência, não se submete à discricionariedade da Petrobras, mas resulta da Constituição e das leis. Mesmo que o sobredito contrato fosse considerado de direito privado, existiria do mesmo modo e com a mesma força, por todas as razões inicialmente expendidas e como resultado de previsão expressa dos arts. 317, 478 e 479 do Código Civil brasileiro de 2002.

IV – Tendo em vista a natureza dos contratos firmados e dos fatos supervenientes narrados acima, a Petrobras obviamente não pode exigir da consulente o pagamento de sanções administrativas contratualmente previstas, em razão do atraso na entrega de duas das embarcações em questão, visto que dito atraso resultou de circunstâncias imprevistas e supervenientes ao contrato.

É o meu parecer.

São Paulo, 29 de setembro de 2008.

EMENTA: SERVIÇOS NOTARIAIS: NATUREZA JURÍDICA – LIMITAÇÕES À COMPETÊNCIA DO CONSELHO NACIONAL DE JUSTIÇA

O XXXXX expõe-nos as considerações abaixo, formulando, em vista disto, a seguinte:

Consulta

A Constituição Federal, no art. 236, determina que o exercício dos serviços notariais e de registro será efetuado em caráter privado, e no §1º estabelece que a lei regulará as atividades, disciplinará a responsabilidade civil e criminal dos notários, dos oficiais de registro e de seus prepostos, e definirá a fiscalização de seus atos.

Por outro lado, seu art. 103-B, introduzido pela Emenda Constitucional 45, criou o Conselho Nacional de Justiça, órgão administrativo de caráter superior, para tratar da administração da justiça e, dentre as suas competências, estabelece competir-lhe o processamento das reclamações e avocar os processos, inclusive em relação aos serviços notariais e de registros.

Nenhuma disposição constitucional atribuiu competência legislativa ao citado órgão, nem incluiu os serviços notariais e de registro na organização intestina do Poder Judiciário, tanto que não os arrolou entre eles na correspondente seção; pelo contrário, colocou-os no Capítulo das Disposições Constitucionais Gerais e não no do Poder Judiciário.

A Lei nº 8.935/94, editada em cumprimento ao citado §1º do art. 236, estabelece dentre outras disposições: (a) – a independência e autonomia administrativa e financeira do notário e do registrador; (b) – a liberdade na contratação livre de seus prepostos, inclusive quanto à fixação de seus salários e (c) – a responsabilidade do notário e registrador pelos danos que ele e seus prepostos causarem aos usuários destes serviços.

Diante do exposto, indaga:

I – A competência constitucional do CNJ relativa ao processamento das reclamações e avocação dos processos nas instâncias inferiores, confere-lhe atribuição legislativa ou a possibilidade de editar resoluções com força de lei, ou, ainda, a título de interpretar normas legais, produzir inovação em matéria administrativa ou substantiva da atividade notarial e de registro, aportando conteúdo desbordante do §1º do art. 236 da CF ou contraposto ao que resulta da Lei nº 8.935/94?

II – O CNJ, em face dos princípios estatuídos no art. 37 da CF, poderia, a título de combater nepotismo nos serviços notariais e de registro, impor normas restritivas à contratação de pessoal que tenha relação de parentesco com o titular da delegação, seus auxiliares, escreventes, e substitutos de sua inteira confiança, aplicando ou determinando a aplicação da súmula vinculante nº 13 do STF ou disposições equivalentes?

Às indagações respondo nos termos que seguem.

Parecer

1. As indagações da Consulta são da mais extrema simplicidade. Nem mesmo haveria exagero em afirmar-se que delas poder-se-ia dizer o que Orozimbo Nonato, eminente ex-ministro do Supremo Tribunal Federal, disse de outra em que a resposta era igualmente evidente: "O mesmo é propor a questão que lhe dar resposta negativa".

Com relação ao questionamento sobre eventual poder legislativo (ou equivalente) do Conselho Nacional de Justiça, é claro a todas as luzes que ele não existe, já que não haveria como extraí-lo do nada. Aliás, também jamais poderia derivar de uma emenda constitucional sem afronta a uma cláusula pétrea, como além se dirá.

2. Deveras, de um lado, é de generalizada ciência que, a teor do art. 2º da Constituição "são Poderes da União, independentes e harmônicos entre si, o Legislativo, o Executivo e o Judiciário". Ora, conforme art. 44 da Constituição Federal: "O Poder Legislativo é exercido pelo Congresso Nacional, que se compõe da Câmara dos Deputados e do Senado Federal". Ressalte-se que o exercício excepcional de competência extremamente similar é o que se manifesta pelas medidas provisórias as quais, como se sabe, são da alçada do Executivo, conforme previsto no art. 62 e não do Conselho Nacional de Justiça.

Cumpre registrar que a nota essencial do Legislativo é a de poder expedir regras gerais e abstratas que inovam *primariamente na ordem jurídica*, isto é, que se fundam única e exclusivamente na Constituição.

3. Por outro lado, as atribuições do Conselho Nacional de Justiça são as que constam do §4º do art. 103-B, da Constituição, o qual lhe assinala funções controladoras, conferindo-lhe, em matéria normativa, unicamente o poder de expedir "atos regulamentares, no âmbito de sua competência".

Funções controladoras se exercem *na conformidade de lei*. Ou seja, controlar pressupõe lei que regule os comportamentos devidos, de maneira a que se possa aferir se estão ou não ajustados ao que nela se prevê. Assim, a atribuição de poder regulamentar em matéria de sua competência outorgada ao CNJ não significa haver-lhe irrogado a possibilidade de criar *ex novo* direitos ou obrigações, visto que regulamentos, de acordo com a Constituição brasileira, são atos infralegais, subordinados às leis e concebidos para executá-las, sendo certo que "ninguém será obrigado a fazer ou deixar de fazer alguma coisa senão em virtude de lei", consoante disposto no art. 5º, II.

Não há, pois, confundir força regulamentar com força legal. Em suma: entre a lei e o regulamento não existem apenas diferenças de origem ou de posição na hierarquia da norma jurídica. Como bem ressaltara Oswaldo Aranha Bandeira de Mello, ponto de supino relevo para distingui-los está em que, no que atina à *força jurídica* que possuem: "[...] a lei *inova originariamente* na ordem jurídica, enquanto o regulamento não a altera", pois esta, como diz o mesmo mestre: "É *fonte primária*, ao passo que o regulamento é fonte secundária, inferior",[303] de tal forma que os regulamentos:

> [...] hão de ter por conteúdo regras orgânicas e processuais destinadas a por em execução os princípios institucionais estabelecidos em lei, ou normas em desenvolvimento dos preceitos constantes da lei, expressos ou implícitos, dentro da órbita por ela circunscrita, isto é, das diretrizes, em pormenor, por ela determinadas.[304]

---

[303] BANDEIRA DE MELLO, Oswaldo Aranha. *Princípios gerais de direito administrativo*. 2. ed. Rio de Janeiro: Forense, 1979. v. I. p. 316. Grifos nossos.

[304] BANDEIRA DE MELLO, Oswaldo Aranha. *Princípios gerais de direito administrativo*. 2. ed. Rio de Janeiro: Forense, 1979. v. I. p. 314.

4. Os regulamentos executivos – únicos existentes no direito brasileiro – nada podem dispor *praeter legem, extra legem, ultra legem* e muito menos *contra legem*, mas tão somente *intra legem*.

Vejam-se ao respeito as lições dos mais abalizados juristas.

Disse Pontes de Miranda, ao tempo da Carta de 1969, em face de dispositivos similares aos ora vigentes:

> Se o regulamento cria direitos ou obrigações novas, estranhas à lei, ou faz reviverem direitos, deveres, pretensões, obrigações, ações ou exceções que a lei apagou, é inconstitucional. Tampouco pode ele limitar, modificar, ampliar direitos, deveres, pretensões, obrigações ou exceções. Não pode facultar o que na lei se proíbe, nem lhe procurar exceções à proibição, salvo se estão implícitas. *Nem ordenar o que a lei não ordena*.[305]

E disse ainda: "Sempre que no regulamento se insere o que se afasta, para mais ou para menos, da lei, é *nulo*, por ser contrária à lei, a regra jurídica que se tentou embutir no sistema".[306]

São suas também estas oportunas considerações: "o poder regulamentar é o que se exerce sem criação de regras jurídicas que alterem as leis existentes e sem alteração da própria lei regulamentada".[307]

E mais:

> Onde se estabelecem, alteram ou extinguem direitos, não há regulamentos – há abuso do poder regulamentar, invasão da competência do Poder Legislativo. O regulamento não é mais do que auxiliar das leis, auxiliar que sói pretender, não raro, o lugar delas, mas sem que possa, com tal desenvoltura, justificar-se e lograr que o elevem à categoria de lei. Quanto menos se regulamentar melhor.[308]

Cirne Lima, sob o império da Constituição de 1946, cujas disposições em matéria de autonomia regulamentar não diferem das hodiernas, ensinara:

---

[305] MIRANDA, Francisco Cavalcanti Pontes de. *Comentários à Constituição de 1967, com a Emenda nº 1 de 1969*. 2. ed. rev. São Paulo: Revista dos Tribunais, 1970. t. III. p. 316. Grifos nossos.

[306] MIRANDA, Francisco Cavalcanti Pontes de. *Comentários à Constituição de 1967, com a Emenda nº 1 de 1969*. 2. ed. rev. São Paulo: Revista dos Tribunais, 1970. t. III. p. 316-317. Grifos no original.

[307] MIRANDA, Francisco Cavalcanti Pontes de. *Comentários à Constituição de 1967, com a Emenda nº 1 de 1969*. 2. ed. rev. São Paulo: Revista dos Tribunais, 1970. t. III. p. 312.

[308] MIRANDA, Francisco Cavalcanti Pontes de. *Comentários à Constituição de 1967, com a Emenda nº 1 de 1969*. 2. ed. rev. São Paulo: Revista dos Tribunais, 1970. t. III. p. 314.

No presente, porém, a significação do regulamento é apagadíssima [...]. Inoperante "contra legem" ou sequer "praeter legem", o regulamento administrativo endereçado, como vimos, à generalidade dos cidadãos, nenhuma importância como direito material possui. Avulta nele, certamente, o cometimento técnico. Cumpre-lhe resolver o problema da execução da lei – problema técnico-jurídico, por excelência.[309]

Seabra Fagundes, de seu turno, lecionou ao propósito do regulamento em nosso direito:

> Prende-se em essência ao texto legal. O seu objetivo é tão somente facilitar, pela especificação do processo executório e pelo *desdobramento minucioso do conteúdo sintético da lei*, a execução da vontade do Estado expressa em ato legislativo. Tanto que o seu âmbito será maior ou menor, conforme menos ou mais minudente seja a lei à qual se prenda. É certo que, como lei, reveste o aspecto de norma geral, abstrata e obrigatória. Mas não acarreta, e aqui dela se distancia, modificação à ordem jurídica vigente. Não lhe cabe alterar situação jurídica anterior, *mas, apenas, pormenorizar as condições de modificação originária de outro ato (a lei). Se o fizer, exorbitará*, significando uma invasão pelo Poder Executivo da competência legislativa do Congresso.[310]

Geraldo Ataliba, em artigo notável sobre o *Decreto regulamentar no sistema brasileiro*, bordou o seguinte sintético, mas preciso, comento sobre a finalidade do regulamento entre nós: "Sua função é facilitar a execução da lei, *especificá-la* de modo praticável e, sobretudo, acomodar o aparelho administrativo para bem observá-la".[311]

5. Esta diferente força jurídica, a de inovar originariamente (lei) ou, tão só, a de especificar *o que já foi objeto de disciplina*, portanto, o que já sofreu, por lei, *caracterização e delineamento anterior* (regulamento) é que oferece deslinde para outro problema cuja solução seria tormentosa não fora a diretriz fornecida pela distinção em apreço. A saber: o problema dos limites de liberdade passíveis de serem deferidos pela lei ao regulamento sem incorrer em delegação de poderes disfarçada, ou, mesmo ingenuamente, procedida em descompasso com o Texto Constitucional.

---

[309] LIMA, Ruy Cirne. *Princípios de direito administrativo*. 5. ed. São Paulo: Revista dos Tribunais, 1982. p. 40.

[310] FAGUNDES, Miguel Seabra. *O controle dos atos administrativos pelo Poder Judiciário*. 5. ed. rev. e atual. Rio de Janeiro: Forense, 1979. p. 24, nota de rodapé 2. Grifos nossos.

[311] ATALIBA, Geraldo. Decreto regulamentar no sistema brasileiro. *RDA*, v. 97, jul./set. 1969. p. 23.

A questão é transcendente, pois de nada adiantariam aturadas cautelas para acantonar o regulamento em seu campo de expressão próprio se, por força da própria obra legislativa, fosse possível, indiretamente, dilatar-lhe a esfera de ação e ensejar, por meio transverso, infiltração do Executivo ou do Judiciário em área que se quer defendida contra suas eventuais incursões. Vale dizer: de nada adiantariam os arts. 5º, II e 84, III, se, ulteriormente, o legislador pudesse entregar, de mão beijada, a esfera da liberdade e da propriedade dos administrados para ser disciplinada por via de regulamento.

Fora isto possível e a garantia constitucional de que "ninguém poderá ser obrigado a fazer ou *deixar de fazer* alguma coisa senão em virtude *de lei*", a segurança de que os regulamentos seriam meramente executivos, a certeza de que o livre exercício de qualquer atividade econômica seria livre e independente de autorização de órgãos públicos, "salvo nos casos estabelecidos *em lei*", deixariam de se constituir em proteção constitucional, convertendo-se em preceitos que vigorariam se e na medida do amor ou desamor do legislador ordinário pela Lei Magna. Em suma: não mais haveria a garantia *constitucional* aludida, pois os ditames ali insculpidos teriam sua valia condicionada às decisões infraconstitucionais, isto é, às que resultassem do querer do legislador ordinário.

Tal perigoso vício é especialmente vitando e contra ele, em relação ao Poder Executivo, adverte Pontes de Miranda, ao averbar:

> Se o Poder Legislativo deixa ao Poder Executivo fazer lei, delega; o poder regulamentar é o que se exerce sem criação de regras jurídicas que alterem as leis existentes e sem alteração da própria lei regulamentada [...]. Nem o Poder Executivo pode alterar regras jurídicas constantes de lei, a pretexto de editar decretos para a sua fiel execução, ou regulamentos concernentes a elas, *nem tal atribuição pode provir de permissão ou imposição legal de alterar regras legais ou estendê-las ou limitá-las* [...] *Onde o Executivo poderia conferir ou não direitos, ou só os conferir segundo critério seu ou parcialmente seu, há delegação de poder.*[312]

6. Então, mesmo que não o faça com precisão capilar, a lei tem que caracterizar o direito ou a obrigação, limitação, restrição que nela se contemplem, tanto como o enunciado dos pressupostos para sua irrupção e os elementos de identificação dos destinatários da regra,

---

[312] MIRANDA, Francisco Cavalcanti Pontes de. *Comentários à Constituição de 1967, com a Emenda nº 1 de 1969*. 2. ed. rev. São Paulo: Revista dos Tribunais, 1970. t. III. p. 312-313.

de sorte que ao menos a compostura básica, os critérios para seu reconhecimento, estejam de antemão fornecidos. Assim, o espaço regulamentar conter-se-á dentro destas balizas professadamente enunciadas na lei.

Com efeito, seria um absurdo e afrontoso à inteligência supor que a Constituição estabeleceu mecanismos tão cautelosos para defesa de valores ciosamente postos a bom recato, os quais, entretanto, seriam facilmente reduzidos a nada graças ao expediente singelo das delegações procedidas indiretamente. É que, como disse o precitado Geraldo Ataliba, em frase altamente sugestiva: "Ninguém construiria uma fortaleza de pedra, colocando-lhe portas de papelão".

Assim, não há duvidar que as atribuições contempladas no §4º do art. 103-B da Constituição Federal como pertinentes ao Conselho Nacional de Justiça não atribuíram a este órgão do Poder Judiciário competência legislativa alguma nem, obviamente, a possibilidade de exercitá-la sub-repticiamente mediante resoluções com força de lei, mesmo que expedidas a título de interpretar normas constitucionais ou legais, se com isto produzirem inovação em matéria administrativa ou substantiva da atividade notarial e de registro, maiormente quando implicarem o aporte de conteúdo contraposto ao que resulta da Lei nº 8.935/94.

Aliás, cumpre reiterar que se a Emenda Constitucional nº 45, criadora do Conselho Nacional de Justiça, lhe houvesse atribuído explícita ou furtivamente algum Poder Legislativo seria inconstitucional. É que, em tal caso, estaria a violar cláusula pétrea. Deveras, consoante o art. 60, §4º, III, não se admitirão emendas tendentes a abolir a "separação de poderes", a qual ficaria afetada se houvesse conferência de poderes legislativos a um órgão alheio ao Poder Legislativo.

Ora, como a Lei nº 8.935/94, editada em cumprimento ao §1º do art. 236 da Constituição Federal, estabelece, dentre outras disposições, a independência e autonomia administrativa e financeira do notário e do registrador (art. 21), inclusive e expressamente na contratação livre de seus prepostos e na fixação de seus salários (art. 20) bem como a responsabilidade do notário e do registrador pelos danos que ele e seus prepostos causarem aos usuários destes serviços (art. 22), é óbvio que o CNJ não pode afrontar tais dispositivos criando restrições que os agravem.

7. A segunda indagação da Consulta concerne a uma eventual possibilidade de o CNJ dispor-se a estender a Súmula Vinculante nº 13 do STF ou disposições equivalentes aos serviços notariais e de

registros, por interpretação de seu alcance ou em nome do princípio da moralidade previsto no art. 37 da Constituição. O descabimento de medida deste gênero é de uma esplendorosa evidência. Em termos jurídicos, sua adoção seria algo literalmente teratológico. Sem embargo, não há prejuízo algum em examinar-se a questão encartando-a em um panorama amplo, com o exame da caracterização jurídica dos notários e registradores e de sua visceral distinção dos agentes da Administração Pública direta ou indireta, tal como qualificados pela Constituição e pelas normas infralegais.

O art. 236 da Constituição Federal e seus §§1º e 2º dispõem:

> Art. 236. Os serviços notariais e de registro são exercidos em caráter privado, por delegação do Poder Público.
>
> §1º Lei regulará as atividades, disciplinará a responsabilidade civil e criminal dos notários, dos oficiais de registro e de seus prepostos, e definirá a fiscalização de seus atos pelo Poder Judiciário.
>
> §2º Lei federal estabelecerá normas gerais para fixação de emolumentos relativos aos atos praticados pelos serviços notariais e de registro.

Destes preceptivos, à toda evidência, resulta, quando menos: (a) que o título jurídico que investe os exercentes de atividade notarial e de registro é uma *delegação* efetuada pelo Poder Público; (b) que as sobreditas atividades estão expressamente qualificadas como *exercitáveis em caráter privado* por quem as titularize; (c) que a disciplina e responsabilidade dos exercentes de tal delegação *será fixada em lei*, assim como as normas gerais sobre os emolumentos concernentes aos atos relativos a estes serviços; (d) que a *fiscalização de seus atos* será efetuada pelo Poder Judiciário.

Cumpre, então, examinar alguns pontos expressados no dispositivo constitucional *sub examine* e implicações neles contidas.

8. Delegação é a outorga, a transferência, a outrem, do exercício de atribuições que, não fora por isto, caberiam ao delegante. Ou seja: os "serviços" notariais e os de registro correspondem, em si mesmos, a uma atividade *estatal, pública*.

Nada obstante, os sujeitos titulados pela delegação em apreço *conservam a qualidade de particulares*, conquanto investidos de missão pública, visto que a exercerão *em caráter privado*. Daí porque *não são retribuídos pelos cofres públicos, não operam em próprios do Estado, nem com recursos materiais por ele fornecidos*. Pelo contrário, remuneram-se mediante valores versados pelos usuários dos serviços, os bens nos quais se sediam são bens próprios ou por eles mesmos providenciados e todo o material de que se utilizam no desempenho de seus misteres é por eles mesmos adquirido.

Assim, quanto à sua organização subjetiva, tal como qualquer outro particular, *operam a suas próprias expensas e por sua conta e risco*.

A doutrina já não tinha a menor dúvida sobre o que o art. 236 veio a estabelecer. Com ele, a Lei Magna houve por bem, tão só, explicitar e confirmar um entendimento assentado entre os doutos, prevenindo, dessarte, eventuais equívocos de desavisados ou pessoas carentes de maior conhecimento técnico-jurídico na área do direito público.

9. De fato, muito antes da Constituição de 1988, o então professor e desembargador do TJSP, Oswaldo Aranha Bandeira de Mello, procedera a uma completa sistematização dos agentes públicos, na qual deixava esclarecido que notários e registradores eram *delegados de ofício público*.[313] Vale transcrever lições suas:

> Na realidade, os titulares de ofícios de justiça são titulares de ofícios públicos, como a própria expressão declara, e, portanto, *delegados do poder público* para o desempenho de funções de efeitos jurídicos [...]. Por isso em vez de perceberem vencimentos dos cofres públicos, *esses delegados de ofício público* recebem, pela atividade jurídica realizada, custas ou emolumentos, pagos pelas partes interessadas. É o caso dos tabeliães de notas, de escrivães e de escreventes de registros públicos, de títulos ou de imóveis, dos escrivães de justiça.[314]

E pouco adiante:

> A distinção entre o agente público e o delegado de função ou ofício público e o de obra ou serviço público, está em que *o funcionário age em nome e por conta do Estado, enquadrado dentro da sua organização administrativa, e o delegado em nome e por conta própria*. Por isso aquele recebe o competente estipêndio, pago pelos cofres do Estado, e o último recebe custas ou emolumentos, taxas ou tarifas, dos particulares que auferem os benefícios do exercício das suas atividades, de ordem jurídica ou material, respectivamente.[315]

---

[313] Cf. BANDEIRA DE MELLO, Oswaldo Aranha. Teoria dos servidores públicos. *Rev. de Direito Público*, n. 1, jul./set. 1967. p. 40 e segs. e, posteriormente, com ampla detença, em seus *Princípios gerais de direito administrativo*. Rio de Janeiro: Forense, 1974. v. II. p. 277-371.

[314] BANDEIRA DE MELLO, Oswaldo Aranha. *Princípios gerais de direito administrativo*. Rio de Janeiro: Forense, 1974. v. II. p. 367. Grifos nossos.

[315] BANDEIRA DE MELLO, Oswaldo Aranha. *Princípios gerais de direito administrativo*. Rio de Janeiro: Forense, 1974. v. II. p. 368. Grifos nossos.

Assim também, ainda em 1978, Hely Lopes Meirelles averbava:

> *Agentes delegados* são particulares que recebem a incumbência da execução de determinada atividade, obra ou serviço público e a realizam em nome próprio, por sua conta e risco, mas segundo as normas do Estado e sob a permanente fiscalização do delegante. Esses agentes não são servidores públicos, nem honoríficos, nem representantes do Estado; todavia, constituem uma categoria à parte de colaboradores do Poder Público. Nesta categoria se encontram os concessionários e permissionários de obras e serviços públicos, *os serventuários de ofícios ou cartórios não estatizados*, os leiloeiros, os tradutores e intérpretes públicos, e demais pessoas que recebem *delegação* para a prática de alguma atividade estatal ou serviço de interesse coletivo.[316]

Dantes como hoje, assinalava-se a mesma qualificação jurídica para os agentes em apreço. Aliás, tal regime é tradicional e não apenas no Brasil, tanto que, na Itália, Renato Alessi, tratando da variedade de exercentes de atividade pública, observava que:

> [...] o Estado se vale, às vezes, como sujeitos auxiliares de sua ação administrativa, também de sujeitos privados, os quais, *ainda que não entrem no âmbito da administração pública de um ponto de vista subjetivo*, na medida em que, como se verá, *conservam a qualidade de sujeitos privados*, conquanto sem dúvida estejam postos na condição de sujeitos (sujeitos auxiliares também eles) de função administrativa.[317]

Entre estes sujeitos *que não integram subjetivamente a Administração*, refere diversas categorias, das quais: "Há, em primeiro lugar, a categoria dos *profissionais* encarregados de uma função pública: típico exemplo, *os notários* [...]".[318]

No mesmo sentido é a lição de Enzo Capaccioli, que também colaciona os "notários como exemplo de sujeitos exercentes de função pública que não integram a Administração Pública em sentido subjetivo".[319]

---

[316] MEIRELLES, Hely Lopes. *Direito administrativo brasileiro*. 6. ed. atual. São Paulo: Revista dos Tribunais, 1978. p. 60-61. O primeiro e o último grifo são do original.

[317] ALESSI, Renato. *Principi di diritto amministrativo*. 4. ed. Milão: Giuffrè, 1978. v. I. p. 34. Grifos nossos.

[318] ALESSI, Renato. *Principi di diritto amministrativo*. 4. ed. Milão: Giuffrè, 1978. v. I. p. 73. O primeiro grifo é do original.

[319] CAPACCIOLI, Enzo. *Manuale di Diritto Amministrativo*. Padova: Cedam, 1980. v. I. p. 228-230.

Aliás, esta sistematização das diversas variedades de exercentes de atividade pública é antiga e largamente disseminada. Assim, pode-se encontrá-la igualmente em autores muito anteriores aos citados, como Santi Romano e Guido Zanobini, para mencionar apenas alguns dos mais ilustres e conhecidos entre nós.

10. Em suma: a circunstância de uma dada atividade ser pública – e a notarial e a registral obviamente o são – não implica que o seu exercente seja integrante do aparelho denominado Administração Pública. É preciso atenção para não misturar dois temas perfeitamente distintos: um, o do tipo de atividade – que é estatal; outro, o do enquadramento de quem a desempenha, o qual pode ou não ser estatal. Assim, do fato de uma atividade ser pública não se segue que o sujeito que a desempenha se aloque na intimidade do aparelho estatal.

Isto sucede porque o desempenho de atividades públicas nem sempre é efetuado diretamente pelo Estado ou mesmo por criaturas estatais. Portanto, nem sempre são servidores do Estado ou servidores das pessoas por ele engendradas que exercitam ditas atividades. Terceiros, titulados pelo Poder Público, também podem ser investidos na qualidade hábil para a prestação de misteres estatais.

Tanto na explicitude do contexto constitucional, quanto nas lições doutrinárias, sempre se distinguiram os que estão integrados no complexo subjetivo estatal – formado tanto por sua Administração direta, quanto por sua Administração indireta – daqueloutros que, embora exerçam funções públicas, permanecem alheios ao corpo estatal, pois atuam em virtude de uma delegação ou concessão, conservando sua qualidade de particulares.

É que entre os que desempenham misteres públicos alguns, que de resto compõem a grande maioria, acham-se ligados ao Estado por um vínculo que os radica na intimidade do próprio aparelho estatal. Prendem-se à organização intestina do Estado e passam a dele fazer parte, como seus integrantes, ubicados no interior do ser jurídico Estado ou das criaturas por este criadas como projeções personalizadas suas. Estão internados no corpo orgânico da pessoa estatal ou de entidade governamental participante da constelação de pessoas formadoras do complexo subjetivado governamental. Daí que as relações entre eles e o Estado ou as sobreditas pessoas são relações internas, operadas no seio das entidades governamentais.

Outros, como os titulares de cartórios e tabelionatos, os concessionários e permissionários de serviços públicos, são agentes periféricos ao todo orgânico formador da máquina estatal; são estranhos à unidade subjetivada que há por nome Estado. São alheios à intimidade das parcelas atômicas cuja síntese totalizada coincide com o sujeito estatal e seus desdobramentos personalizados. Não residem no interior do corpo estatal, encontram-se à margem do Estado. As relações entre eles e o Estado *são relações externas*, enquanto as relações do Estado com os integrantes de sua Administração direta ou indireta são relações internas.

Dessarte, tais atribuições públicas são expressadas *exógena* e não *endogenamente*.

11. O alheiamento de notários e registradores ao corpo designado como Administração direta e indireta é claríssimo no próprio Texto Constitucional.

Deveras, no Título III da Constituição brasileira ("Da Organização do Estado") encarta-se o Capítulo V, denominado "Da Administração Pública". Este, na Seção I ("Disposições Gerais"), cogita dos servidores da Administração direta e indireta de quaisquer dos poderes. Note-se que a Lei Magna não se ocupou em definir ou redefinir a noção corrente no direito brasileiro sobre o que seja Administração direta ou indireta. Tem-se, pois, que entender que assumiu a acepção que lhe é reconhecida normativamente entre nós, quando menos desde o Decreto-Lei nº 200, de 25.2.1967, com as alterações posteriores.

De acordo com ele, Administração direta é *a que é exercida pelos órgãos que compõem a intimidade da pessoa jurídica Estado*. Por isso, reportado que está à Administração Federal, considera Administração direta a exercida pelos órgãos integrados nos ministérios ou subordinados diretamente à Presidência da República. Categoriza como Administração indireta a realizada por autarquias, empresas públicas, sociedades de economia mista e fundações públicas (art. 4º). A ninguém acudiria supor que os titulares de cartórios de notas fossem servidores de autarquia, sociedade de economia mista, empresa pública, fundação governamental ou ainda que fossem servidores integrados na intimidade da Administração direta do Estado.

Verifica-se, pois, ser induvidoso que o Capítulo V, "Da Administração Pública", ubicado no Título III ("Da Organização do Estado"), reportou-se a um universo no qual não se alocam os titulares de serventias de notas e registros públicos, os quais se encartam no Título IX ("Das Disposições Constitucionais Gerais"), já que são estranhos à Administração direta e indireta, o que bem demonstra que as disposições do art. 37 não lhes dizem respeito.

12. Por outro lado, o que concerne ao Poder Judiciário, no respeitante a notários e registradores, está expresso no art. 236, §1º, da Constituição Federal, e na Lei nº 8.935 de 18.11.1994, editada em cumprimento ao referido preceptivo.

De acordo com o já transcrito §1º: "Lei regulará as atividades, disciplinará a responsabilidade civil e criminal dos notários, dos oficiais de registro e de seus prepostos, e definirá *a fiscalização de seus atos pelo Poder Judiciário*".

Em face de seus termos, a Lei nº 8.935 estabeleceu o que competia ao Poder Judiciário, isto é, realizar os concursos públicos para provimento de tais serviços (art. 15) e, por meio do Juízo competente, fixar os dias e horários em que serão prestados os serviços notariais e de registro (art. 4º); receber o encaminhamento, feito pelo titular, dos nomes de seus substitutos (art. 20, §2º); resolver as dúvidas levantadas pelos interessados e que lhe serão encaminhadas pelos notários e registradores (art. 30, XIII); fixar as normas técnicas de obrigatória observância naqueles serviços (art. 30, XIV); aplicar aos notários e oficiais de registro, em caso de infrações disciplinares, assegurada ampla defesa, as penalidades previstas de repreensão, multa, suspensão e perda da delegação (art. 34 c.c. 31, 32 e 33), dependendo esta última de sentença judicial transitada em julgado ou de processo administrativo, assegurado amplo direito de defesa (art. 35), bem como designar interventor para "responder pela *serventia*" (art. 35, §1º e §1º do art. 36) quando suspendê-lo preventivamente (art. 36 e §1º do art. 36); exercer, por meio do juízo competente, como tal considerado aquele assim definido na órbita estadual ou distrital, a fiscalização dos atos notariais e de registro, sempre que necessário ou quando da inobservância de obrigação legal destes agentes ou seus prepostos (art. 37); remeter ao Ministério Público cópias e documentos necessários à denúncia, quando em autos ou papéis que conhecer, verificar a existência de crimes de ação pública (parágrafo único do art. 37); zelar para que os serviços notariais ou de registro sejam prestados com rapidez, qualidade satisfatória e de modo eficiente, podendo sugerir à autoridade competente planos de adequada e melhor prestação deles (art. 38); propor à autoridade competente a extinção do serviço notarial ou de registro e anexação de suas atribuições a outro da mesma natureza, quando verificada a absoluta impossibilidade de se prover por concurso público a titularidade dele, por desinteresse ou inexistência de candidatos (art. 44).

Estas – e só estas – são as atribuições que o art. 236 da Constituição ou a Lei nº 8.935 assinaram ao Poder Judiciário em matéria de serviços notariais ou de registro. É claro a todas as luzes que não se poderia extrair novas atribuições do nada ou – o que lhe seria equivalente – do simples intento dos órgãos judiciários.

13. Isto posto, é fácil ver-se que nada justificaria a aplicação da Súmula Vinculante nº 13 ou seu equivalente a notários e registradores. Basta ver seu teor para notar-se, mesmo a um primeiro súbito de vista, sua inadaptação ao caso. Reza seu enunciado:

> A nomeação de cônjuge, companheiro ou parente em linha reta, colateral ou por afinidade, até o terceiro grau, inclusive, da autoridade nomeante ou de servidor da mesma pessoa jurídica, investido em cargo de direção, chefia ou assessoramento, para o exercício de cargo em comissão ou de confiança, ou, ainda, de função gratificada *na Administração Pública direta e indireta*, em qualquer dos Poderes da União, dos Estados, do Distrito Federal e dos municípios, compreendido o ajuste mediante designações recíprocas, viola a Constituição Federal.

Notários e registradores, como amplamente visto, não se alojam nem na Administração direta nem na indireta. Não recebem dos cofres públicos, não se servem de imóveis públicos, nem de equipamentos, nem de material de escritório pertencentes ao Poder Público. Remuneram-se com o que lhes é versado pelos usuários da atividade, ocupam prédios, usam equipamentos e material próprios. Os agentes de que se utilizam para prestação das respectivas atividades não são remunerados com recursos públicos, mas são pagos pelos próprios notários e registradores, já que são empregados – ditos prepostos – destes delegados, os quais, como explicitamente o proclamou a Constituição, exercem tal delegação *em caráter privado*, vale dizer, a suas expensas e sob seu próprio risco.

Cumpre tomar atenção às sábias advertências de Carlos Maximiliano, o príncipe de nossos mestres de exegese: "Em todo caso, o hermeneuta *usa*, mas não *abusa* da sua liberdade ampla de interpretar os textos".[320] "Não se deve ficar aquem, nem passar além do escopo referido; o espírito da norma há de ser entendido de modo que o preceito atinja completamente o objetivo para o qual a mesma foi feita, *porém dentro da letra dos dispositivos*".[321]

---

[320] MAXIMILIANO, Carlos. *Hermenêutica e aplicação do direito*. 15. ed. Rio de Janeiro: Forense, 1995. p. 154.

[321] MAXIMILIANO, Carlos. *Hermenêutica e aplicação do direito*. 15. ed. Rio de Janeiro: Forense, 1995. p. 152. Grifos nossos.

14. Verifica-se, pois, em face das considerações precedentes, o quanto é descabido, absurdo mesmo, pretender que a Súmula Vinculante nº 13 do STF lhes deva ser aplicada. É claro a todas as luzes, é perceptível, mesmo a um primeiro súbito de vista, a total ausência de fundamento para estender-lhes restrições, que são plenamente compreensíveis na investidura de cargos na Administração direta ou indireta, mas literalmente disparatadas em relação aos que estão a exercer em caráter privado uma atividade delegada.

Acaso dita súmula deveria ser aplicada também e pelos mesmos fundamentos aos concessionários e permissionários de serviço público? Aos leiloeiros oficiais, aos tradutores públicos? É suficiente estender a hipótese aos que se encontram em posição jurídica similar aos notários e registradores para que se perceba o quanto é teratológica a suposição contemplada na segunda indagação da Consulta.

Deveras, o mesmo jurista ilustre nos adverte: "Deve o Direito ser interpretado inteligentemente, não de modo a que a ordem legal envolva um absurdo prescreva inconveniências, vá ter a conclusões inconsistentes ou impossíveis".[322]

Por último, anote-se que o óbvio fundamento da súmula vinculante em apreço é o princípio da moralidade ao qual se reporta o art. 37 da Constituição. Ora, dito princípio se refere à conduta dos que se encartam na Administração Pública, justamente porque são retribuídos pelos cofres públicos, porque ocupam prédios públicos, servem-se de equipamentos públicos e consomem material fornecido pelo Poder Público. Assim, não se justificaria que desfrutassem disto, por se beneficiarem de relação de parentesco com agentes públicos. Se, todavia, nada disto se coloca, por estar em pauta situação visceralmente diversa, que não propõe qualquer dos fatores mencionados, é de solar evidência que não comparece para nada o aludido princípio.

Com efeito, vale invocar outra vez o alerta de Carlos Maximiliano:

> Cumpre evitar, não só o demasiado apêgo à letra dos dispositivos, como também o excesso contrário, o de *forçar a exegese* e deste modo encaixar na regra escrita, graças à fantasia do hermeneuta, as teses pelas quais se apaixonou, de sorte que vislumbra no texto idéias apenas existentes no próprio cérebro, ou no sentir individual, desvairado por ogerizas e pendores, entusiasmos e preconceitos.[323]

---

[322] MAXIMILIANO, Carlos. *Hermenêutica e aplicação do direito*. 15. ed. Rio de Janeiro: Forense, 1995. p. 166.
[323] MAXIMILIANO, Carlos. *Hermenêutica e aplicação do direito*. 15. ed. Rio de Janeiro: Forense, 1995. p. 118.

A advertência é importante, pois, como ele mesmo disse: "[...] quando o intérprete se excede, incorre na censura de Bacon – a de "torturar as leis a fim de causar torturas aos homens – *torquere leges ut homines torqueat*".[324]

Donde, se o CNJ pretendesse impor a notários e registradores as restrições contempladas na mencionada súmula, sobre desbordarem de sua dicção e de sua razão de existir, estariam incorrendo em superação da própria competência tanto por impor comportamentos não contemplados nas atribuições que a Lei nº 8.935 atribui ao Poder Judiciário, quanto por exceder as que o art. 103-B, §4º, III da Constituição lhe irrogou.

15. Isto tudo posto e considerado, às indagações da Consulta respondo:

I – A competência constitucional do CNJ relativa ao processamento das reclamações e avocação dos processos nas instâncias inferiores, à toda evidência, não lhe confere atribuição legislativa, nem a possibilidade de editar resoluções com força de lei, nem a de produzir inovação em matéria administrativa ou substantiva da atividade notarial e de registro a título de interpretar normas legais, aportando-lhes conteúdo desbordante do §1º do art. 236 da CF ou contraposto ao que resulta da Lei nº 8.935/94.

II – O CNJ, em nome dos princípios estatuídos no art. 37 da CF, de modo algum poderia, a título de combater nepotismo, aplicar ou determinar a aplicação da Súmula Vinculante nº 13 do STF ou disposições equivalentes aos serviços notariais ou de registro, restringindo com isto a contratação de pessoal que tenha relação de parentesco com o titular da delegação de serviços notariais ou de registro, seus auxiliares, escreventes e substitutos de sua inteira confiança.

É meu parecer.

São Paulo, 4 de fevereiro de 2009.

---

[324] MAXIMILIANO, Carlos. *Hermenêutica e aplicação do direito*. 15. ed. Rio de Janeiro: Forense, 1995. p. 155.

EMENTA: COMPETÊNCIA DOS TRIBUNAIS DE CONTAS – IMPOSSIBILIDADE DE SUSPENDEREM A EXECUÇÃO FINANCEIRA DE CONTRATOS ADMINISTRATIVOS E DE FIXAREM VALORES MÁXIMOS PARA PAGAMENTO DE EXECUÇÃO DE OBRAS PÚBLICAS

A XXXXXXX formula a seguinte:

Consulta

I – Tribunais de Contas têm competência para determinar sustação de contratos, independentemente do transcurso *in albis*, no Legislativo, do prazo a que alude o art. 71, §2º, da Constituição Federal?

II – Podem os Tribunais de Contas determinar cautelarmente a suspensão da execução financeira de contratos administrativos – retenção parcial ou integral dos recebíveis – sem que tenha havido regular suspensão da execução física do objeto contratado, *sub color* de que os valores estipulados contratualmente, como fruto de licitação, foram, a seu juízo, excessivos?

III – Tribunais de Contas possuem competência para determinar valores máximos pelos quais podem ser executadas obras públicas?

IV – O controle da economicidade justificaria a pretensão do Tribunal de Contas de efetuar as medidas aludidas a que se reportam as indagações precedentes?

Às indagações da Consulta respondo nos termos que seguem.

Parecer

1. Conquanto as indagações da Consulta sejam extremamente simples e de resposta por assim dizer óbvia, nunca é demais recordar algumas noções singelas, de trânsito corrente e moente no seio da melhor doutrina, para espancar de modo radical qualquer dúvida ou entredúvida que pudesse prosperar ao respeito.

Convém, por isto, antes de defrontar diretamente as questões formuladas, referir inicialmente que a Administração Pública e suas entidades auxiliares, salvo perante justificáveis exceções previstas em lei, só podem travar negócios com terceiros depois de concluído um procedimento preliminar, denominado licitação (art. 37, XXI, da Constituição e art. 2º da Lei nº 8.666, de 21.6.1993).

Entende-se por licitação o procedimento administrativo pelo qual uma pessoa governamental, pretendendo alienar, adquirir ou locar bens, realizar obras ou serviços, outorgar concessões, permissões de obra, serviço ou de uso exclusivo de bem público, *segundo condições por ela mesma previamente estipuladas*, convoca interessados na apresentação de propostas, a fim de selecionar a que se revele mais conveniente em função de parâmetros antecipadamente estabelecidos e divulgados.

Almeja-se com isto alcançar um duplo objetivo: de um lado assegurar tratamento isonômico aos interessados em contratar com o Poder Público e seus sujeitos auxiliares; de outro lado, buscar, graças a esta mesma disputa que o Poder Público promove, a oferta mais satisfatória *que se disponham a lhe fazer*, assegurando-se, dessarte, o alcance do negócio configurável como o mais vantajoso que *a Administração tem condições de obter no mercado*.

Pela licitação se afere, dentre as propostas feitas por ofertantes habilitados, aquela que merece classificar-se em primeiro lugar, segundo os critérios de antemão divulgados, e que, *demais disso*, se apresente como *satisfatória*. Com efeito, podem existir muitas propostas e nem mesmo a primeira classificada revelar-se como satisfatória, conquanto as restantes ainda o sejam menos. Por isso, após a classificação expede-se (ou não) o ato de adjudicação. Este é o pronunciamento por meio do qual "[...] a Administração, em vista do eventual contrato a ser travado, proclama satisfatória a proposta classificada em primeiro lugar".[325]

Assim, por via da adjudicação, outorga-se acolhida a uma dada proposta que, sobre ser comparativamente a melhor, é também

---

[325] Cf. nosso *Licitação*. São Paulo: Revista dos Tribunais, 1980. p. 81.

conveniente, *adequada*. Segue-se que os valores ofertados pelo licitante vencedor, para acobertar as despesas a que se obriga e para ensejar o lucro que o impulsiona a contratar, são, em tal caso, *reconhecidos como pertinentes, merecedores de aceitação e os mais vantajosos que a Administração conseguiu obter, conforme apurado no certame*.

A proposta aceita consubstancia, então, a base econômica em vista da qual se compõe o equilíbrio do futuro contrato. É dizer: aos encargos previstos corresponderá uma contrapartida econômica *dessarte qualificada como idônea* para acobertar os custos em que incorrerá o proponente com o contrato e para remunerar-lhe a atividade devida.

2. Desde logo, a partir destas primeiras noções incontestes, duas ideias nelas merecem ser postas em relevo: uma, a de que *as normas retoras da licitação são da alçada e responsabilidade de quem as fixou unilateralmente e promoveu o certame cuja condução e orientação manteve e tinha de manter sob seu exclusivo governo*. Outra, a de que os negócios que a Administração efetua com terceiros mediante relações voluntárias, isto é, não imperativas para os administrados, *correm a mesma sorte que quaisquer outras relações jurídicas no que concerne aos efeitos econômicos das leis de mercado*.

A primeira destas ideias traz consigo, inexoravelmente, a conclusão de que as regras do certame licitatório, ou seja, as condições que o presidem, *são assunto absolutamente estranho aos licitantes*. São, pois, igualmente estranhas a quem, vencendo-o, venha a travar contrato com a entidade que o promoveu. Vale dizer: os disputantes não têm direito algum a interferir com o regramento. O que lhes cabe é tão só *obedecê-lo*.

3. Em suma: a *conveniência* de que as normas regentes da disputa sejam tais ou quais e a *responsabilidade pelo acerto delas* é questão pertinente a quem promove o certame (pessoa, órgão e agente a quem sejam imputáveis) e não aos que buscarão atender ao que lhes haja sido solicitado e nos termos em que o foi. O promotor do certame (no caso a pessoa da esfera administrativa), tomando em conta os próprios interesses, dita os termos que lhe convêm e que reputa juridicamente adequados e eventualmente também fixa os limites que considera economicamente satisfatórios, balizando dessarte o campo de preços em que se devem conter as ofertas. Os eventuais ofertantes (ou seja, os afluentes à licitação), se lhes convierem tais termos, é dizer, se também consultarem a seus interesses, ofertam dentro daquelas mesmas disposições apresentadas como retoras da disputa e do futuro contrato. São as pautas que existem e das quais não podem fugir.

Para o contratado, a eventual inculca de que as regras por este estabelecidas eram inconvenientes, insatisfatórias ou incursas em ilegalidade constituir-se-á em *res inter alios acta*. Não podem, então, afetar-lhe os direitos. Menos ainda, por óbvio, poderiam onerar prestações suas já consumadas e, como tal, irretiráveis do mundo.

Aliás, quanto a isto, a lei de licitações é claríssima, ao dispor em seu art. 59, parágrafo único, *que mesmo em caso de nulidade do contrato* (e consequente paralisação dele, com supressão, pois de prestações ulteriores) os trabalhos já realizados são indenizáveis:

> Art. 59. A declaração de nulidade do contrato administrativo opera retroativamente impedindo os efeitos jurídicos que ele, ordinariamente, deveria produzir, além de desconstituir os já produzidos. Parágrafo único. A nulidade não exonera a Administração do dever de indenizar o contratado pelo que este houver executado até a data em que ela for declarada e por outros prejuízos regularmente comprovados, contanto que não lhe seja imputável, promovendo-se a responsabilidade de quem lhe deu causa [sic].

4. De resto, uma mente sã, apoiada em raciocínio reto, jamais poderia admitir que um contratado que estivesse no regular cumprimento das obrigações que assumiu na conformidade das regras previstas no edital viesse a sofrer algum gravame causado pelo próprio Poder Público com base em alegações questionadoras da situação que haja sido estabelecida segundo *aqueles mesmos termos* ali, prévia e publicamente, estipulados.

Assim, aquele que, dentro das condições pré-estipuladas pela Administração, faça a melhor oferta, vença o certame, seja contratado e cumpra o contrato que firmou, prestando o objeto que lhe competia prestar na forma prevista e avençada – *salvo na hipótese de haver-se conluiado com os agentes que organizaram o certame a fim de prejudicar a entidade licitadora* –, obviamente não pode vir a ser, ao depois, onerado em decorrência de censura acaso feita ulteriormente ao promotor do certame.

Em conclusão: nas licitações em que o preço é fator final decisivo, a adjudicação traz consigo o reconhecimento de que a composição econômica *resultante da proposta* aceita é a *contrapartida adequada* dos encargos previstos no certame, *motivo pelo qual deverá ser intransigentemente preservada a igualdade que disto resulta*.

Daí que a citada igualdade é para ser mantida, quer *por ocasião do travamento do vínculo*, quer ao longo de todo o contrato, pois aqueles termos econômicos (correlatos aos encargos supostos) é que credenciaram o ofertante ao contrato. Outrossim, depreende-se, desde logo, que dita equação se apresenta para ambas as partes como *obrigatória*, por ter sido, em termos econômicos, o ponto em que convergiram as partes que irão contratar e que só poderão fazê-lo naqueles termos.

É que, de um lado, os notórios princípios da legalidade e da igualdade dos licitantes impediriam que se constituísse em termos mais vantajosos para o contratado e, de outro lado, o contratado não poderia ser constrangido a vincular-se em condições mais desfavoráveis, isto é, inferiores às da proposta que fez. Assim, o contratante, por aqueles encargos, *não poderá pagar nem mais, nem menos* do que aquilo que resultou da oferta acolhida. Por força disto, a Administração não só pode, *mas deve manter a equação econômica que proclamou satisfatória* ao cabo do certame licitatório.

Deveras, com a ressalva da hipótese, já mencionada, isto é, de um conluio forjado entre promotor do certame e contratado para lesarem o Poder Público – hipótese que obviamente dependeria de prova, pois má-fé não se presume, nem se erige *a priori* suposição de indignidade dos agentes estatais, fato que teria de ser apurado na conformidade de um devido processo legal, com atendimento a contraditório – seria até mesmo escandaloso viesse algum órgão estatal a despejar gravame sobre o contratado fundando-se na inadequação do contrato às conveniências públicas. Comportamento de tal ordem só poderia ser qualificado de imoral e vergonhoso, por afrontar às escâncaras o princípio da *moralidade administrativa* estampado no art. 37 da Constituição, o qual, de resto, é também um princípio geral de direito.

5. À toda evidência, portanto, seria agressivo à lealdade, à boa-fé e à segurança jurídica que o sujeito que se compôs com o Estado, em termos por este delimitados, viesse ao depois sofrer consequências detrimentosas em decorrência deste mesmo fato, sobre o contraditório argumento de que a fiel obediência ao que ali havia sido prescrito é prejudicial ao interesse público.

O Estado, presume-se, é um interlocutor sério e responsável e a tanto está obrigado pela ordem jurídica. Eis, pois, que o *Tribunal de Contas*, que é um órgão estatal e ao qual assiste a incumbência atribuída pela Constituição de auxiliar o Congresso Nacional no controle externo (art. 71) – atividade esta de natureza administrativa, pois, à toda evidência, não é nem legislativa, nem jurisdicional – *jamais poderia, em nome de tal atribuição, lançar sobre os ombros de um contratado da Administração gravames, detrimentos ou prejuízos econômicos, não importa se recoberto por tal ou qual denominação (como exemplo, a de "cautelar suspensão de parte dos pagamentos" a este devidos) sub color de que os preços contratuais não são os que o Tribunal reputaria consentâneos com os encargos assumidos.*

A forma pela qual a Corte de Contas pode e deve cumprir sua função controladora, defensiva dos recursos públicos e da economicidade no manejo deles, está constitucionalmente estipulada e é nesta conformidade que, em um Estado de direito, haverá de ser exercida. Obediente, pois, a todo o sistema jurídico. É esta, aliás, uma das razões, fundamentalíssima – e dela ao diante cuidaremos –, pela qual o Tribunal não poderia causar o mencionado gravame.

De resto, os exegetas nutridos de alguma ilustração sabem que a existência de um dado poder outorgado legalmente ao Estado *não significa elisão do restante da ordem jurídica* e muito menos de princípios gerais de direito. Ao respeito e de modo lapidar, referindo-se, aliás, especificamente à Administração, assim se manifestou o consagrado publicista espanhol Eduardo García de Enterría:

> La Administración – hay que repetirlo una vez más – no es un poder soberano, sino una organización subalterna al servicio de la comunidad, y por esta simplicísima e incontestable razón no puede pretender apartar en un caso concreto, utilizando una potestad discrecional, la exigencia particular y determinada que dimana de un principio general del Derecho en la materia de que se trate. *La Ley que ha otorgado a la Administración tal potestad de obrar no ha derogado para ella la totalidad del orden jurídico*, el cual, con su componente esencial de los principios generales, sigue vinculando a la Administración.[326]

6. Por ora, cumpre, desde logo, realçar que todo e qualquer agravo ao princípio da lealdade e da boa-fé e consequente desrespeito à estabilidade jurídica que nelas se inspiram recebe o repúdio da doutrina e da legislação.

É que o contrato, seja ele de direito privado, seja de direito público, é uma composição consensual de interesses; uma pacífica harmonização de interesses; por isso, com muita propriedade, Clóvis Bevilaqua observou que o contrato se substancia numa "transfusão de vontades". Na medida em que envolve um ponto de coincidência de interesses, os sujeitos se afinam em torno dele, fazendo-o pela livre

---

[326] GARCÍA DE ENTERRÍA, Eduardo; FERNÁNDEZ, Tomás-Ramón. *Curso de derecho administrativo*. 3. ed. Madrid: Civitas, 1981. p. 400. Grifos nossos.

conjunção de suas vontades, ao qual, dessarte, se atrelam para obter a recíproca satisfação de suas aspirações.

Eis, pois, que por meio dele se produz um vínculo assentado nas premissas de *lealdade* e *boa-fé*, vez que as partes não estariam obrigadas a se relacionar; se o fazem é precisamente expectantes de que seus objetivos podem ser satisfeitos pela ação da parte contraposta, que, segundo se presume, atuará de maneira correta e respeitosa do acordado.

Assim, é da índole dos contratos o respeito à boa-fé, como bem acentuou, entre tantos, Orlando Gomes.[327]

O dever de agir com deferência ao princípio da boa-fé possui *particular importância na* órbita *do direito administrativo* e se impõe notadamente às entidades governamentais que devem ser respeitosas guardiãs desta pauta de conduta. Em monografia preciosa sobre o princípio da boa-fé *em direito administrativo*, o eminente jurista espanhol Jesus Gonzalez Perez observou:

> El principio general de la buena fe no solo tiene aplicación en el Derecho Administrativo, sino que en este ámbito adquiere especial relevancia. Como disse GUASP "todos los campos del derecho estatal son clima propicio, como cualquier otro, al desarrollo de esta verdadera patología de lo jurídico. Y es más, ella se dá en el seno de los principales elementos que conjuga la relación jurídica estatal: la Autoridad y el súbdito". Porque, en efecto, la presencia de los valores de lealtad, honestidad y moralidad que su aplicación comporta es especialmente necesaria en el mundo de las relaciones de la Administración con los administrados.[328]

Adverte que tal princípio "es exigible en los actos juridicos, en el ejercicio de los derechos y en el cumplimiento de las obligaciones".[329] Anota que "es el criterio de reciprocidad el que aparece como nota diferenciadora de la buena fe".[330]

Assinalada a importância deste princípio e sua aplicação ao direito administrativo, veja-se, acompanhando a lição do alumiado jurista, o conteúdo deste princípio:

---

[327] GOMES, Orlando. *Contratos*. Rio de Janeiro: Forense, [s.d.]. p. 46.
[328] GONZALEZ PEREZ, Jesus. *El principio general de la buena fe en el derecho administrativo*. Madrid: Civitas, 1983. p. 31.
[329] GONZALEZ PEREZ, Jesus. *El principio general de la buena fe en el derecho administrativo*. Madrid: Civitas, 1983. p. 1.
[330] GONZALEZ PEREZ, Jesus. *El principio general de la buena fe en el derecho administrativo*. Madrid: Civitas, 1983. p. 23.

La buena fe, a cuyas exigencias han de ajustar su actuación todos los miembros de la comunidad, sólo puede predicarse, en sus recíprocas relaciones, de la actitud de uno en relación con otro. Significa – dice LACRUZ – que este otro, según la estimación habitual de la gente, puede esperar determinada conducta del uno, o determinadas consecuencias de su conducta, o que no ha de tener otras distintas o perjudiciales. La jurisprudencia civil ha delimitado correctamente su ámbito de aplicación. Como en la sentencia de 24 de junio de 1969 (Ponente: BONET), al decir que la buena fe "significa confianza, seguridad y honorabilidad basadas en ella, por lo que se refieren sobre todo al cumplimiento de la palabra dada; especialmente, la palabra fe, fidelidad, *quiere decir que una de las partes se entrega confiadamente a la conducta leal de otra en el comportamiento de sus obligaciones, fiado en que* ésta *no le engañara*".[331]

O obséquio ao referido princípio é sobremodo sério no caso das pessoas de direito público e de suas entidades auxiliares. Com efeito, por força mesmo de sua posição jurídica peculiar, tais sujeitos estão adscritos ao dever de manterem comportamentos sintônicos com suas funções e naturezas. Deveras, o Poder Público e seus coadjuvantes perseguem e só podem perseguir fins lícitos e consentâneos com a "moralidade administrativa", já que, conforme acima foi realçado, esta se encontra expressamente qualificada pelo Texto Constitucional como princípio obrigatório para a Administração direta ou indireta (art. 37, *caput*). Nos quadrantes da moralidade administrativa, obviamente, *está implicado o pleno respeito aos direitos alheios* e, portanto, no caso dos contratos administrativos, a deferência para com o *equilíbrio econômico-financeiro* estipulado.

Dessarte, a retenção, por determinação do Tribunal de Contas, de parte dos pagamentos devidos à Consulente não pode deixar de ser qualificada *como comportamento clarissimamente agressivo aos princípios da segurança jurídica, da lealdade e da boa-fé*. Nele se retrata uma violação à própria palavra empenhada pelo Estado e nisto se desdiz outro importante princípio: o da presunção de legalidade dos atos administrativos, agravando quem cumpria rigorosamente os termos de edital de licitação e de contrato travado na estrita conformidade do que o próprio Poder Público havia unilateralmente estabelecido.

7. Aliás, importa ressaltar que, na teoria do contrato administrativo, a manutenção do equilíbrio econômico-financeiro é aceita como

---

[331] GONZALEZ PEREZ, Jesus. *El principio general de la buena fe en el derecho administrativo*. Madrid: Civitas, 1983. p. 40. Grifos nossos.

verdadeiro "artigo de fé". Doutrina e jurisprudência brasileiras, em sintonia com o pensamento alienígena, assentaram-se pacificamente em que, neste tipo de avença, o contratado goza de sólida proteção no que concerne ao ângulo patrimonial do vínculo, até mesmo como contrapartida das prerrogativas reconhecíveis ao contratante governamental. Este indiscutido direito, como é óbvio – mas importa dizê-lo – corresponde a uma garantia verdadeira, *real*, substancial e não a uma garantia *fictícia, simulada, nominal*.

É induvidoso que a equação econômico-financeira é um dos pilares da teoria do contrato administrativo. Para dizê-lo com palavras de Marcello Caetano:

> O contrato assenta, pois, numa determinada equação financeira (o valor em dinheiro dos encargos assumidos por um dos contraentes deve equivaler às vantagens prometidas pelo outro) e as relações contratuais têm de desenvolver-se na base do equilíbrio estabelecido no ato de estipulação.[332]

O respeito a tal equação só existe quando ambas as partes cumprem à fidelidade o que nela se traduziu. Então, uma delas, o contratado, tem que executar a prestação ou as prestações devidas com absoluto rigor e exatidão. A outra parte, o contratante público, está, de seu turno, adstrito a assegurar ao contratado, com o pagamento ou pagamentos, *o valor* que, à época da fixação de seus termos, por ambos foi havido como remuneração apta a *acobertar o custo* da prestação e o *lucro* que a ela corresponderia, na conformidade da correlação entre encargos e sua contrapartida econômica.

Dessarte, nenhuma das partes se locupleta à custa da outra. Ambas recebem o que as incita a travar o liame. Nem o contratante nem o contratado sacam outras vantagens além das que consentiram reciprocamente em outorgar-se e que se constituíram na própria razão do engajamento a ser travado ou já travado. Cada qual obtém o que previra e em função do que ajustara. Há, pois, satisfação dos respectivos escopos e perfeita realização do direito contratualmente estipulado.

8. Entende-se por equação econômico-financeira a relação de igualdade, ou seja, de equivalência, entre as obrigações assumidas pelo contratado à época em que se compromete e a compensação econômica

---

[332] CAETANO, Marcello. *Princípios fundamentais do direito administrativo*. Rio de Janeiro: Forense, 1977. p. 255-256.

que lhe haverá de corresponder em razão das referidas obrigações. O equilíbrio do contrato é definido, de um lado, pelos encargos postos à compita do contratado e, de outro, pelos valores inicialmente estipulados como pagamentos cuja inteireza substancial se reconheceu como adequada para remunerá-los.

Esta noção de equivalência, de igualdade que deverá persistir, fica muito bem esclarecida nas seguintes expressões com que Marcel Waline a descreve:

> Assim, o equilíbrio econômico e financeiro do contrato é uma relação que foi estabelecida pelas próprias partes contratantes no momento da conclusão do contrato, entre um conjunto de direitos do contratante e um conjunto de encargos deste, que pareceram equivalentes, *donde o nome de "equação"*; DESDE ENTÃO ESTA EQUIVALÊNCIA NÃO MAIS PODE SER ALTERADA.[333]

Dessarte, a prestação de um e correlato valor para retribuição do outro, tomados como um ponto de equilíbrio entre ambos, tal como previstos no edital e no contrato, é que se constituem no fim a ser buscado.

Hely Lopes Meirelles sintetizou com precisão os objetivos das partes neste tipo de avença e assinalou o compreensível propósito que anima o particular ao se compor com a Administração. "O contrato administrativo, por parte da Administração, destina-se ao atendimento das necessidades públicas, mas por parte do contratado, *objetiva um lucro,* através da remuneração consubstanciada nas cláusulas econômicas e financeiras".[334]

Georges Pequignot, um clássico no tema contrato administrativo, ao respeito averbou:

> O contratado tem direito à remuneração inscrita em seu contrato. É o princípio da fixidez do contrato. Ele não consentiu seu concurso senão na esperança de um certo lucro. Aceitou tomar a seu cargo trabalhos e áleas que, se não houvesse querido contratar, seriam suportados pela Administração. É normal que seja remunerado por isso. Além disso, seria contrário à regra da boa-fé, contrário também a qualquer segurança

---

[333] WALINE, Marcel. *Droit administratif.* 5. ed. Paris: Sirey, 1963. p. 618. Grifos nossos.
[334] MEIRELLES, Hely Lopes. *Licitação e contrato administrativo.* 7. ed. atual. São Paulo: Revista dos Tribunais, 1987. p. 161.

dos negócios, e portanto perigoso para o Estado social e econômico que a Administração pudesse modificar, especialmente reduzir, esta remuneração.[335]

O referido autor faz notar, ainda, que: "[...] o interesse financeiro da Administração é um interesse da mesma natureza que o do particular. Os direitos que então se fazem presentes são idênticos e tão respeitáveis uns quanto os outros".[336]

Jean Rivero, referindo-se à remuneração do contratado, assim se expressou:

> As disposições relativas à remuneração *escapam do poder de modificação unilateral da administração*. Mas, além disto, o elemento de associação já assinalado se manifesta neste ponto com uma força particular: é o princípio do equilíbrio financeiro do contrato, *que é uma das características essenciais do contrato administrativo* e a contrapartida das prerrogativas da administração.[337]

9. Não são apenas razões de ordem lógica ou mesmo radicadas conaturalmente na índole do contrato administrativo que impõem o respeito à igualdade econômico-financeira estipulada. É o próprio direito positivo brasileiro que exige, de modo enfático, seu necessário acatamento. Com efeito, entre nós, foi reputada suficientemente importante para que se lhe atribuísse o caráter de imposição *constitucional*, motivo pelo qual nem leis, nem atos administrativos poderiam se lhe contrapor.

Com efeito, o art. 37, XXI, do Diploma Supremo, estatui:

> ressalvados os casos especificados na legislação, as obras, serviços, compras e alienações serão contratados mediante processo de licitação pública que assegure igualdade de condições a todos os concorrentes, com cláusulas que estabeleçam obrigações de pagamento, *mantidas as condições efetivas da proposta* [...].

---

[335] PEQUIGNOT, George. *Théorie general du contract administratif*. Paris: A. Pedone, 1945. p. 434. Grifos nossos.
[336] PEQUIGNOT, George. *Théorie general du contract administratif*. Paris: A. Pedone, 1945. p. 434.
[337] RIVERO, Jean. *Droit administratif*. 3. ed. Paris: Dalloz, 1965. p. 111.

Em nível legal, inúmeras disposições da Lei nº 8.666, de 21.6.1993, consagram, de um lado, a obediência ao disposto no contrato e, de outro, reportam-se especificamente ao dever de obediência ao equilíbrio econômico-financeiro.

Assim, seu art. 54 estabelece que os contratos administrativos "de que trata esta Lei regulam-se pelas suas cláusulas e pelos preceitos de direito público, aplicando-se-lhes, supletivamente, os princípios da teoria geral dos contratos e as disposições de direito privado".

É óbvio que, de acordo com a teoria geral dos contratos tanto como pelas disposições de direito privado, tais acordos de vontade devem ser fielmente cumpridos, até porque, a teor do art. 422 do Código Civil: "Os contratantes são obrigados a guardar, assim na conclusão do contrato, como em sua execução, os princípios de probidade e boa-fé".

Já, quanto aos contratos administrativos, o art. 66 da Lei nº 8.666 peremptoriamente determina: "O contrato deverá ser executado fielmente pelas partes, de acordo com as cláusulas avençadas e as normas desta Lei, respondendo cada uma pelas conseqüências de sua inexecução total ou parcial".

No que atina ao equilíbrio econômico-financeiro, o art. 57, §1º, faz expressa alusão ao dever de sua mantença, ao se referir aos casos em que cabe prorrogação de prazos contratuais: "Os prazos de início de etapas de execução, de conclusão e de entrega admitem prorrogação, mantidas as demais cláusulas do contrato *e assegurada a manutenção de seu equilíbrio econômico financeiro* [...] [sic]".

De seu turno, o art. 58, §2º prevê que se ocorrer modificação unilateral do contrato, efetuada pelo contratante público, a fim de melhor adequá-lo às finalidades de interesse público: "[...] as cláusulas econômico-financeiras deverão ser revistas *para que se mantenha o equilíbrio contratual*".

Assim também, o art. 65, §6º estabelece que: "Em havendo alteração unilateral do contrato que aumente os encargos do contratado, a Administração deverá *restabelecer, por aditamento, o equilíbrio econômico-financeiro inicial*".

10. Para além destas anotações, o fato é que as cláusulas atinentes à equação financeira, assim como o próprio equilíbrio dessarte estabelecido, uma vez firmado o contrato, configuram direito e *direito adquirido* do contratado; logo, bem jurídico que não poderia ser amesquinhado nem mesmo por lei e muito menos pelo Tribunal de Contas. Deveras, como é sabido e ressabido, o que se estipula em contrato gera direito adquirido para as partes.

Com efeito, segundo Gabba, em sua monumental *Teoria della retroatività delle leggi*,[338] é adquirido todo direito que:

> a) é consequência de fato idôneo a produzi-lo, em virtude da lei do tempo em que foi cumprido, ainda que a ocasião de fazê-lo valer não se apresente antes da atuação de uma lei nova referente ao mesmo; b) ao termo da lei sob cujo império ocorreu o fato do qual se originou, entrou imediatamente a fazer parte do patrimônio de quem o adquiriu.

Mesmo Paul Roubier, avesso à teoria do direito adquirido e partidário da aplicação imediata das leis – cuja incidência, em seu entender, deveria alcançar os fatos pendentes – perante o tema de contratos viu-se na contingência de abrir uma exceção imensa à sua teoria para sufragar-lhes a intangibilidade.

Reconhece que, nos contratos em curso, o respeito à lei do tempo de sua Constituição é regra certa e considerado verdadeiro "artigo de fé". Reconhece, ainda, que para a teoria do direito adquirido não há a menor dificuldade em explicar esta intangibilidade.[339] O mesmo, contudo, não se passa com sua doutrina – tão laboriosa e magistralmente construída – a qual não fornece justificação evidente para a sobrevivência das normas que presidem o contrato.

Sem embargo, o alumiado jurista percebe a irrefragável necessidade de preservar as relações em questão contra mutações advindas de regulação normativa superveniente. Justifica, então, esta intangibilidade, da qual não há fugir, apoiando-se na ideia de que os contratos são atos de previsão em que a escolha procedida pelos contratantes, ao comporem consensualmente seus interesses, é decidida inteiramente em função da lei vigorante. Daí apostilar: "Esta escolha seria inútil se uma lei nova, modificando as disposições do regime em que o contrato foi travado, viesse a trazer uma subversão em suas previsões".[340]

11. Com efeito, os contratos são mesmo, por excelência, atos de previsão. Neles, as partes, com supedâneo na regra vigente, decidem sobre situações cuja essência é protrair-se no tempo. Seu conteúdo é exata e precisamente dispor sobre o porvir. É da índole da própria relação aprisionar antecipadamente um futuro mediato. Se não

---

[338] GABBA, Carlo Francesco. *Teoria della retroatività delle leggi*. 3. ed. Pisa: Nistri, 1981. v. I. p. 191.
[339] ROUBIER, Paul. *Les conflits des lois dans le temps*. 1. ed. Paris: Recueil Sirey, 1929. v. I. p. 587.
[340] ROUBIER, Paul. *Les conflits des lois dans le temps*. 1. ed. Paris: Recueil Sirey, 1929. v. I. p. 598.

servisse para garantir a persistência de uma situação conformada às previsões que levaram as partes a se comporem, seu préstimo estaria comprometido. Isto é, se leis supervenientes pudessem incidir sobre o contrato em curso, afetando suas disposições, gerariam incerteza, insegurança e instabilidade jurídica, contrapostas à própria índole do instituto. Assim, o específico dos contratos de trato sucessivo é involucrar o acordado com o manto protetor – o da lei vigente à época de sua instauração – para que a relação constituída atravesse o tempo encasulada neste abrigo e à salvo, portanto, da interferência de leis sucessivas.

É certo, pois, e induvidoso por todos os títulos, que as cláusulas concernentes à equação econômico-financeira conferem ao contratado da Administração direito adquirido.

Ora, o art. 5º, XXXVI, em consonância, aliás, com velha tradição constitucional nossa, estabelece que "a lei não prejudicará o direito adquirido, o ato jurídico perfeito e a coisa julgada".

Se nem a lei poderia afetá-las, menos ainda poderia desatendê-lo o próprio contratante ou o Tribunal de Contas.

A competência fiscalizatória da alçada deste órgão, cumpre recordá-lo uma vez mais, *não poderia ser efetuada em desacordo com todo o restante da ordem jurídica. Pelo contrário, haveria de ser cumprida em harmonia com a integralidade do sistema jurídico.*

É certo, pois, que a retenção de parte dos pagamentos devidos à Consulente não poderia se efetuar sem com isto ofender-se a talho de foice tanto as mansas e pacíficas lições doutrinárias sobre o equilíbrio econômico-financeiro dos contratos administrativos, quanto a previsão constitucional de que neles têm de ser mantidas as condições constantes da proposta formulada no certame licitatório, como ainda as normas legais garantidoras do equilíbrio econômico-financeiro estipuladas na Lei nº 8.666 e a intangibilidade do direito adquirido constitucionalmente prevista.

12. Finalmente, é indisputável que a competência do Tribunal de Contas só existe nos limites e termos daquilo que o próprio direito estabeleceu para o exercício de tal função. Então, é por este último motivo que, mesmo se fossem deixados de lado todos os referidos obstáculos jurídicos apontados como incontornáveis empeços à retenção parcial de pagamentos da Consulente por determinação do Tribunal de Contas, ainda assim haveria um impedimento óbvio por força do qual a referida conduta exibir-se-ia como flagrantemente atentatória ao direito.

É que esta Corte pura e simplesmente *não possui a atribuição que se autoirrogou.*

Disse Yhering, em frase de notável acerto e perfeição: "Inimiga jurada do arbítrio a forma é a irmã gêmea da liberdade".[341]

Ora, *a forma* pela qual se exerce a atividade fiscalizatória e a controladora dos contratos pelo Tribunal de Contas está expressamente prevista e modelada na própria Constituição. Assim, nem mesmo a lei poderia regulá-la diversamente e muito menos o próprio sujeito dessarte disciplinado poderia alterar-lhe a compostura, fosse para conferir-lhe novos contornos, fosse para ampliar-lhe as dimensões.

13. Sucede que a Constituição, ao tratar do que pode o Tribunal em tema de fiscalização e controle de contratos, dispõe de modo explícito e claríssimo sobre a extensão de sua competência, de resto, diferenciando-a, nisto, das atribuições que lhe concernem no que respeita a atos.

Deveras, ao referir no art. 71 as competências que lhe irroga, menciona, no inc. X, a possibilidade de "sustar, se não atendido, a execução do ato impugnado, comunicando a decisão à Câmara dos Deputados e ao Senado Federal" e nos §§1º e 2º dispõs:

> §1º *No caso de contrato, o ato de sustação será adotado diretamente pelo Congresso Nacional,* que solicitará, de imediato, ao Poder Executivo, as medidas cabíveis;
>
> §2º Se o Congresso Nacional ou Poder Executivo, no prazo de noventa dias, não efetivar as medidas previstas no parágrafo anterior, o Tribunal decidirá a respeito.

Assim, qualquer que consulte a Constituição verá, de imediato, que, em tema de contratos, não cabe ao Tribunal de Contas senão representar ao Congresso Nacional para que este determine ao Executivo sua sustação e *somente se não for tomada esta providência em 90 dias, aí, sim, o Tribunal decidirá ao respeito dela.*

Note-se, ademais, que o Texto Constitucional, mesmo nesta última hipótese, *não está a autorizar retenção de parte dos pagamentos contratuais devidos.* Está a autorizar coisa diversa, isto é, a *própria sustação do contrato,* o que, evidentemente, é coisa muito distinta.

---

[341] YHERING, Rudolf Von. *L'Esprit du droit romain.* 3. ed. rev. e corrig. Paris: Librairie Marescq Ainê, 1887. t. 3. p. 164.

14. Com efeito, suspenso o contrato, o contratado não terá que prestar os serviços correspondentes, ao passo que a retenção parcial de pagamentos significa prestar os serviços por valor menor do que fora ofertado na licitação e estava contratualmente estipulado. Ou seja, em desacordo com aquilo a que se comprometera e em discrepância com os termos que lhe estavam garantidos, seja pelo precitado art. 37, XXI, do Texto Constitucional, seja pelo direito adquirido no contrato, a teor do art. 5º, XXXVI e, pois, em descompasso com seu equilíbrio econômico-financeiro, cuja preservação é imperativa consoante a doutrina universal e a legislação do país, retroindicadas.

Cumpre realçar que nada colheria eventual alegação de que na suspensão parcial de pagamentos não haverá agravo ao equilíbrio econômico-financeiro avençado e aos aludidos direitos nele imbricados, como consectários ou correlatos, pois o decidido será apenas uma *providência cautelar*, a qual, por essência, não é terminativa da questão focada. Ora, o fato de ser ou não cautelar, terminativa ou não, em nada e por nada elide a circunstância de que a situação da Consulente expressada no equilíbrio econômico-financeiro do contrato será obviamente afetada. Vale dizer: o que há de substancial, de efetivo, de concreto, em tal equação contratual, são os pagamentos que correspondem ao sobredito equilíbrio. Se tais pagamentos não forem efetuados em sua inteireza, não importa a que título não o sejam, pois o resultado imediato e concreto é literalmente o mesmo: amesquinhamento de um direito, redução ou supressão dos recebíveis a que o contratado faz jus.

Nenhum servidor ou conselheiro do E. Tribunal de Contas consideraria livre de agravo a seus direitos de percepção de vencimentos se acaso viessem eles a ser parcialmente retidos tão só a título de medida cautelar. É claro que, em concreto, esta incursão em suas esferas jurídicas estaria a produzir um efeito detrimentoso, portanto, gravoso à inteireza daqueles bens jurídicos, sendo quanto a isto irrelevante um caráter meramente cautelar que lhes houvesse sido atribuído.

15. Demais disto, como visto, não caberia invocar um poder cautelar inexistente ao menos em matéria contratual, já que a Constituição previu o que lhe pareceu adequado para a fiscalização de contrato e não autorizou qualquer suspensão parcial de pagamentos. E se a Constituição não o fez nem a lei poderia fazê-lo. De resto, também a lei não o fez. A Lei Orgânica do Tribunal de Contas da União – Lei nº 8.443, ao tratar das competências do Tribunal em tema de ato e de contrato, estatui:

Art. 45. Verificada a ilegalidade de ato ou contrato, o Tribunal, na forma estabelecida no regimento interno, assinará prazo para que o responsável adote as providências necessárias ao exato cumprimento da lei, fazendo indicação expressa dos dispositivos a serem observados.

§1º No caso de ato administrativo, o Tribunal, se não atendido:

I – sustará a execução do ato impugnado;

II – comunicará a decisão à Câmara dos Deputados e ao Senado Federal;

III – aplicará ao responsável a multa prevista no inciso II do art. 58 desta lei.

§2º No caso de contrato, o Tribunal, se não atendido, comunicará o fato ao Congresso Nacional, a quem compete adotar o ato de sustação e solicitar, de imediato, ao Poder Executivo, as medidas cabíveis.

§3º Se o Congresso Nacional ou o Poder Executivo, no prazo de noventa dias, não efetivar as medidas previstas no parágrafo anterior, o Tribunal decidirá a respeito da sustação do contrato.

Ao respeito cumpre salientar, ainda, que o referido preceptivo – no qual está substancialmente reproduzida a dicção constitucional – é explícito em mencionar como condição das providências ali previstas a ocorrência de ilegalidade. Sua expressão literal é: "Verificada a ilegalidade [...]". A intelecção de que preços contratuais superam os que o Tribunal estime serem consentâneos com o mercado não é comprovação de ilegalidade, mas simples opinamento.

De toda sorte, o fato é que a referida Lei Orgânica não prevê medida cautelar. É certo que admite ulteriores atos regulamentares suscetíveis de serem expedidos pelo próprio Tribunal, mas, como ali está expresso, manifestáveis, como é natural, "no âmbito de sua competência" e "sobre matéria de suas atribuições". *Litterim*:

Art. 3º Ao Tribunal de Contas da União, no âmbito de sua competência e jurisdição, assiste o poder regulamentar, podendo, em conseqüência, expedir atos e instruções normativas sobre matéria de suas atribuições e sobre a organização dos processos que lhe devam ser submetidos, obrigando ao seu cumprimento, sob pena de responsabilidade.

Logo, matéria que extrapole suas atribuições constitucionais ou que veicule conteúdo delas excedente não está albergada pelo referido artigo. Ora, atividade de fiscalização e controle de contrato *com superação do delineamento constitucional* não pode ser havida como autorizada no referido art. 3º, inclusive porque não existe a possibilidade de regulamento inovar inicialmente na ordem jurídica, além do que lei não pode delegar a regulamento poder de praticar atos com tais atributos.

16. Acresce que a previsão da medida cautelar, com a suspensão do ato ou procedimento impugnado, tem seus contornos jurídicos estabelecidos no art. 276 da Resolução nº 155, de 4.12.2002, que aprova o Regimento Interno do Tribunal de Contas.

Dito regramento estatui:

> Art. 276. O Plenário, o relator, ou, na hipótese do art. 28, inc. XVI, o Presidente, em caso de urgência, fundado receio de grave lesão ao erário ou a direito alheio ou de risco de ineficácia da decisão de mérito poderá de ofício ou mediante provocação, adotar medida cautelar, com ou sem a prévia oitiva da parte, determinando entre outras providências, a suspensão do ato ou do procedimento impugnado, até que o Tribunal decida sobre o mérito da questão, nos termos do art. 61 da Lei nº 8.443, de 1992.

Está claro nele, então, que seu objeto é a "suspensão do ato ou procedimento impugnado".

Não está, pois, reproduzida a figura contemplada no art. 276 do Regimento Interno do Tribunal, único dispositivo que poderia, ainda que inadequadamente, ser invocado em prol da medida adotada de suspensão de parte dos pagamentos devidos. Deveras, ali não está, de direito, autorizada a suspensão integral ou parcial de *pagamentos*. Com efeito, ao ser suspensa a relação jurídica o contratado se vê, *ipso facto*, desobrigado das correspondentes prestações, o que, obviamente, inocorre com a determinação de suspensão ou redução dos pagamentos, caso no qual o contratado teria de suportar os ônus do desempenho sem a regular contrapartida econômica.

De outro lado, o mencionado preceptivo refere "suspensão de ato ou procedimento". Desde logo se vê que não está reportada a "suspensão de contrato", pois em matéria contratual, como foi amplamente visto, a competência do Tribunal, a teor do art. 45, §2º de sua Lei Orgânica, é a de encaminhar ao Congresso Nacional para que este suspenda o contrato, e apenas se não o fizer em noventa dias é que o Tribunal poderá sustá-lo, consoante disposto no §3º, tudo, aliás, de acordo com o previsto no art. 71, §§1º e 2º, da Constituição Federal. Justamente por não estar reportado a contrato é que o previsto no art. 276 do Regimento Interno está livre da coima de inconstitucional, mas também por isto não é aplicável no caso concreto.

Eis, pois, que por distintas razões avulta a falta de competência do Tribunal de Contas para determinar, no caso concreto, a retenção de pagamentos. Não possuindo dita competência menos ainda seria de cogitar que o fizesse sem alegação de ilegalidade contratual, fundando-se em suposição do denominado "sobrepreço".

17. Dispõe a lei de licitações e contratos, Lei n° 8.666, em seu art. 78, XV, que é motivo de rescisão contratual:

> o atraso superior a 90 (noventa) dias dos pagamentos devidos pela Administração decorrentes de obras, serviços ou fornecimento, ou parcelas destes, já recebidos ou executados, salvo em caso de calamidade pública, grave perturbação da ordem interna ou guerra, *assegurado ao contratado o direito de optar pela suspensão do cumprimento de suas obrigações* até que seja normalizada a situação.

Diante destes termos expressos e perfeitamente claros resulta óbvio que em sendo atrasadas parcelas dos pagamentos devidos por período superior a noventa dias, o contratado pode suspender o cumprimento de suas obrigações.

18. Certamente entre as atribuições, arroladas na Lei Orgânica do Tribunal de Contas, não consta a de fixar valores máximos para a realização de obras públicas. Aliás, *se alguma lei existisse pretendendo outorgar-lhe tal competência ela seria inconstitucional* por representar poderes excedentes dos que lhe foram outorgados pela Lei Magna e – pior que isto – pura e simples invasão de competências do Poder Executivo. Notoriamente ao órgão que auxilia o Poder Legislativo no controle externo desassiste o exercício de funções outras que não as fiscalizadoras e controladoras. A Constituição Federal, como é claro a todas as luzes, não conferiu ao Tribunal de Contas poderes de fixar valores para remuneração de obras públicas, que isto é, notoriamente, atribuição que se encaixa entre as pertinentes ao Poder Executivo. Assim, se o mencionado Tribunal se autoirrogar tal competência, dita autoatribuição é nula de pleno direito.

19. Economicidade, a que alude o art. 37 e o próprio art. 70 da Lei Maior, não é certamente uma palavra mágica, prestante para dissolver toda a lógica do Estado de direito e todo o regime de avaliação da validade ou invalidade dos atos jurídicos. Seu alcance, à toda evidência, não é ilimitado nem se sobrepõe ou substitui ao critério de avaliação da *legitimidade* ou *ilegitimidade* dos comportamentos estatais. Aliás, se fora, toda atividade administrativa ficaria sujeita a uma apreciação cujo teor

de objetividade se esfumaria e os agentes prepostos a atividades inclusas na esfera do Poder Executivo sujeitar-se-iam a uma álea insuportável que lhes tolheria iniciativas e comportamentos com óbvios prejuízos para a realização das atividades estatais. A submissão a um juízo posterior, independente do juízo de legalidade, retiraria toda autonomia e, pois, toda segurança de iniciativa e toda confiança nas opções abertas pelo direito ao desempenho das missões inerentes ao Executivo.

Recordem-se uma vez mais lições dantes invocadas de Eduardo García de Enterría, de acordo com as quais: "La Ley que ha otorgado a la Administración tal potestad de obrar no ha derogado para ella la totalidad del orden jurídico". Por isto é óbvio que esta tolice neoliberal inoculada na Lei Maior opera na intimidade do sistema normativo e evidentemente não se sobrepõe a ele, como se fora um supraordenamento constitucional prevalente sobre as demais normas e princípios ali encartados.

20. Demais disto, atribuir-lhe esta desatada importância implicaria fazer "tábula rasa" da necessidade de o Poder Público buscar o atendimento de interesses alheios ao "econômico". Este ficaria sempre privilegiado (ou pelo menos sob o risco de assim estar, para que os agentes públicos se evadissem de uma perigosa censura) em detrimento de outros objetivos e fins estatais, como, *exempli gratia*, os atrelados a objetivos sociais, artísticos, culturais *ou meramente os de excelência na qualidade*, os quais inúmeras vezes o Estado deve perseguir para bom cumprimento dos interesses a seu cargo.

É óbvio que a procura de um desempenho mais aprimorado, ou seja, de qualidade superior, ainda que mais dispendioso, terá de ser perseguida com frequência pelo Poder Público, sobretudo à medida que este esteja mais comprometido com o progresso, com a evolução da sociedade e com a oferta do máximo bem-estar aos administrados. Assim, é claro que não se pode hipertrofiar a função da economicidade no desempenho dos misteres públicos, a qual, na esfera das empresas privadas, sim, pode cumprir e sabidamente cumpre um papel estelar, só custodiada, então, pelas próprias coerções e condicionamentos também de natureza econômica.

Assim, sob pena de alargar-se o referido princípio desarrazoadamente e em dissonância com princípios básicos do Estado de direito, *cujo assento magno é o da legalidade*, só se poderá considerá-lo violado quando a falta de economicidade for injustificada ou de monta invulgar, de assinalada grandeza, suficiente, pois, para indicar também a ocorrência de uma ilegalidade. Assim, sua ocorrência só será reconhecida quando o descompasso entre os valores em causa e os que normalmente serviriam de padrão alcançarem patamares exorbitantes, desmesuradamente altos, denunciadores de uma gravíssima irresponsabilidade ou incúria das autoridades que lhes ensejaram a ocorrência ou, pior que isto, quando denunciadores de um comprovável conluio com terceiros para proporcionar-lhes indevidos proveitos à custa do patrimônio público, casos estes, então, exibidores de indiscutível ilegalidade.

É evidente, pois, que o Tribunal de Contas não pode, sob o genérico argumento da economicidade, adentrar no conteúdo de contrato administrativo, para invalidá-lo ou para alterá-lo, substituindo-o pelo seu crivo subjetivo de economicidade, sem que estejam preenchidos os requisitos supra-aludidos ou sem prova de fraude com participação do contratado.

21. Isto tudo posto e considerado, às indagações da Consulta respondo:

I – Tribunais de Contas não têm competência para determinar sustação de contratos, independentemente do transcurso *in albis*, no Legislativo, do prazo a que alude o art. 71, §2º da Constituição Federal.

II – Tribunais de Contas não podem determinar a suspensão da execução financeira de contratos administrativos – retenção parcial ou integral dos recebíveis – ainda que alegando exercício do poder geral de cautela, sem que tenha havido regular suspensão da execução física do objeto contratado, *sub color* de que, a seu juízo, foram excessivos os valores contratualmente estipulados como fruto de licitação.

III – Tribunais de Contas não possuem competência para determinar valores máximos pelos quais podem ser executadas obras públicas.

IV – O controle da economicidade não justificaria a pretensão do Tribunal de Contas de efetuar as medidas aludidas a que se reportam as indagações precedentes.

É o meu parecer.

São Paulo, 7 de dezembro de 2009.

EMENTA: EMPRESAS ESTATAIS CRIADAS PARA PRESTAR SERVIÇO PÚBLICO ÀS QUAIS FOI OUTORGADA CORRESPONDENTE CONCESSÃO – DESNECESSIDADE DE PRORROGAÇÃO DA CONCESSÃO OUTORGADA, AO CABO DO PRAZO E, POIS, DE REALIZAR LICITAÇÃO PARA PRESTAÇÃO DO SOBREDITO SERVIÇO. ENQUANTO A LEI NÃO EXTINGUIR DITA PESSOA, ELA CONTINUARÁ TITULADA PARA PRESTAR OS SERVIÇOS EM VISTA DOS QUAIS FOI CRIADA

A XXXXX formula-nos a seguinte:

Consulta

Pode o Poder Público manter a continuidade da titulação das empresas estatais que no passado qualificou para prestação de serviços públicos de energia elétrica e que até o presente os vem prestando ou, para tanto, necessitará apurar em licitação o vencedor de certame aberto para tal fim?

À indagação respondo nos termos que seguem.

Parecer

1. Sociedades de economia mista e empresas públicas – diversamente da generalidade das empresas particulares – não existem para dar satisfação ao escopo próprio destas últimas, isto é, não são concebidas para a realização de propósitos de ordem meramente patrimonial. O Estado detém outros instrumentos, que lhe são específicos, para atender a suas necessidades de captação de recursos. Tais pessoas governamentais existem para implementar propósitos que transcendem completamente os interesses privados.

De outra feita, escrevemos que as empresas controladas total ou majoritariamente pelo Estado, tenham ou não a forma e a rotulação de pessoas de direito privado, são, *essencialmente, instrumentos personalizados da ação do Poder Público*. Nisto não discrepam as empresas públicas, as sociedades de economia mista típicas e aquelas outras cujo controle o Estado detém por meio de sua Administração indireta (sociedades mistas de segunda e terceira gerações) e os sujeitos de direito instituídos com o *nomem juris* de fundações de direito privado.

Todas estas figuras, sem exceção, consistem, fundamentalmente, em veículos personalizados de sua atuação. Se não o fossem, o Estado ou pessoa de sua Administração indireta não teriam por que criálas ou, então, assumirlhes a prevalência acionária votante e delas se servir para a realização de escopos seus.

2. Assim, a marca básica e peculiar de tais sujeitos reside no fato de serem coadjuvantes dos misteres estatais; de se constituírem em entidades *auxiliares* da administração. Nada pode desfazer este signo insculpido em suas naturezas, a partir de instante em que o Poder Público as cria ou lhes assume o controle acionário. Por isto são qualificadas como "Administração indireta"; administração *pública* indireta – entende-se – e não Administração privada indireta, como resulta da Constituição e como, aliás, está consignado no Decreto-Lei nº 200, de 25.2.1967, art. 4º, II.

Esta realidade *jurídica* representa o mais certeiro norte para intelecção destas pessoas. Consequentemente, aí está o critério retor para interpretação dos princípios jurídicos que lhes são *obrigatoriamente* aplicáveis, pena de converterse o acidental – suas personalidades de direito privado – em essencial e o essencial – seu caráter de sujeitos auxiliares de Estado – em acidental.

Como os objetivos estatais são profundamente distintos dos escopos privados, próprios dos particulares, já que almejam o bem-estar coletivo e não o proveito individual, singular (que é perseguido pelos particulares), compreendese que exista um abismo profundo entre tais entidades e as demais pessoas jurídicas de direito privado.

3. Duas são as razões juridicamente confortadas pela ordem normativa que propiciam a criação de empresas estatais:
– uma, *a prestação de serviços públicos*, isto é, de atividades materiais tidas pelo Estado, em dado tempo e lugar, como de sua típica responsabilidade e a que não se pode furtar para não se demitir de encargos seus perante a coletividade;
– outra, a de *atuação direta como protagonista no setor econômico*, apenas como agente que supre ou completa a atuação das empresas privadas, com o propósito de ensejar ao Estado o cumprimento de uma função operacional reguladora, estimuladora ou defensiva da economia ou da segurança nacional.

Em uma e outra hipóteses, sociedades de economia mista e empresas públicas estão igualmente a buscar *interesses transcendentes* da sociedade; é dizer: interesses de *natureza qualitativamente diversa dos que são perseguidos pelos agentes econômicos particulares*. Ao contrário destes, seus fins *não são fins egoísticos* (no sentido literal da palavra, isto é, que dizem respeito ao próprio "eu"), parciais, privados, ou seja, atinentes tão só às conveniências próprias dos indivíduos ou conjuntos de indivíduos que se associam para a busca de proveito próprio. O Estado, inversamente, quer opere por Administração direta ou por pessoas da Administração indireta (com personalidade de direito público ou de direito privado), age – e só pode agir – como representante da sociedade e em favor dos interesses da sociedade. Outro objetivo ser-lhe-ia defeso, pois, para dizê-lo com palavras de Cirne Lima:

> Opõe-se a noção de administração à de propriedade, nisto que, sob administração, o bem não se entende vinculado à vontade ou personalidade do administrador, porém à *finalidade impessoal a que essa vontade deve servir*. [...] O fim e não a vontade domina todas as formas de administração. *Supõe destarte a atividade administrativa a preexistência de uma regra jurídica reconhecendolhe uma finalidade própria.* Jaz consequentemente a Administração Pública, debaixo da legislação que deve enunciar e determinar a regra de direito.[342]

---
[342] LIMA, Ruy Cirne. *Princípios de direito administrativo*. 5. ed. São Paulo: Revista dos Tribunais, 1982. p. 20-22. Grifos nossos.

4. Ocorre que quando as sociedades de economia mista e *empresas públicas são exercentes de serviço público ou atividade pública propriamente dita*, estarão a desempenhar competências tipicamente estatais, públicas por excelência e, bem por isto, tal como o próprio Estado, haverão de gozar de prerrogativas e *proteções especiais*, tanto como de sofrer restrições peculiares, umas e outras estabelecidas para resguardo dos interesses públicos que lhes incumbe prover.

Com efeito, em tal caso, o objeto a que se preordenam é de natureza idêntica àquele pertinente ao Poder Público. Assim, não poderiam ficar desassistidas de todo o envoltório jurídico instrumentador e defensivo dos interesses desta índole e grandeza, como também não poderiam ver-se liberadas dos cerceios que lhes são correlatos, os quais defendem, simultaneamente, a sociedade como um todo e os cidadãos em si mesmos contra eventuais desmandos. Excluí-las deste regime, evidentemente, seria o mesmo que excluir os interesses públicos em causa dos mecanismos com que o direito os quis envolver.

De resto, seria um completo absurdo (que ninguém sufragaria) supor-se que, pela via da criação de tais entidades, o Estado, quando operante em setor que lhe é correspondente, pudesse se despedir das prerrogativas e proteções que a ordem jurídica inculca aos interesses públicos e se evadir das limitações impostas ao *modus procedendi* dos sujeitos incumbidos de sua cura.

Considerações desta mesma ordem e quiçá mais bem arrazoadas já vimos há vários anos fazendo, em sucessivas edições de nosso *Curso de direito administrativo*, ao ressaltar seu caráter nuclear de pessoas auxiliares do Estado que, por definição, têm de se reger, como de fato se regem, por um *regime peculiar* no qual, de fora parte submissão a normas de direito privado, sofrem o influxo de princípios e normas de direito administrativo, inclusive por incontendível determinação constitucional.

Daí a pertinência de transcrever trechos da última edição do citado livro:

> Empresas públicas e sociedades de economia mista são, fundamentalmente e acima de tudo, instrumentos de ação do Estado. O traço essencial caracterizador destas pessoas é o de se constituírem em auxiliares do Poder Público; logo, são entidades voltadas, por definição, à busca de interesses transcendentes aos meramente privados [...]. É preciso, pois, aturado precato para não incorrer no equívoco de assumir fetichisticamente sua personalidade de Direito Privado (como costumava ocorrer no Brasil) [...]. Deveras, a personalidade de Direito Privado

que as reveste não passa de um expediente técnico cujo préstimo adscreve-se, inevitavelmente, a certos limites, já que não poderia ter o condão de embargar a positividade de certos princípios e normas de Direito Público cujo arredamento comprometeria objetivos celulares do Estado de Direito. [...]

O traço nuclear das empresas estatais, isto é, das empresas públicas e sociedades de economia mista, reside no fato de serem coadjuvantes de misteres estatais. Nada pode dissolver este signo insculpido em suas naturezas. Dita realidade jurídica representa o mais certeiro norte para a intelecção destas pessoas. Conseqüentemente, aí está o critério retor para interpretação dos princípios jurídicos que lhes são obrigatoriamente aplicáveis, pena de converter-se o acidental – suas personalidades de Direito Privado – em essencial, e o essencial – seu caráter de sujeitos auxiliares do Estado – em acidental. Como os objetivos estatais são profundamente distintos dos escopos privados, próprios dos particulares, já que almejam o bem-estar coletivo e não o proveito individual, singular (que é perseguido pelos particulares), compreende-se que exista um abismo profundo entre as entidades que o Estado criou para secundá-lo e as demais pessoas de Direito Privado, das quais se tomou por empréstimo a forma jurídica. Assim, o regime que a estas últimas naturalmente corresponde, ao ser transposto para empresas públicas e sociedades de economia mista, tem que sofrer – também naturalmente – significativas adaptações, em atenção a suas peculiaridades.[343]

5. As considerações feitas se impõem de modo evidentíssimo quando se tem em pauta a índole das sociedades de economia mista e empresas públicas que operam *no setor dos serviços públicos*.

Com efeito, posto que os direitos, os meios e os recursos que lhes correspondem são manipulados para que o Poder Público possa atender a interesses que ultrapassam por inteiro os interesses estritamente privados, resulta óbvio, como se vem de dizer, que a disciplina jurídica correspondente às sobreditas entidades terá de refletir estas mesmas características que as singularizam.

Esta é a meridiana razão pela qual suas disciplinas jurídicas *jamais* poderiam ser as mesmas das empresas privadas, pois terão sempre e inevitavelmente de estar equipadas com direitos e prerrogativas inconcebíveis para estas últimas, bem como sujeitas a limitações, condicionamentos e controles que sequer fariam sentido nas empresas privadas, já que onde há liberdade para estas, há dever e responsabilidades para as outras.

---

[343] BANDEIRA DE MELLO, Celso Antônio. *Curso de direito administrativo*. 26. ed. São Paulo: Malheiros, 2009. p. 193-195.

Sabe-se que certas atividades (consistentes na prestação de utilidade ou comodidade material) destinadas a satisfazer a coletividade em geral, são qualificadas como serviços públicos quando, em dado tempo e lugar, o Estado reputa que não convém relegá-las simplesmente à livre iniciativa; ou seja, que não é socialmente desejável fiquem tão só assujeitadas à fiscalização e controles que exerce sobre a generalidade das atividades privadas (fiscalização e controles estes que se constituem no chamado "Poder de Polícia").[344] Justamente pelo relevo que lhes atribui, o Estado considera *de seu dever* assumi-las como pertinentes a si próprio (mesmo que sem exclusividade) e, em conseqüência, exatamente por isto, as coloca sob uma disciplina peculiar instaurada para resguardo dos interesses nelas encarnados: aquela disciplina que naturalmente corresponde ao próprio Estado, isto é, *uma disciplina de direito público*.[345]

6. No caso brasileiro, a Lei Magna, no conjunto das atividades a serem desenvolvidas no seio da vida social, estabeleceu uma partição, um discrímen binário essencial.

De um lado, previu, no art. 170, todo um conjunto de atividades que denominou de *econômicas*, isto é, pertinentes à ordem econômica, e as qualificou como da alçada dos particulares. Entregou-as à livre iniciativa, a teor do artigo citado e de seu parágrafo único, interditando ao Estado operar diretamente em tal esfera, salvo nos casos em que sua protagonização fosse imperativa por motivos de segurança nacional ou de relevante interesse coletivo, assim categorizados em lei ou quando em causa atividade econômica constitucionalmente monopolizada, tudo consoante o art. 173.

De outro lado, completando a integridade deste binômio, reservou para si um outro bloco de atividades: os serviços públicos, arrolando os federais, no art. 21, incs. X e XII, em suas diversas letras (embora não só nos referidos preceptivos). Estes foram colecionados como misteres eminentemente estatais, compondo um segmento subtraído à livre iniciativa, em relação a cujos misteres, então, os particulares jamais podem aspirar titularidade, conquanto possam, por deferimento estatal, vir a operar na qualidade de concessionários ou permissionários, consoante previsto no art. 175. Há, sem embargo,

---

[344] Expressão indesejável e descabida, como bem anotou Agustín Gordillo (*Tratado de derecho administrativo*. 5. ed. Belo Horizonte: Del Rey, 2003. t. 2. Cap. V., notadamente p. V-1 a V-16), mas que, por ser muito disseminada na doutrina, na jurisprudência, na legislação e encontrar-se até mesmo no texto constitucional brasileiro (art. 145, II), ainda se faz uso dela.

[345] BANDEIRA DE MELLO, Celso Antônio. *Grandes temas de direito administrativo*. São Paulo: Malheiros, 2009. p. 273-274.

alguns serviços públicos (não os do art. 21), que assim se qualificam quando prestados pelo Estado, mas que os particulares podem exercer como atividade econômica, ou seja, titularizando-os; logo, sem necessidade de concessão. São os chamados serviços sociais, a saber: os de saúde (arts. 196 e 197), educação (205, 208, 211 e 213), previdência social (201 e 202) e assistência social (203 e 204).

7. Eis, pois, que quando o Estado cria um sujeito auxiliar, seja sob a forma de autarquia, de sociedade de economia mista ou de empresa pública, isto é, quando cria uma entidade de sua Administração indireta para prestar um *serviço público*, notadamente dentre os inclusos no art. 21, é meridianamente óbvio *que ele não o faz para que tal sujeito exista por um tempo limitado*, ou para que se incumba do serviço tipicamente estatal por *um período determinado, circunscrito*, mas *para que o desempenhe em caráter permanente*, visto que é por isto e só por isto que instaurou dita pessoa. Em suma: é por isto que lhe infundiu vida e é por isto que lhe conferiu o encargo de ocupar-se daqueles misteres constitucionais que a Lei Magna atribuiu à União no art. 21.

Tal procedimento significa que o Estado, sem abrir mão de sua senhoria sobre o serviço, entendeu de conduzi-lo por uma sua *longa manus*, por um desdobramento personalizado de seu corpo administrativo. Ao respeito não pode padecer a mais remota ou insignificante dúvida ou entredúvida.

De fato, instaurar um sujeito como parcela de sua totalidade organizacional, isto é, como entidade da Administração Pública indireta, certamente não é equivalente a dar em concessão o serviço a um particular qualquer. Muito menos pode ser tratado como um comportamento leviano que signifique tão só e unicamente uma credencial temporária, isto é, mera habilitação para que tal pessoa atue por tempo certo à moda da credencial que o Estado conferiria a um simples particular, ou seja, a uma criatura alheia a sua estrutura organizacional, estranha, pois, a seu próprio corpo administrativo.

Possivelmente, nem mesmo o mais delirante neoliberal (dentre os que remanesceram depois da catástrofe econômico-financeira globalizada recém-corrida como fruto deste destemperado ideário) ousaria sustentar tão rotundo disparate. Ninguém com um mínimo de racionalidade, maiormente se preocupado com as ideias de *eficiência*, ou de *economicidade* (de resto tão caras aos neoliberais), consideraria aceitável despojar uma estatal criada para prestação de um serviço público de suas qualificações jurídicas para tanto, sem, concomitantemente, extinguir dita pessoa.

Com efeito, seria o mais rematado dislate manter inerte, sem função, um organismo estatal, com todo seu aparelhamento, sua organização, pessoal e equipamento, para não se falar do desperdício da experiência administrativa por ele até então adquirida. É da mais meridiana obviedade que nem mesmo um idiota sufragaria o entendimento de que esta seria a solução administrativa mais adequada ao cabo do "prazo" de uma "concessão" de serviço público outorgada a uma estatal criada para prestá-lo.

Sucede que não é apenas uma visão informada por rudimentos de ciência da Administração que condenaria conclusão tão desastrada.

8. Muito mais grave do que isto, conclusão desta espécie seria formalmente *interditada pelo direito*. A ordem jurídica inadmitiria que se abicasse em absurdo deste jaez. Como suporte para o que se vem de dizer nem mesmo seria necessário invocar o princípio da razoabilidade, que permeia todo o direito administrativo. O simples princípio da legalidade é o bastante para exibir que não se poderia, *sem lei que explicitamente o estabelecesse*, frustrar a razão de existir de uma entidade estatal criada ou autorizada por lei ou ato governamental ao qual se tenha atribuído equivalente força criadora, pois isto equivaleria pura e simplesmente a fraudar-lhe a razão de existir, nulificar seu propósito, contradizer o escopo que a animou.

Cumpre relembrar que desde a Constituição de 1988, por força de seu art. 37, incs. XIX e XX, é indispensável intervenção legislativa para a existência de sociedade de economia mista e empresa pública, advindo daí que a elisão delas, que é o mesmo que a elisão de suas atribuições, somente por igual processo pode ocorrer. Eis, pois que a decisão administrativa de assegurar a continuidade dos encargos pertinentes a uma sociedade de economia mista, maiormente se prestadora de serviço público, *não é apenas uma possibilidade jurídica, mas um dever incoercível* a que está sujeito o aparelho administrativo do Estado e ao qual só poderia se evadir *se sobreviesse lei extinguindo a pessoa da Administração indireta em questão*.

Não se imagine que às razões óbvias que foram mencionadas poderia ser oposto o tosco e canhestro argumento de que a continuidade dos serviços em questão dependeria de uma prévia licitação, por decorrência do art. 175 da Constituição do país. O dispositivo em apreço concerne tão só a hipóteses em que a concessão ou permissão se façam em prol de sujeitos estranhos ao próprio Estado, ou seja, alheios a ele, exteriores a seu aparelhamento administrativo, ou seja, quando o serviço não vá ser prestado por ele próprio, Estado, quer por via de seu conjunto orgânico, quer por via de pessoa que componha sua intimidade administrativa, vale dizer, mero braço personalizado seu.

9. É sabido e ressabido que o Estado e suas entidades auxiliares, necessitando travar certas relações *com terceiros*, quais, *exempli gratia*, as de alienação, locação ou aquisição de bens, realização de obras ou serviços, normalmente terão de efetuar preliminarmente uma licitação para firmar estes pretendidos vínculos.

Isto evidentemente ocorre quando, conforme se vem de dizer – e é até mesmo intuitivo –, os sujeitos governamentais necessitam constituir vínculos com terceiros, é dizer, *com pessoas alheias a seu próprio universo*, caso em que deverão oferecer a estes terceiros iguais oportunidades, tratamento isonômico e forcejar por obter o negócio mais vantajoso.

De resto, é isto o que diz o art. 2º da Lei nº 8.666, de 21.6.1993, veiculadora das normas gerais de licitação e contratos: "As obras, serviços, inclusive de publicidade, compras, alienações, concessões, permissões e locação da Administração Pública, *quando contratadas com terceiros*, serão necessariamente precedidas de licitação, ressalvadas as hipóteses previstas nesta lei".

A expressão "Administração Pública" utilizada no preceptivo em causa tem a abrangência que decorre do parágrafo único do art. 1º, segundo o qual:

> Subordinam-se ao regime desta Lei, além dos órgãos da administração direta, os fundos especiais, as autarquias, as fundações públicas, as empresas públicas, as sociedades de economia mista e as demais entidades controladas diretamente pela União, Estados, Distrito Federal e Municípios.

10. Em suma: licitação só é cogitável quando os sujeitos governamentais estejam a necessitar de bens ou *serviços fornecidos por terceiros*, isto é, *não proporcionados por eles próprios*, diretamente ou mediante organizações que eles mesmos mantenham.

Deveras, se o Estado ou entidade que lhe integra o aparelhamento administrativo pretende bem ou serviço encontradiço em sua intimidade organizacional, propiciado por sujeito com personalidade de direito público ou de direito privado para isto mesmo concebido, seria simplesmente um sem-sentido que fosse buscar externamente aquilo que está a seu alcance e que pode obter sem precisão de relacionar-se com entidades estranhas a seu universo orgânico.

Com efeito, é claro a todas as luzes que seria ridículo que o Estado para prestar serviço que foi por lei cometido a uma sua autarquia devesse realizar uma licitação para verificar se dito certame seria por ela vencido! Não haveria diferença alguma quanto a isto, se ao invés de autarquia, a entidade em questão fosse sociedade mista ou empresa pública, pois quaisquer delas são, igualmente, pessoas de sua Administração indireta, indiferentemente qualificadas deste modo pela disciplina responsável pelo modelo organizativo do aparelho federal, isto é, o Decreto-Lei nº 200.

11. Esta conclusão óbvia poderia, é certo, ser excepcionada nos casos em que o bem ou serviço fosse ofertado por entidade governamental que estivesse a atuar em setor *que não lhe fosse em princípio pertinente*; isto é, quando estivesse a ocupar esfera que a Constituição atribuiu, preferencialmente, à livre iniciativa, na forma do art. 173, de acordo com cujos dizeres: "Ressalvados os casos previstos nesta Constituição, a exploração direta de atividade econômica pelo Estado só será permitida quando necessária aos imperativos da segurança nacional ou a relevante interesse coletivo, conforme definidos em lei".

Neste caso, estando a concorrer com a iniciativa privada, o Estado não poderia deixar de oferecer iguais oportunidades de negócio para os particulares que nele atuassem, sob pena de ofensa ao princípio da isonomia. Daí que, salvo por alguma razão legitimamente excludente, o Poder Público e suas pessoas auxiliares teriam de abrir certame licitatório para que empresas privadas e as organizações governamentais do ramo concorressem na disputa do negócio a ser efetuado. Nunca, porém, caberia recorrer ao instituto da licitação quando a atividade em pauta fosse um serviço público, isto é, serviço inscrito no setor pertinente de modo típico ao Estado e ademais, exclusivamente por ele titularizável no caso das atividades contempladas nos incs. X e XII da Lei Maior.

12. Com a ressalva que se acaba de fazer, é particularmente evidente a compreensão de que o âmbito de incidência do instituto da licitação está restrito aos casos em que o Estado e seus sujeitos auxiliares não produzem ou ofertam o bem ou serviço de que necessitam e que o art. 175 não se dirige para as hipóteses de serviços públicos prestados por estatais, *como sucede com os de eletricidade*, previstos no art. 21, XII, "b", da Constituição Federal.

Disse Carlos Maximiliano, o príncipe de nossos exegetas: "Deve o Direito ser interpretado inteligentemente, não de modo a que a ordem legal envolva um absurdo prescreva inconveniências, vá ter a conclusões inconsistentes ou impossíveis".[346]

Na mesma linha de raciocínio, Black, o sumo mestre de interpretação, averbou: "It is presumed that legislature does not intend an absurdity, or that absurd consequences shall flow from its enactments. Such a result will therefore be avoided, if the terms of the act admit of it, by a reasonable construction of the statute".[347]

E logo além, à mesma página: "The presumption against absurd consequences of the legislation is therefore no more than the presumption that the legislators are gifted whit ordinary good sense".

Assim, de fora parte o que resultaria do âmbito natural do instituto da licitação, nunca se poderia interpretar o preceptivo constitucional em apreço de maneira a abicar nos dislates a que anteriormente se aludiu, quais os de enveredar por trilha que parta do princípio da elisão das atribuições de uma entidade componente do organismo estatal sem que ela mesma seja extinta, o que de resto, aliás, dependeria de lei que o dispusesse.

Obviamente não é de bom feitio exegético inculcar ao legislador, maiormente ao constituinte, a incursão em disparates. Assim, por todas estas razões, é mais do que evidente que, ao se tratar de serviços públicos, está-se a tratar de um assunto de "economia interna" do Estado, de uma questão atinente à vida intestina das entidades governamentais; logo, objeto estranho à arena onde os particulares normalmente competem à busca de seus lucros, de seus proveitos econômicos; é dizer: segmento alheio ao campo negocial natural das empresas privadas. Donde, jamais se poderia pretender que o Poder Público esteja obrigado a franqueá-lo para que empreendedores privados, lobrigando a possibilidade de captar lucros, busquem capturar proveitos econômicos nesta seara.

É claro também, consequentemente, que estando em pauta a prestação de serviços públicos postos a cargo de criatura estatal, o Estado deverá relacionar-se diretamente com tal entidade, não estando por nada obrigado a abrir licitação para que empresas privadas, farejando a possibilidade de ganhos, venham a disputar a prestação da atividade conducente à satisfação destes interesses com pessoa constituída sob o patrocínio do Poder Público para atendê-los. *Mais*

---

[346] MAXIMILIANO, Carlos. *Hermenêutica e aplicação do direito*. 15. ed. Rio de Janeiro: Forense, 1995. p. 166, nº 179.

[347] BLACK, Henry Campbell. *Handbook on construction and interpretation of law*. St. Paul, Minn.: West Publishing Co., 1896. p. 104.

ainda, sequer seria permitido ao Estado contratar com terceiro aquilo que pode obter de uma organização por ele patrocinada, pois fazê-lo seria desperdiçar recursos públicos e proporcionar indevido favorecimento a particulares, comprometendo o princípio da moralidade administrativa e o da eficiência.

Donde a permanente continuidade da prestação de serviços públicos efetuada por um segmento personalizado do Estado é algo natural, mera decorrência do simples fato de tal organismo haver sido criado para tanto, um indefectível consectário da existência deste sujeito da Administração indireta e, pois, algo que definitivamente prescinde de uma licitação para habilitá-lo.

13. Isto tudo posto e considerado, à indagação da Consulta respondo:

O Poder Público não só pode, mas deve manter a titulação das empresas estatais qualificadas para prestação de serviços públicos de energia elétrica e que até o presente os vem prestando. É literalmente disparatado cogitar de licitação para que persistam desempenhando atividade pública para a qual foram criadas.

É o meu parecer.

São Paulo, 5 de fevereiro de 2010.

REFERÊNCIAS

ALESSI, Renato. *Principi di diritto amministrativo*. 4. ed. Milão: Giuffrè, 1978. v. I.

ALESSI, Renato. *Sistema istituzionale del diritto amministrativo italiano*. Milão: Giuffrè, 1953.

ALESSI, Renato. *Sistema istituzionale del diritto amministrativo italiano*. 3. ed. Milão: Giuffrè, 1960.

ALMEIDA, Fernando Henrique Mendes de. *Noções de direito administrativo*. São Paulo: Saraiva, 1966.

ALVIM, Patrício. *Manual de derecho administrativo*. [s.l.]: [s.n.], 1952.

AMARAL, Antonio Carlos Cintra do. Concessão de rodovias e cobrança de pedágio. *In*: BANDEIRA DE MELLO, Celso Antônio. *Direito constitucional e administrativo* – Estudos em homenagem a Geraldo Ataliba. São Paulo: Malheiros, 1997. v. II.

AMARAL, Sílvio. *RTJ*, n. 62.

ANDRADE, Luciano Benévolo de. *Curso moderno de direito administrativo*. São Paulo: Saraiva, 1975.

ATALIBA, Geraldo. As fundações públicas são imunes a tributos. *Revista dos Tribunais*, v. 338.

ATALIBA, Geraldo. Decreto regulamentar no sistema brasileiro. *RDA*, v. 97, jul./set. 1969.

ATALIBA, Geraldo. *Normas de direito financeiro e regime jurídico das autarquias*. São Paulo: Imprensa Oficial, 1965.

ATALIBA, Geraldo. Normas gerais de direito financeiro e tributário e autonomia dos estados e municípios. *RDP*, v. 10, p. 45-80.

AUBY, Jean Marie; DUCOS-ADLER, Robert. *Précis de droit administratif*. Paris: Dalloz, 1967.

BANDEIRA DE MELLO, Celso Antônio. Apontamentos sobre a desapropriação no direito brasileiro. *RDA*, v. 111.

BANDEIRA DE MELLO, Celso Antônio. *Ato administrativo e direito dos administrados*. São Paulo: Revista dos Tribunais, 1981.

BANDEIRA DE MELLO, Celso Antônio. Controle judicial dos pressupostos de validade das medidas provisórias. *RT*, v. 758, p. 11-15, dez. 1998.

BANDEIRA DE MELLO, Celso Antônio. *Curso de direito administrativo*. 10. ed. São Paulo: Malheiros, 1998.

BANDEIRA DE MELLO, Celso Antônio. *Curso de direito administrativo*. 9. ed. São Paulo: Malheiros, 1997.

BANDEIRA DE MELLO, Celso Antônio. *Curso de direito administrativo*. 14. ed. São Paulo: Malheiros, 2002.

BANDEIRA DE MELLO, Celso Antônio. *Curso de direito administrativo*. 4. ed. São Paulo: Malheiros, 1993.

BANDEIRA DE MELLO, Celso Antônio. *Curso de direito administrativo*. 8. ed. São Paulo: Malheiros, 1996.

BANDEIRA DE MELLO, Celso Antônio. *Curso de direito administrativo*. 15. ed. São Paulo: Malheiros, 2003.

BANDEIRA DE MELLO, Celso Antônio. *Curso de direito administrativo*. 21. ed. São Paulo: Malheiros, 2006.

BANDEIRA DE MELLO, Celso Antônio. *Curso de direito administrativo*. 20. ed. São Paulo: Malheiros, 2005.

BANDEIRA DE MELLO, Celso Antônio. *Curso de direito administrativo*. 26. ed. São Paulo: Malheiros, 2009.

BANDEIRA DE MELLO, Celso Antônio. *Curso de direito administrativo*. 12. ed. São Paulo: Malheiros, 2000.

BANDEIRA DE MELLO, Celso Antônio. *Curso de direito administrativo*. 24. ed. São Paulo: Malheiros, 2007.

BANDEIRA DE MELLO, Celso Antônio. *Curso de direito administrativo*. 22. ed. São Paulo: Malheiros, 2007.

BANDEIRA DE MELLO, Celso Antônio. Fundações públicas – Natureza jurídica da FAPESP. *Rev. de Dir. Administrativo*, v. 75.

BANDEIRA DE MELLO, Celso Antônio. *Grandes temas de direito administrativo*. São Paulo: Malheiros, 2009.

BANDEIRA DE MELLO, Celso Antônio. *Licitação*. São Paulo: Revista dos Tribunais, 1980.

BANDEIRA DE MELLO, Celso Antônio. Natureza essencial das sociedades mistas e empresas públicas. *Rev. de Direito Público*, v. 71.

BANDEIRA DE MELLO, Celso Antônio. Perfil constitucional das medidas provisórias. *RDP*, v. 95, p. 28-32, jul./set. 1990.

BANDEIRA DE MELLO, Celso Antônio. *Prestação de serviços públicos e Administração indireta*. 1. ed. São Paulo: Revista dos Tribunais, 1973.

BANDEIRA DE MELLO, Celso Antônio. *Revista de Direito Tributário*, n. 23-24, jan./jun. 1983.

BANDEIRA DE MELLO, Oswaldo Aranha. *Direito administrativo*. 6. ed. São Paulo: Atlas, 1996.

BANDEIRA DE MELLO, Oswaldo Aranha. Do serviço público. *RDA*, v. 21, jul./set. 1950.

BANDEIRA DE MELLO, Oswaldo Aranha. *Princípios gerais de direito administrativo*. 2. ed. Rio de Janeiro: Forense, 1979. v. I.

BANDEIRA DE MELLO, Oswaldo Aranha. *Princípios gerais de direito administrativo*. Rio de Janeiro: Forense, 1974. v. II.

BANDEIRA DE MELLO, Oswaldo Aranha. Teoria dos servidores públicos. *Rev. de Direito Público*, n. 1, jul./set. 1967.

BENOÎT, Francis-Paul. *Le droit administratif français*. Paris: Dalloz, 1968.

BEZZI, Osvaldo Maximo. *El contrato de obra publica*. Buenos Aires: Lex, 1977. t. I.

BLACK, Henry Campbell. *Handbook of American constitutional law*. 2. ed. St. Paul, Minn.: West Publishing Co., 1897.

BLACK, Henry Campbell. *Handbook on construction and interpretation of law*. St. Paul, Minn.: West Publishing Co., 1896.

BODDA, Pietro. *Lezioni di diritto amministrativo*. 3. ed. Torino: G. Giappichelli, 1954.

BONNARD, Roger. *Précis de droit administratif*. 2. ed. Paris: Sirey, 1935.

BORGES, Alice Gonzáles. *Normas gerais no estatuto de licitações e contratos administrativos*. São Paulo: RT, 1991.

BREDIN, Jean-Denis. *l'entreprise semi-publique et publique et le droit prive*. Paris: Librairie Generale de Droit et de Jurisprudence, 1957.

BREWER-CARIAS, Alan Randolph. *Las instituciones fundamentales del derecho administrativo venezolano*. Caracas: Universidad Central, 1964.

BUTTGENBACH, André. *Theorie generale des modes de gestion des services publics en Belgique*. Bruxelles: Maison Larcier; Paris: R. Pichou et R. Durand-Auzias, 1952.

CAETANO, Marcello. *Princípios fundamentais do direito administrativo*. Rio de Janeiro: Forense, 1977.

CAMMEO, Federico. *Corso di diritto amministrativo*. Padova: Cedam, 1960.

CANOTILHO, J. J. Gomes; MOREIRA, Vital. *Fundamentos da Constituição*. Coimbra: Coimbra Editora, 1991.

CAPACCIOLI, Enzo. *Manuale di Diritto Amministrativo*. Padova: Cedam, 1980. v. I.

CARRIO, Genaro. *Notas sobre derecho y leguaje*. Buenos Aires: Abeledo Perrot, 1972.

CASSAGNE, Juan Carlos. *El acto administrativo*. Buenos Aires: Abeledo Perrot, 1974.

CHAPUS, René. *Droit administratif général*. 6. ed. Paris: Montchrestien, 1992. t. I.

CIMMA, Enrique Silva. *Derecho administrativo chileno y comparado.* Santiago de Chile: Ed. Juridica de Chile, 1961. t. II.

CRETELLA JR., José. *Direito administrativo.* Rio de Janeiro: Forense, 1983. v. I.

CRETELLA JR., José. Fundações públicas. *Rev. de Dir. Administrativo,* v. 81.

D'ALESSIO, Francesco. *Diritto amministrativo.* Torino: Torinese, 1939. v. I.

DEBBASCH, Charles. *Droit administratif.* Paris: Cujas, 1968.

DI PIETRO, Maria Sylvia Zanella. *Direito administrativo.* 12. ed. São Paulo: Atlas, 2000.

DI PIETRO, Maria Sylvia Zanella. *Direito administrativo.* 14. ed. São Paulo: Atlas, 2002.

DI PIETRO, Maria Sylvia Zanella. *Direito administrativo.* 9. ed. São Paulo: Atlas, 1998.

DIAS, Aguiar. *Revista Forense,* v. 123, jun. 1949.

DIEZ, Manoel Maria. *Derecho administrativo.* 2. ed. corrigida. Buenos Aires: Plus Ultra, 1979. t. III.

DIEZ, Manoel Maria. *El acto administrativo.* Buenos Aires: TEA, 1961.

DINIZ, Maria Helena. *Curso de direito civil brasileiro* – Teoria das obrigações contratuais e extra contratuais. São Paulo: Saraiva, 1984. v. III.

DUEZ, Paul; DEBEIRE, Guy. *Traité de droit administratif.* Paris: Dalloz, 1952.

FAGUNDES, Miguel Seabra. *Da desapropriação no direito brasileiro.* Rio de Janeiro: Freitas Bastos, 1942.

FAGUNDES, Miguel Seabra. *O controle dos atos administrativos pelo Poder Judiciário.* 3. ed. São Paulo: Saraiva, 1957.

FAGUNDES, Miguel Seabra. *O controle dos atos administrativos pelo Poder Judiciário.* 5. ed. rev. e atual. Rio de Janeiro: Forense, 1979.

FERRARA, Francesco. *Teoria de las personas jurídicas.* Tradução espanhola da 2. ed. italiana. Madrid: Reus, 1929.

FERREIRA, Sérgio de Andréa. *Direito administrativo didático.* 2. ed. Rio de Janeiro: Forense, 1981.

FERREIRA, Sérgio de Andréa. *Direito administrativo didático.* Rio de Janeiro: Forense, 1978.

FIGUEIREDO, Lúcia Valle. *Curso de direito administrativo.* 2. ed. São Paulo: Malheiros, 1995.

FIGUEIREDO, Lúcia Valle. *Curso de direito administrativo.* 4. ed. São Paulo: Malheiros, 2000.

FIGUEIREDO, Lúcia Valle. *Empresas públicas e sociedades de economia mista.* São Paulo: Revista dos Tribunais, 1978.

FIORINI, Bartolomé. *Procedimiento administrativo y recurso hierárquico.* 2. ed. Buenos Aires: Abeledo-Perrot, 1971.

FLEINER, Fritz. *Principes generaux du droit administratif allemand*. Tradução francesa de Ch. Einsenman. Paris: Delagrave, 1933.

FLORES, Thompson. *RTJ*, v. 91, mar. 1980.

FONSECA, Arnoldo Medeiros da. *Caso fortuito e teoria da imprevisão*. 3. ed. Rio de Janeiro: Forense, 1958.

FORSTHOFF, Ernst. *Tratado de derecho administrativo*. Tradução espanhola. Madri: Instituto de Estudios Politicos de Madri, 1958.

FORTI, Ugo. *Diritto amministrativo*. 2. ed. Napoli: Eugenio Jovene, 1931. v. I.

FORTI, Ugo. *Diritto amministrativo*. Napoli: Eugenio Jovene, 1937. v. II.

FRANÇA, Rubens Limongi. *Brocardos jurídicos*. 3. ed. São Paulo: Revista dos Tribunais, 1977.

FRANCO SOBRINHO, Manoel de Oliveira. *Desapropriação*. São Paulo: Saraiva, 1973.

GABBA, Carlo Francesco. *Teoria della retroatività delle leggi*. 3. ed. Pisa: Nistri, 1981. v. I.

GALLI, Rocco. *Corso di diritto amministrativo*. 2. ed. reimpr. atual. Padova: Cedam, 1996.

GALLI, Rocco. *Corso di diritto amministrativo*. 2. ed. rev. e ampl. Torino: Giappichelli, 1997.

GARCÍA DE ENTERRÍA, Eduardo; FERNÁNDEZ, Tomás-Ramón. *Curso de derecho administrativo*. 3. ed. Madrid: Civitas, 1981.

GARCIA OVIEDO, Carlos. *Derecho administrativo*. 2. ed. Madrid: Eisa, 1958.

GASPARINI, Diógenes. *Curso de direito administrativo*. 3. ed. São Paulo: Saraiva, 1993.

GASPARINI, Diógenes. *Direito administrativo*. 4. ed. São Paulo: Saraiva, 1995.

GASPARINI, Diógenes. *Direito administrativo*. 5. ed. São Paulo: Saraiva, 2000.

GETTHI, Giulio. *La consulenza amministrativa*. Padova: Cedam, 1974.

GOMES, Orlando. *Contratos*. Rio de Janeiro: Forense, [s.d.].

GOMES, Orlando. *Transformações gerais do direito das obrigações*. 2. ed. aum. São Paulo: Revista dos Tribunais, 1980.

GONZALEZ PEREZ, Jesus. *El principio general de la buena fe en el derecho administrativo*. Madrid: Civitas, 1983.

GORDILLO, Agustín. *Contratos administrativos*. Buenos Aires: Associacion Argentina de Derecho Administrativo, 1977.

GORDILLO, Agustín. *Tratado de derecho administrativo*. 5. ed. Belo Horizonte: Del Rey, 2003. t. 2.

GRAU, Eros. *Elementos de direito econômico*. São Paulo: RT, 1981.

GROTTI, Dinorá. *O serviço público e a Constituição brasileira de 1988*. São Paulo: Malheiros, 2003.

KELSEN, Hans. *Teoria generale delle norme*. Tradução italiana de Mirella Torre e Mario Losano. Torino: Giulio Eunaudi, 1985.

KELSEN, Hans. *Théorie pure du droit*. Tradução francesa da 2. ed. de Charles Einsenmann. Paris: Dalloz, 1962.

LA TORRE, Michele. *Nozioni di diritto amministrativo*. 3. ed. Roma: Stamperia Reale di Roma 1938.

LAUBADÈRE, André de. *Traite élementaire de droit administratif*. 3. ed. Paris: LGDF, 1963. v. I.

LAUBADÈRE, André de. *Traite élementaire de droit administratif*. 5. ed. Paris: LGDF, 1970. v. II.

LENTINI, Arturo. *Le espropriazioni per causa di pubblica utilità*. Milano: Sociotà Editore Libraria, 1936.

LIMA, Ruy Cirne. *Princípios de direito administrativo*. 3. ed. Porto Alegre: Sulina, 1954.

LIMA, Ruy Cirne. *Princípios de direito administrativo*. 4. ed. Porto Alegre: Sulina, 1964.

LIMA, Ruy Cirne. *Princípios de direito administrativo*. 5. ed. São Paulo: Revista dos Tribunais, 1982.

LOPES, Miguel Serpa. *Tratado dos registros públicos*. 4. ed. Rio de Janeiro: Freitas Bastos, 1960. v. I.

MARCONDES, Silvio. *Da responsabilidade do comerciante individual*. São Paulo: Revista dos Tribunais, 1956.

MAST, André. *Précis du droit administratif belge*. Bruxelles-Gand: Ed. Scientifique E. Story, 1966.

MAXIMILIANO, Carlos. *Curso de direito administrativo*. 17. ed. São Paulo: Malheiros, 2004.

MAXIMILIANO, Carlos. *Hermenêutica e aplicação do direito*. 15. ed. Rio de Janeiro: Forense, 1995.

MAXIMILIANO, Carlos. *Hermenêutica e aplicação do direito*. 2. ed. Porto Alegre: Livraria Globo, 1933.

MAYER, Otto. *Le droit adminiatratif allemand*. Edition française par l'auteur. Paris: V. Giard et E. Brière, 1905. t. III.

MAYER, Otto. *Le droit administratif allemand*. Paris: V. Giard et E. Brière,1906. v. IV.

MEIRELLES, Hely Lopes. *Direito administrativo brasileiro*. 10. ed. atual. São Paulo: Revista dos Tribunais, 1984.

MEIRELLES, Hely Lopes. *Direito administrativo brasileiro*. 14. ed. São Paulo: Revista dos Tribunais, 1989.

MEIRELLES, Hely Lopes. *Direito administrativo brasileiro*. 15. ed. São Paulo: Revista dos Tribunais, 1990.

MEIRELLES, Hely Lopes. *Direito administrativo brasileiro*. 2. ed. rev. e ampl. São Paulo: Revista dos Tribunais, 1964.

MEIRELLES, Hely Lopes. *Direito administrativo brasileiro*. 21. ed. São Paulo: Malheiros, 1990.

MEIRELLES, Hely Lopes. *Direito administrativo brasileiro*. 24. ed. São Paulo: Malheiros, 1999.

MEIRELLES, Hely Lopes. *Direito administrativo brasileiro*. 27. ed. São Paulo: Malheiros, 2002.

MEIRELLES, Hely Lopes. *Direito administrativo brasileiro*. 6. ed. atual. São Paulo: Revista dos Tribunais, 1978.

MEIRELLES, Hely Lopes. *Direito administrativo brasileiro*. São Paulo: Revista dos Tribunais, 1964.

MEIRELLES, Hely Lopes. *Estudos e pareceres de direito público*. São Paulo: Revista dos Tribunais, 1971. v. I.

MEIRELLES, Hely Lopes. *Estudos e pareceres de direito público*. São Paulo: Revista dos Tribunais, 1971. v. II.

MEIRELLES, Hely Lopes. *Licitação e contrato administrativo*. 7. ed. atual. São Paulo: Revista dos Tribunais, 1987.

MEIRELLES, Hely Lopes. *Licitação e contrato administrativo*. 9. ed. atual. São Paulo: Revista dos Tribunais, 1990.

MIELE, Giovanni. *Principi di diritto amministrativo*. 2. ed. Padova: Cedam, 1960. v. I.

MIRANDA JR., Darcy Arruda. *Jurisprudência das obrigações*. São Paulo: Revista dos Tribunais, [s.d.]. v. II.

MIRANDA, Francisco Cavalcanti Pontes de. *Comentários à Constituição de 1967, com a Emenda nº 1 de 1969*. 2. ed. rev. São Paulo: Revista dos Tribunais, 1970. t. III.

MIRANDA, Francisco Cavalcanti Pontes de. *Tratado de direito privado*. Rio de Janeiro: Forense, 1971. v. 13.

MONTEIRO, Honório. Parecer. *Arquivos da Faculdade de Direito da USP*, São Paulo, [s.d.].

MONTORO PUERTO, Miguel. *Teoria de la forma de los actos jurídicos en derecho público*. Alicante: Editorial Marfil, 1976.

MOREIRA NETO, Diogo de Figueiredo. Competência concorrente limitada – O problema da conceituação das normas gerais. *Revista de Informação Legislativa*, v. 100, out./dez. 1988.

MOREIRA NETO, Diogo de Figueiredo. *Curso de direito administrativo*. 11. ed. Rio de Janeiro: Forense, 1999.

MOREIRA NETO, Diogo de Figueiredo. *Curso de direito administrativo*. 2. ed. Rio de Janeiro: Forense, 1974.

NEVES, Marcelo. *Teoria da inconstitucionalidade das leis*. São Paulo: Saraiva, 1988.

NOVELLI, Flavio Bauer. A eficácia do ato administrativo. *Rev. de Dir. Administrativo*, v. 75.

OLIVEIRA, Anísio José de. *A cláusula 'rebus sic stantibus' através dos tempos*. Belo Horizonte: Ibérica, 1968.

PEQUIGNOT, George. *Théorie general du contract administratif*. Paris: A. Pedone, 1945.

PEREIRA, André Gonçalves. *Erro e ilegalidade no acto administrativo*. Lisboa: Ática, 1962.

PEREIRA, Caio Mario da Silva. *Instituições de direito civil*. Rio de Janeiro: Forense, 1963. v. III.

PRATES, Tito. Atos administrativos nulos e anuláveis. *Direito: Doutrina, Legislação e Jurisprudência*, Rio de Janeiro, v. XIII, 1940.

QUEIRÓ, Afonso Rodrigues. A teoria do desvio de poder em direito administrativo. *RDA*, v. VII.

QUEIRÓ, Afonso Rodrigues. *Estudos de direito administrativo*. Coimbra: Atlântida, 1968.

QUEIRÓ, Afonso Rodrigues. *Reflexões sobre a teoria do desvio de poder*. Coimbra: Coimbra Editora, 1940.

RAGGI, Luigi. *Diritto amministrativo*. 2. ed. Padova: Cedam, 1935. v. IV.

REALE, Miguel. Fundações de direito público – Registro dos atos constitutivos – Controle do Ministério Público. Parecer. *Rev. de Dir. Administrativo*. v. 72.

REBUS Sic Stantibus. *In*: MAIA, Paulo Carneiro. *Enciclopédia Saraiva*. São Paulo: Saraiva, 1977. v. 63.

RIVERO, Jean. *Droit administratif*. 3. ed. Paris: Dalloz, 1965.

ROMANO, Santi. *Corso di diritto amministrativo*. 3. ed. Padova: Cedam, 1937.

ROMANO, Santi. *Principii di diritto costituzionale generale*. Milano: A. Giuffre, 1945.

ROSAS, Roberto. *Direito sumular* – Comentários às súmulas do STF. São Paulo: Revista dos Tribunais, [s.d.].

ROUBIER, Paul. *Les conflits des lois dans le temps*. 1. ed. Paris: Recueil Sirey, 1929. v. I.

ROYO VILLANOVA, Antonio. *Elementos de derecho administrativo*. 25. ed. corrigida e aumentada por Segismundo Royo Villanova. Valladolid: Santarén, 1960-1961. v. II.

SALANDRA, Antonio. *Corso di diritto amministrativo*. 3. ed. Roma: Athenaeum, 1921.

SALAZAR, Alcino. *RDA*, v. 31, 1953.

SANTOS, Evaristo dos. Ap. Cível nº 125.745. *RDA*, v. 87.

SAYAGUES LASO, Enrique. *Tratado de derecho administrativo*. Montevideo: M.B. Altuna 1953. v. I.

SESTA, Mario Bernardo. Loteamento e vias públicas. *Revista de Direito Público*, v. 45-46.

SIDOU, Othon. *A cláusula rebus sic stantibus no direito brasileiro*. Rio de Janeiro: Livraria Freitas Bastos S.A., 1962.

SILVA, Almiro do Couto e. Princípios da legalidade da Administração Pública e da segurança jurídica no Estado contemporâneo. Conferência realizada no VI Congresso Brasileiro de Direito Administrativo, outubro de 1987, em Belém, Pará. *RDP*, v. 84.

SILVA, José Afonso da. *Direito urbanístico brasileiro*. 3. ed. rev. e atual. São Paulo: Malheiros, 2000.

STASSINOPOULOS, Michel. *Traité des actes administratifs*. Athenas: Librairie Sirey, 1954.

TÁCITO, Caio. A Administração e o controle da legalidade. *Revista de Direito Administrativo*, v. 37, 1954.

TÁCITO, Caio. A inexistência dos motivos nos Atos administrativos. *RDA*, v. 36.

TÁCITO, Caio. *Desvio de poder em matéria administrativa*. Rio de Janeiro: [s.n.], 1951.

TÁCITO, Caio. O desvio de poder no controle dos atos administrativos, legislativos e jurisdicionais. *RDA*, v. 188.

TEIXEIRA, José Horácio Meirelles. Permissão e concessão de serviço público. *RDP*, v. 6-7.

TERAN, Juan Manuel. *Filosofia del derecho*. México: Porrua, 1952.

VALLES, Arnaldo de. *Elementi di diritto amministrativo*. 3. ed. Padova: Cedam, 1956.

VEDEL, Georges; DEVOLVE, Pierre. *Droit administratif*. 12. ed. Paris: Thémis, 1992. t. 2.

VIRGA, Pietro. *Diritto amministrativo*. 4. ed. atual. Milano: Giuffrè, 1997. v. 2.

VITTA, Cino. *Diritto amministrativo*. Torino: Torinese, 1933. v. I.

WALINE, Marcel. *Droit administratif*. 5. ed. Paris: Sirey, 1963.

WALINE, Marcel. *Droit administratif*. 9. ed. Paris: Sirey, 1963.

WEBER, Yves. *La administration consultative*. LGDJ: Paris, 1968.

YHERING, Rudolf Von. *L'Esprit du droit romain*. 3. ed. rev. e corrig. Paris: Librairie Marescq Ainê, 1887. t. 3.

ZANCANER, Weida. *Da convalidação e da invalidação dos atos administrativos*. São Paulo: Revista dos Tribunais, 1990.

ZANOBINI, Guido. *Corso di diritto amministrativo*. Padova: Cedam, 1944. v. I.

Esta obra foi composta em fonte Palatino Linotype, corpo 10
e impressa em papel Pólen Bold 70g (miolo) e Supremo 250g (capa)
pela Formato Artes Gráficas.